Formas do IMPÉRIO

Organizadores:
Heloisa Meireles Gesteira
Luís Miguel Carolino
e Pedro Marinho

Formas do IMPÉRIO

Ciência, tecnologia e política
em Portugal e no Brasil. Séculos XVI ao XIX

1ª edição

Paz & Terra

Rio de Janeiro | São Paulo

2014

Copyright© Heloisa Meireles Gesteira, Luís Miguel Carolino, Pedro Marinho, 2014

Direitos de edição da obra em língua portuguesa no Brasil adquiridos pela EDITORA PAZ E TERRA. Todos os direitos reservados. Nenhuma parte desta obra pode ser apropriada e estocada em sistema de bancos de dados ou processo similar, em qualquer forma ou meio, seja eletrônico, de fotocópia, gravação etc., sem a permissão do detentor do copyright.

A produção deste livro contou com o apoio do Museu de Astronomia e Ciências Afins.

Editora Paz e Terra Ltda.
Rua do Paraíso, 139, 10º andar, conjunto 101 – Paraíso
São Paulo, SP – 04103-000
http://www.record.com.br

Seja um leitor preferencial Record.
Cadastre-se e receba informações sobre nossos lançamentos e
nossas promoções.

Atendimento e venda direta ao leitor:
mdireto@record.com.br ou (21) 2585-2002

Texto revisto pelo novo Acordo Ortográfico da Língua Portuguesa.

CIP-BRASIL. CATALOGAÇÃO NA FONTE
SINDICATO NACIONAL DOS EDITORES DE LIVROS, RJ

F82   Formas do Império: ciência, tecnologia e
política em Portugal e no Brasil, séculos XVI
ao XIX / organização Heloisa Meireles Gesteira,
Luís Miguel Carolino , Pedro Marinho. – 1. ed. –
São Paulo: Paz e Terra, 2014.
574 p.: il.; 23 cm.
Inclui bibliografia

ISBN 978-85-7753-287-2

1. Brasil – História – Período colonial, 1500-
1822. 2. Portugal – História – 1640-1705. I.
Gesteira, Heloisa Meireles. II. Carolino, Luís
Miguel. III. Marinho, Pedro.

CDD: 981
14-11118   CDU: 94(81)

Impresso no Brasil
2014

Sumário

Apresentação   9

PARTE I
Impérios em perspectiva

Pensar um império   17
  Ilmar Rohloff de Mattos

PARTE II
Saberes, políticas e projeções imperiais

Um grande inventário da Natureza:
políticas da Coroa em relação ao Brasil na segunda metade
do século XVIII   47
  Maria Beatriz Nizza da Silva

Saberes e política:
os astrônomos em Mato Grosso — 1782–1789   71
  Joaquim Romero Magalhães

Um observatório astronômico nos confins da América
portuguesa — 1750–1760   93
  Heloisa Meireles Gesteira

Um império de outro mundo:
a Lua dos Áustrias e a Lua dos astrônomos   121
  Thomás A.S. Haddad

História e passado da América portuguesa:
escritores, religiosos, repúblicos do Brasil no século XVII
e sua fortuna histórica 143
Carlos Ziller Camenietzki

Imagens do império atlântico português:
análise de uma carta-portulano quinhentista 171
João Carlos Garcia e André Ferrand de Almeida

Dom Rodrigo de Sousa Coutinho, a ciência e a construção
do império luso-brasileiro:
a arqueologia de um programa científico 191
Luís Miguel Carolino

PARTE III
Natureza e colecionismo

Bosque de Minerva:
artefatos científicos no colecionismo joanino 229
Júnia Ferreira Furtado

Colecionismo naturalista na Évora do século XIX:
as coleções como fundamento da teologia natural no
discurso de frei Manuel do Cenáculo 275
Luis Miguel Pires Ceríaco e João Carlos Pires Brigola

Saint-Hilaire: viagem e botânica filosófica 305
Lorelai Kury

Expedição Castelnau e o Império brasileiro:
imagens do interior 331
Maria de Fátima Costa

Um imperador, um naturalista e um diário de viagem 351
Alda Heizer e Manuela Sobral

Representações da natureza:
os discursos legislativos e as crônicas da América portuguesa 375
Maria Isabel de Siqueira

Martius na cachoeira de Araracuara:
a imagem do índio e da fronteira americana na historiografia
do império tropical — 393

Priscila Faulhaber

PARTE IV
Ciência, ensino e engenharia na construção do espaço imperial

Em defesa do novo Império:
a formação de engenheiros brasileiros nas grandes écoles
francesas nas décadas de 1820–1830 — 417

Silvia F. de M. Figueirôa

A intervenção dos engenheiros portugueses formados na
École des Ponts et Chaussées de Paris no território, na
política e no ensino técnico de Portugal na primeira metade
do século XIX — 441

Ana Cardoso de Matos

O Instituto Politécnico Brasileiro:
em busca de um locus para a nascente engenharia civil no
Brasil imperial — 475

Pedro Eduardo Mesquita de Monteiro Marinho

Um olhar introspectivo:
a *Revista de Obras Públicas e Minas* e a engenharia colonial — 517

Maria Paula Diogo e Ana Carneiro

A filial da Sociedade de Geografia de Lisboa no Brasil:
entre a ciência e a política — 535

Cristina Pessanha Mary

Posfácio
A historiografia sobre ciências e impérios:
Constituição e desenvolvimento — 561

Maria Amélia M. Dantes

Apresentação

Organizar a reflexão histórica em torno da noção de Império não é novidade entre os historiadores que estudam o mundo de língua portuguesa. Essa perspectiva já está presente com clareza na obra de autores como Charles Boxer, A. J. Russel-Wood, além das reflexões mais recentes como as de Diogo Ramada Curto, e daquelas reunidas em coletâneas como *O Antigo Regime nos trópicos*; *Modos de governar*; *Retratos do Império*; *Nas rotas do Império*; *Império de várias faces*; *Na trama das redes*. Estas análises enfatizaram a dimensão imperial como forma de procurar compreender as dinâmicas econômica e social, mas também política, cultural e das trajetórias, criadas na sequência da expansão ultramarina protagonizada pelos portugueses desde o início do século XV. A perspectiva imperial trouxe consigo uma abordagem comparativa, seja no âmbito do próprio mundo português, seja na dimensão das formas assumidas nas diversas experiências protagonizadas por Espanha, Inglaterra, França e República dos Países Baixos.

A adoção da noção de Império em análises sobre a dinâmica entre Portugal e os enclaves coloniais situados na América, Ásia e África foi importante na medida em que contribuiu para ultrapassar análises que partiam de uma lógica influenciada pelas fronteiras nacionais dos atuais Estados. No caso da América portuguesa, tais estudos haviam construído formas de olhar, isolando de um lado o Brasil e de outro, Portugal, que, embora portadores de certas peculiaridades, eram, à época, partes de um todo, como apontado por Ilmar Rohloff de Mattos ao introduzir a noção de "região colonial", que buscava o reconhecimento de experiências locais, ligadas à lógica da expansão.

De fato, durante largas décadas, gerações de historiadores brasileiros e portugueses conceberam os espaços metropolitano e colonial como realidades quase estanques e rigidamente hierarquizadas. Desde Jaime Cortesão, cuja vida e dimensão política o obrigaram a um exílio forçado de quase duas décadas no Rio de Janeiro, não restam dúvidas sobre os limites dessa historiografia tradicional. Em um esforço de reformulação historiográfica, a noção de que a história de Portugal, do Brasil e do mundo lusófono era, até certo período, a de um "mundo em movimento", como lhe chamou atenção A.J.R. Russell-Wood, conduziu ao reconhecimento e à valorização da sua inquestionável dimensão imperial. Não se pretende fazer aqui um balanço historiográfico sobre o impacto direto ou indireto da noção de Império, intimamente ligada aos estudos sobre o Atlântico, na historiografia de língua portuguesa, mas sem essa valorização não teria sido possível a escrita de obras como *O trato dos viventes: a formação do Brasil no Atlântico Sul*, de Luiz Felipe de Alencastro.

A revisão historiográfica das duas últimas décadas sobre o período colonial, elaborada por cientistas sociais dos dois lados do Atlântico, com a análise detalhada das estruturas e da dinâmica do poder político e econômico, promoveu o entendimento das relações entre Portugal e as diversas "conquistas" ultramarinas em moldes completamente novos. Enfatizar a dimensão imperial de Portugal durante a Época Moderna trouxe à tona os múltiplos interesses que moldavam cotidianamente as relações entre as diferentes dimensões do espaço de influência política e cultural portuguesa. Fez parte destas análises a noção de redes, na medida em que também explorava a importância das relações e hierarquias que formavam uma teia complexa que unia e separava interesses entre os "homens coloniais" e os "homens ultramarinos", na expressão de Alencastro, diferenciando aqueles que tinham seus interesses enraizados nos enclaves coloniais, daqueles que visavam ascensão no reino.

Contudo, esse encontro entre historiadores brasileiros e portugueses tem se limitado, sobretudo, aos períodos em que a história de ambos os países estava interligada por relações de dependência política. Importantes trabalhos de autores como Valentim Alexandre e Maria Beatriz Nizza da Silva, entre outros, mostraram o impacto que a independência do Brasil teve na vida política e econômica do Portugal oitocentista. Todavia, com a exceção de temas que obrigam a relacionar Brasil e Portugal (como a emigração oitocentista e novecentista), são muito raros os estudos que, de algum modo, analisam a realidade histórica de ambos os países à medida que o século XIX avança. Momento também que o Brasil, como nação independente, assume a solução monárquica e a continuidade com o projeto de montagem de um Império, intensificando ainda mais os seus laços europeus, tanto na dimensão cultural quanto na política. Dessa maneira, a constituição do Império do Brasil reatualizaria o territorialismo de tradição ibérica que, de certa forma, pelo menos em termos de um projeto de expansão —ainda que "para dentro" —, merece ainda estudos do seu significado.

Em ambos os lados do Atlântico, assistiu-se a processos de construção de Estados-nação que, sendo obviamente muito distintos, apresentavam aspectos paralelos dignos de registro. Tal dimensão é muito clara no domínio da história da ciência e da técnica. Tanto em Portugal como no Brasil, era clara a percepção no século XIX de que o desenvolvimento dos países exigia a criação de um conjunto significativo de quadros técnicos com sólidos conhecimentos científicos. Foram, portanto, estes agentes técnico-científicos que protagonizaram os projetos desenvolvimentistas do século XIX, que se materializaram na abertura de estradas, na construção de vias de comunicação e na modernização do aparelho estatal. Por isso que, sem surpresa, tanto no Brasil como em Portugal, foi criado um sistema de ensino técnico de matriz politécnica, que moldaria as práticas científicas nestes países, cujos efeitos se prolongaram bem para além do século XIX. Em ambos os países, estes atores tenderiam a constituir-se como um grupo com forte identidade profissional, social e, não menos importante, com objetivos políticos bem marcados, constituindo as primeiras associações profissionais com relevante caráter consultivo frente aos respectivos governos, redundando, em muitos casos, na inserção daqueles quadros no aparato estatal. Um estudo das dinâmicas portuguesas e brasileiras resultará, obrigatoriamente, num melhor conhecimento de cada país, cada caso concreto, cada experiência no Império português e no Brasil imperial.

Este livro, que surgiu de um encontro entre pesquisadores portugueses e brasileiros no Museu de Astronomia e Ciências Afins, procura aprofundar as discussões sobre a dimensão imperial na história de Portugal e do Brasil, sobretudo a partir do campo da História da Ciência e da Tecnologia. Estabelecendo uma ruptura com a cronologia tradicional e com as historiografias nacionais que estruturavam a reflexão em torno de momentos fundadores, como o estabelecimento da corte joanina no Rio de Janeiro ou a independência do Brasil, este conjunto de análises assume, portanto, o desafio de pensar a experiência imperial nas suas diferentes configurações temporais e espaciais, entre os séculos XVI e o XIX, em ambos os lados do Atlântico, permitindo inclusive explorar rupturas e continuidades.

O presente livro tem como tema de reflexão central a relação entre ciência, técnica, construção e domínio do espaço, para transformá-lo em *território*. Entendemos, e isto foi um estímulo para que este livro também tomasse *forma*, que as reflexões aqui apresentadas ultrapassam os limites de uma espécie de "território" da História da Ciência e da Tecnologia, contribuindo para as atualizações constantes do conhecimento histórico, porém valorizando os homens de ciência e as instituições científicas como agentes ativos na construção do espaço imperial, seja de um "imenso Portugal", seja do Império do Brasil.

Do ponto de vista historiográfico específico do campo, é importante registrar que os textos apresentados estão ancorados nos modernos estudos de história das ciências e da tecnologia, que valorizam a dimensão imperial da ciência dos países ibéricos, evidenciando, por exemplo, como, atualmente, já não se pode considerar que Portugal e Espanha tenham ficado isolados das transformações intelectuais que levaram à formação da "Ciência Moderna", e que, pelo contrário, algumas de suas práticas de controle do espaço e conquistas de novas áreas eram estratégicas; isto sem considerar como o contato

12 | FORMAS DO IMPÉRIO

com a diversidade os levou a um amplo questionamento da tradição. Contudo, como dito acima, não se pretende reduzir a discussão ao campo da História da Ciência. Pelo contrário, se consideramos fundamentais as dimensões científica e tecnológica para o entendimento das experiências históricas narradas neste livro, o seu significado emerge, sobretudo, quando integrado nos vários domínios das ciências sociais e humanas.

Este livro organiza-se em partes, que guardam especificidades temática e, em alguns momentos, temporal, mas pretendemos que ele também seja compreendido como uma unidade. O texto de abertura nos convida a refletir sobre a concepção de *Império*, na medida em que o desafio é, a partir do conceito, tentar ver como o uso do termo por alguns homens opera uma transformação na própria noção e expressa diferentes projetos políticos. A escolha do ponto de partida demonstra a intenção de trazer a dimensão política para as análises aqui apresentadas, além de postular que as "formas do império" são múltiplas no tempo e no espaço.

A segunda seção, a partir de um conjunto de trabalhos variados, nos leva a refletir sobre as teias que ligam práticas e saberes científicos aos meandros dos discursos políticos e interesses de Estado em temporalidades distintas. A terceira parte dedica-se ao tema das coleções e as formas de representação da natureza, permitindo observar os usos e apropriações simbólicas das ciências, bem como a utilização e exploração dos recursos naturais. A quarta parte foca mais especificamente o campo da engenharia e a constituição de associações técnico-científicas oitocentistas. São tratados temas que vão desde a formação escolar dos engenheiros, passando pelas instituições associativas, até os periódicos ligados aos agentes responsáveis pelo esquadrinhamento e organização dos territórios e modernização das administrações públicas portuguesa e brasileira, ao longo do século XIX.

Finalizamos, fazendo um agradecimento muito especial a todos os investigadores que contribuíram para que este livro tomasse corpo. Sem o apoio institucional e o compromisso fundamental que tivemos desde a primeira hora do Museu de Astronomia e Ciências

Afins, não teria sido possível a realização desse projeto que agora se materializa no livro que o leitor tem em mãos. Esperamos que este livro traga indagações e que se transforme num ponto de partida para novas discussões.

Heloisa Meireles Gesteira
Luís Miguel Carolino
Pedro Marinho

PARTE I

Impérios em perspectiva

Pensar um império

Ilmar Rohloff de Mattos*

> O empreendimento imperial depende da *ideia de possuir um império*
> [...] e numa cultura fazem-se preparativos de toda espécie para isso.
>
> Edward W. Said

Não são poucas as razões por que refletimos a respeito do Império, de suas formas e representações. Não somos os primeiros a fazê-lo e certamente outros o farão depois de nós. Às questões instigantes de natureza mais estritamente acadêmica que nos mobilizam não cessam de se agregar desafios e interrogações postos pelo mundo em que vivemos, cujos acontecimentos vertiginosos que prenunciam aqueles desafios e aquelas interrogações já não chegam até nós principalmente pelas primeiras páginas dos jornais. Um pouco por toda parte torna-se possível sentir e perceber o deslocamento da Nação do lugar privilegiado que ocupava nas grandes narrativas que nos conformavam; as culturas nacionais já não são pensadas como unificadas, representando as diferenças como unidade ou identidade; por entre as fissuras e as contradições dos Estados nacionais, emergem diferentes identidades, mas não apenas elas; assim como de um passado longínquo ou mais próximo, diferentes experiências imperiais são

---

*Pontifícia Universidade Católica do Rio de Janeiro (PUC–Rio).

resgatadas, não raro por um sentimento de nostalgia de uma ordem perdida, ou mesmo pela expectativa e pelo desejo de superar tudo aquilo que de um império ainda carregamos dentro de nós, ditando cotidianamente nosso proceder. De um modo ou de outro, qualquer que seja a intenção, parece que todos pensamos o Império.

Nesta oportunidade, minha intenção é pôr em evidência dois ou três pontos que talvez ajudem a compreender o que diferencia a experiência histórica daquele "corpo político" cuja constituição remete à emancipação de 1822 — o Império do Brasil.

Começo por um acontecimento que, a princípio, é apenas o indicador de um acaso.

"Homens de letras"

Em 1820, no dia 28 de agosto, José Bonifácio de Andrada e Silva endereçou uma carta a Tomás Antônio de Vila Nova Portugal, ministro de Dom João VI na Corte do Rio de Janeiro. Em certo trecho, aquele que retornara a sua vila natal no ano anterior, após 36 anos de afastamento da América portuguesa, demonstrava saber que "Vossa Excelência está entregue do meu Requerimento para aposentação; e fico esperando a cada hora o seu bom despacho", provavelmente para melhor sublinhar que

> todavia com esta aposentação, e apesar da minha débil saúde, e da necessidade, que tenho de descanso, e de cuidar em aproveitar as terras que comprei, estou sempre pronto a servir Sua Majestade como homem de Letras, última consolação sólida que me resta entre Botocudos e Árabes do Mato, e ainda em outro qualquer emprego honroso em que possa ser realmente útil e preciso ao meu Ótimo Soberano e Pai, como francamente expus a Vossa Excelência nessa Corte. Ser-me-ia penosíssimo e insuportável que Sua Majestade pudesse suspeitar levemente que não tinha vontade de servi-lo para o futuro, como até aqui tenho procurado fazer, enquanto me permitir este sopro de vida que me anima; ou que tenho medo de expor de novo a minha vida para continuar a cumprir as minhas obrigações de vassalo fiel e agradecido. (trechos sublinhados no original)[1]

Aos 56 anos, como vassalo fiel e agradecido, ele reafirmava estar sempre pronto a servir "ao meu Ótimo Soberano e Pai", não obstante sua saúde débil, a necessidade de descanso, o desejo de se tornar um "roceiro" ou "lavrador" e, talvez, alguma mágoa mesclada a não menor decepção pela vivência da impossibilidade dos súditos naturais dos "domínios ultramarinos" de alcançar os postos mais importantes no centro de decisão política da Monarquia, conforme revelava a trajetória de seu compatriota Alexandre de Gusmão.[2] Ainda assim ele insistia que poderia continuar a ser "realmente" útil e preciso, principalmente como homem de Letras, razão por que enumerava alguns dos trabalhos que ultimamente redigira, como um *Esboço para o estabelecimento da Academia de Ciências Naturais em São Paulo*, que pretendia enviar "com outras bagatelas à Academia Real de Lisboa".

Embora curto, o trecho da carta revela como seu autor dominava a gramática do Antigo Regime português e recomendava-se ao Soberano; possibilita, ademais, perceber a filiação de José Bonifácio à tradição reformista que caracterizava a Ilustração portuguesa, cujos representantes em suas reflexões tematizavam a decadência da Monarquia lusa — o Reino e suas possessões nas "quatro partes do mundo". Aquele que, no fim da carta, manifestava a esperança de "que o meu nome não será de todo esquecido em Portugal", não desconhecia o valor crescente que as "províncias da América" tinham no conjunto da Monarquia desde a Restauração, razão do papel que muitos dos letrados portugueses atribuíam àquela parte na regeneração do todo.

Demonstra-o a observação feita, em 1752, pelo representante português junto à Corte de Viena, o Duque de Silva-Tarouca, a respeito do "[...] Brasil, aonde os reis de Portugal podem vir sucessivamente a ter um Império, como o da China, e ainda maior que a França, Alemanha e Hungria, unidas se fossem em um só corpo", à qual acrescentava que "Moiro, Branco, Negro, Índio, Mulato ou Mestiço, tudo serve, todos são homens, são bons se os governam e regulam bem e proporcionadamente ao intento [...] que a povoação é, ao meu fraco entender, o tudo: não servindo de nada muito mil léguas de deserto". Demonstra-o também o título do texto de abertura do primeiro número do *Correio Braziliense*, editado em Londres por Hipólito José da Costa, em 1808 — "Pensamentos vagos sobre novo império do Brasil". Em ambos, o destaque dado a um nome — "Brasil" — e a associação dele à ideia de império; os dois enunciadores como observadores privilegiados, cada qual a seu modo, de outras experiências imperiais. De Viena, onde Silva-Tarouca se manifestava, partiria para o Brasil, 65 anos depois, Maria Leopoldina, arquiduquesa da Áustria e cunhada de Napoleão I, para se reunir ao príncipe Dom Pedro, o Bragança herdeiro do Reino Unido de Portugal, Brasil e Algarves, com quem já se casara por procuração, embora provavelmente jamais tenha imaginado que seu esposo se tornaria o primeiro soberano do Império do Brasil; de Londres, onde por mais de uma década Hipólito José da Costa redigiria o seu *Armazém Literário*, partiriam as principais medidas, diplomáticas ou não, que ameaçavam a continuidade da escravidão na América portuguesa.

Um "império *no* Brasil", dizia Silva-Tarouca; o "Império *do* Brasil", para Hipólito José da Costa. Uma denominação que não apenas indicava algo novo em um esforço de regeneração; ela era também um elemento constituinte e constitutivo da representação que tenderia a se impor a respeito do território da parte americana da Monarquia lusa, parte que tinha em sua integridade e contiguidade territoriais seus atributos principais. Anos depois, em circunstâncias diversas, José Bonifácio diria ser o Império do Brasil — ou seja, o corpo político soberano surgido da emancipação de 1822 — "esta peça majestosa e inteiriça de arquitetura social desde o Prata ao Amazonas, qual a fornece a mão onipotente e sábia da divindade".

Uma denominação que sintetizava avaliações e proposições, por vezes diversas e mesmo concorrentes, dos letrados situados na "cabeça da Monarquia". Avaliações e proposições expressas também por meio de outras denominações, como "províncias da América", que nem sempre convergiam com aquelas elaboradas pelos que viviam na América portuguesa ou tinham seus interesses radicados nela. Para alguns desses, como o professor régio Luis dos Santos Vilhena, residente na cidade do Salvador, não era "das menores desgraças o viver em colônias"; para outros, como o autor do *Roteiro do Mara-*

nhão a Goiás pela capitania do Piauí, "as Colônias são estabelecidas em utilidade da Metrópole"; para terceiros, como o bispo Azeredo Coutinho, "a Metrópole, por isso que é mãe, deve prestar às colônias suas filhas todos os bons ofícios e socorros necessários para a defesa e segurança das suas vidas e de seus bens". Nos três autores, uma mesma identificação: "colônias." Pouco frequente entre os letrados do Reino, ela se tornaria recorrente neste lado do Atlântico a partir do último quartel do século XVIII, tivessem ou não aqueles que a empregavam lido a *Histoire des deux Indes* do abade Raynal. Ao traduzir as experiências vividas por seus autores, além daquelas de muitos outros homens e mulheres cujas vidas estavam empenhadas na faina colonizadora, em situações diversas, "colônias" — ou o "viver em colônias" — punha em relevo não a integridade e contiguidade de um território, e sim aquilo que consistia em uma das não menores "desgraças" de um empreendimento — a condição colonial. Representada ou não como "mãe", a "Metrópole" se apresentava como o termo principal da relação colonial.

Mas não apenas isso. Assemelhando-se e diferenciando-se, a um só tempo, do Duque de Silva-Tarouca, o autor do *Roteiro* não hesita em denunciar uma das práticas que distinguiam "tão indignos e tão bárbaros conquistadores" nas "colônias":

> A entrega que os ditos Capitães nos faziam de Países vazios do mais precioso, que eram os índios assassinados pelas suas sanguinolentas Bandeiras, e o passo que com elas nos franqueavam para sermos testemunhas dos miseráveis restos das referidas Nações, todos ainda cheios de temor das mais violentas atrocidades; bem longe de merecerem honradas recompensas, só podiam servir de convenientes provas para que fossem tratados como inimigos do Estado uns tão indignos e tão bárbaros conquistadores. Eles extinguiram muitas nações, que viriam a fazer uma grande parte do mesmo Estado, e das quais hoje até faltam os próprios nomes. Eles radicaram nas que existem com temor e desconfiança da nossa comunicação os princípios mais fecundos de quantos obstáculos se estão encontrando na redução das ditas Nações, Povoação e Cultura dos mesmos Países.

Se em ambos os autores é possível reconhecer a lógica do poder territorialista que caracterizava os governantes ibéricos, em sua tendência a identificar o poder com a extensão territorial e a densidade populacional de seus domínios — "tudo serve, todos são homens" (Silva-Tarouca) e "Países vazios do mais precioso" (*Roteiro*...) —, a relação território–população apresentava-se como condição para o exercício de uma dominação, e fazia com que a noção de ordem ainda uma vez fosse associada à ideia de império. Desde então, para a Monarquia tornava-se fundamental que o "Português nascido nas Quatro Partes do Mundo se julgue somente Português", conforme destacava Dom Rodrigo de Souza Coutinho em uma *Memória* redigida em 1797, por ter como referência "este inviolável e sacrossanto princípio da Unidade, primeira base da Monarquia". Ao território e à população que lhe atribuía valor, agregava-se o "Português", pondo em destaque uma nação portuguesa, qualquer que fosse o significado atribuído ao substantivo e seu necessário qualificativo. Todavia, para os "portugueses americanos", que tinham entre suas desgraças o "viver em colônias", refletir a respeito das relações entre território–população–nação (portuguesa) impunha considerar, obrigatoriamente, a presença da escravidão. E para um projeto de império no/do Brasil era isso que estava em jogo.[3]

Em fins de novembro de 1807, circunstâncias não de todo imprevisíveis poriam em movimento o que para muitos se apresentava com um projeto. Já no Rio de Janeiro, onde a Corte portuguesa se instalara ao abrigo das forças napoleônicas e sob a onerosa proteção inglesa, o príncipe-regente Dom João dirigiu ao mundo um *manifesto* no dia 1º de maio de 1808 anunciando, de modo enfático, que "a Corte de Portugal levantará a sua voz do seio do novo império que vai criar". Um "novo império", e não um "poderoso império no Brasil", como também propusera, não havia muito, Dom Rodrigo de Souza Coutinho, "donde se volte a reconquistar o que se possa ter perdido na Europa". O mesmo Dom Rodrigo, o afilhado de Pombal a quem era atribuída a sugestão e a própria redação do manifesto de 1808, que sofreria críticas e censuras quando submetido à apreciação do Conselho de Estado, como a feita pelo marquês de Angeja, que em

22 | FORMAS DO IMPÉRIO

seu parecer sustentava que a expressão "novo império que vai criar [...] denota pouca esperança em sua Alteza Real de tornar a possuir Portugal". Então, ao marquês parecia não restar dúvidas de que as tropas do "tirano Frances" tinham posto fim ao desafio que reiteradamente se apresentara à monarquia portuguesa durante todo o século XVIII, de tanto preservar suas possessões coloniais como assegurar a soberania do reino.[4]

Não obstante aquelas restrições, a expressão "novo império" seria mantida; ela não expressava, porém, a intenção de criar um "outro" império, diferente em sua concepção e em seu conteúdo. O princípio dinástico permanecia como um dos fundamentos do poder do Soberano e desdobrava-se nas pretensões a um domínio ilimitado. Se, a esse respeito, a invasão da Guiana Francesa, além de ser uma resposta à ocupação do Velho Reino pelas forças napoleônicas, podia conter, talvez, as pretensões de uma expansão territorial, caracterizando o desígnio de um domínio espacial ilimitado, as tentativas de ocupação da Banda Oriental do Uruguai punham em destaque a permanência da concepção dinástica. À sombra do império napoleônico e do império britânico, o "novo império" permanecia o mesmo. Ainda assim, o desafio de criar esse "novo", em um território diverso, dependia (continuava a depender) da ideia de possuir um império, o que mobilizava todos aqueles que, de um modo ou de outro, direta ou indiretamente, dela não apenas compartilhavam, mas também se esforçavam por criar os meios de tornar real um empreendimento. Ainda na Europa, e em seguida já na América, José Bonifácio permaneceria pensando o império, cada vez mais com os olhos postos na parte americana da Monarquia, como o demonstra a referência ao seu *Esboço para o estabelecimento da Academia de Ciências Naturais em São Paulo,* entre outros trabalhos, na carta ao ministro de D. João VI. Ele não desconhecia os trabalhos de "história natural" de frei José Mariano da Conceição Veloso, resultantes, em larga medida, das *viagens* realizadas na capitania do Rio de Janeiro e no interior de São Paulo na penúltima década do século XVIII, trabalhos publicados pela Tipografia do Arco do Cego, da qual o frei fora diretor. Ele também conhecia aqueles outros *portugueses americanos*[5] que, no Reino ou na América portuguesa, empenhavam-se em publicar livros como forma de divulgar "conhecimentos úteis" na parte mais importante da Monarquia — o Brasil. Ele tomara conhecimento, por certo, de outras tantas *expedições* e *viagens*, *botânicas* ou *filosóficas*, ou ainda a dos "padres matemáticos", que esquadrinhavam o vasto e contíguo território do Brasil, suas potencialidades, assim como aqueles que o habitavam. E por isso continuava remetendo suas "bagatelas" à Academia Real de Lisboa. Para todos aqueles "homens de Letras", o conhecimento da Natureza possibilitaria a consecução do empreendimento imperial, projetando, assim, no futuro suas experiências.

José Bonifácio sabia não estar só no esforço de pensar aquele "novo império". Ainda assim, ele não deixava de lastimar, por vezes, a falta de curiosidade intelectual dos portugueses, e parecia abonar a avaliação de outros letrados, em diferentes momentos e circunstâncias, de que o sangue e os bens contavam mais para os portugueses do que a cultura e a literatura.[6] Uma avaliação que continha um pouco de exagero, mas que ajudava o velho Andrada a reforçar, ao menos intimamente, a decisão de requerer uma "aposentação". Do que José Bonifácio não desconfiava é que, quatro dias antes de endereçar sua carta ao ministro do Rei, ocorrera um pronunciamento militar na cidade do Porto que, ao mesmo tempo em que se alastrava pelo velho Reino, transmutava seu sentido original, inaugurava um tempo diverso e mudava a vida das pessoas. Assim também aconteceria com ele. Por um momento, José Bonifácio talvez tenha imaginado estar adiando temporariamente a decisão de se tornar um "roceiro". Mas, muito rapidamente, como que acompanhando o ritmo vertiginoso dos acontecimentos, a expectativa de uma "aposentação" cederia lugar à da vida política junto à Corte no Rio de Janeiro.

Distâncias

Transposta a barra da baía de Guanabara, o navio proveniente de Portugal aportou na cidade do Rio de Janeiro em 17 de outubro de 1820. Ali desembarcaram notícias de um acontecimento extraordinário ocorrido quase dois meses antes, produzindo surpresa, temor e insegurança. E também despertando utopias. À Corte de D. João VI a notícia chegaria, formalmente, por meio de um comunicado dos governadores do Reino de Portugal e provocaria sentimentos e avaliações divergentes. A resposta da Corte, por meio da carta régia de 29 de outubro, que pôs em destaque a necessidade do respeito pelos "usos, costumes e leis fundamentais da monarquia", nos termos de uma cultura política que ia ficando para trás, ao chegar a Lisboa, em 16 de dezembro, já não encontraria aqueles governadores. Os revolucionários estavam prestes a convocar as Cortes Gerais e Extraordinárias da Nação Portuguesa, seguindo as instruções eleitorais da constituição espanhola de 1812.[7]

O tempo da viagem atlântica já não conseguia acompanhar o tempo das mudanças políticas no velho Reino, cujo sentido não demoraria a se manifestar no lado americano da Monarquia. Às notícias que se tornavam ultrapassadas no transcurso de uma travessia corresponderiam reações que também se revelariam ultrapassadas. A distância entre os dois reinos, que parecia ter aumentado, contribuía para que aumentasse a incerteza a respeito do futuro. Em ambos os lados do Atlântico, em Lisboa e no Rio de Janeiro, as avaliações dos protagonistas apresentavam-se, quase sempre, como ensaios de lances por um enxadrista: tentativas de solucionar um problema futuro. Àqueles protagonistas muito cedo se somariam outros, representantes das províncias da parte americana da Monarquia — outras tantas "colônias" —, com seus interesses próprios, não necessariamente próximos a qualquer das "cabeças" do Reino Unido em competição. Expressando o que por muitos daqueles homens era representado como uma revolução, a qual era entendida como obra sua — ou da Nação, esse novo Soberano que prometia garantir a Felicidade aos novos cidadãos, algo de que o "Ótimo Soberano e Pai" se mostrara incapaz —, o curso dos acontecimentos já não era visto como dependente do Rei ou da dinastia reinante, ou mesmo do movimento dos astros. Desde então, a força e o direcionamento da História escapavam às circunstâncias que lhe eram exteriores.[8] Tudo parecia depender, então, de uma mesma vontade coletiva e das ações que dela decorriam.

PENSAR UM IMPÉRIO | 25

Transbordando da Corte ou mesmo dos salões, os atores se multiplicavam, espalhando-se pelas ruas e praças públicas, reunindo-se em teatros ou em casas particulares, utilizando-se de gestos e palavras, de textos manuscritos ou impressos, de manifestos, panfletos, proclamações e jornais na defesa de seus argumentos.

Criatura da revolução, as Cortes Gerais e Extraordinárias da Nação Portuguesa fracassariam em seu projeto de preservar uma unidade, sob o manto da Monarquia constitucional.[9] Uma unidade que já não era apenas a do Império, porque a Revolução havia trazido para o primeiro plano um novo protagonista: a "Nação portuguesa". Assim, por ocasião da discussão do artigo 20 da constituição em elaboração, no qual a "Nação portuguesa" era definida como a união de todos os portugueses de ambos os hemisférios, ergueu-se a voz de Cipriano Barata. Ao argumentar que "a palavra português no Brasil é equívoca", o representante da Bahia defendia que se dissesse "de todos os portugueses de todas as castas de ambos os hemisférios". E afirmava não ser isso indiferente, uma vez que no Brasil havia portugueses brancos europeus, portugueses brasileiros, mulatos, crioulos do país, da Costa da Mina, de Angola, cabras, caboclos ou índios naturais do país, mamelucos, mestiços, pretos crioulos e negros da Costa da Mina, de Angola e tantos mais, querendo alertar, no fundamental, que "a falta de cuidado nesses artigos pode fazer grande mal, porque toda a gente de cor no Brasil clamaria que lhes queriam tirar os direitos de cidadão e de voto". Donde concluía ser necessário tirar toda e qualquer dúvida, "porque todos aqueles habitantes do Reino do Brasil seguem a mesma religião, falam a mesma língua, obedecem ao mesmo Rei, abraçam e defendem a mesma Constituição livre".

Simultaneamente, no Reino do Brasil, os acontecimentos de 1822, particularmente os da segunda metade do ano, conduziriam à cisão da nação portuguesa. A "brava gente brasileira" — que Evaristo da Veiga contribuíra para forjar por meio dos versos do que viria a ser o *Hino da Independência*, composto em meados daquele ano — repudiava o que era entendido como a "escravização" que as Cortes queriam impor ao Brasil. De uma cisão que se revelaria irreversível emergia um corpo político soberano e aqueles que o constituiriam:

O Império do Brasil é a associação Política de todos os Cidadãos Brasileiros. Eles formam uma Nação livre e independente, que não admite com qualquer outra laço algum de união ou federação que se oponha à sua Independência (Constituição Política do Império do Brasil, art. 1º).

Relacionados por meio do pacto constitucional, império e nação punham em evidência, ainda uma vez, um território (um continente) e sua população (um conteúdo):

> São Cidadãos Brasileiros os que no Brasil tiverem nascido, quer sejam ingênuos ou libertos, ainda que o pai seja estrangeiro, uma vez que este não resida por serviço da sua Nação (art. 6º).

O continente não apenas definia o seu conteúdo, estabelecendo exclusões em seu próprio interior; ele também reafirmava a ordem — a ordem imperial —, traduzida na dominação de territórios e homens, e apresentava-se como um todo indivisível cujas partes eram constituídas pelas províncias (literalmente, "territórios vencidos"). Em meio à pluralidade de vozes, algumas já silenciadas pelas medidas de cunho autoritário do primeiro imperador, as observações de dois estrangeiros — expressões de olhares e experiências diversos — permitem dar vida ao texto constitucional; ao modo como a ideia de possuir um império ia se concretizando em um novo empreendimento; e assim melhor compreender, talvez, os caminhos tortuosos que poderiam conduzir a uma experiência imperial diversa.

O naturalista francês Auguste de Saint-Hilaire, que passou pela vila de Taubaté, no Vale do Paraíba paulista, em abril de 1822, observaria com muita sensibilidade que

> o povo nada ganhou absolutamente com a mudança operada. A maioria dos franceses lucrou com a Revolução que suprimiu privilégios e direitos auferidos por uma casta favorecida. Aqui, lei alguma consagrava a desigualdade, todos os abusos eram o resultado do interesse e dos caprichos dos poderosos e dos funcionários. Mas são

estes homens que, no Brasil, foram os cabeças da Revolução; não cuidavam senão de diminuir o poder do Rei, aumentando o próprio. Não pensavam de modo algum nas classes inferiores. Assim, o pobre lastima o Rei e capitães-generais, porque não sabe mais a quem implorar apoio.

Ainda que falasse de acontecimentos anteriores ao do rompimento com as Cortes de Lisboa, das observações do naturalista destaca-se, sobretudo, o fato de o "povo" e/ou o "pobre" nada terem ganhado com as mudanças que ocorriam, razão por que lastimavam o rei e capitães-generais: não mais sabiam "a quem implorar apoio" — ou, dizendo de outra maneira, a ausência de quem lhes garantisse a felicidade (aqui, certamente, com "f" minúsculo), embora situados a uma distância menor do Rio de Janeiro do que aquela que separava de Lisboa a "cabeça" americana do ainda Reino Unido. Mas a observação daquele que vivera a "Grande Revolução" possibilita também uma aproximação da que seria feita por José Bonifácio, anos depois, quando arguido a respeito da escolha de um imperador para o Brasil, a que respondera que tal se devia ao fato de a população já se encontrar habituada com a coroação do imperador do Divino Espírito Santo. Se, por meio de uma *boutade*, José Bonifácio revelava sua opção pela monarquia, e o fazia pela monarquia constitucional, conforme o seu repúdio quer ao despotismo quer à democracia, não deixava também de caracterizar os vínculos pessoais que permaneciam unindo o "povo" e/ou os "pobres" ao governante, ou seja, a distância em que se encontravam de uma nova constituição política.

Não menos significativas são as observações de lord Thomas Cochrane, o almirante britânico que, após ter participado das lutas de independência do Chile, fora contratado pelo governo imperial para impor sua autoridade às províncias do "Norte", combatendo as forças militares e os interesses favoráveis às Cortes e, em seguida, os *revolucionários* da Confederação do Equador. Em sua *Narrativa de serviços no libertar-se o Brasil da dominação portuguesa*,[10] ele comenta a respeito das tripulações dos navios da Armada imperial serem "de mui questionável qualidade — compondo-se da pior classe de portugueses, com que a porção brasileira da gente mostrava evidente repugnância", e considera uma "anomalia empregarem-se portugueses em número tal para guerrearem seus compatriotas". Na esquadra imperial, o que chamava de "porção brasileira da gente" constituía minoria, uma vez que aos 25% de marujos portugueses somavam-se 60% de britânicos e norte-americanos. Chamava-lhe a atenção o fato de, reiteradamente, D. Pedro I dizer ser necessário "atacar a força parlamentar portuguesa", o que, no seu entender, significava que "o Governo Brasileiro não fazia guerra ao Rei de Portugal ou à nação portuguesa, mas às Cortes somente". Na Armada imperial, a nau capitânia não deveria ter outro nome: Pedro I.

A *Narrativa* de lord Cochrane permite melhor compreender a emancipação de 1822 como "uma guerra civil de portugueses", como ensina Sérgio Buarque de Holanda.[11] Possibilita, ainda, compreender a afirmativa de José Bonifácio, quase uma consigna, de que "Brasileiro é todo aquele que segue a nossa causa, a causa da independência do Brasil", como que a dar um sentido e um conteúdo diversos ao que seria estabelecido pelo texto constitucional. *Brasileiros* eram os marujos — portugueses, ingleses, norte-americanos e a "porção brasileira da gente" — e o próprio imperador; *brasileiros* eram todos os personagens representados no novo pano de boca para o Teatro da Corte por Jean Baptiste Debret (o sobrinho de David, o pintor oficial de Napoleão), por encomenda de José Bonifácio para a cerimônia de coroação do primeiro imperador do Brasil: paulistas, mineiros, homens e mulheres negros e escravos — porque, não custa repetir, "brasileiro" era aquele comprometido com "a causa da independência do Brasil", e não uma nacionalidade. O velho Andrada — mas não apenas ele, em um jogo contraditório de forças políticas — parecia conclamar cada um daqueles "brasileiros" para seu "verdadeiro destino". Instauradores de um tempo que se projetava para o futuro, seu dever consistia em acelerar o ritmo de uma nova constituição. Os "brasileiros" deveriam, assim, assemelhar-se aos *franceses* que haviam expandido as conquistas da Revolução servindo-se das baionetas de Bonaparte; aquilo que a historiografia denominaria "guerra de Independência" não deveria ter outro papel, quer ao combater as forças portuguesas ainda leais às Cortes, quer ao submeter os interesses provinciais que recusavam a primazia do Rio de Janeiro.

As observações de Saint-Hilaire e lord Cochrane permitem perceber como a "porção brasileira da gente", o "povo" e os "pobres" estavam distantes da "brava gente brasileira" cantada por Evaristo da Veiga; distantes das "mudanças operadas", resultantes da *Revolução*; e se, por um momento, identificaram-se ou foram identificados como *brasileiros*, isso era devido à adesão a uma causa política, tal identificação está distante do território em que nasceram. Distâncias que deixam de existir quando se trata da figura do Soberano — o Rei ou o Imperador (a partir de 1822) —, aquelas observações parecem nos convidar a revisitar o Dicionário de Moraes Silva em sua primeira edição, de 1789. Ali, Imperador

> falando nos tempos da República [romana] significa General de Exército, declarado tal por decreto do Senado, havendo vencido alguma grande batalha, ou aclamado pelos Exércitos. & Depois e agora significa Soberano que o é, ou foi de Reis e Príncipes Coroados.

Expansão para dentro[12]

Foi em Ouro Preto, na província de Minas Gerais, em 1832, que Luís Maria da Silva Pinto publicou, em tipografia própria, o seu *Dicionário da língua brasileira*. Caracterizada por uma estudiosa como um "Moraes de bolso",[13] por ter tido como referência principal o dicionário de Antonio de Moraes Silva, a obra de Silva Pinto não deixava de revelar o "tempo" em que fora produzida e editada — o Tempo das Regências, caracterizado por um sentimento democrático cuja expressão maior residia no fato de "o Brasil viv[er], por assim dizer muito mais na praça pública do que mesmo no lar doméstico", na observação de um memorialista.[14] Ao lado de várias outras publicações da Tipografia de Silva, como o *Código Criminal do Império do Brasil*, também em pequeno formato, feito no ano seguinte ao de sua promulgação, e ainda compêndios gramaticais, o *Dicionário* era, nas palavras da mesma autora, "como fenômeno editorial, de fato, brasileiro: composto, impresso, vendido, lido, usado aqui". Ao cumprir um papel pedagógico, voltado para a formação do Povo,[15] o dicionário de Silva Pinto tanto pode ser entendido como um suplemento aos inúmeros *catecismos políticos* que, então, contribuíam para animar os debates políticos, quanto como instrumento valioso da instrução pública em locais distantes do centro do Império do Brasil.

Por estar também na praça pública nos "tempos da Regência", Silva Pinto não poderia produzir um dicionário que fosse apenas um pouco distinto em sua nomenclatura da obra de Moraes Silva. As diferenças que distinguem sua obra revelam-se, por exemplo, no verbete "Imperador". De modo significativo, no ano imediatamente seguinte ao da abdicação do primeiro imperador, o verbete é assim apresentado, caracterizando um deslocamento no fundamento da soberania: "Imperador, s.m. Entre os Romanos. General do Exército. Na Europa. Soberano. No Brasil. Chefe Supremo da Nação e seu Primeiro Representante."[16] E ainda no verbete "Nação", que em Moraes Silva é definida como "A gente de um país, ou região, que tem Língua, Leis e Governo à parte. v.g. Nação francesa, Espanhola, Portuguesa & Gente de Nação, i.e., descendente de judeus, cristãos novos & Raça, casta, espécie"; e em Silva Pinto como "A gente de um país, que se governa por suas leis particulares. Casta, raça. *Gente de nação*, Descendente de Judeus". Embora seja significativa, a diferença principal [maior] no segundo verbete não se encontra na ausência em Silva Pinto da referência à língua como elemento definidor da nação; e sim no fato de a nação ser "a gente que se governa por suas leis particulares".

Em Silva Pinto, o Império é a Nação; e o Imperador, o Chefe Supremo da Nação e seu Primeiro Representante. Eram reafirmados e divulgados, assim, os princípios constitucionais de 1824, no mesmo tempo em que a Nação era formada por gente que "se governa por leis particulares"— e isso não era pouco no momento de constituição de um corpo político soberano, nos marcos do constitucionalismo. Princípios, conceitos e valores que eram postos em circulação, servindo-se de um vocabulário próprio, cujo sentido o *Dicionário* ajudava a compreender e empregar, em praça pública ou no lar doméstico, em Ouro Preto e qualquer outra localidade, porque se vivia

> em uma atmosfera tão essencialmente política que o menino que em casa muito depressa aprendia a falar liberdade e pátria, quando ia para a escola, apenas sabia soletrar a doutrina cristã, começava logo a ler e aprender a constituição política do império.[17]

Uma Língua, um Idioma ou uma Linguagem, porque "esta palavra por si só em certos sentidos significa idioma materno, do país", diz Silva Pinto. Uma Língua nacional, pois. A Língua, ela também, como elemento constitutivo e constituinte da Nação e do Império. O Império contém e assegura, porque a ele incumbe manter a Ordem, a convivência em um mesmo território entre a Nação brasileira e as demais "nações" — "nações africanas" e "nações de cor", crioulas e indígenas, como era comum dizer no Rio de Janeiro, então. Uma Língua nacional contida nas páginas de um *Dicionário da língua brasileira*. Ao que parece — e aqui, ainda uma vez, sigo o que ensina a mesma historiadora —, o autor teria, por meio de um título incomum, evitado o qualificativo "portuguesa", em um tempo no qual o acirramento das paixões políticas confundia-se com exaltado nativismo. O elemento português era associado à dominação colonial, representado como "corcunda" ou "pé de chumbo" e relacionado ao absolutismo e ao imperador que recém abdicara o trono. Silva Pinto parece não ter tido como objetivo contrapor à "língua portuguesa" uma "língua brasileira", não estando entre suas preocupações propugnar de modo consciente uma cisão linguística. De outra parte, e tal é o aspecto relevante, ele contrapõe a "língua brasileira" às línguas e aos falares das demais "nações" presentes "no Brasil": à língua "brasílica" ou "guaranina", assim como aos diversos falares africanos. Nesses falares residiria o que era entendido como a maior ameaça à "língua brasileira", cada vez mais "estropiada", no dizer de um contemporâneo, o que poderia ser percebido no falar de modo errado, nas locuções viciosas e, sobretudo, no uso de palavras de origem africana, quase sempre consideradas grosseiras, rudes e, não raro, de baixo calão.

Um processo de adulteração que resultava da convivência cotidiana entre homens livres e escravos, membros da boa sociedade e negros livres, libertos e escravos; nas casas-grandes, nos sobrados e nas casas de chão batido; nos chafarizes, nas bicas e nos becos das cidades. Mas um processo contraditório, sem dúvida, uma vez que aquela convivência fazia dos escravos um dos elementos mais significativos, se não o principal, na difusão e na unificação linguística do Império do Brasil. Sob esse ponto de vista, "a África civiliza", embora provavelmente não tivesse sido esse o sentido que o também mineiro Bernardo Pereira de Vasconcelos atribuíra à expressão.

Por sua vez, essa difusão e unificação linguística não faziam senão revelar o caráter imperial que ia assumindo a "língua brasileira", algo que, de resto, caracteriza toda e qualquer língua nacional. Todavia, ao que era entendido até mesmo como ameaça à própria ordem imperial, uma vez que às disputas linguísticas somavam-se as disputas entre projetos políticos e as inúmeras revoltas ocorridas em diferentes pontos do território,[18] deveriam ser contrapostos o ensino da gramática da língua nacional e, principalmente, a literatura romântica. A essa, José de Alencar à frente, coube fixar uma língua literária brasileira, escoimada das influências africanas, tornando-a uma das marcas distintivas da Nação brasileira. A língua nacional não apenas era um indicador das diferenças entre a Nação brasileira e as demais "nações" que compunham o Império do Brasil; ela era também fator constitutivo das desigualdades entre a Nação brasileira e as demais "nações".

De um modo ou de outro, como elemento assegurador da Ordem e também como instrumento de difusão da Civilização, a Língua nacional apresentava-se como elemento fundamental no movimento de uma expansão diferente: uma expansão para dentro que individualiza a experiência histórica do Império do Brasil. Mas não apenas a língua nacional, certamente. Uma expansão para dentro que, ao possibilitar a formação do Estado imperial, a constituição da classe senhorial e a construção da Nação brasileira, também revelava como o Império do Brasil deixara de estar referido a uma concepção dinástica, assim como fora forçado a renunciar à pretensão de um domínio ilimitado. Aos homens que, então, acalentavam a ideia de

PENSAR UM IMPÉRIO | 33

possuir um império, empreender aquela expansão apresentava-se como condição para uma concretização.

Uma expansão em direção às províncias, à roça e também aos "sertões". Um vasto "sertão" que separava os núcleos de povoamento; onde a "barbárie" ainda prevalecia, no entender de não poucos; e que tornava porosas as fronteiras e os limites com os países da América hispânica. Um vasto "sertão" que ameaçava a integridade do território. Quase três décadas após a publicação do *Dicionário da língua brasileira*, em momento no qual o Brasil já não vivia tanto na praça pública e um sentimento aristocrático animava o Estado imperial triunfante, José Antônio Pimenta Bueno, marquês de São Vicente, em uma obra destinada a "auxiliar os esforços dos jovens brasileiros que se dedicam ao estudo do Direito",[19] afirmava que "o território do império não constitui somente a sua mais valiosa propriedade"; sua integridade e indivisibilidade não constituíam só um direito fundamental, mas um dogma político. Representado como nacional, o território contribuía para a definição daqueles que constituíam o novo corpo político — os cidadãos brasileiros — ao associar íntima e fortemente *nascer* e *nação,* recuperando de um modo particular a origem etimológica comum de ambas as palavras — do latim *nascor*.

Uma expansão que tecia com os fios da ordem e da civilização os nexos entre o Governo do Estado e o Governo da Casa, por meio da navegação a vapor, das primeiras ferrovias, do telégrafo, dos jornais e dos livros, das representações teatrais, além de inúmeros outros meios, que difundiam hábitos e costumes, valores e regras distintas daqueles a que estavam habituados quer o *déspotes* que dominava o Governo da Casa, quer a extensa família patriarcal a ele sujeita. Uma expansão que punha em destaque a Corte imperial e a cidade do Rio de Janeiro, para essa atraindo os olhares de homens e mulheres das províncias que, em não poucos casos, para lá migraram, e teceram outros tantos nexos que também contribuíam para forjar uma identidade mais ampla, que tendia a superar, ao menos incorporar, os particularismos locais e regionais. Se, como afirma com razão José Honório Rodrigues, a reunião da Assembleia Constituinte de 1823 propiciou aos constituintes de diferentes partes do país falar uns aos outros pela primeira vez em uma reunião pública,[20] outros encontros ocorriam, circunstanciais ou não, aproximando indivíduos de diversos pontos do território, nem sempre pertencentes à boa sociedade, como a "porção brasileira da gente" na Guerra da Independência, ou ainda aqueles que formavam as forças que representavam a ordem imperial nas lutas contra os "farrapos" no Sul, indivíduos chegados de Pernambuco, do Rio de Janeiro e da Bahia que, ao longo de uma década, viveram experiências que ora os aproximavam, ora os afastavam, experiências que propiciavam novas solidariedades, novos pertencimentos, sentir-se "brasileiro" por oposição aos "farrapos".

Uma expansão para dentro que mobilizava saberes e sabedorias, vivências e experiências de políticos, empregados públicos, bacharéis, médicos, professores, magistrados, engenheiros, literatos, redatores de jornais e muitos outros — e, assim, forjava os dirigentes imperiais.[21] Uma expansão que unia, por meio de práticas políticas e administrativas, os governos geral, provinciais e municipais e propiciava a reprodução de hierarquias, diferenças e desigualdades no interior da sociedade política e da sociedade civil. Uma expansão que requeria conhecimentos discutidos e produzidos em instituições como a Sociedade Auxiliadora da Indústria Nacional, o Instituto Histórico e Geográfico do Brasil, a Biblioteca Nacional, o Museu Imperial e Nacional, o Imperial Colégio de Pedro II, as Faculdades de Direito e de Medicina, a Escola Central, a Escolar Militar de Engenharia e a Escola Politécnica do Rio de Janeiro, entre outras.[22] E ainda expedições que esquadrinhavam o território e sua população, conhecendo-os, nomeando-os, tornando-os visíveis e produzindo narrativas que também permitiam dominá-los.[23] Como a Comissão Científica de Exploração, do Ministério do Império, enviada ao Ceará entre 1859 e 1861, da qual participaram o ornitólogo Manuel Ferreira Lagos, o botânico Freire Alemão, o engenheiro Guilherme Capanema, o pintor José dos Reis Carvalho e o poeta Antonio Gonçalves Dias, que nela chefiava a seção de Etnografia, além de outros pesquisadores do Museu Imperial e do IHGB[24]

Todavia, os objetivos e o valor da "Comissão das borboletas" nem sempre foram reconhecidos ou mesmo compreendidos por parte significativa da boa sociedade, o que se expressava nos apelidos que a ela foram atribuídos. Incompreensão e não reconhecimento que, por sua vez, revelavam as vicissitudes da própria expansão para dentro, cujas ações resultavam de uma deliberação consciente a partir do campo de possibilidades em que se situavam os seus propugnadores, mas que em não poucas oportunidades iam de encontro a interesses, práticas ou valores havia muito consolidados, como a resistência de muitos pais em permitir que seus filhos em idade escolar frequentassem as escolas de instrução primária, o que motivaria o comentário do presidente da Província do Rio de Janeiro, em 1850, a respeito da necessidade urgente de "que se marque os limites do pátrio poder a semelhante respeito e os direitos da autoridade pública, que nenhuma ação tem presentemente contra a incúria e ignorância dos pais quando estes não querem ou não se importam que seus filhos vão à escola".[25]

Contudo, quando os propositores da Comissão Científica argumentaram a respeito da importância de sua criação, dizendo ser necessário corrigir os erros cometidos por naturalistas estrangeiros em seus estudos sobre o Brasil, eles não deixavam de recorrer a um sentimento que começara a se manifestar, ainda que de modo tímido, desde meados dos anos 1830 — o sentimento nacional. Um sentimento que englobava o nativismo em sentido estrito, no qual predominava o sentimento da natureza, de afeto pelo país, e também o patriotismo, isto é, o sentimento da *polis*, o apreço pela jovem nação. Ele teria na produção romântica, em especial na literatura, sua principal forma de expressão e instrumento de difusão[26] e imprimiria um traço particular à expansão para dentro. Mas aqui também não deixariam de se manifestar as contradições do movimento de construção de uma Nação que optara por preservar a escravidão e conviver com diferentes "nações". Ao saltar das páginas dos romances e das paletas dos pintores, o principal dos "heróis românticos" apresentar-se-ia na arena política, pelas mãos de alguns de seus próprios criadores: "A terra é quem dá a nacionalidade a seus filhos, e não as raças adventícias que a povoam; e dessa nacionalidade não são excluídos os primeiros [que] aqui nasceram antes dos filhos de seus conquistadores", sustentava Gonçalves de Magalhães em "Os indígenas do Brasil perante a história",[27] em 1860.

36 | FORMAS DO IMPÉRIO

A expansão para dentro — expressão da direção intelectual e moral exercida pelos saquaremas[28] — cumpriu um papel fundamental na formação do Estado imperial, na constituição da classe senhorial e na construção da Nação brasileira. Todavia, algo mais deve ser acrescentado na compreensão do processo de individuação da Nação e daqueles que a constituem — os brasileiros. Um processo que pressupõe um conjunto de identificações, o eu sendo formado pelos outros, com cujas imagens ele se identifica. Se o Estado imperial insistia em voltar as costas para as jovens repúblicas da América hispânica, os dirigentes imperiais tinham os olhos postos nas "Nações civilizadas", especialmente aquelas que tinham sido o cenário da "dupla revolução europeia" — a Inglaterra e a França —, no dizer de um historiador.[29] Eles não ignoravam os sucessos da Revolução Americana; preocupavam-nos, sem dúvida, os acontecimentos da "Era da Abolição".[30] Não obstante, era nas "Nações civilizadas" que eles se espelhavam, por meio de um jogo que sublinhava semelhanças, punha em destaque diferenças entre o Império do Brasil e aquelas "Nações", e procedia a inversões, pondo em destaque o Atlântico, que tanto explicava uma das razões da separação de Portugal, quanto permitia unir as partes do Império do Brasil, além de pôr em contato esse mesmo Império com as demais partes do mundo de modo privilegiado. Assim, é possível ler no "Prólogo do tradutor" ao *Dicionário* de Milliet de Saint-Adolphe, de 1845, que

> [...] Colocado no centro do mundo civilizado, cercado pela Europa, América do Norte, México e mais Estados das Índias Ocidentais, os portos do mar do Pacífico, a Oceania, a Austrália, as Índias Orientais e a China, este vasto continente, [...] com perto de 900 léguas de costa, parece que havia sido predestinado pela Providência para ser o centro das transações comerciais de todo o mundo civilizado.[31]

A inscrição da Nação brasileira no conjunto das "Nações civilizadas" significava uma localização no espaço — o "centro do mundo civilizado". Significava também uma localização no tempo — o tempo do progresso e da civilização.

PENSAR UM IMPÉRIO | 37

"Centro das transações comerciais de todo o mundo civilizado", afirmava o autor do "Prólogo". Condição para a civilização,[32] o comércio permitia o entrecruzar das coordenadas espaço e tempo, e traçava uma trajetória original. A *História Geral do Brasil,* de Francisco Adolfo de Varnhagen, cujo primeiro volume foi publicado em 1854, contava aos leitores do "império brasílico":

> Os interesses do comércio, mais do que a curiosidade natural aos homens e que a sede de conquistas, têm sido em geral a causa da facilidade do trato e comunicação dos indivíduos da espécie humana entre si. Foi ao da especiaria do Oriente que originariamente se deveu o grande acontecimento que denominamos *Descobrimento do Novo Continente.*[33]

A Nação brasileira não apenas se projetava no futuro, imaginando empreender outras expansões. Ela também se projetava no que representava como o "seu" passado: entre o "Descobrimento do Novo Continente" e o "império brasílico" um tempo vazio era preenchido: as "colônias" do fim do século XVIII, contidas em um território integrado e contíguo, eram transmutadas na "Colônia". Uma transmutação necessária na obra daqueles homens que acalentavam a ideia de possuir um império.

Brasileiros

Em fins de 1868, no campo de batalha do Paraguai, o desafio de ultrapassar a ponte sobre o arroio Itororó, o que franquearia o caminho até Assunção, faria o marquês de Caxias conclamar em tom épico: "Sigam-me os que forem brasileiros!" A vitória em Itororó abria o caminho para o fim da "guerra do López".

Quase meio século depois, a conclamação de Caxias parecia reverberar a de José Bonifácio: "Brasileiro é para mim todo aquele que segue a nossa causa." A vitória na guerra — o Império do Brasil não a celebraria como um "Triunfo", à maneira da entrada dos generais de exército vitoriosos na Roma antiga, o que lhes atribuía o título de imperador — era a afirmação da Soberania da Nação brasileira, e punha em evidência a preservação da integridade do território nacional. A frase de Caxias assemelhava-se às preocupações de José Bonifácio reveladas, entre outras oportunidades, a propósito dos acontecimentos no Pará, em 1823, ocasião em que se dirigiu ao imperador para afirmar que "não podia o Pará separar-se impunemente do todo a que pertence, nem S. M. consenti-lo, depois de ter jurado a defesa e conservação dos direitos de seus fieis súditos e da integridade do território do Império".

Todavia, entre a consigna de José Bonifácio e a conclamação de Caxias, a constatação de Auguste de Saint-Hilaire, o naturalista francês que estivera no Brasil à época da emancipação política — "Havia um país chamado Brasil; mas absolutamente não havia brasileiros" —, apresenta-se como uma cunha, e convida à reflexão. Entre o território nacional e a Nação brasileira, a permanência da escravidão. E era isso que permanecia em jogo.

Notas

1. Reprodução fac-similar do original da carta encontra-se em NOGUEIRA, Octaciano (org.), *Obra completa de José Bonifácio,* p. VII-VIII.
2. Cf. MONTEIRO, Nuno Gonçalo, *Elites e poder.*
3. Para toda essa parte, cf. MATTOS, Ilmar Rohloff de, "Construtores e herdeiros. A trama dos interesses na construção da unidade política".
4. Cf. MATTOS, Ilmar Rohloff de, "Transmigrar. Nove notas a propósito do Império do Brasil".
5. Talvez seja interessante anotar, neste momento, que o verbete "brasileiro" não consta da primeira edição do Dicionário de Moraes Silva, de 1789, assim como o verbete "português". Do Vocabulário de Bluteau, datado de 1728, consta o verbete "português".
6. Cf. BOXER, Charles Ralph, *O império colonial português.*
7. Cf. PEDREIRA, Jorge, *D. João VI.*
8. Cf. KOSELLECK, Reinhart, *Futuro passado*; especialmente a Parte I: Sobre a relação entre passado e futuro na história moderna.
9. A este respeito, consultar SILVA, Ana Cristina Fonseca Nogueira da, "Nação federal ou Nação bi-hemisférica? O Reino Unido de Portugal, Brasil e Algarves e o 'modelo' colonial português do século XIX".
10. COCHRANE, Thomas, *Narrativa de serviços no libertar-se o Brasil da dominação portuguesa.* Consultar, sobretudo, JEHA, Silvana Cassab, *A galera heterogênea.*
11. HOLANDA, Sérgio Buarque de, "A herança colonial: sua desagregação".
12. Utilizei a expressão "Expansão para dentro" pela primeira vez em 2004, como recurso analítico para caracterizar as diferenças entre o Império português no século XVIII, inclusive após sua instalação no Rio de Janeiro em 1808, e o Império do Brasil, surgido com a emancipação política de 1822. Cf. MATTOS, Ilmar Rohloff de, *Do Império do Brasil ao Império do Brasil.*
13. LIMA, Ivana Stolze, "Língua nacional, histórias de um velho surrão", in LIMA, Ivana Stolze e Carmo, Laura do. *História social da língua nacional.*
14. REZENDE, Francisco de Paula Ferreira de, *Minhas recordações,* p. 67.
15. Cf. MATTOS, Ilmar Rohloff de, *O tempo saquarema.*
16. PINTO, Luiz Maria da Silva, *Diccionario da Lingua Brasileira.*
17. REZENDE, Francisco de Paula Ferreira de, *Minhas recordações,* p. 67.

18. Cf., entre outros, DANTAS, Monica Duarte, *Revoltas, motins, revoluções*.
19. BUENO, José Antônio Pimenta, *Direito público brasileiro e análise da Constituição do Império*.
20. RODRIGUES, José Honório, "The victory of the Portuguese language in colonial Brazil", apud LIMA, Ivana Stolze, "Língua nacional, histórias de um velho surrão".
21. Para o conceito de dirigentes imperiais, cf. MATTOS, Ilmar Rohloff de, *O tempo saquarema*, especialmente p.1 79-219.
22. Cf., entre outros, LOPES, Maria Margareth, *O Brasil descobre a pesquisa científica*.
23. Para uma análise instigante de uma das facetas dessa expansão, cf. KODAMA, Kaori, *Os índios do Império do Brasil*.
24. Cf. KURY, Lorelai, *Comissão Científica do Império, 1859–1861*.
25. Cf. MATTOS, Ilmar Rohloff de, *O tempo saquarema*.
26. Cf. GONÇALVES, Marcia de Almeida, "Histórias de gênios e heróis: indivíduo e nação no Romantismo brasileiro".
27. *Revista trimestral do Instituto Histórico, Geográfico e Etnográfico do Brasil*, tomo 23, 1860.
28. Cf. MATTOS, Ilmar Rohloff de, *O tempo saquarema*.
29. HOBSBAWM, Eric. J., *Las revoluciones burguesas*.
30. BLACKBURN, Robin, *A queda do escravismo colonial*.
31. MILLIET DE SAINT-ADOLPHE, J.C.R., *Dicionário geográfico, histórico e descritivo do Império do Brasil*.
32. Cf. especialmente HIRSCHMAN, Albert O., *A economia como ciência moral e política*.
33. VARNHAGEN, Francisco Adolfo de, *História geral do Brasil*.

Referências

BLACKBURN, Robin. *A queda do escravismo colonial*: 1776–1848. Rio de Janeiro: Record, 2002.

BLUTEAU, Raphael. *Vocabulario portuguez & latino*. Coimbra: Collegio das Artes da Companhia de Jesus, 1728. Disponível em: <http://www.brasiliana.usp.br/en/dicionario/edicao/1>.

BOXER, Charles R. *O império colonial português*. Lisboa: Edições 70, 1977.

BUENO, José Antônio Pimenta Bueno. *Direito público brasileiro e análise da Constituição do Império*. Brasília: Senado Federal, 1978.

COCHRANE, Thomas. *Narrativa de serviços no libertar-se o Brasil da dominação portuguesa*. Brasília: Senado Federal, 2004.

DANTAS, Monica Duarte. *Revoltas, motins, revoluções*. São Paulo: Alameda, 2011.

GONÇALVES, Marcia de Almeida. "Histórias de gênios e heróis: indivíduo e nação no Romantismo brasileiro." In: GRINBERG, Keila; SALLES, Ricardo (Orgs.). *O Brasil imperial*. Rio de Janeiro: Civilização Brasileira, 2009, v. II — 1831–1870.

HIRSCHMAN, Albert O. *A economia como ciência moral e política*. São Paulo: Brasiliense, 1986.

HOBSBAWM, Eric J. *Las revoluciones burguesas*. Madrid: Guadarrama, 1964.

HOLANDA, Sérgio Buarque de. "A herança colonial: sua desagregação". In: _____ (Dir.). *História geral da civilização brasileira*. São Paulo: Difel, 1964.

JEHA, Silvana Cassab. *A galera heterogênea*: Naturalidade, trajetória e cultura dos recrutas e marinheiros da Armada Nacional e Imperial do Brasil, c. 1822–c.1854. Tese de Doutorado. Rio de Janeiro: PUC–Rio, 2011.

KODAMA, Kaori. *Os índios do Império do Brasil*: a etnografia do IHGB entre as décadas de 1840 e 1860. São Paulo: Edusp, 2008.

KOSELLECK, Reinhart. *Futuro passado*: Contribuição à semântica dos tempos históricos. Rio de Janeiro: Contraponto; PUC–Rio, 2006.

KURY, Lorelai. *Comissão Científica do Império, 1859–1861*. Rio de Janeiro: Andrea Jakobsson Estúdio Editorial, 2009.

LIMA, Ivana Stolze. "Língua nacional, histórias de um velho surrão." In: LIMA, Ivana Stolze; CARMO, Laura do. *História social da língua nacional*. Rio de Janeiro: Casa de Rui Barbosa, 2008.

LOPES, Maria Margareth. *O Brasil descobre a pesquisa científica*. São Paulo: Hucitec, 1997.

MAGALHÃES, Gonçalves de. "Os indígenas do Brasil perante a história". *Revista trimestral do Instituto Histórico, Geográfico e Etnográfico do Brasil*, tomo 23, 1860.

MATTOS, Ilmar Rohloff de. *O tempo saquarema*. A formação do Estado imperial. São Paulo: Hucitec, 1986.

_____. *Do Império do Brasil ao Império do Brasil*. Estudos em homenagem a Luís António de Oliveira Ramos. Porto: Universidade do Porto, 2004.

_____. "Construtores e herdeiros: A trama dos interesses na construção da unidade política". In: JANCSÓ, István. *Independência*: História e historiografia. São Paulo: Hucitec/Fapesp, 2005.

_____. "Transmigrar: nove notas a propósito do Império do Brasil". In: PAMPLONA, Marco A. e STUVEN, Ana Maria (Orgs.). *Estado e nação no Brasil e no Chile ao longo do século XIX*. Rio de Janeiro: Garamond, 2010.

MILLIET DE SAINT-ADOLPHE, J.C.R. *Dicionário geográfico, histórico e descritivo do Império do Brasil*. 2ª. ed. Paris: Aillaud, 1863.

MONTEIRO, Nuno Gonçalo. *Elites e poder*: Entre o Antigo Regime e o Liberalismo. 2ª. ed. Lisboa: Imprensa de Ciências Sociais, 2007.

MORAES SILVA, Antonio. *Diccionario da língua portugueza*. Lisboa: Officina de Seimão Thaddeo Ferreira, 1789. Disponível em: <http://www.brasiliana.usp.br/en/dicionario/edicao/2>.

NOGUEIRA, Octaciano (Org.). *Obra completa de José Bonifácio*. Brasília: Senado Federal, 1973.

PEDREIRA, Jorge. *D. João VI*. Lisboa: Círculo dos Leitores; Centro de Estudos dos Povos e Culturas de Expressão Portuguesa da Universidade Católica Portuguesa, 2006.

PINTO, Luiz Maria da Silva. *Diccionario da Lingua Brasileira*. Ouro Preto: Typographia de Silva, 1832. Disponível em: <http://www.brasiliana.usp.br/en/dicionario/edicao/3>.

REZENDE, Francisco de Paula Ferreira de Rezende. *Minhas recordações*. Rio de Janeiro: José Olympio, 1944.

SAID, Edward W. *Cultura e imperialismo*. São Paulo: Companhia das Letras, 1995.

SILVA, Ana Cristina Fonseca Nogueira da. "Nação federal ou Nação bi-hemisférica? O Reino Unido de Portugal, Brasil e Algarves e o 'modelo' colonial português do século XIX". *Almanack Braziliense*, nº. 9, maio 2009.

VARNHAGEN, Francisco Adolfo de. *História geral do Brasil*. 10ª. ed. São Paulo: Melhoramentos, 1978.

PARTE II

Saberes, políticas e projeções imperiais

Um grande inventário da Natureza: políticas da Coroa em relação ao Brasil na segunda metade do século XVIII

Maria Beatriz Nizza da Silva*

A partir do ministério de Pombal, uma série de governantes e vassalos ilustrados concebeu o plano de inventariar as ricas produções naturais de sua principal colônia numa atitude pragmática de torná-la mais rentável para a Coroa e para os próprios colonos. A rotina e a ignorância seriam substituídas por conhecimentos científicos e novas técnicas e às observações feitas localmente por naturalistas formados na Universidade de Coimbra reformada juntar-se-ia a divulgação de textos impressos sobre temas relevantes para instrução da população. Em vez de tentar mais uma vez definir o que foi a ilustração luso-brasileira, empreendimento que termina quase sempre com uma profunda frustração, talvez seja mais fecundo procurar aqueles que na época eram considerados ilustrados por seus pares, estivessem ou não a serviço da máquina administrativa do Antigo Regime, notadamente na tarefa de ajudar a Coroa a rentabilizar o aproveitamento do Brasil.

Embora, como mostrei em *Cultura luso-brasileira. Da reforma da Universidade à independência do Brasil*, a inexistência de estudos universitários na colônia tivesse como consequência uma formação intelectual muito semelhante entre os naturais da América portuguesa e os da metrópole, ou de qualquer outro ponto do Ultramar, o fato

---

*Universidade de São Paulo (USP).

é que a atuação dessa elite assumiu formas diferentes conforme o território onde atuavam e as especificidades desse. Mesmo que as instruções emanadas do governo metropolitano fossem idênticas e tivessem origem em governantes que tinham uma mesma noção do que seriam medidas ilustradas, sua aplicabilidade no terreno e o retorno que delas se obtinha variavam de região para região.

1. Conhecer para decidir

Não há dúvida de que perpassa a ação daqueles que sucessivamente ocuparam a Secretaria dos Negócios Ultramarinos na segunda metade do século XVIII e início do XIX a necessidade de tomar decisões racionais e de proceder a um planejamento em larga escala que viesse a substituir a atuação fragmentária e desconexa do Conselho Ultramarino.

Havia em primeiro lugar que conhecer melhor o próprio território brasileiro, a fim de se poderem desenhar mapas confiáveis, sobretudo em relação aos sertões desconhecidos. Enquanto no período pombalino a cartografia esteve fundamentalmente ligada às necessidades da política e da diplomacia, com o objetivo de demarcar de forma definitiva a fronteira com a América espanhola, passou-se depois a uma nova fase do conhecimento cartográfico mais atenta às riquezas naturais e aos núcleos populacionais, indígenas ou de colonos, em cada capitania. A geopolítica perdeu consideravelmente sua força, e a história natural, a estatística e a economia tornaram-se as ciências norteadoras. Entramos na época das "viagens filosóficas" tão bem definidas e planejadas por Domingos Vandelli. Basta lembrar aqui a longa peregrinação de Alexandre Rodrigues Ferreira, entre 1783 e 1793, a que me referirei mais adiante, que deu origem à carta geográfica da América meridional, composta pelo astrônomo Antônio Pires da Silva Pontes Leme e desenhada por José Joaquim Freire, um dos "riscadores", ou desenhistas, da expedição.[1]

Como o próprio Freire escreveu mais tarde, a carta geográfica recebeu ainda a colaboração do matemático Miguel António Ciera e ao desenhador foram fornecidas a latitude e a longitude das principais cidades, dos portos e dos rios daquele vasto território, "e com a presença de setenta e tantas cartas de diferentes locais, autores e escolas é que foi construída a carta geral do Brasil, a primeira que apareceu na Europa". Aliás, desde que regressara do Brasil, e sob a direção de Alexandre Rodrigues Ferreira no Real Jardim Botânico, esteve desde 1796 ocupado, além daquela carta geral, com o desenho de cartas geográficas: "Mapa topográfico do distrito da vila de Santo Antônio de Macacu" (1798); "Coleção de cartas do rio das Amazonas, desde a foz do rio Tajós até a foz do rio Negro" (1799); "Mapa de toda a extensão da Campanha da Princesa, fixado pelo rio Grande e pelos registros que limitam a Capitania de Minas Gerais" (1800); "Cartas topográficas do canal boreal e rio das Amazonas, desde a barra boreal de Bailique até a praça de Macapá" (1801); "Carta topográfica da ilha de Marajó, ou Joanes" (1802).[2]

Aliás, a criação, a 30 de junho de 1798, por sugestão de dom Rodrigo de Sousa Coutinho, da Sociedade Real Marítima, Militar e Geográfica tinha como objetivo estender "as luzes" de maneira a adquirir "o mais exato conhecimento" dos domínios ultramarinos, notadamente do Brasil.[3] Dom Rodrigo confessava a Alexandre Rodrigues Ferreira a urgência que tinha de "ter sempre diante dos olhos aquele continente" e exigia que as cartas geográficas do território brasileiro não contivessem erros de nomenclatura.[4]

Embora o esforço cartográfico da segunda metade do século XVIII tenha culminado com a carta geral do Brasil, não era tanto a feitura desse tipo de mapas que se procurava, mas sim o conhecimento cartográfico pormenorizado de cada capitania. O vice-rei marquês de Lavradio comentou com seu sucessor, Luís de Vasconcelos e Sousa, a pouca confiança que tinha nos mapas até então elaborados da Capitania do Rio de Janeiro, pois os geógrafos encarregados de tal tarefa "sempre se governaram mais por informações do que por exames pessoais". Constatava, assim, que um saber de segunda mão supria o trabalho científico de observação no terreno, quando se tornavam necessários mapas fiáveis.[5]

Por razões óbvias, a Capitania de Minas Gerais viu-se bem aquinhoada de mapas parciais das regiões mineradoras e de seus caminhos. José Joaquim da Rocha foi o autor do "Mapa da Capitania de Minas Gerais com a divisão de suas comarcas" (1778) e o Instituto de Estudos Brasileiros tem um belo desenho do termo da Real Vila de Queluz, elaborado de acordo com as indicações de Domenico Capacci e de Desnos, "corretas e aumentadas as alturas variantes para conhecimento da verdade". Essa vila foi criada em 1791 no antigo arraial dos Carijós e o mapa descreve a localização das freguesias, das capelas, dos rios e dos ribeirões e indica as cidades de Mariana e Vila Rica etc.[6]

Quanto ao "Mapa de toda a extensão da campanha da Princesa, fechada pelo rio Grande e pelos registros que limitam a Capitania de Minas", visa a fornecer informações úteis, como as distâncias entre as povoações indicadas e os seis portos do rio Grande nos quais "pagam os que passam direitos a S. M." Foi desenhado por Francisco de Sales e pode ser datado de 1800, ano da criação da vila da Campanha da Princesa.[7] O "Mapa do sertão de Pilões e rio Claro em que mostra os rios com diamantes e os que têm faisqueiras de ouro, feito por José Tomás de Vilanova", por volta de 1790, conservado no mesmo Instituto, refere-se à região mineradora de Goiás e, tal como os demais, representa uma tendência nova na cartografia.[8] Os mapas da primeira metade do século XVIII preocupavam-se mais com a certeza das latitudes e das longitudes do que em fornecer informações de caráter prático para quem os usava. Só na segunda metade do século essa tendência se firma e as cartas se tornam menos matemáticas e mais humanas, visando principalmente à localização de povoações e outras informações úteis.

É interessante notar que uma mesma palavra é usada para o desenho do território e para o cômputo da população: mapa. Primeiro Pombal e depois Martinho de Melo e Castro e dom Rodrigo de Sousa Coutinho ordenaram a vice-reis e governadores que fornecessem números exatos dos habitantes de suas capitanias. Desses esforços resultaram, no período pombalino e no subsequente, os mapas de população da Capitania de São Paulo, os mais abundantes hoje nos arquivos, e alguns da Bahia e de outras regiões. Há notícia de um "Mapa geral das cidades, vilas e freguesias que formam o corpo interior da Capitania do Rio de Janeiro", não datado, que permite um melhor conhecimento da população das cidades (Rio de Janeiro e Cabo Frio) e das vilas. Eram 51 as freguesias e a população foi classificada em livres e escravos de ambos os sexos.

As instruções enviadas por dom Rodrigo ao vice-rei conde de Resende e aos governadores, a 27 de outubro de 1797, revelam a necessidade que o ministério sentia de "noções muito exatas e individuais de cada uma das capitanias", e isso "a fim de que se principie um trabalho por meio do qual se possa chegar ao conhecimento". Nada mais significativo do que esta frase: o conhecimento geral do Brasil resultava da coleta de informações parciais. O ministro queria dados sobre os habitantes e suas ocupações; casamentos, nascimentos e mortes; importação e exportação; as produções próprias de cada capitania; os preços correntes dos gêneros; e o número de navios que entravam e saíam dos portos.[10]

A recolha desses dados implicava a atividade coletora de párocos, magistrados, funcionários das alfândegas e negociantes e também uma supervisão, de modo que cada um cumprisse rigorosamente a tarefa que lhe competia no prazo prescrito. Essa exigência do ministério surge como um sinal eloquente de um desejo de maior racionalidade nas decisões da metrópole visando ao desenvolvimento econômico da colônia. A estatística colaborava com a economia política, como se depreende das instruções a dom Fernando José de Portugal em 1800. O novo vice-rei deveria procurar obter "as mais exatas noções estatísticas sobre o estado da povoação, culturas, produções e balanços, tanto acerca da produção e consumação nessa capitania, como da sua exportação". Só desse modo se poderia avaliar "o verdadeiro e exato resultado das operações políticas" para aquele território.[11]

Os dados estatísticos impuseram-se de tal forma na administração ilustrada da virada do século XVIII que, ao ser requerida a criação de um governo em Campos de Goitacazes independente do governo da Capitania do Rio de Janeiro, se argumentou com dados populacionais constantes de um mapa de população de 1790. O requerimento foi indeferido, mas o episódio revela a relevância da informação numérica junto ao governo de Lisboa.[12]

Na Secretaria de Estado dos Domínios Ultramarinos atuaram principalmente Martinho de Melo e Castro (que se manteve no cargo mesmo depois da saída de Pombal do governo) e dom Rodrigo de Sousa Coutinho. Foram eles que formularam as diretivas mais vinculadas ao aproveitamento das riquezas naturais do Brasil, e o segundo procurou divulgar na colônia os livros e os folhetos de que ela carecia por não dispor de imprensa. Dom Rodrigo apoiou ainda aqueles que faziam descobertas úteis, quer na área tecnológica, como Jerônimo Vieira de Abreu, quer na área científica, como os naturalistas frei José Mariano da Conceição Veloso e João Manso Pereira.

Embora as diretivas fossem recebidas da metrópole, dependia dos governantes coloniais não só a sua aplicação no território brasileiro como também a racionalização da administração colonial. Lavradio, por exemplo, tinha plena consciência de ter inovado ao redigir um longo relatório para que seu sucessor tivesse condições de verificar aquilo que ele pudera fazer e aquilo que ainda era necessário promover. Criou, assim, a ideia de uma continuidade administrativa. Do mesmo modo, soubera formular um plano de governo e, embora não o tivesse cumprido em sua totalidade, foi "tocando em algumas partes" na medida das possibilidades: "Estes passos que dava, e resoluções que tomei, de nenhum modo desconcertavam o plano, ou ordem de sistema, quando fosse tempo e houvesse os meios para ele se poder formar." Ou seja, não se tratava de medidas desconexas, mas sim de medidas parciais em relação ao todo que concebera.[13]

Enquanto o marquês de Lavradio se referia a um "plano de governo", dom Rodrigo de Sousa Coutinho usava a expressão "sistema político", mas ambos visavam ao desenvolvimento da produtividade brasileira. Esse último visualizava aquilo que o Brasil poderia ser como possessão colonial, "tirando da sua extensão, situação e fertilidade todos os partidos que a natureza nos ofereça".[14]

52 | FORMAS DO IMPÉRIO

2. Funcionários ilustrados

Para que qualquer plano de governo ou sistema político pudesse ser efetivado, era preciso dispor de um conjunto de indivíduos que, no âmbito da Coroa e pagos por ela em ocupações diversas, pusesse em prática as diretivas recebidas. Como os cargos eram praticamente os mesmos na magistratura e nas instituições existentes nas capitanias, esses funcionários públicos faziam tais tarefas à margem de suas ocupações habituais como ouvidores, juízes de fora etc. As inovações curriculares pombalinas na reforma da Universidade de Coimbra (filosofia e matemática) ainda não se tinham concretizado em carreiras seguras e promissoras, como as das áreas tradicionais da justiça e da fazenda.

O juiz de fora do Rio de Janeiro, Baltazar da Silva Lisboa, que exerceu essa função durante nove anos, gabou-se de ter também feito estudos de história natural na Universidade de Coimbra reformada. Publicou nessa área do saber, em 1786, o *Discurso histórico, político e econômico dos progressos e estado atual da Filosofia Natural portuguesa, acompanhado de algumas reflexões sobre o estado do Brasil.* Nessa obra dá a entender serem poucos os estudantes que escolhiam filosofia como curso principal na universidade, "ou pela novidade e incerto êxito do estabelecimento", ou porque "só os estudos de jurisprudência civil e canônica, teologia e ainda a medicina deviam fazer o alvo para se obter as honras, o crédito público e a sustentação".

Sua análise coincide com a do bispo reformador dom Francisco de Lemos, em 1777. A Faculdade de Filosofia não atraía os jovens porque não dava garantia de emprego. Essa atitude, contudo, não significava falta de interesse pela nova área, pois, como testemunhou Baltazar da Silva Lisboa, foram sempre "muito frequentadas as aulas de história natural e dos outros ramos da filosofia". E o bispo reformador, por seu lado, atuou no sentido de desarraigar preconceitos e também de sugerir à Coroa "viagens que se deviam fazer dentro e fora do Reino".[15]

Foi certamente a publicação do *Discurso* que valeu a Baltazar da Silva Lisboa ser recomendado, em janeiro de 1787, ao vice-rei

Vasconcelos por Martinho de Melo e Castro com as seguintes palavras: "Além dos estudos jurídicos, ele se tem aplicado muito particularmente à história natural e vai examinar a ideia de percorrer os arredores do Rio de Janeiro."[16]

Embora esse ilustrado tenha depois dado preferência à atividade de cronista do Rio de Janeiro enquanto desempenhava as funções de juiz de fora, provedor dos defuntos e ausentes e outras ligadas à magistratura, o fato é que mesmo seu projeto historiográfico incluía capítulos de grande interesse para a Coroa, como "o estado do nosso comércio e agricultura, o caráter dos povos e finalmente a história natural do país em geral e em particular da serra dos Órgãos".[17]

Outro magistrado que usou a mais-valia de um saber muito valorizado na Corte foi Joaquim de Amorim Castro, juiz de fora da vila da Cachoeira, que em 1788 enviou ao presidente da Academia Real das Ciências de Lisboa uma *Memória sobre as espécies de tabaco que se cultivam na vila da Cachoeira com todas as observações relativas a sua cultura, fabrico e comércio e com a breve descrição botânica das mesmas espécies*.[18] E já remetera também para Lisboa uma relação das madeiras próprias para a construção de embarcações.

Em 1798 Amorim Castro ainda era juiz de fora da vila da Cachoeira e ali surgira um conflito entre ele e os moradores, mas a câmara da vila defendeu-o e elogiou sua atuação fora da área jurídica, como

> ativo e zeloso na promoção do tabaco da Virgínia, descobrindo outros muitos objetos úteis à mesma agricultura e ao comércio, como se viram pelas repetidas memórias sobre o tabaco, cochonilha, linho, madeiras de construção e várias descrições das ciências naturais, do reino animal e vegetal.[19]

Baltazar da Silva Lisboa, depois de ser juiz de fora do Rio de Janeiro, foi nomeado juiz conservador das matas dos Ilhéus e esse cargo deu origem a um alentado estudo, que ainda se encontra sob a forma de manuscrito na Biblioteca Nacional de Lisboa. Trata-se de um grosso códice dividido em sete capítulos e acompanhado de 38 estampas e de dois mapas intitulados "Mapa de todo o gênero de madeiras para uso das construções, obras das casas, engenhos etc., suas dimensões e redução das polegadas em palmos" e "Mapa das experiências feitas sobre a força de alguns paus do Brasil". Com o título *Ensaio da física vegetal dos bosques de Ilhéus*, revela a leitura de filósofos e agrônomos, como Grew, Duhamel e Buffon. A descrição completa de cada árvore é dedicada ao príncipe regente dom João.[20]

O ilustrado funcionário lamentava que as pessoas empregadas nas matas brasileiras fizessem por vezes cortes prejudiciais, "pela ignorância dos princípios e conhecimentos agrônomos". Ignoravam as partes constitutivas de cada tipo de árvore e cometiam erros. Baltazar da Silva Lisboa tem o cuidado de descrever cada espécie e apontar sempre seus usos econômicos, como era hábito entre os naturalistas. Assim, por exemplo, eram várias as serventias da sapucaia, de que se conheciam três variedades nas matas de Valença: "Da cápsula se fazem copos de beber água, de que fazem uso as pessoas que têm dificuldade de urinar, e também lhe atribuem virtudes antivenéreas." Quanto à madeira, era usada na construção de navios e nos mastros das sumacas e também em casas. A madeira queimada dava excelente carvão "e da casca batida se tira uma estopa para calafeto de embarcações e entra também sua serventia para o curtume dos couros".

Enquanto Baltazar da Silva Lisboa lamentava a ignorância dos falquejadores da comarca de Ilhéus, José Vieira Couto, na Capitania de Minas Gerais, apontava, em uma memória dedicada a dona Maria I, a falta de conhecimentos daqueles que se dedicavam à mineração. Para esse naturalista, a decadência da exploração aurífera resultava fundamentalmente da ignorância dos mineiros, proveniente do "descuido que houve de se instruir com tempo na sua profissão essa preciosa classe de homens". Ao contrário dos mineiros europeus, os do Brasil desconheciam que "a arte de mineirar faz um corpo de ciência" ligado a muitas áreas científicas e que para ser mineiro não bastava "saber só nivelar, cercar um rio ou rasgar mal um monte". Exatamente porque à Coroa interessava muito a mineração, competia ao governo seguir o exemplo das nações cultas onde existiam minas

(Suécia, Rússia, Polônia e Alemanha), que tinham tido o cuidado de divulgar obras úteis à arte metalúrgica, e cuidar também da instrução dos mineiros.[21]

3. Os viajantes

Recorrer a magistrados e outros funcionários não era suficiente para os objetivos do governo metropolitano, pois esses indivíduos não tinham condições, por seus cargos, de se afastar para longos itinerários pelo território brasileiro que ocupavam por vezes vários anos. Desse modo, era a Coroa que selecionava e contratava aqueles que lhe pareciam capazes de coletar informações e fazer experiências, sobretudo nas áreas da mineralogia e da botânica.

Logo em 1778, o lente de história natural da reformada Universidade de Coimbra, Domingos Vandelli, enviou ao ministério um plano de expedições ao Brasil e anexou "o rol dos instrumentos e outras coisas necessárias às viagens dos naturalistas para executarem as instruções que tiveram, e assim formarem com a maior diligência possível uma exata história natural de tão vasto continente". Esse rol era longo e incluía, além de livros e cartas geográficas, lentes, microscópios, óculos, tenazes para pegar cobras, armações para borboletas etc.[22]

Dizia Vandelli que já havia naturalistas prontos para partir, mas indicava também alguns bacharéis em filosofia que moravam no Brasil e com os quais se podia contar. Eram eles Joaquim Veloso de Miranda, em Vila Rica; José Vieira Couto, no Serro Frio; Serafim Francisco de Macedo e José da Silva Lisboa, na Bahia; Estácio Gularte, no Rio de Janeiro. E comentava a seu respeito: "Esses são todos bons e capazes de observar e recolher as produções naturais." Outros poderiam ainda colaborar como correspondentes: Antônio da Rocha Barbosa, no Rio de Janeiro, e Joaquim Barbosa de Almeida, na Bahia. O professor da Universidade de Coimbra conhecia, assim, um vasto leque de ex-alunos que poderiam desde logo ser úteis à Coroa.

Contribuiu ainda Vandelli com mais um incentivo aos viajantes ao escrever em 1779 um texto intitulado *Viagens filosóficas, ou Dis-*

sertação sobre as importantes regras que o filósofo naturalista, nas suas peregrinações, deve principalmente observar. A primeira parte do manuscrito aponta a necessidade de manter diários de viagem, indica o método de os elaborar e passa em seguida àquilo que deveria ser observado, inclusive o "conhecimento físico e moral dos povos". Não deixou de recomendar o contato com os indígenas, preciosos informantes da flora local: "Os índios, como são os mais inteligentes práticos daquele continente, são também os melhores mestres."[23]

A exploração científica da América portuguesa estava praticamente por fazer e o filósofo que viajasse pelo Brasil via-se metido "no meio de um mundo novo, ainda hoje tão desconhecido como no primeiro dia do seu descobrimento, se excetuarmos alguma parte da sua costa observada por Piso e Marcgraff". Se nada tinha sido escrito depois da obra dos dois naturalistas flamengos do século XVII, "só a observação e a experiência", e não livros, podiam ajudar o filósofo a penetrar nesses sertões para descobrir sua natureza, escrevia Vandelli.[24]

O incentivo intelectual para viagens filosóficas partiu sem dúvida do naturalista italiano, mas a execução de sua proposta dependia da Coroa e do financiamento concedido para tais expedições. Uma das mais longas foi empreendida pelo baiano Alexandre Rodrigues Ferreira, que partiu em 1783 para explorar cientificamente o Grão-Pará, o rio Negro, Mato Grosso e Cuiabá, acompanhado de dois "riscadores" e de um "jardineiro botânico". Sua missão era "examinar e descrever" tudo o que pertencesse ao domínio da história natural, recolher e acondicionar o material a ser enviado para Lisboa. Os governadores daquelas capitanias dariam o apoio logístico necessário ao sucesso da expedição: embarcações, remadores, mantimentos. Ao interesse que a Coroa tinha de conhecer melhor as produções naturais da região amazônica e da mato-grossense, aliava-se o desejo de implantar novas culturas consideradas indispensáveis à economia de Portugal, como era, por exemplo, a do linho cânhamo, já tentada também no sul do Brasil. Por essa razão, Alexandre Rodrigues Ferreira levava consigo sementes dessa planta "para a semear em diferentes lugares e em diferentes tempos".

Na segunda metade do século XVIII a história natural, de acordo com Buffon, incluía o homem em suas observações e o naturalista baiano remeteu para a metrópole a cabeça de um tapuia, "peça de que nos gabinetes da Europa não há exemplo", e também alguns artefatos, como "uma enfiada de dentes, uns poucos de colares e braceletes de penas". Ao longo dos nove anos que durou sua viagem, foram ainda coletadas várias "curiosidades artificiais dos gentios e índios domesticados", como armas, instrumentos musicais, ornamentos, móveis e alfaias.[25]

Muito embora também tivesse recebido instruções para proceder a "todo gênero de observações filosóficas e políticas sobre as diferentes repartições e dependências da população, agricultura e navegação, comércio, manufaturas", suas notas sobre esses temas são pouco frequentes e primam pelo laconismo.

É certo que não havia obras impressas que pudesse ler antes de sua expedição, exceto os *Anais históricos do Maranhão,* de Bernardo Pereira Berredo, publicados em 1749. Mas o ajudaram alguns textos manuscritos, como o "Diário da viagem em visita e correição das povoações da Capitania de S. José do Rio Negro", relato feito pelo ouvidor Francisco Xavier Ribeiro de Sampaio em 1774 e 1775. No decorrer da viagem, Alexandre Rodrigues Ferreira não desprezou a informação oral que podia enriquecer suas memórias científicas. Na "Memória sobre o gentio Guaicuru", escrita em viagem pelo rio Paraguai em 1791, o naturalista teve como informante "uma negra crioula nossa que eles cativaram quando rapariga e presentemente serve de língua [intérprete]". E, na "Notícia da nação Juioana a que chamam hoje Sucaca", serviu-se de um índio velho daquela nação, pois esse tinha "toda a notícia por tradição dos seus parentes". Não recusava, portanto, a tradição oral indígena, até porque estava plenamente consciente da destruição de grupos ao longo de dois séculos de colonização: "Muitas nações houve em outro tempo, das quais nenhuma notícia já hoje se conserva", escreveu ele na "Memória sobre os gentios que habitaram e habitam no Guaporé".

Sempre que possível, mandava retratar índios de várias nações e acompanhava o desenho feito por seus riscadores com uma descrição que acentuasse a especificidade cultural de cada grupo indígena. Esses desenhos foram enviados para Lisboa, para o Real Gabinete de História Natural: índios mauá, cambeba, caripuna, mura, uerequena, yurupixuna, miranha. Mais raros eram os desenhos de índias, talvez porque seus ornatos, suas pinturas corporais e seus artefatos fossem menos ostensivos do que na população masculina.

Ainda que a cultura material fosse o objeto principal de suas descrições das nações indígenas, Alexandre Rodrigues Ferreira tece por vezes algumas considerações de caráter "moral" no sentido de oposto a "físico". Assim, por exemplo, notou a ausência da ideia de propriedade: "Tudo é para todos. Basta que um dos do rancho tenha feito um ralo para todos entrarem em direito de se servirem dele." Por outro lado, comentou os limites da criatividade indígena. Como os índios só se dedicavam à caça, à pesca e à guerra, sua capacidade criativa encontrava poucas ocasiões para se desenvolver: "São tão limitados os seus desejos e tão contraídas as suas necessidades que toda a sua invenção certamente não acha em que se exercitar."[26]

A constatação da prática da antropofagia é feita sem qualquer juízo de valor, pois, segundo o naturalista, as frequentes guerras entre as nações indígenas, acompanhadas da escravização dos inimigos e dos banquetes rituais, constituíam um capítulo central da história natural do homem americano. Por essa razão foram remetidos para Lisboa alguns despojos de guerra antropofágicos, como uma cabeça, troféu do gentio munduruk, gaitas feitas de tíbias humanas e uma gargantilha de dentes, além de uma massa untuosa misturada com urucu, dentro de um pequeno cesto, a qual seria um cérebro humano.[27] Rodrigues Ferreira apontou igualmente a diferença entre a escravização dos inimigos vencidos em guerra e os escravos dos brancos e aqui emite um juízo de valor, ao dizer que os índios eram menos bárbaros do que as mais educadas nações da Europa, que, "sem embargo de terem a razão exercitada pela filosofia", não hesitavam na América em "fazer mais pesado o jugo da escravidão dos negros". Já os índios guaicurus, por exemplo, não procuravam enriquecer-se à custa do trabalho alheio: "Cada senhor se contenta de que como tal o reconhece o seu escravo."

Como os povos indígenas não tinham escrita, só por meio de seus artefatos se podia "mostrar o americano em todas as diversas situações em que a Natureza o tem colocado, seguir os seus passos nos diferentes graus de sociabilidade por onde ele tem passado". Daí a razão por que Rodrigues Ferreira se preocupou tanto com a recolha de artefatos indígenas, os quais em Portugal provocaram mais perplexidade do que entusiasmo. A botânica e a zoologia, bem como a mineralogia, constituíam os principais interesses do Real Gabinete de História Natural e na verdade não se sabia o que fazer com aqueles objetos estranhos.

Estampas e anotações sobre a fauna e a flora encontram-se hoje na Biblioteca Nacional do Rio de Janeiro. São 881 desenhos, coloridos e em preto e branco, reunidos numa coleção intitulada "Plantas da expedição do Pará copiadas no Real Jardim Botânico". Mas todo esse material iconográfico, bem como as memórias, permaneceu para uso da Coroa, embora Ferdinand Denis, um grande conhecedor do Brasil, recomendasse sua publicação. Alexandre Rodrigues Ferreira era para ele o mais notável viajante nascido em terras brasileiras e ressaltava seu mérito por ter contatado tantas nações indígenas até então ignoradas.[28]

Outro viajante naturalista desse período foi o botânico frei José Mariano da Conceição Veloso. Depois de ter procurado na Capitania de São Paulo, no tempo do governador Lobo de Saldanha, "variedades e plantas virtuosas para a História Natural", foi em seguida chamado pelo vice-rei Luís de Vasconcelos e Sousa, provavelmente em fins de 1782, para fazer a coleta e a descrição das plantas fluminenses. O vice-rei referia o trabalho do frade num ofício de 17 de junho de 1783 a Martinho de Melo e Castro: "Já me tem apresentado algumas descrições principiadas, e figuras das plantas que tem notado, cuja coleção espero que possa ser muito agradável a S. M. quando estiver completa."[29]

Essa coleção de desenhos botânicos, com suas descrições, encontra-se igualmente na Biblioteca Nacional do Rio de Janeiro e caracteriza-se pela anotação cuidadosa dos usos de cada planta e de seus nomes indígenas ou europeus, além de sua classificação lineana.

60 | FORMAS DO IMPÉRIO

O saber desse frade não provinha da Universidade de Coimbra, e sim de bibliotecas conventuais. Ele constantemente cita Piso e Marcgraff, os naturalistas flamengos do século XVII, além das obras de Lineu.

A expedição de frei Veloso foi também longa e representou um enorme esforço físico, como ele próprio relatou ao príncipe regente dom João. Durante anos vagueara por terras inóspitas, quase morrera afogado no mar "por um tufão de vento que emborcou a canoa" em que navegava. Contraiu moléstias perigosas e quase ficara cego durante oito meses quando se encontrava entre os ararizes, "índios bravos que infestavam as vizinhanças do Rio de Janeiro nos matos da Paraíba".[30]

O vice-rei Vasconcelos e Sousa apoiou essa "expedição botânica" de três frades: Veloso para a dirigir, Francisco Solano para fazer os desenhos e Inácio de Santa Inês para escrever as definições científicas. Além de 23 escravos, viajavam com o naturalista 13 militares, três deles também desenhistas, e incorporou-se ainda um desenhista "paisano", ou seja, não militar. Um oleiro, um pedreiro e um semeiro faziam igualmente parte da comitiva. De acordo com o "Mapa da expedição botânica que por ordem do Ilmo e Exm senhor vice-rei se acham empregados em serviço de Sua Majestade", conservado na Biblioteca Nacional do Rio, sabemos que parte dos escravos e dos mantimentos (carne, farinha, feijão e arroz) foi fornecida pela Fazenda de Santa Cruz, pertencente à Coroa depois da expulsão dos jesuítas. Usaram os viajantes seis canoas e 26 animais (cavalos inteiros, cavalos capados, machos e mulas). Deve ser notado que a expedição não foi exclusivamente botânica, pois, enquanto os desenhistas produziam 71 estampas, outros membros preparavam 24 peixes "para a coleção", certamente do Museu Real de História Natural.[31] Os itinerários foram percorridos por terra e por mar e as remessas botânicas eram enviadas ao vice-rei no decorrer da viagem e esse, por sua vez, mandava-as para Lisboa.

Tal como a viagem de Alexandre Rodrigues Ferreira, também a de frei Veloso teve sua origem nas diretrizes do secretário de Estado dos Domínios Ultramarinos, com o objetivo de enriquecer as coleções reais. Martinho de Melo e Castro, a 30 de julho de 1784, considerou, contudo, desnecessário enviar ao naturalista as especificações do Jardim Botânico de Lisboa, dada a qualificação do frade para a tarefa. Ele era "o mais exato, ou, para melhor dizer, o único que remeteu para este Real Gabinete produtos tão bem acondicionados". E a atividade de frei José Mariano no Rio de Janeiro não se restringiu à flora fluminense, pois as relações enviadas em 1787 e 1788 referem animais, aves e minerais. Organizou, ainda, em sete caixões, uma coleção de conchas, as quais, segundo Melo e Castro, chegaram muito "bem ordenadas" e foram muito apreciadas "por sua raridade".[32]

A viagem de sete anos (1783–1790) pela Capitania do Rio de Janeiro teve como resultado 1.640 desenhos com as respectivas descrições, mas esta *Flora Fluminensis* só foi publicada em 1825, em latim e sem as ilustrações botânicas que constituíam sua maior utilidade. Em seu *Correio Braziliense*, Hipólito da Costa fez o necrológio do naturalista, morto em 1811, com as seguintes palavras:

> Empregado trinta e tantos anos de estudos na vastíssima ciência da História Natural, este varão de excelente engenho compôs, depois de imensas fadigas pelos sertões da América, a flora do Rio de Janeiro, obra de 11 volumes em fol., aonde se acham analisadas mais de 3.000 plantas e classificadas segundo o sistema de Lineu.[33]

Menos longas foram as viagens de Manuel Arruda da Câmara pelo sertão de Pernambuco e pelo Piauí, entre março de 1794 e setembro de 1795, e delas resultaram apontamentos que o naturalista se recusava a publicar enquanto não tivesse tempo para os analisar. Numa carta a frei Veloso, datada de 20 de setembro de 1795, dizia ter feito nas suas viagens "observações, indagações e algumas descobertinhas", mas ainda estava tudo em embrião. E criticava a pressa com que alguns naturalistas publicavam seus resultados: "Se eu tivesse o gênio de algumas pessoas, já podia arranjar tudo o que tenho a este respeito e dar a público, pondo-lhes na frente o pomposo título 'Viagens mineralógicas no interior do sertão de Pernambuco...'." Outras viagens fez ainda, de dezembro de 1797 a julho de 1799, aos sertões da Paraíba e do Ceará, mas essas visavam a pesquisas circunstanciais, e não a projetos amplos, como as de Rodrigues Ferreira e frei Veloso.

Em novembro de 1796, dom Rodrigo de Sousa Coutinho ordenou ao governador de Pernambuco que encarregasse Arruda da Câmara de examinar as nitreiras naturais existentes naquela capitania e prometeu-lhe uma recompensa proporcional ao seu serviço e à quantidade de salitre que descobrisse. Alguns meses mais tarde essa ordem foi completada: a Coroa queria também informações sobre as minas em geral na região do rio São Francisco e muito especialmente sobre as minas de cobre da Jacobina.

Sabemos que Arruda da Câmara foi pago pela Coroa, a partir de 1797, com uma pensão de 400$000 mais uma ajuda de custo de 200$000, mas esse pagamento foi por ele considerado insuficiente para aquilo que o ministério dele exigia. Tratava-se de uma região de mais de quatrocentas léguas, sem quaisquer estalagens ou apoios:

> Devo levar comigo os víveres necessários para mim e para os que me acompanham. Para isto e para minha condução me são indispensáveis, ao menos cinco cavalgaduras e outros tantos condutores, instrumentos para as minhas experiências, tais como o meu necessário químico, alavancas, almocatres, bateias, varruma para penetrar a terra, o que tudo devo conduzir por estes lugares quase desertos.

Deveriam ainda ser previstas outras despesas, como os aluguéis de pessoas para escavar a terra onde fossem encontrados indícios de algum mineral e para conduzir os produtos até o Recife.[34] Estamos, portanto, longe das larguezas financeiras e da logística que acompanharam as longas viagens filosóficas. Para cumprir essa diretiva de dom Rodrigo, foi necessário reclamar e o ministério acabou concordando em pagar as despesas à medida que o naturalista enviasse ao governador de Pernambuco os resultados de sua expedição.[35]

Alexandre Rodrigues Ferreira e frei José Mariano da Conceição Veloso representam uma fase bem característica das diretivas metropolitanas em relação ao Brasil na segunda metade do século XVIII. As viagens filosóficas eram longas, com forte apoio dos governantes locais em matéria de transporte, escravos e mantimentos. Quando dom Rodrigo de Sousa Coutinho ocupou o ministério, podemos dizer que as viagens se tornaram mais curtas, mais localizadas, com objetivos mais específicos, e se afastaram da filosofia natural para se aproximar mais da economia política.

4. A ilustração periférica

Já vimos que as diretivas da Secretaria de Estado dos Domínios Ultramarinos eram transmitidas ao vice-rei e a todos os governadores do Estado do Brasil, mas a instruções idênticas não correspondiam resultados semelhantes àqueles que se obtinham no Rio de Janeiro, na Bahia ou em Minas Gerais. Capitanias como a do Mato Grosso, de Goiás ou de São Paulo, mais periféricas, embora pudessem ter governantes ilustrados, não forneciam o mesmo tipo de informações exigido pelo ministério.

Tomemos o caso de São Paulo. As autoridades locais procuravam satisfazer os pedidos da metrópole e enviavam para lá amostras de plantas e de minerais, como ocorreu com uma remessa para o visconde de Anadia em março de 1803. Da lista dos produtos consta uma "raiz de que se usa nas moléstias venéreas e que faz as vezes da salsaparrilha", bem como a jopecanga, que tinha o mesmo uso medicinal; a taiuba, que servia para a tinturaria, e o caraguatá, que produzia uma cor amarela; o tronco de uma árvore, cuja casca amarga e antisséptica dava o mesmo efeito que a quina; uma resina fóssil, "chamada no país incenso da terra", de que se fazia o alambre, ou seja, o âmbar; ferro magnético do Morro Branco e também "ferro octaedro" da região de Sorocaba; ágatas dos rios Paraná e Pardo; argila branca para porcelana; cristais de rocha; vitríolo extraído pelo naturalista João Manso Pereira.[36]

Foi, aliás, Manso Pereira que escreveu em 1803 uma "Memória sobre o enxofre", baseada nas experiências que fizera nas pirites de Taubaté. Conhecia os mais célebres mineralogistas e seguia o que se fazia na Europa. Enquanto esse pesquisador era um prático autodidata,

Martim Francisco Ribeiro de Andrada, formado em Coimbra, atuou também como mineralogista na Capitania de São Paulo, e os produtos por ele recolhidos durante uma viagem a Curitiba foram enviados para Portugal em 1804. Mas não se limitou às espécies minerais. Em 1806 remeteu sementes, identificadas por seus nomes vulgares e científicos, e indicou ao mesmo tempo os locais onde se encontravam tais plantas, como várzeas, terras alagadiças, matos virgens.[37]

Um relatório mais completo, que respondia às questões colocadas pelo ministério em Lisboa, foi elaborado nesse mesmo ano por Martim Francisco e nele se observa a preocupação com a rentabilidade da exploração mineral. O enxofre, por exemplo, seguiu para o Reino só "com o fim de fazer ver todas as raridades da capitania", pois tanto as pirites examinadas por João Manso Pereira em Taubaté quanto as que ele próprio descobrira em suas viagens não davam esperança de grande proveito. Mas, pelo contrário, a pedra-ume paulista poderia concorrer com a das fábricas de Itália, Suécia e Alemanha "e ser sua extração conveniente ao Estado". Era muito usada na tinturaria, em algumas preparações de couro, nas fábricas de papel "e em muitas outras Artes".

Essas atividades ilustradas na Capitania de São Paulo são mais tardias do que no Rio de Janeiro ou na Bahia e revelam aquilo que disse acima: o inventário da Natureza brasileira afastava-se então, no início do século XIX, da história natural e aproximava-se decisivamente da economia política: o aproveitamento das riquezas naturais destinava-se, sobretudo, ao desenvolvimento das artes e das técnicas e ao incremento da produção nacional, a fim de se evitarem as importações dispendiosas. As pedras de xisto, por exemplo, substituiriam as do Levante, "atendendo à comodidade do preço e a não sair o nosso dinheiro para fora do Reino".[38]

Também nessa capitania dom Rodrigo de Sousa Coutinho recorreu ao governador Antônio Manuel de Melo Castro e Mendonça para a divulgação das obras técnico-científicas que iam saindo dos prelos lisboetas, sobretudo da Oficina do Arco do Cego, destinadas ao desenvolvimento da agricultura e das manufaturas agrícolas, ou ainda da mineração e do conhecimento da flora medicinal. Como escrevia o ministro a 7 de fevereiro de 1799, era necessário divulgar textos que permitissem aos habitantes da capitania adquirir "aquelas luzes e noções" conducentes ao "adiantamento da cultura de suas propriedades territoriais". Nessa remessa foram enviados para São Paulo 365 volumes e com outros envios chegamos a 2.490 impressos, número que é certamente inferior ao real, pois em algumas listas não era indicado o número de exemplares. Contam-se 76 títulos, que revelam as áreas prioritárias da política colonial e em sua maioria eram traduções. Apesar desse esforço de divulgação técnico-científica, o governador Melo Castro e Mendonça queixava-se ao ministro de que não tinha conseguido vender todos os impressos remetidos de Lisboa.[39]

Notas

1. Ver COSTA, Antônio Gilberto, *Cartografia da conquista do território das Minas*, p. 153 e 167.
2. FARIA, Miguel Figueira de, *A imagem útil*, p. 224 e 237.
3. COUTINHO, Dom Rodrigo de Sousa, *Textos políticos, econômicos e financeiros*.
4. FARIA, Miguel Figueira de, *A imagem útil*, p. 198.
5. "Relatório do marquês de Lavradio, vice-rei de 1769 a 1779, apresentado ao vice-rei Luís de Vasconcelos e Sousa, seu sucessor (19 de junho de 1779)", p. 214.
6. VELOSO, Júlio Caio Veloso, *Coleção Alberto Lamego*, p. 55.
7. Ibidem, p. 63.
8. Ibidem, p. 68.
9. *Revista do Instituto Histórico e Geográfico Brasileiro* (RIHGB), 47, p. 27-29.
10. Arquivo Histórico Ultramarino (AHU), Cod. 573, fls. 255, 255v.
11. AHU, Cod. 575, fls. 95 e seguintes.
12. AHU, Rio de Janeiro, Caixa 183, doc. 13338.
13. "Relatório do marquês de Lavradio", op. cit., p. 213, 214 e 264.
14. COUTINHO, Dom Rodrigo de Sousa, *Textos políticos, econômicos e financeiros*, p. 49.
15. Ver *Discurso...*, p. 11-14; e LEMOS, dom Francisco de, *Relação geral do estado da Universidade*, Coimbra.
16. RAMINELLI, Ronaldo, *Viagens ultramarinas*, p. 188.
17. Biblioteca Municipal do Porto, Mss, Cod. 516. Em março de 1791 enviou a Martinho de Melo e Castro os três primeiros capítulos da História do Rio de Janeiro.
18. Ver a transcrição dessa memória em LAPA, José Roberto do Amaral, *Economia colonial*.
19. Sobre essas outras memórias, ver meu livro *A cultura luso-brasileira*, p. 41.
20. Biblioteca Nacional de Lisboa, Mss, Cod. 4561. Os títulos dos capítulos são: 1) Dos princípios e partes de que se compõem as árvores e o tempo do seu corte; 2) Das árvores de construção consideradas pelos caracteres botânicos, seus usos e préstimos; 3) Da cultura das árvores dos bosques; 4) Dos meios de conservar a boa qualidade dos paus; 5) Das madeiras empregadas no uso

da Marinha, sua fatura e usos; 6) Dos preços das madeiras; 7) Da resistência dos paus.

21. "Memória sobre a Capitania de Minas Gerais, seu território, clima e produções metálicas; sobre a necessidade de se restabelecer e animar a mineração decadente do Brasil, sobre o comércio e exportação de metais, e interesses régios", RIHGB, 11, 1851, p. 289-335.

22. Ver CARVALHO, Rómulo de, *A história natural em Portugal no século XVIII*.

23. Academia das Ciências de Lisboa, série vermelha, Mss 405.

24. Existem traduções das obras dos naturalistas flamengos: MARCGRAVE, Jorge, *História natural do Brasil*; e PISO, Guilherme, *História natural do Brasil ilustrada*.

25. Ver AREIA, M. L. Rodrigues; MIRANDA, M. A.; HARTMANN, T. *Memória da Amazônia*.

26. FERREIRA, Alexandre Rodrigues, *Viagens filosóficas pelas capitanias do Grão-Pará, Rio Negro, Mato Grosso e Cuiabá*, p. 56.

27. FERREIRA, Alexandre Rodrigues, *Viagens filosóficas pelas capitanias do Grão-Pará, Rio Negro, Mato Grosso e Cuiabá*, p. 63.

28. DENIS, Ferdinand, *Résumé de l'Histoire du Brésil*, p. 599.

29. *Plantas fluminenses descritas por fr. Veloso*, p. 132, nota 14.

30. CARVALHO, Rómulo de, *A história natural em Portugal no século XVIII*, p. 90.

31. Biblioteca Nacional do Rio de Janeiro, Mss 4,4,9.

32. *Plantas fluminenses descritas por fr. Veloso*, p. 128, carta de Martinho de Melo e Castro, de 4 de janeiro de 1787.

33. *Correio Braziliense*, 9:392-393, 1812.

34. MELO, José Antônio Gonsalves de, *Manuel de Arruda Câmara*, p. 237-238.

35. Ibidem, p. 242.

36. *Documentos interessantes para a história e costumes de São Paulo*, 95, p. 61.

37. *Ibidem*, 95, p. 144 e 199.

38. *Ibidem*, 95, p. 218-220.

39. Sobre as obras enviadas, ver meu livro *História de São Paulo colonial*, p. 222-223.

Referências

AREIA, M. L. Rodrigues; MIRANDA, M. A.; HARTMANN, T. *Memória da Amazónia: Alexandre Rodrigues Ferreira e a Viagem Philosophica pelas Capitanias do Grão-Pará, Rio Negro, Mato Grosso e Cuyabá: 1783-1792*. Coimbra: Museu e Laboratório Antropológico da Universidade, 1991.

CARVALHO, Rómulo de. *A história natural em Portugal no século XVIII*. Lisboa: Instituto de Cultura e Língua Portuguesa, 1987.

COSTA, Antônio Gilberto (Org.). *Cartografia da conquista do território das Minas*. Belo Horizonte; Lisboa: Ed. da UFMG; Kapa, 2004.

COUTINHO, Dom Rodrigo de Sousa. *Textos políticos, econômicos e financeiros*: 1783-1811, tomo 2. Lisboa: Banco de Portugal, 1993.

DENIS, Ferdinand. *Résumé de l'Histoire du Brésil*. 2ª. ed. Paris, 1825.

Documentos interessantes para a história e costumes de São Paulo, São Paulo, nº 95, 1995.

FARIA, Miguel Figueira de. *A imagem útil*. Lisboa: Universidade Autônoma, 2001.

FERREIRA, Alexandre Rodrigues. *Viagem filosófica pelas capitanias do Grão-Pará, Rio Negro, Mato Grosso e Cuiabá*: memórias, Antropologia. Rio de Janeiro: Conselho Federal de Cultura, 1974.

LAPA, José Roberto do Amaral. *Economia colonial*. São Paulo: Perspectiva, 1973.

LEMOS, Dom Francisco de. *Relação geral do estado da Universidade*: 1777. Coimbra, 1980.

MARCGRAVE, Jorge. *História natural do Brasil*. São Paulo: Imprensa Oficial do Estado, 1942.

MELO, José Antônio Gonsalves de. *Manuel de Arruda Câmara*. Recife: Fundação de Cultura Cidade do Recife, 1982. Obras reunidas.

PISO, Guilherme. *História natural do Brasil ilustrada*. São Paulo: Companhia Editora Nacional, 1948.

Plantas fluminenses descritas por fr. Veloso. Rio de Janeiro: Biblioteca Nacional, 1977. Separata de Anais.

RAMINELLI, Ronaldo. *Viagens ultramarinas*: monarcas, vassalos e governo a distância. São Paulo: Alameda, 1980.

_____. *História de São Paulo colonial*, São Paulo: Editora da Unesp, 2009.

Revista do Instituto Histórico e Geográfico Brasileiro (RIHGB), Tomo XI, Rio de Janeiro, 1851. Disponível em: <http://www.ihgb.org.br/rihgb.php?s=p>.

Revista do Instituto Histórico e Geográfico Brasileiro (RIHGB), Tomo XLVII, Rio de Janeiro, 1884. Disponível em: <http://www.ihgb.org.br/rihgb.php?s=p>.

SILVA, Maria Bezerra Nizza da. *A cultura luso-brasileira*: da reforma da Universidade à independência do Brasil. Lisboa: Estampa, 1999.

"Relatório do marquês de Lavradio, vice-rei de 1769 a 1779, apresentado ao vice-rei Luís de Vasconcelos e Sousa, seu sucessor (19 de junho de 1779)." In: VISCONDE DE CARNAXIDE. *O Brasil na administração pombalina*: economia e política externa. 2ª. ed., São Paulo: Companhia Editora Nacional; MEC, 1979.

VELOSO, Júlio Caio. *Coleção Alberto Lamego*: Catálogo de iconografia. São Paulo: Instituto de Estudos Brasileiros; Universidade de São Paulo, 2002.

Saberes e política:
os astrônomos em Mato Grosso
1782–1789

Joaquim Romero Magalhães*

Ao João Carlos Garcia

O Tratado de Madrid de 12 de Janeiro de 1750 implicava que Portugal e a Espanha enviassem para a América do Sul gente capaz de passar as fronteiras do papel para o terreno. O que pressupunha saber fazer as demarcações, e na época não era isso comum nem fácil. Havia já exigência de aplicação de conhecimentos matemáticos que em Portugal não tinha muitos nem muito aptos cultores. Por isso a contratação de estrangeiros — com a limitação ao recrutamento que a garantia de estrita ortodoxia religiosa implicava. Acresce que a latente conflitualidade política entre os dois reinos peninsulares também não viria facilitar a execução do tratado. Que depois de algum trabalho no Sul do território se verá suspenso para ser revogado em 1761 (Tratado do Pardo), só vindo a ser substituído em 1777 pelo Tratado Preliminar de Paz e de Limites (correntemente designado de Santo Ildefonso). Mesmo este um Tratado Preliminar, pois que ainda se não conseguira um acordo total. Embora: uma vez mais, exigia-se a demarcação de fronteiras entre as possessões portuguesas e espanholas na América.

Desta vez a contratação de matemáticos para efectuarem essas operações de geodesia para a parte portuguesa não exigirá a

---

*Professor Catedrático da Faculdade de Economia da Universidade de Coimbra.

vinda de estrangeiros. Porque já se fizera a reforma da Universidade de Coimbra, em 1772. Os novos graduados em Matemática (que estudaram com o veneziano Miguel Franzini, o piemontês Miguel António Ciera e o português José Monteiro da Rocha)[1] tinham-se prestado a actos ditos de repetição — presididos por José Anastácio da Cunha —, defendido as suas dissertações e debatido pontos à sorte em exame privado, jurado a Imaculada Conceição e ouvido missa do Espírito Santo e tomado o grau de licenciado e depois de doutor em público (foi padrinho o doutor Ciera). Davam-se como habilitados para seguir para os territórios que havia que demarcar. O ensino agora ministrado tinha uma valência caracterizadamente prática.[2]

A reorganização dos estudos acompanhava os recentes desafios da matemática, da filosofia e da história natural. A própria profissão de matemático, geógrafo ou astrônomo ficava prestigiada pela necessidade que o Estado tinha desses graduados. Para trabalhos no Reino como no Brasil. As medidas a tomar na colonização da América portuguesa não podiam ser ignoradas dos reformadores e hão-de ter contribuído para suscitar a radical modificação dos cursos em Coimbra. Haver matemáticos ao serviço da Coroa fora a intenção de Pombal que depois se não cumprira inteiramente, como assinalou o luso-brasileiro D. Francisco de Lemos de Faria Pereira Coutinho, reitor da Universidade que tanto na reforma se empenhou. Para o que requeria o estabelecimento de empregos específicos para os matemáticos que a Universidade ia habilitando.[3]

Dois desses jovens doutores saídos da Universidade renovada são enviados em 1780 para o sertão ocidental do Brasil: Francisco José Lacerda e Almeida, nascido em São Paulo em 1753, e António Pires da Silva Pontes, também brasileiro talvez da mesma idade, natural de Mariana.[4] Depois de receberem os capelos doutorais em 1777 (24 de dezembro),[5] tinham sido expressamente treinados pelo doutor Ciera, lente de astronomia em Coimbra, com prática nas demarcações no Sul aquando das tentativas de realizar o disposto no Tratado de Madrid.[6] Chefiava esta segunda missão de delimitação o general João Pereira Caldas, que já fora governador do Piauí e do Pará.[7]

Saídos de Lisboa a 8 de janeiro, aportam os matemáticos a Belém do Pará em 26 de fevereiro de 1780. Daí numerosa expedição — de 312 membros, transportados em 8 embarcações — a 2 de agosto arranca para Barcelos, cabeça da nova capitania de São José do Rio Negro. Seria uma viagem de dois meses e meio, pois só a 17 de outubro chegaram a Barcelos. Aproveitaram o caminho para trabalhos de medição astronômica: assim regista o doutor Lacerda a vila de Santarém (antiga Tapajós) como estando na latitude austral de 2° 24' e 50", na longitude de 325° 15' da ilha do Ferro (Canárias) e mostrando a agulha uma variação NE de 5° 32'; a foz do rio Madeira à latitude austral de 3° 23' 43", longitude de 318° 52' 53".[8]

As instruções para os matemáticos repetiam à letra as que Francisco Xavier de Mendonça Furtado entregara em 1754 aos que então se destinavam a executar as demarcações pela raia acordada no Tratado de Madrid. Tinham que fazer "todo o possível para hirem configurando os Ryos por donde navegarem que nelles se metem, explicando todos pelos seus nomes, [...], e formarão hum Mappa exacto debaixo da escalla ou Petipé que no espaço de huma Polegada de pé de Rey de Paris, comprehenda a Vigessima parte de hum gráo do Circulo do Equador, sem que de forma alguma se possa alterar o Methodo acima". Mais: "Para que possa o sobredito Mappa ser formado com a exactidão possivel, os Astronomos e Geografos tomarão ao meyo dia a altura do Sol apontando a variação da agulha: e de noutte, quando o tempo e as circunstancias o premitirem, farão as observaçoens Astronomicas, que são proprias para determinarem as longitudes."[9]

Destinavam-se dois dos astrônomos e matemáticos — como dois dos engenheiros — à Capitania de Mato Grosso. Na fronteira oeste havia que proceder segundo os termos fixados pelo Tratado, com a definição de uma linha imaginária entre a foz do Jauru e o Sararé, no Amazonas.[10] Operação também política. Porque, se a ida dos matemáticos para o Brasil tinha como finalidade a demarcação das fronteiras, não se tratava de uma operação em que apenas se executasse essa determinação. Pretendia o secretário de Estado da Marinha e Negócios Ultramarinos Martinho de Melo e Castro (diplomata empossado no lugar em 1770 nele tendo permanecido até

1795) que os astrônomos e matemáticos de antemão preparassem as operações que deveriam efetuar em conjunto com os espanhóis para melhorar o que ficara acordado. A missão de demarcação tinha excepcional relevância política e não podia ser menos cuidada na passagem à prática.

A comissão portuguesa deveria discutir e apurar alguns pontos para a concretização do disposto no Tratado. Assim, estaria prevenida: "e ficando na mesma na inteligencia das observaçoens que eles fizerão no referido Rio da Madeira será muito util ao Real serviço que eles se não descuidem em fazer todos os possiveis exames, principalmente nas partes que parecerem mais duvidozas, a fim de que quando chegar a partida Espanhola se ache a nossa com todos os necessarios conhecimentos, sem os quais, nem se podem vencer embaraços, nem soltar duvidas, que muitas vezes se aprezentão, e se opõem ao proseguimento de um negocio tão importante, como o de que os ditos Mathematicos e Engenheiros vão incumbidos debaixo da inspecção ocular do Gov.ºʳ e Cap.ᵐ G.ᵃˡ Luis de Alboquerque."[11] Porque se punham questões de aplicação ao terreno do disposto no documento firmado, e o próprio governador propunha e defendia soluções diferentes das adotadas.[12]

Em Barcelos, João Pereira Caldas ordena expedições de reconhecimento do território amazônico. Que eram ao mesmo tempo de treino no terreno. Para o que se dispunha de informações dos práticos que tinham sido recolhidas sobre as áreas a conhecer. Expedições, pois, de conhecimento da terra consideradas essenciais para o domínio político e cartografia do território que urgia realizar. Porque muitas vezes se referem os demarcadores a coordenadas "que só servem para mayor exactidão do Mappa", como é o caso de Barcelos, à latitude de 58' S e longitude de 314° 43' da ilha do Ferro, variação NE 7° 16'.[13]

A 25 de dezembro inicia o doutor Lacerda uma expedição que o levará até ao Forte de S. José de Marabitemas, e que terminará a 30 de janeiro de 1781. Explora o rio Vaupés (Guaupés ou Uaupés), que segue na mesma direcção do rio Negro, e cartografa esse território.[14] No mesmo ano, partindo a 1º de janeiro e regressando a 17 de maio, é a vez do doutor Silva Pontes ir pela bacia do Rio Branco, que se temia que pelo imaginário Lago Parimé tivesse comunicação com o Orinoco.[15] Teria que buscar os "limites naturaes, que hajão de servir de inalteravel demarcação". Tratava-se de serras de que muito pouco se sabia. Rios ficam a ser conhecidos nas suas fontes e percursos, como os Trombetas e Urubu, Mahu, Tucutu e Pirará ou o Rupunori e outros. Porque havia que atingir a raia do Suriname Holandês.

Sempre se tornava mais complicada a determinação das longitudes, em especial impossível quando o tempo estava "muito chuvoso e nublado", impedindo a observação astronômica. O que muitas vezes ocorria. Não ficaram as observações da longitude no Japurá devidamente feitas — por "indisposição do tempo, e da molestia do Mathematico". Talvez houvesse falta de algum material: apenas um quadrante acompanhava a pêndula, "para poderem tomar com exatidão as alturas do Sol, ou das Estrellas, para o fim de determinar com summa precizão os angulos horarios, primeira baze fundamental destas observações".[16] Verificava-se que não convinha separar os astrônomos porque só haveria instrumentos para trabalharem em conjunto.

Finalmente, em 1º de setembro de 1781 lá se põe em marcha em Barcelos a expedição que ia levar os homens da terceira partida das demarcações rumo a Vila Bela da Santíssima Trindade no Extremo Oeste.[17] A maior dificuldade desta navegação fluvial residia nas cachoeiras que dificultavam a passagem. E por isso as descrevem com cuidado. "Ocupam as mencionadas 17 cachoeiras um espaço de 70 legoas; as 12 primeiras no rio da Madeira e as 5 ultimas no Mamoré. Nós gastámos em passa-las 73 dias, por serem as nossas canôas pequenas e de pouca carga; porém as canôas de commercio, que são maiores e mais carregadas, nunca gastam menos de 3 mezes."[18] Umas vezes aliviavam as canoas, outras havia que fazer as passagens à sirga ou mesmo através das margens e depois reparavam as embarcações que sofriam com esses baldões. Em 16 de novembro de 1781 na cachoeira do Paredão, tiveram de se descarregar "três canôas, e em 17 as outras três, indo as cargas por terra com 240 braças de caminho. Na tarde d'este dia passaram todas as canoas à sirga a cabeça d'esta cachoeira em que ha dous saltos ou trabalhosas sirgas".[19] A grande

SABERES E POLÍTICA | 75

preocupação em matéria de informações prende-se com as bacias fluviais que astrônomos e engenheiros procuram conhecer. Porque a circulação nestas paragens só por elas era possível. Para o que não só observam como procuram explorar rios e riachos para ficar a saber-se com rigor da imensa rede fluvial amazônica.

Esta trabalhosa viagem (de que se dispõe de três relatos) foi sendo aproveitada para medições astronômicas, e também para observação e registo da realidade física e da paisagem, como dos recursos alimentares e o saber dos grupos indígenas, de modo a que esse imenso espaço ficasse devidamente descrito. Embora. As medições das coordenadas terrestres eram o objectivo principal para os matemáticos — e sua especial competência. E eles não as descuravam. As suas observações da longitude decorrem da observação dos eclipses dos satélites de Júpiter, o que nem sempre era possível: "o tempo estava tão chuvoso que nada se fez, e só no anno seguinte em tempo proprio se concluiram as ditas observações." As frequentes chuvas nas paragens equatoriais não facilitavam o trabalho aos astrônomos.[20] Como relata António Pires da Silva Pontes, "não obstante ser a estação das águas de um céu continuamente nublado, e à ausência dos eclipses dos satélites de Júpiter, nestes três meses, nos fazer pouco exatas as observações da longitude, para a determinação da qual nos restam as distâncias da lua às estrêlas e ao sol [...]." O que tinha implicações nos cálculos a efectuar, embora trouxesse vantagens: para maior certeza, cada um dos matemáticos usava um método, comparando-se os resultados. Assim Silva Pontes: a 31 de janeiro tomou a latitude e fez muitas observações de distância da lua "com a estrêla Beta de Gemini, para a longitude", e de tarde dando o sol ocasião, determinou a variação da agulha, que achou de 9° 15' para nordeste e mais oeste à latitude de 12° 51' 2" austral. "A longitude a oeste de Paris, em tempo 4h 20' 40" e meu companheiro depois de observações dos satélites 4h 20' e 41"." Segundo Lacerda e Almeida, a latitude A. seria de 12° 52' 35", a longitude 314° 37' 30" e a variação da agulha NE 10°. Isto cerca do Destacamento das Pedras, na bacia do Mamoré.[21]

Tendo o Tratado dito de Santo Ildefonso sido assinado sem conhecimentos rigorosos sobre parte da linha fronteiriça que nele se entendia fixar, são agora as novas medições a ser usadas como argumentos pela política. Porque tinham ficado em aberto algumas decisões, que os demarcadores deviam resolver: a linha recta traçada no papel entre o Guaporé e o Sararé podia ainda ser substituída por "balizas naturais, por onde mais commodamente e com maior certeza se possa assignalar a raia n'aquella passagem [...]." Porque a linha era "quase impraticável de se executar".[22] Ficando assim para os comissários da demarcação resolverem pelo melhor *in loco*, espanhóis e portugueses em conjunto.[23] Para o que era preciso um mais apurado conhecimento do território.

Após 770 léguas de navegação desde Belém, chegam os expedicionários a Vila Bela da Santíssima Trindade; estava-se a 28 de fevereiro de 1782 — afinal passados seis meses desde a saída de Barcelos. Aí os aguardava o governador da capitania de Mato Grosso Luís de Albuquerque de Melo Pereira e Cáceres.[24] Que também não vai dar repouso aos geógrafos. Porque de imediato não iriam conseguir realizar a sua missão na fronteira por ausência da partida espanhola que ainda não comparecera. Pelo que o aproveitamento da pausa é feito com todo o entusiasmo pelo capitão-general da capitania, amante de cartografia: "enquanto os ditos vizinhos (espanhóis) permanecem na inacção referida, hei por certo aproveitar-me do bom prestimo dos officiaes engenheiros e mathematicos que vem, assim para que se aperfeiçoe a importante carta deste Paiz limitrophe corrigindo-se quanto fôr possivel o muito que alias tenho nisso trabalhado, por meio das observações dos astros, que só póde fazer-se exactas com instrumentos exactos, quaes agora teremos; como tambem para que de novo se calculem as posições de outros lugares de proximo examinados segundo parecer mais adequado ao fim presente."

Persistirá Luís de Albuquerque na determinação de se desenharem mapas rigorosos. Mapas que queria regulados pelas coordenadas resultantes das observações astronômicas já realizadas e devidamente apuradas. Havia que ir registando as latitudes, as longitudes e as variações da agulha magnética. Com esses três indicadores já as cartas geográficas teriam um rigor até então inatingível. A isso juntava-se um conjunto de observações ditas físicas, que enriqueciam a informação coligida: especialmente desvendando as bacias fluviais. Na dita capital de Mato Grosso, observações feitas no Palácio residência do governador mostraram que estavam à Latitude austral de 15° 0' e longitude de 318° 15' do meridiano da ilha do Ferro. Esta última obtida por observação de 4 imersões e 2 emersões do 1° Satélite de Júpiter. Mais informam os matemáticos que "os elementos das observações astronômicas se guardão cuidadozamente para a todo o tempo se verificarem por outros calculadores e se continuão a fazer".[25]

Para o seu trabalho precisam os astrônomos que de Lisboa lhes enviem regularmente efemérides ou tabuadas astronômicas, com especial empenho nas que têm como título *Connoissance des Temps ou des mouvements célestes à l'usage des astronomes et des navigateurs* — que se publicavam anualmente por ordem da Academia das Ciências de Paris (desde 1679) com uma antecedência de 3 anos, ou na sua falta os britânicos *Nautical Almanac and Astronomical Ephemeris* (que saíam em Londres desde 1767).[26] Para as medições rigorosas da longitude, havia que saber a posição dos astros, em especial as posições relativas dos quatro satélites de Júpiter. Também não eram dispensáveis os cronômetros e os relógios devidamente afinados.

De relógios de bolso com indicação dos segundos precisavam ainda os matemáticos, e de dois "Oitantes da Marinha com Lunetas", que dizem "de grandíssima comodidade e são de pequeno preço".[27] Preocupações científicas que exigem o registo cuidadoso dos elementos obtidos na informação: devidamente assinado pelos intervenientes.[28] Notável ampliação do conhecimento da terra brasileira na raia entre as duas potências ibéricas: medições astronômicas e registos cartográficos acompanhados por descrições das terras atravessadas, sem esquecer o gentio que nelas subsiste. Com especial atenção à rede hidrográfica, indispensável às comunicações.

Logo em 1782, ano de chegada, "são percorridos e figurados [em mapa] os arredores" da capital da capitania. Nesse mesmo ano Silva Pontes é enviado aos vales dos rios Alegre, Iguapeí e Jauru. Explorações que no Sul da capitania em 1783 tiveram uma paragem pela "dificuldade quazi insuperavel das demasiadas agoas", mas que

78 | FORMAS DO IMPÉRIO

seriam retomadas no ano seguinte. Sem que se descurassem quaisquer acidentes. Havia que "fazer ideia bastantemente ajustada da sua posição, ou direção de quaesquer Montes, Lagos, ou Pantanaes concideráveis , e curço de quaesquer Rios grandes ou pequenos".[29] Rios que deviam ser muito bem examinados e registados em cartas, com rigor geográfico e astronômico.[30] Depois terão empreendido algumas tarefas da demarcação na fronteira, por pouco tempo e sem resultados definitivos. Porque em 1785 a morte do chefe da partida espanhola D. Rozendo Rico Negron interrompeu o arranque dos trabalhos. Enquanto se eternizava a expectativa do retomar das demarcações, atrasadas por culpa espanhola, e nada se adiantasse à específica tarefa dos astrônomos, por ordem do governador de Mato Grosso ia sendo apurado o conhecimento do Brasil: caprichava-se na exatidão da construção cartográfica.[31]

Em maio de 1786, os matemáticos sob comando do engenheiro capitão Ricardo Franco de Almeida Serra empreendem uma expedição pela bacia do Paraguay. Com instruções muito rigorosas, pois se tratava de conhecer "de tal forma que por meyo das ditas miudas exploraçoens" a "verdadeira figura, ou Pozição do dito grande Rio com todas as suas grandes, e famigeradas Bahias, e de centos Lagos, Junçoens de outros Rios menores, Ilhas, ou outras quaesquer circunstancias que pareçam dignas de se notarem, ou transferirem a o importante Mapa Geographico assim desta Capitania, como de todo o Brazil que se está construindo [...]". Exploração onde os extensos lençóis de água confundiam os observadores, pois rios os cruzavam e neles desembocavam — e para fora deles desaguavam: dilatadíssimos e "memoraveis pantanaes adjacentes, Lagos, Bahias, e confuzas Embocaduras de outros Rios menores", assim como confluências, sangraduras ou quaisquer outras embocaduras, escreve ainda o governador. E a descrição evita contornos imprecisos, não deixando de assinalar as voltas dos rios, as serras próximas, os "pantanais inavegaveis por muito baixos".[32] Observações ainda complicadas por terras alagadas, igarapés e aparências de cursos de água que resultavam das cheias. Para tudo, houve que fazer preparação meticulosa, a fim de que muitas e úteis observações se realizassem.[33]

Expedição científica iniciada no Marco do Jauru (erigido em 1754)[34] à latitude de 16º 23' 20" e variação NE 11º 47'. Também aí se mediu a largura do rio, o que foi feito trigonometricamente. Já se não indicavam as distâncias a olho: usava-se o teodolito para medições exactas. O rigor impunha-se. E sempre se procuravam as indicações científicas precisas, nem sempre alcançáveis, como em 25 de maio, quando se não "pôde observar a immersão do 1º. Satelite de Júpiter, que devia acontecer na madrugada d'este dia ás 4h. 45' 9" em Villa Bela". E logo o comentário: "com este desgosto seguimos viagem." Viagem feita em condições difíceis: nessa noite "dormimos nas redes atadas em arvores, com muito frio, mosquitos e formigas, que muito me morderão". Foi queixa do doutor Lacerda.[35]

Pouco depois entram nas grandes "tapagens" ou pantanais que "não se distingue o grande mar".[36] Nesta missão os matemáticos procuravam sobretudo o curso dos rios e a sua complexa imbricação nas várias bacias hidrográficas. Tornava-se quase indiscernível a passagem desses rios em pleno Pantanal. Para maior dificuldade corria o tempo das cheias, o que pela "inundação do terreno que fórma com as suas baixas barreiras, estendendo-se por muitas leguas, para ambos os lados, confundindo esta grande inundação, não só com o Paraguay, mas com a lateral alagação, quaesquer bahias, furos e sangradouros que possa haver, difficultando-se assim o seu reconhecimento, ainda apezar da mais cuidadosa e occular inspecção, accrescendo a falta de praticos e as extraordinárias e ponderadas tapagens".[37] Em especial havia que deslindar o que fosse o lago Xarais, afinal apenas os campos que as águas do Paraguay inundavam durante uma parte do ano.[38] Deparava-se-lhes um notável labirinto de lagos, baías e pântanos, uma complicada extensão de terreno alagado.[39]

Apesar dessas dificuldades, os cursos do grande Paraguay e do Paraguay-mirim vão sendo mais bem explorados e conhecidos, tendo os expedicionários chegado a andar por eles cerca de 100 léguas em 14 dias! No todo da expedição apurou-se o conhecimento dos rios Cuiabá, Porrudos, Taquary, Mondego e Paraguay e lagoas Uberava, Gaíba e Maniorem.[40] Para em 31 de agosto, quatro meses andados, chegarem a Cuiabá, a 15º 35' 59" de latitude e 321º 35' 15" de longitude, variação NE 10° O saber fundamental que ia sendo adquirido residia nas "ideias geographicas", para o que se queria "inteiro conhecimento do Paiz".[41] Espaço a ser apreendido.

Logo a 2 de novembro de 1786 os matemáticos regressavam a Vila Bela. Seria a última missão em conjunto. A parceria vai desfazer-se: em 1788 o doutor Lacerda é enviado pelo governador a caminho de São Paulo, percorrendo a rota das monções de povoado.[42] Saído de Cuiabá a 15 de outubro, logo entrará pelo rio Porrudos e por ele no Paraguai até Albuquerque. A partir do Taquari irá fazendo o desenho dos leitos dos rios pelos quais navegará até chegar a Araritaguaba (Porto Feliz), já no termo de Itu, relativamente próximo de São Paulo. Nesta longa derrota fará as observações astronômicas que lhe permitirão "levantar depois um exacto e completo mapa, conforme as ordens que do dicto Sr. General recebi".[43] Viagem dificultada, como se sabia da experiência das monções, pelas inúmeras cachoeiras (113, indica o doutor Lacerda, distribuídas pelos rios Taquari (1), Cuxim (24), Pardo (33) e Tietê (55)[44]), saltos, correntezas e acidentes dos rios que eram as únicas vias utilizáveis.[45] Apesar de doente, mais forte era o "curiozo interesse de ver novos objectos". Assim fez, como consta do circunstanciado *Diário* que redigiu. Chegou a Araritaguaba — "escala de todas as canoas que vão e vêm do Cuibá" a 31 de dezembro de 1788.[46] Regressava à São Paulo natal, onde vivia o pai. Ficou a conhecer as rotas das monções do sul (Araritaguaba) depois das do Norte (Pará).[47]

Em 1789 era dada por extinta a partida das demarcações. Terminava mais uma tentativa de fixar as fronteiras entre as duas potências peninsulares na América do Sul. Postos à prova, os astrônomos que durante tantos anos foram ocupados pelo governador de Mato Grosso em "objectos da sua Profissão" ter-se-ão aplicado "ao progresso pratico, e mayor estudo que sem duvida requer a sua sciencia extença, e abstracta, em ordem a mais algum adiantamento, e pericia [...]". Estando ainda em São Paulo, a convalescer de uma perna partida, recebeu o doutor Lacerda a ordem de entregar os instrumentos astronômicos e regressar ao Reino. Assim fez. Para além de caixas e peças mais ou menos arruinadas, constava da relação um quadrante

SABERES E POLÍTICA | 81

astronômico com seu limbo principal, uma máquina paralática, um micrômetro, um nônio, um semicírculo de oito polegadas de diâmetro, um relógio de segundos de algibeira, um óculo astronômico do doutor Dolon, o óculo maior, a pêndula astronômica, um teodolito, uma agulha magnética grande e uma pequena. Figura ainda uma "Maquina da Invenção do Dr. Ciera de tomar o sol por refleção".[48] Junto do governador permanecerá o doutor Pontes, tendo em maio de 1789 executado novas missões de exploração, nomeadamente dos rios Paragahu, Verde e Capivari, afluentes do Guaporé. Outro labirinto de águas para deslindar.[49] Ainda explorará os rios Sararé e Jauru. Retirar-se-á, como o governador Luís de Albuquerque, pelo caminho da Amazônia, embarcando em Belém do Pará. Também para Lisboa, Lacerda sai pelo Rio de Janeiro. As relações dos astrônomos com o governador não teriam sido sempre as melhores, com este a acusá-los de "um certo orgulho scolastico", de serem por vezes impertinentes e mesmo negligentes. Tinha-os como amigos de divertimento e de comodidade...[50] Isto escrito por um governador que prezava as festas, representações, recitações e bailes.[51]

Apesar dessas queixas e reticências (e talvez malevolências) de Luís de Albuquerque, ambos continuaram ao serviço da Coroa. Logo em 12 de abril de 1791 iniciam o ensino de matemática aos guardas-marinhas, sendo nomeados primeiros-tenentes de mar em 28 de setembro de 1791 e em 4 de outubro de 1796 capitães de fragata, em exercício efectivo na Companhia Real de Guardas-Marinhas.[52] Marinha que já dispunha de um observatório astronômico, o mais antigo em Portugal, onde possivelmente foi feita a observação da longitude de Lisboa antes de 1793.[53] Não se esquecem os matemáticos de fazer valer os seus graus acadêmicos, que contariam para as precedências.[54] Do ensino em Lisboa faziam parte medições por cálculos astronômicos — matérias de exame.[55] Ambos foram feitos acadêmicos da Real Academia das Sciencias de Lisboa (Pontes em 1791, Lacerda em 1795). Para onde enviarão relações de algumas das viagens brasileiras.[56] A somar a que os fenómenos astronômicos mantinham vivas as curiosidades científicas.[57] Se depois Silva Pontes Leme — autor do mapa da *Nova Lusitânia*, de 1798, — foi escolhido para governar a capitania do Espírito Santo (1797–1803), a Lacerda e Almeida caberia como governador de Tete em Moçambique tentar a travessia da África de leste a oeste, o que não completou por ter morrido durante a expedição (1798).[58] Em três continentes exerceu o seu saber de astrônomo exercitado em campo. Pelo longínquo oeste terá permanecido mais alguns anos o sargento-mor de engenharia Ricardo Franco de Almeida Serra, que em 1797 dará uma minuciosa descrição geográfica da Província de Mato Grosso.[59] Faleceu no Forte de Nova Coimbra em 1808.

Um saber tão formal e abstracto como o da matemática impusera-se, afinal, como um instrumento político. Mais: conhecimento indispensável às relações internacionais com que se firmava a soberania portuguesa na imensidade colonial brasileira e com objetivo político para que esse território fosse eficazmente conhecido e mais bem administrado. Fora esta uma missão que tinha uma finalidade bem definida, a demarcação das fronteiras, mas que devia ser aproveitada "fazendo todo o possivel porque as suas observaçoens e deligencias sejão exactas; e para que possão tambem servir para o adiantamento das sciencias, e progresso que se fizerem na Historia Natural, e observaçoens Fizicas, e Astronomicas".[60] Assim fora, nestas expedições determinadas pela política internacional e que foram pioneiras com verdadeiro carácter científico.[61]

Rio de Janeiro, 24 de maio de 2011

Notas

1. BRANDÃO, Mário e ALMEIDA, M. Lopes de, *A Universidade de Coimbra*, p. 90-91.
2. FREIRE, Francisco de Castro, *Memoria historica da Faculdade de Mathematica*, p. 44.
3. BRAGA, Theophilo, *Dom Francisco de Lemos e a reforma da Universidade de Coimbra* e *Relação geral do estado da Universidade de Coimbra*, p. XV, 51-54 e 152.
4. Por vezes assina Ant° Pirez da Silva de Pontes Leme (como se lê no mapa da Nova Lusitânia).
5. FREIRE, Francisco de Castro, *Memoria Historica da Faculdade de Mathematica*, p. 126; Arquivo da Universidade de Coimbra, Faculdade de Matemática, Livro dos Actos e Graus, 1773–1783, fls. 111 v, 112 v, 115, 115 v e 117.
6. GARCIA, João Carlos, "As cartas geográficas da Casa da Ínsua. Mapas, plantas e vistas nas colecções de Luís de Albuquerque de Melo Pereira e Cáceres [1739–1797]", in *A mais dilatada vista do Mundo*, p. 34; FERREIRA, Mário Clemente, *O Tratado de Madrid e o Brasil Meridional*, p. 254-259.
7 Síntese sobre as demarcações por Inácio Guerreiro, "As demarcações segundo o tratado de Santo Ildefonso de 1777", in *Cartografia e diplomacia no Brasil do século XVIII*, p. 39-45.
8. "Copia do Diario que fez o Dr. Francisco José de La-Cerda e Almeida, sendo mandado por Sua Magestade Fidelissima para as demarcações de Seus Reaes Dominios na America Portugueza, servindo n'ella de Astronomo", in *Diario da viagem do Dr. Francisco Jose de Lacerda e Almeida pelas capitanias do Pará, Rio Negro, Matto-Grosso. Cuyabá, e S. Paulo, nos annos de 1780 a 1790*, pp. 5-7.
9 Datadas de 20 de setembro de 1754, são reafirmadas em 26 de junho de 1780: Arquivo Histórico Ultramarino (AHU), Cons. Ultr. / Br. RN, Cx. 3, doc. 205
10. FILHO, Virgílio Corrêa, *História de Mato Grosso*, p. 408
11. AHU, Cons. Ultr./Br. MT, Cx. 22, doc. 1343.
12. FILHO, Virgílio Corrêa, *História de Mato Grosso*, p. 408-409.
13. "Copia do Diario que fez o Dr. Francisco José de La-Cerda e Almeida", p. 7; AHU, Cons. Ultr./Br. RN, Cx. 3, doc. 213

14. "Mapa do Rio Negro desde Barcelos até S. José de Marabitanas traçado pelo Dr. Lacerda e Almeida, bem como o Plano Geografico do Rio Branco", in *A mais dilatada vista do Mundo. Inventário da colecção cartográfica da Casa da Ínsua*, p. 96-97 e 158.

15. "Diario da viagem que fiz com o Capitão Joaquim José Pereira de Barcellos, até acima do Forte de Morabitanas e tambem pelo Rio Vaupes" e "Copia do Diario que ao mesmo tempo fez o Capitão Ricardo Franco d'Almeida Serra com o Dr. Antonio Pires Pontes, e por outros de que constará este Diario", in *Diario da viagem do Dr. Francisco Jose de Lacerda e Almeida pelas capitanias do Pará, Rio Negro, Matto-Grosso. Cuyabá, e S. Paulo, nos annos de 1780 a 1790*, p. 7-21; AHU, Cons. Ultr./Br. RN, Cx. 3, doc. 213; n°. 106, in *A mais dilatada vista do Mundo. Inventário da colecção cartográfica da Casa da Ínsua*, p. 334-335.

16. AHU, Cons. Ultr./Br. RN, Cx. 3, doc. 213.

17. Invocação do título do livro póstumo de BUARQUE DE HOLANDA, Sérgio, *O Extremo Oeste*.

18. SERRA, Ricardo Franco d'Almeida, "Diario do Rio Madeira. Viagem que a expedição destinada à demarcação de limites fez do Rio Negro até Villa Bella, capital do governo do Matto Grosso", *Revista do Instituto Histórico e Geográfico Brasileiro*, p. 418.

19. Ibidem, p. 411.

20. Ibidem, p. 419

21 PONTES, Antonio Pires da Silva, "Diário Histórico e Físico da viagem dos
· oficiais da demarcação que partiram do quartel general de Barcelos (1) para a capital de Vila Bela da Capitania de Mato Grosso, em 1 de Setembro de 1781", *Diáro histórico e físico*, p. 382 e 385-386; "Copia do Diario que fez o mesmo Dr. La-cerda de Barcellos para a Capital de Matto-Grosso", p. 27.

22. *Ap.* GUERREIRO, Inácio, "A colecção cartográfica da Casa da Ínsua. Enquadramento e significado histórico", in *A mais dilatada vista do Mundo*, p. 166.

23. "Arts. X e XI", in SOARES, José Carlos de Macedo, *Fronteiras do Brasil no Regime Colonial*, p. 177-178.

24. BARROS, J. C. Freitas, *Um Português no Brasil*; Idem, *Um quadro e uma figura*; FREYRE, Gilberto, *Contribuição para uma sociologia da biografia*; VEIGA, Afonso Costa Santos, *Luís de Albuquerque de Mello Pereira e Cáceres Governador e Capitão General de Cuiabá e Mato Grosso*; GUERREIRO, Inácio "A colecção cartográfica da Casa da Ínsua. Enquadramento e significado histórico", in *A mais dilatada vista do Mundo. Inventário da colecção cartográfica da Casa da Ínsua*; VEIGA, Afonso da Costa dos Santos, "Viagem do 4° Governador e Capitão General de Cuiabá e Mato Grosso, de Lisboa a Vila Bela da Santíssima Trindade", *Revista Ciências Históricas*

25 AHU, Cons. Ultr./Br. MT, Cx. 23, doc. 1372

26. As efemérides portuguesas só começaram a ser editadas em 1802: FREIRE, Francisco de Castro *Memoria Historica da Faculdade de Mathematica*.
27. AHU, Cons. Ultr./Br. MT, Cx. 23, doc. 1370.
28. AHU, Cons. Ultr./Br. RN, Cx. 3, doc. 213.
29. AHU, Cons. Ultr./Br. MT, Cx. 24, doc. 1450.
30. Desta viagem ficou em esboço a "Carta das Cabeceiras do Rio Barbados: Nº 112", in *A mais dilatada vista do Mundo. Inventário da colecção cartográfica da Casa da Ínsua*, p. 348-349.
31. VEIGA, Afonso Costa Santos, *Luís de Albuquerque de Mello Pereira e Cáceres Governador e Capitão General de Cuiabá e Mato Grosso*, doc. XXIII, p. 188.
32. "Estracto do 'Diario da diligencia ao reconhecimento do Rio Paraguay, desde o lugar do Marco, na boca do Rio Jauru', pelo capitão de e engenheiros Ricardo Franco de Almeida Serra, commandante da expedição.1786", *Revista do Instituto Histórico e Geográfico Brasileiro*. p. 319-345; "Copia de um Diario, que escreveo o Dr. Francisco José de La-Cerda e Almeida, Astronomo de Sua Magestade na Capitania de Matto-Grosso, no anno de 1786, por ordem do Ill.ᵐ e Ex.ᵐ General d'ella Luiz de Albuquerque de Mello Pereira e Caceres, desde Villa-Bella, pelos rios Jaúrù, e Paraguay, até onde constar do mesmo Diario", in *Diario da viagem do Dr. Francisco Jose de Lacerda e Almeida pelas capitanias do Pará, Rio Negro, Matto-Grosso, Cuyabá, e S. Paulo, nos annos de 1780 a 1790. (Impresso por ordem da Assembleia Legislativa de S. Paulo)*, p. 31.
33. AHU, Cons. Ultr./Br. MT, Cx. 25, docs. 1464 e 1470.
34. CORRÊA FILHO, Virgílio, *História de Mato Grosso*, p. 365-366.
35. "Estracto do 'Diario da diligencia ao reconhecimento do Rio Paraguay, desde o lugar do Marco, na boca do Rio Jauru', pelo capitão de e engenheiros Ricardo Franco de Almeida Serra, commandante da expedição.1786", op cit, p. 319-345; "Copia de um Diario, que escreveo o Dr. Francisco José de La-Cerda e Almeida, Astronomo de Sua Magestade na Capitania de Matto-Grosso, no anno de 1786, por ordem do Illm. e Exm. General d'ella Luiz de Albuquerque de Mello Pereira e Caceres, desde Villa-Bella, pelos rios Jaúrù, e Paraguay, até onde constar do mesmo Diario", op cit, p. 32.
36. Ibidem, p. 33.
37. "Estracto do 'Diario da diligencia ao reconhecimento do Rio Paraguay, desde o lugar do Marco, na boca do Rio Jauru', pelo capitão de e engenheiros Ricardo Franco de Almeida Serra, commandante da expedição.1786", op cit, p. 322.
38. AHU, Cons. Ultr./Br. MT, Cx. 26, doc. 1508.
39. "Da Descripção geographica da provincia de Mato Grosso feita em 1797, por Ricardo Franco de Almeida Serra, sargento mór de Engenheiros", *Revista do Instituto Histórico e Geográfico Brasileiro*, p. 174.

40. Ibidem, pp. 41 e 44; n°s 42, 46 e 90, in *A mais dilatada vista do Mundo. Inventário da colecção cartográfica da Casa da Ínsua*, pp. 240, 246-247 e 302-303.

41. AHU, Cons. Ultr./Br. MT, Cx. 26, doc. 1508.

42. BUARQUE DE HOLANDA, Sérgio, "Nota-prefácio", in *Diários de viagem de Francisco José de Lacerda e Almeida*; "Mapa", in *A mais dilatada vista do Mundo. Inventário da colecção cartográfica da Casa da Ínsua*, p. 462-46; GARCIA, João Carlos, "As cartas geográficas da Casa da Ínsua. Mapas, plantas e vistas nas colecções de Luís de Albuquerque de Melo Pereira e Cáceres [1739-1797]", p. 35-36; BUARQUE DE HOLANDA, Sérgio, *Caminhos e Fronteiras*; Idem, *Monções*.

43. AHU, Cons. Ultr./Br. MT, Cx. 26, doc. 1508; "Copia de um Diario", p. 44.

44. *Diários de viagem de Francisco José de Lacerda e Almeida*, p. 107.

45. "Copia de um Diario", p. 61. Há outro texto na mesma publicação, texto esse que está na Academia das Ciências de Lisboa (Ms. Azul, n° 707, tendo sido transcrito por Magnus Roberto de Mello Pereira e Rosângela Maria Ferreira dos Santos, em março de 2004. Disponível on-line como "Cientistas e Viajantes", 14 folios r/v.)

46. "Copia de um Diário", p. 97.

47. BUARQUE DE HOLANDA, Sérgio, *Monções*, pp. 221-227.

48. AHU, Cons. Ultr./Br. MT, Cx. 27, doc. 1594.

49. AHU, Cons. Ultr./Br. MT, Cx. 26 doc. 1543; Barão de Melgaço, "Apontamentos cronológicos da Província de Mato Grosso", *Revista do Instituto Histórico e Geográfico Brasileiro*, p. 288.

50. AHU, Cons. Ultr./Br. MT, Cx. 26, doc. 1518.

51. FREYRE, Gilberto. *Contribuição para uma sociologia da biografia*, vol. I, p. 165.

52. Arquivo Central de Marinha (ACM), Livro Mestre n° 386, fls. 172 v e 173; Papéis avulsos: cx. 115/7. A Academia e a Companhia dos Guardas Marinhas confundem-se neste período inicial: CLARO, Manuel Limpo, "Da Companhia de Guardas-Marinhas à actual Escola Naval Portuguesa" e ALEXANDRE DA FONSECA, Henrique, "A propósito da criação da Companhia de Guardas-Marinhas e da sua Academia", in *Comemorações do Bicentenário da Companhia de Guardas-Marinhas e da sua Real Academia*.

53. Visto que consta das efemérides impressas na *Connaissance des temps* desse ano: MADEIRA, José António; LOPES, José Baptista, *Notas para a história das longitudes em Portugal*, p. 8.

54. ACM, Papéis avulsos: cx. 116/43.

55. ACM, Papéis avulsos: cx. 2-8, 58/59/60.

56. Academia das Ciências de Lisboa (ACL), Ms Azul n° 707 e n° 998 (1 e 2).

57. *Memorias da Academia Real das Sciencias de Lisboa*, tomos I e II; ACL, Ms. Azul, 351, nº 16, fl. 273; a Silva Pontes se deve a tradução de uma obra de George Attwood intitulada *Construcção, e analyse de proposições geometricas, e experiencias practicas, que servem de fundamento á arquitectura naval*. Impressa por ordem de Sua Magestade e traduzida do inglez ..., Lisboa, Na Offic. Patriarcal de João Procopio Correa da Silva, 1798. O tradutor é dito aí Cavaleiro Professo da Ordem de S. Bento de Aviz, mercê que lhe tinha sido concedida em 1795, com tença de 12 000 rs., nos almoxarifados do Reino (Torre do Tombo, Registo Geral de Mercês de D. Maria I, liv. 19, f. 84 v., informação da Doutora Fernanda Olival).

58. QUIRINO DA FONSECA, *Vulgarização de episódios coloniais. Um drama no sertão. Tentativa da travessia de África, em 1798*; ALMEIDA, Dr. Lacerda e, *Travessia da África*; ALMEIDA DE EÇA, Filipe Gastão de, *Lacerda e Almeida. Escravo do dever e mártir da Ciência (1753–1798)*.

59. "Extracto da Descrição geographica da provincia de Mato Grosso feita em 1797, por Ricardo Franco de Almeida Serra. Sargento mór de Engenheiros", *Revista do Instituto Histórico e Geográfico Brasileiro*, tomo VI, p. 156-196.

60. AHU, Cons. Ultr./Br. RN, Cx. 3, doc. 205.

61. BUARQUE DE HOLANDA, Sérgio. "Nota-prefácio", in *Diários de viagem de Francisco José de Lacerda e Almeida*, p. XVI.

Referências

"Carta das Cabeceiras do Rio Barbados: nº 112." In: *A mais dilatada vista do Mundo. Inventário da colecção cartográfica da Casa da Ínsua*. Inventário da colecção cartográfica da Casa da Ínsua. Lisboa: Comissão Nacional para as Comemorações dos Descobrimentos Portugueses, 2002. p. 348-349.

"Copia de um Diario, que escreveo o Dr. Francisco José de La-Cerda e Almeida, Astronomo de Sua Magestade na Capitania de Matto-Grosso, no anno de 1786, por ordem do Ill.ᵐ e Ex.ᵐ General d'ella Luiz de Albuquerque de Mello Pereira e Caceres, desde Villa-Bella, pelos rios Jaúrù, e Paraguay, até onde constar do mesmo Diario". In: *Diario da viagem do Dr. Francisco Jose de Lacerda e Almeida pelas capitanias do Pará, Rio Negro, Matto-Grosso, Cuyabá e S. Paulo, nos annos de 1780 a 1790 (Impresso por ordem da Assembleia Legislativa de S. Paulo)*. São Paulo: Typ. de Costa Silveira, 1841.

"Da Descripção geographica da provincia de Mato Grosso feita em 1797, por Ricardo Franco de Almeida Serra, sargento mór de Engenheiros", *Revista do Instituto Histórico e Geográfico Brasileiro*, Rio de Janeiro, 2ª ed., v. VI, 1865.

"Estracto do 'Diario da diligencia ao reconhecimento do Rio Paraguay, desde o lugar do Marco, na boca do Rio Jauru', pelo capitão de e engenheiros Ricardo Franco de Almeida Serra, commandante da expedição. 1786", *Revista do Instituto Histórico e Geográfico Brasileiro*, Rio de Janeiro, 1862, t. XXV, p. 319-345.

"Extracto da Descrição geographica da provincia de Mato Grosso feita em 1797, por Ricardo Franco de Almeida Serra. Sargento mór de Engenheiros", *Revista do Instituto Histórico e Geográfico Brasileiro*, Rio de Janeiro, 1865, t. VI, 2ª ed., p. 156-196.

"Mapa". In: *A mais dilatada vista do Mundo. Inventário da colecção cartográfica da Casa da Ínsua*. Inventário da colecção cartográfica da Casa da Ínsua. Lisboa: Comissão Nacional para as Comemorações dos Descobrimentos Portugueses, 2002. pp. 462-46.

"nᵒˢ 42, 46 e 90". In: *A mais dilatada vista do Mundo. Inventário da colecção cartográfica da Casa da Ínsua*. Inventário da colecção cartográfica da Casa da Ínsua. Lisboa: Comissão Nacional para as Comemorações dos Descobrimentos Portugueses, 2002. pp. 240, 246-247 e 302-303.

ALEXANDRE DA FONSECA, Henrique. "A propósito da criação da Companhia de Guardas-Marinhas e da sua Academia". In: *Comemorações do Bicentenário da Companhia de Guardas-Marinhas e da sua Real Academia*. Lisboa: Instituto Hidrográfico, 1985.

ALMEIDA DE EÇA, Filipe Gastão de. *Lacerda e Almeida. Escravo do dever e mártir da Ciência (1753-1798)*. Lisboa: s/n, 1951.

ALMEIDA, Dr. Lacerda e. *Travessia da África*. Diários de viagem de Francisco José de Lacerda e Almeida. Lisboa: Divisão de Publicações e Biblioteca da Agência Geral das Colónias, 1936.

BARROS, J.C. Freitas. *Um quadro e uma figura (o Mato Grosso e Luís de Albuquerque)*. Lisboa: s/n, 1951.

_____. *Um português no Brasil*. Luís de Albuquerque de Mello Pereira e Cáceres (1739-1797). Governador e Capitão General do Mato Grosso e Cuyabá. Lisboa: M.N.S. Bello, 1948.

BRAGA, Theophilo. *Dom Francisco de Lemos e a reforma da Universidade de Coimbra e Relação geral do estado da Universidade de Coimbra*. Lisboa: Academia das Sciencias de Lisboa, 1894.

BRANDÃO Mário; ALMEIDA M. Lopes de. *A Universidade de Coimbra*. Esboço da sua história. Coimbra: Universidade de Coimbra, 1937.

BUARQUE DE HOLANDA, Sérgio. "Nota-prefácio". In: *Diários de viagem de Francisco José de Lacerda e Almeida*. Rio de Janeiro: Ministério da Educação e Saúde — Instituto Nacional do Livro, 1944.

_____. *Caminhos e fronteiras*. São Paulo: Companhia das Letras, 1994.

_____. *Monções*. 3ª. ed. São Paulo: Brasiliense, 1990.

_____. *O Extremo Oeste*. São Paulo: Brasiliense, 1986.

CLARO, Manuel Limpo, "Da Companhia de Guardas-Marinhas à actual Escola Naval Portuguesa". In: *Comemorações do Bicentenário da Companhia de Guardas-Marinhas e da sua Real Academia*. Lisboa: Instituto Hidrográfico, 1985.

CORRÊA FILHO, Virgílio. *História de Mato Grosso*. Rio de Janeiro: Instituto Nacional do Livro, 1969.

Diario da viagem do Dr. Francisco Jose de Lacerda e Almeida pelas capitanias do Pará, Rio Negro, Matto-Grosso, Cuyabá e S. Paulo, nos annos de 1780 a 1790 (Impresso por ordem da Assembleia Legislativa de São Paulo). São Paulo: Typ. de Costa Silveira, 1841.

EÇA, Filipe Gastão de Almeida de. *Lacerda e Almeida*. Escravo do dever e mártir da Ciência (1753-1798). Lisboa: s/n, 1951.

FERREIRA, Mário Clemente. *O Tratado de Madrid e o Brasil Meridional*. Lisboa: Comissão Nacional para as Comemorações dos Descobrimentos Portugueses, 2001.

FONSECA, Quirino da. *Vulgarização de episódios coloniais*. Um drama no sertão. Tentativa da travessia de África, em 1798. Famalicão: Tip. Minerva, de Gaspar Pinto de Sousa & Irmão, 1936.

FREIRE, Francisco de Castro. *Memoria Historica da Faculdade de Mathematica*, Coimbra: Imprensa da Universidade, 1872.

FREYRE, Gilberto. *Contribuição para uma sociologia da biografia:* o exemplo de Luiz de Albuquerque, governador do Mato Grosso no fim do século XVIII. Lisboa: Academia Internacional de Cultura Portuguesa, 1968.

GARCIA, João Carlos. "As cartas geográficas da Casa da Ínsua. Mapas, plantas e vistas nas colecções de Luís de Albuquerque de Melo Pereira e Cáceres (1739–1797)". In: *A mais dilatada vista do Mundo*. Inventário da colecção cartográfica da Casa da Ínsua. Lisboa: Comissão Nacional para as Comemorações dos Descobrimentos Portugueses, 2002.

GUERREIRO, Inácio. "A colecção cartográfica da Casa da Ínsua. Enquadramento e significado histórico", In: *A mais dilatada vista do Mundo*. Inventário da colecção cartográfica da Casa da Ínsua. Lisboa: Comissão Nacional para as Comemorações dos Descobrimentos Portugueses, 2002.

_____. "As demarcações segundo o tratado de Santo Ildefonso de 1777", In: *Cartografia e diplomacia no Brasil do século XVIII*. Lisboa: Comissão Nacional para as Comemorações dos Descobrimentos Portugueses, 1997.

MADEIRA, José António; LOPES, José Baptista. *Notas para a história das longitudes em Portugal*. Coimbra: Tipografia da Atlântica, 1934, p. 8.

MELGAÇO, Barão de. "Apontamentos cronológicos da Província de Mato Grosso." In: *Revista do Instituto Histórico e Geográfico Brasileiro*. Rio de Janeiro: 1949. vol. 205.

Memorias da Academia Real das Sciencias de Lisboa, Lisboa: Typografia da Academia das Sciencias, 1797/1799, t. I e II.

PONTES, Antonio Pires da Silva. *Diário histórico e físico, Revista do Instituto Histórico e Geográfico Brasileiro*, Rio de Janeiro, 1964, vol. 262.

QUIRINO DA FONSECA, *Vulgarização de episódios coloniais*. Um drama no sertão. Tentativa da travessia de África, em 1798. Famalicão: Tip. Minerva, de Gaspar Pinto de Sousa & Irmão, 1936.

SERRA, Ricardo Franco d'Almeida. "Diario do Rio Madeira. Viagem que a expedição destinada à demarcação de limites fez do Rio Negro até Villa Bella, capital do governo do Matto Grosso", *Revista do Instituto Histórico e Geográfico Brasileiro*, Rio de Janeiro, 1862, tomo XXV.

SOARES, José Carlos de Macedo. *Fronteiras do Brasil no Regime Colonial*. Rio de Janeiro: José Olympio, 1939.

VEIGA, Afonso Costa Santos. *Luís de Albuquerque de Mello Pereira e Cáceres Governador e Capitão General de Cuiabá e Mato Grosso*. Arouca: Centro de Estudos C. Domingos de Pinho Brandão, 1997.

_____. "Viagem do 4º Governador e Capitão General de Cuiabá e Mato Grosso, de Lisboa a Vila Bela da Santíssima Trindade", *Revista Ciências Históricas*. Porto: Universidade Portucalense Infante D. Henrique, 1998.

Um observatório astronômico nos confins da América portuguesa — 1750-1760[1]

*Heloisa Meireles Gesteira**

Em 1752, partiu do Rio de Janeiro, em direção a Castillos Grandes, no Uruguai, a nau *Lampadoza*, carregada de caixas que levavam o material necessário para os trabalhos relativos às determinações de limites na América meridional. O intuito era transferir para o terreno as linhas divisórias entre Portugal e Espanha acordadas durante as negociações e a assinatura do Tratado de Madrid. O responsável pelo transporte e pela posterior distribuição desse material foi o primeiro comissário das partidas do Sul, o então governador do Rio de Janeiro, Gomes Freire de Andrade, o conde de Bobadela. Anexada a uma carta, encontra-se a *Lista e conta das caixas de Instrumentos, que forão embarcados em a Nao N. Sra. Lampadoza p. a servirem aos Engenheiros q se mandarão p. a demarcação dos confins do Brazil da parte de Sul, e são os seguintes a saber.*

Entre os instrumentos foram despachados teodolito, relógio solar, estojos de instrumentos matemáticos, lanternas, bússola grande, prancha de ferro redonda com ponteiro para formar sobre ela a linha meridiana, quadrantes — grandes e pequenos —, "plancheta inglesa", compassos, armilar pequeno para tomar o Sol, caixa com agulha comprida para observar variações, telescópios (um astronô-

---

* Pesquisadora titular do Museu de Astronomia e Ciências Afins (Mast); doutora em história social; professora do Programa de Pós-Graduação em História Social da Universidade Federal do Estado do Rio de Janeiro (Unirio) e do Departamento de História da Pontifícia Universidade Católica do Rio de Janeiro (PUC–Rio). heloisagesteira@mast.br

mico de 25 palmos, dois terrestres de 22 e 14 palmos), lentes para telescópios, óculo pequeno, barômetro, termômetro, microscópio, régua de bordo para alongar e encurtar medidas, caixa com duas barras de ferro magnéticas para tocar as agulhas, copos de vidro, tachinho para grude, papel de grude de Inglaterra, pincéis grandes, relógios de segundos de pêndulas, mais um grafômetro, "planchetas de pinho", pastas de papelão para guardar desenhos, pés de pau para se armarem "planchetas", vários tipos de réguas, alidade de pau preto, relógio de algibeira e instrumento de invenção de Hadley para tomar as alturas do Sol no mar e em terra e quadrantes de vários tamanhos, todos com pés.

Some-se à lista material para desenho, machadinhos, torno de mão, parafusos, bigorna, alicates, arames e uma caixa que guardava objetos que garantiriam a prática do catolicismo no decorrer da viagem ao *sertão*: hóstias, cruz, cálices, caldeirinha para água benta, toalhas para o altar e óleo para os enfermos. Finalmente, uma "caixa de cirurgia com instrumentos, e peças que conta da Relação pertencente ao Cirurgião José Pogliani; e mais 13 caixas de medicamentos que vão pintadas de fora de verde". Assim, a comitiva estaria bem equipada para os trabalhos e prevenida em relação aos cuidados corporais e espirituais necessários durante a empreitada.

Numa lista de 46 títulos, os livros tratavam de matemática, astronomia e desenho, entre outros temas. Destacamos aqui alguns títulos que nos chamaram a atenção, tais como: *Essai de physique de Musembroek*; *Flamstedii Athlas*; *Clavii Opera Mathematica*; *Hugens, Opera Varia e Horologium*; *Elemens d'astronomie de Cassini*, 2 volumes, 2 jogos; *Tables astronomiques de Cassini*; *Grandeur de la terre par divers academiciens de Paris*, três exemplares; *Construction, et usage des instromens mathematiques*; *Fortes Methodo de formar cartas geográficas*; *Bayerii uranometria*; *Lacaille efemérides para o anno de 151 e 1753 e seguintes*, entre outros livros científicos. Como complemento, os vinte exemplares do *Tratado dos limites das conquistas*. Outros autores e temas também constituíam a lista: comentários e traduções de Isaac Newton, tratados de perspectiva, de construção naval e "canudos de lata, e em cada hum deles hum mapa dos estados do Brazil, e Maranhão, com os limites assinados na forma do novo tratado" (carta).

O conjunto de instrumentos e livros poderia apenas indicar que havia a preocupação das autoridades de dar condições efetivas para o trabalho de demarcação de limites, mas não podemos deixar de ressaltar que esse conjunto, no mínimo, permite-nos hoje inferir que havia curiosidades e interesses científicos que ultrapassavam a missão simplesmente demarcatória. O estágio atual das pesquisas no campo da história da ciência e da tecnologia não nos permite desconsiderar o fato de que os homens de ciências portugueses ou aqueles que viajavam em nome de Portugal faziam parte de redes e instituições científicas da época, muito antes das reformas pombalinas.

O que os livros e os instrumentos nos permitem por ora afirmar é que havia condições para que durante as viagens fossem montados pequenos observatórios astronômicos, principalmente em lugares onde a comitiva acampasse por mais de um dia, o que, como veremos adiante, nem sempre era possível por conta das surpresas das viagens, sejam as intempéries, seja a presença de populações indígenas que nem sempre deixavam o grupo se deslocar conforme o caminho previamente estipulado. O que pretendemos nesta reflexão é avaliar um pouco das condições de trabalho dos astrônomos durante a viagem sob dois aspectos complementares. O primeiro, um exercício historiográfico, qual seja, o de utilizar os instrumentos como principal fonte primária desta pesquisa. O segundo, rever algumas análises tradicionais que limitavam o entendimento dos astrônomos nessas viagens apenas relacionado aos interesses estatais, e não científicos, o que me parece ofuscar a importância de levantamento de dados astronômicos em vários pontos da Terra para a astronomia do período.

* * *

Em meados do século XVIII, na tentativa de cumprir o acordo que resultou das negociações do Tratado de Madrid, assinado em 1750, foram enviados, em nome dos monarcas de Portugal e de Espanha, astrônomos, cosmógrafos e engenheiros para a região do

Prata e também para a Amazônia, visando à demarcação das linhas divisórias no próprio terreno. Dessas experiências nos restam mapas, anotações e tabelas com as observações físicas e astronômicas que foram registradas em diários e que hoje nos permitem reconstituir algumas práticas científicas da época. O principal objetivo das observações do céu foi o registro da altura dos astros com o intuito de determinar a latitude e a longitude dos lugares por onde passaria a faixa divisória. Porém, a leitura da documentação coeva nos permite afirmar que interesses científicos mais amplos estavam presentes. Para esta reflexão focaremos principalmente no diário da primeira partida de limites enviada para a região do Prata na década de 1750. Neste texto, embora o conjunto dos instrumentos mereça uma análise mais cuidadosa, focaremos no uso do quarto de círculo.[2]

Os estudos acerca das expedições demarcatórias, em particular a relação entre as observações astronômicas e a determinação de posição geográfica, nos colocam em contato direto com as conexões entre ciência e política, pois vemos que homens de ciência e funcionários do Estado interagem para a feitura das atividades de campo, neste caso os confins da América portuguesa. Se de imediato pode nos parecer que os interesses de Estado, sobretudo o controle a distância sobre suas terras, conduziram os trabalhos de campo, ao mesmo tempo podemos inferir que os homens de ciências, especificamente os astrônomos, também se aproveitavam da situação para coletar dados nos pontos mais remotos do globo terrestre. Não apenas o Estado se apropria das ciências, mas sugerimos que essas viagens demarcatórias eram uma oportunidade para os astrônomos receberem apoio para as observações, sobretudo em lugares apartados dos centros europeus, portanto longe das instituições científicas, como os observatórios astronômicos. Ainda que as viagens não fossem expedições propriamente científicas, como tantas outras ao Novo Mundo, não deixaram de ser uma oportunidade privilegiada para observações da natureza, em especial no campo da história natural e da astronomia. Some-se a isto a relevância da coleta de dados em diferentes pontos da Terra para as reflexões astronômicas.

Portanto, o trabalho de campo, feito em situações que não apenas aquelas coordenadas por instituições científicas, nos fornece elementos que indicam a confluência dos interesses políticos e das curiosidades científicas. Essa hipótese foi reforçada a partir dos avanços recentes desta pesquisa. A localização da lista de instrumentos e de livros científicos que formavam, digamos, um observatório de campo que deveria dar suporte aos trabalhos astronômicos durante a viagem em si já seria um forte indício do que estamos falando. Mesmo uma visada no material já deixa claro que o conjunto fornece condições para trabalhos mais diversificados, pois, para a determinação das coordenadas de latitude e longitude, o quarto de círculo, uma pêndula e um telescópio, somados às tabelas dos eclipses dos satélites de Júpiter, já seriam suficientes.

Ao longo deste trabalho, evidenciaremos as condições de uso dos instrumentos no decorrer das viagens, os obstáculos encontrados para a feitura das tarefas científicas em campo, o que o próprio artefato nos permite identificar, e, principalmente, o que esses objetos nos permitem colocar como hipótese para dar continuidade às pesquisas. Para tanto, entre os documentos, nos concentraremos nas instruções das viagens, no diário da primeira partida e no uso do quarto de círculo (Fig. 1).

* * *

Após as preparações, as reuniões e a assinatura do Tratado de Madrid, em 1750, foram organizadas três partidas de limites para os trabalhos na América meridional, além daquelas enviadas ao Norte. Eram constituídas por representantes das coroas espanhola e portuguesa e entre os homens que partiram para o campo foram enviados astrônomos, matemáticos e engenheiros militares, além de outros componentes das tropas propriamente ditas. Seguindo o rumo definido no *Tratado, pelo qual os Ministros Plenipotencários de S. S. M. M. Fidelíssima e Catholica ajustarão, e determinarão as instruções, que havião de servir de governo aos Comissários das duas Corôas na Demarcação dos limites respectivos na América meridional, em execução do Tratado de Limites, assignado em Madrid a 17 de Janeiro de 1750*,[3] a primeira partida deveria seguir de Castilhos Grandes até o rio Ibicuí, no Uruguai; a segunda, desde a boca do rio Ibicuí até "a paragem que fica do lado Oriental do rio Paraná de fronte da boca do rio Iguerei";[4] e a terceira, desde a boca do Iguerei até o Jauru. Eram formadas por oficiais militares e contavam com a colaboração de astrônomos e cosmógrafos. Cada uma delas levou consigo parte do "mapa dos confins", conhecido como mapa das cortes, as Instruções, o texto do Tratado que fora impresso, livros de astronomia, física e matemática, além dos apetrechos necessários à viagem e aos serviços de demarcação e instrumentos científicos, entre outros objetos. A principal missão do grupo era demarcar no terreno os lugares por onde passaria a linha que dividia as terras das coroas de Portugal e de Espanha. Caso o ponto determinado não coincidisse com um acidente geográfico — montanhas ou rios —, deveriam ser colocados marcos de mármore.

O mapa das cortes que serviu de base para as negociações representava, grosso modo, os interesses portugueses. Dom Luis da Cunha e Alexandre de Gusmão foram importantes articuladores das intenções territoriais dos portugueses durante toda a primeira metade do século XVIII. Segundo Synesio Sampaio Goes Filho, ao se referir aos esforços de Alexandre de Gusmão, o diplomata luso

> esteve no centro da política que visava a preparar fisicamente a colônia e intelectualmente a metrópole para a negociação, contribuindo num caso para consolidar a presença portuguesa em regiões estratégicas, como o Rio Grande do Sul e Mato Grosso, e estimulando, no outro, os estudos cartográficos portugueses.[5]

Somem-se ainda os esforços de dom Luis da Cunha durante suas missões diplomáticas em países da Europa, entre eles a França, a Bélgica e os Países Baixos. Entre outras tarefas, dedicou-se ao recolhimento de informações geográficas e cartográficas visando aos interesses territoriais do monarca português, à época de dom João V.[6]

Sem entrarmos no processo de construção das diferentes versões do Mapa das Cortes, o que seria outra pesquisa, registramos que esse documento cartográfico, de autoria desconhecida, foi elaborado a partir da consulta a outras cartas e a inúmeros relatos. Entre os do cumentos consultados, foram compilados dados de mapas jesuíticos, da carta de Charles Marie de La Condamine, *Carte du Cours du Maragnon ou de la Grande Riviere des Amazones* (1745), e de mapas de Diogo Soares, em particular a *1ª. Carta da Terra firme, e costas do Brazil ao Meridiano do Rio de Janeiro, desde o Rio da Prata athé Cabo Frio, com o novo caminho do Sertão do Rio Grande, athé a cidade de São Paulo* (c. 1738). Relatos de viagens são também fontes preciosas para a feitura de mapas. Some-se ainda todo o esforço das missões feitas por dom Luis da Cunha junto aos cartógrafos de renome da época em que esse diplomata serviu em Paris.

O *Mapa das Cortes* continha alguns *erros*, ou, melhor dizendo, *vícios* cartográficos, por exemplo, a colocação das cidades de Belém e de Cuiabá no mesmo meridiano. Isso é explicado pelo fato de que esse mapa, como tantos outros, não era uma representação fiel do conhecimento geográfico que se tinha na época, nem tampouco uma miniatura da natureza, mas expressava claramente uma estratégia territorial, as informações foram manipuladas, o que, segundo Mario Clemente Ferreira, "ilustra a sua importância para a tomada de decisão estratégica".[7] O autor conclui mais adiante que "o *Mapa das Cortes* é verdadeiramente uma construção cartográfica com claras finalidades diplomáticas. Ele engendra o espaço, não se limitando a representá-lo apenas virtualmente".[8]

Dessa forma de leitura dos mapas entendemos que apenas em parte o conjunto dos instrumentos e dos livros visava ao ajuste preciso no terreno e à confecção de mapas mais corretos. Outros indícios também demonstram que nem sempre os acertos davam-se no campo exclusivo das disputas técnicas e científicas em torno das medições. No âmbito da primeira partida, chefiada do lado português por Miguel Angelo Blasco, engenheiro com título de coronel, houve uma disputa entre ele e o representante espanhol sobre a localização exata do rio Ibicuí, um dos limites apontados no *Mapa das Cortes*. A contenda sobre sua localização implicava um deslocamento da linha, uma vez que a questão era decidir entre dois pontos qual seria a verdadeira nascente do Ibicuí, pois mesmo o nome de um lugar era tarefa a ser decidida pelos geógrafos, mas com concordância do monarca.[9]

Mapa manuscrito enviado pelo marquês de Val de Lirios, em 1758,[10] no qual a "verdadeira" cabeceira do Ibicuí situava-se mais a leste, e não no rio Negro, como no *Mapa das Cortes*, acarretaria um ganho de terreno para os espanhóis. A discordância acerca da localização do rio Ibicuí implicava, como dito, o deslocamento da linha divisória que constava do *Mapa das Cortes*, pelo menos da versão evocada pelo comissário da primeira partida, Miguel Angelo Blasco.[11]

Diante da situação, Blasco foi encarregado de resolver a contenda e demonstrar com o uso de fontes — informações da geografia (mapas conhecidos e desenhados por homens competentes), oficiais (relatos e acordos) e locais (informações recolhidas com indígenas, mas que, de acordo com Blasco, não eram totalmente confiáveis) — que os portugueses estavam com a razão. Lembramos que nesse momento muitos acidentes geográficos, entre eles os rios, não tinham seus nomes fixados, o que abria possibilidade de discordância mesmo quando a faixa divisória coincidia com limites naturais.[12]

Todas essas tensões presentes no contexto das comissões de limites nos permitem afirmar que a ciência e a técnica eram dois entre os elementos da disputa, e nem sempre os determinantes, pois, nesse caso, mesmo tendo trabalhado em conjunto, a medição astronômica feita por portugueses e espanhóis não foi sequer mencionada como o melhor caminho para resolução da contenda geográfica. Porém, sabemos que o fato de haver distorções nos mapas produzidos com informações coletadas por astrônomos ou engenheiros, como no caso do material produzido pelos padres matemáticos Diogo Soares e Domingos Capassi, ou mesmo na carta feita a partir da viagem de La Condamine, não significa uso incorreto dos instrumentos ao longo das jornadas nem tampouco indica uma falta de preparo dos homens encarregados de manipular esses artefatos em campo. Assim, permanece nossa curiosidade em relação à importância de se carregarem tantos instrumentos e livros: se os dados cartográficos podem ser distorcidos, por que o cuidado e o interesse no envio de material de qualidade e de homens de ciências capazes de cumprir com sucesso as tarefas? Dito de outra maneira: qual o significado e o sentido do envio de inúmeras caixas de instrumentos e livros para garantir as condições de trabalho dos astrônomos e dos engenheiros durante as jornadas?

As práticas científicas, portanto, devem ser entendidas não apenas a partir das ideias, das teorias e das técnicas que as formatam, mas devemos avaliar as condições e o contexto da produção do conhecimento que está sendo observada pelo historiador. Neste caso, recuperar uma experiência de se produzir conhecimento astronômico no processo de construção das fronteiras entre dois Estados, situação que não raro poderia colocar os homens de ciências no meio de conflitos diversos. Ao lermos a documentação, em particular algumas instruções e os diários, fica claro o papel da ciência na construção das fronteiras, mas ela também revela uma forma peculiar de observações astronômicas e de coleta de dados físicos com auxílio dos instrumentos científicos em lugares apartados dos centros intelectuais, os observatórios e as academias de ciências, por exemplo.

Nesse sentido, a bagagem do demarcador, composta por instrumentos e livros, pode ser um caminho para nos levar a uma agenda de estudos além das determinações de coordenadas geográficas encerradas nas definições de fronteira. Esses mesmos dados são relevantes para as outras temáticas relativas aos estudos sobre a Terra, por exemplo, o seu formato e tamanho.

Nesta reflexão, consideramos os instrumentos como peças-chave, tanto do ponto de vista concreto quanto simbólico, e reconhecemos que seu uso foi importante na construção das linhas que dividiam a Terra entre os Estados, que lhe deram um desenho *político*, não necessariamente fiel à realidade, mas eles podem expressar, quando vistos em conjunto, um programa de estudos que ultrapassa os interesses políticos. Para nosso argumento, usamos as instruções dadas aos comissários, os diários das partidas de limites e os textos de época, que nos levam a entender os instrumentos.

* * *

Algumas diretrizes contidas nas *Instruções* nos chamaram a atenção. Assinado pelos ministros plenipotenciários Visconde Thomaz da Silva Telles, pelo lado português, e José de Carvajal y Lancaster, pelo lado espanhol, um ano após a assinatura do dito Tratado de Limites, o documento registrou as instruções a serem seguidas pelos comissários e pelos profissionais encarregados das demarcações no terreno. O interessante dessa instrução é que aponta não apenas como se devem estruturar as comissões, os profissionais que devem compor, por assim dizer, *a tropa*, mas alerta sobre os procedimentos que devem ser adotados para que se cumpra bem a principal tarefa, ajustar "com maior clareza as paragens por onde há de correr a raia, e demarcação, segundo e conforme se expressa no referido Tratado de Limites".[13]

Os demarcadores tinham a missão de transferir para o terreno as decisões previstas no acordo diplomático. Nesse sentido, o movimento aqui é invertido: do mapa se parte com as bagagens científicas para o terreno, e não o contrário. Para isso eram munidos de material: mapas, livros e instrumentos que permitiam a transmissão para o papel dos dados coletados, caso isso fosse desejado.[14]

Não temos como objetivo verificar o processo que gerou a representação cartográfica da América portuguesa na segunda metade do século XVIII, uma vez que esse processo é lento e cheio de idas e vindas. Nosso intento é o papel das observações astronômicas como um dos vetores na configuração do *território*, na medida em que, a nosso ver, elas representam dois elementos que se complementam. O primeiro deles é que ao enviar homens de ciência aparatados de ordens e de instrumentos para as fronteiras, nesse caso os confins da América, os Estados europeus se faziam representar num espaço que muitas vezes era ocupado por homens que não reconheciam a sua soberania (populações nativas e índios aldeados, para citar o mínimo). Em segundo lugar, esses homens, técnica e teoricamente preparados, forneciam informações importantes para as negociações diplomáticas, informações essas que ganhavam, em alguns casos, legitimidade justamente ao ser endossadas por especialistas: os astrônomos e os cosmógrafos encarregados da missão e munidos dos apetrechos necessários, quarto de círculo, bússola, barômetros, termômetros, pêndulos e relógios de segundo. Ao mesmo tempo, defendemos a ideia de que os homens de ciência viam nas viagens para lugares remotos uma oportunidade para o avanço do próprio conhecimento. Dito de outra forma, observações em latitudes diversas permitiam, por meio de cálculos matemáticos, especular sobre o formato da Terra, tema que em meados do século ainda era polêmico.

As *Instruções* se dirigiam aos comissários que representavam as coroas de Portugal e de Espanha. Para a missão em nome de Sua Majestade Fidelíssima, o rei de Portugal, à época dom José I, na região sul, o então governador do Rio de Janeiro, Gomes Freire de Andrade, foi nomeado primeiro comissário. Ele comandou e emitiu ordens para as partidas de limites, que seguiriam caminhos diferentes. Foram montadas três partidas de limites, que deveriam ser formadas por comissários subalternos, astrônomos, engenheiros e geógrafos, um capelão, cirurgiões, escoltas e gente de serviço.

Do que nos interessa, o documento determina também que deveriam ser informados dados sobre as terras, suas qualidades, seus frutos e seus moradores. No artigo 25 encontramos claramente deliberado

> que os comissários, geógrafos e mais pessoas intelligentes de cada tropa vão apontando os rumos, e distâncias da derrota, as qualidades naturais do paiz, os habitantes, e seus costumes, os animais, as plantas, fructos, e outras produções, os rios, lagoas, montes, e outras circunstâncias dignas de notícias, pondo nome de comum acordo aos que a não tiverem para que venhão declarados nos mappas com todas as distinções, e procurarão que o seu trabalho não só seja exacto pelo que toca à demarcação da raia, e geografia do paíz, mas também proveitoso pelo que respeita ao adiantamento das Sciências, História Natural, e as observações Physicas e Astronômicas.[15]

Embora no caso da primeira partida, como veremos logo a seguir, isso não tenha ocorrido, principalmente no que tange à história natural, destacamos que, de acordo com a diretriz, os homens de ciência deveriam coletar dados sobre a história natural e realizar as observações físicas e astronômicas. Esses campos do saber tiveram papel estratégico no controle e na informação sobre as terras que iam sendo anexadas. O registro científico era um dos meios que asseguravam a conquista de novos espaços, que eram transformados em territórios submetidos a um poder, nesse caso a Coroa portuguesa. Porém, em meados do século XVIII essas práticas científicas nos parecem apresentar uma alteração qualitativa, sobretudo na forma de arranjar e manipular os dados: o uso de barômetros e termômetros, por exemplo, indica uma atualização, pois não basta, mesmo em se tratando de áreas distantes, como os limites americanos, uma descrição textual das sensações térmicas, mas a coleta das informações a partir de medidas "precisas" checadas com o auxílio desses artefatos. Assim, o procedimento insere-se numa tendência mais ampla dos estudos sobre a natureza que vinha se consolidando na Europa desde fins do século XVII, a tradução matemática das qualidades dos diferentes pontos da Terra.[16]

No que concerne à astronomia, havia a ordem explícita para que fosse apontado

> quotidianamente a hora do meio dia tomem os Geógrafos, e Astrônomos de ambas as nações a altura do Sol, e apontem a variação da agulha, e de noite, quando o tempo, e outras circunstâncias o permitirem, fação as observações Astronômicas para determinar as longitudes e verificar as mais posições das terras.[17]

Ao fim de cada dia, o material coletado era registrado em dois diários para serem remetidos às respectivas cortes. Esses eram assinados e certificados pelos "Comissário, Astrônomos e Geógrafos de ambas as Nações". Quando se tratava das informações sobre a determinação das coordenadas geográficas e características do terreno por onde os demarcadores passavam, havia ordem para que os astrônomos e geógrafos assinassem ao fim do relato de cada dia (Fig. 2). Ao lado da autoridade política, ganha destaque a autoridade do especialista na matéria. Os mapas que fossem elaborados em campo deveriam ser confeccionados de comum acordo entre os representantes de Portugal e Espanha. Não deveriam ficar, pelo menos em tese, espaços para futuras contendas quanto à localização das faixas divisórias e sobre a localização dos marcos.

Houve o cuidado de se determinar a graduação do *petipé*, uma espécie de régua cuja unidade de medida traduz a escala que será adotada no mapa.

> Para que estes mappas sejão mais inteligíveis e claros, advertirão os Comissários principais que se formem todos debaixo de huma escala, ou petipé, que no espaço de huma polegada de pé do Rei de Paris comprehenda a vigésima parte de hum grau do círculo do equador, que se reputa pouco mais ou menos de duas mil e novecentas toesas Parisienses, seis mil e quinhentas varas Hespanholas, e vinte e seis mil palmos ou duas mil e seiscentas braças Portuguezas. O mesmo vai prevenido aos comissários da parte Norte, a fim de que as medições de huma parte correspondão as da outra.[18]

Um dos problemas enfrentados para a análise dos dados à época era a multiplicidade de medidas usadas, o que cada vez mais vinha sendo, digamos, sanado pelos fabricantes de instrumentos a partir das demandas dos cientistas que trabalhavam em conjunto. Do ponto de vista da confecção de mapas de territórios extensos, feitos a partir de informações geográficas oriundas de diversos pontos e coletadas por diferentes profissionais, a falta de uniformidade das medidas era um problema no momento da junção dos dados. Em Portugal, desde o primeiro quartel do século XVIII, havia uma preocupação com a padronização da confecção das cartas geográficas. O interesse era sustentado pela necessidade de elaboração de uma carta geral do Reino. Nesse contexto foi publicado pelo engenheiro-mor de Portugal, Manoel de Azevedo Fortes, em 1722, o *Tratado do modo mais fácil e o mais exacto de fazer as cartas geographicas, assim de terra como de mar, e tirar as plantas das praças.* Destaca-se o uso da mesma unidade de medida nos instrumentos empregados na composição das cartas locais, entre eles o petipé: "Que huma polegada de pé do Rei de Paris comprehenda a vigésima parte de hum grau do círculo do equador", conforme a instrução acima. As instruções determinam as medidas e preveem e garantem a possibilidade de se reunir, posteriormente, o material coletado nas comissões que se dirigiram ao Prata e aquelas que foram enviadas para o Norte. Note-se que esse livro compunha a biblioteca de campo.

Trabalhamos com a primeira partida enviada à região do Prata e lembramos que o grupo deveria sair de Castillos Grandes e chegar até a boca do rio Ibicuí, seguir a linha divisória e demarcar no próprio terreno. Em pontos estratégicos situados ao longo do caminho, os demarcadores, em trabalho conjunto, um em nome de S. M. Fidelíssima, e outro em nome de S. M. Católica, colocavam marcos de pedra com as iniciais dos respectivos monarcas. Por decreto de dom José, datado de 10 de setembro de 1751, foram contratados para a primeira partida os astrônomos Bartolomeu Panigai, padre da Companhia de Jesus, auxiliado por outros dois padres, também jesuítas, Bartolomeu Pincetti e Estevão Bramieri. Segundo o decreto, esses profissionais foram contratados para "fazerem as observações astronômicas necessárias para se formarem as cartas geográficas da demarcação daquele estado".[19] Esses recebiam pagamento, mas há um ponto que nos chamou atenção. Na listagem dos livros, havia a instrução para que o Atlas celeste de John Flamsteed fosse entregue ao padre Bartolomeu Panigai e que esse deveria coordenar a feitura de duas cópias para as outras companhias:

> Flamstedii Athlas Celestia, Este livro se deve fazer copiar em dous exemplares mais pelo desenhador Pogoni, conforme a diirecção q' der o Padre Bartholomeu Panigai, p.a servirem a 2.a, e 3.a Companhia.

Interessante notar que havia um encarregado dos desenhos e, como dissemos, havia livros que tratavam especificamente de técnicas pictóricas. Ressaltamos isso como indicativo de que também as imagens deveriam ser feitas de acordo com padrões técnicos e por pessoas treinadas.[20]

Os trabalhos de observação começaram ainda em Castillos Grandes. Antes de seguirem caminho, há registro de que em 16 e 17 de novembro foi tomada a altura do Sol, a fim de regular o pêndulo, procedimento que explicaremos mais adiante e que era importante para a determinação da longitude. Finalmente, em 12 de janeiro de

106 | FORMAS DO IMPÉRIO

1753 a primeira partida seguiu seu rumo, como previsto no Tratado. Consigo levaram cargas, carroças, cavalhadas e gado para sustento da tropa. Da carga, o que nos interessa em primeiro lugar é o quarto de círculo, mas também o pêndulo, o relógio de segundos, o barômetro, o termômetro, a agulha ou rosa náutica (bússola), a toesa e o petipé, até porque são os mais mencionados nos diários aos quais até o momento tivemos acesso.

Vale lembrar que os trabalhos científicos muitas vezes tornavam as viagens morosas, pois para as observações "physicas ou mathemática ou de história natural" necessitava-se de tempo e de descanso, até mesmo para a montagem do observatório de campo. São consideradas observações matemáticas aquelas da medição do terreno propriamente dito, das distâncias entre os pontos percorridos, e, podemos acrescentar, as astronômicas. As únicas que aparecem a cada momento registradas são as informações relacionadas ao deslocamento diário em *toesas* (medida francesa equivalente a seis pés, aproximadamente dois metros), tanto em linha reta como pelo caminho efetivamente seguido. Sobre as réguas usadas encontramos o seguinte aviso na lista em relação a sua graduação:

> Regoa de ferro batido, e bornito em q' vai marcada a medida da Toeza de Pariz aferida com toda a exacção por outra tãobem de ferro q' M.r Goelin levou ao Quito, aonde foi mandado pela Academia Real das Sciencias de Pariz. Esta q' vai se medio pela outra estando o termometro de M.r de' Lisle a 19 gráos de calor, a medida preciza, e do ponto do meio para o ponto de qualquer das extremidades, porq' nos mais pontos pode haver engano por não se ter a certeza da total direitura da linha marcada no meio, ou da mesma Regoa de ferro.

Além da padronização, a passagem revela, entre outras, a circulação e a troca de informações entre aquele que formatou a lista e os centros importantes dos estudos de astronomia na época, nesse caso a Academia Real de Ciências da França, e, em outros trechos, menção aos membros da Sociedade Real da Inglaterra.

Em segundo lugar, os registros astronômicos necessários para a determinação das coordenadas geográficas. No âmbito da primeira partida, as observações astronômicas foram todas feitas pelo padre Bartholomeu Panigai, também responsável pelas experiências com o barômetro e o termômetro.

Recolher dados sobre a pressão atmosférica é importante para as observações astronômicas, na medida em que pode causar uma alteração no dado recolhido por conta da refração. Mas também verifica-se que os dados do barômetro eram usados para determinação das altitudes durante o percurso. Registrado com frequência, esse dado relacionava-se aos estudos sobre o formato da Terra, tema ainda em grandes discussões no período, e também ganhava uma linguagem em números. Portanto, isso pode nos levar à constatação, conforme proposto inicialmente, de que não apenas o correto traçado da faixa divisória era observado e anotado pelos astrônomos.

Em relação às condições de trabalho nesses observatórios móveis, é interessante perceber que durante as caminhadas os instrumentos perdiam sua aferição e o ajuste desses artefatos nem sempre era tarefa simples.

> Neste dia se tomou a altura máxima de L. S. 77° 31' 30" não se fazendo a correção desta observação até arregrar o quarto de círculo do P. Panigai; até certificar-se em o erro que possa ter de resultas de movimentos, que em o carro onde se conduz pode haver tido, de variação distincta da que antes tinha.[21]

Adiante, em 18 de janeiro, há o registro de mais um problema com aferição de instrumentos, dessa vez o relógio:

> No dia anterior se tomarão as alturas correspondentes, que não servirão este dia por não haver-se podido observar a imersão do primeiro satellite de Jupter para regular o relógio pequeno de segundos, que tinha o P. Panigai, cosmógrapho da Partida de S. M. F., porque o da pendula não chegou a tempo de podê-lo armar, por chegar tarde o carro donde se conduzia, e em a Partida de S. M. C. não o haver,

porque de Castilhos se remetteo a Buenos Ayres, por estar descomposto, que lhe faltava huma peça principal, e por haver-se nublado a atmosfera, não se podendo fazer a observação da imersão já prevista, pelo que se não anotam as ditas alturas correspondentes em este, em que se corrigiu a observação.[22]

É interessante notar que o uso da bússola para dar a direção do caminho nem sempre era o mais seguro, também devido às alterações causadas pelas condições naturais. Porém permitia colher dados sobre o subsolo, como ao passar num caminho que se designou São Paulo, em 25 de janeiro, quando foi registrada a existência de ferro, porque "a agulha ou rosa náutica variava duas quartas mais do regular".[23] O problema causado relaciona-se à variação magnética. Segundo Azevedo Fortes, o uso da bússola não era o mais indicado para a coleta de dados topográficos, mas era fundamental para as informações sobre a existência de ferro no terreno.[24]

Quanto às observações astronômicas propriamente ditas, aquela que aparece com maior frequência é em relação à altura do Limbo Superior do Sol, o que fornece a latitude, e usava-se o quarto de círculo. Quanto à longitude, o problema tornava-se mais complexo e a situação de viagem muitas vezes dificultava o procedimento. Os trabalhos para determinação da longitude iniciavam-se durante o dia. Primeiro regulando o pêndulo a partir da observação das horas locais de uma determinada posição do Sol de manhã e à tarde. A média das horas fornece o instante exato em que o Sol atravessa o meridiano, assim determina-se o verdadeiro meio-dia. Em seguida espera-se a imersão do primeiro satélite de Júpiter e marca-se o instante do fenômeno e, finalmente, compara-se a hora nas tabelas que eram levadas. Assim era possível a determinação da longitude de um lugar, desde que as condições climáticas ajudassem.

Eram também anotadas as alturas de algumas estrelas em dias diferentes: Algenib, da constelação de Pégaso; Rigel, de Orion; Procion, do Cão Menor; Aldebaran, a mais brilhante da constelação de Touro; e Orion (ombro ocidental e ombro oriental). Observar estrelas de constelações conhecidas poderia ajudar também a recolher dados para a determinação das posições geográficas e da hora local, embora aqui não haja o registro do instante da observação, e todas eram feitas na passagem meridiana. Para essas observações o conjunto fundamental era o quarto de círculo, o relógio, o pêndulo e provavelmente uma luneta, mas o quarto de círculo também poderia ser usado para tal fim. Assim, o caminho e os lugares por onde a comissão passava eram registrados nos diários e em alguns mapas.

Tal qual a leitura do céu permitiu a navegação oceânica dos séculos XV e XVI, uma vez que possibilitava a localização em qualquer ponto da Terra, o controle cada vez maior sobre os procedimentos de medida da Terra e o conhecimento mais acurado do seu formato — elemento que ganhou destaque a partir da segunda metade do século XVII e parte do século XVIII, do ponto de vista dos interesses territoriais — representaram, a nosso ver, uma estratégia importante para as discussões acerca das fronteiras, em especial em lugares mais remotos, como o caso dos confins da América, por exemplo, onde os limites eram ainda fluidos. Esse momento coincidiu não apenas com a criação de algumas instituições importantes, como os observatórios astronômicos de Paris e de Greenwich, mas também com uma demanda pela fabricação de instrumentos matemáticos cada vez mais precisos e portáteis. As descrições da natureza transformavam-se em números, que ao longo dos séculos XVII e XVIII cada vez mais adquiriram importância nas discussões e apresentações dos resultados. Isso também daria ao uso do instrumento na coleta de informações uma presença que conferia autoridade aos números que expressavam a latitude, a longitude, a pressão atmosférica e a temperatura.

De acordo com a leitura do diário, para as observações astronômicas o quarto de círculo, aparentemente o mais usado ao longo da jornada, é um instrumento de precisão empregado para medir as alturas angulares dos astros e servia tanto para a determinação de posições geográficas como para levantamentos topográficos. Há notícias de que foi usado pela primeira vez, e mesmo desenvolvido, pelo abade e astrônomo francês Jean Picard, quando foi nomeado para determinar o arco da Terra a partir do Meridiano de Paris pelo então ministro de Luis XIV Jean-Baptiste Colbert. É interessante que, na obra em que registra o feito, o instrumento que ele considerou importante para descrever em detalhes foi o quarto de círculo e uma novidade no aparelho: as duas lunetas, ocular e objetiva, acopladas ao quadrante, o que ajudaria na maior precisão dos ângulos tomados das observações. Seu uso para fazer trabalhos com o método de triangulação foi registrado no livro *La Mesure de la Terre*, de 1671. Outro detalhe importante do instrumento era o seu tamanho, 38 polegadas de raio. Sobre isso, Picard comentou:

> Eis a descrição completa do instrumento que deu os ângulos de posição, com tanta precisão que sobre a rotação (volta) do Horizonte tomado em cinco ou seis ângulos nunca se encontrou mais do que cerca de um minuto a mais ou a menos de que era e que com frequência também se acercou do valor exato, com cinco segundos de aproximação: de modo que não era necessário carregar um instrumento maior, o qual teria sido aliás impossível utilizar em várias ocasiões.[25]

Infelizmente a listagem não foi assinada; portanto, não sabemos, até agora, o encarregado direto com a, digamos, montagem do observatório móvel, mas algumas instruções precisas sobre os usos e os destinos dos instrumentos aparecem. Entre elas a determinação de que apenas os quadrantes pequenos devem ser transportados de Castillos Grandes para o sertão, enquanto

> Os dous quadrantes grandes q' vão desde a caixa n° 60 athe este n° 107 não se hão de transportar ao sertão, e feita a medição dos gráos de Latitud em Castilhos se hão de remeter p.a o Rio de Janeiro, e dali se dará avizo p.a se determinar desta Corte o q' se ha de fazer delles. E p.a as observações q' cada huma das Companhias ha de fazer no sertão levarão os quadrantes pequanos q' vão na lista de cada huma dellas.

Note-se ainda que instruções vão chegar da Corte para trabalhos de observação no Rio de Janeiro, que nesse momento era a principal cidade do Império português do Atlântico.

O quarto de círculo é composto por uma parte circular da quarta parte de círculo com limbo graduado. Há um sistema que permite colocar o instrumento na vertical ou na horizontal, o que facilita a determinação da altura e do azimute de um astro nas observações astronômicas; e, no caso de levantamento topográfico, a determinação de distâncias angulares entre pontos fixos. A novidade do instrumento usado por Jean Picard foi a introdução de duas lunetas, uma fixa e outra que se desloca. O objeto é afixado num pequeno tripé. O quarto de círculo é um instrumento antigo e próximo do quadrante, que surgiu com Tycho Brahe, mas ainda não continha lunetas, elemento que passou a compor o instrumento apenas a partir da segunda metade do século.[26] Além de o exemplar levado para os confins da América ser pequeno, de fácil transporte, a leitura de outros documentos nos permite afirmar que sua versatilidade fazia dele um dos instrumentos importantes para os observatórios que se deslocavam em viagens, sejam de pequena, média ou grande distância.

Contudo, havia as dificuldades da manipulação dos instrumentos matemáticos nos confins da América. Nem todos os que aparecem na lista foram efetivamente usados durante as jornadas, pelo menos não foram mencionados do diário ou em outros documentos até o momento analisados. Voltamos à pergunta inicial: qual seria o significado de seu uso em tal contexto? A própria aferição do instrumento dependia de técnicos especializados que nem sempre acompanhavam os artefatos durante as viagens. Para a coleta de dados mais segura, as dificuldades começavam desde o posicionamento do instrumento. Mesmo em observatórios fixos, especialmente construídos e organizados para as observações ainda no século XX, era necessária a repetição da observação no sentido de diminuir a margem de erros, quanto mais no sertão de terras distantes, os confins da América.

Como vimos, a coleta das informações, ainda que corretas, não garantia a confecção de uma carta obrigatoriamente fiel aos dados obtidos nem muito menos a resolução de disputas sobre a posição geográfica, mesmo de um rio, como o Ibicuí. Por tudo isso, acreditamos que a presença dos astrônomos e o uso dos instrumentos, ainda que representassem o desejo de se traçar cientificamente a fronteira e produzir o território do ponto de vista dos interesses políticos, apontam para uma estratégia de conferir autenticidade ao traçado e são, portanto, mais um veio importante para a configuração dos espaços distantes. A ciência, em particular os instrumentos, ganha, nesse contexto, uma dimensão eloquente, uma vez que pode fundamentar a reivindicação de áreas distantes por meio do seu esquadrinhamento.

Do ponto de vista da astronomia, neste momento temos condições de concluir apenas parcialmente, uma vez que durante muito tempo atribuiu-se às práticas astronômicas no âmbito do Império português, em particular na América portuguesa, uma importância meramente utilitária. Ainda nos resta muito a pesquisar nos arquivos. Mas, ainda que numa camada superficial, a existência dessa listagem (figura), ou melhor, a sua composição, nos mostra que havia de fato uma intenção, que não deve ser menosprezada, de fazer estudos mais amplos sobre a natureza dentro dos padrões atualizados para a época, pois, caso contrário, não seria estratégico levar um observatório de campo para os confins da América numa situação de conflito, até com as populações locais.

E, finalmente, nota-se pelo registro em latim das observações presentes nos diários não só uma intenção de comunicação científica, mas também a atualidade na forma de descrever a natureza, que poderia ser lida por todos aqueles que soubessem interpretar tais dados. Resta-nos uma tarefa ainda a cumprir.

Notas

1. O artigo apresenta resultados ainda parciais de pesquisa em desenvolvimento.
2. Usamos a versão do diário que está publicada *na Colleção de Notícias para a História e Geografia das nações ultramarinas que vivem nos domínios portugueses ou lhes são vizinhas*, tomo VII, publicado pela Academia Real das Sciências, em Lisboa, na Typografia da Academia em 1841. Sempre que houver necessidade, recorreremos à versão manuscrita depositada no acervo da Biblioteca Nacional do Rio de Janeiro.
3. Este documento será a partir de agora mencionado no texto como *Instruções*, para evitar a confusão com o texto do Tratado de Madrid.
4. *Instruções*, p. 10.
5. GOES FILHO, Synesio, *Navegantes, Bandeirantes, Diplomatas*, p. 167.
6. FERREIRA, Mário Olímpio Clemente, "O mapa das cortes e o Tratado de Madrid: a cartografia a serviço da diplomacia", *Varia História*. FURTADO, Junia, *Oráculos da geografia iluminista*.
7. FERREIRA, Mário Olímpio Clemente, "O mapa das cortes e o Tratado de Madrid: a cartografia a serviço da diplomacia", in *Varia História*, p. 58.
8. Ibidem, p. 68.
9. Esta contenda pode ser lida no documento *Demostración del modo más fácil y exacto para poder averiguar el origen principal del Ibicuy y poder concluir la demarcación*, 1758. In: BLASCO, Miguel Ângelo, *Notta dos papeis, q vão no masso junto, feito pelo Coronel de Blasco... em resposta ás questoens novam.te sucitadas do S.nr Marquêz de ValdeLirios, e seus geographos, a respeito da Demarcação da Primr.ª Partida, no acto de continuála neste anno de 1758. 58*, p. 8. Agradeço a Milena de Souza Farias pela transcrição e pelas primeiras análises desse documento durante sua pesquisa de iniciação científica feita no Mast.
10. Embora iniciada em 1753, essa partida foi interrompida devido a conflitos com as populações indígenas que viviam na região e retomou os trabalhos apenas em 1758.
11. *Demostración del modo más fácil y exacto para poder averiguar el origen principal del Ibicuy y poder concluir la demarcación*, 1758. In: BLASCO, Miguel Ângelo, *Notta dos papeis, q vão no masso junto, feito pelo Coronel de Blasco...*, p. 8.

12. Ibidem.
13. *Instruções*, p. 3.
14. As decisões acordadas em Madrid foram posteriormente revogadas pelo Tratado de El Pardo em 1761. Sabemos que os processos de delimitação das fronteiras entre os países, os reinos e as cidades não são resolvidos apenas pela diplomacia ou mesmo guerras entre os Estados em litígio. O movimento das populações que habitam uma dada região também cumprirá papel fundamental. Embora não seja nosso objetivo aprofundar essa questão, cabe lembrar que os trabalhos da primeira partida foram interrompidos devido à resistência dos índios que residiam na área por onde eles deveriam passar. Somem-se ainda as guerras jesuíticas que tiveram lugar na região.
15. *Instruções*, p. 18.
16. BOURGUET, Noelle; LICOPPE, Christian, "Voyages, measures et instruments: une nouvelle expérience du monde au siècle des Lumières".
17. *Instruções*, p. 19.
18. Ibidem, p. 21.
19. Decreto do rei dom José, Capitania do Rio de Janeiro; AHU_ACL_CU_017, CX. 44, D. 4536.
20. Esses indicativos, entre outros indícios, reforçam que para um melhor entendimento das práticas científicas no âmbito do império português uma busca na documentação administrativa, que está sendo feita no âmbito desta pesquisa, vem se revelando importante. Ainda não conseguimos dados biográficos mais precisos sobre os astrônomos, mas sublinhamos o fato de que todos esses aqui mencionados eram padres da Companhia de Jesus.
21. Diário, p. 57.
22. Ibidem, p. 59.
23. Ibidem, p. 62.
24. FORTES, *Tratado do modo o mais fácil, e o mais exacto de fazer as cartas geográfias*.
25. PICARD, *La mesure de la Terre*, p. 15. Agradeço a Irene Cristina Portela, da Coordenação de Educação em Ciências do Mast, a tradução desse trecho para o português.
26. MOURÃO, Ronaldo Rogério de Freitas, *Dicionário Enciclopédico de Astronomia e Astronáutica*, p. 677.

Referências

Fontes impressas

Diario da primeira partida de limites da America Meridional. In: Colleção de notícias para a História e Geografia das nações ultramarinas que vivem nos domínios portugueses ou que lhes são vizinhas publicada pela Academia Real das Sciências, Tomo VII, Lisboa, na Typografia da mesma Academia, 1841.

FORTES, Manoel de Azevedo. *Tratado do modo o mais fácil, e o mais exacto de fazer as cartas geográfias.* Lisboa Ocidental: Oficina de Paschoal da Silva, 1722.

HADLEY, John. "The descriptions of a new instrument for taking angles." *J. Philosophical Transactions. (1683–1775).* 1753. Disponível em: <https://archive.org/details/philtrans09562806>. Acessado em: 12 de outubro de 2013.

PICARD, Jean. *La mesure de la Terre.* Paris: Imprimerie Royale, 1671. Disponível em: <http//gallica.bnf.fr/ark:/12148/btv1b7300361b>. Acessado em: 16 de junho de 2013.

Tratado, pelo qual os Ministros Plenipotenciários de S. S. M. M. Fidelíssima e Catholica ajustarão, e determinarão as instruções, que havião de servir de governo aos Comissários das duas Corôas na Demarcação dos limites respectivos na América meridional, em execução do Tratado de Limites, assignado em Madrid a 17 de Janeiro de 1750. In: Colleção de notícias para a História e Geografia das nações ultramarinas que vivem nos domínios portugueses ou que lhes são vizinhas publicada pela Academia Real das Sciências, Tomo VII, Lisboa, na Typografia da mesma Academia, 1841.

Fontes manuscritas

BLASCO, Miguel Ângelo (Atribuído). *Notta dos papeis, q vão no masso junto, feito pelo Coronel de Blasco... em resposta ás questoens novam.te sucitadas do S.nr Marquêz de ValdeLirios, e seus geographos, a respeito da Demarcação da Primr.ª Partida, no acto de continuála neste anno de 1758.* 58 f. 4 mapas col. 49 cm.

BOBADELA, Gomes Freire de Andrade, conde de. *Diario da partida do Ilmo. o Ex.mo Gomes Freire de Andrade por Comissario de Sua Magestade na divisão da América Meridional em decreto de fevereiro de 1752.* 2 doc. 19 f. (Anexo:

Lista e conta das caixas de Instrumentos, que forão embarcados em a Nao
N. S.ra da Lampadoza p.a servirem aos Engenheiros q' se mandaráo p.a a
demarcação dos confins do Brazil da parte do Sul, e são os seguintes.)

Livros, artigos e teses

ALBUQUERQUE, Luis de. *As navegações e sua projeção na ciência e na cultura.*
Lisboa: Gradiva, 1987.

————. *A náutica e a ciência em Portugal; notas sobre as navegações.* Lisboa:
Gradiva, 1989.

————. "Sobre um manuscrito quatrocentista do *Tratado da Esfera*, de Sacrobosco". *Revista da Faculdade de Ciências da Universidade de Coimbra*, v.
28, 1959, 39p.

ALMEIDA, André Ferrand de. *A formação do espaço brasileiro e o projecto do*
novo atlas da América portuguesa (1713-1748). Lisboa: Comissão Nacional
para as Comemorações dos Descobrimentos Portugueses, 2001.

ANDERSON, R.G.W.; BURNETT, J.; e GEE, B. *A Handlist of Scientific Instrument-makers' Trade Catalogue 1600-1914.* Edinburgh: National Museum of
Scotland Informations Series, n° 8, 1990.

BERKEL, HELDEN e PALM (Ed.). *A history of science in the Netherlands, Survey,*
Themes and References. Leiden: Brill, 1999.

BOURGUET, Noelle; LICOPPE, Christian. "Voyages, measures et instruments: une
nouvelle expérience du monde au siècle des Lumières". *Annales, Economies,*
Societies, Civilizations, n°. 5, 1997, p. 1115-1151.

BRENNI, Paolo. "Introdução". In: MUSEU DE ASTRONOMIA E CIÊNCIAS
AFINS. *Inventário da coleção de instrumentos científicos do Museu de As-*
tronomia e Ciências Afins. Rio de Janeiro: Mast, 2000.

BRIGOLA, João Carlos Pires. *Colecções, gabinetes e museus em Portugal no século*
XVIII. Lisboa: Fundação Calouste Gulbenkian/Fundação para a Ciência e a
Tecnologia, 2003. (Série Textos Universitários de Ciências Sociais e Humanas).

BROWN, Lloyd A. *The Story of Maps.* Nova York: Dover Publications, 1977.

BUENO, Beatriz Piccolotto. "Decifrando mapas: sobre o conceito de *território* e
suas vinculações com a cartografia". *Anais do Museu Paulista.* V. 12, n. 1, jan/
dez 2004, p. 193-234.

CARVALHO, Rómulo de. *A astronomia em Portugal no século XVIII.* Lisboa:
Biblioteca Breve/Instituto de Cultura e Língua Portuguesa/Ministério da Educação, 1985.

————. "Relações científicas do astrónomo francês Joseph-Nicolas de L'Isle com
Portugal". In: *Colectânea de Estudos Históricos (1953-1994).* Évora: Universidade de Évora, 1997.

CLERCQ, Peter. "The Instruments of Science: the market and the makers". In: BERKEL, Klaas van; HEDEN, Abert van; PALM, Lodewijk. *A History of Science in the Netherlands:* Surveys, Themes and Reference. Leiden: Brill, 1999.

CORTESÃO, Jaime. *Alexandre de Gusmão e o Tratado de Madrid.* Parte I, t. II (1735–1753). Rio de Janeiro: Instituto Rio Branco, s/a.

_____. *Alexandre de Gusmão e o Tratado de Madrid* — Antecedentes do Tratado. Parte III, tomo I, A Colônia do Sacramento e seu território. Rio de Janeiro: Instituto Rio Branco, 1951.

_____. (Org.). *Alexandre de Gusmão e o Tratado de Madrid (1750).* Parte V, t. único. Execução do Tratado. Rio de Janeiro: Instituto Rio Branco, s/a.

_____. *Alexandre de Gusmão e o Tratado de Madrid.* Lisboa: Cadernos Seara Nova, 1950.

COSTA, Antonio Gilberto (Org.). *Roteiro prático da cartografia:* da América portuguesa ao Brasil Império. Belo Horizonte: UFMG, 2007.

DIAS, J.S. *Os descobrimentos e a problemática cultural do século XVI.* Lisboa: Editorial Presença, 1973.

DOMINGUES, Ângela. *Viagens de exploração geográfica na Amazônia em finais do século XVIII:* política, ciência e aventura. Lisboa: Universidade Nova de Lisboa, 1991.

_____. "Para um melhor conhecimento dos domínios coloniais: a constituição de redes de informação no Império português em finais do Setecentos." *Hist. Cienc. Saúde,* v. 8, 2001, p. 823-838.

FERREIRA, Mário Olímpio Clemente. *Conhecimento e apropriação do território:* as demarcações de limites do Tratado de Madrid no Brasil Meridional. Separata da Revista de Cabral e Pedro I. Porto: Universidade Portucalense Infante D. Henrique, 2001.

_____. *O Tratado de Madrid e o Brasil Meridional:* os trabalhos demarcadores das partidas do Sul e a sua produção cartográfica (1749–1761). Lisboa: Comissão Nacional para as Comemorações dos Descobrimentos Portugueses, 2001.

_____. "O mapa das cortes e o Tratado de Madrid: a cartografia a serviço da diplomacia". *Varia História.* Jun 2007, vol 23, n. 37, pp 51-69.

FURTADO, Junia. *Oráculos da geografia iluminista:* Dom Luís da Cunha e Jean Baptiste Bourguignon d'Anville na construção da cartografia no Brasil. Belo Horizonte: Editora da UFMG, 2012.

GOES FILHO, Synesio. *Navegantes, Bandeirantes, Diplomatas:* um ensaio sobre a formação das fronteiras do Brasil. São Paulo: Martins Fontes, 1999.

HELDEN, Albert van; HANKINS, Thomas. "Instruments in the History of Science." *Osiris,* v. 9, 1994.

HELDEN, Albert van. *Catalogue of early telescopes.* Prato: Giunti, 1999.

MOURA, Carlos Francisco. *Astronomia na Amazônia no século XVIII (Tratado de Madrid):* os astrônomos Szentmártonyi e Brunelli — Instrumentos astronômicos e livros científicos. Rio de Janeiro: Real Gabinete Português de Leitura, 2008.

MOURÃO, Ronaldo Rogério de Freitas. *Dicionário Enciclopédico de Astronomia e Astronáutica.* Rio de Janeiro: Nova Fronteira, 1995.

PYENSON, Lewis; GAUVIN, Jean-Françoise. *L'árt d'enseigner la physique.* Lês appareils de démonstrations de Jean-Antoine Nöllet (1700/1770). Eduquer para la voie de l'experience. Quebeque: Septentrión, 2002.

SEED, Patricia. *Cerimônias de posse na conquista do Novo Mundo (1492/1640).* São Paulo: Unesp, 1999.

WARNER, Deborah Jean. "What is a scientific instrument, when did it become one, and why?", *The British Journal for the History of Science.* V. 23, parte I, nº. 76, março de 1990, p. 83-93.

Um império de outro mundo:
a Lua dos Áustrias e a Lua dos astrônomos[1]

Thomás A.S. Haddad*

1. Introdução

Non sufficit orbis — "o mundo não basta". Lê-se essa inscrição no reverso de uma medalha cunhada em Lisboa em 1583, na qual também está representado um globo terrestre encimado por um corcel. Na outra face, uma efígie de Filipe II, circundada pelas palavras *Philippus Hispaniarum et Novi Orbis rex* ("Filipe, rei das Espanhas e do Novo Mundo").[2] Pouco menos de um ano antes da cunhagem, o monarca tinha entrado triunfalmente na cidade para tornar-se Filipe I de Portugal, na bem conhecida união pessoal de coroas que ele passaria a seus descendentes e que duraria até 1640. Apesar de ser dono do mais extenso império global que já se tinha visto na história, parece que só o mundo não lhe bastava, numa ampliação até o paroxismo do lema pessoal de seu pai, Carlos V, e dos Habsburgos espanhóis, que era *Plus ultra* ("mais além"). Se o mundo não era suficiente para as pretensões imperiais desse monarca, não será de estranhar que seu neto, Filipe IV (em cujo reino a extensão territorial do império ibérico unificado atingiu o zênite), tenha sido presenteado com uma representação cartográfica que, simbolicamente, levava seus domínios até a Lua, como veremos.

---

*Escola de Artes, Ciências e Humanidades da Universidade de São Paulo. e-mail: thaddad@usp.br

Antes, porém, que a dinastia dos Áustrias tentasse conquistar nosso satélite, outras pessoas, homens da República das Letras, ensaiavam dominar a Lua a seu modo e construir também para si, e para esse colégio invisível, um império de outro mundo. Após a rápida incorporação do telescópio às práticas de pesquisa astronômicas nas primeiras décadas do século XVII, a cartografia lunar (ou selenografia) floresceu de maneira notável. Em pouco tempo, produziram-se mapas do satélite que se apropriavam de códigos de representação próprios da cartografia terrestre ou criavam uma linguagem visual toda própria. Astrônomos de toda a Europa embarcaram numa aventura de conquista intelectual da Lua, na medida em que ela deixava de pertencer ao inacessível mundo da quintessência aristotélica, sobre a qual nada certo podia ser dito, para tornar-se um corpo de constituição semelhante à própria Terra, a respeito do qual se poderiam fazer afirmações seguras.

Por meio do exame de dois casos representativos, pretendemos observar aspectos do império intelectual dos astrônomos e do império simbólico dos Áustrias, ambos erigidos sobre a face da Lua. Especificamente, trata-se de dois mapas lunares, publicados em 1631 e 1645, respectivamente pelo jesuíta Cristoforo Borri, em Lisboa (em seu livro *Collecta astronomica ex doctrina etc.*), e pelo cosmógrafo real da Coroa espanhola, Michael Florent van Langren, em Bruxelas (*Plenilunii/Lumina Austriaca Philippica*, folha solta). Interessa-nos também acompanhar as trajetórias profundamente desiguais de ambos os autores, que se movem em diferentes espaços da monarquia católica e de seu império; nesse sentido, trata-se de observar os modos de fazer ciência no contexto imperial. Concretamente, propomos que suas estratégias cartográficas diferentes são compreensíveis por meio dessas trajetórias divergentes (que, no entanto, se tangenciam), do contexto político e das audiências e das funções que tinham em mente para seus mapas. O percurso intelectual e profissional de Van Langren, somado à sua proposta toponímica que batizava 325 acidentes do relevo lunar com nomes de Habsburgos espanhóis e seus aliados, além de projetar na Lua uma geografia europeia fantástica, não deixa dúvida de que seu mapa representava eminentemente uma forma de conquistar o favor de Filipe IV e estender simbolicamente as fronteiras de seu império. Como veremos, Borri também procurou o favor dos Áustrias, mas não por meio de sua carta lunar; ela e a obra em que se inseriu representavam antes a possibilidade de conquistar reconhecimento entre os astrônomos da Companhia de Jesus e entre um público letrado de alcance continental e não estavam diretamente ligadas à sua estratégia de mecenato. Ambos os autores se aproximam, contudo, no objetivo de estabelecer métodos para a determinação de longitudes (sendo o mapa de Van Langren diretamente relacionado a isso), um problema fundamental na administração territorial do império e na navegação entre suas partes espalhadas pelo globo. Antes, porém, de adentrar na análise desses dois casos, apresentamos na próxima seção algumas observações gerais sobre as origens da selenografia seiscentista e suas linhagens intelectuais.

2. Linhagens da selenografia

Nas últimas duas décadas, aproximadamente, os estudos de história das ciências sofreram uma verdadeira "virada espacial": das "centrais de cálculo" de Bruno Latour à "geografia do conhecimento" de David Livingstone,[3] acumulam-se trabalhos que mostram a importância do *local* na produção e circulação do conhecimento científico. Analisam-se lugares de convergência e processamento de informações, reavaliam-se antigas dicotomias entre centros e periferias, trabalha-se com a ideia de estilos científicos próprios de certas cidades, de certos laboratórios, e dá-se atenção redobrada ao suporte espacial e concreto das redes de construção e intercâmbio de conhecimento. Mais recentemente, outra faceta do "local" tem despontado como dimensão essencial do estudo das ciências: elas não apenas se produzem e circulam *em* determinados espaços, mas formulam discursos *sobre* outros espaços. É assim que, em meados do século XVIII, por exemplo, o Pacífico se torna um lugar sobre o qual se produz ciência, da mesma forma que o Ártico nas primeiras décadas do século XX, a Antártica um pouco depois ou a "floresta tropical" mais recentemente.

As ciências reconhecem e circunscrevem locais de conhecimento, que têm uma complexa dinâmica de nascimento, vida e morte eventual — além de ocasionais ressurreições em forma transmutada.

O século XVII testemunhou a construção de um desses locais de conhecimento, bem como sua morte: a Lua (que voltou à vida científica, completamente transfigurada, na segunda metade do século XX). Dois momentos culminantes foram a publicação, em 1647, da *Selenographia*, pelo jurisconsulto e astrônomo protestante Johannes Hevelius, de Danzig, e, logo em seguida, dos mapas lunares dos jesuítas Giovanni Battista Riccioli e Francesco Maria Grimaldi, de Bolonha (como parte do *Almagestum Novum* de autoria do primeiro, dado à estampa em 1651); os mapas dos jesuítas definiram uma linguagem visual e um padrão toponímico para a Lua que encontraram surpreendente estabilidade. Antes desses marcos, no entanto, diversas outras propostas de cartografias lunares foram apresentadas e atenderam a funções e a públicos variados. Cremos que elas são tipologicamente classificáveis em duas grandes categorias, uma de preocupação fundamentalmente toponímica e envolvida com a determinação de grandes fronteiras (identificável nos primeiros mapas do inglês Thomas Harriot), outra com objetivo de representação topográfica (derivada das ilustrações lunares de Galileu Galilei). As primeiras observações telescópicas de Harriot datam do meio do verão de 1609, em Londres; as de Galileu, do fim do outono do mesmo ano, em Pádua. Dessas duas fontes formou-se a selenografia seiscentista, que teve vidas paralelas até sofrer uma grande síntese entre 1647 e 1651.

Galileu começou a observar a Lua com a ajuda do telescópio alguns meses depois de Harriot, mas foi o primeiro a publicar suas observações (na verdade, o inglês nunca deu as suas a público, como veremos), no *Sidereus nuncius*, datado de março de 1610, em Veneza; no mesmo livro ele relata também a descoberta dos satélites de Júpiter. Ele é tradicionalmente creditado como o originador da selenografia. A Lua de Galileu, desenhada por ele próprio e que comparece em cinco gravuras do livro, é impressionante pela tridimensionalidade (Fig. 1). Ela tem um relevo marcante, ressaltado pelo domínio do claro-escuro que Galileu adquirira na Accademia del Disegno em sua juventude.[4] É mais do que se pode ver ao telescópio — na verdade, é uma Lua tal como se veria a uma distância muito pequena. Ele exagera deliberadamente as dimensões dos acidentes de relevo e o texto revela o porquê: seu objetivo é justamente convencer o leitor de que a Lua *tem relevo* e contradizer a teoria peripatética que lhe atribuía uma superfície lisa. Galileu chega a estimar a altura das "montanhas da Lua".

Seu programa de ataque ao aristotelismo não passa despercebido: tanto é assim que, já em 1611, o cardeal Roberto Bellarmino, o mais influente teólogo da Companhia de Jesus desse tempo, requisita que os astrônomos jesuítas do Colégio Romano deem um veredito sobre as observações de Galileu, e pergunta, entre outras coisas, se eles "concordam [...] que a Lua tem uma superfície acidentada e desigual". Na resposta, enviada menos de uma semana depois, e assinada conjuntamente por não menos que Christoph Clavius, Christoph Grienberger, Odo van Maelcote e Giovanni Paolo Lembo, os padres afirmam que "não se pode negar a grande desigualdade da Lua, ainda que pareça mais provável ao Padre Clavius que não é que a superfície seja desigual, mas que o corpo lunar não seja uniformemente denso, tendo partes mais densas e outras mais rarefeitas".[5] A dissidência de Clavius, por mais influente que ele fosse, se encerrará com sua morte próxima, em 1612, e a Lua se tornará fundamental no programa astronômico dos jesuítas do Seiscentos.[6]

Na Lua de Galileu, toda preocupação toponímica é estranha — é uma Lua eminentemente topográfica. Parece que simplesmente não lhe ocorre batizar os acidentes que mapeia com nomes de patronos potenciais ou personagens eminentes. Mas isso não significa que ele não esteja ciente do poder que o dar nomes às coisas tem em sua sociedade de corte; muito pelo contrário: mira na patronagem dos Médici de Florença e não perde tempo em chamar os satélites de Júpiter de estrelas mediceias (além de dedicar o *Sidereus nuncius* a Cósimo II, patriarca da família florentina). Em vez de denominar acidentes de uma Lua que ele mesmo acaba de demover de sua condição etérea, as "estrelas novas" que descobre orbitando Júpiter parecem mais nobres e condizentes. Junto com suas outras estratégias de carreira,[7] o movimento é certeiro: em julho de 1610 ele já é "filósofo e matemático do grão-duque de Florença".

Já o outro observador telescópico pioneiro, Thomas Harriot, nos apresenta uma Lua completamente diferente da de Galileu. Começando com croquis muito esquemáticos em 1609, o mais completo mapa do satélite que ele nos apresenta data de 1610, após já ter lido o *Sidereus nuncius* (Fig. 2). É patente a ausência de tridimensionalidade, em direto contraste com Galileu. Trata-se de um programa cartográfico lunar que valoriza uma espécie de mapeamento bidimensional, com ênfase na representação e na identificação de grandes "linhas costeiras" que separam as regiões mais claras das mais escuras. As crateras são apenas círculos ou elipses espalhados pela superfície. Os números são um ensaio de toponímia; a topografia é secundária. Em suas notas,[8] Harriot fala de uma Lua com "penínsulas", "ilhas" e "promontórios". Ora, ele fora cartógrafo das expedições de sir Walter Raleigh à América do Norte e à Guiana nos últimos dois decênios do século XVI, e toda a sua experiência era justamente com o levantamento de mapas de litorais, não com topografia. Seu amigo sir William Lower observa o satélite também e, em 6 de fevereiro de 1610, escreve a Harriot algo que diz muito da Lua que compartilham: "(...) parece-se com a descrição de costas, nos livros de viagens holandeses."[9]

Apesar de Harriot nunca ter publicado suas observações e seus mapas da Lua, do ponto de vista tipológico (e não causal, obviamente) ele está na raiz de um tipo de selenografia que encontrará cultores nas décadas que se seguem, em paralelo aos sequazes da tradição galileana (essa, sim, guarda uma relação causal com seu inaugurador). Podemos dizer que há uma Lua dos cartógrafos e uma Lua dos astrônomos. Esses últimos especializam-se em representar o satélite em fase crescente ou minguante, quando a iluminação oblíqua realça as características de relevo. O objetivo é exatamente usar a existência do relevo como argumento antiaristotélico, e mesmo os astrônomos jesuítas cedo o abraçam. É uma Lua que pode ser conhecida, comunicada e debatida, e faz parte do império intelectual dos astrônomos, do qual antes estava excluída por sua incognoscibilidade. Não tardarão a aparecer, na República das Letras, as narrativas de viagens à Lua e encontros com seus habitantes, os selenitas, como o célebre *Somnium*, de Kepler, o *L'autre monde*, de Cyrano de Bergerac, ou os êxtases interplanetários de Athanasius Kircher, entre muitos outros.[10] A Lua dos cartógrafos, em oposição, é representada usualmente na fase cheia, quando a iluminação solar perpendicular borra a topografia, valoriza as grandes divisões entre claros e escuros e enche a superfície de pontos brilhantes — que podem muito bem receber nomes, como veremos.

3. A Lua do astrônomo Cristoforo Borri

Façamos agora um corte. Maio de 1632. Um homem agoniza em Roma. Um homem que tinha observado os céus da Itália, de Portugal e da Espanha — mas também de Goa, de Macau, da Cochinchina e, dizem, da Etiópia, de Madagascar e do Zambeze. Ele vira cometas e eclipses, experimentara com agulhas de marear em suas inúmeras viagens, fora recebido pelos cosmógrafos de Filipe IV, ocupara a cátedra da lendária aula de esfera do Colégio de Santo Antão de Lisboa, bem como cátedras de matemática e filosofia em Coimbra e em colégios jesuítas italianos. Fora um deles, afinal de contas, e isso é o que o levara a tantas partes do mundo. Ao morrer já não era. O Papa Urbano VIII, Barberini, o havia autorizado semanas antes a ingressar numa ordem monástica — mas o abade não o recebera e, no leito de morte, ele não era nada. Chegara a Roma vindo de Madrid, onde fora reclamar os 50 mil cruzados que Filipe III prometera, no distante ano de 1598, a quem descobrisse um método para encontrar a longitude no mar. Esse homem, de nome Cristoforo Borri, não ganhara o prêmio, mas parece ter causado impressões fortes nos sábios do Conselho Real e do Colégio Imperial de Madrid.

Sua vida foi, de fato, uma sucessão de impressões fortes.[11] Nascido em 1583, numa Milão dominada pelos Habsburgos, ingressou na Companhia de Jesus em 1601. Em 1607 já lecionava no Colégio Jesuíta de Mondovì, no norte da Itália, e era responsável pela cadeira

UM IMPÉRIO DE OUTRO MUNDO | 127

de matemática. Em 1610 foi transferido para o Colégio Braidense (ou Colégio de Brera), em Milão, onde lecionou também filosofia. Em 1612, ou antes, começou a defender nas aulas a hipótese de Tycho Brahe sobre a fluidez dos céus[12] e sua organização do sistema planetário, o que fez com que seus superiores pedissem a intercessão do padre-geral Claudio Acquaviva, que o censurou e retirou-o de sua cadeira em 1614, por considerá-lo um *novator sententiarum*, isto é, um heterodoxo. Um ano depois, partiu em missão para o Oriente,[13] depois de certamente ter passado uma temporada em Lisboa.

O período missionário foi decisivo para o pensamento de Borri. Primeiramente, deparou com uma situação em que os próprios superiores determinavam que a teoria dos céus fluidos fosse ensinada em diversos colégios, tendo em vista a péssima recepção dos sistemas de esferas rígidas entre os chineses, que eram o principal alvo missionário de então.[14] Num memorial de fins da década de 1620 (redigido quando já voltara à Europa), dirigido ao então geral jesuíta Muzio Vitelleschi, o próprio Borri nos conta como o vice-reitor do Colégio Jesuíta de Macau, Francisco Vieira, pediu-lhe que escrevesse um tratado que expusesse a teoria da fluidez celeste.[15] Em segundo lugar, foi na Cochinchina (isto é, o atual Vietnã Central), em 1618, que Borri fez a observação de um cometa que o convenceria definitivamente da impossibilidade de ser esse um fenômeno atmosférico (ele usou o método da paralaxe e comparou o resultado de suas observações com o de outros jesuítas: Cysat, em Ingolstadt, Vreman, na China, e Manuel Dias, na Índia). Durante a missionação aprimorou largamente seus conhecimentos de náutica e pretendeu inventar um método para a medida da longitude a partir da declinação magnética da agulha (eis o que ele achou que lhe valeria o prêmio na Corte espanhola).[16] Em 1623 o encontramos em Goa, à espera de voltar à Europa com a carreira da Índia — quem dá o testemunho é Pietro della Valle, "o peregrino", o homem mais viajado de seu tempo: teria recebido de Borri, na ocasião, um pequeno tratado astronômico em latim (posteriormente traduzido pelo próprio Della Valle para o italiano e o persa — provavelmente a primeira obra sobre a fluidez dos céus a circular no mundo islâmico). Chega ao Velho Mundo em algum

128 | FORMAS DO IMPÉRIO

momento incerto entre 1624 e 1626, após uma possível estância africana (que ele terá descrito numa relação hoje perdida, mas citada por fontes contemporâneas).

Em 1627, Borri está em Coimbra e leciona astronomia e matemática no Colégio das Artes. Ali defendeu, aparentemente sem qualquer censura, as mesmas ideias que tinham causado sua exclusão do Braidense (no memorial a Vitelleschi detalha a aceitação de suas ideias em Coimbra, sem nenhum problema semelhante aos que tivera sob Acquaviva). Em 1628, transferiu-se para o Colégio de Santo Antão de Lisboa, para assumir a cadeira de esfera. Do período português restaram-nos alguns documentos importantes, todos notas de aulas tomadas por alunos de seus cursos. O mais relevante para nós é uma *Nova astronomia na qual se refuta a antiga da multidão de 12 ceus pondo so tres Aereo, Cidereo, e Empério,* de que há dois manuscritos, um conservado na Biblioteca Geral da Universidade de Coimbra e outro na Biblioteca Pública de Évora. Ambos vêm precedidos de uma *Arte de navegar* (em que o método para a determinação das longitudes é explicado); ao de Évora segue ainda uma instrução para pilotos sobre a longitude[17] e ao de Coimbra uma pouco explorada *Arte da memória.* Outro documento é um *Compendium problematum,* conservado na Biblioteca Nacional de Lisboa. Trata-se das anotações feitas por um Inácio Nunes dos cursos de Borri em Coimbra, provavelmente. Parte do material é referente às aulas de esfera, mas há também uma *Quaestio: num mathematicae disciplinae verae scientiae nomen induant?,* que corresponde a uma significativa polêmica entre Borri e o jesuíta Sebastião do Couto, um dos responsáveis pelo monumental *Cursus Conimbricensis,* a respeito do estatuto epistemológico da matemática, isto é, a famosa *quaestio de certitudine mathematicarum,* que tanto ocupou as mentes do século XVII.[18]

De 1627 a 1630 ocorrem outros fatos significativos de sua trajetória. Apesar do aparente acolhimento nos colégios portugueses, a tentativa de finalmente publicar um tratado de astronomia sofre todo tipo de revés. O memorial ao padre-geral da Companhia é produzido justamente numa tentativa de conseguir diretamente sua aprovação para a publicação do tratado; Vitelleschi remete a decisão aos superiores portugueses e Borri encontra resistência, liderada pelo mesmo Sebastião do Couto com quem polemizara. A obra, intitulada *Collecta astronomica ex doctrina P. Cristophori Borri Mediolanensis ex Societate Iesu; de tribus coelis, aereo, sidereo, empireo etc.*, acabou sendo impressa em Lisboa em 1629 (in-quarto), mas só obteve as autorizações definitivas para circulação em 1631. Em 1630 ele já partira para a Espanha, para ter com os cosmógrafos reais, e o resto de sua história conhecemos.

Borri dedica seu livro a dom Gregório de Castelo Branco, conde de Vila Nova, que parece ter arcado com as despesas da impressão e pode ter sido seu aluno em Lisboa (as armas de sua família encontram-se num dos manuscritos da *Nova astronomia*, que é, em linhas gerais, nada mais do que um resumo do livro impresso). É na *Collecta astronomica* que ele publica um mapa lunar (Fig. 3), com 10 cm de diâmetro, gravado em madeira, com letras, de tipo claramente galileano (valorizando, ainda que esquematicamente, a tridimensionalidade topográfica), sem toponímia, e com preocupações fundamentalmente cosmológicas: demonstrar que o corpo da Lua não é homogêneo, mas sim vincado por depressões e elevações, e que suas "manchas" não são variações de densidade, mas os efeitos da iluminação solar sobre uma superfície acidentada. Com exagero, ele informa o leitor que se trata da "exata face da Lua crescente", vista em Coimbra em 18 de julho de 1627 através de um "tubo óptico". O texto do capítulo não deixa dúvida sobre o interesse cosmológico de Borri; o livro inteiro, a bem da verdade, é uma longa exposição de seu sistema muito particular de interpretação do Universo — um Universo tripartite, dividido entre a atmosfera terrestre, o largo e fluido céu sidéreo, onde se localizam os astros, coroado pelo empíreo, morada dos santos do Senhor. Para ele, ao contrário dos aristotélicos, a Lua é apenas uma pedra, a verdadeira perfeição morando no terceiro céu. Uma cosmologia *ad maiorem Dei gloriam*, pois. Livre das esferas rígidas de quintessência dos peripatéticos (de cuja inexistência a imperfeição da Lua é uma das aparências empíricas essenciais), ele pode adotar o ordenamento planetário proposto por Tycho Brahe e acrescentar seus próprios toques, como os movimentos espiralados do Sol e dos planetas e uns anjos bidimensionais responsáveis por impulsioná-los.

Se o texto confirma que a Lua de Borri serve a funções cosmológicas, o contexto reforça a ideia: ele quer reconhecimento como astrônomo de primeiro calibre pela Companhia de Jesus e pela República das Letras. Sua Lua é parte do pequeno império dos astrônomos da primeira modernidade, não do vasto império de Filipe IV. A patronagem do conde de Vila Nova é apenas um dado circunstancial e uma necessidade objetiva para a impressão de um livro; no apelo a Vitelleschi, Borri indica que o que realmente deseja é a distinção de ser reconhecido como um dos primeiros jesuítas a abraçar a teoria da fluidez celeste (recordemos que ele já a esposava desde os anos 1610), agora que ela é aceita por "todos os matemáticos de Espanha, França, Itália, Flandres, Alemanha e, pode-se dizer, de toda a Europa", como ele afirma. O público pretendido para o livro não é de novos patronos potenciais — esses ele pretende conquistar não com digressões cosmológicas ou com um mapa da Lua, mas com a solução para o imenso problema da longitude. Após uma vida nas margens do "campo", da República das Letras e de sua própria ordem, a *Collecta astronomica* é seu desejado passaporte para o centro.

4. A Lua do cartógrafo Van Langren

Pouco depois da passagem de Borri por Madrid, por volta de 1632, por lá aportou um belga de trinta e poucos anos, de nome Michael Florent van Langren, e que também queria obter apoio e reconhecimento ao seu próprio método de determinação de longitudes. Van Langren vinha de Bruxelas, patrocinado pela infanta Isabel Clara Eugênia, filha de Filipe II e governadora dos Países Baixos Espanhóis em nome de seu sobrinho Filipe IV. Ele conseguira o favor da arquiduquesa já havia alguns anos, ingressara em sua rede de clientela e preparara, sob seu patrocínio, mapas e projetos de engenharia. Sua proposta mais ambiciosa era, no entanto, a ideia que apresentara à infanta, por volta de 1625, uma proposta para a determinação da longitude por meio da medida da distância angular entre a Lua e as estrelas. Isabel parece ter se interessado muito pelo projeto. Como dirá Van Langren na longa inscrição que acompanha a carta lunar que virá a publicar em 1645 (Fig. 4), "o grande amor dessa princesa pelas ciências a fez decidir-se a me ordenar assisti-la em suas observações da Lua; mais que isso, ela vinha até mim para contemplarmos juntos os segredos desse astro". Ou seja, Van Langren parece incorporar por completo o *ethos* da sociedade de corte, na simbiose em que o cliente necessita do mecenas, mas este também recorre ao seu apadrinhado. Era esse método, que exigia um mapeamento muito preciso de pontos brilhantes na face lunar (pontos que ele chamará de *lumina* ou *luminaria*), bem como umas *Tábulas astronómicas y hydrográphicas* (desaparecidas), que ele queria mostrar aos sábios de Madrid. Na legenda a que aludimos, ele diz que foi a própria arquiduquesa quem o enviou à Corte: "Com cartas escritas de sua mão, ela me enviou à Espanha para ter com o muito poderoso rei Filipe IV." Na verdade, desde 1626 ele vinha pedindo que a infanta lhe desse uma "ayuda de costa" e o enviasse a Madrid para lá apresentar as *Tábulas*.[19] Isabel pediu em troca que Van Langren "e seu pai fizessem primeiramente uma carta das costas da Flandres"; junto com outros pedidos que podem ter se sucedido, talvez esteja explicado por que ele só partiu em 1631 ou 1632. Na Espanha, Van Langren parece ter conquistado a simpatia dos professores de matemática do Colégio Imperial, em particular do jesuíta antuerpense Jean-Charles della Faille, então cosmógrafo-mor e membro do Conselho Real.

O jovem flamengo não tivera uma educação escolar comparável à de Borri, mas aprendera o ofício de cartógrafo com seu pai, Arnold Florent van Langren, que era ele próprio filho de outro bem-sucedido cartógrafo e fabricante de globos.[20] A família era originalmente de Utrecht e Amsterdã, mas, católica, trocara a Holanda pela Bélgica por volta de 1600 (Michael nasceu em Amsterdã em 1598).[21] Rapidamente Arnold se tornou "esferógrafo" arquiducal, renovando a tradição de privilégios que a família já mantinha com os Estados Gerais das Províncias Unidas (mais de uma vez contestados por Jodocus Hondius, contemporâneo do patriarca dos Van Langren). Em 1628 Arnold van

132 | FORMAS DO IMPÉRIO

Langren recebe de Balthasar Moretus o encargo de revisar uma nova edição do *Theatrum* de Ortelius, o que deve ter trazido ainda mais renome para seu já lucrativo negócio de globos e mapas.[22]

Ao chegar a Madrid, Michael van Langren já assinava como *cosmographo y mathematico de Su Magestad Catholica*. De fato, a essa época ele já produzira mapas dos novos canais que sulcavam a Flandres e preparara ambiciosos projetos para um porto em Mardyck, perto de Dunquerque, para abrigar as frotas espanholas cada vez mais acossadas pelos holandeses no Mar do Norte. À renda considerável que amealhava com os mapas, os projetos de engenharia e os privilégios associados, o favor de Filipe IV acrescentou, a partir de 1633, uma vultosa pensão de quase cinco mil florins.[23] Com efeito, Filipe IV tinha ficado pessoalmente interessado na proposta de Van Langren para as longitudes, particularmente na ideia que o cartógrafo então já tinha de que os pontos brilhantes da face lunar deveriam receber nomes. Na legenda ao futuro mapa, Van Langren informa que "tudo agradou vivamente ao grande rei. Ele me chamava frequentemente para junto de si, para ajudá-lo a observar o Céu e a Lua com o auxílio do telescópio". Impossível não lembrarmos que, por essa época, Filipe já era chamado por poetas e cronistas de sua Corte de "Rei Planeta".[24] Em carta à infanta Isabel, de 27 de maio de 1633, o monarca recomenda que ela patrocine o projeto de Van Langren e cuide de que as coisas saiam da "forma mais conveniente à minha grandeza, que eu poderei usar para dar nome às ditas estrelas [as *luminae*]".[25] O mundo, que não tinha sido o bastante para seu avô, parece também não acomodar as pretensões de Filipe IV.

O problema da longitude foi uma obsessão da vida inteira para Van Langren. Em 1644 publicou em Antuérpia o pequeno tratado *La verdadera longitud por mar y tierra, demonstrada y dedicada a Su Magestad Catholica Phillippo IV*. Após notar que a longitude de Roma, a partir do meridiano de Toledo, poderia ter 12 valores diferentes, a depender do método empregado — em geral, astronômico —, Van Langren expõe no livro seu método de distâncias lunares, dependente da medida da separação entre os pontos luminosos do satélite e estrelas selecionadas. A consequência, previsível, é a carta lunar que publicou em Bruxelas em 1645, com o apoio do então governador dos Países Baixos Espanhóis, Manuel de Moura Corte-Real, segundo marquês de Castelo Rodrigo (um português que se mantivera fiel à Espanha após a Restauração de 1640 e seguira os passos de seu pai, que apoiara Filipe II contra as pretensões do prior do Crato em 1580): *Plenilunii/Lumina Austriaca Philippica* (Fig. 4).[26] As *luminae* do título, "luzes austríacas filípicas", são os tais pontos luminosos que deveriam servir de referências para as medidas de longitude. A causa evidente da existência desses pontos são os acidentes da superfície lunar, que refletem a luz do Sol com diferentes intensidades. Mas para Van Langren essa origem e suas implicações cosmológicas pouco importam, ao contrário de Borri: o que ele deseja é mapear suas posições e identificá-las. Pela primeira vez alguém nomeia os principais acidentes visíveis a olho nu ou com pequenos telescópios. Sua linguagem visual é decididamente diferente da usada por Borri e pelos outros selenógrafos da tradição galileana: o que importa são os grandes contrastes e os acidentes isolados, não a topografia; essa é apenas sugerida pelo sombreado padronizado que ele aplica às crateras.

Mas a toponímia do mapa selenográfico de Van Langren não atende apenas aos imperativos de sua obsessão com a longitude. Quem vive do mecenato tem um imperativo muito maior, mais premente e sempre inatingível: agradar, e agradar sempre — distinguir-se interminavelmente e conquistar o favor.[27] Van Langren projeta assim, na face da Lua, uma geopolítica europeia fantástica, que ganha um gigantesco Oceano Filipino, um Mar Austríaco, um Monte de Fernando III; na verdade, ele cria nada menos do que 325 topônimos. Há lugar para papas, reis, príncipes, imperadores; honram-se matemáticos, astrônomos e pintores. Encontramos assim topônimos em honra de Inocêncio X, Luís XIV, Carlos I da Inglaterra ou Cristina da Suécia. Além do oceano, a Filipe IV é destinado outro acidente também, bem como à infanta Isabel, ao príncipe Baltasar Carlos e a Ana de Áustria. Grandes secretários encontram seu lugar: Haro, Aytona, Mazarino, Arundel. Não faltam Galileu, Copérnico, Tycho Brahe e o próprio Van Langren, bem como seus amigos Della Faille,

134 | FORMAS DO IMPÉRIO

Wendelin ou Eryceus Puteanus.[28] Além disso, a Lua de Van Langren ainda abriga um impressionante rol de virtudes morais: Terra da Temperança, da Sabedoria, da Dignidade, do Trabalho. Não há, porém — e como poderia ser diferente? —, nenhum João IV de Bragança, o rebelde de Portugal...

5. À guisa de conclusão

A longa inscrição no mapa de Van Langren termina com uma ameaça: "É proibido, por diploma real, mudar os nomes desta figura, sob pena de indignidade, bem como fazer quaisquer cópias, sob pena de confisco e multa de três florins. Dado em Bruxelas, em 3 de março de 1645." A Lua de Espanha, a Lua dos Áustrias, estaria ela assim plasmada para toda a eternidade, glória perene na imensidão gelada do espaço sideral? Essa representação simbólica do império espanhol (privado recentemente da parte portuguesa, por uma secessão ainda não reconhecida) viveria então para sempre?

Para a infelicidade de Van Langren e de todos os seus Filipes, não foi o que aconteceu. Em 1647 apareceu em Danzig uma maciça *Selenographia* daquele que viria a ser julgado o maior astrônomo observacional da segunda metade do século XVII: o jurisconsulto protestante Johannes Hevelius. Seus mapas honravam, na toponímia, outros príncipes e outros infantes; a Europa que ele projetava no disco lunar era outra. Quatro anos mais tarde, dois padres jesuítas rebatizaram toda a superfície do satélite; muitos de sua própria ordem se tornaram crateras, montes e vales; a toponímia se estabilizou e a Lua começou, de certa forma, a morrer (ou diremos a minguar...). No último decênio do século XVII, publicaram-se os dois últimos grandes mapas do satélite, os de Cassini e Eimmart. A Lua tornara-se newtoniana: um objeto matemático, não mais um lugar onde projetar fronteiras. Com atividade selenográfica esporádica nos séculos XVIII e XIX (nesse, especialmente após o advento da fotografia), o satélite só voltará a ser um genuíno *lugar de conhecimento* na segunda metade do XX, com a corrida espacial.

A fortuna de Borri no império dos astrônomos não foi mais feliz. Morreu sem prêmio, sem pertencer a qualquer ordem religiosa e sem ver seu nome associado aos grandes da República das Letras de seu tempo — e não veria, mesmo que tivesse vivido mais. Sua obra cosmológica permaneceu pouco citada e sua originalíssima proposta para o movimento do Sol e dos planetas, pelas espirais propelidas pelos anjos, não encontrou seguidor. A historiografia da ciência portuguesa ensaiou resgatá-lo no século XX, como renovador do ensino matemático em Portugal ou introdutor do telescópio; muitas vezes, esses trabalhos pecam por ver em Borri um copernicano que ele nunca foi, na tentativa de posicioná-lo "à frente de seu tempo". Ele na verdade esteve plenamente mergulhado nesse tempo. Como outros jesuítas, tentou construir uma carreira intelectual mobilizando o que estava ao seu alcance: os cursos nos colégios, a adesão à hipótese da fluidez (que teve, de fato, grande penetração na ordem a partir de aproximadamente 1620), a tentativa de ver sua obra impressa e em circulação. Nunca penetrou profundamente nas engrenagens do mecenato como Van Langren, talvez até porque o seu projetado *cursus honorum*, como intelectual jesuíta, não o exigisse tanto.

Suas carreiras e movimentações nos "dois impérios" são, assim, muito diferentes, e os usos que fizeram de seus mapas lunares guardam a marca dessas diferenças. Ambos se unem, porém, em sua preocupação com o estabelecimento de métodos práticos para a determinação de longitudes (que, no caso de Borri, nada têm a ver com a Lua). Esse é um problema científico de primordial importância para os impérios da primeira modernidade, em particular para os impérios ibéricos, unidos ou não. Da precisa determinação de longitudes depende uma parcela significativa da cartografia e, por consequência, a legitimação das alegações territoriais. A navegação de leste a oeste também tem uma dependência crucial da longitude e é justamente ela que aparece no intercâmbio atlântico e pacífico (e, em menor grau, índico), todos fundamentais para os impérios europeus daquele tempo, por conectarem seus territórios, suas feitorias e seus entrepostos. Como Borri, muitos outros autores pensaram que a declinação da agulha magnética, isto é, o ângulo que ela estabelece com o norte verdadeiro, teria uma relação unívoca com a longitude. O norte verdadeiro pode ser determinado facilmente em um navio por métodos astronômicos e bastaria comparar com a leitura da bússola para se localizar longitudinalmente. Infelizmente, a premissa está errada e não há essa relação unívoca entre declinação e longitude. Não sabemos se os pilotos que porventura seguiram as instruções do *Regimento* de Borri, dado, pelo menos nominalmente, por ordem do próprio Filipe IV, se aperceberam disso. Já o método de Van Langren, apesar de teoricamente correto, era duplamente impraticável: não se poderiam fazer observações lunares com a precisão necessária dentro de um navio (como não se podiam fazer observações dos satélites de Júpiter, que serviam para a determinação da longitude em terra) e não se poderia, naquele tempo, preparar as tabelas astronômicas necessárias, por falta de uma equação precisa para o movimento da Lua.

Ainda assim, dentro da lógica da ciência imperial, nossos dois autores pensaram fazer jus ao prêmio para a descoberta do método da longitude e buscaram o favor de Filipe IV e a aprovação de seus conselhos. Impassível, a Lua velou por ambos.

Notas

1. Uma versão preliminar deste texto foi publicada na revista *Circumscribere*, São Paulo, v. 10, 2001, p. 40-51.
2. A medalha é descrita por Richard KAGAN, "'La Luna de España': Mapas, ciencia y poder em la época de los Austrias", p. 178.
3. Cf. LATOUR, Bruno, *Ciência em ação*, e LIVINGSTONE, David N., *Putting Science in Its Place*.
4. Para a relação de Galileu com as artes visuais, além do clássico estudo de Erwin Panofsky, "Galileo as a Critic of the Arts", ver EDGERTON, Samuel, "Galileo, Florentine 'Disegno' and the 'Strange Spottednesse' of the Moon" e DAMIANAKI, Chrysa, *Galileo e le arti figurative*.
5. A carta de Bellarmino (19 de abril de 1611) e a resposta dos padres-matemáticos (24 de abril) estão publicadas na *Edizione nazionale delle opere di Galileo Galilei*, Antonio Favaro (Ed.), v. 11, Firenze, G. Barbèra, 1929–1939, p. 87-88 e 92-93.
6. De fato, além do mapa de Riccioli e Grimaldi de 1651, há pelo menos mais cinco mapas lunares publicados por jesuítas no meio tempo, além de reações escritas importantes, como a do padre Giulio Cesare Lagalla, que, já em 1612, questiona a possibilidade da representação tridimensional a partir da observação telescópica.
7. Mario Biagioli, *Galileo courtier,* traça um brilhante relato das estratégias de Galileu em busca do patronato dos Médici.
8. Amir Alexander, "Lunar Maps and Coastal Outlines", apresenta um criterioso estudo dos manuscritos de Harriot.
9. Citado por ALEXANDER, Amir, op. cit., p. 351.
10. Ainda que sejamos forçados a admitir que séculos anteriores também tenham tido seus exemplos de viagens à Lua, mas em número bem inferior ao que se vê no XVII.
11. Além da inevitável entrada biobibliográfica na *Bibliothèque des Écrivains de la Compagnie de Jésus*, de Augustin e Aloys de Backer (7 v., Liége, 1853–61; nova ed. por C. Sommervogel, 12 v., Bruxelas, 1890–1960), referências fundamentais para o esboço biográfico de Borri são: GOMES DOS SANTOS, "Vicissitudes da obra do Pe. Cristovão Borri", e DROR, Olga, "Phantasmatic Cochinchina". Gomes dos Santos deve ser lido com cuidado, pois imputa a Borri uma adesão ao copernicanismo que é completamente ausente em sua obra.

12. Restou-nos um belo caderno de um de seus alunos, com letra miúda e retorcida, cheio de abreviações para acompanhar o ritmo do ditado latino do lente: *De astrologia universa tractatus...*, *anno MDCXII* (Biblioteca Nazionale Centrale di Roma, Fondo Gesuitico, Ms. 587). Haveria tempo para pensar, na pressa das anotações, na ousadia do que se estava ensinando?

13. A partir desse momento, em contato com portugueses, ele passou a se apresentar como Cristóvão Bruno, para evitar a confusão de Borri com "burro" (cf. GOMES DOS SANTOS, op. cit., p. 141). Há referências a seu nome também como Borro, Borrus, Burrus e Brono.

14. Impossível não pensar na ideia da *ortopraxia* superando a ortodoxia no contexto missionário (cf., a respeito, GASBARRO, Nicola, "Missões: a civilização cristã em ação".

15. O documento, intitulado "Al molto Rev. Pre. Generale. Christoforo Borri sopra il libro che ho composto per stampare delli tre Cieli", depositado na Torre do Tombo, foi publicado por GOMES DOS SANTOS, op. cit.

16. Athanasius Kircher (*Magnes, sive de arte magnetica opus tripartitum*, p. 359-361) descreve detalhadamente o método, ainda que Borri não tenha publicado nenhuma obra a respeito, de que se tenha notícia. Há, porém, um *Regimento dado aos pilotos das naus da Índia* por Filipe IV, mandando-os fazerem "as experiências sobre a invenção de navegar de leste a oeste", que ficou manuscrito até os anos de 1970 e que pode ter circulado nessa forma (além de poder ter sido efetivamente aplicado — com resultados desconhecidos, mas seguramente negativos).

17. A *Arte de Navegar* foi editada por A. Fontoura da Costa, em 1940. Toda a obra náutica de Borri foi extensivamente estudada por COSTA CANAS, *A longitude na náutica no século XVII e a obra do padre Cristóvão Bruno*.

18. Luis Miguel Carolino, "Cristoforo Borri and the epistemological status of mathematics in seventeenth-century Portugal", apresenta uma longa análise da questão.

19. A requisição de 1626 foi publicada por BOSMANS, Henri, "La carte lunaire de Van Langren conservée aux Archives Générales du Royaume à Bruxelles", p. 134.

20. Os mais detalhados apontamentos biográficos sobre Van Langren são os de WAUTERS, A., "Michel-Florent Van Langren"; QUETELET, A., *Histoire des sciences mathématiques et physiques chez les Belges*, p. 247-253, também merece consulta.

21. Por muito tempo persistiu dúvida sobre o ano de nascimento de Van Langren, mas Peter Van der Krogt, "Das 'Plenilunium' des Michael Florent van Langren", localizou seu registro de batismo. O ano de morte, bem conhecido, é 1675.

22. Para uma história das três gerações de cartógrafos Van Langren, o leitor deve recorrer a Johannes Keuning, "The Van Langren Family".

23. Ou é assim que nos faz crer MONTUCLA, J.F., *Histoire des mathématiques*, p. 546.

24. Cf. PEREDA, Felipe; MARÍAS, Fernando, "Introducción: El Atlas del Rey Planeta: Felipe IV y Pedro Texeira", p. 10.

25. Citada por NIESTEN, L., "La carte de la Lune de Van Langren", p. 317.

26. Henri Bosmans, "La carte lunaire de Van Langren conservée aux Archives Générales du Royaume à Bruxelles" e "La carte lunaire de Van Langren conservée à l'Université de Leyde", faz um estudo detalhado da carta e de uma versão preliminar, manuscrita.

27. Como bem argumenta BOUZA, Fernando, "Realeza, aristocracia y mecenazgo [del ejercicio del poder *modo calamo*]", p. 78.

28. Puteanus, discípulo e sucessor de Justus Lipsius na cátedra de língua latina em Louvain, desempenha um papel fundamental nas decisões toponímicas de Van Langren, por meio de uma extensa correspondência trocada com ele nos primeiros meses de 1645, quando o mapa estava sendo preparado e o cartógrafo estava pedindo as licenças e os privilégios ao Conselho em Bruxelas. Cf., para essa correspondência, BOSMANS, Henri, op. cit.

Referências

ALEXANDER, Amir. "Lunar Maps and Coastal Outlines: Thomas Hariot's Mapping of the Moon". *Studies in History and Philosophy of Science*, v. 29, 1998, p. 345-368.

BIAGIOLI, Mario. *Galileo courtier*. The practice of science in the culture of absolutism. Chicago: University of Chicago Press, 1993.

BOSMANS, Henri F. "La carte lunaire de Van Langren conservée aux Archives Générales du Royaume à Bruxelles". *Revue des Questions Scientifiques publiée par la Société Scientifique de Bruxelles* (Louvain), v. 54, 1903, p. 108-139.

_____. "La carte lunaire de Van Langren conservée à l'Université de Leyde". *Revue des Questions Scientifiques publiée par la Société Scientifique de Bruxelles* (Louvain), v. 67, 1910, p. 248-264.

BOUZA, Fernando. "Realeza, aristocracia y mecenazgo [del ejercicio del poder *modo calamo*]". In: EGIDO, Aurora; LAPLANA, José Enrique (Ed.). *Mecenazgo y humanidades en tiempos de Lastanosa*. Homenaje a Domingo Ynduráin. Zaragoza: IFC-IEA, 2008, p. 69-88.

CAROLINO, Luís Miguel. "Cristoforo Borri and the epistemological status of mathematics in seventeenth-century Portugal". *Historia Mathematica*, v. 34, 2007, p. 187-205.

COSTA CANAS, A. *A longitude na náutica no século XVII e a obra do padre Cristóvão Bruno*. Tese (não publicada), Universidade de Lisboa, 2005.

DAMIANAKI, Chrysa. *Galileo e le arti figurative:* i ritratti e i busti di Galileo, scoperte astronomiche e pittura barocca, la concezione estetica di Galileo. Manziana: Vecchiarelli, 2000.

DROR, Olga. "Phantasmatic Cochinchina". In: Olga Dror e Keith W. Taylor (Org.). *Views of seventeenth-century Vietnam:* Christoforo Borri on Cochinchina and Samuel Baron on Tonkin. Cornell: Cornell Southeast Asia Program Publications, 2006, p. 23-72.

EDGERTON, Samuel Y. "Galileo, Florentine 'Disegno', and the 'Strange Spottednesse' of the Moon". *Art Journal*, v. 44, 1984, p. 225-232.

GASBARRO, Nicola. "Missões: a civilização cristã em ação". In: P. Montero (Dir.). *Deus na aldeia*. Missionários, índios e mediação cultural. São Paulo: Globo, 2006, p. 67-109.

GOMES DOS SANTOS, D.M. "Vicissitudes da obra do Pe. Cristovão Borri". *Anais da Academia Portuguesa de História*, 2ª série, v. 3, 1951, p. 119-150.

KAGAN, Richard L. "'La Luna de España': Mapas, ciencia y poder em la época de los Austrias". *Pedralbes*, Barcelona, v. 25, 2005, p. 171-190.

KEUNING, Johannes. "The Van Langren Family". *Imago Mundi*, v. 13, 1956, p. 101-109.

KIRCHER, Athanasius. *Magnes, sive de arte magnetica opus tripartitum*. Roma: Vitalis Mascardi, 1654.

LATOUR, Bruno. *Ciência em ação*. Como seguir cientistas e engenheiros sociedade afora. São Paulo: Unesp, 1999.

LIVINGSTONE, David N. *Putting Science in Its Place:* Geographies of Scientific Knowledge. Chicago: University of Chicago Press, 2003.

MONTUCLA, J.F. *Histoire des mathématiques* (edição aumentada por De Lalande), t. IV. Paris: Henri Agasse, 1802.

NIESTEN, L. "La carte de la Lune de Van Langren", *Ciel et Terre*, v. IV, 1883, p. 313-321.

PANOFSKY, Erwin. "Galileo as a Critic of the Arts: Aesthetic Attitude and Scientific Thought". *Isis*, v. 47, 1956, p. 3-15.

PEREDA, Felipe; MARÍAS, Fernando. "Introducción: El Atlas del Rey Planeta: Felipe IV y Pedro Texeira". In: _____ (Ed.). *El Atlas del Rey Planeta:* La "Descripción de España y de las costas y puertos de sus reinos" de Pedro Texeira (1634). Hondarribia: Editorial Nerea, 2002, p. 9-28.

QUETELET, A. *Histoire des sciences mathématiques et physiques chez les Belges*. Bruxelas: M. Hayez, 1864.

VAN DER KROGT, Peter. "Das 'Plenilunium' des Michael Florent van Langren". *Cartographia Helvetica*, v. 11, 1995, p. 44-49.

WAUTERS, A. "Michel-Florent Van Langren". *Ciel et Terre*, v. XII, 1892, p. 241-249 e 297-304.

História e passado da América portuguesa: escritores, religiosos, repúblicos do Brasil no século XVII e sua fortuna histórica

Carlos Ziller Camenietzki[*1]

Ao tratar o tempo em que éramos portugueses de "época colonial", criamos uma história que mais se modela pelo que condenamos em nosso presente do que por aquelas características que nos fazem compreendê-lo. A simples mudança desse ponto de vista, com a adoção de um olhar que prima pelo urbano e por aquilo que se relaciona à vida intelectual, nos lança em um mundo vigoroso, rico e capaz de nos fornecer elementos poderosos e bastante capazes de dar respostas às indagações mais urgentes de nossa realidade.

A operação intelectual não é muito simples: significa deixar de lado algumas interpretações muito pregnantes ao longo do século XX e que governaram nossa reflexão sobre a economia, a cultura e a política brasileira, com resultados bastante profícuos e estimulantes para os estudiosos. Em primeiro lugar, significa abandonar a ideia do Brasil como um domínio que principalmente exportava produtos para o deleite europeu — açúcar, tabaco, ouro etc. —, coisas produzidas com o braço escravo.[2] Certamente, os povoamentos portugueses da América faziam vir homens da África e os destinavam ao trabalho compulsório nos engenhos, nas fazendas, vilas e cidades. Certamente, ainda, esses africanos e seus descendentes produziam diversos bens de consumo local e de exportação, mas crer que essa característica

---

*Instituto de História da Universidade Federal do Rio de Janeiro (UFRJ).

do Brasil de outros tempos possa esgotar os dois primeiros séculos da ocupação portuguesa do Novo Mundo é demasiadamente resumido, excessivamente restritivo. Aliás, as formas resumidas de entendimento do passado brasileiro, que já se apresentaram como solução intelectual para mais de duas gerações de escritores, não conseguem mais aliviar a insistente inquietação dos intelectuais brasileiros de hoje, mais voltados do que seus antecessores imediatos para a análise dos modos de governo, de vida, das formas religiosas, da partição dos poderes e das riquezas.[3]

Em segundo lugar, a ideia do Brasil voltado integralmente para a produção de bens de consumo dos europeus se completava com uma presumida vocação rural e com um amolecimento da moral e da cultura dos portugueses e de seus descendentes, enterrados num engenho no interior da América portuguesa.[4] Essa imagem, aparentemente generosa, acabou por se associar a uma noção singela, mas desprovida de sentido: a fazenda, o engenho e seus traços mais típicos de costumes dominariam profundamente a vida urbana e a cultura brasileira dos séculos posteriores. Ao que se sabe, a cultura rural não predomina nas sociedades urbanas, nem mesmo naquelas de urbanização mais recente. O problema, agora já tornado mais complexo, permanecia ligado àquelas coisas que a cultura do engenho gerava no ambiente urbano. É certo que as análises dos costumes das populações em ambientes senhoriais são importantes e integram uma parte significativa daquilo que se pensa ser a cultura e a política do Brasil de tempos passados. Mas crer que os homens de Salvador, de Olinda, do Recife, do Rio de Janeiro dos séculos XVI, XVII e XVIII vivessem sob o domínio espacial, religioso e cultural da lógica da casa-grande é um tanto demasiado, conforme já foi dito recentemente.[5]

Por fim, o estudo dos deslocamentos populacionais portugueses em direção ao interior do continente completava a imagem do Brasil formulada no século XX.[6] Sempre preocupados com as riquezas então prováveis do território, diversos intelectuais mergulharam nos caminhos da expansão interna e percorreram tempos e geografias diferentes, como se a ocupação pregressa viesse a governar, ou a contraditar, a "integração nacional" tão decantada na segunda metade

144 | FORMAS DO IMPÉRIO

do século passado. Essa estratégia de compreensão do Brasil, muito coerente com os problemas maiores do tempo em que foi formulada, mas também muito consistente com os modelos de "modernização" adotados, deixava de lado o terreno conquistado — os espaços urbanos criados na América portuguesa — e obscurecia o exame da consolidação de suas realizações. Compreende-se com mais facilidade que o epicentro dessas formulações na segunda metade do século XX estivesse exatamente em São Paulo, polo político e cultural da modernidade brasileira, em franca expansão para dentro do território.

Desvalorizar a cultura urbana da América portuguesa, sua política e sua pluralidade, e acentuar apenas o brutalismo existente nas zonas agrárias carregam inexoravelmente o triste corolário da exclusão de suas realizações no campo do comércio, da manufatura, das artes, das ciências e da política. Em boa parte, a presente geração de intelectuais vem tentando superar esse modo de ver o passado brasileiro, ainda que seus resultados apareçam esporadicamente e de modo fragmentado ou vinculados a questões diferentes daquelas que animam o presente estudo.

Por outro lado, alterar o ângulo de reflexão de uma economia resumida, de uma cultura senhorial e agrária, de uma expansão para o interior, que não chega nunca a seu termo, para outra, alicerçada nas cidades, nos territórios já organizados pelos novos ocupantes, na vida intelectual e política da América portuguesa, nos franqueia horizontes sequer impensáveis na varanda de uma casa-grande, ou no lombo de um jegue, ou ainda no comércio de escoamento da produção agrária. Mais ainda, os próprios tempos encurtam, como se a cidade, sua dinâmica política e cultural, precisasse de períodos menos dilatados para estudos mais precisos. É assim que essas opções acabam por fornecer diversos trabalhos importantes feitos por estudiosos alheios às opções registradas mais acima. Em linha de ruptura, verifica-se o tempo mais restrito e a temática diversa nos exames de instituições e acontecimentos tipicamente urbanos, como o Tribunal da Relação, as Misericórdias e as ordens terceiras, as revoltas citadinas, os conflitos com invasores, as academias literárias, os homens de ciência, as câmaras municipais etc. De fato, o exame das estruturas jurídicas não é algo que se possa fazer com referência ao senhorio agrário, ao qual os tribunais e as suas justiças praticamente não têm acesso;[7] o mesmo vale para os estudos dos mecanismos da "assistência social" naqueles anos, que não teriam vigência na fronteira da expansão territorial, nem mesmo nos domínios agrários já incorporados e produtivos;[8] e para as academias literárias.[9]

Assim, pensar o Brasil na sua dimensão mais urbana, política, pode se vincular ao estudo sincrônico nos tempos pregressos e, com isso, a reflexão fica mais recheada daqueles elementos políticos, econômicos, religiosos e culturais assemelhados aos que se poderia ver em Lisboa, Aveiro, Angra ou Goa. Dessa forma, o Brasil aparece mais português, enfim. Essa estratégia de estudo descortina uma economia, uma vida política e uma cultura citadina reconhecida e valorizada, ao menos a partir do início do século XVII, quando a cidade de Salvador enviava representação às Cortes do reino. Abre horizontes de interrogação sobre o lugar das cidades do Brasil no vasto sistema comercial lusitano, permite ver Salvador e mesmo a então pequena cidade do Rio de Janeiro como importantes centros também da construção naval do mundo português, para além de sua função específica no comércio atlântico e no controle da expansão territorial para dentro do continente.

O exame do passado brasileiro governado por princípios de centralidade citadina e de sincronia também permite iluminar zonas obscurecidas durante longos anos, como, por exemplo, a formação escolar dos portugueses do Brasil[10] nas instituições pedagógicas daquele tempo, comparar os temas, programas e livros escolares com aqueles em uso nos colégios de Coimbra, Lisboa, Élvas, Évora etc. Permite perceber nos textos escritos pelos portugueses daqui ao menos uma parte do que foi estudado em filosofia e em retórica, disciplinas curriculares básicas naquele tempo em todo o mundo. Permite ver que até mesmo os livros didáticos usados nos colégios da Companhia de Jesus no Rio de Janeiro e em Salvador eram os mesmos usados em muitas escolas francesas, alemãs, espanholas. Enfim, permite situar os portugueses do Brasil num terreno mais integrado no mundo expandido pelos europeus.

146 | FORMAS DO IMPÉRIO

Adotar esse gênero de abordagem possibilita perguntar se esses portugueses, que fizeram suas vidas a partir das conquistas territoriais de seus bisavós, deixaram algum resíduo de suas atividades intelectuais, políticas e religiosas; se é possível reconhecer o impacto, se algum houve, dos escritos dos portugueses do Brasil na cultura e na política do seu tempo. A pergunta pressupõe a ideia de que os do Brasil eram parte integrante do que se reconhecia, do que era efetivamente Portugal — tal e qual os homens daquele tempo o faziam, conforme asseguram documentos já da primeira década do século XVII:

> (...) a Índia e outros territórios ultramarinos cujo governo é preocupação deste conselho, não são diferentes nem separados deste reino, tal qual o reino do Algarve e qualquer das províncias do Alentejo, Minho e Douro etc. (...) e portanto qualquer um que nasça em Goa, Brasil ou Angola, é tão português quanto os que nascem e crescem em Lisboa.[11]

Para além dos documentos legais, essa ideia se confirma por diversos escritos importantes dos tempos imediatamente posteriores.[12]

Arguir, por exemplo, a nacionalidade de um escritor do Brasil da época que designamos por "colonial" — ao menos até a metade do Século das Luzes, a época de Pombal e da expulsão da Companhia de Jesus — carrega um problema grave que pode não encontrar solução na base documental, nem tampouco literária, daquele tempo. Tome-se como exemplo a inquietação dos editores e comentadores do livro de Nuno Marques Pereira *Compêndio narrativo do peregrino da América*: Afrânio Coutinho e Rodolfo Garcia. Para esse último, o autor das peregrinações certamente fez seus estudos em Portugal, pois o Brasil não poderia oferecer os ensinamentos básicos que possibilitariam a escritura do *Compêndio*. O Brasil-colônia era uma terra rústica que não poderia oferecer os conhecimentos literários que Nuno Marques teria manipulado na composição de sua obra.[13] Para esses intelectuais, não pode haver sequer dúvida da incapacidade de receber uma formação de qualidade na Bahia ou no Rio de Janeiro em fins do século XVII.

No entanto, diversos escritores brilhantes, mas também menos brilhantes, do século barroco tiveram sua formação básica nas cidades da América portuguesa: a começar por António Vieira, que chegara menino a Salvador e só saiu de lá padre formado, e bem formado, com mais de trinta anos; o seu confrade António de Sá, de quem trataremos mais abaixo, sequer respirou os ares da Europa até fazer quase quarenta anos!

Contudo, o que mais se destaca em termos do que a formação em Salvador poderia oferecer é a obra do matemático José Monteiro da Rocha, que chegara menino na Bahia e só viria a sair da cidade depois da expulsão da Companhia de Jesus dos domínios da Coroa de Portugal, com mais de 25 anos.[14] Seu livro escrito na Bahia a propósito da observação do cometa de Halley em 1759 é testemunho claro daquilo que se poderia fazer em termos astronômicos e científicos na cidade de Salvador, com uma formação literária e matemática local.

Afastar, *a priori*, a ideia de que a América portuguesa era capaz de oferecer condições para uma formação consistente a quem desejasse se dedicar ao trabalho intelectual é certamente coisa da geração de Rodolfo Garcia, e não das gerações de António Vieira, Nuno Marques Pereira e de José Monteiro da Rocha. Afinal, as ideias fundamentais em matéria pedagógica e filosófica eram muito diversas nessas temporalidades, como não poderiam deixar de ser: no início do século XX, voltadas para a alfabetização e a educação de largas camadas da população, porque isso se considerava necessário, quase que um imperativo civilizacional; no tempo de Vieira, voltadas para a formação religiosa, teológica, jurídica ou médica de um número restrito de pessoas, porque assim se fazia havia já alguns séculos e assim se acreditava atender às demandas vividas.

Afastadas aquelas considerações que mais falam do tempo em que foram escritas do que do tempo a que se referem os escritos, os portugueses da América passam a integrar as realizações de seus compatriotas europeus. António Vieira, Simão de Vasconcelos, Alexandre de Gusmão, jesuítas, têm seus escritos estudados como expressão de uma lusitanidade própria do Novo Mundo, e não de uma alteridade forçada que a torna incompreensível. A ciência que esses e outros homens fizeram por aqui também se torna algo perfeitamente proporcional ao que faziam os lusitanos de Lisboa, de Coimbra ou de Évora; mas também os vincula ao que o velho continente desenvolvia em termos do conhecimento do mundo natural. Já ficou registrado que o labor investigativo de jesuítas do Brasil, de homens que viveram na América portuguesa, integrou-se perfeitamente ao que faziam os sábios da Europa, mesmo na Royal Society, da improvável e pioneira Inglaterra anglicana — a se lembrar dos estudos astronômicos do padre Valentin Stansel em Salvador na segunda metade do século XVII.[15] Não é necessário alongar-se mais nesse personagem e em seus trabalhos.

O melhor e mais significativo exemplo do que se pode concluir com essa alteração de ponto de vista é ainda a ação dos homens do Brasil naquele espaço que eles consideravam próprio: a política de Portugal. Para isso, contudo, é necessário avançar um tanto na discussão conceitual, já que o próprio aparato teórico de que dispomos deprime a intervenção pública nos acontecimentos da política daquele tempo.

Um importante termo de época vem a calhar neste momento: "república." Nas primeiras décadas do século XVII, a palavra designava aqueles que intervinham na política com escritos e ações públicas, guiados pelo "bem comum", sem fazê-lo por dever de ofício — como os religiosos o faziam — e sem agir necessariamente em benefício privado. O conceito que está associado à palavra remete a um tipo específico de intervenção política e pressupõe um público leitor, atento, interessado e capaz de atuar.[16]

Pela sua própria natureza, os repúblicos atuavam nos conselhos do governo, tribunais do reino, espaços de sociabilidade, salões, mas, sobretudo, intervinham por meio de textos, livros e folhetos manuscritos ou impressos. Não eram necessariamente letrados de profissão; foram certamente profissionais da Justiça e de governo, mas também militares, médicos, fidalgos, comerciantes. Agiam animando debates e se posicionando diretamente sobre os afazeres políticos de Portugal, o que naquele tempo já era coisa bastante rara, para não dizer excêntrica.[17]

Quando da Restauração, nos desarranjados anos de 1640 na Península Ibérica, os repúblicos se fizeram presentes como nunca antes.

Afinal, em 1º de dezembro daquele ano os portugueses resgataram sua independência política de Castela. O período de fratura e as inquietações com relação ao futuro do Reino forneciam a matéria e o espaço para a ação daqueles que disputavam opções de governo. E o fato de defender abertamente, para quem quisesse, ou pudesse, ler as propostas para a vida pública portuguesa acabou por alterar profundamente o próprio espaço político: ele tornou-se público, ainda que não tenha permanecido assim durante muitas décadas a seguir.

Em 1641, meses apenas após o golpe restaurador, Lisboa publicava intensamente sobre a política, sobre a guerra que então começava; editou, ainda, o primeiro periódico português, a *Gazeta*. Era uma gigantesca onda de publicações sobre a política que perdurou até o início dos anos 1670, com maior ou menor intensidade conforme o período e as aflições que o acompanhavam e ainda conforme o próprio andamento das soluções que se apresentaram como vencedoras dos contrastes.

É certo que, em períodos de insatisfação generalizada, livros, folhetos e cartazes sobre temas da política circulavam mais ou menos amplamente — o caso mais notável para o que interessa no momento é o livreto de João Pinto Ribeiro contra a União de Armas proposta pelo conde-duque de Olivares, poderoso valido da Monarquia Católica. O texto saiu em 1632 e tinha o intrigante título: *Discurso sobre os fidalgos e soldados portugueses não militarem em conquistas alheias desta coroa.*[18] João Pinto Ribeiro intervinha publicamente sobre uma questão de governo da maior importância. Ele não era fidalgo de guerra, não se veria obrigado a recrutar homens, formar terços de combate; seu espaço de ação na sociedade portuguesa era outro, bem diferente: ele era letrado, homem outrora engajado no aparato jurídico do reino e, depois, agente em Lisboa de dom João, duque de Bragança, mais tarde rei de Portugal. E, no entanto, publica um texto que combate uma questão central do governo de Olivares, tema forte na política ibérica daqueles anos. Nesse caso específico, o républico projetou suas propostas na sociedade para quem quisesse, ou pudesse, conhecer. Não se tratava de uma fala privada, de um voto ou de um discurso feito num conselho, era mais, bem mais, do que isso. Tratava-se de um manifesto de oposição clara e direta contra o governo do reino, exercido por Olivares e Diogo Soares, em Madrid, e Miguel de Vasconcelos, secretário de Estado em Lisboa.

É certo que as ações dos repúblicos são identificáveis, com pouca dificuldade, em períodos de grande inquietação e de fratura política. Reduzi-las apenas ao contexto político de insatisfação das populações portuguesas com o domínio castelhano deixa escapar pelos dedos um espaço conceitual de generalização bastante importante, em nome de uma nacionalidade extemporânea ou de uma hipertrofia da monarquia lusitana, como fez Diogo Barbosa Machado. Depois do golpe de dezembro de 1640, João Pinto Ribeiro se fez homem de governo. Porém, principalmente quando deixou o núcleo do poder, publicou ainda outros folhetos sobre a política portuguesa, sempre com títulos claros que diziam abertamente a que vinham, por exemplo: *A ação de aclamar a El Rey Dom João o IV foy mais gloriosa e mais digna de honra, fama e remuneração que a dos que o seguiram aclamado*, publicado em dezembro de 1644, ou *Preferência das Letras às Armas*, publicado em 1645. Os tempos posteriores não lhe fizeram a justiça que merecia. Quando da reedição de sua obra no início do século XVIII, o editor excluiu o *Discurso sobre os Fidalgos e Soldados*, como se a fidelidade aristocrática do Século das Luzes pudesse apagar o discurso oposicionista do Século Barroco.[19]

Para não ficar concentrado apenas em um único exemplo, António de Sousa de Macedo, letrado e também autor de obras importantes antes da Restauração,[20] mas embaixador destacado de dom João IV, secretário de Estado de Afonso VI e repúblico empenhado que publicou inúmeros livros e folhetos políticos, alguns quando estava em Londres e acompanhava a primeira embaixada de dom João IV naquele Reino. Na época em que ele ocupou as funções de secretário de Estado, foi redator do segundo periódico lusitano, o *Mercurio Portuguez*.

Outros repúblicos importantes não tiveram sua vida organizada em função dos ofícios letrados: Luís Marinho de Azevedo, por exemplo, era militar e foi engajado escritor de relações de guerra, crônicas e outros folhetos destinados a um público com níveis de leitura menos sofisticados nos primeiros anos de Portugal Restaurado.[21]

Também Manuel Gomes Galhano de Lourosa, médico, astrólogo e público, cujo livro sobre o governo de Portugal Restaurado não chegou a ser publicado, mas que aparecia regularmente no início de cada ano com seu prognóstico astrológico.[22] Ainda António Carvalho de Parada, António de Freitas Africano e diversos e numerosos outros ativos homens da política portuguesa daquele conturbado tempo.

Nas semanas que seguiram o golpe restaurador de 1º de dezembro, cabia aos novos governantes do reino estabilizar os grupos dirigentes e reunir a maior força política possível para enfrentar a forte, e previsível, reação dos portugueses adversos e, sobretudo, da poderosa Monarquia Católica. Os meses que se seguiram à Restauração foram difíceis e conturbados, com fugas de nobres e fidalgos descontentes com a monarquia Bragança, chegadas retumbantes de fidalgos que até então serviam à Monarquia, alterações populares em Lisboa contra a nobreza etc. Especialmente, no início de fevereiro de 1641, um importantíssimo grupo de nobres e de fidalgos da primeira linha passou a Castela. Entre eles estavam dom Duarte de Menezes, conde de Tarouca, dom João Soares de Alarcão e dois filhos do marquês de Montalvão, vice-rei do Brasil, dom Pedro e dom Jerónimo Mascarenhas. A nova espantou Lisboa, cuja população alterou-se fortemente contra a nobreza. Também assustou o novo governo.[23]

No entanto, o que mais importa agora é a insegurança com relação à posição do vice-rei do Brasil, pai de dois fujões, coisa certamente alimentada por um folheto editado em Madrid algum tempo antes da Restauração, em que o marquês dava conta a Filipe IV de seus feitos contra os holandeses de Recife.[24] A notícia da aclamação chegou a Salvador truncada e o marquês foi preso por traição e enviado a Lisboa com a delegação da cidade. O caso acabou desfeito pouco tempo depois, já em Portugal, e os que vieram presos do Brasil se viram reintegrados na política da nova monarquia.[25]

Entre os públicos que agiram imediatamente sobre essa desastrosa fuga dos filhos do marquês de Montalvão, estava Diogo Gomes Carneiro. Seu livreto foi composto antes de 15 de março de 1641, conforme pode ser verificado pela primeira licença de publicação. O texto chega ao público apenas em setembro, depois de outra maior comoção política, quando foram presos, julgados e executados os conspiradores de junho de 1641, numa grande operação política terminada no Rossio e nas portas de Santo Antão de Lisboa. O caso era uma tentativa de contragolpe chefiada pelo arcebispo de Braga e envolvia personagens da hierarquia eclesiástica, da mais alta nobreza e das finanças de Portugal. Não se tratava de algo que pudesse ser administrado com os meios habituais com os quais se regulavam as severas dissensões políticas naquele tempo. Aliás, bem mais do que manifestar desacordo, afastar-se do processo ou mesmo desestabilizar o governo, essa conspiração visava ao retorno do domínio castelhano e ao assassinato do Bragança.[26]

Certamente ligada à urgência da situação, saiu finalmente publicada a obra de Diogo Gomes Carneiro *Oração Apodixica aos Scismaticos da Patria*, texto que obteve recentemente uma edição em fac-símile pela Biblioteca Nacional do Rio de Janeiro.[27] O texto vem dedicado ao secretário de Estado, dom Francisco de Lucena, homem forte do novo governo. A obra, por si só, já seria bastante interessante, dadas as circunstâncias de sua publicação, mas salta aos olhos a indicação feita na capa do livro: Diogo Gomes Carneiro era "brasiliense" e natural do Rio de Janeiro! A pátria de que ele fala é Portugal! Aqueles a quem dirige sua *Oração* são portugueses que traíram sua Pátria: os *Scismaticos*.

Carneiro chegara a Portugal muito antes de tudo isso, no entender do bibliófilo Barbosa Machado. Ele fora estudante em Coimbra e fez a vida sem retornar ao Rio.

O tratado é especialmente interessante e caracteriza aqueles que traíram Portugal em 1580, e continuaram a trair nas décadas seguintes, como gente vil e avessa à verdadeira honra. Gente que não merecia o nome português:

> Ainda que os prêmios que lhes oferecem, pareçam maiores que os que se concedem à lealdade, é por que ânimos desordenados não querem prêmios ordenados, e o tempo mostrará que favores e obediências interesseiras não podem ter venturoso fim, enquanto é bem que pa-

HISTÓRIA E PASSADO DA AMÉRICA PORTUGUESA | 153

deçam a confusão de verem acudir de suas pátrias a esta nossa tantos títulos e senhores estrangeiros que, deixando suas casas e estados briosamente bizarros para nos ajudarem, as vidas oferecem, antepondo a glória deste empenho e luzimento à posse das comodidades e delícias que gozavam, em tempo, que o espírito da traição faz crer à ignorância do natural, que não é vileza, e infâmia vender sua pátria por honras e mercês que oferece a tirania.[28]

De fato, o república do Rio de Janeiro se via e era visto como bom português que intervinha na política de seu tempo em contraposição aos seus compatriotas que, por razões interesseiras, mantinham a fidelidade ao castelhano. No fim de seu tratado ele conclama a extirpar do convívio comum a aleivosia dos traidores!

Um texto como esse, vivo e enérgico, lido com preocupações pouco presas ao tempo em que foi escrito, pode parecer apenas mais um exemplo da oratória barroca, que trata de modo exagerado de problemas que não têm mais sentido para nós. Porém, seu exame detido permite identificar a completa ausência, no texto, de qualquer tipo de referência ao lugar de nascimento do autor. Carneiro escreve como um lusitano preocupado com os destinos de Portugal, sua Pátria. O Rio de Janeiro, o Brasil, é apenas referência que aparece na capa do tratado, como a sugerir algo relativo à adesão da América portuguesa ao governo Bragança. Mas os autores alentejanos, naturais de Évora, não punham normalmente essas referências na capa de seus escritos. A considerar a data da composição do tratado (março de 1641) e a tensão gerada em torno da adesão do marquês de Montalvão e da cidade de Salvador à Restauração, pode-se especular que Carneiro quisesse afirmar o posicionamento do Brasil, ou ao menos do Rio de Janeiro, no conflito maior da política portuguesa de então. A estranheza da identificação do local de nascimento do autor pode então se resolver com os elementos da própria conjuntura política para a qual o texto foi escrito.

Por outro lado, está ausente a ideia da subordinação do conjunto dos moradores e das cidades do Brasil a uma "metrópole" que possa caracterizar sua morada como "colônia portuguesa". E isso nos importa, pois a percepção de se fazer governar sem autonomia e sem qualquer tipo de interferência na política, coisa talvez própria das "colônias" do fim do século XVIII, não tinha vigor no tempo de Diogo Gomes Carneiro. Ele e seus conaturais eram os portugueses do Brasil. A palavra "colônia" sequer era usada com esse sentido no século XVII.[29]

Mais ainda, Carneiro refere-se diversas vezes aos repúblicos de Portugal e à sua ação empenhada na defesa do "bem comum". De fato, não se há que temer o uso desse termo, arcaico na língua portuguesa de hoje. O próprio problema que o trouxe a este trabalho revela sua utilidade para a compreensão dos sentidos da intervenção política em Portugal Restaurado.

Porém, nem só de repúblicos vivia a política portuguesa das décadas que se seguiram à restauração. Os homens de Igreja também agiam em defesa daquilo que acreditavam ser o "rebanho de Deus". Os religiosos, cuja função precípua era a defesa do "bem comum", ou ao menos alguma dimensão moral ou cultural, se fizeram presentes nesse período de acirramento dos contrastes na sociedade. De fato, aquele que prega no púlpito tem a obrigação de tratar de temas da atualidade vivida pelos seus ouvintes, seja um ataque a uma imagem da Virgem, seja a defesa do reino contra uma invasão estrangeira. Ao longo dos anos do domínio dos castelhanos e daqueles da guerra da Restauração, os religiosos de Portugal buscaram cumprir o seu dever nos espaços que lhes eram próprios, sobretudo no púlpito. Talvez aquele que mais se tenha destacado no exercício da parênese, António Vieira, não venha ao caso exatamente pela excepcionalidade de seus recursos e pela abundância de estudos sobre sua obra, do que se confirma a recusa a fornecer referências bibliográficas.

Mas, além de Vieira, outros padres da Companhia de Jesus do Brasil exerceram o púlpito e discutiram temas urgentes na política portuguesa de então. O padre António de Sá, por exemplo, nascido no mesmo Rio de Janeiro de Diogo Gomes Carneiro, mas que, ao contrário desse república, sempre estudou na América portuguesa e se formou entre Salvador e a sua cidade natal.

Em meio a fortes conflitos internos na Província Jesuítica do Brasil, esse inaciano e seu confrade Simão de Vasconcelos foram escolhidos pela Congregação provincial abreviada da Bahia de 1659 para enviar a Roma as demandas dos padres do Brasil quanto à autonomia da Província com relação à Assistência de Portugal e quanto à política missionária da Ordem. As reivindicações dos padres acabam sendo rejeitadas pela Cúria Romana da Companhia, e os representantes da Província foram remetidos a Portugal para o retorno à Bahia. Chegando a Lisboa em 1662, o padre Simão de Vasconcelos é forçado a voltar a Salvador, junto a diversos outros jesuítas, por ação de um visitador nomeado pela Cúria Romana da Ordem, o padre Jacinto de Magistris.[30] António de Sá, contudo, fica na Corte, cuida dos assuntos da Província do Brasil e prega na Capela Real. Em 21 de agosto de 1663, dia de anos do rei dom Afonso VI, cabe exatamente ao padre do Brasil pregar o sermão.

Nesse período, a independência política de Portugal já se encontrava bem assentada, porém o governo de Portugal não gozava da mesma segurança. Apenas um ano antes, um golpe pusera fim à regência de dona Luíza de Gusmão e entregara o governo ao rei dom Afonso VI, nas mãos do jovem conde de Castelo Melhor e de António de Sousa de Macedo. Não se pode dizer que a política portuguesa estava pacificada. É importante registrar que, após esse acontecido, os jesuítas haviam perdido muito do prestígio de que gozavam. António Vieira, ligado à rainha regente, amargava um processo aberto contra ele na Inquisição, logo após a nomeação de Sebastião César de Meneses como inquisidor-mor, imediatamente após o golpe. O visitador enviado pela Cúria Romana da Companhia havia recolhido os padres do Brasil que atuavam em Lisboa e a política se desenhava contrária às pretensões da Ordem no Reino, com o afastamento de muitos de seus aliados do núcleo do poder.

Nesse quadro, aqui bastante resumido, António de Sá prega um sermão intenso e bastante crítico das práticas do novo governo. Entre diversas alegorias típicas dos sermões do tempo, mas solidamente inspiradas naquelas de seu confrade António Vieira, o jesuíta conclama o rei a assistir aos Conselhos de Portugal, como forma

156 | FORMAS DO IMPÉRIO

de se fazer presente em todo o Reino, de acudir às necessidades dos portugueses. O tom da crítica era bastante forte, como se pode ver na seguinte passagem:

> Esta assistência, e este cuidado, importa muito ao Rei e importa muito ao Reino. Importa muito ao Rei porque na desatenção dos Príncipes se lavra a matéria ruína; nunca houve descuidos na cabeça que não houvesse contingências na Coroa. O Rei que fecha os olhos ao desvelo dá de olho ao infortúnio.[31]

Mas seu alvo principal era o valido de dom Afonso VI, o jovem conde de Castelo Melhor, escrivão da puridade, sobre quem recaía a maior carga crítica. O jesuíta do Rio de Janeiro prosseguiu sua fala e mostrou um vivo descontentamento com a entrega, quase uma alienação, das responsabilidades do monarca a seus ministros. O tema, de fato, não era novo; os portugueses já haviam penado pelas escolhas atribuídas a Olivares algumas décadas antes. Mas, então, aquilo que fora uma prática característica do domínio castelhano aparece como opção do rei Bragança, português e filho de dom João IV! A carga simbólica dessa crítica era, portanto, imensa.

Não satisfeito com isso, o jesuíta carioca fecha seu argumento contra o valimento em geral, mas também contra Castelo Melhor, o valido válido naquela circunstância, com as seguintes palavras:

> Divina política, na verdade, e que todos os Monarcas devem trazer muito diante dos olhos: obrigação é dos vassalos dar aos Príncipes, não só para socorro das necessidades públicas, se não também para ostentação da grandeza própria. Dois dias de real autoridade teve Cristo neste mundo: um no cume do Tabor e outro na entrada de Jerusalém. Naquele os elementos e Céus gastaram o melhor que tinham para suas galas, o Sol as luzes e a neve a brancura; neste os Apóstolos e o povo arrojaram a seus pés as mesmas capas, para que pisadas servissem a seu triunfo. Que até a capa há de dar o vassalo, ainda que não seja mais que para ser pisada do Rei; porém, não é justo que, dando eu a minha capa para que El Rei a pise, em lugar de a ver a seus pés, a veja em outros ombros. O que

HISTÓRIA E PASSADO DA AMÉRICA PORTUGUESA | 157

se pede para o Rei, o que se pede para as fronteiras, gaste-se com o Rei, gaste-se com as fronteiras; o que se pede para os soldados, gaste-se com os soldados, e veja o Reino que se o dá, naquilo para que o dá se gasta.[32]

"Dar a capa para o rei pisar e vê-la em outros ombros" é uma crítica e um dito muito forte, mesmo para um religioso, que gozava de imunidade eclesiástica. Não estranha que o governo reagisse.

Esse sermão foi pregado diante do monarca e de seu governo. Assistiram à pregação, além do aniversariante, o próprio valido, o secretário de Estado, membros dos conselhos, nobres militares, parentes do rei etc. Ainda que fosse relativamente frequente a crítica direta ao governo por parte dos eclesiásticos no exercício de suas funções, o modo usado pelo jesuíta não era tão comum assim; e, mesmo se o fosse, o governo não reagiu pelo melhor para o jesuíta. António de Sá teve de sair um tanto apressadamente de Lisboa, buscou refúgio em Coimbra, que também acolheu Vieira, seu confrade famoso, e de lá retornou à Bahia, onde foi exercer seu magistério longe de Salvador e bem longe do Rio de Janeiro.[33]

O sermão certamente impactou a Corte. António de Sousa de Macedo, o república secretário de Estado, citou o episódio em seu *Mercúrio Portuguez*, mas dissimulou e empurrou a tensão sobre o sermão para os superiores da Companhia de Jesus:

> E festejando-se na Corte aos 21 deste mês os anos de S. Majestade, e pregando na Capela Real o Padre António de Sá da Companhia de Jesus, e parecendo que em algumas palavras picava no governo, como alguns pregadores costumam, se disse que seus superiores o queriam mandar da Corte, ao que acudiu o Conde de Castelo Melhor, pedindo-lhes com toda a instância o não mudassem, e para maior segurança de que o não fizessem, lhe encomendou S. Majestade por um decreto firmado de sua Real mão, afirmando que gostara muito de o ouvir, e que queria que os pregadores falassem com toda a liberdade. Porém, Mercúrio, que é Deus da facúndia, lhes aconselha (se lhe é lícito) que usem dela nos termos devidos a tão grave lugar, sem se fiarem desta permissão, porque nem sempre as horas são umas, e sempre é bom ir pelo seguro.[34]

158 | FORMAS DO IMPÉRIO

O episódio não chega a representar inflexões nos maiores processos daquele tempo, mas é suficiente para reforçar uma parte do argumento central deste trabalho: os do Brasil agiam na política da Corte como outros portugueses quaisquer.

António de Sá não se identificou como *brasiliense, natural do Rio de Janeiro*, e não se pode perceber nesse sermão que se tratava de padre do Brasil. Ele teve um desempenho significativo no campo da oposição política ao governo de Castelo Melhor e de António de Sousa de Macedo, tal e qual outros religiosos beirões, alentejanos, algarvios etc. que, como o jesuíta do Rio de Janeiro, também não precisavam identificar sua região de nascimento. Aqui, diferentemente de Diogo Gomes Carneiro, que escrevera no calor de fugas e de conspirações que envolviam filhos do vice-rei do Brasil, e que não era jesuíta, a identificação do local de nascimento não se fez necessária. Nem sempre essa identificação está facilitada num quadro de autores que não reconhece diferença significativa entre os naturais do Brasil e aqueles de Portugal. A dificuldade fica ainda maior quando o olhar que investiga não crê possível uma intervenção política importante de autor natural do Brasil.

Ainda concentrado no mesmo período, na época da Restauração, homens do Brasil protagonizaram importantíssimos feitos naquilo que viam como sua Pátria. Entre os homens de armas, mas sobretudo entre aqueles que exerciam funções de comando, Matias de Albuquerque se destaca como chefe militar dos primeiros anos da guerra. O golpe de 1º de dezembro colhe o experiente pernambucano preso, pelo governo castelhano, em Lisboa. Porém, tão logo é solto pelos insurretos, integra-se ao esforço do governo de fortificar as fronteiras, sobretudo do Alentejo, para onde é designado. Entre idas e vindas a Lisboa, incluindo uma detenção por suspeita de infidelidade devido à adesão de seu irmão, Duarte de Albuquerque Coelho, a Filipe IV, Mathias de Albuquerque exerceu importantes funções na região.

Em 1644 ele é nomeado comandante das forças portuguesas no Alentejo e decide fazer uma grande entrada na Estremadura Castelhana. Ele invade a região com alguns milhares de homens, depreda vilas e aldeias e enfrenta as forças de Filipe IV nos campos da cidade de Montijo. A se crer nos diversos relatos castelhanos ou portugueses, essa primeira grande batalha da Restauração foi bastante sangrenta e, ainda que não haja consenso algum entre as partes beligerantes quanto à vitória, Mathias foi celebrado em Portugal como o vencedor do combate. A proeza acabou por lhe garantir o título de conde de Alegrete, atribuído alguns poucos meses depois, sem que ninguém lhe questionasse a naturalidade ou a conveniência da mercê a um natural de Pernambuco, embora houvesse quem lhe questionasse as competências e a fidelidade.[35]

Vem ao caso o problema de um interesse suposto, ou menosprezado, da nobreza titulada de Portugal pelo Brasil. Afinal, entre as terras incorporadas ao reino entre fins do século XV e meados do XVI, a América estava entre aquelas em que não havia sociedade organizada, civil. E, se à nobreza e à fidalguia de espada cabia o comando da conquista, sua organização seria obra de missionários, de letrados, comerciantes e agricultores cujo trabalho não promovia aos mais elevados postos da hierarquia social daquele tempo — criar cidades, engenhos e enriquecer não faziam um nobre, não nobilitavam alguém nos séculos XVI e XVII. O problema coloca-se de forma exemplar num importante estudo de Stuart Schwartz relativo à expulsão dos holandeses de Salvador, em 1625, publicado já há cerca de vinte anos.[36]

Mas crer que fosse vedada, ou dificultada, a elevação de fidalgos do Brasil à nobreza titulada por seus importantes serviços à Coroa é supor muito além do que permite a documentação disponível e do que aconselha a prudência. O fato de ter nascido na América pouco importa no caso e não fez de Mathias um mazombo. Some-se a isso a própria natureza da nobreza lusa: pouco numerosa e em forte transformação na época que estudamos.[37]

Aliás, Duarte de Albuquerque Coelho, irmão mais velho do conde de Alegrete, também foi feito conde por seu rei, dom Filipe IV, numa curiosa dobrada de títulos de nobreza numa mesma família, que bem vale um estudo mais detido. Ironicamente, nenhum dos dois pôde desfrutar ou transmitir suas honras: Mathias morreu pouco depois, sem descendentes, e o conde de Pernambuco ficou sem seu condado e sem sua Capitania: a Monarquia Católica reconheceria a perda de Portugal apenas cerca de vinte anos após esses acontecimentos e os termos de restituição dos bens confiscados aos adeptos de dom Filipe não foram respeitados, menos ainda as mercês atribuídas por ele, sobre domínios que já não eram mais seus.

Estender por mais algumas páginas os exemplos rapidamente comentados aqui dos homens do Brasil cujos trabalhos tiveram alguma importância na política e na cultura portuguesa dos séculos XVII e XVIII seria por demais enfadonho, se o que já foi dito ainda não chegou nesse ponto. De fato, arrolar nomes e obras, mesmo que bastante conhecidos, pouco adianta se nos movemos por ideias já bastante envelhecidas quanto às principais linhas de força na interpretação do passado da América portuguesa.

Os exemplos aqui expostos facilmente se resolveriam nas tradicionais excepcionalidades que plenamente confirmariam uma história rústica do Brasil e de sua cultura: Nuno Marques Pereira nada mais seria do que alguém extraordinário que escreveu um livro sobre o interior do Brasil; António de Sá, um jesuíta exaltado que repetia o estilo de Vieira em seus sermões; Diogo Gomes Carneiro, um rábula que buscou incrementar seu capital simbólico com um impresso em que exaltava a monarquia Bragança; Mathias de Albuquerque, um militar que deu sorte e comandou os portugueses num combate importante; Salvador Correia de Sá y Benevides, um oportunista mercador de homens; Alexandre de Gusmão, um diplomata habilidoso etc.

Ocorre que a "integração nacional" já deixou de fazer as vezes na pauta política do Brasil e ver o passado como uma embrutecida e heroica cavalgada em direção ao interior nos afasta também do tempo e da agenda de agora. Ocorre também que o Brasil rural de hoje já deixou de ser o terreno do senhorio e da escravidão há muito tempo. O que se vive na atualidade é, antes de mais nada, uma forte expansão da cultura e da economia urbanas em direção às zonas do interior: acabou-se o lampião de querosene que iluminava o descanso de agricultores; no século XXI, eles veem televisão a cabo após uma estafante jornada dirigindo um trator. O outrora "Jeca Tatu" de Monteiro Lobato hoje preocupa-se com a evolução do crédito agrícola,

HISTÓRIA E PASSADO DA AMÉRICA PORTUGUESA | 161

acompanha a flutuação dos preços das *commodities* e teme a doença da "vaca louca" bem mais do que o bicho-do-pé e as lombrigas.

Afinal, se for lícito fazer uma metáfora musical em homenagem ao barroquismo dos autores citados: a modinha sempre vai predominar sobre o aboio. O que é urbano predomina sempre sobre o rural; no mais das vezes, esmaga as formas aldeãs da cultura, e nunca o contrário.

Por outro lado, e para concluir, os temas do domínio externo e da autodeterminação dos povos também já abandonaram o cenário político brasileiro, e manter a crença num governo da metrópole portuguesa sobre o "Brasil colônia" soa mais como algo que nos fala das décadas de meados do século passado do que de relações políticas reais entre os do Brasil e os de Portugal dos três primeiros séculos da conquista.

Dessa forma, pensar o passado brasileiro sempre focado nas estratégias de ocupação do interior do continente, nas culturas agrárias e na violência das relações humanas que lhes era própria pode sugerir que a América portuguesa era uma "colônia" rústica e incapaz de formar e oferecer repúblicos, escritores, religiosos e cientistas ao conjunto dos domínios de Portugal no mundo. E, no entanto, eles não apenas existiram, mas também agiram e deixaram resíduos na cultura de seu próprio tempo.

A atualização da perspectiva de estudos para o tempo de agora nos permite ver um Brasil bem mais integrado na cultura, na política e nos costumes portugueses do que já pensamos ao longo do século passado. E aquilo que antes víamos como uma expressão projetada no passado, de um "subdesenvolvimento" meta-histórico, não mais nos aparece como um destino, ou uma imposição estrangeira, mas como característica cultural do próprio processo vivido de transformação econômica e social, que teima em nos perseguir, ainda que não haja nenhum "atraso", mas uma profunda desigualdade social e um igualmente profundo desprezo pela gente pobre.

Notas

1. O autor agradece ao Conselho Nacional de Desenvolvimento Científico e Tecnológico (CNPq) por lhe ter fornecido os meios para a pesquisa que possibilitou este trabalho. Agradece também a Carlos Alberto Zeron e a Luís Miguel Carolino.

2. Caio Prado Jr. foi talvez o mais brilhante dos autores que buscaram assentar uma interpretação do Brasil nesses termos. Cf. *Formação do Brasil contemporâneo*. Porém, diversos outros, com variadas inflexões na reflexão, já seguiam pela mesma estrada: Roberto Simonsen, por exemplo, no seu livro *História econômica do Brasil 1500–1820*. E ainda outros importantes historiadores mais recentes do Brasil, como Fernando Novais, com uma visão mais complexa da evolução dos acontecimentos em seu livro de 1979. Bem mais recentemente, Luís Felipe de Alencastro abre o milênio com horizontes mais largos e até então pouco frequentados. Cf. *O trato dos viventes*.

3. É inegável que os últimos vinte anos fizeram aparecer um sólido conjunto de estudos que reforça sensivelmente essas características que apontamos. Em particular: FRAGOSO, João Luís, *Homens de grossa aventura*; BICALHO, Maria Fernanda, *A cidade e o império*; SOUZA, Laura de Mello et al. (Org.), *O governo dos povos*; SOIHET, Rachel *et al.* (Org.), *Culturas políticas:* ensaios de história política e ensino de história; ABREU, Martha *et al.* (Org.), *Cultura política e leituras do passado*; FRAGOSO, João Luís *et al.* (Org.), *O Antigo Regime nos trópicos*.

4. Refiro-me especialmente à obra de Gilberto Freire, *Casa-grande e senzala*, com diversas edições ao longo do século XX.

5. Cf. CAMENIETZKI, Carlos Ziller, "Problemas de História da Ciência na época colonial: a Casa-Grande de Gilberto Freire", p. 1-13.

6. Refiro-me especialmente à obra de Sérgio Buarque de Holanda, cujo impacto no pensamento brasileiro é algo que vem sendo examinado ao longo do tempo, mas que ainda aguarda uma reflexão detida.

7. Cf. SCHWARTZ, Stuart, *Burocracia e sociedade no Brasil colonial*.

8. Cf. RUSSEL-WOOD, A.J.R., *Fidalgos e filantropos*. Especificamente sobre esse terreno, muitos estudos foram produzidos desde os anos 1960, quando da primeira edição desse trabalho.

9. Cf. KANTOR, Iris, *Esquecidos e renascidos*.

10. Por essa expressão, "portugueses do Brasil", quero designar aqueles que vieram para a América e seus descendentes, que partilhavam a língua, os costumes, a confissão religiosa etc.

11. Consulta do Conselho da Índia, que funcionou em Lisboa como um conselho consultivo para assuntos coloniais junto à Coroa de 1604 a 1614, *apud* Francisco Paulo Mendes da Luz, *O Conselho da Índia*, p. 173-174.

12. Em meio às árduas controvérsias sobre a legitimidade de dom João IV à Coroa de Portugal, António de Sousa de Macedo combate um escrito de Juan Caramuel Lobkovitz em que o castelhano afirmara que dom Filipe II não perderia seu título de rei de Portugal por ser castelhano; afinal, sua mãe era portuguesa e isso o faria também português. O então embaixador do Bragança sustenta que eram portugueses aqueles filhos, netos e bisnetos de portugueses que teriam ido viver na Índia, mesmo se vivessem tão distantes do reino. Diz ele: "... *son verdaderos portugueses los que habitan en las Indias Orientales tan remotas de Portugal, aunque sus ascendientes salieron de Portugal há tantos años*". Porém dom Filipe não o seria, uma vez que não partilhava da cultura portuguesa do seu tempo. MACEDO, António de Sousa de, *Juan Caramuel Lobkovitz convencido*, p. 107.

13. Dizia o historiador: "Mas esta suposição [de considerar Nuno Marques Pereira natural do Brasil] não basta, porque a erudição das coisas do Brasil tão própria podia ser de brasileiro nato, como, evidentemente, de alienígena que tivesse diuturna assistência no país (como era o caso de Nuno Marques Pereira), e que quiçá com mais razão, se houvesse trazido da pátria de origem os ensinamentos básicos de seu saber, que no *rústico Brasil-colônia* dificilmente podiam adquirir os naturais da terra". GARCIA, Rodolfo, "Nota biográfica", in PEREIRA, Nuno Marques Pereira, *Compêndio narrativo do peregrino da América*, p. 17.

14. Cf. ROCHA, José Monteiro da, *Sistema físico-matemático dos cometas*.

15. Cf. CAMENIETZKI, Carlos Ziller, "O cometa, o pregador e o cientista: António Vieira e Valentin Stansel observam o céu da Bahia" p. 37-52; CAMENIETZKI, Carlos Ziller, "Esboço biográfico de Valentin Stansel (1621-1705), matemático jesuíta e missionário na Bahia", p. 159-182.

16. Acerca do problema da alfabetização e dos níveis diversos da leitura em Portugal do século XVII, ver a obra MARQUILHAS, Rita, *A Faculdade das Letras*.

17. Sobre as variadas formas de exercício da política em Portugal no período do domínio castelhano, ver as obras de Diogo Ramada Curto, especialmente a recente *Cultura política no tempo dos Filipes (1580–1640)*, mas também SCHAUB, Jéan-Frédéric, *Le Portugal au temps du comte-duc d'Olivares (1621–1640)*.

18. Com 32 páginas, o folheto saiu publicado por Pedro Craesbeck em dezembro de 1632, embora sua primeira licença lhe tenha sido dada em maio daquele ano.

19. RIBEIRO, João Pinto, *Obras várias*. O editor dedicou seu trabalho a dom Francisco Xavier de Menezes, conde da Ericeira, e acrescentou um prefácio a cada um dos dois volumes em que saiu a obra. No prefácio do segundo volume, ele praticamente se desculpa por ter incluído o tratado da *Preferência das Letras às Armas*, considerando que "(...) *não convinha chegasse aos pés de Vossa Excelência, para não ver na sua pessoa desvanecido o intento de seu autor*", como se o brado de João Pinto Ribeiro contra o controle da política pelos militares pudesse ter alguma vigência em 1729.

20. Por exemplo, MACEDO, António de Sousa de, *Flores de España Excelencias de Portugal*; Idem, *Ulissipo Poema Heroico*.

21. Por exemplo: AZEVEDO, Luís Marinho de, *Relaçam Verdadeira da Milagrosa Victoria que Alcançaram os Portugueses que assistem na Fronteira de Olivença*; Idem, *Commentarios dos Valerosos Feitos que os Portugueses Obraram em Defensa de seu Rey e Patria na Guerra do Alentejo*.

22. LOUROSA, Manuel Gomes Galhano de *Alvitre Mathematico*. Tratado Politico, physiologico, democratico, ethico, aristocratico e theologico. O manuscrito encontra-se na Biblioteca Nacional de Lisboa Cod. 5170. Sobre esse personagem e seu trabalho astrológico, ver a obra CAROLINO, Luís Miguel, *A escrita celeste*.

23. Cf. a esse respeito o que diz dom Luís de Menezes, o conde da Ericeira, em sua obra basilar, mas um tanto fidalga, sobre essa deserção: *História de Portugal Restaurado*, p. 146-9.

24. *Traslado de uma Carta embiada del Brasil a un cavallero desta Corte dandole cuenta de las armas católicas de su magestad D. Felipe IIII, nuestro Señor, governadas por D. Jorge mascareñas, Conde de Castillo y Marques de Montalvan 1640*.

25. Cf. *História de Portugal Restaurado*, p. 159-163.

26. Em uma perspectiva bastante peculiar, o assunto foi tratado há alguns anos na obra: WAGNER, Mafalda de Noronha, *A Casa de Vila Real e a conspiração de 1641 contra D. João IV*.

27. CARNEIRO, Diogo Gomes, *Oração Apodíctica aos scismáticos da pátria*.

28. Ibidem, p. 22v-23r.

29. Cf. CAMENIETZKI, Carlos Ziller. "Incômoda história: colônia e passado no Brasil", p. 71-83.

30. Cf. CAMENIETZKI, Carlos Ziller, "O Paraíso Proibido. A censura à Chronica de Simão de Vasconcelos em 1663", in FIGUEROA, Luis Millones de Figueroa; LEDEZMA, Domingo Ledezma (Org.), *El saber de los Jesuitas, historias naturales y el Nuevo Mundo*, p. 109-132.

31. SÁ, António de, *Sermão que pregou o Padre Antonio de Sá da Companhia de Jesus no dia que Sua Majestade faz anos, em 21 de agosto de 1663*, p. 17.

32. Ibidem, p. 20.
33. O episódio não andou interpretado pelos estudiosos que se debruçaram sobre os trabalhos de António de Sá. Cf. MARQUES, João Francisco, *A Parenética Portuguesa e a Restauração 1640–1668*, especialmente v. I, p. 121; e MASSIMI, Marina, "Enlaces e desenlaces entre mundo luso e mundo brasileiro na oratória sagrada do século XVII: os sermões pregados por padre António de Sá", p. 318-332.
34. DIAS, Eurico Gomes, *Olhares sobre o* Mercurio Portuguez *(1663–67)*, p. 67-8.
35. Cf. PIMENTA, Belisário, "O 'Memorial' de Mathias de Albuquerque", p. 1-34.
36. "The nobility had never been drawn to the overseas colonies in great numbers. India, Africa and Brazil even more so, represented only sacrifice and danger with little hope of glory or riches. The local societies in these colonies did not represent the full social hierarchies of Portugal, and fidalgos objected to these places dominated by missionaries and royal magistrates. The lands of 'catechism and lawcodes' (catecismo e ordenações) were not for a nobleman seeking recognition and reward". SCHWARTZ, Stuart B., "The Voyage of the Vassals: royal power, noble obligations, and merchant capital before the portuguese restoration of independence, 1624–1640", p. 744.
37. Já há algum tempo, os estudos sobre a nobreza de Portugal vêm se desenvolvendo bastante. Cf. MONTEIRO, Nuno Gonçalo *et al.* (Org.), *Optima Pars*; MONTEIRO, Nuno Gonçalo "17th and 18th century Portuguese Nobilities in the European Context: a historiographical overview", p. 1-14, e a obra já clássica GODINHO, Vitorino Magalhães, *Os descobrimentos e a economia mundial.*

Referências

ABREU, Martha *et al.* (Org.). *Cultura política e leituras do passado*: historiografia e ensino de história. Rio de Janeiro: Civilização Brasileira, 2007.

ALENCASTRO, Luís Felipe de. *O trato dos viventes*: formação do Brasil no Atlântico Sul, séculos XVI e XVII. São Paulo: Companhia das Letras: 2000.

AZEVEDO, Luís Marinho de. *Commentarios dos Valerosos Feitos que os Portugueses Obraram em Defensa de seu Rey e Patria na Guerra do Alentejo.* Lisboa: Lourenço de Anvers, 1644.

_____. *Relaçam Verdadeira da Milagrosa Victoria que Alcançaram os Portugueses que assistem na Fronteira de Olivença.* Lisboa: Jorge Rodrigues, 1641.

BICALHO, Maria Fernanda. *A cidade e o Império*: o Rio de Janeiro no século XVIII. Rio de Janeiro: Civilização Brasileira, 2003.

CAMENIETZKI, Carlos Ziller. "Esboço biográfico de Valentin Stansel (1621–1705), matemático jesuíta e missionário na Bahia", *Ideação*, n. 3, 1999, p. 159-182.

_____. "Incômoda história: colônia e passado no Brasil", *Terceira Margem*, v. 18, 2008, p. 71-83.

_____. "O cometa, o pregador e o cientista: António Vieira e Valentin Stansel observam o céu da Bahia", *Revista da Sociedade Brasileira de História da Ciência*, n. 14, 1995, p. 37-52.

_____. "O Paraíso Proibido: a censura à Chronica de Simão de Vasconcelos em 1663". In: FIGUEROA, Luis Millones de; LEDEZMA, Domingo Ledezma (Org.). *El saber de los Jesuitas*: historias naturales y el Nuevo Mundo. Madrid: Iberoamaricana, 2005.

_____. "Problemas de História da Ciência na época colonial: a Casa Grande de Gilberto Freire", *Fênix*, vol. 4, 2007, p. 1-13.

CARNEIRO, Diogo Gomes. *Oração Apodíctica aos scismáticos da pátria.* Rio de Janeiro: Biblioteca Nacional, 2008.

CAROLINO, Luís Miguel. *A escrita celeste*: almanaques astrológicos em Portugal nos séculos XVII e XVIII. Rio de Janeiro: Access, 2002.

CURTO, Diogo Ramada. *Cultura política no tempo dos Filipes (1580–1640).* Lisboa: Edições 70, 2011.

DIAS, Eurico Gomes. *Olhares sobre o Mercurio Portuguez (1663–67).* Transcrição e Comentários. Lisboa: Imprensa Nacional–Casa da Moeda, 2010. vol. 1

FRAGOSO, João Luís *et al.* (Org.). *O Antigo Regime nos trópicos: a dinâmica imperial portuguesa (séculos XVI–XVIII)*. Rio de Janeiro: Civilização Brasileira, 2001.

FRAGOSO, João Luís. *Homens de grossa aventura*. Rio de Janeiro: Arquivo Nacional, 1992.

GARCIA, Rodolfo, "Nota biográfica". In: PEREIRA, Nuno Marques, *Compêndio narrativo do peregrino da América*. Rio de Janeiro: Academia Brasileira de Letras, 1988. vol. 1.

GODINHO, Vitorino Magalhães. *Os descobrimentos e a economia mundial*. Lisboa: Presença, 1981.

KANTOR, Iris. *Esquecidos e renascidos*. São Paulo: Hucitec, 2004.

LUZ, Francisco Paulo Mendes da. *O Conselho da Índia*. Lisboa: Agência Geral do Ultramar, 1952.

MACEDO, António de Sousa de. *Flores de España Excelencias de Portugal*. Lisboa: Jorge Rodriguez, 1631.

_____. *Juan Caramuel Lobkovitz convencido*. Londres: Herne, 1643.

_____. *Ulissipo Poema Heroico*. Lisboa: Antonio Alvarez, 1640.

MARQUES, João Francisco. *A Parenética Portuguesa e a Restauração 1640-1668*. Porto: Instituto Nacional de Investigação Científica, 1989.

MARQUILHAS, Rita. *A Faculdade das Letras*: leitura e escrita em Portugal no século XVII. Lisboa: Imprensa Nacional–Casa da Moeda, 2000.

MASSIMI, Marina. "Enlaces e desenlaces entre mundo luso e mundo brasileiro na oratória sagrada do século XVII: os sermões pregados por padre António de Sá", *Convergência Lusíada*, Rio de Janeiro, 2002, v. 19, n°. especial, p. 318-332.

MENEZES, D. Luís de. *História de Portugal Restaurado*. Porto: Civilização, 1945. vol. 1.

MONTEIRO, Nuno Gonçalo *et al.* (Org). *Optima Pars*: elites ibero-americanas do Antigo Regime. Lisboa: Instituto de Ciências Sociais, 2005.

MONTEIRO, Nuno Gonçalo. "17th and 18th century Portuguese Nobilities in the European Context: a historiographical overview", *E-journal of Portuguese History*, n. 1, p. 1-14.

NOVAIS, Fernando. *Portugal e Brasil na crise do antigo sistema colonial (1777–1808)*. São Paulo: Hucitec, 1979.

PIMENTA, Belisário. "O 'Memorial' de Mathias de Albuquerque", *Boletim da Biblioteca*, 1944. v. 16, p. 1-34.

PRADO JR., Caio. *Formação do Brasil contemporâneo*. São Paulo: Martins, 1942.

RIBEIRO, João Pinto. *Obras várias*. Coimbra: José Antunes da Silva, 1729.

ROCHA, José Monteiro da. *Sistema físico-matemático dos cometas*. Rio de Janeiro: Mast, 2001.

RUSSEL-WOOD, A.J.R. *Fidalgos e filantropos*: a Santa Casa da Misericórdia da Bahia, 1550–1755. Brasília: UnB, 1981.

SÁ, António de. *Sermão que pregou o Padre Antonio de Sá da Companhia de Jesus no dia que Sua Majestade faz anos, em 21 de agosto de 1663*. Coimbra: Thome Carvalho, 1665.

SCHAUB, Jéan-Frédéric. *Le Portugal au temps du comte-duc d'Olivares* (1621–1640). Madrid: Casa de Velázquez, 2001.

SCHWARTZ, Stuart B. "The Voyage of the Vassals: royal power, noble obligations, and merchant capital before the portuguese restoration of independence, 1624–1640", *The American Historical Review*, vol. 96, n° 3, jun., 1991.

SCHWARTZ, Stuart. *Burocracia e sociedade no Brasil colonial*: a Suprema Corte da Bahia e seus juízes, 1609-1751. São Paulo: Perspectiva, 1979.

SIMONSEN, Roberto. *História econômica do Brasil*, 1500-1820. São Paulo: Cia. Editora Nacional, 1937.

SOIHET, Rachel *et al.* (Org.). *Culturas políticas*: ensaios de história política e ensino de história. Rio de Janeiro: Mauad, 2005.

SOUZA, Laura de Mello *et al.* (Org.). *O governo dos povos*. São Paulo: Alameda, 2009.

Traslado de uma Carta embiada del Brasil a un cavallero desta Corte dandole cuenta de las armas católicas de su magestad D. Felipe IIII, nuestro Señor, governadas por D. Jorge mascareñas, Conde de Castillo y Marques de Montalvan. Madrid: Catalina de Barrio y Angulo, 1640.

WAGNER, Mafalda de Noronha. *A Casa de Vila Real e a Conspiração de 1641 contra D. João IV*. Lisboa: Colibri, 2003.

Imagens do império atlântico português: análise de uma carta-portulano quinhentista[1]

João Carlos Garcia* e André Ferrand de Almeida**

A descoberta de uma carta-portulano portuguesa

Em dezembro de 2007, ao proceder à catalogação de livros raros na Biblioteca Centrale della Regione Siciliana, em Palermo, a bibliotecária Angela Anselmo encontrou o que aparentava ser um fragmento de um mapa manuscrito em pergaminho. Esse mapa servia de capa a um livro de teologia de Gesualdo de Bologni, intitulado *Theologia sacrae moralis*, impresso em Palermo, em 1646. A obra pertencia originalmente à biblioteca do Convento dei Cappuccini, em Palermo, que foi incorporada à então Biblioteca Nacional de Palermo (atual Biblioteca Centrale della Regione Siciliana) em 1866, após a extinção das congregações religiosas e do confisco dos seus bens. A encadernação do livro, que recorreu ao mapa em pergaminho e o mutilou definitivamente, terá sido feita cerca de 1728.[2]

Após a descoberta do mapa, o livro e o pergaminho foram cuidadosamente restaurados por Ignazio Lodato, do Departamento de Conservação e Restauro da biblioteca siciliana. O pergaminho foi limpo de ambos os lados e depois umedecido para poder ser esticado, de modo a poder voltar à sua forma original.[3] Ao concluir que se tratava de uma carta-portulano de origem portuguesa, o diretor da

---

*Departamento de Geografia da Faculdade de Letras da Universidade do Porto. Centro Interuniversitário de História das Ciências e da Tecnologia (Universidade de Lisboa).
**Centro de Estudos Geográficos da Universidade de Lisboa.

Biblioteca Centrale della Regione Siciliana, Gaetano Gullo, entrou em contato com Joaquina Feijão, responsável pela área de cartografia da Biblioteca Nacional de Portugal, para obter ajuda na datação e no estudo do mapa. Foi nesse contexto que os autores deste texto iniciaram os contatos com a instituição italiana de modo a poder estudar o mapa. Daqui resultou a publicação de um livro e a realização de um colóquio internacional e de uma exposição na Biblioteca Centrale della Regione Siciliana, onde a carta-portulano portuguesa foi exposta pela primeira vez.[4]

O fato de uma carta-portulano portuguesa servir de capa de um livro pertencente à antiga biblioteca do Convento da Ordem dos Frades Menores Capuchinhos, em Palermo, pode explicar-se com alguma facilidade, já que uma parte dessa biblioteca teve origem num legado do almirante Ottavio d'Aragona Tagliavia ao referido convento, em 1623, ano da sua morte.[5] Dom Ottavio pertencia a uma importante família da aristocracia siciliana que ascendeu aos mais altos cargos da administração do império espanhol durante os reinados de Carlos V e Filipe II. O avô de dom Ottavio era Giovanni Tagliavia, conde de Castelvetrano. Durante o reinado de Carlos V, Giovanni Tagliavia foi nomeado presidente do Reino de Nápoles, por duas vezes, em 1539 e 1544. Participou na conquista de Tunes, em 1535, ao lado do imperador, e mandara preparar dois navios de combate e um de abastecimento, que se juntaram à armada espanhola. Quem participou também dessa conquista foi o pai de dom Ottavio, Carlo d'Aragona e Tagliavia (ca. 1520-1599), que, posteriormente, também se envolveu na malograda expedição do imperador contra Alger, em 1541. Como chefe da família Aragona Tagliavia, Carlo recebeu o marquesado de Avola, em 1542. Posteriormente, sob Filipe II, acumulou um impressionante número de mercês e cargos governativos. Recebeu os títulos de duque de Terranova e príncipe de Castelveltrano e foi, sucessivamente, nomeado grande almirante da Sicília, presidente do Reino de Nápoles, vice-rei da Catalunha e governador do Ducado de Milão e chegou mesmo a membro do Conselho de Estado e da Guerra, em Madrid, e a presidente do Conselho de Itália.

172 | Formas do Império

Parece-nos, desse modo, muito provável que o portulano português da biblioteca siciliana tenha entrado na posse da família Tagliavia quando do seu envolvimento, a partir de 1535, na política da Coroa espanhola no Norte de África e, mais concretamente, por volta de 1540-1541, ou nos anos imediatamente posteriores. Assim se explicaria a sua existência no legado do almirante Ottavio d'Aragona na biblioteca do Convento dei Cappuccini, de Palermo.

As características e a reconstituição da carta-portulano

O fragmento de portulano encontrado é um notável exemplar de mapa hidrográfico mas também geográfico, quer do ponto de vista histórico, quer do ponto de vista científico e estético (Fig. 1). Sobre o amplo pedaço de pergaminho que chegou até nós (40 × 61 cm), figuram-se entre os 17° N e os 53° N, segundo a escala de latitudes, a Europa Ocidental para sul das Ilhas Britânicas e da Holanda, o Mediterrâneo ocidental e central (desde a Albânia à Líbia), o Noroeste do continente africano ("Athiopia") até a Mauritânia e uma larga extensão do Atlântico norte. Assim, apenas partes de dois dos continentes estão incluídas. Na Europa enumeram-se a Península Ibérica ("Ispania"), a França e a Itália. Para oeste, o corte do pergaminho coincidiu com o limite do mapa: uma dupla esquadria é claramente visível. Das grandes linhas definidoras da geometria da Terra, apenas encontramos o Trópico de Câncer, sobre o qual "pousa" o topo da grande rosa dos ventos central.

Com base na estrutura subjacente de linhas de rumos e rosas dos ventos em que se baseou a elaboração do mapa (Fig. 2), é possível reconstituir aproximadamente a dimensão e a configuração da imagem original (Fig. 3). Tratava-se de uma "carta atlântica" centrada no interior da África Ocidental, no vale do Níger, em torno da provável localização de Tumbuctu. Para norte estender-se-ia até as Ilhas Britânicas e para sul, um pouco além do Trópico de Capricórnio, nas costas africanas. Para leste contemplaria todo o Mediterrâneo e a África Setentrional, o que permite reconstituir as rotas marítimas em direção ao Mar Vermelho. Para oeste incluiria o extremo do Nordeste brasileiro e identificaria as diversas etapas dos circuitos marítimos de longo curso no Atlântico, entre a Europa e a América do Sul, mas também as ligações com o Índico, por meio dos arquipélagos da Madeira, das Canárias e de Cabo Verde e dos litorais africanos, rios da Guiné, São Jorge da Mina e Angola, em direção ao Cabo da Boa Esperança.[6]

Essa reconstituição foi elaborada a partir de uma imagem cartográfica que cremos muito semelhante à que estamos analisando, pela sua estrutura e pelos espaços geográficos abrangidos: a carta atlântica atribuída a Jorge Reinel, datada de ca. 1534–1554, existente numa coleção particular de Florença, no fim da década de 1950, e hoje depositada na James Ford Bell Library, da Universidade de Minnesota (Estados Unidos da América) (Fig. 4).[7] Com exceção de Pedro e Jorge Reinel, na primeira metade do século XVI, poucos são os cartógrafos portugueses que elaboram cartas atlânticas, e menos ainda semelhantes a essa. Dela retiramos as linhas de rumo e o conjunto de rosas dos ventos, igualmente centrado na África ocidental, nas mesmas latitudes, mas mais para ocidente, numa comparação com a carta encontrada em Palermo (Fig. 5). Para reconstituirmos essa última, retiramos também da de Reinel a configuração dos litorais do Atlântico sul, quer no continente africano, quer no americano (Fig. 3). Assim, o que resta hoje do mapa original é um pouco menos do que a metade superior do documento.[8]

A carta encontra-se numa escala aproximada de 1:12.500.000, se tomarmos como referência a escala de latitudes, que coincide com o meridiano das Canárias (ilha do Ferro), clássica referência para a contagem dos valores de longitude; e de 1:7.800.000, se partirmos de leituras comparativas com mapas de escala conhecida.[9] Esses valores aproximam-se dos exemplares das "cartas-padrão ou *padrón real*", como a denominada Carta de Cantino, de ca. 1502. Era a partir delas que muitas das outras, como essa, foram produzidas no Armazém da Guiné e da Índia, em Lisboa, ou na Casa de la Contratación, de Sevilha, ao longo do século XVI.[10]

174 | FORMAS DO IMPÉRIO

Nesses grandes centros, como nas oficinas particulares, de dimensão familiar, inovava-se e difundiam-se novos dados, mas, na maior parte dos exemplares, copiava-se o todo ou as diversas partes de mapas diversos, e não apenas com critérios de incluir os mais recentes dados científicos, reduzir ou ampliar imagens, com as consequentes simplificação e generalização cartográficas, ou, pelo contrário, acrescentar outros conteúdos.[11] É o caso das denominadas "cartas atlânticas", particularmente elaboradas pelos cartógrafos para figurar os espaços oceânicos e terrestres dessa primeira etapa da formação do império ultramarino português.

Em busca de um autor da carta-portulano

Na carta da biblioteca de Palermo, não se revela fácil a análise dos tipos de letra inscritos no pergaminho. Uma conclusão segura é existirem vários, correspondentes a várias mãos, que intervieram em momentos distintos e mesmo com tintas diferentes. Há, assim, que comparar a redação de topônimos e de texto, em vários espaços do mapa, em especial no interior de Marrocos, onde ocorre uma notável concentração de informação, na tentativa de identificar autorias. Entre o portulano em estudo e os mapas da família Reinel, existem semelhanças, como acontece com o mapa do Mediterrâneo do *Atlas Miller*, mas elas são maiores com as produções de Jorge Reinel, e incluem as palavras escritas com um corpo de letra de maiores dimensões. Outra aproximação deve ser feita com as obras de Sebastião Lopes, que provavelmente trabalhou com os Reinel.

Entre o mapa em estudo e outros elaborados pelos cartógrafos portugueses no segundo e no terceiro quartéis do século XVI, encontramos estreitas semelhanças ao comparar o recorte dos litorais e a sequência dos topônimos. Foi o caso das costas francesas nos mapas de Lopo Homem, ca. 1550 (Biblioteca Nacional de Portugal), e nos primeiros de Diogo Homem (1557–1558), ou ainda no mapa do Mediterrâneo, do mesmo autor, de ca. 1566 (Universidade de Coimbra).[12] Foi o caso do estuário do Tejo, em Lisboa, e do Algarve ocidental, nos mapas de Lopo Homem, ca. 1550, de Pedro Reinel (?), ca. 1535 (National Maritime Museum, Greenwich), e de Jorge Reinel, ca. 1534-1554. Foram ainda as costas da Dalmácia e do sul da França, no mapa do Mediterrâneo, de Pedro e Jorge Reinel, de ca. 1519, incluído no *Atlas Miller* (Bibliothèque Nationale de France).[13] A inovação está no recorte dos litorais mediterrâneo e atlântico de Marrocos, cuja faixa mais próxima do mar não está colorida de verde, como em todo o restante do espaço do mapa, nem os topônimos foram inscritos do mesmo modo. Sobre a explicação para essas diferenças falaremos mais detalhadamente.

A figuração do relevo varia segundo os espaços. No centro do Saara existe uma vista bastante realista, em perspectiva, de uma cadeia montanhosa, que se assemelha às presentes nos mapas da família Homem, como na carta do Mediterrâneo de Diogo Homem, de ca. 1560 (Biblioteca Guarnacci, Volterra). Para sul e para leste dos territórios marroquinos, foram pintadas manchas verdes alongadas, que serão colinas e serras. Existem figurações do mesmo tipo nos já referidos mapas de Pedro e Jorge Reinel.

A preencher todo o centro da Península Ibérica, encontramos uma detalhada vista de Lisboa (Fig. 6). Como imagem de núcleo urbano, é a única no pedaço de portulano existente. Nem mesmo Gênova ou Veneza se encontravam descritas desse modo. Lisboa surge, assim, como o grande centro de poder sobre todos os espaços figurados no mapa e, em particular, os territórios ultramarinos do império atlântico.[14] A vista recorda as imagens iluminadas da cidade, insertas em códices e datadas do século XVI, mas assemelha-se também às presentes nos mapas atribuídos a Pedro Reinel, de ca. 1535, e a Jorge Reinel, de ca. 1534-1554.

São várias as bandeiras figuradas sobre o mapa, que representam os respectivos Estados. Na Europa: Aragão, França e Gênova. Na África, a cruz da Ordem Militar de Cristo está implantada no promontório mais ocidental do continente, o cabo dos Barbados, a bandeira turca sobre o litoral líbio e a de Espanha (Castela/Aragão) na cidade de Tunes, o que testemunha a sua conquista pelo imperador Carlos V, em 1535 (permanecerá sob domínio espanhol até 1574). Pequenas

176 | Formas do Império

bandeiras de Portugal surgem ainda no topo das muralhas de Lisboa, na vista da cidade e no mastro do navio figurado no meio do Atlântico. O tipo de bandeiras quadrangulares usado aproxima-se do presente nos mapas de Lopo Homem e dos cartógrafos Reinel, em particular Jorge Reinel, sobretudo no mapa de ca. 1534–1554.

São duas as embarcações presentes. No centro do Atlântico norte, uma nau ou caravela redonda com a cruz da Ordem Militar de Cristo na grande vela, semelhante às que encontramos no Atlântico, nas folhas do *Atlas Miller*, mas mais ainda no Atlas de 24 folhas atribuído a Sebastião Lopes (fol. 22v), de ca. 1565, depositado na Newberry Library, em Chicago (Fig. 7). No Mediterrâneo central, ao largo das costas líbias, viaja uma embarcação de vela latina, semelhante à que entra no Estreito de Gibraltar, na carta do Mediterrâneo do já referido *Atlas Miller* de Lopo Homem e dos Reinel.

São quatro as rosas dos ventos que podemos observar. Duas delas desenhadas na sua totalidade, uma cortada ao meio pela esquadria do lado esquerdo do mapa e outra, a central, amputada por quem reaproveitou o pergaminho como capa do livro. Nelas encontramos as flores-de-lis a indicar o norte, com semelhanças às presentes nos mapas de Lopo Homem e Diogo Homem e dos Reinel, especialmente a grande rosa dos ventos da carta atlântica de Jorge Reinel, de ca. 1534-1554, no que respeita à artística cruz que indica o Oriente.[15] Também a escala gráfica, com orientação meridiana, no extremo oeste do mapa, pela sua sobriedade decorativa, recorda as correspondentes dos mapas de Pedro e Jorge Reinel, especialmente deste último.

No canto inferior direito do pergaminho cortado, encontramos o mais original elemento decorativo do documento, infelizmente incompleto, o que não permite a reconstituição da totalidade do desenho (Fig. 8). Será provavelmente a cartela elaborada em torno de uma segunda escala gráfica. A artística criação inclui detalhados elementos renascentistas, como montanhas e/ou ondas, uma figura humana alada, como de proa de navio, uma concha e um caracol. Na escola portuguesa de Cartografia não são muitos os exemplos para comparação, talvez apenas as cartelas dos mapas de Sebastião Lopes, como as do já referido Atlas depositado na Newberry

Library, de ca. 1565, no qual, apesar do desenho mais grosseiro, a riqueza dos elementos decorativos e a policromia podem sugerir aproximações.

O espaço marroquino e a datação da carta-portulano

A importância que o espaço marroquino apresenta neste mapa não tem paralelo com nenhum outro mapa português do século XVI. A abundância de topônimos, não apenas ao longo da costa, mas, sobretudo, no interior, permite-nos, desde logo, supor que o mapa terá sido traçado num momento em que a preocupação por parte de Portugal com Marrocos e com as praças militares portuguesas ali estabelecidas desde o século XV fosse central, no contexto do império atlântico (Fig. 9).[16]

Como já referimos, a conquista de Tunes por Carlos V, em 1535, está assinalada no mapa pela bandeira espanhola, o que nos permite, com alguma segurança, situá-lo como posterior àquela data. Essa conquista, que contou com uma importante participação portuguesa, encabeçada pelo infante dom Luís, irmão de dom João III (1521–1557), dá-se, precisamente, num momento delicado da presença portuguesa no norte da África.[17] Desde os fins da década de 20 do século XVI se acumulavam as dificuldades financeiras e militares com a manutenção das praças marroquinas, o que levou o rei a admitir a necessidade de abandonar algumas delas e a concentrar os seus recursos noutras, embora só em 1534 essa intenção régia se torne mais aparente, graças aos pareceres solicitados a diferentes personalidades. Mas, perante a manifestação de algumas oposições, dom João III não tomou qualquer decisão.

É interessante notar que algumas das personalidades consultadas se tenham manifestado a favor do abandono da Índia e da concentração da estratégia imperial portuguesa na conquista do norte da África. É o caso de dom Jaime, duque de Bragança, que, em 1529, ao retomar um parecer de c. 1524 de dom Vasco da Gama, conde da Vidigueira, propõe a destruição de todas as fortalezas da Índia, com a exceção de Goa e Cochim, e a venda de Ormuz e Málaca, ao mesmo tempo em que se deveria reforçar a presença militar portuguesa no Marrocos, que era mais próximo do Reino e mais fácil de socorrer.[18] Novamente, em 1541, o rei pediu novos pareceres e reuniu-se então, em Lisboa, uma notável quantidade de informação geográfica sobre aqueles territórios possível de cartografar.[19]

Ainda assim, só após a queda de Santa Cruz do Cabo de Gué (Agadir), em março de 1541, depois de um prolongado cerco por parte do xarife do Suz, é que o rei se decidiu pelo abandono de Safim e Azamor, em outubro do mesmo ano, e mandou reforçar a fortificação de Mazagão, que ficaria como a única praça portuguesa no Marrocos meridional (até 1769), enquanto os recursos se concentravam nas praças do norte. Mas não por muito tempo: em 1550, dom João III mandou evacuar Alcácer Ceguer e Arzila e ficaram apenas Ceuta e Tânger, além de Mazagão.[20]

Esse abandono ocorre depois da unificação de quase todo o território marroquino sob o xarife do Suz e também de Marrocos (desde 1544) que, em 1549, se torna igualmente rei de Fez. Os xarifes sádidas foram assim responsáveis por uma pressão militar constante sobre as praças portuguesas, no mesmo tempo em que combatiam o domínio turco, já que o sultão de Istambul controlava uma parte importante do Norte de África, do Egito à Argélia.

No mapa aparecem representadas como portuguesas as cidades de Safim e Azamor, para além de Santa Cruz do Cabo Gué, com especial destaque para Safim, que era sede de bispado. Não nos parecendo, assim, verossímil que o mapa seja posterior a 1541. Por outro lado, o fato de na toponímia aparecerem mencionados como "ducados" os domínios de Dubdu, Tafileet (Tafilalet) e Daraha (Darha), para além do reino de Beliz (Beles), faz-nos supor que estamos no período anterior à unificação de Marrocos de 1549. Para além das cidades marroquinas, onde se destacam Fez e Marrocos (Marrakesh), o mapa assinala diversas serras, montes claros, desertos (sob a designação "cahara"), alguns rios e certas áreas designadas como "terra de...", como, por exemplo, "terra de Dara" (Darha).[21]

Contém ainda uma grande legenda, colocada a leste de Tafilalet, que remete para o conhecimento das grandes rotas caravaneiras do Saara (leste–oeste), que faziam a ligação com a África subsaariana, e os seus términos nas cidades costeiras de Marrocos, que os portugueses tentam controlar:

> Estas terras daqui por diante a parte de leste caminho do egipto pela maior parte são desertos de area despovoados e somente são habitadas as ourelas do mar & 15 atee 20 legoas pelo sertão adentro & daqui atee tigurarim a parte do Sul nam ha povoacois & tudo sam desertos.

O oásis de Tigurarin, na região de Gourara, constituía uma etapa importante nas grandes rotas de caravanas trans-saarianas leste–oeste até o século XVI e localiza-se hoje no sudoeste do Saara argelino, na área de Timimoun, a sul do Grande Erg Ocidental. Foi conquistado por Al-Mansur em 1581.[22]

Conclusões

Na Lisboa Quinhentista, além do centro de produção oficial de cartografia, que era o Armazém da Guiné e da Índia, no Palácio Real da Ribeira existiam várias oficinas particulares onde se desenhavam mapas. Em todos, um grupo mais ou menos numeroso de cartógrafos, com mestres e aprendizes, preparava os documentos encomendados, numa controlada e hierarquizada cadeia de produção, da preparação do suporte físico (pergaminho) ao desenho geométrico da estrutura do fundo cartográfico, à fixação da toponímia e construção ou cópia e decalque das linhas de costa, à iluminura dos elementos do conteúdo, em especial os iconográficos. Várias eram as mãos que intervinham na feitura da obra, sobretudo se se tratava de um exemplar de luxo, como o estudado. Daí a dificuldade de atribuição de autorias e datações aos mapas, mesmo aqueles que se encontram assinados e datados.[23]

No segundo quartel do século XVI, mais precisamente entre 1535 (tomada de Tunes por Carlos V) e 1541–1549 (abandono das praças portuguesas em Marrocos), datas que provavelmente balizam a elaboração da carta, trabalhavam em Lisboa alguns cartógrafos de quem falamos, de forma recorrente, ao analisar esse fragmento de portulano e dos quais conhecemos obras feitas em parceria. A mais famosa delas é o denominado *Atlas Miller* (ca. 1519), de Lopo Homem, Pedro Reinel e Jorge Reinel. A esses três nomes se poderia juntar o de Sebastião Lopes, mais jovem mas já ativo, provavelmente um aprendiz de grande qualidade.[24]

Vale a pena salientar, por um lado, que Pedro Reinel e seu filho Jorge são dois dos mais importantes cartógrafos do século XVI, cuja produção cartográfica se estende desde os fins do século XV até meados do século seguinte, embora só esteja identificada pouco mais de uma dezena de mapas atribuídos à sua oficina. Por outro lado, nem sempre é possível distinguir os mapas dos dois Reinel, não apenas porque são raros os que estão assinados, mas, sobretudo, porque Jorge colaborou muito tempo com o pai. O maior número de referências a aspectos semelhantes entre o mapa em estudo e outros da Escola Portuguesa de Cartografia apontam para o nome de Jorge Reinel como possível autor da carta, mas o contributo dos outros cartógrafos presentes nessas oficinas e nesses grupos de profissionais é de igual modo importante.

Com base no levantamento existente nos *Portugaliae Monumenta Cartographica*, de Armando Cortesão e A. Teixeira da Mota, foram elaboradas cerca de três dezenas de cartas atlânticas, entre o último quartel do século XV e o início do século XVIII, dois terços dessas na centúria de Quinhentos.[25] Como tipo de mapa, a "carta atlântica" desaparecerá do universo cartográfico manuscrito português, paulatinamente, ao longo do século XVII.

Durante o século XVI, nesse tempo de construção de um espaço controlado pelas rotas marítimas e pelos entrepostos litorais e insulares que se estabelecem e solidificam, a carta atlântica "desce" progressivamente o Atlântico.[26] Tendo sempre como limite norte as Ilhas Britânicas e o nordeste canadense, numa aproximação com o Círculo Polar Ártico, as cartas-portulano, desde a denominada *Carta de Modena*, ca. 1471, abarcam espaços cada vez mais a sul, nos

IMAGENS DO IMPÉRIO ATLÂNTICO PORTUGUÊS | 181

litorais africanos e sul-americanos: Pedro Reinel, ca. 1492, ca. 1504 (Kunstmann I) e ca. 1535; Pedro Fernandes, 1528; Jorge Reinel, ca. 1534–54. As exceções, como a carta de Gaspar Viegas, de 1534, já com todo o Atlântico sul, confirmam a regra. Nos meados de Quinhentos, a imagem de conjunto do Atlântico português encontra-se definitivamente estabelecida em cartas como as de Lopo Homem, ca. 1550, Sebastião Lopes, 1558, ou Bartolomeu Velho, ca. 1560. A nova carta-portulano encontrada em Palermo é parte desse processo cartográfico que ilustra a primeira fase atlântica do império colonial português.

Notas

1. A primeira versão deste texto foi publicada em italiano com o título "Il deserto el le rive del Mare. Analisi di un portulano del Cinquecento", In: GULLO, G.; ANSELMO, A. (org.). *Il portolano dell'ammiraglio corsaro*, p. 23-33.
2. ANSELMO, Angela, "Storia d'un ritrovamento", p. 11-13.
3. LODATO, Ignazio, "Il restauro", p. 15-21.
4. O colóquio internacional "Il portolano dell'ammiraglio corsaro — Una carta nautica portoghese del XVI secolo ritrovata nella Biblioteca centrale della Regione siciliana" teve lugar em Palermo a 19 de dezembro de 2008, na Biblioteca Centrale della Regione Siciliana, onde foi inaugurada também uma exposição intitulada "Libri, documenti e strumenti di navigazione dal XV al XX secolo" em que a carta-portulano esteve exposta pela primeira vez. Posteriormente, o mapa foi apresentado na 23ª Conferência Internacional de História da Cartografia, em Copenhague, de 12 a 17 de julho 2009, numa comunicação de João Carlos Garcia, André Ferrand de Almeida, Angelo Cattaneo e Gaetano Gullo intitulada "An Unknown Sixteenth Century Portuguese Chart from the Biblioteca Centrale di Palermo". Sobre esse mapa foi ainda apresentada uma comunicação de Angelo Cattaneo, "Producing Knowledge on the Moroccan Territory in the Sixteenth Century. Analysis of a Newly Discovered Manuscript Portuguese Atlantic Chart (c. 1519-1545)" no colóquio "Cartographier l'Afrique IXe-XIXe siècle. Construction, transmission et circulation des savoirs cartographiques sur l'Afrique (Europe, monde arabe et Afrique)", Paris, Institut National d'Histoire de l'Art e Bibliothèque Nationale de France, 2 e 3 de dezembro de 2011.
5. Ver os textos de Maurice Aymard: "Une famille de l'aristocratie sicilienne aux XVI et XVII siécle: les ducs de terranova un bel exemple d'ascension seigneuriale" e "Don Carlo D'Aragona, la Sicilia e la Spagna alla fine del Cinquecento", in AURIGEMMA, M.G.; AZZARELLO, M. (Org.). *La cultura degli arazzi fiamminghi di Marsala tra Fiandre, Spagna e Italia* p. 21-38.
6. No dizer de J. Romero Magalhães: "Les espaces atlantiques portugais peuvent être qualifiés d'économiquement harmonieux et de pratiquement équilibrés pour ce qui est de l'offre et de la demande, leur complémentarité était presque complete pour ce qui concerne les produits exotiques de grande valeur." ("Le Portugal et les dynamiques de l'économie atlantique du XVIᶜ au XVIII siècle", p. 4.)

IMAGENS DO IMPÉRIO ATLÂNTICO PORTUGUÊS | 183

7. University of Minnesota Libraries, James Ford Bell Library, 1540 mRe / bell 00278 <https://www.lib.umn.edu/bell/maps/reinel>. Ver CORTESÃO, Armando; MOTA, A. Teixeira da Mota, *Portugaliae Monumenta Cartographica*, v. I.

8. A carta de Jorge Reinel de ca. 1534-1554 tem exatamente a mesma largura (61 cm) e aproximadamente o dobro da altura (79 cm).

9. A carta de Jorge Reinel de ca. 1534-1554 tem uma escala de ca. 1/13.700 segundo <https://www.lib.umn.edu/bell/maps/reinel>.

10. Ver MARTÍNEZ, Antonio Sánchez, *La representación cartográfica en el siglo de oro de la cosmografía española.*

11. Ver CORTESÃO, Armando, *Cartografia e cartógrafos portugueses dos séculos XV e XVI*, 2 v.

12. Ver DESTOMBES, Marcel, *Une carte inédite de Diogo Homem, circa 1566*; e ALBUQUERQUE, L. de; DEBERGH, M.; DESTOMBES, M., *Um portulano de Diogo Homem (c. 1566) na Biblioteca Geral da Universidade de Coimbra.*

13. Sobre o contexto de elaboração do *Atlas Miller*, ver MARQUES, Alfredo Pinheiro, "La cartografia náutica de las cartas portulano a finales de la Edad Media y la contribución de la cartografia portuguesa (siglos XV-XVI)", in *Atlas Miller*, p. 55-102.

14. Ver THOMÁZ, Luís Filipe, "El Atlas Miller y la ideologia del imperialismo manuelino", in *Atlas Miller*, p. 215-254.

15. Sobre a cartografia de Diogo Homem, ver TATO, J.F. Guillen, *Notícia de um atlas inédito de Diego Homem (1561).*

16. A bibliografia sobre a presença portuguesa no norte de África nos séculos XV e XVI é muito extensa. Indicamos algumas obras incontornáveis: LOPES David, "Os portugueses em Marrocos no tempo de D. João III: decadência do domínio português", in Damião (Dir.). *História de Portugal*, p. 78-129; CÉNIVAL, Pierre; LOPES, David; RICARD, Robert, *Les sources inédites de l'histoire du Maroc (1486–1580)*; RICARD, Robert (Ed.), *Les portugais et l'Afrique du Nord de 1521 à 1557*; RICARD, Robert, *Études sur l'histoire des portugais au Maroc*; GODINHO, Vitorino Magalhães, *História económica e social da expansão portuguesa*, t. I; GODINHO, Vitorino Magalhães O *"Mediterrâneo" saariano e as caravanas do ouro*; GODINHO, Vitorino Magalhães, *Os descobrimentos e a economia mundial*; GODINHO, Vitorino Magalhães, *A expansão quatrocentista portuguesa*; ROSENBERGER, Bernard, "Le Portugal et l'Islam maghrebin (XV–XVI siècles)"; ROSENBERGER, Bernard, *Le Maroc au XVIe siècle.*

17. Sobre algumas questões biográficas do infante dom Luís, ver DESWARTE-ROSA, S., "Espoirs et désespoir de l'Infant D. Luís de Portugal", *Mare*

Liberum, p. 243-298 e VALENTIM, Carlos, *O Infante D. Luís (1506–1555) e a investigação do mar no Renascimento*.

18. Cf. Carta do duque de Bragança a dom João III, Vila Viçosa, 12/02/1529, in *As gavetas da Torre do Tombo*, vol. IX, p. 539 (gav. XVIII, maço 10, doc. 10); ver também FONTOURA, Otília Rodrigues, *Portugal em Marrocos na época de D. João III*, p. 117-135.

19. Em 1541 era embaixador de Portugal na corte de Fez Lourenço Pires de Távora, um dos mais notáveis diplomatas do reinado de dom João III, que havia participado na conquista de Tunes, em 1535. Ver CARDIM, Pedro, "A diplomacia portuguesa no tempo de D. João III. Entre o Império e a reputação", in CARNEIRO, R.; MATOS, A. Teodoro de (Coord.), *D. João III e o Império*, p. 658.

20. Sobre as hesitações da política de dom João III no norte de África, ver RICARD, Robert, "L'évacuation des places portugaises du Maroc sous Jean III", p. 335-349; CRUZ, Maria Leonor Garcia da, *Portugal no jogo de poderes do Norte de África no segundo quartel do século XVI* e "As controvérsias ao tempo de D. João III sobre a política portuguesa no Norte de África", 13, p. 123-199, e 14, p. 117-198; FONTOURA, Otília Rodrigues Fontoura, *Portugal em Marrocos na época de D. João III*. Para um enquadramento mais global sobre a política imperial joanina, notadamente em confronto com a visão imperial de dom Manuel, ver Luís Filipe Thomaz, "L'idée impériale manuéline", in AUBIN, Jean (Org.), *La Découverte, le Portugal et l'Europe*, p. 35-103, republicado em versão portuguesa com o título "A idéia imperial manuelina". In: DORÉ, Andréa; LIMA, Luís Filipe Silvério; SILVA, Luiz Geraldo (Org.) *Facetas do Império na História*, p. 39-104. Ver também BUESCU, Ana Isabel, *D. João III*; CARNEIRO, Roberto; MATOS, Artur Teodoro de (Coord.), *D. João III e o Império*.

21. Essa abundância de topônimos merece um estudo mais detalhado e um confronto com a *Descrição de África* (1526) de Leão Africano, ainda que essa seja muito anterior, mas também com outras descrições portuguesas do espaço marroquino, notadamente a *Copia do emperio e reinos dos Xarifes*, um manuscrito de fins do século XVI, existente no Fonds Portugais da Bibliothèque Nationale de France, que foi publicado por Henri de Castries in *Les sources inédites de l'histoire du Maroc de 1530 à 1845*, 1ʳᵉ série: Dynastie saadienne, 1530–1660. Archives et Bibliothèques de France. T. II, Paris, E. Leroux, 1909, p. 231-313. A bibliografia sobre Leão Africano e o seu *Libro della Cosmographia et Geographia de Africa* (1526) é abundante. Citaremos algumas obras: o volume coordenado por François Pouillon, *Léon l'Africain*; os estudos de Oumelbanine Zhiri *L'Afrique au miroir de l'Europe* e *Les Sillages de Jean Léon l'Africain, du XVIe au XXe siècle*; o trabalho de Louis

Massignon, *Le Maroc dans les premières années du XVIe siècle*, e o texto que sobre ele escreveu Daniel Nordman, "Le Maroc dans les premières années du XVIe siècle. Tableau géographique d'après Louis Massignon", p. 289-309. Para o acesso à obra de Leão Africano, pode consultar-se a edição de Serafín Fanjul *Descripción general de África y de las cosas peregrinas que allí hay de Juan León Africano*, publicada em Granada, pela Fundación El Legado Andalusì, 2004. Contudo, essa edição tem por base o texto publicado em latim por Giovanni Battista Ramusio em Veneza, em 1550, intitulado *Descriptione dell'Africa*, integrado no primeiro volume de *Delle Navigazioni et Viaggi*.

22. Sobre as rotas caravaneiras, ver GODINHO, Vitorino Magalhães Godinho, *O "Mediterrâneo" saariano e as caravanas do ouro*. Acerca das trocas comerciais entre Portugal e Marrocos, ver ROSENBERGER, Bernard, "Aspects du commerce portugais avec le Maroc (XVᵉ–XVIᵉ siècles)".

23. Ver ASTENGO, Corradino, "Les cartografes de la Méditerranée aux XVIe et XVIIe siècles".

24. Ver ALEGRIA, M.F.; DAVEAU, S.; GARCIA, J.C.; RELAÑO, F., *História da cartografia portuguesa (séculos XV–XVII)*, p. 52-60.

25. CORTESÃO, Armando; MOTA, A. Teixeira da, *Portugaliae Monumenta Cartographica*.

26. No dizer de Jorge Borges de Macedo: "A primeira política externa de primado atlântico que existiu na Europa Ocidental foi a política externa portuguesa. E assim é porque ela se nos apresenta, de uma forma ou de outra, articulada nesse oceano. Um dos braços do seu critério de equilíbrio necessário às relações internacionais, indispensável à sua sobrevivência como Estado independente, era o próprio oceano. O outro braço determinava-se dentro das relações com reinos da Península Ibérica, da Europa continental. Tudo, por sua vez, se reforçava pelas produções atlânticas ou obtidas pelo comércio externo ou pelas possessões que possuía no oceano." ("O Testamento de Adão e as realizações atlânticas dos séculos XV e XVI", p. 19).

Referências

ALBUQUERQUE, L. de; DEBERGH, M.; DESTOMBES, M. *Um portulano de Diogo Homem (c. 1566) na Biblioteca Geral da Universidade de Coimbra.* Homenagem a Marcel Destombes. Coimbra: Biblioteca Geral da Universidade de Coimbra, 1988.

ALEGRIA, M.F.; DAVEAU, S.; GARCIA, J.C.; RELAÑO, F. *História da cartografia portuguesa (séculos XV–XVII).* Porto: Fio-da-Palavra, 2012.

ANSELMO, Angela. "Storia d'un ritrovamento". In: GULLO, G.; ANSELMO, A. (org.). *Il portolano dell'ammiraglio corsaro*: Una carta nautica portoghese del XVI secolo ritrovata nella Biblioteca centrale della regione siciliana. Palermo: Biblioteca Centrale della Regione Siciliana "Alberto Bombace", 2008.

ASTENGO, Corradino. "Les cartografes de la Méditerranée aux XVIe et XVIIe siècles". In: HOFMANN, C.; HOFMAN, H.; RICHARD, E.H.; VAGNON, E. (Dir.), *L'Âge d'Or des Cartes Marines. Quand l'Europe découvrait le Monde.* Paris: Seuil/Bibliothèque Nationale de France, 2012.

AYMARD, Maurice. "Don Carlo D'Aragona, la Sicilia e la Spagna alla fine del Cinquecento". In: AU3RIGEMMA, M.G.; Azzarello, M. (Org.). *La cultura degli arazzi fiamminghi di Marsala tra Fiandre, Spagna e Italia.* Atti del convegno internazionale. Palermo: Soprintendenza per i Beni Culturali ed Ambientali di Palermo, 1988, p. 21-38.

_____. "Une famille de l'aristocratie sicilienne aux XVI et XVII siècle: les ducs de terranova un bel exemple d'ascension seigneuriale", *Revue Historique*, Paris, 501, 1972, p. 29-66

BUESCU, Ana Isabel. *D. João III.* Lisboa: Círculo de Leitores, 2005.

CARDIM, Pedro. "A diplomacia portuguesa no tempo de D. João III. Entre o Império e a reputação". In: CARNEIRO, R.; MATOS, A. Teodoro de (Coord.). *D. João III e o Império.* Actas do Congresso Internacional Comemorativo do Seu Nascimento. Lisboa: Centro de Estudos dos Povos e Culturas de Expressão Portuguesa/Centro de História de Além-Mar, 2004.

CARNEIRO, Roberto; MATOS, Artur Teodoro de (Coord.). *D. João III e o Império.* Actas do Congresso Internacional Comemorativo do Seu Nascimento. Lisboa: Centro de Estudos dos Povos e Culturas de Expressão Portuguesa/Centro de História de Além-Mar, 2004.

Carta do duque de Bragança a dom João III, Vila Viçosa, 12/02/1529. In: *As gavetas da Torre do Tombo*. Lisboa: Centro de Estudos Históricos Ultramarinos, 1971, vol. IX, p. 539 (gav. XVIII, maço 10, doc. 10).

CASTRIES, Henri de. *Les sources inédites de l'histoire du Maroc de 1530 à 1845*, 1re série: Dynastie saadienne, 1530–1660. Archives et Bibliothèques de France. Paris: E. Leroux, 1909. p. 231-313. T. II.

CÉNIVAL, Pierre; LOPES, David; RICARD, Robert. *Les sources inédites de l'histoire du Maroc (1486–1580)*, 5 v., Paris: Paul Geuthner, 1934–1953.

CORTESÃO, Armando. *Cartografia e cartógrafos portugueses dos séculos XV e XVI* (contributo para um estudo completo). 2 vol. Lisboa: Seara Nova, 1935.

CORTESÃO, Armando; MOTA, A. Teixeira da. *Portugaliae Monumenta Cartographica*, Lisboa: Comissão para as Comemorações do V Centenário da Morte do Infante D. Henrique, 1960. vol. I.

CRUZ, Maria Leonor Garcia da. "As controvérsias ao tempo de D. João III sobre a política portuguesa no Norte de África", *Mare Liberum*, Lisboa, 1997, 13, p. 123-199, e 14, p. 117-198.

_____. *Portugal no jogo de poderes do Norte de África no segundo quartel do século XVI*. Lagos: Comissão Municipal dos Descobrimentos, 1993 (Cadernos Históricos IV).

DESTOMBES, Marcel. *Une carte inédite de Diogo Homem, circa 1566*. Coimbra: Agrupamento de Estudos de Cartografia Antiga, 1970 [separata XLII].

DESWARTE-ROSA, S. "Espoirs et désespoir de l'Infant D. Luís de Portugal", *Mare Liberum*, Lisboa, 3, 1991, p. 243-298.

FANJUL, Serafin. *Descripción general de África y de las cosas peregrinas que allí hay de Juan León Africano*. Granada: Fundación El Legado Andalusì, 2004.

FONTOURA, Otília Rodrigues. *Portugal em Marrocos na época de D. João III*: abandono ou permanência?. Funchal: Centro de Estudos de História do Atlântico, 1998, p. 117-135 (dissertação de licenciatura em história, Universidade de Lisboa, 1966).

GODINHO, Vitorino Magalhães. *A expansão quatrocentista portuguesa*. Lisboa: Publicações D. Quixote, 2008.

_____. *História económica e social da expansão portuguesa*. Lisboa: Terra-Editora, 1947. t. I.

_____. *O "Mediterrâneo" saariano e as caravanas do ouro*: geografia económica e social do Saara Ocidental e Central, do XI ao XVI século. São Paulo: USP, 1956.

_____. *Os descobrimentos e a economia mundial*. Lisboa: Presença, 1984. 2ª ed. 4 v.

GULLO, G.; ANSELMO, A. (org.). *Il portolano dell'ammiraglio corsaro*: Una carta nautica portoghese del XVI secolo ritrovata nella Biblioteca centrale della regione siciliana. Palermo: Biblioteca Centrale della Regione Siciliana "Alberto Bombace", 2008.

LODATO, Ignazio. "Il restauro". In: GULLO, G.; ANSELMO, A. (org.). *Il portolano dell'ammiraglio corsaro*: Una carta nautica portoghese del XVI secolo ritrovata nella Biblioteca centrale della regione siciliana. Palermo: Biblioteca Centrale della Regione Siciliana "Alberto Bombace", 2008.

LOPES, David. "Os portugueses em Marrocos no tempo de D. João III: decadência do domínio português". In: PERES, Damião (Dir.), *História de Portugal*, Barcelos: Portucalense Editora, 1932. p. 78-129. v. IV.

MACEDO, Jorge Borges de. "O Testamento de Adão e as realizações atlânticas dos séculos XV e XVI". In: GARCIA, José Manuel [Coord.]. *O Testamento de Adão*. Lisboa: Comissão Nacional para as Comemorações dos Descobrimentos Portugueses, 1994. p. 19-29.

MAGALHÃES, J. Romero. "Le Portugal et les dynamiques de l'économie atlantique du XVe au XVIIIe siècle", *Arquivos do Centro Cultural Calouste Gulbenkian*, Paris–Lisboa, XLII, 2001.

MARQUES, Alfredo Pinheiro. "La cartografia náutica de las cartas portulano a finales de la Edad Media y la contribución de la cartografia portuguesa (siglos XV-XVI)". In: *Atlas Miller*. Barcelona: M. Moleiro Editor, 2006, p. 55-102.

MARTÍNEZ, Antonio Sánchez. *La representación cartográfica en el siglo de oro de la cosmografía española*: categorias epistémicas en la fabricación de modelos visuales, Universidad Autónoma de Madrid, Madrid, 2010 (Tese de Doutorado em Filosofia).

MASSIGNON, Louis. *Le Maroc dans les premières années du XVIe siècle. Tableau géographique d'après Léon L'Africain*. Alger: A. Jourdan, 1906.

NORDMAN, Daniel. "Le Maroc dans les premières années du XVIe siècle. Tableau géographique d'après Louis Massignon". In: POUILLON, François (Ed.). *Léon l'Africain,* Paris, Karthala/Institut d'Études de l'Islam et des Sociétés du Monde Musulman, 2009.

POUILLON, François (Ed.). *Léon l'Africain,* Paris, Karthala/Institut d'Études de l'Islam et des Sociétés du Monde Musulman, 2009.

_____· *Les portugais et l'Afrique du Nord de 1521 à 1557* (extraits des Annales de Jean III de Frei Luiz de Sousa). Lisboa: Portugália, 1940.

RICARD, Robert. "L'évacuation des places portugaises du Maroc sous Jean III", *Les sources inédites de l'histoire du Maroc,* Paris, 1951, p. 335-349, t. IV.

_____· *Études sur l'histoire des portugais au Maroc*. Coimbra: Imprensa da Universidade, 1955.

ROSENBERGER, Bernard. "Aspects du commerce portugais avec le Maroc (XVe-XVIe siècles)". In: THOMAZ, Luís Filipe (Ed.), *Aquém e além da Taprobana*. Estudos luso-orientais à memória de Jean Aubin e Denys Lombard. Lisboa: Centro de História de Além-Mar, 2002. p. 71-84.

_____. "Le Portugal et l'Islam maghrebin (XV–XVI siécles)". In: *Histoire de Portugal, histoire européenne*. Paris: Fondation Calouste Gulbenkian, 1987. p. 59-83.

_____. *Le Maroc au XVIe siècle. Au seuil de la modernité*. Seville: Fondation des Trois Cultures, 2008.

TATO, J.F. Guillen. *Notícia de um atlas inédito de Diego Homem (1561)*. Madrid: Consejo Superior de Investigaciones Científicas/Instituto Historico de Marina, 1973.

THOMÁZ, Luís Filipe. "El Atlas Miller y la ideologia del imperialismo manuelino". In: *Atlas Miller*. Barcelona: M. Moleiro Editor, 2006. p. 215-254.

_____. "L'idée impériale manuéline". In: AUBIN, Jean (Org.), *La Découverte, le Portugal et l'Europe*. Actes du Colloque. Paris: Fondation Calouste Gulbenkian/ Centre Culturel Portugais, 1990. p. 35-103. [republicado em versão portuguesa com o título "A idéia imperial manuelina". In: DORÉ, Andréa; LIMA, Luís Filipe Silvério; SILVA, Luiz Geraldo (Org.). *Facetas do Império na História* — Conceitos e Métodos. São Paulo: Hucitec, 2008, p. 39-104.]

VALENTIM, Carlos. *O Infante D. Luís (1506–1555) e a investigação do mar no Renascimento*. Dados para uma biografia "completa". Lisboa: Academia de Marinha, 2006.

ZHIRI, Oumelbanine. *L'Afrique au miroir de l'Europe. Fortunes de Jean Léon l'Africain à la Renaissance*. Geneva: Droz, 1991.

_____. *Les Sillages de Jean Léon l'Africain, du XVIe au XXe siècle*. Casablanca: Wallada, 1995.

Dom Rodrigo de Sousa Coutinho, a ciência e a construção do império luso-brasileiro: a arqueologia de um programa científico

*Luís Miguel Carolino**

Passados cerca de dois anos da chegada ao Rio de Janeiro, dom Rodrigo de Sousa Coutinho retomou, em abril de 1810, a correspondência com o seu amigo e colaborador José Bonifácio de Andrada e Silva (1763–1838).[1] Para trás havia ficado um período de longo silêncio, que aparentemente tinha melindrado José Bonifácio. Reafirmada a amizade que o unia ao célebre naturalista e figura decisiva no futuro político brasileiro,[2] dom Rodrigo passava às novidades e afirmava que "sobre o seu Brazil, pode estar descançado; são grandes os seus destinos, e o melhor dos Principes tem feito a seu respeito tudo o que era possivel fazer em tão pouco tempo".[3] Dom Rodrigo referia-se, entre outras realizações e intenções, à abertura dos portos, à diminuição dos impostos alfandegários, ao desenvolvimento do setor manufatureiro e à criação de infraestruturas viárias; enfim, a algumas das realizações que justificariam, em 1815, a elevação do Brasil a Reino Unido ao de Portugal e dos Algarves.

O papel de dom Rodrigo na idealização de um império luso-brasileiro e sua concretização na sequência das invasões francesas de 1807/08 tem sido destacado pelos historiadores.[4] Como afirmou Maria Odila Leite da Silva Dias, no seu clássico estudo "A interiorização da metrópole", "estadistas como D. Rodrigo de Souza Coutinho ou

---

*ISCTE — Instituto Universitário de Lisboa/CEHC. E-mail: Luis.Miguel.Carolino@iscte.pt

o Conde da Barca tinham como missão precípua a tarefa da fundação de um novo Império que teria como sede o Rio de Janeiro e que deveria impor-se sobre as demais capitanias".[5] Fundamentado numa concepção de império que se baseava na unidade política e na complementaridade econômica entre as diferentes possessões portuguesas no mundo,[6] o projeto de construção de um império em que o Brasil desempenhava um papel central tem sido interpretado quer como uma das medidas centrais na proposta de reforma do Estado e na política econômica e financeira elaborada por dom Rodrigo,[7] quer como um meio sagaz proposto por esse ministro iluminista de dom João de fazer frente à nova situação política e diplomática da Europa de inícios do século XIX.[8]

Neste estudo, irei analisar uma terceira dimensão que, apesar de ter uma ligação estreita com a política econômica, e mesmo diplomática, tem merecido relativamente pouca atenção por parte dos historiadores. Refiro-me à "política científica" de dom Rodrigo. Maria Beatriz Nizza da Silva e José Luís Cardoso, entre outros, chamaram já a atenção para a importância que princípios iluministas como a aplicação de saberes científicos e técnicos tiveram no contexto do pensamento e ação de dom Rodrigo.[9] De fato, por exemplo, formavam parte essencial da política de dom Rodrigo as instruções que dirigia aos governadores das capitanias de Minas Gerais, Rio de Janeiro, Bahia e São Paulo com o objetivo de explorar de forma mais eficiente os recursos naturais ou o seu patrocínio a expedições que conduzissem a um melhor conhecimento do potencial desses recursos. A ação de dom Rodrigo no desenvolvimento de uma política cartográfica e editorial é também uma dimensão referida com alguma frequência pela historiografia. Ainda assim, esses princípios e essas realizações têm sido considerados isoladamente e no contexto de pesquisas específicas. Neste estudo procurarei demonstrar que tais medidas integravam um projeto científico mais vasto e coerente que dom Rodrigo desenvolveu, sobretudo, a partir da sua nomeação como ministro e secretário de Estado da Marinha e dos Domínios Ultramarinos (1796-1801) e enquanto presidente do Real Erário e ministro e secretário de Estado da Fazenda (1801–1803).[10] Essas posições governativas implicavam pensar o problema da Marinha enquanto instituição que potencialmente fornecia os quadros técnicos do Estado, bem como a questão da direção administrativa e da governação política e econômica das colônias. Anos mais tarde, a transferência da Corte para o Rio de Janeiro acabou por criar condições particularmente propícias à materialização do programa científico de dom Rodrigo. À época, era ministro da Guerra e Negócios Estrangeiros (1808–1812) e tinha, portanto, a seu cargo o ensino técnico-científico.

Dom Rodrigo não deixou (que eu tenha conhecimento) um documento programático sobre a forma como concebia globalmente a contribuição da ciência e da tecnologia no desenvolvimento do Estado. Contudo, a análise da diferente documentação, desde a sua correspondência pessoal à legislação que assinou, permite compreender que tinha claro para si um plano em que missões científicas e instruções administrativas se combinavam com a criação de instituições de ensino científico e de meios de divulgação da cultura científica e tecnológica e com o desenvolvimento de uma estrutura tecnológica. Essas realizações concorreriam para o desenvolvimento do Estado português. É esse programa científico que pretendo recuperar neste estudo e demonstrar que ele se concretizou, na medida do que foi possível, sobretudo quando o centro do poder político português se deslocou para o Rio de Janeiro, em 1808.

Não pretendo reclamar para dom Rodrigo a originalidade das medidas propostas. A ligação estreita entre a centralização do poder político, a reflexão econômica e o desenvolvimento de políticas científicas que privilegiavam a componente utilitária da ciência foi uma constante na Europa iluminista do século XVIII e das primeiras décadas do século seguinte.[11] A crença de dom Rodrigo de que o melhor conhecimento dos fenômenos naturais conduziria necessariamente a um controle da natureza e, consequentemente, a um uso racional dos seus recursos, que se traduziria num melhor governo dos homens, era partilhada pela larguíssima maioria dos filósofos e dos políticos iluministas. No Império português, essa necessidade de articular ciência com centralização e desenvolvimento do Estado já tinha sido ensaiada pelo ministro que o antecedeu na pasta da Marinha e Negócios Ultramarinos, Martinho de Melo e Castro.[12] Como demonstrou Ermelinda Pataca, dom Rodrigo estava a par dessa experiência anterior, ainda que não a tenha mencionado explicitamente.[13] Determinantes foram, também, como foi amplamente estudado por Andrée Mansuy-Diniz Silva, os seus estudos no Colégio dos Nobres e na Universidade de Coimbra, bem como a experiência enquanto ministro plenipotenciário na Corte da Sardenha.[14] Em Turim, dom Rodrigo elaborou uma memória sobre a história e a organização política da Casa de Saboia, na qual registrou com particular interesse a forma como os recursos naturais eram explorados e descreveu o sistema de educação pública aí praticado, "um dos objetos mais interessantes à grandeza do Estado".[15] Ainda assim, a síntese que dos preceitos iluministas fez dom Rodrigo não deixa de ser notável, pois demonstra a forma ativa e participativa como os políticos e intelectuais portugueses e brasileiros, tantas vezes descritos como passivos receptores da ideologia da Europa das Luzes, partilharam da ideologia e da política iluministas, apropriaram-se delas e contribuíram para moldá-las.

1. Patrocinato científico de dom Rodrigo de Sousa Coutinho

Diogo Ramada Curto chamou a atenção para um paradoxo aparente na política modernizadora de dom Rodrigo. Se, por um lado, foi um destacado defensor da racionalização e da modernização do aparelho de Estado, por outro lado, ao concretizar tais princípios, fê-lo, sobretudo, recorrendo a sua rede de relações pessoais e clientelares e a fortaleceu.[16] Nesse sentido, o seu programa científico é indissociável do patrocinato que promoveu junto de um conjunto de intelectuais e homens de ciência portugueses e brasileiros.[17] Nas últimas décadas do século XVIII, quando dom Rodrigo iniciou a carreira política ativa em Lisboa, o império português, como demonstrou Lorelai Kury, aderia crescentemente a uma estratégia segundo a qual a difusão e a produção de conhecimentos e a redistribuição de produtos científicos se processavam numa rede internacional.[18] Assim, nesse período, a elite ilustrada luso-brasileira não apenas viajava e tomava conheci-

194 | FORMAS DO IMPÉRIO

mento das questões e dos debates científicos do seu tempo, como se inseria ativamente nessa comunidade internacional. Certamente que uma geração de "estrangeirados" contribuiu sobremaneira não apenas para essa inserção, mas, sobretudo, para a necessidade dessa participação nas redes internacionais da República das Letras.[19] Não é, portanto, de estranhar que, no delinear da sua política e, em particular, na sua execução, dom Rodrigo tenha recorrido à rede de intelectuais ilustrados que conhecia os campos europeus e os sertões brasileiros, tinha estudado nas universidades sob o signo das Luzes, como a recém-reformada Universidade de Coimbra, e frequentava os salões das academias europeias.

Entre esses intelectuais destaca-se a figura do naturalista abade Correia da Serra (1751–1823), cuja vida decorreu entre Portugal, Itália, Inglaterra, França e Estados Unidos e se dividiu em diferentes atividades, desde a ciência — foi um dos fundadores da Academia de Ciências de Lisboa — à diplomacia.[20] Como Ana Simões, Maria Paula Diogo e Ana Carneiro demonstraram, na sua recente biografia científica de Correia da Serra, a relação entre esse naturalista e dom Rodrigo decorreu, sobretudo, do exílio do abade em Londres, em 1795.[21] A correspondência entre o ministro de dom João e o naturalista teve uma natureza manifestamente oficial. Acalentando em vão a ideia de ser nomeado agente da Marinha, como lhe havia sido sugerido por dom Rodrigo, à época ministro e secretário de Estado da Marinha, Correia da Serra enviou regularmente para Lisboa informações e exemplares de livros recentemente publicados, mapas de diferentes partes do mundo e de espécies botânicas úteis à "agricultura científica", bem como informações e descrições de instrumentos científicos.

O patrocinato de dom Rodrigo estendeu-se também, como tem sido reconhecido, a uma elite de naturalistas nascidos no Brasil que acabaram por rumar para a metrópole e participar ativamente na política portuguesa. Esse grupo, a "geração de 1790" a que se referiu Kenneth Maxwell, terá, como é bem conhecido, um papel essencial no aprofundar do conceito de um império luso-brasileiro e, mais tarde, na independência do Brasil.[22] Ainda que não tivesse sido dom

Rodrigo a enviar José Bonifácio em longa e pormenorizada viagem de estudo pela Europa,[23] o ministro de dom João recorreu aos conhecimentos e aos contatos europeus do naturalista brasileiro no delinear e na execução do seu programa científico. Regressado a Portugal, José Bonifácio inicia a sua colaboração estreita com dom Rodrigo e participa de uma viagem de prospecção de minas na Estremadura e Beira Litoral, no inverno de 1800. Meses mais tarde, José Bonifácio foi nomeado intendente-geral das Minas e Metais do Reino e, posteriormente, diretor do Laboratório da Casa da Moeda, onde ministrou, como veremos, um curso de docimasia.[24] Também nascido no Brasil e igualmente influente na articulação da política científica de dom Rodrigo, foi o frei José Mariano da Conceição Velloso (1742–1811). Frei Velloso, autor da monumental *Florae fluminensis*, após se destacar como coletor de espécies exóticas para o Jardim Botânico da Ajuda, assumiu a direção do estabelecimento editorial do Arco Cego, instituição que, como veremos, ocupou um lugar central na primeira fase da política científica de dom Rodrigo.[25]

Menos conhecida, mas não menos determinante no projeto de dom Rodrigo, foi a ação que ficou reservada a um conjunto de homens de ciência que as circunstâncias políticas de ser ministro da Marinha e, mais tarde, da Guerra fizeram com que travasse conhecimento. Dom Rodrigo, na sua prática ministerial, fazia elaborar constantemente relatórios e levantamentos que lhe permitissem ter uma gestão racional dos efetivos humanos e materiais. Foi assim que cruzou com um número de homens de ciência que soube recrutar e associar ao seu plano científico. Terá sido numa dessas circunstâncias que dom Rodrigo teve notícia de um jovem matemático promissor nascido na Bahia, Manoel Ferreira de Araújo Guimarães (1777–1838).[26] Guimarães destacou-se como aluno da Academia Real da Marinha, tutelada por dom Rodrigo.[27] Traduziu, entre outras obras, os *Elementos de Mathematica* do abade Marie,[28] trabalho que uma comissão de professores da Academia não deixou de elogiar.[29] Anos mais tarde, já no Rio de Janeiro, como veremos, dom Rodrigo lembrar-se-á desse jovem baiano, dando-lhe uma posição de protagonismo na execução do seu programa científico.

196 | Formas do Império

Esses intelectuais ilustrados tiveram um papel ativo não apenas na execução do programa científico de dom Rodrigo, mas, também, em alguns casos, na própria definição desse programa. É o que ocorreu, por exemplo, com José Bonifácio. Em plena viagem de estudo pela Europa e conhecedor dos princípios iluministas que orientavam a política de dom Rodrigo, apesar de não o conhecer pessoalmente, José Bonifácio decide dirigir ao ministro português uma carta em que identifica os problemas maiores do setor mineiro português e indica a solução. Escrevia, de Hamburgo, José Bonifácio, em sua carta de 23 de junho de 1799:

> Para que as nossas minas presentes e futuras se augmentem em numero, durem e prosperem, cumpre sejão bem lavradas e administradas: para o que, à meo ver, são precizas quatro coisas absolutamente: 1º Hum bom codigo montanistico, que não temos. 2º novos conselhos e superintendencias de minas bem reguladas e coordenadas, pª executar as ordenanças, dirigir e fomentar as lavras, fundições, amalgamações e fabricas metallicas, ou sejão Reaes, ou das novas companhias e proprietarios. 3º Gymnasios ou Academias montanisticas, em que se formem candidatos que depois com a practica e viagens saihão bons Officiaes. 4º enfim alguns practicos e trabalhadores intelligentes para poder começar desd'agora. Sem estes establecimentos preliminares, os mineiros e officiaes e empregados actuaes nada farão, senão o que ate aqui tem feito: isto hé, dissipar cabedaes e avanços em lavras doidas, em gastos estereis, despezas inuteis, e trabalhos baldados e ruinosos, recolhendo por unico fructo da sua inconsideração, desleixo, e ignorancia pobreza e arrependimento, ou desgosto e descorçoamento — e por fim a ruina successiva de todas as minas assim destruidas e roubadas.[30]

Para José Bonifácio, a solução do problema da exploração das minas em Portugal passava, assim, por boas práticas administrativas, boas leis, instituições de ensino voltadas para a formação técnica e para a atração de competentes quadros técnicos e científicos estrangeiros. Esses são alguns dos alicerces do programa científico de dom Rodrigo.

2. O programa científico de dom Rodrigo de Sousa Coutinho

O programa científico de dom Rodrigo era norteado por uma linha de força caracteristicamente iluminista. Consistia no entendimento de que ao Estado estava reservado um papel central na criação de infraestruturas que permitissem o desenvolvimento científico da sociedade e a emergência de homens de ciência que protagonizassem esse processo em prol do bem comum.[31] Foi esse princípio que presidiu às reformas das universidades na Europa durante o século XVIII (e, em particular, na Península Ibérica), que marcaram a ascensão institucional da faculdade de filosofia (e da matemática, no caso da Universidade de Coimbra) na constelação universitária,[32] ao aparecimento de novos institutos de ensino, como as escolas técnicas e militares, com particular ênfase na França,[33] e ao surgimento de academias e sociedades um pouco por toda a Europa.[34] Esse novo quadro institucional correspondia ao desejo de promover o ensino de conhecimentos úteis e aplicáveis. Admirador da ação reformadora do marquês de Pombal, dom Rodrigo baseou a sua política científica largamente na criação de instituições de ensino técnico-científico.

No outono de 1796, ao assumir o cargo de ministro e secretário de Estado da Marinha e dos Domínios Ultramarinos, dom Rodrigo confrontou-se com a necessidade de desenvolver a Marinha portuguesa, que incluía a navegação mercantil. Tal era imperativo a uma gestão econômica e administrativa mais eficiente dos domínios ultramarinos. Nos anos que se seguiram, dom Rodrigo tentou dotar a Marinha de um conjunto de instituições que permitissem a sua modernização.[35] Nesse contexto, fundou, em 15 de março de 1798, o Observatório Real da Marinha,[36] com o objetivo de complementar a formação ministrada na Academia Real da Marinha, instituída em 1779.[37] A par do trabalho de observação astronômica característico desse tipo de observatório,[38] nessa instituição ensinava-se, também, um curso de astronomia

> destinado para todas as Pessoas, que frequentando actualmente, ou havendo já frequentado as Aulas de Astronomia, e Navegação, que tenho estabelecido,[39] ou houver de estabelecer no Meu Reyno,

se propozerem a seguir a Marinha Mercantil, como Pilotos, ou a servir-Me na Minha Armada Real, seja em qualidade de Pilotos, ou de Officiaes do Mar.[40]

A fundação do observatório foi secundada pela criação de uma outra instituição determinante para o desenvolvimento da Marinha, a Sociedade Real Marítima e Geográfica.[41] Instituída por alvará de 30 de junho de 1798, por iniciativa do ministro da Marinha, a "Sociedade Real Maritima, Militar e Geografica para o Desenho, Gravura e Impressão das Cartas Hydrograficas e Militares" tinha como objetivo prioritário fazer gravar cartas militares e hidrográficas que apoiassem o planejamento e a execução de obras públicas isentas dos erros que abundavam na cartografia estrangeira.[42] Assim, uma das primeiras tarefas seria justamente o exame e a correção dos mapas estrangeiros. É nesse contexto que dom Rodrigo solicita, por exemplo, a Correia da Serra o envio de mapas da capital inglesa.[43] Esses mapas e outros materiais relevantes, uma vez recebidos, eram prontamente enviados para a Sociedade Real Marítima.[44] Outra das principais tarefas, essa mais demorada, da Sociedade era, como se menciona no alvará de criação,

> a publicação da excellente Carta Geografico-Topografica do Reino, que Tenho mandado levantar, e em que se está actualmente trabalhando, e que, executada com as mais perfeitas medidas Trigonométricas, e ligada a Observações Astronomicas, nada deixará a desejar.[45]

O documento oficial referia-se aos trabalhos de triangulação geral do Reino iniciados, em 1790, por Francisco António Ciera (1763–1814), com o auxílio de Carlos Frederico de Caula e Pedro Folque, com o propósito de traçar uma carta geral do Reino.[46] A par desses empreendimentos, a Sociedade Real Marítima ficava, ainda, responsável pela concessão da autorização das cartas que poderiam ser vendidas no país.[47] Daí que, como destacou Iris Kantor, com o estabelecimento da Sociedade Real Marítima e Geográfica por iniciativa de dom Rodrigo, "Portugal definiu pela primeira vez uma política oficial de impressão e comercialização de mapas em seus domínios".[48]

A modernização da Marinha exigia, ainda, a criação de um hospital que dispusesse de laboratórios químicos e dispensários farmacêuticos. Na constituição desses "estabelecimentos" científicos, dom Rodrigo não deixou de pedir informação e conselho aos "seus" intelectuais e homens de ciência. Em carta de 22 de novembro de 1797, escrevia dom Rodrigo ao abade Correia da Serra:

> Ha outro objeto em que lhe peço me mande tudo o que houver de melhor, e he sobre Laboratorios Chimicos e Dispensarios Farmaceuticos, pois que tendo S.A.R. ordenado, que se forme hum novo Hospital para a Marinha fora do Arsenal, e que n'elle s'estableca hum grande Laboratorio Chimico e Dispensario Farmaceutico para a sua Marinha, e Exercitos dos Dominios Ultramarinos desejo que este estabelecimento que brevemente vai ter principio possa ser elevado ao maior ponto de perfeição.[49]

Quando, em janeiro de 1801, dom Rodrigo deixou o Ministério da Marinha e dos Domínios Ultramarinos para assumir a direção do Erário Régio, levou consigo o princípio de que parte da resolução dos problemas do país passava pela criação de instituições de ensino. Lembrando-se certamente dos conselhos que José Bonifácio lhe dera anos antes, criou um cadeira de metalurgia na Universidade de Coimbra e nomeou José Bonifácio seu professor, cargo a que juntou o de intendente-geral das Minhas e Metais do Reino.[50] Meses mais tarde, o naturalista brasileiro foi nomeado diretor do laboratório da Casa da Moeda e encarregado de lá lecionar um curso de docimasia.[51]

Novas instituições exigiam naturalmente um novo aparato instrumental. Instrumentos, máquinas e modelos são um dos assuntos que mais surgem na correspondência de dom Rodrigo, o que demonstra a importância que o ministro de dom João dava ao assunto. Correia da Serra estava em Londres, um dos centros de produção de instrumentos científicos na época, quando o Observatório da Marinha foi criado. Assim, será o agente privilegiado de dom Rodrigo no seu esforço para equipar devidamente o novo estabelecimento científico da capital portuguesa. É ao abade que dom Rodrigo recorre para obter informações sobre os modelos e os preços dos instrumentos astronômicos produzidos, entre outros, por Jesse Ramsden (1735–1800). Em carta de 4 de junho de 1798, Correia da Serra envia para Lisboa o catálogo dos instrumentos solicitados.[52] Seguem-se o envio de mais descrições, a encomenda de instrumentos e o consequente envio de Londres.[53] Na sequência desse processo, em março de 1801, deu entrada no Observatório da Marinha um conjunto de instrumentos no qual se incluíam um circular de Troughton, um circular de Ramsden, dois óculos acromáticos, de três pés e meio (um metro) de distância focal, um circular de Borda, três sextantes, um horizonte artificial de mercúrio, um teodolito e uma pêndula de J. Bullock.[54]

Contudo, não era apenas de instrumentos de astronomia que tratava a correspondência por dom Rodrigo com Correia da Serra sobre instrumentação. De fato, o ministro de dom João recorreu, também, aos bons serviços do abade naturalista para adquirir outro tipo de instrumentos, como máquinas para cortar palha,[55] para tratamento do algodão,[56] máquinas agrícolas Winslow,[57] máquina a vapor de Watt,[58] modelos de fornos siderúrgicos[59] e os mais variados instrumentos de navegação.[60]

Não obstante dom Rodrigo seguir, na sua política de aquisição de instrumentos, por um lado, as necessidades das instituições nacionais e, por outro lado, os conselhos da elite ilustrada portuguesa e os pareceres técnicos dos produtores de instrumentos científicos, ele próprio tinha uma noção de quais eram os instrumentos necessários à empresa científica do país. É assim que dom Rodrigo não se coibiu de acrescentar à lista proposta pelo diretor do Observatório Astronômico da Marinha, Manoel do Espírito Santo Limpo, para serem comprados em Londres com o objetivo de equipar o observatório um conjunto suplementar de instrumentos, a saber: "dois Relogios Maritimos para a determinação das Longitudes"; "dois Barometros, dois Thermometros, e dois hygrometros da mais exacta construção; hum dos Barometros transportavel para medir Alturas"; "outro Instrumento Circular como o de que Mechain fez tão grande elogio".[61]

DOM RODRIGO DE SOUSA COUTINHO | 201

(Fig. 1). Esse fato revela a cultura científica de dom Rodrigo. Para além de estar a par dos sucessos dos *time-keeper*, como frequentemente se designava à época, de John Harrison na determinação da longitude e do início da sua produção em massa, o ministro ilustrado tinha perfeita noção de que a qualidade das observações astronômicas e a sua aplicabilidade geodésica exigiam a aquisição de barômetros e termômetros para calcular, entre outras variáveis, a pressão atmosférica. A referência ao astrônomo francês Pierre-François Mechain (1744–1804), que se destacou na observação e determinação das órbitas de cometas e na medição do arco do meridiano entre Dunquerque e Barcelona para o estabelecimento do sistema métrico, ilustra, também, a atualidade dos conhecimentos astronômicos de dom Rodrigo.

Comprar instrumentos científicos nos principais centros europeus não era, contudo, um princípio que dom Rodrigo quisesse tornar uma norma. Há evidências que sugerem que o ministro de dom João acalentou a ideia de criar uma tradição de produção de instrumentos científicos em Portugal. Entre os documentos de dom Rodrigo hoje preservados no Arquivo Nacional da Torre do Tombo, encontra-se uma memória em que Mateus António apresentou as condições necessárias para o estabelecimento de uma casa que "há de servir para a construção dos Instrumentos mathematicos".[62] Essa casa não chegou a estabelecer-se, nem é inequívoco que tal documento tenha sido dirigido a dom Rodrigo. Contudo, tendo em conta seu interesse pelo tema, é provável que, de fato, tal memória tivesse dom Rodrigo como destinatário.

Mais concreta foi a sua política de formação de quadros no estrangeiro, com o envio de estagiários para aprenderem com o mais prestigiado produtor de instrumentos da época, Jesse Ramsden.[63] Com esse objetivo em mente, dom Rodrigo escreveu ao abade que "muito desejára eu saber se poderia ahi conseguir que Ramsden tomasse hum Aprendix Portuguez, e que me dissesse o que poderia fazer á este respeito".[64] As diligências de Correia da Serra foram bastante bem-sucedidas e dois aprendizes foram enviados de Portugal: Gaspar José Marques e José Maria Pedroso.[65] Correia da Serra ficou encarregado de zelar pela aprendizagem dos dois estudantes.[66] Apesar dos parcos conhecimentos da língua inglesa, Marques e Pedroso estavam entusiasmados e parecem ter aprendido depressa os rudimentos da arte de construir "instrumentos matemáticos". Como referia Correia da Serra, "os rapazes ficárão excessivamente animados pelas palavras da Carta de V. Ex.ª. Tomára que estivessem já correntes na Lingoa Ingleza para hirem a Liçoens scientificas de Mechanica e Optica".[67] Passados poucos meses, Correia da Serra remeteu para Lisboa um sextante produzido por Gaspar José Marques.[68] Mais tarde, como veremos, esse construtor de instrumentos rumou para o Rio de Janeiro, onde teve um papel de protagonismo.

Como o processo de formação de quadros era especialmente moroso, dom Rodrigo cedo percebeu que era imprescindível para o desenvolvimento da comunidade científica portuguesa a atração de homens de ciência e técnicos estrangeiros ou portugueses que viviam na Europa. Dom Rodrigo dirige-se a Correia da Serra e dá notícia do seu desejo de recrutar gravuristas para fazer frente às limitações do reino nesse domínio. Como refere o ministro português, "eu tambem necessito, que me va vendo se temos ahi algum Portuguez que possa abrir bem Cartas, pois não obstante termos aqui hum Homem habil, que he o Francez Dupui, he cabeça tão vertiginoza, que não sei por quanto tempo poderei contar com elle".[69] A situação política na sequência da Revolução Francesa fez dom Rodrigo acalentar, por momentos, a ideia de que poderia trazer para Portugal, em condições extraordinárias, Joseph-Louis Lagrange (1736–1813) e Jean Baptiste Delambre (1749–1822), parte da nata da matemática e da astronomia francesas e europeias. Dom Rodrigo escreve a seu amigo de longa data João Paulo Bezerra (1756–1817), que em maio de 1802 se encontrava em Paris, e solicita-lhe que sonde as possibilidades de atrair Lagrande e Delambre para Portugal:

> l'astronome La Lande, et surtout Delambre et Mechain, auront excité votre curiosité, et sur Delambre je désirerois bien connoitre sa situation, et s'il est bien fixé chez lui, car c'est peut-être un des hommes qu'on pourroit envier à la France si on avoit le crédit de le proposer, et qu'il voulût se résoudre à quitter la France. [...] J'oubliois encor

de vous prier de voir si c'est vrai que le célèbre La Grange n'est pas fort à son aise et qu'il eut envie de quitter le pays qu'il habite, car je désirerois bien que S.A.R. voulut une si glorieuse acquisition, si elle étoit possible.[70]

O principal homem de ciência estrangeiro que dom Rodrigo recrutou foi provavelmente o especialista piemontês em metalurgia e artilharia Carlo Antonio Napione (1756–1814).[71] Dom Rodrigo e Carlo Antonio conheceram-se na época em que o português era ministro plenipotenciário em Turim (1779–1796) e frequentador da Reale Accademia delle Scienza, estabelecida naquela cidade em 1783. Atento à situação da exploração mineira no império português e às questões relativas à moeda e a seu valor cambial na Europa, em Turim dom Rodrigo cedo se interessou pelos processos de purificação e fundição dos metais preciosos.[72] Nesse contexto, recomenda, desde 1785, que em Lisboa se tome a decisão de recrutar um "habil official" que recentemente conhecera para as minas do continente e das colônias ultramarinas.[73] Esse era o

habilissimo Official d'Artilharia o Cavalheiro Napion, que hé hum Mineralogista, Metalurgista, e Chimico das maiores Luzes, e que sendo aqui muito estimado, e já Capitão se expatriaria só pelo desejo de se destinguir nos trabalhos metalurgicos, que estima de preferencia, e a que tem consagrado o seu maior estudo.[74]

Após dificuldades iniciais de concretizar a sua contratação e um *tour* científico pela Europa, Napione acabará por rumar para Portugal e chegará a Lisboa em agosto de 1800. Em terras lusas, distinguir-se-á pelas viagens de prospecção mineralógica que fez com José Bonifácio na Extremadura e pelas reformas que operou na artilharia portuguesa.[75] Quando a Corte se transferiu para o Rio de Janeiro, Napione acompanhou-a e ficou depois responsável pela organização de Arsenal e, logo, associado à fábrica de pólvora que se instituiu no Rio.

O recrutamento de homens de ciência por parte do Estado português visava a desenvolver uma comunidade científica local com hábitos de publicação e relações internacionais. Escrevendo a propósito do deslocamento para Paris de João Manuel de Abreu (1757–1815?), discípulo e tradutor de José Anastácio da Cunha,[76] dom Rodrigo lamentava a falta de protagonismo dos intelectuais portugueses: "Nos gens de lettres commecent à tirer parti de leurs talens, mais ils ne produisent point autant que je l'aurois désiré, j'en excepte quelqu'uns comme Boniface, Napion et Manuel Jacinto, desquels j'espère beaucoup."[77]

Mas não eram apenas homens de ciência que o ministro ilustrado de dom João procurou associar ao seu programa científico. Profissões mais técnicas, como gravuristas e impressores, tinham um papel de relevo a desempenhar no seu plano. Já vimos que dom Rodrigo solicitou ao abade Correia da Serra que procurasse em Londres por "algum Portuguez que possa abrir bem Cartas" que estivesse em condições de substituir o instável Louis André Dupuy, responsável pelos trabalhos de desenho e gravação dos mapas produzidos pela Sociedade Real Marítima e Geográfica e professor da Academia de Fortificação, Artilharia e Desenho.[78] Também nesse domínio, o objetivo de dom Rodrigo era não apenas atrair quadros competentes que executassem os trabalhos de impressão com qualidade e rapidez, mas, também, que pudessem ensinar o seu ofício a portugueses. Mais uma vez se torna claro que dom Rodrigo pretendia criar uma tradição técnica que garantisse, no futuro, a autonomia ao país. Foi nesse contexto que, por intermédio de dom Rodrigo, se contratou o gravador italiano Francesco Bartolozzi (1725-1815) com o objetivo de concretizar outra das aspirações do futuro conde de Linhares, o estabelecimento de uma imprensa régia.[79]

A criação da tipografia e calcografia do Arco do Cego é uma das realizações de dom Rodrigo no domínio da técnica que mais bem foram estudadas.[80] Sob a iniciativa de dom Rodrigo, estabeleceu-se no Arco do Cego, em Lisboa, uma empresa editorial que tinha como objetivo promover a tradução e a publicação de obras, sobretudo, no domínio da agricultura, botânica, mineralogia, medicina e saúde pública.[81] Logo de início, em 1797, frei José Mariano da Conceição

Velloso, a quem foi entregue a direção dessa iniciativa, foi encarregado, nas palavras do próprio, de

> ajuntar, e trasladar em Portuguez todas as Memorias Estrangeiras, que fossem convenientes aos Estabelecimentos do Brasil, para o melhoramento da sua economia rural, e das Fabricas que della dependem, pelas quaes ajudados, houvessem de sahir do atrazo, e atonia, em que actualmente estão, e se puzessem ao nivel, com os das Nações nossas vizinhas, e rivaes no mesmo Continente, assim na quantidade, como na qualidade dos seus generos e produções.[82]

Em 1801, a casa editora do Arco do Cego foi extinta e deu origem à Impressão Régia.

Na tipografia e calcografia do Arco do Cego, publicaram-se obras como a *Memoria sobre a cultura dos algodoeiros, e sobre o methodo de o escolher, e ensacar, etc., em que se propoem alguns planos novos, para o seu melhoramento* (1799), de Manuel Arruda da Câmara (1752-1810); a tradução do *Manual pratico do lavrador, com um tratado sobre abelhas* (1801), de Chabouillé, ou *O fazendeiro do Brazil criador. Melhorado na economia rural dos generos já cultivados, e de outros que se podem introduzir; e nas fabricas, que lhe são proprias segundo o melhor, que se tem escrito a este assunto* (1801), do próprio Conceição Veloso.[83]

Algumas dessas obras, como o citado *O fazendeiro do Brazil criador*, foram enviadas para os governadores das capitanias e outras autoridades coloniais para que as distribuíssem e vendessem em seus domínios. Assim, não apenas se recuperavam os custos como, sobretudo, por meio da leitura técnico-científica, se fomentava a agricultura, a mineração e a exploração da flora medicinal no Brasil.[84] Foi nesse contexto que, por exemplo, dom Rodrigo, entre 1799 e 1800, enviou repetidamente um conjunto de remessas de livros (infelizmente não identificados) para Minas Gerais. Umas foram expedidas diretamente para o governador da capitania, Bernardo José de Lorena,[85] outras tiveram como destino o juiz de fora de Campanha do Rio Verde (o atual sul de Minas)[86] e os ouvidores das câmara de Sabará,[87] Rio

206 | FORMAS DO IMPÉRIO

Frio[88] e Rio das Mortes (região de São João Del Rei);[89] outras foram, ainda, enviadas para o juiz de fora de Paracatu.[90] Como destacou Maria Beatriz Nizza da Silva, a difusão de livros técnicos e científicos foi "uma das frentes de ataque da política ilustrada de D. Rodrigo".[91]

Outras "frentes de ataque" identificadas pela historiografia são as constantes instruções que o ministro ilustrado de dom João enviava para os administradores coloniais. Instruções constantes sobre práticas administrativas a seguir e sobre a necessidade de progredir na prospecção de minerais e na promoção do cultivo de pinhais em torno das minas de carvão eram acompanhadas de ordens para repreender todos aqueles que de, algum modo, dificultassem o imenso empreendimento que se procurava pôr em movimento.[92] Foi assim que, por exemplo, o governador da capitania de Minas Gerais recebeu uma carta régia, datada de 27 de setembro de 1799, com a ordem expressa de repreender o intendente dos diamantes do Tijuco por dificultar os trabalhos e a pesquisa mineralógica de que tinha sido encarregado José Vieira do Couto.[93]

Em suma, a política ilustrada de dom Rodrigo era orientada por um programa científico bem preciso. A criação de instituições de ensino técnico-científico, o recrutamento de professores e especialistas luso-brasileiros e estrangeiros, bem como a implementação de um projeto de tradução e larga difusão de literatura técnico-científica constituíam os alicerces do programa científico de dom Rodrigo. Essas bases eram secundadas pela promoção de viagens de estudo junto da elite ilustrada luso-brasileira e pelo envio constante e ininterrupto de instruções aos governadores das capitanias e outros administradores coloniais. Todas essas medidas concorriam, na perspectiva do ministro ilustrado de dom João, para o desenvolvimento do império português.

3. Sob o signo da ciência aplicada

Subsidiário de um projeto político preciso, o programa científico de dom Rodrigo valorizava, sobretudo, o caráter aplicado das ciências. Áreas científicas como a mineralogia, a agricultura e mesmo a astronomia (para não falar da economia política) eram domínios com um valor estratégico para o Estado. Se a promoção de uma "agricultura científica" e a exploração das minas tinham uma relação direta com o desenvolvimento do setor produtivo do reino, a astronomia, associada à náutica e à geodesia, era imprescindível para a circulação dos produtos no império e para o domínio do espaço.

O caráter aplicado da ciência promovida por dom Rodrigo é manifesto no domínio da astronomia. Na época em que assumiu as pastas ministeriais, uma das questões que mais mobilizavam a comunidade de astrônomos era a determinação correta do movimento dos corpos celestes a partir da aplicação da teoria da gravitação universal de Isaac Newton.[94] Dom Rodrigo estava certamente a par dessa discussão no domínio da astronomia teórica ou da mecânica celeste.[95] Ainda assim, quando institui um curso de astronomia ministrado no Observatório Real da Marinha, não deixa de valorizar a componente aplicada da astronomia. Nesse curso, o professor de astronomia deveria basicamente explicar a constituição, o funcionamento e o fim a que se destinavam "todos os instrumentos astronômicos e marítimos do observatório". Seguia-se a aprendizagem do uso dos instrumentos para, de acordo com a ordem estabelecida nos detalhados estatutos do observatório, 1°) observar e calcular as "alturas" dos astros com o quadrante, o teodolito e outros instrumentos de reflexão; 2°) calcular as distâncias do Sol à Lua e da Lua às estrelas com o recurso dos instrumentos de reflexão; 3°) avaliar as amplitudes e os azimutes magnéticos por meio da agulha azimutal; 4°) calcular as alturas do Sol e deduzir, a partir delas, a hora da pêndula no meio-dia e possíveis erros do instrumento; 5°) determinar com a pêndula o instante verdadeiro em qualquer hora intermédia; 6°) aprender a determinar o erro dos instrumentos que se usam na observação e na medição das distâncias angulares; 7°) calcular os erros e a variação da pêndula por meio da observação da altura dos astros em qualquer momento; 8°) determinar a latitude por via das alturas dos astros no meridiano e fora do meridiano; 9°) determinar a variação da agulha por meio do cálculo dos azimutes ou das amplitudes verdadeiras dos astros ou pela observação dos astros pelo primeiro vertical; e 10°) determinar a longitude do lugar por via das distâncias do Sol à Lua e da Lua às estrelas, com recurso às devidas fórmulas matemáticas.[96] Ou seja, tratava-se basicamente de um curso de astronomia esférica, no qual se estudava a parte prática da astronomia que permitia calcular com precisão as coordenadas celestes e, a partir dessas, a longitude e a latitude na terra.

4. A concretização (possível) do programa de dom Rodrigo: Rio de Janeiro, 1808–1812

As circunstâncias políticas dos primeiros anos do século XIX não foram propícias à concretização do programa científico de dom Rodrigo. Após pouco mais de dez anos de ter assumido funções ministeriais, as tropas de Napoleão invadiram Portugal. Na sequência, a Corte retirou-se para o Rio de Janeiro e começou uma nova fase na carreira política de dom Rodrigo. Chegado ao Rio, foi nomeado ministro da Guerra e dos Negócios Estrangeiros em 11 de março de 1808. A seu cargo ficava, portanto, não apenas a política diplomática e econômica num momento especialmente delicado, como também a reorganização do Exército português e a formação dos militares, incluindo o corpo dos engenheiros, o que equivale a dizer os quadros técnico-científicos do Reino. A questão era particularmente premente, uma vez que, para além da necessidade de transformar a cidade do Rio de Janeiro num "Versailles tropical" à altura de receber uma corte europeia, fenômeno que tem sido estudado pelos historiadores pelo menos desde o clássico *D. João VI no Brasil*, de Oliveira Lima, era imperioso abrir estradas, construir pontes, fazer com que os produtos circulassem de forma mais expedita, explorar as minas e os campos e possibilitar o desenvolvimento manufatureiro num contexto particularmente adverso. Numa palavra, era necessário desenvolver as infraestruturas produtivas e de comunicação, tarefa que, segundo o ideário das Luzes, estava reservada ao Estado.

A circunstância extraordinária da mudança do centro do poder político para um espaço colonial e o fato de dom Rodrigo ter assumido a pasta da Guerra convergiram para a concretização possível do plano de desenvolvimento alicerçado na formação e difusão de uma cultura técnico-científica em que trabalhara intensamente desde que assumira as funções ministeriais. No Rio de Janeiro, finalmente dom Rodrigo pôde colocar em marcha o seu programa científico. Como um dos ministros mais poderosos do governo joanino, estava em posição privilegiada para reviver e fortalecer os laços de patrocinato que o haviam ligado aos homens de saber na metrópole europeia. Um número significativo desses cientistas e técnicos vai se juntar a dom Rodrigo na cidade fluminense e assumir um papel decisivo na concretização da política do futuro conde de Linhares. Entre esses destaca-se Carlo Antonio Napione. Como vimos, ele chegara a Lisboa em agosto de 1800 e, após longas negociações, será um dos quadros técnicos do Estado que se deslocaram, com a família real para o Rio de Janeiro, onde, resultado da proximidade com dom Rodrigo, ocupará lugares de destaque na administração pública. Na cidade fluminense, entre muitas outras funções, integrou o Conselho de Justiça; foi empossado inspetor do Arsenal Militar, com a inspeção anual, o treino e a superintendência do regimento de artilharia da guarnição do Rio de Janeiro a seu cargo; envolveu-se na criação da fábrica da pólvora na Lagoa Rodrigo de Freitas e no respectivo complexo industrial que incluía, entre outros estabelecimentos, duas fábricas militares (uma dedicada à fundição de bronzes), um conjunto residencial para os operários e instalações para criar animais. Ocupou também a presidência da recém-estabelecida Real Academia Militar do Rio de Janeiro.[97] Outro técnico que dom Rodrigo procurou trazer para o Rio de Janeiro foi Gaspar José Marques, especialista em construção de instrumentos que, em Londres, tinha estagiado com Ramsdem.[98] No Rio, Marques será designado diretor da oficina de instrumentos físico-matemáticos, vinculada ao Arsenal do Exército.[99] Manoel Ferreira de Araújo Guimarães foi outra das figuras que, por ter estabelecido uma relação com dom Rodrigo em Lisboa, será incorporado ao plano do conde de Linhares no Rio de Janeiro. O ex-colaborador de dom Rodrigo na Tipografia do Arco do Cego transitará da Academia dos Guardas-Marinhas para a Real

Academia Militar, onde assegurou o ensino de astronomia e geodesia. No Rio, Guimarães desenvolveu uma importante atividade de tradutor de obras de matemática, redigiu um importante e inovador manual de astronomia esférica e destacou-se como ativo editor dos jornais O *Patriota* e *Gazeta do Rio de Janeiro*.[100] Foi o autor de um poema fúnebre em honra de dom Rodrigo.[101]

A reunião desses homens de ciência no Rio de Janeiro possibilitará a concretização de outros elementos do programa de dom Rodrigo. Será com o seu concurso que o conde de Linhares irá criar instituições de ensino, como a mencionada Real Academia Militar do Rio de Janeiro, fundada em 1810. Com essa escola instituía-se no Brasil

> um curso regular das Sciencias exactas e de observação, assim como de todas aquellas que são applicações das mesmas aos estudos militares e praticos que formam a sciencia militar em todos os seus difficieis e interessantes ramos, de maneira que dos mesmos cursos de estudos se formem habeis Officiaes de Artilharia, Engenharia, e ainda mesmo Officiaes da classe de Engenheiros geographos e topographos, que possam tambem ter o util emprego de dirigir objectos administrativos de minas, de caminhos, portos, canaes, pontes, fontes e calçadas.[102]

Essa carta de lei, assinada por dom Rodrigo, não se limita a ser um mero documento regulamentador dos conteúdos e das práticas de ensino, como acontecera, por exemplo, com os estatutos da Academia Real da Marinha (1779) ou, posteriormente, da Escola Politécnica de Lisboa (1837). A Carta de Lei de 4 de dezembro de 1810 é um documento programático. Nela, a par das determinações comuns nesse tipo de documento, como as condições de acesso, as disciplinas etc., se definem detalhadamente os conteúdos a ensinar, se discutem os livros a seguir nas diferentes matérias, identificam-se os critérios de meritocracia e, sobretudo, destacam-se as práticas que devem ser promovidas com o fim de, por um lado, possibilitar uma boa aprendizagem, e sobretudo uma aprendizagem atenta às aplicações das diversas ciências, e, por outro lado, contribuir para aquilo que seria um esboço inicial de uma prática de pesquisa pública. Patrice

Bret, no seu estudo sobre as origens de uma prática de investigação na França, destacou o papel crucial que as instituições ligadas ao Exército tiveram no eclodir da pesquisa naquele país.[103] Em ambiente português, foi a Academia Militar do Rio de Janeiro que inaugurou essa política de protoinvestigação. O seu programa de estudos incluía matérias tradicionalmente excluídas das academias militares portuguesas, como química, mineralogia e história natural (no segundo ciclo dedicado às ciências militares), e, sobretudo no seu documento fundador, eram dadas indicações explícitas para que os professores fizessem trabalhos na área em que ensinavam. Assim, no que se refere à astronomia e à geodesia, o professor dessas matérias deveria executar com os membros da junta militar que presidia a Academia "operações geodésicas em ponto grande e com suma execução".[104] Naturalmente que essa investigação, a ter-se feito, teria um caráter eminentemente aplicado.

Os professores da Academia Militar do Rio de Janeiro eram ainda incentivados a traduzir manuais estrangeiros para apoiar o seu ensino. Em alguns casos, chegaram mesmo a compor o seu próprio manual.[105]

Associada à atividade dessa academia, ainda que a transcendesse, surgia a Impressão Régia do Rio de Janeiro (1808). Como recentemente demonstrou Aníbal Bragança, ao revisitar a questão, deve-se a dom Rodrigo a fundação. Foi usada para tal a tipografia que António de Araújo de Azevedo tinha encomendado, enquanto responsável político do Ministério da Guerra e Negócios Estrangeiros, da Inglaterra e que viera para o Rio de Janeiro juntamente com a sua biblioteca pessoal.[106] No estabelecimento da Impressão Régia, foi decisiva a contribuição dos artistas gráficos formados no Arco do Cego, que, com o frei José Mariano da Conceição Veloso, vieram para o Rio de Janeiro.[107]

A morte de dom Rodrigo, em janeiro de 1812, acabou por desagregar parcialmente o corpo de letrados e homens de saber que, a seu redor, se tinham reunido na cidade fluminense e fragilizar as instituições que havia criado, como a Academia Militar do Rio de Janeiro.[108] As dificuldades políticas e econômicas do período joanino e a pós-independência limitaram, também, drasticamente a aplicação do programa científico de dom Rodrigo. Ainda assim, a análise das diferentes dimensões em que atuou, e que a historiografia tem mencionado de forma algo desconexa, revela que dom Rodrigo legislava e atuava politicamente movido por um programa científico preciso e consistente. Nesse programa conjugavam-se a criação de instituições de ensino técnico e científico, a formação de técnicos no estrangeiro ou a atração de cientistas de renome para Portugal e o Brasil, a promoção de viagens científicas e de práticas mais racionais de governo e administração colonial, bem como o desenvolvimento de uma política consistente de divulgação da cultura científica e tecnológica, que passava, entre outros, pelo patrocínio a uma atividade de tradução e publicação de obras científicas e de aplicação técnica. Todas essas medidas, pensava dom Rodrigo, de acordo com os princípios iluministas, concorriam para o desenvolvimento político, econômico e "civilizacional" do império luso-brasileiro.

Notas

1. Abreviaturas: AHM — Arquivo Histórico da Marinha, Lisboa; AHU — Arquivo Histórico Ultramarino, Lisboa; ANTT — Arquivo Nacional da Torre do Tombo, Lisboa; BCMNHN — Bibliothèque Centrale du Muséum d'Histoire Naturelle, Paris; BNRJ — Biblioteca Nacional do Rio de Janeiro; SGL — Sociedade de Geografia de Lisboa.

2. "Nem um só instante me esqueci nem da sua amisade, nem do seu grande merecimento, e eternamente me deve reparação por ter feito hum tão mao conceito de hum homem que se preza sobretudo de ser homem de bem e fiel aos seus amigos." Carta de Rodrigo de Sousa Coutinho a José Bonifácio de Andrada e Silva, Rio de Janeiro, 16 de abril de 1810. In: SILVA, Andrée Mansuy-Diniz, *Portrait d'un homme d'État*, p. 492 (o original dessa carta encontra-se preservado na Biblioteca Nacional do Rio de Janeiro).

3. Idem In: SILVA, Andrée Mansuy-Diniz, *Portrait d'un homme d'État*, p. 492.

4. Veja-se, por exemplo, MAXWELL, Kenneth, "The idea of the Luso-Brazilian empire", in *Essays on empire and other rogues* p.130-143; MAXWELL, Kenneth. "Condicionalismos da independência do Brasil", in: SILVA, Maria Beatriz Nizza da (Org.)., *O império luso-brasileiro, 1750–1822,*. p. 372-382.

5. DIAS, Maria Odila Leite da Silva, "A interiorização da metrópole", p. 33.

6. Rodrigo de Sousa Coutinho enuncia esses princípios na sua "Memória sobre o melhoramento dos domínios de Sua Majestade na América", in: COUTINHO, Rodrigo de Sousa *Textos políticos, económicos e financeiros, 1783–1811,* p. 48-50ss. Veja-se, a esse propósito, SILVA, Maria Beatriz Nizza da, *A cultura luso-brasileira*: da reforma da Universidade à independência do Brasil, Lisboa, p. 184ss.; CARDOSO, José Luís, "Nas malhas do império: a economia política e a política colonial de D. Rodrigo de Souza Coutinho", in: *A economia politica e os dilemas do império luso-brasileiro (1790–1822),* p. 77-83.

7. CARDOSO, José Luís, *O pensamento económico em Portugal nos finais do século XVIII, 1780–1808,* p. 125-211; CARDOSO, J.L. "Nas malhas do império".

8. LIMA, Oliveira, *D. João VI no Brasil,*; CURTO, Diogo Ramada, p. 15-49 (em particular 16-26); SILVA, Maria Beatriz Nizza da, *D. João,* p. 45-48.

9. SILVA, Maria Beatriz Nizza da, *A cultura luso-brasileira*, p. 183-191; CARDOSO, José Luís, "Nas malhas do império", p. 87-88; MAXWELL, Kenneth, "The idea of the Luso-Brazilian empire", p. 135-136; SAFIER, Neil, "Spies, dyes and leaves", p. 239-269.

10. Para uma biografia de dom Rodrigo de Sousa Coutinho, veja-se, sobretudo, o estudo profundo e detalhado de SILVA, Andrée Mansuy-Diniz, *Portrait d'un homme d'État*. Uma biografia anterior e escrita segundo outros critérios historiográficos pode encontrar-se em FUNCHAL, Marquês de, *O conde de Linhares*.

11. FERRONE, Vincenzo, *Scienza, Natura, Religione*; HANKINS, Thomas L. *Science and the Enlightenment*; EHRARD, Jean, *L'idée de nature en France dans la première moitié du XVIIIe siècle*; CLARK, William, GOLINSKI Jan, SCHAFFER, Simon (Org.), *The sciences in the Enlightened Europe*; PORTER, Roy (Org.), *The Cambridge History of Science*, v. 4.

12. SIMON, William Joel, *Scientific expeditions in the Portuguese overseas territories (1783–1808) and the role of Lisbon in the intellectual-scientific community of the late eighteenth century*; DOMINGUES, Ângela, *Viagens de exploração geográfica na Amazónia em finais do século XVIII*; PATACA, Ermelinda, *Terra, água e ar nas viagens científicas portuguesas (1755–1808)*,; RAMINELLI, Ronald, *Viagens ultramarinas*.

13. PATACA, Ermelinda, *Terra, água e ar nas viagens científicas portuguesas*.

14. SILVA, Andrée Mansuy-Diniz, "La formation d'un Diplomate et Homme d'État", p. 195-244; SILVA, Andrée Mansuy-Diniz, *Portrait d'un homme d'État*.

15. *Relação Política da História, e Estado da Real Casa de Saboia por D. Rodrigo de Sousa Coutinho 1791*, BNRJ, I, 14, 04, 002. Agradeço a Íris Kantor ter-me chamado a atenção para a existência e a localização desse importante documento.

16. CURTO, Diogo R., "D. Rodrigo de Sousa Coutinho e a Casa Literária do Arco do Cego", p. 32-33. Refira-se, contudo, como Ramada Curto refere, "à luz dos hábitos e da cultura política de antigo regime, ambas as maneiras de compreender e fazer a política nada tinham de contraditório" (p. 33).

17. Como demonstrou Ronald Raminelli, desde a década de 1770, durante o reinado de dona Maria que o Estado português se havia convertido no patrono do conhecimento científico e possibilitado a ascensão social aos homens de ciência envolvidos no melhor conhecimento e na melhor administração das distantes possessões coloniais. RAMINELLI, *Viagens Ultramarinas*.

18. KURY, Lorelai, "Homens de ciência no Brasil", p. 109-29.

19. CARNEIRO, Ana; SIMÕES, Ana; DIOGO, Maria Paula, "Enlightenment Science in Portugal: the *Estrangeirados* and their communication networks",

p. 591-619; SIMÕES, Ana; CARNEIRO, Ana; DIOGO, Maria Paula, "Constructing knowledge", p. 1-40.

20. Uma biografia científica de referência de Correia da Serra pode encontrar-se em SIMÕES, Ana; DIOGO, Maria Paula; CARNEIRO, Ana, *Cidadão do mundo*: uma biografia científica do Abade Correia da Serra.

21. Sobre as relações de Rodrigo de Sousa Coutinho e Correia da Serra, veja-se SIMÕES, Ana; DIOGO, Maria Paula; CARNEIRO, Ana, *Cidadão do mundo*: uma biografia científica do Abade Correia da Serra , p. 66-74.

22. MAXWELL, Kenneth, "The idea of the Luso-Brazilian empire".

23. Foi Luís Pinto de Sousa, à época ministro dos Negócios Estrangeiros, que enviou, em 1789, Manuel Ferreira da Câmara, José Bonifácio de Andrada e Silva e Joaquim Pedro Fragoso em viagem de estudo que se iniciou em Paris e incluiu a visita às principais instituições científicas europeias e o estudo das minas de quase toda a Europa.

24. SILVA, Andrée Mansuy-Diniz, *L'homme d'État*, p. 436.

25. Veja-se NUNES, Maria de Fátima; BRIGOLA, João Carlos, "José Mariano da Conceição Veloso (1742–1811) — Um frade no universo da natureza", p. 51-75.

26. ALMEIDA, Palmira Morais Rocha de, *Dicionário de autores do Brasil colonial*, p. 218-219.

27. Uma avaliação do perfil acadêmico e científico de Manoel Ferreira de Araújo Guimarães dirigida pelo professor da Academia Real da Marinha Manuel Jacinto Nogueira da Gama a dom Rodrigo de Sousa Coutinho, com a data de 8 de junho de 1801, encontra-se em AHM, Academia Real da Marinha — Lentes, colectivos, Cx. 5-4, fl. 467.

28. Trata-se do *Curso elementar e completo de mathematicas puras, ordenado por La Caille, e augmentado por Marie, illustrado por Cheveneau, e traduzido do francez ... por Manoel Ferreira de Araújo*, Lisboa, Officina Patriarcal de João Procopio Correa da Silva, 1800. Segundo notícia do *Jornal de Coimbra*, Guimarães traduziu, também, na ocasião, *Explicação da formação e uso das taboas logarithmicas e trignométricas do Abbade Marie. Traduzida por Manoel Ferreira de Araújo Guimarães, Jornal de Coimbra*, nº. 12, dezembro de 1812, Lisboa, Impressão Régia, p. 424.

29. Ainda que tenha considerado que a primeira versão necessitava de uma revisão científica. AHM, Academia Real da Marinha, Cx. 3-1, fls. 174-174v.

30. ANTT, Fundo Casa de Linhares, Maço 63, doc. 116. Carta de José Bonifácio de Andrada e Silva a Rodrigo de Sousa Coutinho, 23 de junho de 1799. Essa carta encontra-se reproduzida em SILVA, Andrée Mansuy-Diniz, *L'homme d'État*, p. 451-452.

31. Esse princípio era, aliás, comum ao seu pensamento econômico. CARDOSO, José Luís, *O pensamento económico em Portugal*, p. 175.

32. Sobre as reformas iluministas das universidades europeias, veja-se a síntese HAMMERSTEIN, Notker, "O Iluminismo"; RIDDER-SYMOENS, Hilde de (Org.), *As universidades na Europa moderna (1500–1800)*, p. 595-610.

33. ARTZ, Frederick B. *The development of technical education in France, 1500-1850*, p. 60-111; TATON, René (Org.), *Enseignement et diffusion des sciences en France au XVIIIᵉ siècle*, p. 343-615.

34. McCLELLAN, James E. III, *Science reorganized*.

35. Para uma apreciação da ação de Rodrigo de Sousa Coutinho enquanto ministro da Marinha, veja-se SILVA, Andrée Mansuy-Diniz, *L'homme d'État*, p. 35-61.

36. Uma história do Observatório Real da Marinha pode encontrar-se em REIS, António Estácio dos, *Observatório Real da Marinha, 1798–1874*.

37. Poucos meses após a criação do Observatório, em 6 de junho de 1798, um decreto ordenou que os oficiais da marinha e pilotos deveriam receber um treino no uso de instrumentos náuticos, observação e computação astronômica. *Collecção de legislação portugueza*: legislação de 1791 a 1801, Lisboa, Typografia Maigrense, 1828, p. 492.

38. As observações previstas nos estatutos de 23 de julho de 1799 eram as comuns nesse tipo de observatório oficial: distância da Lua, satélites de Júpiter, ocultações das estrelas e planetas pela Lua, eclipses do Sol e da Lua, trânsitos de Mercúrio ou Vênus. Essas observações eram importantes para a determinação da longitude e da latitude. AHM, "Livro do registro das ordens e juizos relativos ao Real Observatório da Marinha", nº 2406, 6-III-6-3, fl. 21.

39. O texto dos estatutos, em nome da rainha dona Maria, refere-se aqui à Academia Real da Marinha.

40. AHM, "Livro do registro das ordens", op. cit., fl. 20.

41. A associação do Observatório à elaboração de uma carta geral do Reino de que se ocupará a Sociedade Real Marítima e Geográfica foi expressamente referida no quinto discurso de Rodrigo de Sousa Coutinho proferido nessa última instituição. COUTINHO, *Textos políticos, económicos e financeiros*, p. 208.

42. Alvará de 30 de junho de 1798, *Collecção de legislação portugueza*, op. cit., p. 492-493.

43. Cartas de Rodrigo de Sousa Coutinho ao abade Correia da Serra, Lisboa, 20 de junho de 1797; Lisboa, 3 de outubro de 1798. BCMNHN, Ms. 2442. Correia da Serra por várias ocasiões remeteu para Lisboa mapas ingleses. Vejam-se, por exemplo, as cartas de Correia da Serra a Rodrigo de Sousa Coutinho, 12 de agosto de 1800; 23 de setembro de 1800; 6 de janeiro de 1801. ANTT, Fundo Casa de Linhares, Maço 63, doc. 112. As cartas de Correia da Serra preservadas no ANTT encontram-se reproduzidas (com alguns erros de impressão) em CARVALHO, Augusto da Silva, "O abade Correia da Serra", p. 112-223.

44. Na Sociedade de Geografia de Lisboa preserva-se um conjunto de cartas de Rodrigo de Sousa Coutinho endereçadas a Francisco de Paula Travassos, entre 1799 e 1800, que acompanhavam o envio de mapas e livros para a Sociedade Real Marítima. SGL, Reservados, 146-maço 5-29: Sociedade Real Marítima e Geográfica. Documentos diversos, 1798 a 1809.

45. Ibidem, p. 496.

46. Rodrigo de Sousa Coutinho, nos seus discursos proferidos na Sociedade Real Marítima, fez várias referências ao trabalho de Ciera e sua qualidade. COUTINHO, *Textos políticos, económicos e financeiros*, p. 181-182, 190.

47. Alvará de 30 de junho de 1798, *Collecção de legislação portugueza*, p. 494-495.

48. KANTOR, Íris, "Cultura cartográfica na época da transferência da Corte para o Rio de Janeiro", in COUTO, Jorge Couto (Org.), *Rio de Janeiro*, p. 293.

49. Carta de Rodrigo de Sousa Coutinho ao abade Correia da Serra, Lisboa, 22 de novembro de 1797. BCMNHN, Ms. 2442.

50. Carta régia de 18 de maio de 1801. *Collecção de legislação portugueza*, op. cit., p. 702.

51. Carta de José Bonifácio de Andrada e Silva a Rodrigo de Sousa Coutinho, Lisboa, 26 de julho de 1802, in SILVA, Andrée Mansuy-Diniz, *L'homme d'État*, p. 463.

52. Carta de Correia da Serra a Rodrigo de Sousa Coutinho, 4 de junho de 1798. ANTT, Fundo Casa de Linhares, Maço 63, doc. 112.

53. Vejam-se, por exemplo, as cartas de Rodrigo de Sousa Coutinho para Correia da Serra, Lisboa, 10 de abril de 1798, 23 de junho de 1800. BCMNHN, Ms. 2442.

54. Citado em REIS, António Estácio dos, *Observatório Real da Marinha*, p. 35.

55. Carta de Rodrigo de Sousa Coutinho para Correia da Serra, Lisboa, 10 de abril de 1798. BCMNHN, Ms. 2442.

56. Cartas de Rodrigo de Sousa Coutinho para Correia da Serra, Lisboa, 12 de outubro de 1798, 5 de dezembro de 1798. BCMNHN, Ms. 2442.

57. Carta de Correia da Serra a Rodrigo de Sousa Coutinho, 4 de junho de 1798. ANTT, Fundo Casa de Linhares, Maço 63, doc. 112; carta de Rodrigo de Sousa Coutinho para Correia da Serra, Lisboa, 5 de dezembro de 1798. BCMNHN, Ms. 2442.

58. Carta de Rodrigo de Sousa Coutinho para Correia da Serra, Lisboa, 5 de dezembro de 1798. BCMNHN, Ms. 2442.

59. Documento anexo à carta de Rodrigo de Sousa Coutinho para Correia da Serra, Lisboa, 12 de outubro de 1798. BCMNHN, Ms. 2442.

60. Vejam-se, por exemplo, as cartas de Rodrigo de Sousa Coutinho para Correia da Serra, Lisboa, com data de 20 de junho de 1797, 22 de novembro de 1797 e 30 de outubro de 1800. BCMNHN, Ms. 2442.

61. "Relação dos Livros e Instrumentos que devem fazer se vir de Inglaterra para o Observatório Real da Marinha, na conformidade da que me fez prezente o Director do mesmo Observatório o Capitão de Fragata Manoel do Espirito Santo Limpo". BCMNHN, Ms. 2442, fólio não numerado.

62. ANTT, Fundo Casa de Linhares, Maço 20, doc. 12.

63. Sobre a biografia de Jesse Ramsden e sua atividade como prestigiado produtor de instrumentos científicos, veja-se McCONNELL, Anita, *Jesse Ramsden (1735–1800)*.

64. Carta de Rodrigo de Sousa Coutinho para Correia da Serra, Lisboa, 20 de junho de 1797. BCMNHN, Ms. 2442.

65. Sobre esses dois aprendizes, veja-se REIS, António Estácio dos, *Gaspar José Marques e a máquina a vapor*, p. 33-47.

66. Carta de Rodrigo de Sousa Coutinho a Correia da Serra, Lisboa, 2 de setembro de 1798. BCMNHN, Ms. 2442. Meses mais tarde Sousa Coutinho agradecia a Correia da Serra o seu cuidado em seguir a formação dos dois estudantes: "Agradeço infinitamente o cuidado com que me dirige os Artistas que se mandarão ahi à Escola de Ramsden". Carta de Rodrigo de Sousa Coutinho a Correia da Serra, Lisboa, 30 de junho de 1799. BCMNHN, Ms. 2442. Veja-se, também, a carta de Sousa Coutinho de 23 de junho de 1800. BCMNHN, Ms. 2442.

67. Carta de Correia da Serra a Rodrigo de Sousa Coutinho, Londres, 7 de maio de 1799. ANTT, Fundo Casa de Linhares, Maço 63, documento 112.

68. Carta de Correia da Serra a Rodrigo de Sousa Coutinho, Londres, 24 de fevereiro de 1800. ANTT, Fundo Casa de Linhares, Maço 63, documento 112. Uma reprodução desse sextante pode encontrar-se em REIS, António Estácio dos, *Gaspar José Marques e a máquina a vapor*, p. 35.

69. Carta de Rodrigo de Sousa Coutinho a Correia da Serra, Lisboa, 5 de dezembro de 1798. BCMNHN, Ms. 2442.

70. Carta de Rodrigo de Sousa Coutinho a João Paulo Bezerra Seixas, Lisboa, 29 de maio de 1802, in SILVA, Andrée Mansuy-Diniz, *L'homme d'État*, p. 522.

71. Um estudo muito completo, detalhado e particularmente bem documentado da vida de Napione pode encontrar-se em BURDET, Carlo A.M., *Carlo Antonio Napione (1756–1814)*.

72. BURDET. *Carlo Antonio Napione*, p. 185-188.

73. Ibidem, p. 185.

74. Ibidem, p. 186.

75. Ibidem, v. 2, p. 579ss.

76. Sobre Abreu, veja-se SILVA, Andrée Mansuy-Diniz, *L'homme d'État*, p. 517, n. 1.

77. Ibidem, p. 517.
78. KANTOR, Íris, "Mapas para um novo império", p. 294.
79. "Sou Servido Ordenar que ali [Impressão Régia] se institua huma Escola de Gravura, para cuja direcção Nomeio o celebre Artista Bartolozzi com o encargo não somente de executar as Obras que lhe forem Ordenadas pela Direcção Geral da dita Impressão Regia, mas de instruir, e ensinar na sua Arte as Pessoas que para o mesmo fim lhe forem propostas". ANTT, Fundo Casa de Linhares, maço 20, documento 8.
80. Nesse domínio, veja-se o volume de referência, CAMPOS, Fernanda Maria Guedes de et al. (Org.), *A Casa Literária do Arco do Cego (1799–1801)*.
81. Veja-se, em particular, LEME, Margarida Ortigão Ramos Paes, "Um breve itinerário editorial: do Arco do Cego à Impressão Régia", p. 77-90.
82. Citado in LEME, Margarida Ortigão Ramos Paes, "Um breve itinerário editorial", p. 79.
83. Uma relação das obras impressas na Casa Literária do Arco do Cego pode encontrar-se em CAMPOS, Fernanda Maria Guedes de et al. (Org.), *A Casa Literária do Arco do Cego*, 139-198.
84. SILVA, Maria Beatriz Nizza da, *A cultura luso-brasileira*, p. 188-191.
85. AHU, Conselho Ultramarino, Cód. 611, 25 de novembro de 1799, fl. 23; 19 de agosto de 1800, fl. 37-37v.
86. AHU, Conselho Ultramarino, Cód. 611, 25 de novembro de 1799, fl. 23v.; 25 de dezembro de 1799, fl. 25; 6 de agosto de 1800, fl. 36v.
87. Ibidem, 6 de agosto de 1800, fl. 36v.
88. Ibidem.
89. Ibidem, 19 de agosto de 1800, fl. 37v.
90. Ibidem.
91. SILVA, Maria Beatriz Nizza da, *A cultura luso-brasileira*, p. 191.
92. Sobre as viagens de prospecção e estudo da natureza do Brasil, veja-se em particular PATACA, Ermelinda, *Terra, água e ar nas viagens científicas portuguesas*, p. 393-435.
93. AHU, Conselho Ultramarino, Cód. 611, fl. 19.
94. Num livro anônimo de 1834, por exemplo, reconhecia-se que "we are still however far from a sufficient knowledge of the motions either of the sun or stars". *Natural philosophy*, Vol. 3, p. 11.
95. De fato, na biblioteca do conde de Linhares existiam as principais obras de mecânica celeste (Cassini, Lalande, Laplace, Lacaille, Bernoulli), bem como a obra fundacional de Newton. ANTT, Fundo Casa de Linhares, Maço 4.
96. "Estatutos para o Observatório Real da Marinha", de 23 de julho de 1799, AHM, "Livro do registro das ordens e juizos relativos ao Real Observatório da Marinha", nº 2406, 6-III-6-3, fl. 19-21.

97. Uma descrição pormenorizada dos encargos de Carlo Napione no Rio de Janeiro antes da morte de dom Rodrigo pode encontrar-se em BURDET, Carlo, *Carlo Antonio Napione*, vol. 2, p. 693-751.

98. Dom Rodrigo empenhou-se pessoalmente na vinda de Gaspar José Marques para o Rio de Janeiro. Cf. REIS, António Estácio dos, *Gaspar José Marques*, p. 81-82.

99. REIS, António Estácio dos. *Gaspar José Marques*, p. 109.

100. SILVA, Maria Beatriz Nizza da, *A cultura luso-brasileira*, p. 65-67; SILVA, Maria Beatriz Nizza da. *A Gazeta do Rio de Janeiro (1808–1822)*; KURY, Lorelai (Org.), *Iluminismo e Império no Brasil*.

101. GUIMARÃES, Manoel Ferreira de Araújo, *Epidecio ao Illustrissimo e Excellentissimo Senhor D. Rodrigo de Sousa Coutinho, conde de Linhares*.

102. Carta de Lei de 4 de dezembro de 1810. *Collecção das leis do Brazil de 1810*, Rio de Janeiro, Imprensa Nacional, 1891, p. 232.

103. BRET, Patrice, *L'État, l'armée, la science*.

104. *Collecção*, título VIII.

105. Sobre essa questão, veja-se em particular SARAIVA, Luís Manuel, "The beginnings of the Royal Military Academy of Rio de Janeiro", p. 19-41.

106. BRAGANÇA, Aníbal, "A criação da Impressão Régia no Rio de Janeiro: novos aportes", p. 51.

107. SODRÉ, Nelson Werneck, *História da imprensa no Brasil*, p. 22-23; MORAES, Rubens de, *Livros e bibliotecas no Brasil colonial*, p. 108-116; Idem, "Impressão Régia do Rio de Janeiro: origens e produção", p. XVII-XX-XI; BRAGANÇA, Aníbal, "A criação da Impressão Régia no Rio de Janeiro", p. 39-54.

108. Como, aliás, se reconhece num documento apócrifo sobre o estado da Academia Militar do Rio de Janeiro preservado no Instituto Histórico e Geográfico Brasileiro. "Memória Histórica e Política sobre a Creação e Estado Actual da Academia Real Militar" (IHGB, L. 17, nº 366), *Revista do Instituto Histórico e Geográfico Brasileiro*, v. 236, p. 459-469.

Referências

ALMEIDA, Palmira Morais Rocha de. *Dicionário de autores do Brasil colonial*. Lisboa: Edições Colibri, 2003. p. 218-219.

ARTZ, Frederick B. *The development of technical education in France, 1500-1850*. Cambridge, Mss/Londres: The MIT Press, 1966. p. 60-111.

BRAGANÇA, Aníbal. "A criação da Impressão Régia no Rio de Janeiro: novos aportes". In: FERREIRA, Tânia; Santos, Gilda; Alves, Ida; Pinto, Madalena e Hue, Sheila (Org.), *D. João VI e o Oitocentismo*. Rio Janeiro: Contra Capa/ Faperj, 2011. p. 51.

BRET, Patrice. *L'État, l'armée, la science. L'invention de la recherche publique en France (1763-1830)*. Rennes: Presses Universitaires de Rennes, 2002.

BURDET, Carlo A.M. *Carlo Antonio Napione (1756-1814)*: artigliere e scienziato in Europa e in Brasile, un ritratto. Turim: Celid, 2005, 2 vols.

CAMPOS, Fernanda Maria Guedes de et al. (Org.). *A Casa Literária do Arco do Cego (1799-1801)*. Lisboa: Imprensa Nacional–Casa da Moeda, 1999.

CARDOSO, José Luís. "Nas malhas do império: a economia política e a política colonial de D. Rodrigo de Souza Coutinho". In: CARDOSO, J.L. (Org.), *A economia política e os dilemas do império luso-brasileiro (1790-1822)*. Lisboa: Comissão Nacional para as Comemorações dos Descobrimentos Portugueses, 2001, p. 77-83.

_____. *O pensamento económico em Portugal nos finais do século XVIII, 1780-1808*. Lisboa: Editoria Estampa, 1989. p. 125-211.

CARNEIRO, Ana; SIMÕES, Ana; DIOGO, Maria Paula. "Enlightenment Science in Portugal: the *Estrangeirados* and their communication networks", *Social Studies of Science*. 30, p. 591-619, 2000.

"Carta de Lei de 4 de dezembro de 1810." In: *Collecção das leis do Brazil de 1810*. Rio de Janeiro: Imprensa Nacional, 1891. p. 232.

"Carta de Rodrigo de Sousa Coutinho a José Bonifácio de Andrada e Silva, Rio de Janeiro, 16 de abril de 1810". In: SILVA, Andrée Mansuy-Diniz. *Portrait d'un homme d'État*: D. Rodrigo de Souza Coutinho, Comte de Linhares, 1755-1812. 1796-1812. Paris: Centre Culturel Calouste Gulbenkian, 2006, p. 492. vol. 2: L'homme d'État.

CARVALHO, Augusto da Silva, "O Abade Correia da Serra", *Memórias da Academia das Ciências de Lisboa. Classe de Ciências*, 6, 1948, p. 112-223.

CLARK, William; GOLINSKI, Jan; SCHAFFER, Simon (Org.). *The sciences in the Enlightened Europe*. Chicago/Londres: The University of Chicago Press, 1999.

Collecção de legislação portugueza: legislação de 1791 a 1801. Lisboa: Typografia Maigrense, 1828. p. 492.

COUTINHO, Rodrigo de Sousa. "Memória sobre o melhoramento dos domínios de Sua Majestade na América". In: _____. *Textos políticos, económicos e financeiros, 1783-1811*. Lisboa: Banco de Portugal, 1993. t. II, p. 48-50 e ss.

Curso elementar e completo de mathematicas puras, ordenado por La Caille, e augmentado por Marie, illustrado por Cheveneau, e traduzido do francez... por Manoel Ferreira de Araújo. Lisboa: na Officina Patriarcal de João Procopio Correa da Silva, 1800.

CURTO, Diogo Ramada. "D. Rodrigo de Sousa Coutinho e a Casa Literária do Arco do Cego". In: CAMPOS, Fernanda Maria Guedes de et al. (Org.), *A Casa Literária do Arco do Cego (1799-1801)*. Lisboa: Imprensa Nacional–Casa da Moeda, 1999.

DIAS, Maria Odila Leite da Silva. "A interiorização da metrópole". In: DIAS, M.O.L. da S.. *A interiorização da metrópole e outros estudos*. São Paulo: Alameda Casa Editorial, 2009. 2ª. ed., p. 33.

EHRARD, Jean. *L'idée de nature en France dans la première moitié du XVIIIe siècle*. Paris: Albin Michel, 1994.

Explicação da formação e uso das taboas logarithmicas e trignométricas do Abbade Marie. Traduzida por Manoel Ferreira de Araújo Guimarães. Jornal de Coimbra, n. 12, Dezembro de 1812. Lisboa: Impressão Régia, p. 424.

FERRONE, Vincenzo. *Scienza, Natura, Religione*: Mondo newtoniano e cultura italiana nel primo settecento. Nápoles: Jovene editore, 1982.

FUNCHAL, Marquês. *O Conde de Linhares*: Dom Rodrigo Domingos António de Sousa Coutinho. Lisboa: edição de autor, 1908.

GUIMARÃES, Manoel Ferreira de Araújo. *Epidecio ao Illustrissimo e Excellentissimo Senhor D. Rodrigo de Sousa Coutinho, conde de Linhares...* Rio de Janeiro: Impressão Régia, 1812.

HAMMERSTEIN, Notker. "O Iluminismo". In: Rüegg, Walter (Coord.), *Uma história da universidade na Europa*. Vol. 2: RIDDER-SYMOENS, Hilde de (Org.). *As universidades na Europa moderna (1500-1800)*. Lisboa: Fundação Calouste Gulbenkian, [2002], p. 595-610.

HANKINS, Thomas L. *Science and the Enlightenment*. Cambridge: Cambridge University Press, 1985.

KANTOR, Íris. "Cultura cartográfica na época da transferência da Corte para o Rio de Janeiro". In: COUTO, Jorge (Org.). *Rio de Janeiro*: capital do império português (1808-1821). Lisboa: Tribuna, 2010, p. 293.

KURY, Lorelai (Org.). *Iluminismo e Império no Brasil: o Patriota*. Rio de Janeiro: Editora Fiocruz, 2007.

_____. "Homens de ciência no Brasil: impérios coloniais e circulação de informações (1780-1810)", *História, Ciências, Saúde — Manguinhos*. vol. 11 (suplemento), p. 109-29, 2004.

LIMA, Oliveira. *D. João VI no Brasil*. [Lisboa]: ACD Editores [2008].

MAXWELL, Kenneth. "Condicionalismos da independência do Brasil". In: SILVA, Maria Beatriz Nizza da (Org.). *O império luso-brasileiro, 1750-1822*. Lisboa: Editorial Estampa, 1986. p. 372-382.

_____. "The idea of the Luso-Brazilian empire". In: MAXWELL, *Naked tropics*: Essays on empire and other rogues. Nova York/Londres: Routledge, 2003. p. 130-143.

McCLELLAN, James E., III. *Science reorganized*: scientific societies in the eighteenth century. Nova York: Columbia University Press, 1985.

McCONNELL, Anita. *Jesse Ramsden (1735-1800)*: London's leading scientific instrument maker. Aldershot: Ashgate, 2007.

"Memória Histórica e Política sobre a Criação e Estado Actual da Academia Real Militar" (IHGB, L. 17, nº 366) in *Revista do Instituto Histórico e Geográfico Brasileiro*, vol. 236, p. 459-469, 1957.

MORAES, Rubens de Moraes. *Livros e bibliotecas no Brasil colonial*. Brasília, Briquet de Lemos, 2006. 2ª. edição. p. 108-116.

MORAES. "Impressão Régia do Rio de Janeiro: origens e produção". In: Camargo, Ana Maria de Almeida e Moraes, Rubens Borba de. *Bibliografia da Impressão Régia do Rio de Janeiro (1808-1822)*. São Paulo: Edusp/Livraria Kosmos Editora, 1993. Vol. 1, p. XVII-XXXI.

Natural philosophy. Vol. 3: Astronomy. History of astronomy. Mathematical geography. Physical geography and navigation. Unabridged facsimile of the 1834 edition by Baldwin and Cradock, Elibron classics, 2006, p. 11.

NUNES, Maria de Fátima; BRIGOLA, João Carlos. "José Mariano da Conceição Veloso (1742-1811) — Um frade no universo da natureza". In: CAMPOS, Fernanda Maria Guedes de et al., *A Casa Literária do Arco do Cego (1799-1801)*. Lisboa: Imprensa Nacional-Casa da Moeda, 1999. p. 51-75.

PATACA, Ermelinda. *Terra, água e ar nas viagens científicas portuguesas (1755-1808)*. Tese de doutorado, Universidade Estadual de Campinas, 2006.

PORTER, Roy (Org.). *The Cambridge History of Science*. Cambridge: Cambridge University Press, 2003. Vol. 4: Eighteenth-century science.

RAMINELLI, Ronald. *Viagens Ultramarinas. Monarcas, vassalos e governo à distância*. São Paulo: Alameda, 2008.

REIS, António Estácio dos. *Gaspar José Marques e a máquina a vapor*: Sua introdução em Portugal e no Brasil. Lisboa: Edições Culturais da Marinha, 2006. p. 33-47.

REIS, António Estácio dos. *Observatório Real da Marinha, 1798–1874*. Lisboa: CTT Correios de Portugal, 2009.

SAFIER, Neil. "Spies, dyes and leaves. Agro-intermediaries, Luso-Brazilian couriers and the worlds they sowed". In: SCHAFFER, Simon *et al.* (Org.), *The brokered world*: Go-betweens and the global intelligence, 1770–1820. Sagamore Beach: Science History Publications, 2009. p. 239-269.

SARAIVA, Luís Manuel. "The beginnings of the Royal Military Academy of Rio de Janeiro", *Revista Brasileira de História da Matemática*, 7:13, p. 19-41, 2007.

SILVA, Andrée Mansuy-Diniz. *Portrait d'un homme d'État*: D. Rodrigo de Souza Coutinho, Comte de Linhares, 1755–1812. Vol. 2: *L'homme d'État*, 1796–1812. Paris: Centre Culturel Calouste Gulbenkian, 2006, p. 492.

_____. "La formation d'un Diplomate et Homme d'État: D. Rodrigo de Souza Coutinho (1755–1812)". *Clio*, 18/19, p. 195-244, 2008/2009.

SILVA, Maria Beatriz Nizza da. *A cultura luso-brasileira*: Da reforma da Universidade à independência do Brasil. Lisboa: Editorial Estampa, 1999. p. 184ss.

_____. *A Gazeta do Rio de Janeiro (1808–1822): cultura e sociedade*. Rio de Janeiro: Eduerj, 2007.

_____. *D. João*: Príncipe e rei no Brasil. Lisboa: Livros Horizonte, 2008. p. 45-48.

SIMÕES, Ana; CARNEIRO, Ana; DIOGO, Maria Paula. "Constructing knowledge: eighteenth-century Portugal and the new sciences". In: GAVROGLU, Kostas (Org.), *The Sciences in the European Periphery during the Enlightenment*. Dordrecht: Kluwer Academic Publishers, 1999, p. 1-40.

_____. *Cidadão do mundo*: uma biografia científica do Abade Correia da Serra. Lisboa: Porto Editora, 2006.

SIMON, William Joel. *Scientific expeditions in the Portuguese overseas territories (1783-1808) and the role of Lisbon in the intellectual-scientific community of the late eighteenth century*. Lisboa: Instituto de Investigação Científica Tropical, 1983.

DOMINGUES, Ângela. *Viagens de exploração geográfica na Amazónia em finais do século XVIII: política, ciência e aventura*. Lisboa: Região Autónoma da Madeira/Secretaria Regional de Turismo/Cultura e Emigração/Centro de Estudos de História do Atlântico, 1991.

SODRÉ, Nelson Werneck. *A História da Imprensa no Brasil*. Rio de Janeiro: Civilização Brasileira, 1966. p. 22-23.

TATON, René (Org.). *Enseignement et diffusion des sciences en France au XVIIIe siècle*. Paris: Hermann, 1986, p. 343-615.

PARTE III

Natureza e colecionismo

Bosque de Minerva: artefatos científicos no colecionismo joanino*

*Júnia Ferreira Furtado***

Um rei ilustrado e sua biblioteca régia

No início da década de 1720, começou o impulso, por parte de dom João V, de formação de uma volumosa biblioteca, a ser instalada no seu palácio, no Paço da Ribeira. A biblioteca régia tinha o objetivo de reunir os livros, as estampas, gravuras, os mapas, instrumentos científicos e tudo o mais que fosse necessário ao desenvolvimento do conhecimento humano. Mas também visava a demonstrar publicamente a importância que o monarca, como grande mecenas que era, dedicava ao conhecimento e à cultura das Luzes, comportamento típico dos reis ilustrados da época. A biblioteca do Paço não foi a única iniciativa nesse sentido. Dom João V criou outras bibliotecas e ampliou algumas já existentes, com vistas à modernização e ao progresso do Reino (dois conceitos estruturantes da visão de mundo iluminista). Essas bibliotecas deveriam ostentar as obras clássicas, mas também o que de melhor e de mais novo estivesse sendo produzido tanto em Portugal quanto no exterior.

A primeira instituição beneficiada foi a Universidade de Coimbra, que, alguns anos antes, em 1716, havia sido presenteada pelo monarca

---

*Esta pesquisa foi financiada pelo Conselho Nacional de Desenvolvimento Científico e Tecnológico (CNPq, Bolsa de Produtividade em Pesquisa) e pela Fundação de Amparo à Pesquisa do Estado de Minas Gerais (Fapemig, Programa Pesquisador Mineiro) e resultou no livro *Oráculos da geografia iluminista*: dom Luís da Cunha e Jean-Baptiste Bourguignon D'Anville na construção da cartografia do Brasil. Belo Horizonte: UFMG, 2012.
**Professora titular de história moderna da Universidade Federal de Minas Gerais.

com uma nova biblioteca. A magnífica biblioteca, ainda existente, foi dividida em três grandes espaços — o primeiro, adornado com uma alegoria que representava a Universidade de Coimbra recebendo o conhecimento das quatro partes do mundo; o segundo, dedicado ao aprendizado; e o terceiro, ao conhecimento. No fundo desse último, um retrato de dom João V, juntamente com o escudo das armas reais disposto no frontão de entrada, tornava público o patronato do rei.[1] Ao longo de seu reinado, dom João V ainda deu início à construção da gigantesca biblioteca do convento de Mafra, projetada em cruz, e a partir de 1742 devotou-se ao aumento da biblioteca dos oratorianos, instalada no Colégio do Monastério de Nossa Senhora das Necessidades, em Lisboa.

O Colégio das Necessidades desempenhou importante papel no programa científico joanino. Ali os oratorianos ensinavam a nova filosofia de Newton e Descartes e os livros, reunidos na biblioteca, eram essenciais para a renovação do ensino dessas ciências, segundo os ensinamentos desses autores. Suas instalações foram completadas com a construção de um gabinete de história natural, um observatório astronômico, onde fizeram importantes observações com vistas à renovação da cartografia do Reino, e a compra de uma coleção de instrumentos científicos, tudo sob o mecenato de dom João V.[2]

O núcleo inicial da Livraria Real, que apenas em parte desapareceu por ocasião do terremoto de Lisboa, ocorrido em 1755, constituiu-se dos livros pertencentes ao acervo do Palácio dos Bragança em Vila Viçosa e que, já havia algum tempo, dom João IV transferira para Lisboa.[3] A princípio, a biblioteca régia foi abrigada no segundo andar do Palácio Real, no torreão do edifício que se projetava sobre o Tejo. Era "uma sala que, por cada face, tem cinco janelas de grades de ferro (...), onde estão os melhores livros que se tem".[4] À medida que o acervo se avolumou, suas instalações foram se ampliando, ocuparam também alguns recintos do edifício adjacente[5] e na década de 1730 já se estendia ao salão dos embaixadores, no terceiro andar do palácio. Ali o rei mandou construir longas estantes de nogueira "que se cruzam como em ruas de quatro faces", estimadas para conter cerca de 20.000 volumes.[6] A biblioteca foi colocada sob a proteção

230 | FORMAS DO IMPÉRIO

de Minerva, a deusa das ciências e das artes, pois deveria abarcar todos os campos do conhecimento. Seria um "armazém das ciências, tesouro das joias mais ricas, e mais úteis que há no mundo".[7] Era mais que um Palácio, era um Bosque de Minerva, e que não se estranhe essa metáfora, visto que "cada livro daquela numerosa livraria (...) é uma árvore que está permanentemente dando sazonados frutos de sabedoria", sendo pois a livraria régia um jardim do conhecimento.[8]

A biblioteca real, no entanto, não era apenas um "lugar onde estão muitos livros em estantes". Ela se constituiu num espaço irradiador do programa científico joanino, aberto ao novo conhecimento de bases iluministas que se propagava pelo mundo ocidental, caracterizado pela renovação e transformação dos saberes científicos.[9] De um lado, a instituição pretendia reunir "as edições mais raras", mas, de outro, também deveria agregar "grande número de manuscritos, instrumentos matemáticos, admiráveis relógios e outras muitas coisas raras".[10] Entrelaçava o luxo "de coisas preciosas, admiráveis e raras" que fossem úteis ao espírito, como as pinturas dos mestres, os manuscritos, os relógios e os instrumentos matemáticos necessários à observação da natureza e do universo. Sua disposição era tal que os instrumentos científicos e os livros a eles relacionados estariam dispostos de forma a serem consultados conjuntamente.[11] Desse ponto de vista, pode-se dizer que a livraria régia era a consolidação de um projeto científico mais amplo, de viés enciclopédico, bem ao gosto do conhecimento iluminista que inspirara sua fundação.

Por essa razão, não se tratou apenas de comprar livros, mas também de produzi-los. A exemplo do que ocorria em outras nações, "essas imponentes 'bibliotecas' [como a de dom João V] constituem, com as enciclopédias e os dicionários, uma imagem maior das grandes iniciativas editoriais do século XVIII".[12] Assim sendo, uma pujante produção de livros de matiz português foi publicada por essa época, movimento editorial que ocorre conjuntamente com o desenvolvimento do próprio mercado livreiro que abarcava o conjunto do império. O esforço de composição da biblioteca régia incluiu não apenas a aquisição de livros, mas também a compra de uma oficina tipográfica, que foi doada à Real Academia da História, e a contratação de tipógrafos, e gravadores ligados à produção de livros — o mais célebre era Jean Villeneuve —, com vistas a promover a produção local de obras.[13] O reflexo dessa pujança foi que "o número de novos títulos publicados anualmente triplicou, passando de 300 para 900, assim como o número de impressores, de 13 para 46, só em Lisboa".[14] Vários desses livros foram por sua vez traduzidos e editados em língua estrangeira e divulgaram para muito além do espaço nacional a cultura portuguesa e os intelectuais que a produziam. Nesses aspectos, os inteligentes portugueses encontravam-se alinhados com a matriz de pensamento racionalista que caracterizava a República das Letras europeia. De fato, sob o selo da biblioteca, chegavam a Portugal e eram produzidos no país artefatos culturais os mais variados, que contribuíram para promover um novo sentido de gosto.[15]

Mas de que se tratava o gosto? Para os iluministas, à medida que o século XVIII avançava, tratava-se de um novo sentimento que aos poucos se instituía e abrangia todos os campos da arte, da literatura, da ciência e também da cartografia. D'Alembert, ao apontar como um dos principais objetivos da Academia Francesa o de contribuir para o desenvolvimento do gosto, informa sobre os sentidos do termo. Ele diz que significa "todo gênero de sentimento delicado ao decoro".[16] Por isso, para ele, era em tudo oposto às velhas convenções "do exagero e do ridículo". Essa nova estética, de um racionalismo triunfante, se contrapunha à teatralidade excessiva, e o novo programa artístico cultural iluminista buscava imprimir um tom mais naturalista e menos artificial aos artefatos culturais produzidos.

Indicar as obras literárias e artísticas e os instrumentos científicos a serem adquiridos e comprá-los no exterior passou a mobilizar os membros mais destacados da intelectualidade lusa. Em Portugal, os marqueses de Abrantes e de Alegrete; o conde da Ericeira; o padre Bartolomeu de Gusmão e seu irmão, Alexandre; o cardeal da Mota e Martinho de Mendonça Pina e Proença (que foi o encarregado de dirigir a Biblioteca Real), entre outros, todos pertencentes ao círculo privilegiado que se formara em torno do rei e agregados em torno da Real Academia da História Portuguesa, redigiam as extensas listas do que seria adquirido no estrangeiro. Na outra ponta dessa rede,

232 | FORMAS DO IMPÉRIO

cabia aos embaixadores em serviço nas cortes estrangeiras adquirir livros, pinturas, estampas, tapeçarias, mapas, instrumentos matemáticos e o que mais servisse à curiosidade intelectual dos *savants* portugueses. Todos os diplomatas receberam encargos de compras régias e entre eles destacaram-se José da Cunha Brochado, o conde de Tarouca, Francisco Mendes de Góis,[17] Sebastião José de Carvalho, o futuro marquês de Pombal, e, especialmente, dom Luís da Cunha. O grande impulso na formação da biblioteca real ocorreu na década de 1720. Como Martinho de Mendonça Pina e Proença reconhecia a vasta cultura de dom Luís, pois convivera intensamente com esse embaixador em Haia e Utrecht, entre 1717 e 1718, encarregou dom Luís de ser um dos grandes compradores de dom João V. A França, os Países Baixos meridionais (Bélgica) e as Províncias Unidas dos Países Baixos (Holanda), locais onde dom Luís ocupará postos a partir de 1717, serão, por conseguinte, os maiores fornecedores de artefatos para a biblioteca.[18]

Dom Luís foi constantemente instado não só a comprar, mas também a indicar obras, pinturas e instrumentos a serem adquiridos e mesmo sugerir mudanças no panorama do ensino em Portugal.[19] Sua capacidade de *expert* ou *connoisseur* foi amplamente reconhecida, até nas gerações seguintes, não só entre a elite intelectual portuguesa, mas também entre a europeia.[20] Foi durante o Congresso de Utrecht (1713–1715) que dom Luís, juntamente com o conde de Tarouca, começou a se dedicar com mais afinco às compras reais. No ambiente do Congresso, a diplomacia se revelava pretexto para o estreitamento das relações entre diversos *savants* europeus, que trocavam gostos e compartilhavam da cultura ilustrada vigente. "Reunidos em Utreque, embaixadores de diversos países contribuíram para um diálogo internacional, baseado na circulação de bens, pessoas e ideias."[21] Ali se formava uma "diplomacia de espírito" em torno de uma "República de inteligentes e de letras".[22] O congresso conformou uma rede de sociabilidade cultural entre os inteligentes ali reunidos[23] que incluiu os dois embaixadores portugueses, cujas residências se tornaram locais onde se travava intensa boemia erudita. Não por mero acaso, a do conde de Tarouca, primeiro plenipotenciário, foi comparada por

Nicolas Chevalier, em sua magnificência, a um Palácio de Júpiter, onde Hércules nascera, que fazia lembrar o ciclo do ouro.[24] Não era um elogio qualquer. Chevalier, um renomado colecionador, que se autointitulava *marchand* de livros e de medalhas, possuía famoso gabinete de antiguidades, que levara com ele quando se mudara de Amsterdam para Utrecht.[25] Esse espelhava o colecionismo vigente no início do século XVIII que, para além de coisas raras e curiosas, como teatro do mundo, refletia o panorama científico da inteligência europeia e inspirava outras coleções, como as que reuniam os monarcas ilustrados, tal qual dom João V. A edição de 1714 do catálogo das peças desse gabinete de antiguidades foi dedicado a ninguém menos que Tarouca, em quem Chevalier reconhecia o "prazer e o gosto", cuja casa era capaz de estabelecer com dignidade o difícil equilíbrio entre as negociações públicas e o estudo das ciências, atividades que o embaixador iluminava com seu saber.[26]

Foi também em Utrecht que dom Luís conheceu importante especialista, ou *connoisseur*, mais tarde arregimentado em prol do colecionismo do monarca português. Trata-se de Jean Pierre Mariette, jovem herdeiro da importante dinastia do ramo livreiro e comerciante de gravuras ou estampas estabelecida em Paris. Jean Pierre chegou a Utrecht por volta de 1717, com o intuito de diversificar o gosto e os contatos no ramo. Por essa época, seu pai o enviara num grande *tour* pela Europa, que, sabe-se, começara pelos Países Baixos e pela Alemanha.[27] Iniciar a viagem por aí não se tratava de mero acaso. Amsterdã, Haia e Bruxelas eram grandes centros fornecedores das estampas que a Casa Mariette vendia em Paris. Nada mais natural que, uma vez em Utrecht, ocorresse uma aproximação entre o embaixador e o jovem Mariette, propiciada pelo interesse e pelo gosto comum pelas artes e pelas primeiras encomendas ordenadas por dom João V.[28] Assim, não por acaso, alguns anos depois, em 1724, quando dom Luís já se encontrava em Paris e o rei ordenou que ele adquirisse uma coleção de gravuras,[29] foi encontrar em Jean Pierre Mariette,[30] por essa época já à frente dos negócios da família, o fornecedor ideal para satisfazer as demandas régias.[31] O embaixador assim justificou sua escolha perante o monarca:

234 | Formas do Império

Monsieur de Mariette, que vende as estampas e é o homem mais inteligente e rico nesse gênero, me segurou que a coleção seria mais perfeita se aqui se fizesse toda, porque em Paris se achariam muitas estampas, que em Itália, nem outras partes, se não poderia descobrir. Remeto a VS^a um borrador do index, que mandei fazer a cada tomo, traduzido em português e só Mariette e seu filho são capazes desse trabalho.[32]

Paris, década de 1720

Um dos ápices das compras para aparelhar a biblioteca régia se deu a partir da década de 1720 e seu epicentro foi Paris, onde, então, dom Luís se encontrava servindo. Dessa feita, o embaixador pôde contar com a preciosa ajuda de seu funcionário Francisco Mendes de Góis, que se dedicou com afinco à incumbência. Se essas compras eram expressões do luxo da corte joanina, muitas eram relativas à cultura e à erudição, dentro do programa científico da biblioteca régia. Tratava-se não só de afluxo de livros, mas também de instrumentos matemáticos e mesmo de sábios competentes que pudessem colocar seu conhecimento a serviço do Reino. Por essa razão, biblioteca aqui é entendida em seu sentido amplo. Significa não apenas livros, mas tudo que pudesse servir ao desenvolvimento do conhecimento humano.[33] A chegada a Lisboa dos chamados padres matemáticos, os jesuítas italianos João Batista Carbone e Domenico Capacci, em 1722, exerceu um impacto significativo na organização da biblioteca régia, nos quesitos da astronomia e da geografia e no ensino das duas matérias,[34] conhecimentos necessários ao levantamento cartográfico do império que começava a ser posto em prática, conforme advogava insistentemente dom Luís, com o objetivo de nortear as negociações diplomáticas sobre os limites territoriais da América portuguesa. Por essas razões, a estruturação das ciências físico-matemáticas no reinado joanino significou não só a produção e a aquisição de obras científicas, mas também a "organização de museus dos três reinos da natureza, de observatórios astronômicos e de gabinetes de física,

BOSQUE DE MINERVA | 235

onde se realizavam observações e experiências com instrumentos matemáticos", e a produção intensa de mapas, tudo sob o signo do "cartesianismo, empirismo e da física newtoniana".[35] A partir daí "a biblioteca real no Paço da Ribeira se tornou centro de experimentação científica, e um símbolo do programa de reforma do ensino que D. João V tinha iniciado".[36]

O início do levantamento cartográfico do Reino, e especialmente do Brasil, para servir às negociações diplomáticas com a Espanha intensificou a aquisição de tudo que pudesse servir à astronomia e à cartografia, desde livros e mapas a instrumentos matemáticos, astronômicos e geodésicos.[37] A partir de então, dom Luís tomou mais diretamente para si parte da tarefa de contribuir para a produção das cartas geográficas necessárias para o melhor conhecimento do império português e isso significava adquirir também instrumentos matemáticos necessários a sua execução. Desde o Tratado de Utrecht, o embaixador insistia na necessidade de construir uma base cartográfica de peso que permitisse aos diplomatas dar melhor visibilidade ao limites territoriais que eram negociados entre as partes, para dirimir dúvidas ou contendas. Mas sua demanda por mapas se acirrou quando, em 27 de novembro de 1720, Guillaume Delisle,[38] então o primeiro geógrafo do rei da França, leu na Real Academia das Ciências de Paris uma memória geográfica, escrita a partir das recentes medidas das longitudes, com o uso de novas técnicas e que tinha como referências os eclipses dos satélites de Júpiter.[39] Era uma quarta-feira quando Delisle apresentou ao público o novo mapa-múndi que estava confeccionando para Luís XV, a partir das novas medidas de longitude, e começou a ler a memória que o acompanhava.[40] O impacto do texto completo, intitulado *Détermination Geographique de la situation et de l'etendue des diferentes parties de la terre*, foi muito além das paredes da Academia e transformou, a partir de então, toda a arte da cartografia, pois provocou uma reorientação na disposição das terras pelo globo.

Mais do que isso, o texto atingiu em cheio as pretensões lusas sobre seus territórios de além-mar. Entre inúmeras mudanças na configuração geográfica dos continentes, a partir do reposicionamento dos

236 | FORMAS DO IMPÉRIO

meridianos, especialmente o da ilha de Ferros[41] e o de Paris, Delisle propunha o reposicionamento do meridiano de Tordesilhas, com implicações evidentes na posse das regiões da Colônia do Sacramento na América, em disputa entre espanhóis e portugueses, e das Molucas, no mar do Sul. Também redimensionava a posição do meridiano no cabo do Norte (Amapá), dessa feita em disputa com os franceses. O texto de Delisle explicava que

> se verá bem cedo que as Molucas ficam na divisão portuguesa, contra a situação que as cartas ordinárias dão a essas ilhas. Mas não se dá o mesmo com a Colônia que os portugueses estabeleceram na embocadura do rio da Prata. (...) É ainda pior a propósito do que os portugueses nos citaram essa mesma Bula de Alexandre VI, nos termos das diferenças que nós temos com eles sobre a possessão do Cabo do Norte até a entrada do rio das Amazonas.[42]

Dom Luís imediatamente percebeu o impacto que tal novidade traria às disputas luso-espanholas na América meridional. Contou que lhe chegara às mãos

> uma dissertação geográfica e, que [nela] mr. DeLisle, geógrafo do rei X[mo]., determina a situação e a extensão de diferentes partes da terra, a qual se leu e se aprovou, na Academia Real das Ciências [de Paris] e nela assenta que injustamente possuímos as terras do Cabo do Norte e a Colônia do Sacramento, sem embargo de nos dar as ilhas Molucas.[43]

A dissertação de Delisle invertia o que de fato ocorrera em relação à ocupação desses territórios. A região do cabo do Norte estava, desde o Tratado de Utrecht, sob domínio português, mas a exata posição da linha demarcatória ainda gerava controvérsias com os franceses. Em relação às disputas com a Espanha, desde o Tratado de Zaragoza, em 1529, os portugueses haviam comprado as Molucas dos espanhóis, o que agora parecia ter sido um pagamento inútil. E, na América, a ocupação da Colônia do Sacramento pelos portugueses estendera suas possessões até a margem setentrional do rio da Prata, o que, segundo as novas medições, seria território espanhol. Na década de 1720, no contexto da devolução de Sacramento aos portugueses, depois dos acordos de Utrecht, a diplomacia portuguesa ainda se debatia com a espanhola sobre a legitimidade e a extensão das possessões portuguesas nessa região do sul do Brasil.

Instrumentos matemáticos e seus *experts*

A compra de instrumentos matemáticos pelos embaixadores portugueses nas cortes europeias teve início em 1721 e dom Luís foi um dos principais encarregados. Nessa ocasião recebeu ordens para adquirir, na casa Mariette, um conjunto de livros dedicados à ciência, à matemática e à náutica e parece que a compra dos artefatos científicos era complementar a essa aquisição.[44] Ao apontar para essa transitividade entre livros e instrumentos científicos, alguns anos depois, em 1729, numa única lista, dom Luís fez um balanço das muitas obras sobre navegação, ciência militar, cartas náuticas e terrestres, tanto quanto de instrumentos matemáticos, que ele e Francisco Mendes de Góis haviam embarcado para o Reino nos anos anteriores.[45]

Essa transitividade também significou a contratação de sábios, que foram, em parte, arregimentados no estrangeiro para contribuírem em diversas funções: indicar e selecionar os objetos a serem comprados no exterior; organizar os artefatos adquiridos; produzir alguns dos instrumentos comprados; instruir sobre sua montagem e uso; informar sobre as novas metodologias vigentes etc. A alguns, foram feitas ofertas para se mudarem para Portugal e ali se empregarem no serviço da Coroa; a outros, para que, em seus países de origem, contribuíssem para o sucesso das compras que dom João V ali fazia. Em Paris, dom Luís valeu-se do círculo intelectual que girava em torno do duque de Orléans, então regente de França, simpático a Portugal e hostil à Espanha de Filipe V, para arregimentar os *savants* necessários ao cumprimento das ordens que recebera no sentido de aparelhar o Reino com o saber e os instrumentos científicos que contribuiriam para a renovação do conhecimento científico no império português.

238 | FORMAS DO IMPÉRIO

Um dos primeiros inteligentes do círculo do duque que dom Luís contratou, em Paris, foi Hermand, que ocupava o cargo de matemático e engenheiro do rei.[46] Hermand possuía um gabinete de curiosidades nas galerias do Louvre que era muito frequentado. Em outubro de 1721, ali estiveram o rei e o duque de Orléans para ver, com uma mescla de prazer e curiosidade, "uma máquina que representa o acampamento de uma armada com todas as suas evoluções", movimentada por meio de um engenhoso sistema de molas.[47] Segundo dom Luís, esse engenho "ensina e mostra as operações dos exércitos mecanicamente cousa bem curiosa". Quando o cardeal da Cunha esteve em Paris, em 1722, dom Luís o levou para visitar esse gabinete de curiosidades e Hermand fez funcionar seu interessante invento.[48]

Em 1723, dom Luís começou a estabelecer contatos para contratar o engenheiro alemão Blumenstein, especialista em minas, que havia sido indicado pelo militar e naturalista suíço Merveilleux,[49] que já se encontrava em Lisboa, a serviço do rei.[50] Na ocasião da primeira tentativa de contato, Blumenstein estava fora de Paris, mas, assim que voltou à capital, foi à casa do embaixador para falar-lhe. Foi acompanhado de "m. Hermand, que abonou a sua habilidade". Foi nessa ocasião que dom Luís estabeleceu um relacionamento mais estreito com esse matemático,[51] a quem tinha em alta conta. Sobre ele, afirmou que "é homem é tão estimado como presumido dos seus inventos militares e mecânicos" e sugeriu que dom João V o arregimentasse para seu serviço.[52] A engenharia militar abrangia um espectro bastante amplo de conhecimentos que exigia profundo domínio da matemática, mecânica, geometria, hidráulica etc.[53] Na época, engenheiro, em primeiro lugar, era aquele "que faz máquinas e obras para a guerra ofensiva e defensiva" e, em segundo lugar, o "que faz qualquer gênero de máquinas e engenhos".[54] Percebe-se, então, o forte sentido militar da função, que abrangia não só o conhecimento sobre o deslocamento das tropas no território, mas também o projeto e a construção de instalações militares, o desenvolvimento de armamentos de guerra, o levantamento da geografia dos territórios e a feitura de mapas.

Todos esses saberes, que Hermand reunia como engenheiro militar, seriam de grande valia para assessorar dom Luís no desempenho das tarefas de que fora encarregado, afeitas às transformações por que a engenharia militar passava no Reino, desde a nomeação, por dom João V, de Manoel Azevedo Fortes como engenheiro-mor do Reino. Em 1719, Azevedo Fortes tornou-se o primeiro regente da Aula Régia de Fortificação Militar, em Lisboa, e começou a preparar as mudanças que considerava necessárias à formação dos engenheiros militares portugueses segundo os mais modernos ensinamentos[55] e a escola francesa exerceu forte influência nessa reorientação.[56] No contexto da criação da Academia Real da História, Azevedo Fortes foi nomeado pelo rei para se ocupar das questões de geografia e orientar a formação da biblioteca régia nessa área. Entre outras iniciativas, Azevedo Fortes publicou, sob a proteção régia, manuais técnicos que pretendiam normatizar a prática dos engenheiros militares portugueses, conforme as metodologias mais modernas, que se intitularam *Tratado do modo o mais fácil de fazer as cartas geográficas assim de terra como de mar, e tirar as plantas das praças* (1722) e *O engenheiro português* (1729).[57] Esses manuais não eram simples adaptações da literatura consultada, especialmente a francesa. "A leitura dos tratados estrangeiros não era passiva. Dos vários textos consultados, compilavam-se e discutiam-se as questões mais relevantes, enfatizando o debate entre os vários autores e a própria opinião do lente sobre o assunto."[58]

No começo de 1724, dom Luís embarcou para o Reino um óculo (ou telescópio), produzido pelo matemático Hermand,[59] "que serve para ver as *cortaduras*[60] e outras obras que os sitiados fazem detrás das muralhas".[61] O óculo foi oferecido por seu autor para que o rei o testasse e se certificasse do engenho de seu criador, que entrava a seu serviço e deveria ser alvo de sua graça, em troca de seus préstimos. Os percalços por que esse invento passou, após chegar a Lisboa, são ilustrativos dos paradoxos decorrentes do volumoso afluxo de instrumentos e novidades científicas que aportavam do estrangeiro. Parece que, a princípio, o engenho não gerou muita atenção na corte, o mesmo ocorrendo só depois que dom Luís cobrou a opinião que

240 | Formas do Império

dele se tivera no Reino, mas, então, ninguém sabia onde fora parar. Em agosto de 1724, Blumenstein, que já se encontrava em Lisboa a serviço do rei, escreveu a Hermand que, no palácio, "o vira deitado a um canto". Baseando-se na informação do sábio, dom Luís supôs que, "a ser verdade, já o haviam tirado do caixão em que foi". Argumentou, então, que "é preciso que apareça, pois era extraordinariamente grande para se perder, nem é natural que o dito Blumenstein inventasse o havê-lo visto". Desolado, afirmou estar sentido "que se desencaminhe, porque mr. Hermand estava com grande desvanecimento de que SM^{de}. quisesse ver esta sua curiosidade".[62] Em outubro, dom Luís escreveu que Hermand soubera que o rei "ainda não vira o seu óculo, o que é de grande mortificação para este homem".[63] Finalmente, recebeu notícias da Corte, em 1725, de que "os livros de mr. Hermand pareceram bem e também o óculo que há poucos dias se achou entre outras encomendas e Blumestein o armou". Agradecido da oferenda, dom João V ordenou que se "poderá gratificar este homem o que lhe parecer".[64] Esse incidente permite se ter ideia do volume de objetos que continuamente desembarcava na Corte, o que por vezes gerava descuidos e desatenções, da importância que o mecenato de dom João V adquiria nos círculos ilustrados europeus e de seu preparo intelectual, o que lhe conferia o papel de árbitro desses inventos.

De fato, o monarca português não era um assistente passivo da renovação intelectual que ocorria no Reino. A educação que recebera em criança, "como majestoso ornamento de um Príncipe perfeito",[65] permitia que fosse crítico em relação às questões científicas. Nas áreas da astronomia, da matemática, da geografia, da cartografia — todas ciências afins — tivera aulas com o então cosmógrafo-mor do Reino, Manuel Pimentel, e tinha pleno domínio desses campos do saber. Merveilleux, que deixara registradas suas observações sobre seu reinado, exaltou dom João V como grande *savant* e colecionador. Sugeriu que os *experts* que estivessem em busca de apoio se colocassem a seu serviço, mas só os de grande talento, pois o monarca era um *connoisseur* e seu gosto superava o de todos os seus súditos.[66] "Francisco Xavier da Silva descreveu Dom João V como um verdadeiro bibliófilo, que só ficava satisfeito quando o título e a edição que ele desejava estavam guardados com segurança no seu palácio".[67]

Ainda em 1723, dom Luís recebeu ordens do Reino para que, sob a orientação do marquês de Abrantes, reunisse tudo que dissesse respeito à organização das tropas francesas e seus uniformes e ninguém melhor do que Hermand para o assessorar nessa empreitada.[68] Conseguiu, em outubro, que o duque de Orléans autorizasse que Hermand se pusesse a serviço de Portugal e passasse os desenhos para que fossem copiados.[69] Por ordem do regente, Hermand interrompeu o trabalho que fazia de compilação de documentos sobre assuntos militares para serem usados na educação do delfim para se dedicar às encomendas de dom João V.[70] Na obra que fazia para o futuro rei, Luís XV, contava com a ajuda de D'Anville,[71] pois, para o pôr a par das manobras militares, os mapas eram ferramentas indispensáveis para dar a ver as batalhas, os movimentos das tropas, a situação das fortificações. Guerra, geografia e cartografia eram temas constantemente interligados.[72]

Mas 1724 foi um ano de inflexão nas compras régias nos campos da astronomia e da geografia. Nesse ano, sob a orientação dos jesuítas matemáticos, o rei estabeleceu um observatório no palácio real no Paço da Ribeira, que servia inclusive para seu uso privado, e deu início à construção do outro grande observatório no Colégio das Necessidades.[73] Além desses dois, já existia em operação em Lisboa o observatório do Colégio jesuíta de Santo Antão, que abrigava as famosas Aulas de Esfera e que reunia os mestres inacianos no campo da astronomia.[74] Afinando-se com a sugestão do embaixador de que para rebater a dissertação de Delisle e fazer o levantamento cartográfico do império era necessário fazer observações mais modernas, a instalação do observatório no Paço da Ribeira tinha como primeira missão o estabelecimento do meridiano de Lisboa. Foi por essa razão que, em agosto, para servir de referência para a sua construção e muni-lo do que de mais moderno houvesse em equipamentos matemáticos, dom Luís recebeu ordens de "que encarregue o mais capaz matemático da Academia [de Ciências] de Paris [para] mandar-lhe fazer os instrumentos apontados no papel que acompanha a mesma carta e que sejam com a maior presteza e perfeição que se possam

242 | FORMAS DO IMPÉRIO

obrar".[75] Esse *savant* seria encarregado "de fazer obrar perfeitamente os instrumentos que Sua Majestade deseja", cujas especificações iam numa "Memória inclusa feita em língua latina". Os instrumentos deveriam ser enviados assim que estivessem terminados, "sem que seja necessário que se acabem todos para virem juntos". Dom Luís deveria escolher cuidadosamente quem lhe assessorasse no empreendimento. Assim, determinava-se que o dirigente "[d]este ministério [será] um dos matemáticos mais cientes e que os oficiais que obrarem os ditos instrumentos sejam os mais peritos". Os trabalhos desses oficiais seriam assistidos pelo "matemático [contratado] para os dirigir e evitar que [os instrumentos] tenham qualquer imperfeição que possa haver, porque se deseja que sejam muito exatos e os melhores que aí haja feito".[76] Observa-se que os inteligentes do Reino não se colocavam numa posição passiva de apenas comprar o que vinha de fora, mas se incumbiam de determinar o que e como deveriam ser feitos os objetos a serem adquiridos e mostravam-se afinados com o conhecimento mais moderno que então se produzia.

O embaixador também foi encarregado de buscar as plantas do observatório da Real Academia de Ciências de Paris, cujo diretor à época era Cassini, que dom Luís considerava ser "o mais capaz matemático da Academia". Tais plantas serviriam para nortear a construção dos observatórios de Lisboa, de modo que fossem os mais modernos e adequados para abrigar os instrumentos que eram construídos.[77] Com o mesmo fim, o conde de Tarouca conseguiu as plantas de alguns observatórios da Alemanha.[78] Dom Luís obedeceu imediatamente a todas as ordens e informou ao Reino que "fica-se fazendo a diligência mencionada no papel em latim que vem a ser o plano exterior e interior de todas as partes do observatório e os debrunhos de todos os instrumentos que nele se acha".[79]

Juntamente com esses planos, diversos instrumentos matemáticos foram então encomendados em Paris. A primeira encomenda parece ter sido feita, em 1721, a Sully, oficial mecânico de Bordeaux, que tinha seu gabinete nas galerias do Louvre, o qual produziu duas pêndulas para medir longitudes no mar. Esse artífice produzia pêndulas de vários tipos: "uma com horas, quartos e repetição; outras só com quartos e horas, outras simples e [que] mostram todas horas, quartos, minutos e segundos." As ordens que dom Luís recebeu determinaram que as que Sully produziria seriam "uma há (...) das símplices e outra de quartos e horas, sem repetição".[80] Cassini fez outra pêndula para medir as longitudes; e Lefevre, um micrometre que inventara[81] e um meio-círculo azimutal.

Dom Luís também mandou que fossem feitas as caixas para guardá-las. As caixas foram encomendadas, em 1727, a Gilles-Marie Oppenord, arquiteto também pertencente ao círculo do duque de Orléans, conhecido nos círculos de arte por ter introduzido o estilo regência.[82] Três desenhos foram enviados a Portugal para que o rei escolhesse a que melhor lhe aprouvesse — todas admiráveis por sua "novidade e perfeição" — e, da escolhida, foi feito um modelo em tamanho menor. Foi somente depois de o modelo ter sido aprovado pelo rei, sempre exigente em suas encomendas, que o artífice começou a trabalhar no original.[83]

Segundo as instruções que eram emitidas no Reino, todos esses instrumentos deveriam ser cuidadosamente testados e avaliados antes que fossem embarcados para Lisboa. As ordens que dom Luís recebia eram claras a esse respeito: "Acabado qualquer instrumento VE[xa]. o mandará examinar nas suas operações por pessoas certas na matéria e só com a sua aprovação acertará" o pagamento.[84] Por essa razão, Cassini foi contratado para supervisionar a produção e testar vários dos instrumentos.[85] O principal deles foi um grande óculo.[86] Em dezembro de 1724, dom Luís informou ao rei

> que fiz consultar mr. Cassini sobre o grande e novo instrumento matemático que SM[de]. manda fazer e o dito Cassini respondeu que havia muito tempo que cuidara nele por lhe parecer que seria de muito bom uso, mas que se não atrevera a mandá-lo obrar porque entendera que seria muito caro.[87]

Sobre esse instrumento, foram emitidas do Reino novas instruções, que especificavam inovações a serem adicionadas. A essas especificações Cassini juntou outras e dom Luís submeteu-as ao julgamento de outro *savant*, o conde d'Osembray, Louis-Léon Pajot.[88] O conde era um físico, membro da Real Academia das Ciências de Paris, que se notabilizara pela invenção de um instrumento para medir os líquidos e outro para medir o vento (areômetro).[89] Assim sendo, depois de reunir todas essas especificações, o embaixador começou as negociações para ajustar a feitura do instrumento. Primeiramente, antes de fechar o negócio, resolveu consultar mais uma vez d'Osembray para que o instruísse sobre o preço,

> porque o obreiro pede 4.000 livras se fizer um instrumento simplesmente conforme a primeira instrução, mas com as ditas adições pretende 4.500, reservando-se a liberdade de ainda pedir mais, porque sendo a primeira vez que faz esta obra não pode fazer cabal prejuízo sobre o seu trabalho.[90]

Observa-se, nesse trecho, que não se tratava novamente de apenas copiar instrumentos já existentes, mas de inovar na sua produção, e nisso os inteligentes do Reino eram aptos a opinar juntamente com os *savants* franceses, para buscar equipar o observatório português com o que de mais moderno pudesse ser produzido. Depois de muita negociação, o embaixador informou que o "mesmo obreiro, com o qual veio a esta casa [com] o dito Mr D'Osembray", ajustou

> o preço e o tempo de dar o tal instrumento na forma em que VS^a. verá na sua obrigação junta, dando-lhe de avance mil livras para poder pagar aos oficiais, visto que os outros instrumentos em que também trabalha não há de receber o preço senão quando os entregar.[91]

Mas, apesar de todos esses cuidados, quando esse telescópio chegou a Lisboa e foi finalmente testado, em 1725, percebeu-se que, infelizmente, apresentava vários defeitos, que foram imediatamente comunicados ao embaixador:

> O primeiro é que não compreende todo o diâmetro do sol e da lua, condição que expressamente se pediu a fim de dar uso ao micrômetro dentro neste mesmo óculo nas observações sobre os ditos planetas.

O segundo é que não é muito claro; em terceiro lugar, o perímetro [está] baixo para um óculo de tanto cumprimento; quarto [que] não se pode voltar para toda parte sem se haver de mover todo o pé, porque se acha impedido no parafuso o cilindro interior quando se quer levantar mais alto o óculo; finalmente o pau que atravessa, sobre o qual se põem os canudos, é extremamente curto, pelo que ficam inclinados os dois extremos, de sorte que não deixam ver coisa alguma: a tudo se procurara aqui dar remédio, mas nem por isso deixe VS[a]. de mandar repreender o artífice pela muita desatenção que teve.[92]

Tais comentários revelam, mais uma vez, não só o grau de conhecimento intelectual da elite científica portuguesa, como sua capacidade crítica e habilidade.

Dom Luís também estava aberto para conhecer novos inventos que pudessem vir a ser úteis aos intentos da Coroa portuguesa e muitos artífices iam procurá-lo para mostrar suas criações.[93] Certa feita, foi procurado pelo "mestre dos relógios da fábrica inglesa, que Law quis estabelecer em Versailles", que lhe trouxe um para testar. O embaixador contou que esse oficial, na mesma ocasião,

também me fez ver outro que pretende não poder variar no mar e por este modo saber-se a longitude, senão precisamente, ao menos com pouca diferença (...) e a experiência que se fez levando-a em um coche, correspondeu ao intento, porque sem embargo dos seus grandes movimentos não variou de um segundo e assim se deve fazer outra experiência no mar.[94]

A questão da medição das longitudes era tema candente na época e a busca por uma forma eficiente de medir as longitudes durante as viagens marítimas era desafio maior, visto que as pêndulas desregulavam-se com o movimento dos navios no mar.[95]

Para os *savants* portugueses, não se tratava apenas de perscrutar os astros errantes e dessa forma medir as longitudes que permitiriam o aperfeiçoamento da representação dos territórios, mas de todas as novidades que contribuíssem para o avanço do conhecimento. Assim, em 1723, dom Luís enviou um microscópio, criado por "Jacques Le

Maire, nativo de Paris, aluno de mr. Butterfield, engenheiro inglês, um matemático célebre". De acordo com o diplomata, a invenção foi testada e aprovada pelo

> insigne Pe. Sebastien, carmelita, igualmente bom religioso, [quanto] inventor e professor de máquinas e instrumentos matemáticos: ele mesmo me falou a favor do oficial que o fez, o qual, abalado da fama que se tem estendido da proteção que *el* rei N.S. dá às ciências e as artes, desejaria ir exercitar a sua em Lisboa, [por isso] me deu a memória que remeto a V.S^a. e, se se aprovar a sua proposição, farei os exames convenientes.[96]

Não era apenas a Coroa que mandava contratar esses *savants,* mas vários se apresentavam espontaneamente, como foi o caso de Le Maire, sabedores do patronato de dom João V à ciência e a artes. Mas alguns desses inventos, o embaixador, como bom *expert* que era, considerou engenhosos, mas impraticáveis. Foi o que ocorreu com a "proposta de mr. Mandel de uma invenção para resgatar, com um aparelho, despojos de navios naufragados". Dom Luís contou que seu autor o procurara para vender o invento ao rei e conseguir uma licença para ir testá-lo junto à costa do Brasil, mas ele acabou por não afiançar a iniciativa.[97]

Em Paris, dom Luís ainda mandou construir um quarto círculo mural,[98] um sextante,[99] um quadrante de três pés e, apesar de os desenhos desse, como dos demais, terem vindo do Reino, foi recomendado que "se acaso algum dos matemáticos da Academia Real quiser neste instrumento acrescentar ou mudar alguma coisa para maior cômodo do mesmo instrumento, VE^{xa}. lho conviria".[100] Nicolas Bion (1652–1733), "importante construtor francês de instrumentos",[101] fez um sextante e uma esfera armilar, "composta de três círculos, que serve para examinar as horas, quartos e minutos de cinco em cinco". A dom Luís foi determinado que, quando estivessem prontos todos os instrumentos, esses deveriam ser imediatamente enviados a Portugal, mas somente depois que "reconhecendo-se estar[em] feitos com a devida exação". [102] Por essa razão, deveriam ser examinados "nas suas operações por pessoas certas na matéria e só com a sua aprovação acertará" a compra.[103] Outra esfera armilar foi feita por Maraldi, que a completou em 1728, segundo as especificações que o padre Carbone redigira em Portugal.[104]

Dom Luís era cuidadoso no contrato que fazia com esses oficiais, detalhava todas as especificações que os *savants* portugueses estabeleciam e determinava que a qualidade dos instrumentos deveria ser conferida e testada antes de embarcados. Nesse sentido, as autoridades reinóis o cumprimentaram, pois o "ajuste feito com os oficiais a respeito do trabalho dos instrumentos matemáticos está bem feito". Esse especificava uma "nova invenção que há de fazer e acrescentar ao quadrante de três pés, sendo útil para maior cômodo e perfeição do instrumento". Para tudo dom Luís consultava os *savants* portugueses e quando teve dúvidas de se "o ferro que estes instrumentos levam na sua composição (...) se havia de pintar", ou não, foi-lhe respondido que "sem dúvida", e que se achava que fosse "coisa escusada de se advertir, [e por isso] se não se explicou na carta" que detalhara a encomenda.[105]

Mas, mesmo com todos esses cuidados, acidentes podiam acontecer a meio caminho, o que podia comprometer a qualidade desses objetos. Foi o que ocorreu com o sextante que, a despeito de o embaixador, em Paris, ter "reconhec[ido] estar fabricado com toda a diligência, perfeição e exação", chegou a Lisboa empenado. No Reino, lamentou-se que "muito tem custado reduzi-lo outra vez à sua perfeita retidão, que totalmente perdeu pelo incômodo que padeceu na viagem, principalmente no plano, entortando-se as travessas de ferro em que se apresenta". Para evitar que isso se repetisse, foi dada ordem para que se cuidasse não apenas de verificar as condições de produção, mas também "a cautela e cuidado na condução dos mais instrumentos para que não padeçam" o mesmo.[106]

Em 1728, dom João V ordenou a produção de dois relógios, cujos mecanismos deveriam ser os mais modernos, encomendados ao relojoeiro parisiense Sieur Thiout. Suas caixas foram produzidas por Sébastien-Antoine Slodtz e Paul-Ambroise, no estilo rococó. Um deles, "monumental, de 11 pés de altura, era encabeçado pelo brasão real português e tinha uma base de um mármore escocês bastante raro". A caixa, feita de bronze, lápis lazúli e mármore, ostentava uma alegoria ao casamento do delfim, dom José, com a infanta espanhola Maria Anna Vitória de Bourbon.[107]

Na Itália, dom João V tornou-se mecenas do astrônomo Francesco Bianchini, proteção intermediada por João Baptista Carbone.[108] Em 1725, o astrônomo mandou de presente ao rei um "raro telescópio, produzido segundo as descobertas de Newton, e produzido pelo astrônomo e filósofo Eustachio Manfredi (1674-1739) da Academia de Ciências de Bolonha".[109] Segundo as especificações de Carbone, Bianchini construiu ainda dois globos e uma esfera armilar para comporem a biblioteca régia[110] e, com o financiamento de dom João V, publicou, em Roma, o livro *Hesperi et phosphori nova phaenomena sive observations circa planetam Veneris*, que reunia as observações astronômicas que fizera de Vênus. Em retribuição, na obra, "o monarca português é elogiado nos termos mais encomiásticos sendo a sua acção na promoção das ciências comparada à dos mais famosos mecenas europeus".[111] Dom João V também é exaltado na imagem que ilustra o frontispício da obra, na qual vários adereços remetem a seu patronato despendido no progresso da geografia, em geral, e da astronomia, em particular, bem como à cultura do monarca nessas áreas.[112] A cena se centra no retrato do rei, que é sustentado por uma musa, que aponta para o futuro, enquanto, no céu, um anjo é o arauto que noticia seu patronato aos quatro cantos do mundo. Esse carrega uma coroa de louros, a qual pousa sobre a cabeça de dom João e faz uma alusão a César, imperador dos imperadores. Vários objetos relacionados às ciências da geografia e da cosmografia estão dispostos na imagem: outra musa, posicionada aos pés do retrato do soberano, lhe oferece uma esfera armilar; um compasso, um telescópio e uma obra de astronomia estão dispostos a seus pés; outro anjo lhe oferece um globo (talvez o planeta Vênus, tema da obra) e, ao fundo, Atlas sustenta, em seus ombros, a terra.

Mapas e estampas

Importante artefato da biblioteca régia foi a coleção de estampas que abrangia uma ampla variedade de itens e temas, como gravuras de artistas, retratos de pessoas de distinção, mapas, vistas de cidades, planos de fortificações etc. Uma coleção de estampas constituía um catálogo visual amplo que ilustrava o estágio do conhecimento humano.[113] O colecionismo régio nessa área se acentuou a partir de 12 de julho de 1724, quando dom João V mandou uma ordem a todos os seus embaixadores, enviada por meio do secretário de Estado, Diogo de Mendonça Corte Real, para que adquirissem todas as gravuras existentes em seus países de residência produzidas nos últimos 30 anos.[114] Seis meses mais tarde, a 30 de janeiro de 1725, a ordem foi ampliada para abarcar "todas as gravuras que se puder encontrar, desde todos os tempos [em] que elas foram inventadas".[115] Essas duas instruções deram novo impulso ao colecionismo régio, mas, como era usual, as compras não se restringiram às estampas e estendiam-se a tudo que pudesse interessar ao intelecto, ao luxo e ao gosto.

Além das estampas propriamente ditas, atlas de conteúdo somente cartográfico ou que misturavam estampas e mapas foram comissionados ou comprados pelos diplomatas portugueses por ordem de dom João V. Destacam-se alguns. O primeiro deles foi o atlas, em sete volumes, que Guillaume Delisle produziu para o rei, em 1721, por encomenda direta de dom Luís.[116]

Magnífico foi um atlas que, a 13 de janeiro de 1722, o conde de Tarouca recebeu ordens para arrematar, o qual estava à venda em um leilão em Amsterdã.[117] Tratava-se do *Atlas Boendermaker*, que revela com maestria essa íntima proximidade entre uma coleção de gravuras e a cartografia, pois, além de mapas, era composto de "uma excelente coleção de estampas, em que havia algumas de preço por serem feitas de pena e de aguadas".[118] Sua base era

> a classificação por país e por continente e a associação entre as cartas, que servem de ponto de partida, e as representações topográficas, de arquitetura, de acontecimentos históricos e os retratos dos que os 'animam', no sentido próprio do termo, segundo Theodorus Boendermaker.[119]

Tarouca descreveu que "o Atlas tinha tanto de raridade, como decerto pompa", porque continha 103 volumes.[120] Custara 8.900 florins, mas seu preço final deveria se elevar, pois ainda "era necessário encaderná-lo e pôr em boa ordem os volumes que ainda não estão formados". Atestava seu valor o fato de "as pessoas inteligentes o prefer[ir]em muito a um que *el* rei da Polônia comprou há anos",[121] a ponto de que "concorriam a vê-lo muitas pessoas das principais da terra".[122] Infelizmente, grande parte desse atlas se perdeu durante um incêndio ocorrido na casa de Tarouca, em Haia.[123] "Não puderam salvar-se mais que 60 volumes, [e] esses truncados." O embaixador lamentou "que ficara uma coleção (...) imperfeita e pouco estimável", mas, para remediar o dano, propôs que se "lha juntassem mapas e estampas que podem descobrir-se e tornar a fazê-lo tão magnífico como era".[124] Seguindo em parte o conselho de Tarouca, para dar coerência ao que restara do precioso atlas, mas com preocupação com os custos finais da empreitada, instruções vieram do Reino "a respeito das estampas alemãs e holandesas que se acham no Atlas que se comprou a Boendermaker" e ordenaram ao embaixador que "VS^a. só compre aquelas estampas que interromperem a boa ordem que se requer na coleção, (...) citando-se a página em que está no mesmo Atlas".[125]

Em outubro de 1723, Tarouca propôs a dom João V que comprasse uns globos do geógrafo italiano Coronelli, que estavam à venda nas Províncias Unidas dos Países Baixos, onde ele servia na ocasião. Os enormes globos (um terrestre e um celeste), de mais de três metros de diâmetro, que Coronelli construíra a pedido de Luís XIV, haviam deslumbrado Paris e, por extensão, a Europa. Os gigantes ficaram abrigados, entre 1715 e 1722, nas galerias do Louvre[126] e dom Luís, que os admirava, certamente levou para vê-los o cardeal da Cunha, quando esse passou pela cidade, em 1722, e foi conhecer o gabinete de Hermand, que ficava no mesmo palácio. De acordo com Tarouca,

> o intento que SM^{de} tem de formar uma grande biblioteca e o muito que eu estimo haver concorrido para esse efeito na execução das suas reais ordens, me faz desejar que se ponham nela uns excelentes globos que se hão de vender aqui nestas Províncias, feitos pelo padre Vicenzo Coronelli.[127]

O embaixador informou que os que estavam à venda em Amsterdã eram "maiores que uns que conheço do Conde da Ericeira, porque têm cinco palmos de diâmetro e estão muito bem montados. Entende-se que o preço há de ser entre trezentos e quatrocentos mil réis".[128] Dom João V, no entanto, enviou ordens, em maio do ano seguinte, para que os globos não fossem adquiridos.[129] Tarouca, porém, talvez por se sentir culpado pela perda de grande parte do atlas e por ter os achado "tão raros pela grandeza e [porque] eram aqui tão geralmente gravados", e como não havia "nem cabia no tempo ter resposta", já os havia comprado por sua conta e risco. Enviou-os ao Reino "no caso que SM[de] queira para a Real Biblioteca, da qual na verdade me parece que são dignos".[130]

No início de 1724, o embaixador escreveu que o abade de Vayrac tinha oferecido vender um atlas ao conde da Ericeira, mas que ele achava que devia ser o rei quem deveria adquiri-lo. Quem estava na posse do atlas era "Pedro Nolasco Convay, o qual [o] tem empenhado em 2.500 livres e declara [o] venderá por 300 luizes".[131] Convay era descendente de judeus portugueses e financiava muitas das compras régias no exterior. Dom Luís considerava que ele era "muito inteligente".[132] De fato, não se tratava de um simples financista, "Convay era renomado [não só] por suas grandes riquezas, [mas por] seu espírito, seu gosto e suas luzes", e possuía uma significativa biblioteca. O catálogo de seus livros, publicado após sua morte, consta de 3.731 obras, o que dá bem a extensão de sua cultura.[133] Sobre a compra do "Atlas do abade de Vayrac", em março, o embaixador recebeu ordens para o adquirir. Cauteloso, afirmou que "eu não os comprarei sem os fazer examinar por pessoa inteligente, por que não tenho boa opinião da probidade do dito abade,[134] que fez o ofício de espião mal premiado".[135] Mas apesar das dúvidas iniciais acabou por o adquirir e, em maio, despachou os pesados volumes. Valeu-se de um *expert* para atestar sua qualidade e tudo indica ter sido esse o jovem geógrafo Jean Baptiste Bourguignon D'Anville, outro integrante do círculo ilustrado do duque de Orléans. Foram embarcados no navio que Pedro Nolasco Convay comprara para transportar exclusivamente as compras régias que se avolumavam a cada dia.[136] No entanto, o navio naufragou logo à partida e, apesar das primeiras notícias de que o atlas não se molhara[137] e fora resgatado do naufrágio, se verificou que sofrera danos com a água.[138]

O atlas de Vayrac parece ter-se perdido com o terremoto, mas sobreviveu a "Coleção de Cartas geográficas, em 03 volumes, que o sr. Embaixador de Portugal fez escolher para seu uso, pelo senhor D'Anville, geógrafo do rei",[139] que nos dá uma ideia do que D'Anville considerava indispensável em termos de cartografia. O primeiro volume, intitulado Mundo, reúne as cartas gerais, a Europa e suas principais divisões, detalhes da Ásia, África e América e finaliza com mapas de cartografia de história antiga. O segundo abarca a França e inclui um mapa geral, mapas históricos, plantas das províncias, rios e uma extensa cartografia de cada uma das dioceses do país. Já o terceiro volume refere-se à Alemanha, Itália, Espanha e às ilhas Britânicas e inclui cartas gerais ou de áreas específicas desses países. Nenhum desses mapas era de autoria de D'Anville, cuja cartografia por essa época era incipiente e praticamente se restringia à Gália antiga. Os mapas que constam do atlas eram, com raríssimas exceções, em sua maioria de autores franceses. A quase totalidade é de autoria de Nicholas Sanson e Guillaume Delisle, mas também há alguns de Nolin, hidrógrafo do rei, de Bernard Jean Jaillot[140] e de Nicolas De Fer.[141] Há ainda alguns poucos mapas de Wischer (entre outros, representam Viena, Utrecht, Reno e Escócia), um da Bavária, de Homann; um da Itália, de Rossi; e um de Auvergne, de Vanlochan. Há também estampas de Mariette, referentes ao Japão, às abadias da França e a uma das dioceses francesas. Portugal aparece apenas em dois mapas, em um deles como parte integrante da Espanha, como era comum na cartografia até o início do século XVIII. Há um mapa do país, de autoria de Placide,[142] de 1700, e um da foz do Tejo, de De Fer, que ostenta algumas vistas de Lisboa.

O que o geógrafo fez foi compilar as melhores cartas existentes, que foram encadernadas por Padeloupe *le jeune*, em seu ateliê na Place de la Sorbonne.

Antoine Michel Padeloupe, comumente chamado Padeloupe *le jeune*, que sucedeu Luc Antoine Boyet como "encadernador do rei" [1733], era originário de uma família que ostentava cinco gerações sucessivas de papeleiros e encadernadores. (...) Padeloupe *le jeune* era muito empregado, não apenas pelo rei, mas por todos os grandes colecionadores de sua época.[143]

Alguns anos depois, Marco Antônio de Azevedo escreveu a Francisco Mendes de Góis, em Paris, encomendou um atlas para o cardeal da Mota e, o que atesta a capacidade de D'Anville como *expert* e a boa qualidade da seleção de mapas constante desse atlas, o aconselhou a procurar "mr. D'Anville, que como se entende na matéria sabe escolher as cartas mais exatas".[144] Seu atlas, por sua qualidade, enriquecia a biblioteca régia e engrandecia seu nome junto aos inteligentes portugueses.

O embaixador e o cartógrafo

Foi exatamente nessa época, quando se avolumavam as encomendas científicas, que dom Luís se aproximou de D'Anville. Aproximação que não é de se estranhar, pois o embaixador estava em contato íntimo com os intelectuais do círculo da casa de Orléans — Delisle, Cassini e Hermand —, à qual D'Anville também estava associado. E, certamente, precisou da licença do duque para recrutá-lo ao serviço de dom João V, como acontecera com os demais.

Não se sabe exatamente quais desses sábios apresentou D'Anville ao embaixador. Tanto pode ter sido Delisle, com quem dividia a instrução geográfica do delfim; ou Hermand, que era seu vizinho nos gabinetes no Louvre e com quem partilhava a produção dos volumes sobre a história militar francesa também para o delfim; ou ainda Cassini, que foi quem entregou a dom Luís os planos do Observatório Real,[145] pois uma das primeiras tarefas confiadas a D'Anville pelo embaixador foi copiar esses planos, com os desenhos dos instrumentos matemáticos do observatório.[146]

Se não se sabe também o momento exato em que ambos estabeleceram o primeiro contato, sabe-se que D'Anville foi incorporado por dom Luís ao grupo de *savants* ao longo de 1724, primeiramente para

254 | Formas do Império

auxiliá-los em suas tarefas e, com o passar do tempo, para adquirir funções de maior destaque. Também não se sabe o mês exato em que se deu a sua contratação, mas sabe-se que, no que diz respeito à cópia dos desenhos do observatório fornecidos por Cassini, em fevereiro de 1725, o embaixador informou ao Reino que "D'Anville corre com a obra dos instrumentos matemáticos".[147] Foi também durante o ano de 1724 que o embaixador começou a comprar uma coleção de estampas na casa Mariette e a cartografia era tema correlato a essas coleções. Foi assim que, nessa ocasião, "monsieur D'Anville e mr. D'Hermand fica[ra]m encarregados de continuarem a coleção [de estampas], com bom gosto e ordem da sua encadernação, porque de uma e outra coisa têm muita inteligência".[148] Em julho de 1724, dom Luís noticiou ao rei que, quanto às estampas, os "dois livros que contêm o estado de *gens d'armerie*, carabineiros e cavalos ligeiros estão acabados e mr. Hermand nos mostrou".[149]

D'Anville foi também encarregado de recuperar o atlas que dom Luís havia embarcado para o Reino e que, logo depois da partida, ficara danificado devido ao naufrágio do barco que o transportava.[150] Pelo seu serviço na coleção de estampas e na restauração do atlas, D'Anville "mand[ou] pedir vinte pistolas por conta do seu trabalho". Dom Luís, que o comissionaria por sua conta sem ordem expressa do Reino e assegurava a qualidade das tarefas, "esper[ava] que SM[de]. leve a bem, que lhas mandasse dar".[151]

Com interesses em comum e servindo-se dos mesmos círculos sociais, o embaixador e D'Anville iniciaram, a partir de então, profícua e longa parceria. Dom Luís encontrou em D'Anville um geógrafo novo, ansioso por reconhecimento, de fora das tradicionais famílias de geógrafos franceses, para quem o patronato de dom João V vir-lhe-ia muito a calhar nas suas estratégias de ascensão intelectual. O geógrafo, por sua vez, encontrava no rei de Portugal um patrono ilustre e magnânimo em suas ofertas e uma porta de acesso às informações geográficas mais recentes das vastas possessões portuguesas, essenciais para a construção de sua geografia de gabinete. As referências a essa parceria vêm à tona, de modo intermitente, nos papéis dos dois, embora grande parte deles tenha

BOSQUE DE MINERVA | 255

se perdido. No levantamento, feito após a morte do embaixador, de seus documentos existentes na embaixada em Paris, há referência a um maço contendo vinte cartas de D'Anville, mas essas não puderam ser localizadas.[152]

À medida que o tempo transcorria, dom Luís progressivamente comprometeu D'Anville com todos os trabalhos de natureza geográfica, matemática e artística de que fora incumbido em Paris. Foi assim que, depois de ter recebido do Reino, em 14 de novembro de 1725, "exemplares das observações que se fizeram do eclipse" da lua, em Lisboa, que havia ocorrido em 1º de novembro do ano anterior, encarregou o geógrafo de "os fazer ver na Academia Real das Ciências [de Paris]".[153] Essa foi a primeira observação astronômica dos padres matemáticos, Carbone e Capassi, com vistas ao estabelecimento do meridiano de Lisboa e, ao que tudo indica, já com o uso dos novos instrumentos vindos de Paris, pois coincide com a instalação do observatório no Paço da Ribeira.[154] Como D'Anville não era sócio da Academia, não poderia ler a memória e foi somente seu portador. Por isso, "a observação do eclipse da lua que VS^a. mandou foi lida na Academia de Ciências pelo diretor e todos a louvaram, mas muito mais a atividade com que VM^{de}. protege as mesmas ciências".[155] Dom Luís reforça que os acadêmicos admiraram a memória, mas, mais ainda, seu patrono, e exaltaram a figura de dom João V como grande protetor das ciências. A descoberta de métodos mais precisos para a medida das longitudes era objeto "em que se engajaram os maiores soberanos da Europa"[156] e disso não se furtava dom João V, que evidenciava seu mecenato frente aos acadêmicos parisienses, alguns deles já colocados ao seu serviço. Nessa ocasião, o diretor da Academia era Cassini e as observações desse eclipse da lua foram lidas por ele, junto com as de Maraldi e Delisle, na sessão de 9 de dezembro. As atas da Academia, no entanto, não dão destaque às observações feitas em Lisboa. Além das feitas em Paris, registra apenas as feitas em Lima.[157]

Nessa mesma ocasião, também foi ordenado a dom Luís que procurasse as memórias das observações que "se fizeram no observatório [de Paris], como também as do íntimo satélite de Júpiter feitas no mesmo observatório, assim no ano passado como neste",[158] para serem comparadas com as que então se fazia em Portugal. "Entre 1724 e 1729, os jesuítas italianos realizaram várias observações astronômicas, não apenas em Lisboa mas também noutras partes do reino."[159] O embaixador conseguiu, mais uma vez por meio de D'Anville, as memórias pedidas e as enviou a Lisboa. As observações sobre o elipse da lua foram fornecidas por Cassini, que "me mandou dizer que me daria também as observações que se fizeram do mesmo eclipse e as do íntimo satélite de Júpiter feitas assim no ano passado como neste".[160] Quando essas memórias chegaram ao Reino,[161] em 1725, o embaixador foi informado pelo secretário de Estado de que

> a observação da eclipse da lua que VE^{xa}. me mandou feita nesse observatório por mr. Maraldi e pelo mesmo comparada com a [que] daqui se mandou foi recebida com muito aplauso, assim por ser feita com tanta miudeza e exação como se costuma, como também por se conformar em muitos pontos com a mesma que se remeteu a VE^{xa}.

O estabelecimento do meridiano de Lisboa era fundamental para iniciar o levantamento cartográfico do império português. Assim, ao se compararem as medições entre as duas cidades, pôde-se

> julgar com maior fundamento qual seja a diferença entre os meridianos de Lisboa e Paris, a qual até agora se lhe dava a maioria de quase dois minutos, por não se ter recebido até o presente observação alguma feita nesse observatório com o qual se pudesse fazer acertada comparação.

Tomar o meridiano de Lisboa e toda a cartografia daí advinda era assunto de Estado, por isso o secretário recomendou a dom Luís que, daqui "por diante, se comunicarão [as observações] feitas com o possível cuidado e diligência e conforme a vontade de SM^{de}. se poderão confirmar e aperfeiçoar as notícias sobre a diferença". [162]

Bosque de Minerva | 257

Finalmente, a 3 de fevereiro de 1725, o embaixador enviou as plantas do observatório da Real Academia de Ciências de Paris,[163] com o desenho de seus principais instrumentos, e deu notícias da feitura dos demais instrumentos necessários para equipar o observatório português que vinham sendo feitos pelos principais artífices locais.[164] D'Anville contribuiu para todas essas tarefas: copiou os planos do observatório e supervisionou os desenhos, a fabricação dos instrumentos e, ainda, a organização das estampas.[165] Junto com Hermand ajudou na organização dos vinte volumes que compuseram essa coleção, comprada dos Mariette.[166]

Em 1725, dom Luís teve de deixar Paris de forma precipitada devido ao rompimento das relações diplomáticas entre Portugal e a França. Nesse momento, D'Anville, que progressivamente ganhara a confiança do embaixador, foi encarregado por dom Luís de, no seu lugar, supervisionar todas as tarefas relacionadas às compras relativas à biblioteca régia,[167] como os índices da coleção que os Mariette, pai e filho, faziam, e encarregar-se "da perfeição e da expedição" deles.[168] De Bruxelas, o embaixador supervisionava o seu trabalho, mas D'Anville teve bastante liberdade de ação.[169] Como quando, em fins de 1725, decidiu "empregar Bion na encomenda de alguns instrumentos astronômicos". Dom Luís endossou a decisão do geógrafo e escreveu ao secretário de Estado que "tornará a ver a razão porque foi preciso" contratar Bion.[170] Não se sabem as razões apontadas pelo geógrafo, mas é patente a confiança que dom Luís nele depositava. Nesse sentido, escreveu ao Reino que, com D'Anville na supervisão das compras régias em Paris, "assim não faltará falsa a minha presença".[171] Com essas palavras ficava clara a camaradagem intelectual que se estabeleceu doravante entre os dois. Assim, à medida que se avolumavam as demandas régias por instrumentos, mapas e livros científicos com vistas ao levantamento geográfico do Brasil, dom Luís pôde ter ao seu lado um *expert* capaz de assessorá-lo nessas tarefas, que se tornavam cada vez mais complexas.

Ao arregimentar os *savants* do círculo intelectual do conde de Orleans, entre eles D'Anville, dom Luís da Cunha foi capaz de enviar para Portugal o que de mais moderno, em termos de livros, instrumentos matemáticos e mapas, se produzia, por essa época, na França, um dos importantes epicentros da renovação intelectual iluminista. Mas nem ele, nem os inteligentes portugueses, nem mesmo dom João V eram puros consumidores passivos dessa produção científica. Com seu espírito crítico, eles participaram ativamente desse processo, seja sugerindo as obras a serem adquiridas, instruindo como esses objetos deveriam ser produzidos, ou melhorados em suas funções, produzindo localmente conhecimento científico, que era então divulgado no restante da Europa por meio de uma produção literária pujante.

Notas

1. DELAFORCE, Angela. *Art and patronage in Eighteenth-century Portugal*, p. 67-68.
2. Ibidem, p. 113.
3. SERRÃO, Joaquim Veríssimo, *História de Portugal*: a Restauração e a monarquia absoluta [1640–1750], p. 407.
4. Arquivo Nacional Torre do Tombo (ANTT), Manuscrito da Livraria, Mss 729, CASTRO, Manuel Baptista de, *Chronica di Maximo Doutor e Principe dos Patriarcas Sao Jeronymo. Particular do Reyno de Portugal*, f. 511v.
5. DELAFORCE, Angela. *Art and patronage in Eighteenth-century Portugal*, p. 67.
6. BRASÃO, Eduardo, Correspondência de D. Francisco Xavier de Meneses (1731–1733), p. 72 e 177. Apud SERRÃO, Joaquim Veríssimo. *História de Portugal*: a Restauração e a monarquia absoluta, p. 407.
7. BLUTEAU, Rafael, *Suplemento ao Vocabulário português e latino que acabou de sair à luz,* Apud DELAFORCE, Angela. *Art and patronage in Eighteenth-century Portugal*, p. 68.
8. ALEGRETE, Manuel Teles da Silva. *Colecçam dos documentos estatutos e memorias da Academia Real da Historia*, p. 10.
9. BLUTEAU, Rafael,"Livraria", in *Vocabulário português e latino*, v. 5, p. 163. Disponível em: <http://www.brasiliana.usp.br/dicionario/edicao/1>.
10. SOUSA, Antônio Caetano de, *História genealógica da Casa Real portuguesa*, p. 272-273.
11. DELAFORCE, Angela. *Art and patronage in Eighteenth-century Portugal*, p. 8; SILVA, Cândido Marciano da, "D. João V patrono do astrônomo Bianchini", in: *Estrelas de papel*, p. 53.
12. CHARTIER, Roger, "Bibliotecas sem muros", in: *A ordem dos livros*, p. 71.
13. ALMEIDA, Luís Ferrand de. "Dom João V e a Biblioteca Real", in: *Páginas dispersas*, p. 213-214; CLUNY, Isabel e BARATA, Paulo J.S., "A propósito de um documento da política cultural joanina", p. 133.
14. CLUNY, Isabel e BARATA, Paulo J.S. "A propósito de um documento da política cultural joanina", *Leituras* , p. 133.
15. HONTANILLA, Ana, *El gusto de la razón*, p. 11.
16. D'ALEMBERT, M., "Preface", in *Éloges lus dans les séances publiques de l'Académie Françoise*, p. xxvi.

17. CARVALHO, Augusto da Silva, "Um agente de Portugal em França, Francisco Mendes de Góis", *Anais da Academia Portuguesa da História*, p. 211-240; CLUNY, Isabel, *O conde de Tarouca e a diplomacia na época moderna*.

18. Essas compras no estrangeiro se seguiram por todo o século XVIII. Só para se ter uma ideia do volume das compras anuais, apenas em Paris, em 1759, estavam estocados mais de três mil livros que aguardavam o embarque para Portugal. ANTT, Manuscritos da Livraria, Cartas oficiais escritas de Paris por Monsenhor Salema a Luís da Cunha Manuel, f. 173, 10 de setembro de 1759.

19. Em 1730, a pedido do cardeal da Cunha, dom Luís visitou a Universidade de Leyden para melhor conhecer seu curso de medicina e esboçar uma proposta para o ensino dessa ciência na Universidade de Coimbra. Nessa ocasião, além de uma proposta de ensino, mandou compor dois catálogos nos quais listou os livros necessários à reforma. Biblioteca Nacional de Lisboa (BNL), Reservados, Maço 62, no. 2, no. 210 e 240.

20. CLUNY, Isabel, "As encomendas reais ou a arte do colecionador", in: *D. Luís da Cunha e a ideia de diplomacia em Portugal*, p. 113-118; SALDANHA, Nuno, *Poéticas da imagem*, p. 286.

21. CLUNY, Isabel. *O conde de Tarouca e a diplomacia na época moderna*, p. 301.

22. FUMAROLI, Marc, *La diplomatie de l'esprit*. De Montaigne à La Fontaine. FUMAROLI, Marc, *Diplomatie de l'espirit*. Colloque l'Europe des Traites de Westphalie.

23. FUMAROLI, Marc, *La diplomatie de l'esprit*. De Montaigne à La Fontaine.

24. CHEVALIER, Nicolas, *Relation des fêtes que son excellence Monseigneur le comte de Tarouca a donnés au sujet des naisssances des deux Princes de Portugal, et de plusiers autres fêtes aissi donnés par son Excellence en differentes occasions*, p. 80.

25. CHEVALIER, Nicolas, *Recherche curieuse d'antiquités venuës d'Italie, de la Grece, d'Egypte, & trouvées à Nimegue, a Santen, au château de Wiltenburg proche d'Utrecht, dans le château de Britten proche de Leyde, & a Tongres.*

26. Idem, *Recherche curieuse d'antiquités venuës d'Italie*, p. 1v.

27. Depois da Alemanha e dos Países Baixos, o jovem Jean-Pierre foi para Viena, contratado para organizar a coleção de estampas do príncipe Eugênio, em grande parte adquirida na casa dos Mariette. CLUNY, Isabel, "As encomendas reais ou a arte do colecionador", p. 113-115.

28. A amizade era um conceito estrutural na sociabilidade do Antigo Regime e adquiria uma dimensão hierárquica e desigual. HESPANHA, M.; XAVIER, Ângela, "As redes clientelares", p. 381-393.

29. As instruções régias chegaram a 12 de junho de 1724. BRANDÃO, Fernando de Castro, *História diplomática de Portugal*, p. 132. ANTT, MNE, Lega-

ção de Londres, Carta de Diogo de Mendonça Corte Real para dom Luís da Cunha, Livro 14 (12-VII-1724), apud: CLUNY, Isabel, "As encomendas reais ou a arte do colecionador", p. 113. Sobre a formação da coleção régia de estampas, ver Mandroux-França, Marie-Thérèse; Préaud, Maxime (Org.), *Catalogues de la collection d'Estampes de Jean V, roi de Portugal, par Pierre-Jean Mariette*; FURTADO, Júnia Ferreira. "Colecionismo e gosto".

30. MARIETTE, P.J., *Le cabinet d'un grand amateur.*

31. Já de volta à França, Jean Pierre Mariette recebeu em Paris em abril de 1722 a patente de impressor. Gravador, impressor e crítico de arte, redigiu muitos catálogos e obras sobre arte.

32. Biblioteca Nacional do Rio de Janeiro (BNRJ), Manuscritos, I-14,04,017, Correspondência de Paris de 1725, 23 de março de 1725.

33. Findley, Paula, *Possessing nature.*

34. ALMEIDA, André Ferrand de, "Os jesuítas italianos em Portugal e a política científica de D. João V.

35. ALMEIDA, Luís Ferrand de, "Dom João V e a Biblioteca Real." In: *Páginas dispersas*: estudos de História moderna de Portugal, p. 209.

36. SILVA, Cândido Marciano da, "D. João V patrono do astrônomo Bianchini", p. 53.

37. Ibidem, .p. 51-54.

38. Delisle estudou astronomia com Cassini. Foi membro da Academia de Ciências e primeiro geógrafo do rei, a partir de 1718, além de tutor do futuro Luís XV. DAWSON, Nelson Martin. *L'atelier Delisle*: l'Amérique du nord sur la table à dessin.

39. SOBEL, Dava, *Longitude*: the true story of a lone genius who solved the greatest scientific problem of his time, p. 23. A lua oferecia inúmeras dificuldades por seu movimento em relação às estrelas não ser bem conhecido, apesar de que houve quem defendesse a viabilidade do sistema, como o astrólogo alemão Johannes Werner, em 1514. Mas no século XVIII o mais comum foi o uso dos satélites de Júpiter e Vênus para a medição das longitudes.

40. Archives des Académie des Sciences de Paris (AASP), Process verbaux, 1720, mercredi, 27 de novembre, 1720.

41. O Meridiano de Ferros era assim denominado porque usava como referência o meridiano que corta essa ilha, no arquipélago das Canárias. Foi empregado pela primeira vez por Ptolomeu e seu uso foi popularizado por Delisle. Por essa época, esse meridiano começou a ser usado na cartografia como um meridiano "internacional".

42. AASP, Process verbaux, 18 decembre 1720. Delisle faz uma confusão no texto entre o Tratado de Tordesilhas e a Bula Pontifícia de Alexandre VI, que o antecede e reduz a posição de Tordesilhas a 100 léguas do arquipélago

de Cabo Verde. CORTESÃO, Jaime, *Alexandre de Gusmão e o Tratado de Madrid*, p. 330-331.

43. ANTT, Ministério de Negócios Estrangeiros (MNE), Correspondência entre diplomatas portugueses e secretários de Estado, Dom Luís da Cunha, livro 790, f. 73, 9 de março de 1721.

44. Delaforce, Angela, *Art and patronage in Eighteenth-century Portugal*, p. 86.

45. ANTT, MNE, Caixa 1, maço 1 (1724–1727), Minutas de cartas de dom Luís da Cunha para Francisco Mendes de Góes, doc. 1.

46. ANTT, MNE, Correspondência entre diplomatas portugueses e secretários de Estado, Dom Luís da Cunha, livro 792, f. 333, Paris, 23 de agosto de 1723.

47. *Mercure de France,* Octobre, 1721, p. 186-187.

48. ANTT, MNE, Correspondência entre diplomatas portugueses e secretários de Estado, Dom Luís da Cunha, livro 792, f. 333, 23 de agosto de 1722. MANDROUX-FRANÇA, Marie-Thérèse, "La collection royale portugaise", p. 59.

49. ALMEIDA, Luís Ferrand de, "O naturalista Merveilleux em Portugal"; CLUNY, Isabel "O caso Merveilleux e Quillard em Lisboa", p. 109-112.

50. ANTT, MNE, Correspondência entre diplomatas portugueses e secretários de Estado, Dom Luís da Cunha, livro 792, f. 333, Paris, 23 de agosto de 1723.

51. ANTT, MNE, Correspondência entre diplomatas portugueses e secretários de Estado. Dom Luís da Cunha, livro 792, f. 333, Paris 23 de agosto de 1723.

52. ANTT, MNE, Correspondência entre diplomatas portugueses e secretários de Estado, Dom Luís da Cunha, livro 793, f. 357, Paris, 10 de julho de 1724.

53. FURTADO, Júnia Ferreira, "História da engenharia", in: STARLING, Heloísa Maria Murguel e GERMANO, Lígia Beatriz de Paula (orgs.). *Engenharia: História em construção*, p. 21-69.

54. BLUTEAU, Rafael. *Dicionário da língua portuguesa*, v. 3, p. 117.

55. BUENO, Beatriz Piccolotto Siqueira, *Desenho e desígnio*, p. 203-206.

56. Ibidem, p. 102.

57. FERNANDES, Mário Gonçalves, (Org.), *Manoel Azevedo Fortes*.

58. BUENO, Beatriz Piccolotto Siqueira, *Desenho e desígnio*, p. 140 (grifo da autora).

59. ANTT, MNE, Correspondência entre diplomatas portugueses e secretários de Estado, Dom Luís da Cunha, livro 793, f. 35, Paris, 24 de janeiro de 1724.

60. BLUTEAU, Rafael. *Dicionário da língua portuguesa*, v. 2, p. 573.

61. ANTT, MNE, Correspondência entre diplomatas portugueses e secretários de Estado, Dom Luís da Cunha, livro 793, f. 357, Paris, 10 de julho de 1724.

62. ANTT, MNE, Correspondência entre diplomatas portugueses e secretários de Estado, Dom Luís da Cunha, Livro 793, f. 453, Paris, 28 de agosto de 1724.

63. ANTT, MNE, Livro 793, f. 543-544, Fotainebleau, 30 de outubro de 1724.

64. ANTT, MNE, Legação de Londres. Livro 14. Cartas de Diogo de Mendonça Corte Real para Dom Luís da Cunha e para o Conde de Tarouca, Paris, 1723 e 1724, f. 186, 26 de julho de 1725.

65. Apud DELAFORCE, Angela. *Art and patronage in Eighteenth-century Portugal*, p. 35.

66. MERVEILLEUX, Charles-Frédèric, *Memoires Instructifs pour un voyager dans les divers état de l'Europe*, p. 177.

67. DELAFORCE, Angela. *Art and patronage in Eighteenth-century Portugal*, p. 69.

68. MANDROUX-FRANÇA, Marie-Thérèse. La collection royale portugaise, p. 59; ANTT, MNE, Correspondência entre diplomatas portugueses e secretários de Estado. Dom Luís da Cunha, livro 792, f. 333, Paris, 23 de agosto de 1723.

69. Lisboa, Biblioteca da Academia de Ciências (BAC), Manuscrito 592, série azul. Apud ALMEIDA, Luís Ferrand de, "O naturalista Merveilleux em Portugal", p. 288.

70. MANDROUX-FRANÇA, Marie-Thérèse, "La collection royale portugaise", p. 59; ANTT, MNE, Correspondência entre diplomatas portugueses e secretários de Estado, Dom Luís da Cunha, livro 792, f. 451-452, Paris, 8 de novembro de 1723.

71. MANDROUX-FRANÇA, Marie-Thérèse, op. cit., p. 59

72. FURTADO, Júnia Ferreira. "Guerra, diplomacia e mapas: a Guerra da Sucessão Espanhola e a América portuguesa na cartografia de D'Anville", p. 66-83.

73. ALMEIDA, André Ferrand de, *A formação do espaço brasileiro e o projecto do Novo Atlas da América Portuguesa*, p. 92.

74. "Em atividade desde 1545, quando os jesuítas se instalaram em Portugal, o Colégio de Santo Antão dispôs a partir de *c.* 1590 de uma Cadeira específica para o ensino das Matemáticas aplicadas à Ciência Náutica, Astronomia, Cosmografia (i.e., *Esfera*), Geometria Prática, Geografia e Arte de Fortificar." BUENO, Beatriz Piccolotto Siqueira, *Desenho e desígnio*, p. 181

75. ANTT, MNE, Correspondência entre diplomatas portugueses e secretários de Estado, Dom Luís da Cunha, livro 793, f. 415, Paris, 7 de agosto de 1724.

76. ANTT, MNE, Correspondência entre diplomatas portugueses e secretários de Estado. Dom Luís da Cunha, livro 14, f. 115, 19 de julho de 1724.

77. ANTT, MNE, Correspondência entre diplomatas portugueses e secretários de Estado, Dom Luís da Cunha, livro 793, f. 415, Paris, 7 de agosto de 1724.

78. DELAFORCE, Angela. *Art and patronage in Eighteenth-century Portugal*. Cambridge: Harvard University Press, 2002, p. 86.

79. ANTT, MNE, Correspondência entre diplomatas portugueses e secretários de Estado, Dom Luís da Cunha, livro 793, f. 448, Paris, 28 de agosto de 1724.

80. ANTT, MNE, Ministério dos Negócios Estrangeiros, Legação de Londres, Livro 14, Carta ao conde de Tarouca, f. 199v, 13 de outubro de 1725.

81. "Ele entregará a VSa. um micrometre da invenção de monsieur LeFevre e pelo que toca aos mais instrumentos matemáticos verá VSa. a memória junta." BNRJ, Manuscritos, I-14,04,017, Correspondência de Paris de 1725, f. 88, 13 de março de 1725.

82. DELAFORCE, Angela, *Art and patronage in Eighteenth-century Portugal*, p. 45-46.

83. Ibidem, p. 46.

84. ANTT, MNE, Correspondência entre diplomatas portugueses e secretários de Estado, Dom Luís da Cunha, livro 14, f. 127, 17 de setembro de 1724.

85. BNRJ, Manuscritos, I-14,04,017, Correspondência de Paris de 1725, f. 88, 13 de março de 1725.

86. "Fico entregue do conhecimento em que vêm os livros e o telescópio, mas o navio ainda não chegou." ANTT, MNE, Livro 14, Carta ao conde de Tarouca e a dom Luís da Cunha, f. 181, 6 de junho de 1725.

87. ANTT, MNE, Correspondência entre diplomatas portugueses e secretários de Estado, Dom Luís da Cunha, livro 793, f. 603, Paris, 10 de dezembro de 1724.

88. ANTT, MNE, Correspondência entre diplomatas portugueses e secretários de Estado, Dom Luís da Cunha, livro 793, f. 625, Paris, 25 de dezembro de 1724.

89. HASSENFRATZ, Jean-Henri, *Encyclopédie méthodique*, p. 231.

90. ANTT, MNE, Correspondência entre diplomatas portugueses e secretários de Estado, Dom Luís da Cunha, livro 793, f. 603, Paris, 10 de dezembro de 1724.

91. ANTT, MNE, Correspondência entre diplomatas portugueses e secretários de Estado, Dom Luís da Cunha, livro 793, f. 625, Paris, 25 de dezembro de 1724.

92. ANTT, MNE, Legação de Londres, Livro 14, Cartas de Diogo de Mendonça Corte Real para Dom Luís da Cunha e para o Conde de Tarouca, Paris, 1723 e 1724, f. 187v, 25 de julho de 1725.

93. O mesmo ocorria com a Real Academia das Ciências de Paris, onde inúmeros *savants* apresentavam seus inventos, que eram examinados, avaliados e aprovados ou não pelos acadêmicos. Por exemplo, a 27 de janeiro de 1725, mr. Lonbardeur "apresentou uma máquina de sua invenção para britagem e peneiramento, etc. e foi nomeado mr. Reaumur e Nicoler para o exame da mesma". AASP, Process verbaux, 1725, 27 de janeiro de 1725.

94. BNRJ, Manuscritos, I-14,04,017, Correspondência de Paris de 1725, f. 89, 23 de março de 1725.

95. SOBEL, Dava, *Longitude*.

96. ANTT, MNE, Documentos diplomáticos de França, Caixa 560, ME.III-A-Fr, C.1, n°. 18, 2 de março de 1723; ME.III-A-Fr, C.1, n°. 19;

97. ANTT, MNE, Correspondência entre diplomatas portugueses e secretários de Estado, Dom Luís da Cunha, livro 793, f. 142-143, Carta de 27 de março de 1724.

98. ANTT, MNE, Livro 14, Carta ao conde de Tarouca e a Dom Luís da Cunha, f. 197, 13 de outubro de 1725.

99. ANTT, MNE, Livro 14, Carta ao conde de Tarouca e a Dom Luís da Cunha, f.199, 23 de outubro de 1725.

100. ANTT, MNE, Legação de Londres, Livro 14, Carta a Dom Luís da Cunha, f. 127, 17 de setembro de 1724, folha anexa.

101. ALMEIDA, André Ferrand de. *A formação do espaço brasileiro e o projecto do Novo Atlas da América Portuguesa*, p. 86.

102. ANTT, MNE, Legação de Londres, Livro 14, Carta a Dom Luís da Cunha, f. 127, 17 de setembro de 1724, folha anexa.

103. ANTT, MNE, Legação de Londres, Livro 14, Carta a Dom Luís da Cunha, f.127, 17 de setembro de 1724, folha anexa.

104. DELAFORCE, Angela. *Art and patronage in Eighteenth-century Portugal*, p.86.

105. ANTT, MNE, Legação de Londres, Livro 14, Carta a Dom Luís da Cunha, f. 127, 17 de setembro de 1724, folha anexa.

106. ANTT, MNE, Livro 14, Carta ao conde de Tarouca e a Dom Luís da Cunha, f.199, 23 de outubro de 1725.

107. DELAFORCE, Angela, *Art and patronage in Eighteenth-century Portugal*, p. 46.

108. Ver ALMEIDA, Os jesuítas matemáticos e os mapas da América portuguesa (1720–1748), p. 79-92.

109. DELAFORCE, Angela, *Art and patronage in Eighteenth-century Portugal*, p. 87.

110. Ibidem.

111. BNP, *Estrelas de papel*, p. 184-185.

112. SILVA, Cândido Marciano da. D. João V patrono do astrônomo Bianchini, p. 56.

113. CUNHA, Lygia da Fonseca Fernandes, *A coleção de estampas Le Grand Théâtre de L'Univers*.

114. MANDROUX-FRANÇA, Marie-Thérèse, La collection royale portugaise, p. 55; ANTT, MNE, Registro de Diogo Corte Real para dom Luís da Cunha e para o conde de Tarouca, Livro 14, f. 122v-123, 12 de julho de 1724.

115. MANDROUX-FRANÇA, Marie-Thérèse, La collection royale portugaise, v. 1, p. 55; BNL, Reservados, AT. 26.12, 8 de março de 1725.

116. ANTT, MNE, Correspondência entre diplomatas portugueses e secretários de Estado, Dom Luís da Cunha, livro 790, f. 388-389, 27 de outubro de 1721.

Um observatório astronômico nos confins da América portuguesa – 1750-1760

Fig. 1
Quarto de círculo,
séc. XVIII. Acervo MAST

Fig. 2
Gravura que acompanha a descrição do instrumento feita por Jean Picard. Nas viagens, o quarto de círculo podia ser utilizado tanto para observações astronômicas quanto para a realização de medidas topográficas.

Um império de outro mundo: a Lua dos Áustrias e a Lua dos astrônomos

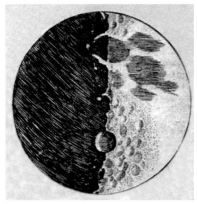

Fig. 1
Um dos cinco mapas lunares publicados por Galileu no *Sidereus nuncius* (Veneza, 1610, in-quarto, f. 9v). A gravação em cobre foi feita a partir de aquarelas do próprio Galileu, datadas de novembro e dezembro de 1609. A grande cratera na metade inferior (Albategnus) é bastante exagerada, para ressaltar a tridimensionalidade.

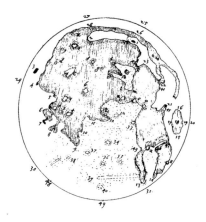

Fig. 2
Mapa da Lua desenhado por Thomas Harriot em 1610 (após o autor já ter visto a Lua de Galileu). Bico de pena sobre papel, in-fólio.

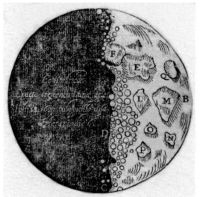

Fig. 3
A Lua de Cristoforo Borri. As letras correspondem, no texto, a indicações topográficas. Gravura em madeira.

Fig. 4
A carta selenográfica de Van Langren (Bruxelas, 1645), folha solta de 49 x 38 cm, com 34 cm de diâmetro lunar. Gravura em cobre com diversas inserções de texto e toponímia detalhada.

Imagens do Império Atlântico português: análise de uma carta-portulano quinhentista

Fig. 1
Fragmento da Carta Atlântica portuguesa, da oficina de Pedro e Jorge Reinel (?), ca. 1535-1549. Palermo, Biblioteca Centrale della Regione Siciliana "Alberto Bombace".

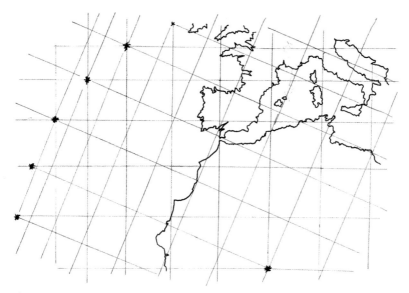

Fig. 2
Estrutura de construção do fragmento da Carta Atlântica portuguesa, ca. 1535-1549.

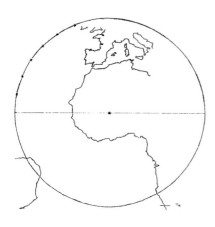

Fig. 3
Tentativa de reconstituição da Carta Atlântica portuguesa, ca. 1535-1549, com base no fragmento existente em Palermo e na Carta Atlântica de Jorge Reinel (?), ca. 1534-1554, existente na James Ford Bell Library, em Minneapolis.

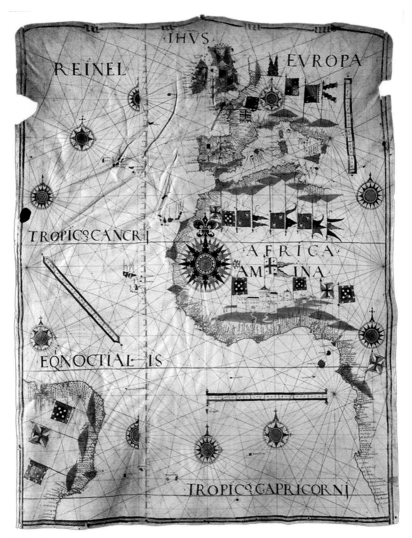

Fig. 4
Carta Atlântica de Jorge Reinel (?), ca. 1534-1554.
Minneapolis, James Ford Bell Library, Universidade de Minnesota.

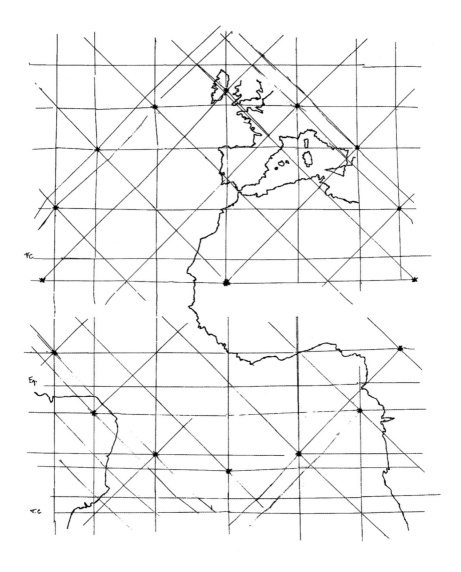

Fig. 5
Estrutura de construção da Carta Atlântica
de Jorge Reinel (?), ca. 1534-1554.

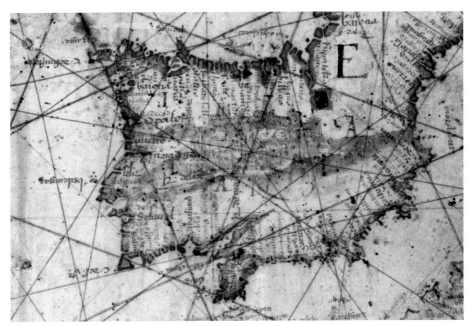

Fig. 6
A Península Ibérica no fragmento da Carta Atlântica portuguesa, ca. 1535-1549.

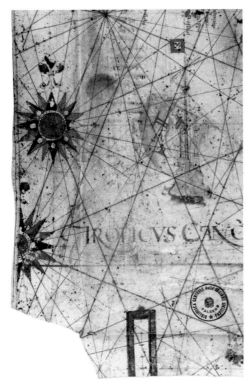

Fig. 7
Caravela redonda no Atlântico, a Sudoeste dos Açores, no fragmento da Carta Atlântica portuguesa, ca. 1535-1549.

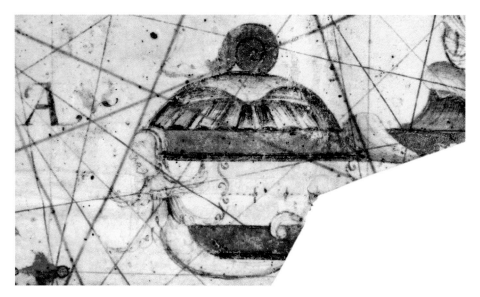

Fig. 8
Cartela com escala gráfica no fragmento da Carta Atlântica portuguesa, ca. 1535-1549.

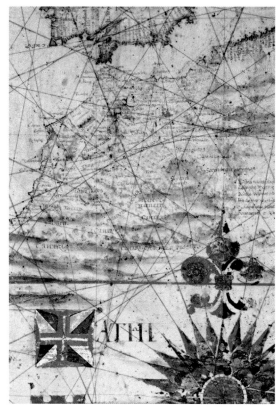

Fig. 9
Marrocos no fragmento da Carta Atlântica portuguesa, ca. 1535-1549.

Dom Rodrigo de Sousa Coutinho, a ciência e a construção do império luso-brasileiro: a arqueologia de um programa científico

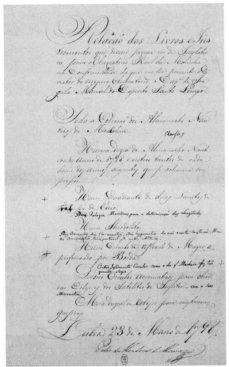

Fig. 1
Lista de livros e instrumentos a adquirir na Inglaterra para equipar o Observatório Real da Marinha, de Lisboa, na qual se veem os instrumentos que D. Rodrigo de Sousa Coutinho acrescentou de próprio punho.

Bosque de Minerva: artefatos científicos no colecionismo joanino

Fig. 1
Capa e frontispício do livro *Hesperi et phosphori nova phaenomena sive observations circa planetam Veneris*, do astrônomo iltaliano Francesco Bianchini.

Fig. 2
Dom Luís da Cunha.
Palácio das Necessidades,
Ministério dos Negócios
Exteriores, Lisboa, 1745.

Fig. 3
Jean Baptiste Bourguignon
D'Anville. Museu de
Versalhes, anônimo,
séc. XVIII.

Fig. 4
Retrato de Jean Baptiste Bourguignon D'Anville, por Benjamin Duvivier.

Colecionismo naturalista na Évora do séc. XIX: as coleções como fundamento da teologia natural no discurso de frei Manuel do Cenáculo

Fig. 1
D. Frei Manuel do Cenáculo Villas-Boas (1724-1814).

Fig. 2
Museu-Sala Augusto Filipe Simões em 1907.

Fig. 3
Sala do Museu da Biblioteca
Pública em 1908.

Fotografia de Luís Ceríaco

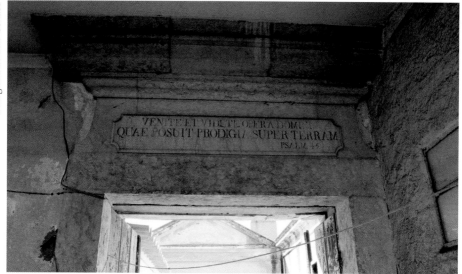

Fig. 4
Placa presente no frontão vestibular do extinto Real Museu de História Natural da Ajuda.

Abuzo
da
Conchyologia
em
Lisboa.
Para servir de Introducção
á minha Theologia dos
(Vermes.)

Anno de 1787

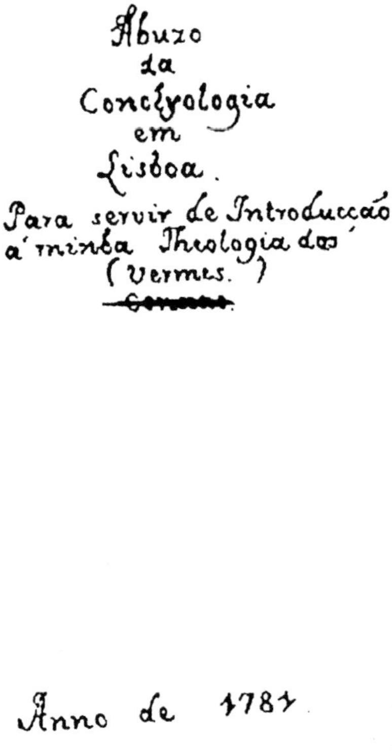

Fig. 5
Capa do manuscrito de Alexandre Rodrigues Ferreira.

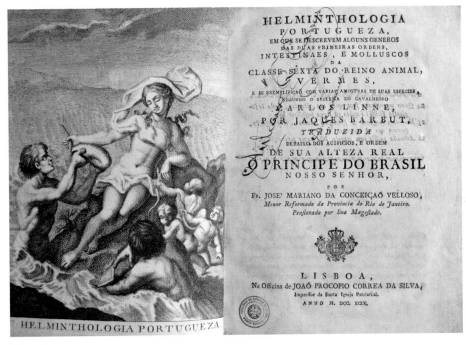

Fig. 6
Imagem da obra *Helminthologia Portugueza*.

Fig. 7
Retrato de Frei José do Mayne, presente na Academia de Ciências de Lisboa. Notar o destaque dado à zoologia, na concha junto à mão de Mayne.

Saint-Hilairie: viagem e botânica filosófica

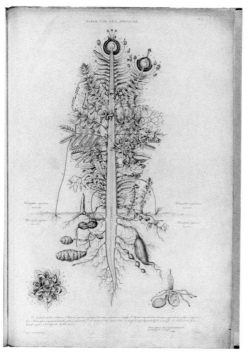

Fig.1
Saint-Hilaire foi um dos relatores escolhidos pela Académie des Sciences de Paris para analisar a tradução que Martins fez das obras de história natural de Goethe, em 1837, edição ilustrada por Turpin. Uma das gravuras sintetiza visualmente o que seria a planta ideal, arquetípica, de Goethe.

Expedição Castelnau e o Império brasileiro: imagens do interior

Fig.1
Vista da fazenda Soledade.
Gravura de Jean-Jacques Champin. Castelnau, *Vues et scènes*, 1853, Prancha 1.

Fig. 2
Casas de cupins.
Gravura de Jean-Jacques Champin. Castelnau, *Vues et scènes*, 1853,
Prancha 2.

Fig. 3
Rio Claro.
Gravura de Jean-Jacques Champin. Castelnau, *Vues et scènes*, 1853,
Prancha 16.

Fig. 4
Praça do Palácio em Goiás.
Gravura de Jean-Jacques Champin. Castelnau, *Vues et scènes*, 1853, Prancha 3.

Fig 5.
Porto da Coroinha.
Gravura de Jean-Jacques Champin. Castelnau, *Vues et scènes*, 1853, Prancha 5.

Um imperador, um naturalista e um diário de viagem

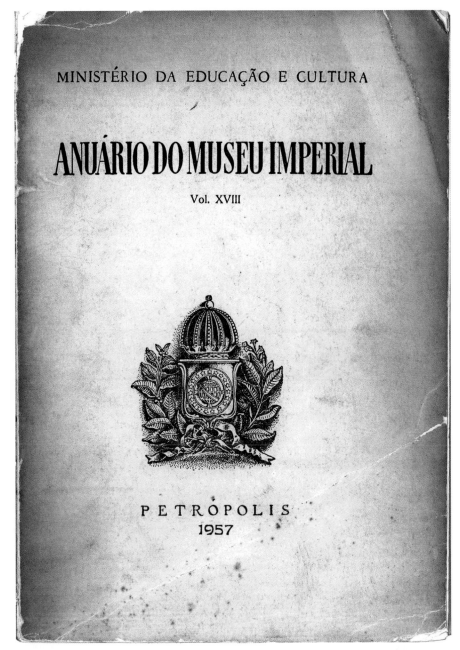

Fig. 1
Capa do Anuário do Museu Imperial de Petrópolis, 1957.

DIÁRIO DA VIAGEM DO IMPERADOR A MINAS (*)

26 de março de 1881 (sábado) — Partida da estação de S. Cristóvão às 6h da manhã. Almôço na Barra do Piraí. Retiram-se os ministros Saraiva, Dantas e Homem de Melo assim como Martinho presidente do Rio ([1]) com quem conversara longamente. Observei bem a estrada na subida da Mantiqueira tendo passado por uma galeria atrás do trem.

Chegada a Barbacena às 4 1/4. Quiseram que eu viesse até casa ([2]) debaixo de pálio. Escusei-me por não ser a primeira vez que visito Barbacena. Segui devagar num carro.

Cuidam de encanar água para a cidade. Pouco pude informar-me até agora. Deputação de chefe de Polícia, ([3]) e outros empregados vindos por parte do vice-presidente ([4]) que se desculpa com incômodo que o priva de montar a cavalo. Não sei quanto tempo ficaram êsses empregados ausentes de seus lugares. Ouvi em conversa que dava muito bem café em Itabira. ([5]) Recebi visitas das 7 às 9. A Câmara Municipal convidou-me para assistir amanhã ao assentamento da pedra fundamental de uma penitenciária que deve ser, segundo a lei, do sistema de Filadélfia modificado. Não há plano nem orçamento.

27 (domingo) — A noite foi muito fresca. Dormi bem. 7h. Ida ao alto do Monte Mário onde se chegou às 7h 35. Havia nuvens no horizonte, porém descobri a serra de S. José, Morro de S. João Del-Rei, montes de Prados para o lado de O. e do S. os serros de Ibitipoca, de cujo cimo disse-me Mr. Lepage que se descobrem com óculo as montanhas de Petrópolis. ([6]) 11h. Missa conventual — Misericórdia. Não teve melhoramentos. Carece

---

(*) Maço 37 — Doc. 1.067 — Diário n.º 24.

([1]) Conselheiros José Antônio Saraiva, chefe do govêrno e ministro da Fazenda; Manuel Pinto de Sousa Dantas, ministro da Justiça; Francisco Inácio Marcondes Homem de Melo (depois barão Homem de Melo), ministro do Império; Martinho Alvares da Silva Campos, presidente da província do Rio de Janeiro.

([2]) Suas Majestades o imperador e a imperatriz hospedaram-se em Barbacena no palacete do presidente da Câmara dos Deputados, visconde de Prados, Dr. Camilo Maria Ferreira Armond (1815-1882) pouco depois elevado a conde do mesmo titulo.

([3]) Era chefe de policia da província de Minas Gerais o bacharel Carlos Honório Benedito Ottoni.

([4]) Dr. José Francisco Neto (1827-1886), médico, pouco depois barão de Coromandel, era o vice-presidente da província, em exercício da presidência.

([5]) Itabira do Campo, hoje Itabirito.

([6]) Evidente exagêro do farmacêutico de Barbacena.

Fig. 2
Página da publicação do *Diário do Imperador* no Anuário do Museu Imperial.

Fig. 3
Capa de um dos volumes da Coleção Reconquista do Brasil.

Fig. 4
Frontispício de um dos volumes da Coleção Brasiliana.

Serie 5.ª — BRASILIANA — *Vol. 126*
BIBLIOTHECA PEDAGOGICA BRASILEIRA

AUGUSTO DE SAINT-HILAIRE

Viagem pelas Provincias de Rio de Janeiro e Minas Geraes

Em Dois Tomos

TOMO 1.º

EDIÇÃO ILLUSTRADA

Traducção e notas de
CLADO RIBEIRO DE LESSA.

1938
COMPANHIA EDITORA NACIONAL
São Paulo — Rio de Janeiro — Recife — Porto-Alegre

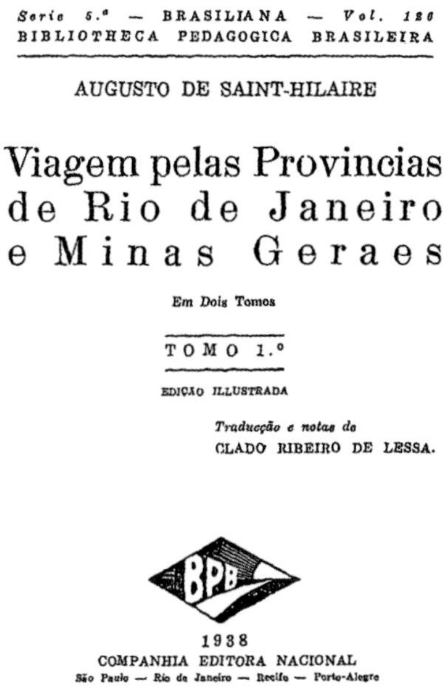

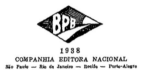

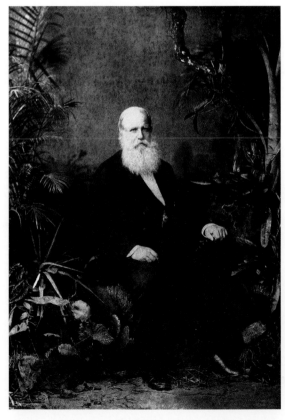

Fig. 5
Extraído do livro de Maria Inez Turazzi. *Poses e trejeitos*. A fotografia e as exposições na era dos espetáculos (1839-1889). Rio de Janeiro: FUINART/ MINC/ROCCO, 1995.

Martius na cachoeira de Araracuara: a imagem do índio e da fronteira americana na historiografia do império tropical

Fig. 1
Cachoeira de Araracuara.

Fig. 2
Porto dos Miranhas.

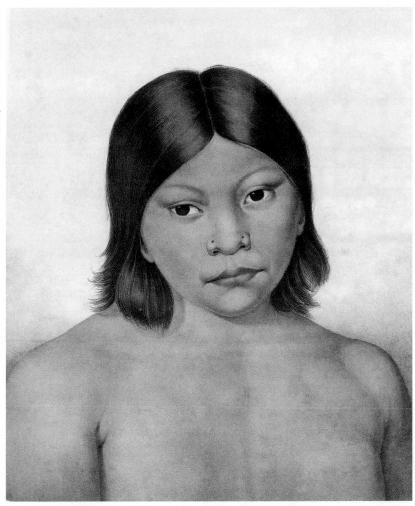

Fig. 3
Índia miranha.

Um olhar introspectivo: a *Revista de Obras Públicas e Minas* e a engenharia colonial

Fig. 1
Estação de caminhos de ferro de Lourenço Marques. Cais de embarque.

Fig. 2
Estação de caminhos de ferro de Lourenço Marques. Linhas férreas.

117. BNL, Arquivo do Conde de Tarouca, AT 2611, 19 de fevereiro de 1722; "Ordenou-me Sua Ma^{de}, em carta de VM de 13 de janeiro do ano passado, que comprasse o Atlas que ajuntava Theodoro Broendermaker e que por ele desse ate 10 mil florins, pouco mais ou menos". BNL; Arquivo do Conde de Tarouca; AT 2611, 18 de março de 1723.

118. BNL, Arquivo do Conde de Tarouca, AT 2611, 18 de março de 1723.

119. MANDROUX-FRANÇA, Marie-Thérèse, La collection royale portugaise, p. 80.

120. BNL, Arquivo do Conde de Tarouca, AT 2611, 18 de março de 1723.

121. BNL, Arquivo do Conde de Tarouca, AT 2611, 2 de abril de 1722. (grifo da autora)

122. BNL, Arquivo do Conde de Tarouca. AT 2611, 18 de março de 1723.

123. "Nos desvãos dessa casa, a que chamam graneiros, e [que] servem de guardar os moveis, tinha eu todo o meu fato (...). Às 10 horas da noite pegou fogo nos ditos graneiros e com tal violência, que dentro em 1 hora queimou toda a morada, sem que eu salvasse dela mais que uma boa parte da baixela e duas tapeçarias, perdendo tudo o mais que tinha. Nos poucos minutos que me deu liberdade um tão arrebatado incêndio só cuidei em salvar pessoalmente, já com evidente perigo, os papeis mais importantes do serviço. (...) Estando os tomos [do Atlas] separados em diversas casas da minha morada, sucedeu nela o incêndio o qual entre outras perdas causou a do Atlas." BNL, Arquivo do Conde de Tarouca, AT 2611, 2 de outubro de 1722.

124. BNL, Arquivo do Conde de Tarouca, AT 2611, 18 de março de 1723.

125. ANTT, MNE, Legação de Londres, Livro 14, Cartas de Diogo de Mendonça Corte Real para Dom Luís da Cunha e para o Conde de Tarouca, Paris, 1723 e 1724, f. 123, 30 de agosto de 1724.

126. RICHARD, Hélène, Les globes de Coronelli, Paris, Bibliothèque Nationale de France, 2006, p. 27.

127. BNL, Arquivo do Conde de Tarouca, AT 2611, 8 de outubro de 1722.

128. BNL, Arquivo do Conde de Tarouca, AT 2611, 8 de outubro de 1722.

129. ANTT, MNE, Legação de Londres, Livro 14, Carta para o Conde de Tarouca, f. 5v, 8 de maio de 1723.

130. BNL, Arquivo do Conde de Tarouca, AT 2611, 6 de maio de 1723. Os globos ainda existem em Lisboa, hoje pertencem ao acervo da Sociedade de Geografia de Lisboa e foram restaurados. Ana Isabel Seruya (Dir.), Globos Coronelli, Lisboa, Instituto Português de Conservação e Restauro, 2004.

131. Carta de Diogo de Mendonça Corte Real para dom Luís da Cunha sobre vários negócios, inclusive a compra de um Atlas, 29 de fevereiro de 1724. Apud: CORTESÃO, Jaime, Alexandre de Gusmão e o Tratado de Madrid, parte III, tomo II, p. 252-254.

132. ANTT, MNE, Correspondência entre diplomatas portugueses e secretários de Estado, Dom Luís da Cunha, livro 790, f. 395, 27 de outubro de 1721.
133. "Avertissement", in *Catalogue des livres de la bibliothèque de feu Mr. de Couvay*, chevalier des ordres du Roi de Portugal, f. iv.
134. Referia-se às conexões do abade com a Espanha. Em 1727, Vayrac se valeu dos *savants* portugueses para atestar, na introdução do seu livro, a qualidade do mesmo. ANTT, MNE, Caixa 1, maço 1, doc. 54, 27 de outubro de 1727.
135. ANTT, MNE, Correspondência entre diplomatas portugueses e secretários de Estado, Dom Luís da Cunha, livro 793, f. 142, Paris, 27 de março de 1724.
136. "Parte para esta corte Francisco Mendes de Góes, o qual entregará a VSa. uma caixa com os Atlas do Abbé Vayrac que hoje remeti ao Harve." ANTT, MNE, Correspondência entre diplomatas portugueses e secretários de Estado, Dom Luís da Cunha, livro 793, f. 142, Paris, 11 de maio de 1724.
137. "(...) porque agora me escreve Pedro Nolasco Convay que o navio naufragara, mas que venturosamente os Atlas não se molharam." ANTT, MNE, Correspondência entre diplomatas portugueses e secretários de Estado. Dom Luís da Cunha, livro 793, f. 319, Paris, 26 de junho de 1724.
138. ANTT, MNE, Caixa 1, Maço 3, Correspondência de Marco Antonio de Azevedo para Francisco Mendes Góis, Doc. 42, Lisboa Ocidental, 14 de agosto de 1729.
139. BNRJ, Divisão de Cartografia, At, 015, 02, 001-003; *Atlas, ou Recueil de cartes geographiques*, D'Anville collection de cartes géographiques en trois volumes que son Excellence l'Ambassadeur a fait choisir pour son usage par le Sieur d'Anville, geographe du Roy: T. 1, Le Monde; TII: La France; T. III: l'Allemagne, l'Italie, l'Espagne, les Iles Britanniques (avec un index manuscrit).
140. Os Jaillot eram uma família que teve várias gerações de geógrafos. No caso, tratava-se de Bernard Jean Hyacinthe Jaillot (1673–1739).
141. Nicolas De Fer (1646–1720), filho de um comerciante de mapas, executou mais de seiscentos mapas. Sua obra mais famosa é *L'Atlas Curieux où le Monde représenté dans les cartes générales et particulières du Ciel et de la Terre*.
142. *Placide* de Sainte Hélène le père, 1649–1734.
143. HORNE, Herbert P, *The binding of books*: an essay in the history of gold-tooled bindings, p. 44.
144. ANTT, MNE, Caixa 1, Maço 3, Correspondência de Marco Antonio de Azevedo para Francisco Mendes Góis, Doc. 42, Lisboa Ocidental, 14 de agosto de 1729.
145. MANDROUX-FRANÇA, Marie-Thérèse, La collection royale portugaise, p. 64-65.
146. Planos do observatório da Relação de Monsieur D'Anville, BNRJ, Manuscritos, I-14,04,017, Correspondência de Paris de 1725, Bruxelas, 29 de outubro de 1725.

147. BNRJ, Manuscritos, I-14,04,017, Correspondência de Paris de 1725, f. 44, 3 de fevereiro de 1725.

148. BNRJ, Manuscritos, I-14,04,017, Correspondência de Paris de 1725, f. 44, 3 de fevereiro de 1725.

149. ANTT, MNE, Correspondência entre diplomatas portugueses e secretários de Estado, Dom Luís da Cunha, livro 793, f. 357, Paris, 10 de julho de 1724.

150. "Pela mesma carta saberá VSa. o estado em que se acha o Atlas que se molhou." ANTT, MNE, Caixa 789, Cópia de cartas de dom Luís da Cunha para a corte de Lisboa, escritas de Bruxelas de 4 de janeiro até 27 de dezembro de 1726, f. 9, 11 de janeiro de 1726.

151. "Da outra carta de mr. D'Anville que por minha ordem corre com a coleção de estampas e está reformando os Atlas que se molharam". ANTT, MNE, Caixa 789, f. 23v, Bruxelas, 25 de janeiro de 1726.

152. ANTT, MNE, Caixa 564, doc. 356, ano 1756.

153. ANTT, MNE, Correspondência entre diplomatas portugueses e secretários de Estado, Dom Luís da Cunha, livro 793, f. 603, Paris, 10 de dezembro de 1724.

154. ALMEIDA, André Ferrand de. *A formação do espaço brasileiro e o projecto do Novo Atlas da América Portuguesa*, p. 94; CARVALHO, Rômulo, *A astronomia em Portugal no século XVIII*, p. 37-53.

155. ANTT, MNE, Correspondência entre diplomatas portugueses e secretários de Estado, Dom Luís da Cunha, livro 793, f. 603, Paris, 10 de dezembro de 1724.

156. Des recherches qui ont été faites jusqu'à present pour trouver les longitudes & des moyens que l'on peut tenter pour parvenir à leur découverte. AASP, Process verbaux, 1722, 15 de avril de 1722.

157. AASP, Process verbaux, 1724, 9 de dezembro de 1724.

158. ANTT, MNE, Correspondência entre diplomatas portugueses e secretários de Estado, Dom Luís da Cunha, livro 793, f. 583, Paris, 4 de dezembro de 1724 e f. 603, Paris, 10 de dezembro de 1724.

159. "A obra de Capassi, intitulada *Lusitania Astronomice Ilustrata*, nunca foi impressa e reúne as observações astronómicas feitas em Coimbra, Porto e Braga entre 1726 e 1727." ALMEIDA, André Ferrand de, *A formação do espaço brasileiro e o projecto do Novo Atlas da América Portuguesa*, p. 97 e 98.

160. ANTT, MNE, Correspondência entre diplomatas portugueses e secretários de Estado, Dom Luís da Cunha, livro 793, f. 603, Paris, 10 de dezembro de 1724.

161. Em 25 de dezembro de 1724, dom Luís escreveu: "Remeto a VS a observação q. Mr. Maraldi fez do último eclipse da lua comparada com a que VSa. me remeteu. Espero a do íntimo satélite de Júpiter." ANTT, MNE, Correspondência entre diplomatas portugueses e secretários de Estado, Dom Luís da Cunha, livro 793, f. 624, Paris, 25 de dezembro de 1724.

162. ANTT, MNE, Legação de Londres, Livro 14, Cartas de Diogo de Mendonça Corte Real para Dom Luís da Cunha e para o Conde de Tarouca, Paris, 1723 e 1724, f. 158, 17 de janeiro de 1725.

163. "Remeto a VSa. em primeiro lugar a resposta que deu o obreiro que faz os instrumentos matemáticos, ao papel que VSa. me mandou, e em segundo mando a VSa., pelo postilhão Manoel da Costa, um livro que contém os planos e relação do observatório de Paris." BNRJ, Manuscritos, I-14,04,017, Correspondência de Paris de 1725, f. 43-44, 3 de fevereiro de 1725, e DELA-FORCE, Angela, *Art and patronage in Eighteenth-century Portugal*, p. 86.

164. ANTT, MNE, Legação de Londres, Livro 14, Carta ao conde de Tarouca, f. 115, 19 de julho de 1724.

165. "Pelo que respeita à coleção das estampas vai também a outra memória, ambas assinadas por mons. D'Anville, que corre com uma e outra obras, a que deu grande facilidade às últimas ordens." BNRJ, Manuscritos, I-14,04,017, Correspondência de Paris de 1725, f. 88, 13 de março de 1725.

166. "Ajunto a esta a memória das estampas que mr. Mariette tem dado com os seus preços e a dos volumes que se ficam encadernando." BNRJ, Manuscritos, I-14,04,017, Correspondência de Paris de 1725, f. 44, 3 de fevereiro de 1725.

167. SILVA, Cândido Marciano da, "D. João V patrono do astrônomo Bianchini", in *Estrelas de papel*, p. 54.

168. "Remeto a VSa. a conta dos preços de cada estampa de que se compõem os 20 volumes, de que deixei para se embarcar, com o resumo do que também custou a sua encadernação e o trabalho de fazer e copiar os seus index. (...) Ao sair de Paris ajustei com o mesmo encadernador que daqui por diante (...) mr. D'Anville ficou encarregado da perfeição e da expedição. Para sempre me deve remeter os tais index em francês para que aqui se traduzir em português." BNRJ, Manuscritos, I-14,04,017, Correspondência de Paris de 1725, Bruxelas, 29 de outubro de 1725.

169. "Logo recebi a terceira carta que respeita a coleção de estampas, escrevi a mr. D'Anville na conformidade que VSa. me advertisse, ele me tinha escrito a carta que remeto na qual VSa. verá a desculpa que Mariette buscou para a demora, porque a notícia dos passaportes que mandava buscar para a nossa jornada lhe deu esta ocasião." Lisboa Ocidental, 14 de agosto de 1726. ANTT, MNE, Caixa 789, Cópia de cartas de dom Luis da Cunha para a corte de Lisboa, escritas de Bruxelas de 4 de janeiro até 27 de dezembro de 1726, f. 41, 8 de março de 1726.

170. ANTT, MNE, Caixa 789, Cópia de cartas de dom Luís da Cunha para a corte de Lisboa, escritas de Bruxelas de 4 de janeiro até 27 de dezembro de 1726, f. 9, 11 de janeiro de 1726.

171. BNRJ, Manuscritos, I-14,04,017, Correspondência de Paris de 1725, f. 44, 3 de fevereiro de 1725.

Referências

ALEGRETE, Manuel Teles da Silva. *Colecçam dos documentos estatutos e memorias da Academia Real da Historia.* Lisboa: Officina de José António da Sylva, 1727.

ALMEIDA, André Ferrand de. "Os jesuítas matemáticos e os mapas da América portuguesa (1720-1748)". *Oceanos,* Lisboa, n° 40, 1999, p. 79-92.

_____. "Os jesuítas italianos em Portugal e a política científica de D. João V". In: *A formação do espaço brasileiro e o projecto do Novo Atlas da América Portuguesa.* Lisboa: Comissão Nacional para a Comemoração dos Descobrimentos Portugueses, 1991, p. 85-100.

_____. "Dom João V e a Biblioteca Real". In: *Páginas dispersas:* estudos de história moderna de Portugal. Coimbra: Instituto de História Econômica e Social; Faculdade de Letras da Universidade de Coimbra, 1995.

ALMEIDA, Luís Ferrand de. "O naturalista Merveilleux em Portugal", *Revista Portuguesa de História,* Coimbra, tomo XXIV, 1988, p. 273-292.

"Avertissement". In: *Catalogue des livres de la bibliothèque de feu Mr. de Couvay,* chevalier des ordres du Roi de Portugal, Paris: Chez Damonneyville, 1755.

BLUTEAU, Rafael. *Dicionário da língua portuguesa.* Lisboa: Oficina de Thadeo Ferreira, 1739.

_____. *Suplemento ao Vocabulário português e latino que acabou de sair à luz,* ano 1721. Lisboa, 1727–1728, v. 2.

_____. "Livraria". In: *Vocabulário português e latino.* Coimbra: No Collegio das Artes da Companhia de Jesus, 1728. v. 5, p. 163. Disponível em: <http://www.brasiliana.usp.br/dicionario/edicao/1>.

BUENO, Beatriz Piccolotto Siqueira. *Desenho e desígnio:* o Brasil dos engenheiros militares (1500–1822). São Paulo: Edusp, 2012.

CAETANO, Joaquim Oliveira (Coord.). *Gravura e conhecimento do mundo:* o livro impresso ilustrado nas coleções da BN. Lisboa: Biblioteca Nacional, 1998.

CARVALHO, Augusto da Silva. "Um agente de Portugal em França, Francisco Mendes de Góis", *Anais da Academia Portuguesa da História,* Lisboa, série II, vol. 2, 1949, p. 211-240.

CARVALHO, Rômulo. *A astronomia em Portugal no século XVIII.* Lisboa: ICLP, 1985.

CHARTIER, Roger. "Bibliotecas sem muros". In: *A ordem dos livros:* leitores, autores e bibliotecas na Europa entre os séculos XIV e XVIII, 2ª. ed., Brasília: UnB, 1998.

CHEVALIER, Nicolas. *Recherche curieuse d'antiquités venuës d'Italie, de la Grece, d'Egypte, & trouvées à Nimegue, a Santen, au château de Wiltenburg proche d'Utrecht, dans le château de Britten proche de Leyde, & a Tongres*, Utrecht, Chez N. Chevalier, 1709.

_____. *Relation des fêtes que son excellence Monseigneur le comte de Tarouca a donnés au sujet des naisssances des deux Princes de Portugal, et de plusiers autres fêtes aissi donnés par son Excellence en differentes occasions*, Utrecht, Chez N. Chevalier, 1714.

CLUNY, Isabel. "As encomendas reais ou a arte do colecionador". In: _____. *D. Luís da Cunha e a ideia de diplomacia em Portugal*. Lisboa: Livros Horizontes, 1999.

_____. "O caso Merveilleux e Quillard em Lisboa". In: _____. *D. Luís da Cunha e a ideia de diplomacia em Portugal*. Lisboa: Livros Horizontes, 1999.

_____. *O conde de Tarouca e a diplomacia na época moderna*. Lisboa: Livros Horizonte, 2006.

CLUNY, Isabel; BARATA, Paulo J.S. "A propósito de um documento da política cultural joanina", *Leituras* — Revista da Biblioteca Nacional de Lisboa, v. 3, nº. 3, abr./out. 1998.

CORTESÃO, Jaime. *Alexandre de Gusmão e o Tratado de Madrid*. Lisboa: Livros Horizonte, 1984, v. 2.

CUNHA, Lygia da Fonseca Fernandes. *A coleção de estampas Le Grand Théâtre de l'Univers*, V. III, tomos CII-CXXV. Rio de Janeiro: Fundação Biblioteca Nacional, 2004

D'ALEMBERT, M. "Preface". In: *Éloges lus dans les séances publiques de l'Académie Françoise*. Paris: Panckoucke, 1779.

DAWSON, Nelson Martin. *L'atelier Delisle*: l'Amérique du nord sur la table à dessin. Sillery, Quèbec: Editions du Septentrion, 2000.

DELAFORCE, Angela. *Art and patronage in Eighteenth-century Portugal*. Cambridge: Harvard University Press, 2002.

FERNANDES, Mário Gonçalves (Org.). *Manoel Azevedo Fortes*: cartografia, cultura e urbanismo (1660–1749). Porto: Gedes, 2006.

FINDLEY, Paula. *Possessing nature*: museus, colleting, and scientific culture in early modern Italy. Berkeley: University of California Press, 1996.

FUMAROLI, Marc. *Diplomatie de l'espirit*: Colloque l'Europe des Traites de Westphalie. Paris, 1968.

_____. *La diplomatie de l'esprit*: De Montaigne à La Fontaine. Paris: Hermann, 1994.

FURTADO, Júnia Ferreira, "História da engenharia". In: STARLING, Heloísa Maria Murguel; GERMANO, Lígia Beatriz de Paula (Orgs.). *Engenharia: História em construção*. Belo Horizonte: UFMG, 2012. p. 21-69.

_____. "Colecionismo e gosto". In: *Oráculos da geografia iluminista*: dom Luís da Cunha e D'Anville na construção da cartografia sobre o Brasil. Belo Horizonte: UFMG, 2012, cap. 5.

_____. "Guerra, diplomacia e mapas: a Guerra da Sucessão Espanhola e a América portuguesa na cartografia de D'Anville", *Topoi*, Rio de Janeiro, v. 12, nº. 23, jul.-dez. 2011, p. 66-83.

HASSENFRATZ, Jean-Henri. *Encyclopédie méthodique. Physique*, t. 2, Paris, Hôtel de Thou, 1793.

HESPANHA, M.; XAVIER, Ângela. "As redes clientelares". In: MATTOSO, José. (Org.), *História de Portugal*: o Antigo Regime, v. 4, Lisboa, Editorial Estampa, 1993, v. 4.

HONTANILLA, Ana. *El gusto de la razón*: debates de arte y moral en el siglo XVIII español. Madrid: Iberoamericana, 2010.

HORNE, Herbert P. *The binding of books*: an essay in the history of gold-tooled bindings. Nova York: The Grolier Club, 1884.

MANDROUX-FRANÇA, Marie-Thérèse; PREAUD, Maxime (Org.). *Catalogues de la collection d'Estampes de Jean V, roi de Portugal, par Pierre-Jean Mariette*. Lisboa; Paris: Fundação Calouste Gulbenkian; Bibliothèque Nationale de France; Fundação da Casa de Bragança, 2003. 3 v.

MANDROUX-FRANÇA, Marie-Thérèse. "La collection royale portugaise". In: MANDROUX-FRANÇA, Marie-Thérèse; PREAUD, Maxime (Org.). *Catalogues de la collection d'Estampes de Jean V, roi de Portugal, par Pierre-Jean Mariette*. Lisboa; Paris: Fundação Calouste Gulbenkian; Bibliothèque Nationale de France; Fundação da Casa de Bragança, 2003. v.1.

MARIETTE, P.J. *Le cabinet d'un grand amateur*, 1694–1774. Paris: Musée du Louvre, 1967.

MERVEILLEUX, Charles-Frédèric. *Memoires Instructifs pour un voyager dans les divers état de l'Europe*. Amsterdam: H. Du Sauzet, 1738. t. 1.

RICHARD, Hélène. *Les globes de Coronelli*. Paris: Bibliothèque Nationale de France, 2006.

SALDANHA, Nuno. *Poéticas da imagem*. Lisboa: Caminho Editorial, 1995.

SERRÃO, Joaquim Veríssimo. *História de Portugal*: a Restauração e a monarquia absoluta [1640–1750]. 2a. ed., v. 5. Lisboa: Verbo, 1982.

SILVA, Cândido Marciano da. "D. João V patrono do astrônomo Bianchini". In: *Estrelas de papel*: livros de astronomia dos séculos XIV a XVIII. Lisboa: Biblioteca Nacional de Portugal, 2009.

SOBEL, Dava. *Longitude*: the true story of a lone genius who solved the greatest scientific problem of his time. Nova York: Penguin Books, 1995.

SOUSA, Antônio Caetano de. *História genealógica da Casa Real portuguesa*. Lisboa: Oficina de José Antonio da Sylva, 1741. tomo VIII.

Colecionismo naturalista na Évora do século XIX: as coleções como fundamento da teologia natural no discurso de frei Manuel do Cenáculo

Luis Miguel Pires Ceríaco* e João Carlos Pires Brigola**

O século XVIII em Portugal acompanhou, em termos museológicos e científicos, as principais tendências europeias. A atração pelo universo da natureza é, de fato, detectável entre os colecionadores joaninos, tanto quanto entre os seus contemporâneos peninsulares e europeus, exemplifica os valores culturais e as aspirações coletivas que passavam do barroco para o iluminismo e mostra o aparecimento de interrogações científicas de um novo tipo.[1] Pelo país, principalmente em Lisboa e Coimbra, surgiram, durante o século XVIII, várias instituições, públicas e privadas, dedicadas ao colecionismo e ao estudo da história natural. O primeiro registro desse colecionismo surge ainda na segunda metade do século XVII com o gabinete do conde da Ericeira, seguido de outros colecionadores privados,[2] até serem fundados, em 1768, o Real Museu de História Natural da Ajuda e, em 1772, o Museu de História Natural da Universidade de Coimbra. Esse constitui o início dos estudos públicos de história natural no país.[3]

Dom frei Manuel do Cenáculo Villas-Boas (1724–1814) foi um dos mais importantes vultos do iluminismo português (Fig. 1). Reconhecido

---

*Centro de Estudos de História e Filosofia da Ciência (CEHFCi), Universidade de Évora.
**Centro de Estudos de História e Filosofia da Ciência (CEHFCi) e Departamento de História, Universidade de Évora.

intelectual, cursou humanidades e teologia em Coimbra e ingressou na ordem franciscana. Ilustre poliglota e criador de bibliotecas, foi escolhido pelo marquês de Pombal para ser preceptor do príncipe dom José. Foi também presidente da Real Mesa Censória e da Junta da Providência Literária, criada para tratar da reforma dos estudos, e finalmente da Junta do Subsídio Literário. Quando do falecimento de dom José I e do afastamento do marquês de Pombal, frei Manuel do Cenáculo afasta-se de Lisboa e dirige-se para Beja, onde atua como bispo.[4]

É nessa cidade alentejana que Cenáculo cria, a 15 de março de 1791, o museu Sisenando Cenaculano Pacense, na Igreja de São Sisenando, próxima do paço episcopal.[5] Esse museu continha os objetos de antiquaria trazidos da sua inicial coleção, reunida no Convento de Nossa Senhora de Jesus, em Lisboa, notadamente um medalheiro[6] e telas de pinacoteca,[7] e achados arqueológicos, notadamente romanos, nos quais Cenáculo reconhecia a importância da investigação arqueológica para conhecimento do passado da região[8] e do seu novo interesse: os espécimes naturais, representantes dos três reinos da natureza. Essa nova área de coleção, a história natural, certamente influenciada pelas tendências, então muito em voga, do estudo da *philosophia natural*,[9] encontra-se registrada nas várias cartas dirigidas a Cenáculo sobre a compra, venda, troca e oferta de produtos naturais, nos registros de vários diretores da Biblioteca Pública de Évora e de outros estudiosos e nas peças incorporadas ao museu de Évora.[10]

A 3 de março de 1802, Cenáculo é nomeado arcebispo de Évora, para onde se muda no mesmo ano, e leva consigo a maioria das suas coleções. Em 1805 estabelece no próprio paço episcopal uma cátedra de eloquência e junto àquele edificou duas salas, onde colocou a sua biblioteca e o seu museu. A 29 de julho de 1808, quando da invasão de Évora pelo Exército francês comandado pelo general Loison, esses espaços sofreram, tal como o resto da cidade, a violência e o saque. Relata-nos Cenáculo que,

> À vista de todos estes sofrimentos com paciência e humildade, se resolveu o general a dizer-me que a minha casa era livre de saque (...) mas não foi a sua palavra observada; porque por elle mesmo

general foi a minha casa saqueada excessivamente; não ficou quasi nada da prata de que o meu antecessor se tinha provido; fiquei sem anel episcopal; todo o copioso monetário (...) Tudo quanto era ouro e prata foi saqueado, como tambem rasgados os livros e feitos pedaços os manuscriptos, quebrando as mais pequenas e delicadas peças do museu natural e artificial.[11]

Poucos anos depois da invasão francesa, Cenáculo morre aos 89 anos, a 26 de janeiro de 1814. Em junho do mesmo ano, na Academia Real de Ciências, de que era sócio honorário, é feito um elogio público à sua grandiosa atividade intelectual. Em Évora deixa o espólio da biblioteca e do museu, que foi sendo timidamente acrescentado pelos sucessivos diretores da biblioteca. Uma das principais ofertas à coleção foi feita pelo conde da Ponte, vedor da Casa Real em 1841, quando foram entregues 244 conchas da coleção de el rei dom Pedro V.[12]

Era assim que Gabriel Pereira[13] definia em 1886 a coleção de *naturalia* existente na sala do museu na Biblioteca Pública de Évora.

Esta colecção não é muito numerosa, contêm alguns objectos importantes; não está classificada, apenas objectos análogos agrupados. É uma reunião de objectos, não é uma colecção feita por amador ou estudioso, obedecendo a plano ou método, com um fim de estudo determinado. Muitos, e dos mais importantes desses objectos foram adquiridos pelo arcebispo Cenáculo por compra ou oferta; no tempo de Rafael Lemos, de Rivara, de Simões, entraram outros; modernamente as colecções têm crescido lentamente por dádivas particulares. (...) Sobre o armário, entrando na sala, à direita, (...); alguns produtos naturais, exemplares de cristais, cerâmicas antigas; figuras japónicas gravadas em raízes; um tatou, uma cabeça de javardo, etc. Por isto se vê que é uma simples reunião de objectos, um bric-a-brac, com os atrativos das surpresas, do acaso. (...) Em outra vitrine (...) produtos naturais. Fósseis, dentes de javardo, de urso, de grandes felinos, etc. Ponta de rinoceros, presas de focas, etc. (...) Cristais, ágatas, malaquites, amostras de mármore. (...) Colecção conchiológica oferecida por el-rei D. Pedro V. Algumas conchas lavradas. Produtos marinhos, sendo alguns exemplares notáveis. Exemplares de minérios, dendrites. (...) Em um armário da sala estão algumas armas e insígnias, bastões de comando (pouco vulgares) de selvagens, um unicorne muito notável, uma arma ou agulha de espadarte, etc.

Apesar de essa descrição datar de mais de setenta anos após a morte de dom frei Manuel do Cenáculo e de, como refere Gabriel Pereira, terem sido incorporados alguns objetos pelos diretores que lhe sucederam, é provavelmente das melhores fontes que temos hoje para compreender o que era então a coleção de *naturalia* do arcebispo de Évora. Mais tardias, mas ainda assim ilustrativas de como era em parte a sala do museu do Cenáculo (ou sala Augusto Filippe Simões, como ficou também conhecida), são as fotografias, já do início do século XX (figs. 2 e 3), nas quais se pode ver a rica coleção de quadros, materiais etnográficos e também espécimes naturais.

O gabinete de curiosidades de *Naturalia et Mirabilia* (ou museu)

Alguns objetos que hoje se encontram no Museu de Évora, apesar de não se conseguir traçar com rigor a sua origem nem a data de incorporação, podem, com algum grau de incerteza, ser atribuídos ao colecionismo de Cenáculo. Não só por se encontrarem mais ou menos referenciados em algumas cartas e documentos, mas também pela sua natureza ser bastante semelhante à maioria dos que pertenciam às coleções naturalistas do século XVIII, notadamente nas famosas *Kunst- und Wunderkammer* europeias, por exemplo, os bicos de aves exóticas, as carapaças de tartaruga, os tatus, os focinhos de peixe-serra e espadarte, ou os mais míticos, como a presa de narval (que se acreditava ser um chifre de unicórnio), os chifres de rinoceronte ou as maravilhosas produções do mundo vegetal, tais como os cocos gigantes, ou as raízes de forma humana, as mandrágoras.[14] Também algumas pedras encontradas no interior de animais ou humanos, conhecidas como bezoares, eram presença comum nesses tipos de coleção.[15]

Um documento existente na Biblioteca Pública de Évora,[16] presumivelmente da época de Cenáculo e sobre o seu gabinete, refere-se a algumas peças.[17] As seis peças referidas, o "Bezoard ou Calcul de animal", a "Amoleta", o "Espadarte", a "Vaca Marina", o "Camaleão" e o "Hipopotamus", são acompanhadas por descrições que as apresentam ao leitor/visitante do museu.[18] Essas descrições socorrem-se por vezes de autores clássicos, como Aristóteles ou Plínio, o Velho, para explicar algumas características particulares da peça.[19] Denota-se também que não é usada a nomenclatura lineana para identificar as peças, nem o modelo de classificação hierárquica adotado a partir de Lineu. Apresenta-se, por exemplo, o hipopótamo como um *"animal Amfibio, quadrupede"*, quando o termo *"mamaes"* (mamíferos) era já bastante usado nas classificações que se faziam em Portugal.[20]

O gabinete de curiosidades de frei Manuel do Cenáculo encontrava-se em estreita ligação com a sua rica biblioteca. No contexto do século XVIII europeu, a biblioteca e o gabinete partilhavam de bastantes características em comum. Eram essencialmente espaços privados no interior das residências de seus donos, onde esses se recolhiam do mundo para estudar a natureza. Fosse para o recreio, fosse para a pesquisa, ambos serviam como ponto de partida para um inquérito especulativo.[21] Mesmo em termos físicos, a biblioteca e o gabinete costumavam ser em espaços adjacentes e as suas funções relacionavam-se mutuamente. Os exemplos de situações nas quais o gabinete e a biblioteca se encontravam interligados são bastante comuns na Europa do século XVIII, como na coleção de Antonio Giganti, em Bolonha, de Leonhard Christoph Sturm, na Alemanha, no *"Cabinet de Piéces rares & curieuses qui regardassent l'Étude"*, da Abadia de Sainte-Geneviève, em Paris, ou na Kunstkammer, idealizada por Caspar Friedrich Neickel em 1727, entre outros.[22]

Apesar de ser um gabinete nascido no fim do Setecentos/início do Oitocentos, o gabinete de Cenáculo, ou museu, como esse pretendia já chamar-lhe, assemelhar-se-ia muito mais aos gabinetes de curiosidades (*Kunst- und Wunderkammer*) renascentistas, nos quais imperava uma desordem maneirista e a primazia era dada às peças mais maravilhosas e nos quais o objetivo máximo era mais uma tentativa de recompor e sistematizar o conhecimento por meio da reconstrução de todo o mundo natural num microcosmos particular do que propriamente a noção de gabinete/museu de história natural de meados do século XVIII. A *Kunst- und Wunderkammer* é um fenômeno de herança gótica, principalmente presente no centro da Europa, na qual eram especialmente valorizadas as peças maravilhosas, singulares e pouco comuns da natureza e da arte e que não apresentava um objetivo classificatório ou científico, mas sim um modelo de representação da complexidade e do caos de todo o universo. Sua visita era um momento de experiência do conhecimento. Já o gabinete de história natural apresentava um critério mais especializado na escolha das peças, na sua descrição, revelava um plano conceitual baseado numa epistemologia particular e, contrariamente ao gabinete de curiosidades, de natureza privada, era já um local aberto ao público, com intenções didáticas e de pesquisa.[23]

Uma das melhores formas de compreendermos essa distinção pode ser encontrada na leitura da *Oração de Inauguração do Museu Pacense* dita em Beja a 15 de março de 1791.[24] Nela se denota a importância dada à pesquisa, desenvolvida por meio do museu, em que estudava todas as ciências nele contidas (leiam-se objetos), com o objetivo de conhecer a obra de Deus e os seus usos e desse estudo poder-se-ia compreender a grandeza da obra de Deus e denunciar superstições.[25]

A coleção de *naturalia* de frei Manuel do Cenáculo encontrava-se numa encruzilhada epistemológica. Era, por um lado, uma típica coleção de curiosidades, um microcosmos caótico e sem uma clara intenção de sistematização científica, e, por outro lado, apresentava uma ligeira tendência de exposição pública e didática do conhecimento científico. Nesse discurso museológico e didático, reforçam-se as ideias da *Theologia Natural*, pretere-se a prática classificatória lineana, já bastante usada em Portugal, formalmente instituída por Vandelli algumas dezenas de anos atrás[26] (e que Cenáculo certamente conhecia desde a época pombalina), e recorre-se ainda aos autores clássicos, como Aristóteles e Plínio, o Velho.

A atual coleção do Museu de Évora apresenta um número de peças reduzido. Tal deve-se a diversos fatores e talvez o mais importante seja o fato de ela não ter sido o único nem o mais importante interesse de frei Manuel do Cenáculo. Todavia, ao longo dos séculos XIX e XX verificou-se também a incorporação de algumas peças para a coleção, notadamente doações posteriores à morte de Cenáculo, como, por exemplo, a coleção de conchas de dom Pedro V ou a doação de peças africanas, no início do século XX, pelo Dr. Francisco Barahona (1843–1905). No entanto, os episódios em que a coleção foi depredada foram substancialmente mais comuns e de maior impacto. Durante as invasões francesas observou-se a destruição de uma parte da coleção e, em 1922, deu-se a transferência de muitas das peças, notadamente a coleção de conchas de dom Pedro V e uma coleção de minerais, para o Liceu de Évora, onde ainda hoje se encontram. Por outro lado, a falta de estudo, valorização e exposição das peças de *naturalia* que sobraram desses dois grandes episódios de empobrecimento da coleção levou à sua consequente degradação e destruição. O estado de algumas peças taxidermizadas, notadamente a cabeça de um hipopótamo e a cabeça de um javali, que estão bastante deterioradas, ilustra essa situação. Também o "monstro" presente na coleção, um galo com três patas, também taxidermizado, que pelo seu estado de degradação teve de ser retirado da coleção, é outro exemplo desse esquecimento. Das atuais peças da coleção de *naturalia* encontram-se cerca de 180 ossadas animais, 50 minerais/rochas, 149 fósseis, 45 restos botânicos, 28 restos animais e 2 animais taxidermizados. A maioria das espécies biológicas (ossadas animais, restos botânicos, restos animais e animais taxidermizados) é originária da África (38%), América do Sul (20%), Europa (16%) e Ásia (13%). Outras peças interessantes no contexto do "gabinete", como o chifre de Narval (*Monodon monoceros* Lineu), provêm de regiões do círculo polar ártico, ou o cocó-de-mar (*Lodoicea maldivica* Gmelin), que provém de arquipélagos tropicais do Índico Ocidental.

A "Theologia Natural" no discurso museológico e pedagógico de Cenáculo

O uso de ideias da teologia natural no discurso museológico e pedagógico de Cenáculo demonstra claramente a personalidade de um religioso franciscano típico do Iluminismo, ou seja, de alguém que pretende usar os novos conhecimentos que tem à sua disposição, tais como as evidências materiais guardadas no seu museu, para demonstrar a excelência da Criação e provar a existência de Deus. Será conveniente, então, definir bem o que se pode entender como teologia natural. A teologia natural é uma tentativa de provar a existência de Deus e do propósito divino por meio da observação e da experimentação da natureza e do uso da razão.[27] Vários seriam os autores a aderir a essas ideias, fossem naturalistas, filósofos ou religiosos. John Ray publica, em 1691, a obra *The Wisdom of God Manifested in the Works of the Creation*, na qual invoca a Natureza como um agente de Deus, que preserva a Sua sabedoria e benevolência e ao mesmo tempo permitiria a explicação de algumas falhas ou alguns desvios da aparente harmonia da Natureza.

O próprio Lineu enunciaria muitas vezes expressões e ideias que remetiam para a importância que o estudo da Natureza tinha para conhecer o Criador:

> Se o criador muniu este globo, qual um museu, das mais admiráveis provas da Sua sabedoria e poder; e se é verdade que este teatro esplêndido poderia ter sido adornado em vão e ficando sem espectadores; e se o Homem, a mais perfeita de todas as Suas obras, é o único capaz de apreciar a maravilhosa economia do conjunto; conclui-se que o Homem foi criado com o propósito de estudar as obras de Deus, de forma a poder observar nelas as marcas evidentes da sabedoria divina.[28]

Nessa afirmação de Lineu é interessante também reparar na sua referência ao "Museu", local privilegiado para ver, experimentar e conhecer a Natureza.[29] Em 1768 é também publicado em Roma um tra-

282 | FORMAS DO IMPÉRIO

tado de teologia natural, *Theologiae Naturalis*, por frei Tomae Marie Cerboni, professor do Colégio Urbano de Propaganda e de Teologia Sacra.[30] Nessa obra italiana transparece também a presença de ideias sobre a inferência dos atributos divinos pelo estudo e experimentação da Natureza. Obras como a *Teologia dos Insectos*,[31] do alemão Lesser, cujo próprio subtítulo, *Demonstration des perfections de Dieu dans tout ce qui concerne les insectes*, evidencia toda a tendência da teologia natural de explicar Deus na natureza, demonstram o quão difundidas eram essas ideias no panorama europeu do século XVIII. No entanto, a expressão é cristalizada em 1802 na obra de William Palley, *Natural Theology*,[32] na qual o próprio subtítulo (*Evidences of the Existence and Attributes of the Deity*) remetia para uma definição do que teologia natural significaria. Obra servida por uma retórica bastante eficaz, *Natural Theology* era uma resposta clara e agressiva a todos aqueles que começavam a usar a razão para roubar terreno à religião. A teologia natural de Palley constituía-se como uma espécie de barreira contra o avanço do secularismo francês e uma arma para atacar todas as espécies de transformismo mais materialista, como o presente nas obras do zoólogo francês Lamarck, ou mesmo nas de Erasmus Darwin.

O estudo sistemático e científico da "história natural" em Portugal surgiria apenas com a Reforma Pombalina. Pode-se considerar a chegada de Domingos Vandelli (1735–1816) a Lisboa como o primeiro passo para o nascimento dos estudos em história natural no país e, simultaneamente, a chegada quer dos novos conceitos ligados a essa disciplina científica, quer das novas práticas necessárias a sua criação e a seu desenvolvimento.[33] Como base para o início desses estudos, criaram-se coleções de apoio e de pesquisa, tais como o Jardim Botâncio e o Real Gabinete de História Natural da Ajuda, em 1768, ou o Jardim Botânico e o Gabinete de História Natural da Universidade de Coimbra, em 1772. Seria centrada nessas coleções que toda a ciência iluminista se desenvolveria. Ao mesmo tempo, nessas coleções e no discurso a elas associado manifestaram-se as ideias e os conceitos então vigentes. O próprio Real Gabinete de História Natural da Ajuda continha, no frontão do portal vestibular, uma inscrição latina, retirada da Bíblia, que convidava o visitante a "entrar e ver a Obra do Senhor": *"Venite et videte opera Domini, quae posuit prodigia super terram. P. Salm 45:9-12"*,[34] referência essa consistente com as ideias da teologia natural (Fig. 4).

A teologia natural estava bem presente no discurso naturalista e museológico nacional durante a segunda metade do século XVIII e o início do século XIX. As coleções eram vistas como repositórios das obras de Deus, cujo estudo era orientado para uma interpretação muito própria e que contribuísse para fortalecer posições teológicas. Mesmo os espécimes menores, inúteis ou anormais eram, nos museus, alvo de interpretações teológicas e sempre vistos como criações divinas com o propósito de servir a Deus. Mesmo Vandelli ou Alexandre Rodrigues Ferreira, no meio dos seus trabalhos de descrição e catalogação de espécimes, defenderam ideias ligadas à teologia natural, partindo do princípio, tal como Lineu, de que, ao catalogar o mundo natural, não só tiravam partido dele para a economia e indústria, como também estudavam e tentavam compreender o plano da Criação, ou seja, catalogavam toda a obra de Deus. Essas referências encontram-se em alguns discursos de Vandelli, principalmente naqueles menos técnicos e mais gerais. Não encontramos referência a ideias típicas da teologia natural no seu *Diccionario dos Termos Thecnicos de Historia Natural*,[35] mas iremos encontrá-las na sua *Memória sobre a utilidade dos museus de historia natural*[36] ou no documento *Da história natural original.*[37] Na *Memória*, Vandelli apresenta o seu conceito de museu de história natural e as suas origens históricas e disserta sobre a sua então importância e utilidade, não só para o conhecimento como para a economia e a religião. Segundo as suas palavras, um museu:

> é um livro sempre aberto, no qual o observador se instrui com prazer, e facilidade, a memória vem ajudada pelos olhos, e se conserva atenção pela vista. A admiração, que faz nascer tantas produções naturais, não pode a menos de nos conduzir a admirar, e temer aquele, do qual esta têm existência.[38]

Se dúvidas ficarem sobre quem era o "aquele" a que Vandelli se referia, prossegue esse, no capítulo seguinte, com: "Em um museu, onde a natureza, para assim dizer está reduzida a um ponto, se convence o pirronista, e o mais incrédulo, e admirando tantas, e diferentes coisas, que do acaso não podem ser feitas, é convencido da omnipotência do Criador*."[39] Essa era uma das funções do museu, convencer todos aqueles que o visitassem de que aquelas produções nele contidas não poderiam surgir de outro modo sem que fossem criadas por um Deus. Assim, o estudo da natureza era sem dúvida alguma, para Vandelli, uma forma de "estudar" Deus: "Nenhum, que se aplicou a estudar e observar as obras da natureza, foi convencido por ateu, ou infiel, porque a ciência natural** está unida à religião."[40] Além disso, por meio do levantamento das propriedades e da utilidade que as peças contidas no museu tinham para o ser humano e suas indústrias, se perceberia não só a sabedoria e a onipotência do Criador, "todas as propriedades pois, e usos das coisas, que por meio da observação, e a experiência descobrimos nos dá a ideia a mais sublime, a mais magnífica do Criador infinitamente sábio, e omnipotente",[41] como também da sua bondade, que as tinha criado e posto à disposição para a felicidade dos homens.

> Nos museus se pode apreender facilmente a nomenclatura das produções da natureza, fazer os confrontos, e as observações para investigar a sua origem, formação, e quais os usos que tem na economia, na agricultura, nas artes, na medicina, e no comércio, e quais são aquelas, das quais imediatamente ainda não conhecemos os usos, para examiná-las mais atentamente, analisá-las para descobri-los: sabendo nós, não somente da Sagrada Escritura, mas da mesma natureza, que todas as coisas são determinadas para a felicidade dos homens.[42]

O tópico da felicidade humana era uma parte extremamente importante no discurso da teologia natural. Deus era bom e toda a sua obra também. Logo, todas as suas intenções eram também dirigidas

---

*Nieventhy, L'existence de Dieu.
**Nela deve o teólogo ser instruído pela inteligência de muitos lugares da Sagrada Escritura.

para a harmonia e a felicidade entre os seres. Como referia Joseph Priestley, a própria evidência de que as plantas tinham um mecanismo para renovar o ar e transformavam algo mau em algo bom era mais uma prova de que o Criador da natureza se preocupava com o bem dos homens e o pretendia. Surgia, então, mais uma razão para glorificar e estudar o seu trabalho. Mas a glorificação de Deus por meio do estudo da Natureza não se prenderia apenas aos aspectos utilitários ou imediatamente aplicáveis. A própria beleza, a forma, a função e a diversidade eram dignas de ser apreciadas, pois aí também se mostraria a Providência divina. Era o caso das conchas, bastante abundantes em coleções privadas e museus públicos, mas com pouco uso prático. Na maioria das vezes eram consideradas símbolos de ostentação e riqueza, sem algum proveito para a ciência.[43] No entanto, Vandelli vai-nos explicar que, tal como os insetos,[44] "a colecção dos insectos parece desnecessária; mas também para além de nós maiormente admirarmos neles a omnipotência do Criador,* achamos neles muitos de grande utilidade".[45] "Se as conchas, ou corais, etc., não estivessem em um museu, ficariam muitas obras do Criador desconhecidas, as quais estavam no profundo mar. As várias cores, a diferente estrutura, e particular mecanismo delas, nos fazem sempre mais admirar a mão do Criador."[46] Assim, para Vandelli, a importância dos museus de história natural justificava-se não só por serem repositórios sistematizados de produções naturais nos quais era possível estudar e catalogar os seus usos e as suas propriedades interessantes para a economia e a indústria, mas porque também eram fonte de informações e evidências que apontavam para um plano e uma ordem definida por um Criador onipotente e bom.

> Destes museus para particular divertimento não falo; mas sim daqueles estabelecidos, e dirigidos por sábios naturalistas, que além de ter dispostas com sistema, e dada a nomenclatura a todas as produções da natureza, sabem instruir os espectadores nos segredos

---

*Lesser.

da mesma natureza, da sua economia, e polícia; que fazem admirar a omnipotência do Criador, conhecer as propriedades, e usos sabidos, e que investigam, sabem descobrir os desconhecidos: que explicam, quanto é possível a formação, antiguidade, e revoluções do nosso globo.[47]

Essa tendência é consonante com a opinião de Lineu, com o qual Vandelli mantinha boas relações, quer científicas quer de amizade. Revela-se o argumento teleológico, pois, já que o "Homem" era a criação máxima de Deus, e se Deus tinha criado toda a natureza para usufruto e felicidade desse, esse deveria honrar e agradecer as Suas benesses, estudar e glorificar a Sua obra: "O homem sendo criado para glorificar o Criador se deve diferenciar",[48] pois, para todos os efeitos, a natureza

> não é mais do que o braço do Omnipotente, o ministro de suas vontades imortais; é aquela porção da Divindade, que se patenteia, só a fim de perpetuar a existência de todos os entes. O homem, penetrado de acatamento quando contempla as Suas obras; exalta-se até ao Ente criador do universo; só a fim de perpetuar a existência de todos os entes.[49]

O famoso explorador naturalista Alexandre Rodrigues Ferreira (1756–1815), discípulo de Vandelli desde o tempo em que fizera o curso em Coimbra, demonstra também o seu apoio a essa concepção teológico-natural. Num dos seus mais curiosos e interessantes documentos, *Abuzo da Conchyologia em Lisboa. Para servir de introdução á minha Theologia dos Vermes*,[50] datado de 1781 (na sua origem era uma comunicação apresentada à Real Academia das Ciências de Lisboa, apadrinhada por Vandelli, para que Ferreira pudesse ser admitido como sócio), Ferreira demonstra-se como seguidor dessa corrente naturalista (Fig. 5). Esse documento aparenta ser um rascunho de uma obra inacabada e nunca publicada do autor, com a indicação de ilustrações aparentemente perdidas, entretanto. Na sua *Theologia dos vermes*, reconhece que o estudo da natureza

COLECIONISMO NATURALISTA NA ÉVORA DO SÉCULO XIX | 287

é útil e divertido para o Homem, mas ao mesmo tempo leva-o a apreciar a obra divina.

> Se entre todas as applicaçoens humanas, he nesta particularm. e q. o homem se diverte cõ o trabalho, de tão distincta honra a priva quem para a bonança, e considera não so hu único dos seus lados, mas inda ensina o lado mais fraco. Ao fim que ella se propõe, são mui diversos. Levanto aos ceos humas vezes os seus olhos, e pela inspecção das creaturas glorifica ao creador. Abaixe-os para a terra outras, e reflecte q. a gloria do creador anda unida com a utilidade da creatura.[51]

Alexandre Rodrigues Ferreira propõe-se a trabalhar e estudar os "vermes", ou seja, a maior parte dos animais invertebrados, à exceção dos insetos e dos zoófitos, que englobam notadamente moluscos, cnidários, anelídeos e poliquetas. No entanto, nenhum desses grupos era tão apreciado como os moluscos, especialmente aqueles que tinham concha. Os princípios da malacologia, então chamada "conchiologia", traçam-se às grandes coleções de conchas, que, por sua forma, sua cor, seus tamanhos e sua diversidade e por serem coleções relativamente fáceis de conservar, eram das mais comuns e apreciadas pela maioria dos naturalistas.[52] Ferreira nunca deixa de reconhecer que o "estudo das conchas" não era de grande proveito para a economia e a indústria,[53] mas reconhece que o seu estudo é uma forma de compreender e glorificar a Obra do Criador e assim, à semelhança de outros autores europeus, decide intitular a sua obra de *Theologia dos vermes*:

> Ninguem duvida, diz hum sabio da conchyologia, que a Historia natural apezar de toda a sua utilidade, algumas? contentem que parecem simplesmente curiosas. Que o he de facto na economia a maior parte das conchas que se estudão depoem no a historia das observaçoens. Do estudo dellas pelo contrario tração as suas linhas a Fisica, e a Theologia. Neste sentido he certo q. o mais vil se vandija, a menor planta, a mais despresivel concha devão o espirito ao creador. Elevão com effeito o nosso, e de me falando particularm.e depois

de terem sahido tantas, e tão doutas obras q. respeitaveis authores se não envergonharão de intitular Theologia da agoa, theologia dos insectos (...)[54] Eu sou o primeiro que me não envergonho de intitular os Estudos deste genero Theologia dos vermes.[55]

Tal como Lesser, que havia dedicado uma teologia a insetos, Alexandre Rodrigues Ferreira considera também que a Obra de Deus não se manifestaria apenas nos grandes animais e nas obras da natureza, mas, muito pelo contrário, considerava que, quanto mais delicada e pequena fosse a criatura, mais mostrava o quão sublime e onipotente era Deus. Assim, tal como os insetos eram "em pequeno maravilhas tão grandes, que ousando rastejalas os sentidos, so de as ver cega a razão", também os vermes assim demonstravam a divina Providência e contrariavam qualquer tentativa de ateísmo:

> Esta reflexão comtudo, a mais obstou para se não continuar hum exame, donde não vai menos ao homem que o conhecimento da divindade. So a descuberta dos germes, diz certo author, dissipou huma das maiores objecçoens do Atheismo. Quanto mais delicada he a fabrica da creatura, tanto mais sabia he a Mão do Creador.[56]

Também aos vermes se dedica o livro *Helminthologia Portuguesa*,[57] de frei José Mariano Conceição Velloso, publicado em 1799 (Fig. 6). Frei José Mariano (1742–1811) era um religioso brasileiro, mais conhecido pelos seus trabalhos botânicos,[58] que a partir de 1790 começou a fazer trabalhos no Real Museu da Ajuda e na Real Academia das Ciências de Lisboa. Em 1799 traduziu para português os textos originais de Jacques Barbut sobre os vermes e os adaptou para Portugal. Esse texto, apesar de não especificar espécies portuguesas, era um texto no qual se apresentavam duas ordens ("Intestinaes" e "Molluscos") da classe sexta do reino animal de Lineu ("Vermes"), com as respectivas ilustrações. O discurso teológico faz-se também sentir na sua introdução à obra, que relembra os textos de Alexandre Rodrigues Ferreira, na qual se retoma a retórica de que a sua simplicidade e a sua pequenez realçariam a sabedoria e a onipotência de Deus:

Por quanto, como animados, gozão huma superioridade real, e incontestavel sobre os entes dos dous reinos vegetal e mineral. Elles receberão do Todo Poderoso hum sopro de via, que senão concedeo aos inanimados, e aos inorganicos. A singularidade dos seus orgãos, e do seu mechanismo interior, a dos liquidos, ou substancias aeriformes, que devem circular nas suas veias, e nervos, em que tem o seu constitutivo, a sua vital animação, enfião os olhos do Physico mais contemplativo. Destituidos de sangue, de ossos, alguns com elles por fora do corpo, como os testaceos, e carecedores de muitos membros, e visceras, que tem os outros animaes, gozão de hum medo de existencia tão simples, tão singular, e tão maravilhoso, que tem feito negar a alguns a animação dos seus individuos. Quem persuadirá ao povo rude, serem as Alforrecas, as Aguas más, como chamão em humas partes, e em outras Aguas vivas, entes animados? Quem dirá que são entes ainda mais nobre, que o tuzeiro da manhã, e o da noite, e que são melhores, que o ouro, que a prata, etc.? A pequenhez do seu volume realça infinitamente a Sabedoria do seu Divino Artifice.[59]

Também os religiosos, como Mayne e Cenáculo, aproveitaram a teologia natural para revestir todos os novos conhecimentos que a história natural apresentava com uma capa religiosa e evitavam, assim, qualquer tipo de indagações que pudessem desviar-se da doutrina católica. Frei José do Mayne (1723–1792), religioso do Convento de Nossa Senhora do Jesus de Lisboa e geral da congregação denominada Terceira Ordem da Penitência em 1780, havia sido confessor de dom Pedro III e havia investido todos os seus bens pessoais na compra de material didático, como livros, documentos, instrumentos de física e espécimes de história natural (Fig. 7). Essa grande coleção, situada no Convento de Jesus, decide doá-la à Real Academia das Ciências, da qual era sócio, e propõe que fosse usada para a criação de uma aula de "História Natural Teológica".[60] Como o nome indicava, a aula pretendia apresentar os conhecimentos atuais de história natural, mas com uma perspectiva "teológica", e enquadrá-los perfeitamente dentro das ideias da teologia natural, ou, como refere o próprio Mayne:

destina o Estabelecimento de uma Escola Pública com uma Cadeira de História Natural Teológica, em que se ensine a Ciência da História Natural, cujos conhecimentos são notoriamente interessantes para as Ciências e para as Artes e ao mesmo tempo se ensine a aplicação Teológica das suas doutrinas, tanto para a História Sagrada como para provar pela ordem admirável dos entes naturais contra os Ateístas e Politeístas a Existência de Deus, a sua Sabedoria, Providência, Bondade e mais Atributos, que tanto se fazem demonstráveis pela indagação das coisas criadas, como efeitos da sua Imensidade.[61]

Essa aula seria dada por um professor e um ajudante, que focaria todos os reinos da Natureza e lhes daria a tônica teológica.

Consistirá em uma Cadeira com Professor, e seu substituto o qual ensinará a História Natural dos três Reinos da Natureza, demonstrando nas ocasiões próprias pela ordem admirável dos Entes naturais a Existência de Deus sua Providência Omnisciência e mais atributos. Na Aula se darão três lições cada semana, e serão públicas, não só para os Religiosos da minha Ordem, mas também para de outra qualquer, e Seculares.[62]

Como já referido acima, seria doado e usado todo o espólio pessoal do religioso, que deixaria mesmo algum dinheiro para o aumentar.

Para seu fundo e subsistência fica aplicado o Museu e Gabinete, que tenho dos referidos produtos de História Natural, Artefactos, Pinturas, Desenhos, Livros pertencentes ao dito Museu; todas as Medalhas que estão juntas e os mais trastes de que está ornado, como também as Propriedades de Casas, que se edificarão e se acham situadas no Terreno da Cerca dos Padres Terceiros; e juntamente dois Padrões de puro Real e algum mais dinheiro para aumentar o fundo deste estabelecimento, e renda anual.[63]

Perceberia, assim, que as suas coleções iriam servir como base prática para demonstrar a "existência de Deus sua Providência Omnisciência e mais atributos", ou seja, as ideias da teologia natural. Para professor, Mayne compreensivelmente especificava que deveria ser sempre preferido um religioso que tivesse conhecimentos de história natural, mas, caso não houvesse essa possibilidade, poderia abrir-se a hipótese de se aceitar alguém que não religioso:

> O Professor da História Natural, e seu substituto serão sempre Religiosos da minha Congregação, e a Aula e Gabinete no Convento de Nossa Senhora de Jesus, aonde agora se acha para melhor comodidade do ensino dos Religiosos; porém caso que não haja Religioso hábil, ou que não queira ensinar, ainda que espero que não suceda, então poderá ser nomeada outra pessoa secular, ou Eclesiástica.[64]

Sua administração seria entregue à Real Academia de Ciências de Lisboa.

> Para Administrador nomeio a Academia Real das Ciências de Lisboa, e o Corpo da mesma Academia Administrará este estabelecimento, nomeando Professor substituto e mais acima ditas depois da primeira nomeação por mim feita fazendo cobrar as rendas, satisfazer as aplicações, cuidando da conservação e aumento do mesmo Gabinete.[65]

Também dom frei Manuel do Cenáculo usará um discurso de teologia natural para apresentar as suas coleções. Na sua *Instrução pastoral sobre os Estudos Fisicos do Clero*,[66] Cenáculo vai usar algumas referências às ideias da teologia natural, aproveitar, tal como Vandelli ou Rodrigues Ferreira, a argumentação de Lesser na sua *Theologia dos Insectos* no que toca aos insetos e referir que no trabalho de polinização dos insetos se poderia ver "o dedo omnipotente de Deus",[67] ou mesmo antecipar as originais ideias de Palley de que toda a Natureza teria sido criada por Deus para proveito e felicidade do Homem, sendo assim o seu estudo quase que uma obrigação:

> Tais são a maneira pela qual os animais verificam seu instinto; como é o uso de sua pequena razão; como o de suas propensões para buscarem a comida, fugindo de emboscadas; devorarem, ou seja por ferocidade, ou por mera natureza, e para voarem, caminharem, e

servirem o homem. A sujeição em que Deus pôs os brutos ao domínio da criatura racional será para que estas os disfrute sem algum conhecimento?[68]

Mas é no discurso que é feito quando da inauguração do seu museu em Beja,[69] a 15 de março de 1791, que a ideia se manifesta como mais força. Escrito e proferido por frei José de São Lourenço do Valle, mas revisto por Cenáculo, apresenta o museu e a sua importância para a instrução e para a religião. O museu de Cenáculo não era, como já foi dito, exclusivamente de história natural, mas sim uma grande coleção de arte, moedas, peças arqueológicas, manuscritos e peças de história natural.

> Todas estas grandezas se compreendem no Museu, e não direis que o seu estudo é somente o conhecimento da Física natural, dos sais, sucos oleosos, pedras, petrificações, cristais, Minerais, Metais, plantas e todas as mais produções maravilhosas da natureza: eu me esqueço de todos estes magníficos objectos, ou melhor eu os ajunto todos em um.[70]

Assim, o próprio estudo de todos esses materiais presentes no museu seria a forma de apreender todos os ramos do conhecimento e, consequentemente, a natureza divina. "O estudo do Museu é estudo de todas as ciências para conhecermos a Deus e sua Religião, com utilidade nossa, donde provem fortes razões para nos aplicarmos a ele."[71] Essa natureza didática do museu era sem dúvida umas das principais preocupações de Cenáculo.

> O estudo do Museu é uma disposição para qualquer homem ser completamente Sábio. Uma raridade deve preparar o ânimo para outra raridade. Era preciso que o Exmo. Sr. Bispo de Beja, de quem somos fortunados súbditos, preparasse um Museu para ver nascer engenhos raros deste fecundo país. O céu o destinou para ser o primeiro fundador do que ele foi o primeiro Mestre com grande estudo, e erudição muito profunda.[72]

Mas sempre com a atenção e a perspectiva de que, quanto mais um "sábio" conhecesse, mais perto estaria de conhecer a Obra de Deus, como também mais O glorificaria. "Quanto mais eles estudam, tanto mais desejam saber. É um labirinto de encantos em que a razão se acha e a alma se ilustra, e a Religião triunfa."[73] Como já foi referido, o museu cenaculano tinha mais peças do que apenas os espécimes naturais, mas esses não fugiriam do mesmo propósito de ilustrar os espíritos curiosos dentro de interpretações vantajosas para a Igreja. Antigos ídolos ou deuses pagãos jaziam mudos e demonstravam que tudo o que se dizia deles era falso, contrariamente ao que se dizia do Deus católico, antigas estátuas incompletas que mostravam a Arte que Deus tinha concedido aos Homens e mesmo monstros que, não obstante anormais, enquadravam-se na ordem e na harmonia da natureza.

> Vós me prevenis, Srs., já vosso espírito vos transporta dentro de um Museu. Já vos parece ver ídolos por que antigamente o Demónio foram oráculo vivo, ler as antigas inscrições, ver Urnas, ver gigantescos pedaços de colossos cuja perfeição faz saudoso desejo dos restos que não aparecem, entender Medalhas, e contemplar peças esquisitas na natureza e na Arte, admirar as diversas produções da natureza, sua força ligada na perturbação dos monstros, e sua beleza na ordem perfeita.[74]

Ao fim de contas, a razão confirmava a religião, a experimentação da natureza permitia conhecer Deus e todas as obras de criação se enquadravam numa harmonia e mereciam ser vistas e apreciadas.

> Deixai a razão aplaudir-se da sua vitória, afirmar-se nas santas verdades do triunfo da Religião, levantar os seus troféus sobre os inimigos vencidos. Deixai a criatura conhecer o seu Criador pelas maravilhosas luzes da natureza nos brilhantes dos seus cristais, na sua harmonia, e naqueles descuidos onde a negligência mais casual contém maiores admirações onde o mesmo desfigurado é a mais engraçada e encantadora figura. Um descobrimento produz mil descobrimentos. Uma utilidade lisonjeia. Um trabalho recompensa.[75]

294 | FORMAS DO IMPÉRIO

O discurso de frei Manuel do Cenáculo, no que toca à teologia natural, é mais compreensível. Como ele era um dos exemplos máximos do Iluminismo português, um franciscano culto, colecionador e com ligações com os mais importantes meios intelectuais nacionais e peninsulares, o uso do discurso da teologia natural era mais do que uma obrigação, era mesmo um questão de *status* científico e intelectual. Mas só após ter sentido na pele os efeitos da Revolução Francesa, quando da invasão francesa de Évora em 1808, irá radicalizar o seu discurso contra o secularismo francês e se refugiará, assim, na sólida e reconfortante teologia natural, à semelhança de muitos outros, principalmente os britânicos.

Pode-se, assim, compreender que as ideias da teologia natural foram base comum dos discursos dos diferentes personagens, fossem eles naturalistas ou religiosos, no que toca à forma de interpretar e estudar as coleções presentes nos museus que dirigiam. Como os museus eram locais de representação e experimentação da natureza, o discurso teológico naturalista a eles aplicado nada mais era do que a interpretação da própria natureza como Obra máxima de Deus.

Agradecimentos

Os autores agradecem ao professor doutor Paulo de Oliveira pelos comentários, pelas sugestões e pela revisão do manuscrito deste artigo e à doutora Judite Alves, do Museu Nacional de História Natural, pela permissão de consulta e digitalização do material do Arquivo Histórico. Esta pesquisa foi financiada pela bolsa de doutoramento concedida pela Fundação para a Ciência e Tecnologia a Luis Ceríaco, com a referência SFRH/BD/66851/2009, financiada pelo Programa Operacional Potencial Humano–Quadro de Referência Estratégico Nacional (Tipologia 4.1, Formação Avançada), com a participação do Fundo Social Europeu e de fundos nacionais do Ministério da Ciência, Tecnologia e Ensino Superior.

Notas

1. BRIGOLA, João, *Colecções, gabinetes e museus em Portugal no séc. XVIII*; Idem, *O coleccionismo no século XVIII*.
2. Ibidem; Ibidem.
3. CARVALHO, Rómulo de, *A história natural em Portugal no século XVIII*.
4. Para mais informações sobre a biografia e actuação política, científica e académica de Frei Manuel do Cenáculo, consulte-se Portugal — Dicionário Histórico, Corográfico, Heráldico, Biográfico, Bibliográfico, Numismático e Artístico, Volume VII, pp. 618-620 ou a mais recente obra coordenada por António Lourenço Vaz D. Manuel do Cenáculo — Instruções pastorais, projectos de bibliotecas e diário, 2009.
5. Apesar de o museu só ter sido criado em 1791, as colecções de Cenáculo tinham já começado a ser recolhidas havia mais de 30 anos, em 1755, no Convento de Jesus em Lisboa, e continuam em Beja quando este se fixa na cidade em 1777. Ver BRIGOLA, João, *Colecções, gabinetes e museus em Portugal no séc. XVIII*; Idem, *O coleccionismo no século XVIII*.
6. Catálogo das medalhas que havia no Museo do Snr. Bispo de Beja em 1772, BACL, Gab. 5, Est. 8, n° 54.
7 Cfr. Túlio Espanca, As antigas colecções da pintura da livraria de D. frei Manuel do Cenáculo e dos extintos conventos de Évora, 1949; Idem, Espólio artístico de Cenáculo, 1955–1956; e José Alberto Machado, Um coleccionador português do século das luzes: D. Frei Manuel do Cenáculo Villas-Boas, Arcebispo de Évora, 1985.
8. Esta colecção terá sido uma das a que mais tempo e dedicação Cenáculo despendeu, tendo mesmo recorrido à ilustração científica das peças recolhidas para memória e estudos futuros. Para mais informações sobre esta colecção, devem-se consultar os documentos produzidos por Augusto Filipe Simões, Introducções á Archeologia da Penisula Ibérica, 1878, pp 5, 119, 162; Idem, O museu do Bispo de Beja, 1868; J. Leite Vasconcelos, A Arqueologia do Baixo Alentejo na obra do bispo pacense, D. frei Manuel do Cenáculo Villas-Boas (editado no Archeologo Português e republicado no Arquivo de Beja por Abel Viana, em 1946); BRIGOLA, João, *Colecções, gabinetes e museus em Portugal no séc. XVIII*; Idem, *O coleccionismo no século XVIII*, e ainda na

correspondência de Frei Manuel do Cenáculo, D. Frei Manuel do Cenáculo Construtor de Bibliotecas, recentemente publicada e editada por António Lourenço Vaz e José António Calixto, 2006.

9. Nesse momento, para além dos já mencionados na Ajuda e em Coimbra, existiam no país importantes colecções e museus privados de história natural exclusivamente dedicados ao estudo e exposição da história natural: o do Marquês de Angeja, o de Gerard de Visme e o de frei José de Mayne. Ver Brigola, 2003, 2009.

10. Existe um total de 514 peças de Naturalia actualmente no Museu de Évora, atribuídas às colecções originais de Cenáculo. Dividem-se entre ossadas de animais, minerais e rochas, fósseis, restos botânicos, restos animais e animais taxidermizados.

11. Ver BARATA, António F. A bibliotheca, p. 19-20.

12. Sabe-se que D. Pedro V remeteu uma colecção de conchas para a Biblioteca Pública de Évora, através da indicação de um ofício do Conde da Ponte, Vedor da Casa Real, datado de 21 de março de 1861, e ainda que seriam 244 espécies de conchas, tendo sido remetidas do Museu Real, tendo estas sido catalogadas por José Augusto de Sousa, ajudante do conservador do Museu Real. Existe no Arquivo Histórico do Museu Bocage (AHMB) um documento (Div 475) onde se apresenta a lista completa das diferentes espécies e números de exemplares enviados.

13. PEREIRA, Gabriel, *Bibliotheca Publica*, in *Estudos Eborenses*, p. 107-141.

14. MACGREGOR, Arthur, *Curiosity and Enlightenment*..

15. Ibidem.

16. Códice CX/2-18, Pág. 195-201. Biblioteca Pública de Évora.

17. Algumas das peças referidas no códice acima podem ainda hoje ser encontradas no Museu de Évora, nomeadamente o focinho de Espadarte, o dente de pinípede, e o crânio de Hipopótamo. As outras poderão existir ainda no Museu, não estando no entanto em conjunto com a restante colecção de naturalia.

18. Pode ler-se na página 195 do códice acima citado, aquando da referência ao "Bezoard ou Calcul de animal": (...) Conhecerão-se mto. milhor examinados no Gabinete dos Curiozos porq.e senão pode dar delles sua discrição exacta. (...) indicando que este documento seria um complemento à visita do Gabinete.

19. Nomeadamente, o autor do manuscrito refere Aristóteles e Plínio quando aponta que a capacidade de mudança de cor do Camaleão se deva às diferentes temperaturas do ar que rodeiam o animal, ou as capacidades cirúrgicas do Hipopótamo. Ver as obras clássicas de Aristóteles "A História dos Animais" e de Plínio, o Velho, "História Natural".

20. Ver por exemplo o Diccionario dos termos technicos de Historia Natural, extrahidos das obras de Linneo de Vandelli, ou nas obras produzidas pelos

naturalistas do Real Museu da Ajuda, existentes no Arquivo Histórico do Museu Bocage.

21. MACGREGOR, Arthur, *Curiosity and* Enlightenment.

22. Ibidem.

23. Para melhor compreender as subtis diferenças entre o Gabinete de Curiosidades/Kunst-Wunderkammer e o Gabinete de História Natural, deve-se consultar o documento de TOSSI, Alessandro, "Wunderkammer vs. Museum? Natural History and Collecting during the Renaissance".

24. Ver Códice 75, n° 19 do fundo Manizola da Biblioteca Pública de Évora. Este documento, apesar de ser anterior à instalação de Cenáculo em Évora, traduz de forma clara e sucinta as suas visões sobre a filosofia por detrás do "Museu", os seus objectivos e utilidade.

25. Com effeito, Snrs., que apinhoados conhecimentos me trás a memoria o nome de Muzeo. Elle nas producções da natureza me reprezenta a grandeza de seo Creador. nos idolos a falcidade do gentilismo, e a verdade da nossa Religião. (...)

26. Sobre Vandelli e a sua actividade científica, deve-se consultar CARDOSO, José Luís, *A história natural e a ciência económica na obra de Domingos Vandelli*.

27. Ver BROOKE, John H., *Ciência e religião;* e HANKINS, Thomas L., *Ciência e Iluminismo*.

28. LINNAEUS, C., *Reflections on the Study of Nature* (1754), apud GOODMAN, D.C., *Buffon's Natural History*, p. 18.

29. Este discurso de Lineu, onde se refere o "Museu" como espaço de conhecer a obra de Deus, será aproveitado em Portugal pela maioria dos nossos naturalistas e museólogos. Frei Manuel do Cenáculo, Frei José Mayne e Domingos Vandelli vão apresentar discursos muito semelhantes, e a própria entrada do Real Museu de História Natural da Ajuda era encimada por um expressão latina do mesmo género.

30. CERBONI, T.M., *Theologiae Naturalis* (1768), Roma. Uma cópia deste livro existe na Biblioteca Pública de Évora, mais especificamente no fundo pertencente à colecção antiga de Frei Manuel do Cenáculo. Devido a alguns apontamentos manuscritos nele presentes, podemos afirmar que Cenáculo lhe terá dedicado algum tempo de estudo e trabalho, conhecendo de certo as ideias gerais nele presentes. Estas ideias, como será tratado mais à frente neste capítulo, vão acabar por transparecer no seu discurso museológico e científico.

31. LESSER, F.C., *Theologie des insectes*, ou demonstration des perfections de Dieu dans tout ce qui concerne les insectes (1742). Como veremos mais à frente, Alexandre Rodrigues Ferreira e Frei Manuel do Cenáculo vão também usar referências a essa obra.

COLECIONISMO NATURALISTA NA ÉVORA DO SÉCULO XIX | 299

32. PALEY, William, *Natural Theology.*
33. ALMAÇA, Carlos, *Bosquejo histórico da zoologia em Portugal.*
34. Essa inscrição ainda hoje se encontra visível e presente no local onde antes fora o dito Gabinete, no terreno contíguo ao Jardim Botânico da Ajuda, actualmente propriedade do Instituto Superior de Agronomia da Universidade Técnica de Lisboa (ISA–UTL).
35. VANDELLI, Domingos, *Diccionario dos termos technicos de Historia Natural.*
36. Idem, Memória sobre a utilidade dos museus de história natural (1787), Biblioteca da Academia de Ciências de Lisboa, Série Vermelha, MS 143/2.
37. Idem, Da história natural original (Sem data, aprox. 1800), Biblioteca Nacional do Rio do Janeiro, MS 24-4-13.
38. Idem, Memória sobre a utilidade dos museus de história natural (1787), Biblioteca da Academia de Ciências de Lisboa, Série Vermelha, MS 143/2.
39. Ibidem.
40. Ibidem.
41. Ibidem.
42. Ibidem.
43. BURNAY, Luis P.; MONTEIRO, António A, *História da malacologia em Portugal..*
44. Citando para isso Lesser.
45. VANDELLI, Domingos, Memória sobre a utilidade dos museus de história natural (1787), Biblioteca da Academia de Ciências de Lisboa, Série Vermelha, MS 143/2.
46. Ibidem.
47. Ibidem.
48. Ibidem.
49. VANDELLI, Domingos, Da história natural original (Sem data, aprox. 1800), Biblioteca Nacional do Rio do Janeiro, MS 24-4-13.
50. FERREIRA, A.R., Abuzo da Conchyologia em Lisboa. Para servir de introdução á minha Theologia dos Vermes (1781), Arquivo Histórico do Museu Bocage (AHMB), ARF-39A.
51. Ibidem.
52. BURNAY, Luis P.; MONTEIRO, António A, *História da malacologia em Portugal.*
53. É aliás título do documento "Abuso da Conchyologia em Lisboa".
54. Novamente se aproveita a obra de Lesser para justificar e exemplificar a actualidade da temática na Europa.

55. FERREIRA, A.R., Abuzo da Conchyologia em Lisboa. Para servir de introdução á minha Theologia dos Vermes (1781), Arquivo Histórico do Museu Bocage (AHMB), ARF-39A.

56. Ibidem.

57. BARBUT Jacques, *Helminthologia Portugueza em que se descrevem alguns generos das duas primeiras ordens, intestinaes, e molluscos da classe sexta do reino animal, vermes, e se exemplificão com varias amostras de suas especies, segundo o systema do cavalheiro Carlos Linne, por Jaques Barbut, Traduzida debaixo dos auspicios, e ordem de sua alteza real o Principe do Brasil Nosso Senhor, Por Fr. José Mariano da Conceição Velloso, Menor Reformado da Provincia do Rio de Janeiro, Pensionado por Sua Magestade.* 1799, Officina de João Procopio da Silva, Lisboa.

58. Frei José Mariano Conceição Veloso é principalmente conhecido pela sua obra botânica, especialmente pela sua obra Florae Fluminensis, acabada postumamente, entre 1825–1831, mas baseada nas colecções que enviou para a Ajuda e para a Academia, colectadas entre 1783 e 1790, na província do Rio de Janeiro. Para além de botânico trabalhou também em zoologia, especialmente com mamíferos e aves do Brasil, sendo desse trabalho testemunho os documentos actualmente presentes no AHMB, onde descreve vários animais e os seus usos na medicina e alimentação. São títulos destes documentos Descriptio Animalium quorundam Brasiliensium (1781) e Descriptio Animalium Avium Mineraliumque quorundam Brasiliensium (1788), AHMB, Rem 584.

59. BARBUT, Jacques, *Helminthologia Portugueza em que se descrevem alguns generos das duas primeiras ordens, intestinaes, e molluscos da classe sexta do reino animal, vermes, e se exemplificão com varias amostras de suas especies, segundo o systema do cavalheiro Carlos Linne, por Jaques Barbut, Traduzida debaixo dos auspicios, e ordem de sua alteza real o Principe do Brasil Nosso Senhor, Por Fr. José Mariano da Conceição Velloso, Menor Reformado da Provincia do Rio de Janeiro, Pensionado por Sua Magestade.* 1799, Officina de João Procopio da Silva, Lisboa.

60. CARVALHO, Rómulo de, *A história natural em Portugal no século XVIII.*

61. MAYNE, Frei José, Requerimento a S. M. concernente á doação do gabinete de História Natural, Pintura e Artefactos, assim como de bens para instituir uma escola pública, e desenvolver a Livraria do convento de N. S. de Jesus de Lisboa (1792), Biblioteca da Academia das Ciências de Lisboa (BACL), Ms. 791, Série Azul.

62. Ibidem.

63. Ibidem.

64. Ibidem.

65. Ibidem.

66. CENÁCULO, Frei M., *Instrução pastoral sobre os Estudos Fisicos do Clero* (1785) Regia Officina Typografica, Lisboa.
67. Ibidem.
68. Ibidem.
69. VALLE, Frei José de São Lourenço do, Oração do Museo dita a 15 de março de 1791 (1791), Biblioteca Pública de Évora, Manizola, Cód. 75, nº. 19.
70. Ibidem.
71. Ibidem.
72. Ibidem.
73. Ibidem.
74. Ibidem.
75. Ibidem.

Referências

ALMAÇA, Carlos. *Bosquejo histórico da zoologia em Portugal*. Lisboa: Publicações Avulsas do Museu Bocage, 1993.

BARATA, António F. *Roteiro da cidade de Évora e breve notícia dos seus principais monumentos*. Évora: Typographia Minerva, 1881.

BARBUT, Jacques. *Helminthologia Portugueza, Por Fr. José Mariano da Conceição Velloso, Menor Reformado da Provincia do Rio de Janeiro, Pensionado por Sua Magestade*. Lisboa: Officina de João Procopio da Silva, 1799.

BRIGOLA, João Carlos. *Colecções, gabinetes e museus em Portugal no séc. XVIII*. Lisboa: Fundação Calouste Gulbenkian/Fundação para a Ciência e Tecnologia, 2003.

_____. *O coleccionismo no século XVIII*. Textos e documentos. Porto: Porto Editora, 2009.

BROOKE, John H. *Ciência e religião*. Algumas perspectivas históricas. Porto: Porto Editora, 2003.

BURNAY, Luis P. e MONTEIRO, António A. *História da malacologia em Portugal*. Lisboa: Publicações Ocasionais da Sociedade Portuguesa de Malacologia, 1988.

CARDOSO, José Luís. *A história natural e a ciência económica na obra de Domingos Vandelli*. Porto: Porto Editora, 2003.

CARVALHO, Rómulo de. *A história natural em Portugal no século XVIII*. Lisboa: Instituto de Cultura e Língua Portuguesa, 1987.

CENÁCULO, Manuel do. *Instrução Pastoral sobre os Estudos Fysicos do clero*. Lisboa: Regia Officina Typografica, 1786.

CERBONI, Tomae M. *Theologiae Naturalis*. Roma: Collegio Theologiae Scholasticae Lectoris, 1768.

ESPANCA, Túlio. *As antigas colecções de pintura da Livraria de D. Fr. Manuel do Cenáculo e dos extintos conventos de Évora*. Évora: Livraria Nazareth, 1949.

GOODMAN, David. *Buffon's Natural History*. Milton Keynes: Open University, 1980.

GREENE, Marjorie e DEPEW, David. *The Philosophy of Biology*. An Episodic History. The Evolution of Modern Philosophy. Nova York: Cambridge University Press, 2008.

HANKINS, Thomas L. *Ciência e Iluminismo*. Porto: Porto Editora, 2002.

LESSER, Friedisch C. *Theologie des insectes ou Demonstration des perfections de Dieu dans tout ce qui concerne les insectes*. La Haye: Chez Jean Swart, 1742.

MACGREGOR, Arthur. *Curiosity and Enlightenment*. Collectors and Collection from the Sixteenth to the Nineteenth Century. New Haven/Londores: Yale University Press, 2007.

MACHADO, José Alberto Simões Gomes. *Um coleccionador português do século das luzes:* D. Frei Manuel do Cenáculo Vilas-Boas, Arcebispo de Évora. Évora: Ciência e Vida, 1987.

PALEY, William. *Natural Theology*. Evidences of the Existence and Attributes of the Deity. Londres: Taylor and Wilks, 1802.

PEREIRA, Gabriel. "Bibliotheca Publica". In *Estudos Eborenses*: História e Arqueologia. 1º vol., Évora: Edições Nazareth, 1947, pp. 107-141.

RAY, John. *The Wisdom of God Manifested in the Works of the Creation*. Londres: Royal Society, 1691.

ROMANO TORRES, João. *Vilas Boas* (D. Frei Manuel do Cenáculo. Dicionário Histórico, Corográfico, Heráldico, Biográfico, Bibliográfico, Numismático e Artístico). 1915; VII:618-620.

SIMÕES, Augusto Filipe. *Introducções á Archeologia da Penisula Ibérica*. Lisboa: Livraria Ferreira, 1878.

_____. O museu do bispo de Beja. *Archivo Pittoresco*, 1968; XI:76-78; 108; 168; 237-238; 404.

TOSSI, Alessandro. "Wunderkammer vs. Museum? Natural History and Collecting During the Renaissance". In: BERETTA, Marco (Org). *From Private to Public:* Natural Collections and Museums. Massachussets: Watson Publishing International, 2005.

VANDELLI, Domingos. *Diccionario dos termos technicos de Historia Natural, extrahidos das obras de Linneo, e a memoria sobre a utilidade dos Jardins Botanicos*. Coimbra: Real Officina da Universidade, 1788.

VAZ, Francisco António Lourenço (Coord.). *D. Frei Manuel do Cenáculo*. Instruções pastorais, projectos de bibliotecas e diário. Porto: Porto Editora, 2009.

VAZ, Francisco António Lourenço; CALIXTO, José António (Coord.). *D. Frei Manuel do Cenáculo construtor de bibliotecas*. Vale de Cambra: Caleidoscópio, 2006.

VIANA, Abel. A arqueologia do Baixo Alentejo na obra do bispo pacense D. Frei Manuel do Cenáculo Vilas-Boas. *Arquivo de Beja*, 1946; III:1-2.

Saint-Hilaire: viagem e botânica filosófica

Lorelai Kury*

Auguste de Saint-Hilaire cuidou em vida de sua reputação e da imagem que iria legar para a posteridade. Ele foi extremamente cuidadoso em suas relações com a elite brasileira e até hoje é um dos escritores mais citados quando se trata de analisar e descrever os costumes dos habitantes de diferentes regiões do Brasil no século XIX. Também no que diz respeito ao trabalho de naturalista, de viajante e de escritor, Saint-Hilaire buscou se distinguir dos viajantes pouco qualificados, ao descrever seus métodos como os mais adequados e seus conhecimentos como os mais modernos. Ele expôs seus procedimentos científicos com base em valores que conjugavam *ethos* aristocrático e ética da República das Letras, conduta considerada adequada pelos homens de ciência dos séculos XVIII e XIX.

Este texto busca descrever algumas características do trabalho científico de Saint-Hilaire, tanto como naturalista quanto, especificamente, como botânico. A construção da carreira de um botânico como Saint-Hilaire sustentou-se por uma série de ações, filiações, escolhas e oportunidades. Nesse caso específico, o naturalista optou por se vincular a teorias da chamada "botânica filosófica", empreendeu uma longa viagem a um país tropical, publicou obras dirigidas a públicos distintos, inseriu-se na vida institucional e nas disputas científicas europeias e aproveitou o capital de

---

*Professora e pesquisadora da Casa de Oswaldo Cruz, professora da Uerj, pesquisadora do Cnpq.

conhecimento construído no Brasil e a partir do material brasileiro transportado para a França.

As virtudes da botânica

Auguste de Saint-Hilaire nasceu em Orléans em 1779 e morreu na mesma cidade, em 1853. Oriundo de família nobre, passou parte de sua juventude fora da França,[1] o que lhe permitiu adquirir familiaridade com a língua e a cultura alemãs. Em 1816, na ocasião de sua partida para o Brasil, Saint-Hilaire tinha 37 anos e conhecimentos botânicos sólidos e já publicara sobre a flora francesa. Nessa época, além de suas amizades na região de Orléans, tinha contatos com Antoine-Laurent de Jussieu (1748–1836), do Muséum d'Histoire Naturelle de Paris, era amigo de Karl-Sigismund Kunth (1788–1850), colaborador de Alexander von Humboldt, e ligara-se ao mesmerista Joseph-Philippe-François Deleuze (1753–1835), ajudante-naturalista e futuro bibliotecário do Muséum. Era correspondente do importante botânico suíço Augustin-Pyramus de Candolle (1778–1841) e próximo também de Félix Dunal (1789–1856), de Montpellier. Enfim, estava integrado ao meio científico europeu.

Auguste de Saint-Hilaire veio para o Brasil acompanhando a missão extraordinária do duque de Luxemburgo cujo objetivo era resolver o conflito que opunha Portugal e França quanto à posse da Guiana, passado o período napoleônico. Suas demandas para acompanhar a embaixada do diplomata — amigo de sua família — foram sempre apoiadas por pessoas bem posicionadas e seguidas de uma carta de recomendação do chanceler Dambray. Entretanto, o ministro do Interior — o conde de Vaublanc — apelou desde o início ao Muséum d'Histoire Naturelle para julgar a importância da participação do naturalista na missão. Desse modo, seu recrutamento se deu de forma híbrida, tanto pelo uso explícito das vias clientelares quanto pela comprovação de competência científica.

Depois de seu retorno à França, esse arranjo entre relações familiares e circulação no meio específico da história natural continua

306 | Formas do Império

a balizar a construção de sua carreira, tanto no que se refere aos vencimentos de viajante-naturalista, que permanecem ainda certo tempo, após o término da viagem, quanto à eleição para a Académie des Sciences e à nomeação para os demais postos que ocupou.

O início de sua carreira na França deu-se de maneira tradicional, pela via das academias literárias e científicas provinciais; no seu caso, a Société des Sciences Physiques et Médicales, et d'Agriculture d'Orléans, na qual leu seus primeiros opúsculos botânicos, publicados em 1810 e 1811. Essa academia foi fundada em 1809, impulsionada por ele e por suas relações.

Um dos textos de 1810 — "Notice sur soixante-dix espèces et quelques variétés de plantes phanérogames trouvées dans le Département du Loiret" — aborda a flora do Departamento do Loiret, onde Orléans se situa. Saint-Hilaire parte dos estudos do Abbé Dubois e indica outros vegetais que ele mesmo pôde encontrar em suas herborizações, como também faz menção às observações do médico Pelletier-Sautelet. Outra produção publicada em 1810 foi o opúsculo *Observations sur le genre Hyacinthus*, de caráter bastante especializado.

O texto de 1811 — "Réponse aux reproches que les gens du monde font à l'étude de la botanique" — é uma espécie de ensaio que desenvolve um "lugar-comum" dos estudos de história natural da época: a defesa da utilidade da botânica. Saint-Hilaire ressalta aí a relevância da herborização, da coleta e do trabalho de campo tanto para o desenvolvimento do corpo quanto do espírito. Ele reivindica explicitamente a inspiração de Rousseau, que identificava a ordem da natureza com a ordem moral e a virtude. A botânica permitiria se aproximar da natureza. Para Saint-Hilaire, a história natural seria uma atividade *aimable,* digna de atrair a atenção de pessoas "nobres" e virtuosas. Ao longo do texto, ele demonstra que a botânica é útil de forma completa, já que permite conhecer as fontes dos alimentos e o material que serve de base para as "artes".

Assim, na época da viagem de Saint-Hilaire ao Brasil o trabalho relacionado às pesquisas sobre a natureza passava por um processo de nobilitação, o que fica patente no sucesso editorial das narrativas de viagens de cunho científico, e não apenas dos tradicionais relatos de viagens de formação da aristocracia. Sabe-se também que a ambiência romântica do início do século XIX valorizava a observação *in loco*, a imersão no desconhecido, a aventura. A utilidade da história natural e das viagens também foi tema da extensa literatura "filantrópica", que circulava na época das Luzes e durante o século XIX.[2]

Sem dúvida, esse processo foi acompanhado de uma espécie de "rebaixamento" da filosofia natural, na medida em que o papel dos que eram aptos a compreender os aspectos teóricos do conhecimento se aproximou cada vez mais daquele exercido por homens práticos, que supostamente não teriam abertura para os desdobramentos filosóficos de suas atividades. Um mesmo personagem passava a poder desempenhar as duas funções, embora isso não fosse necessário. Os naturalistas e os viajantes podiam pertencer a um grupo de homens cuja fortuna e cujo status ressaltavam o caráter "desinteressado" da ciência que exerciam. Podiam, ao invés, pertencer a uma camada de pessoas que precisava trabalhar para viver e ser remunerada para fazer ciência. Ao longo do século XIX, formou-se paulatinamente o cientista assalariado, recrutado idealmente pela sua competência, o que não era a situação na época da viagem de Saint-Hilaire. Quando este decidiu partir para o Brasil, buscou para si o reconhecimento como um naturalista especialista, que exerce nobremente suas atividades. Ele tanto defendeu os aspectos práticos e "manuais" da história natural quanto afirmou que se tratava de um conhecimento de tipo superior, já que seu objeto era a própria ordem da natureza e suas harmonias.

Registros de viagem

Quando, em 1816, Saint-Hilaire aproveitou a oportunidade de fazer uma grande viagem a uma região tropical e subtropical, Humboldt já se tornara o grande modelo de viajante a ser seguido e também passava por ele grande parte do recrutamento de jovens viajantes-naturalistas europeus. Sobre a flora brasileira, bem pouco havia sido publicado. As grandes referências continuavam a ser as obras de Piso e Marcgraf e dos naturalistas que haviam pesquisado regiões fronteiriças à América portuguesa e textos esparsos editados principalmente pelo Arco do Cego, graças ao frei Mariano da Conceição Veloso.

Após seu retorno à França, em 1822, Saint-Hilaire iniciou a composição de sua obra referente ao Brasil, em um momento no qual o universo do que existia impresso sobre a história natural brasileira já começara a se transformar profundamente. Os relatos de viagem e as obras científicas do príncipe de Wied-Neuwied, de Karl von Martius e de Johann Emmanuel Pohl, entre outros, começaram a sair ainda na década de 1820.

O prefácio do primeiro tomo de suas viagens (1830) foi escrito como uma espécie de explicação metodológica de seu trabalho. Daí se depreendem já alguns pontos importantes. Em primeiro lugar, Saint-Hilaire distinguia claramente o conteúdo das obras que considerava *"purement scientifiques"* de sua relação de viagem.[3] Aí, nessa simples classificação, configura-se todo um universo de questões sobre a natureza do conhecimento no século XIX. Os relatos de viagens constituíam então um gênero especial, aglutinador, que congregava diferentes campos de investigação. Na narrativa Saint-Hilaire adotava um estilo que visava ao "elegante", como apontou seu amigo, discípulo e biógrafo Alfred Moquin-Tandon (1804–1863).[4]

As obras *"purement scientifiques"* incluíam, em 1830, além de artigos publicados em periódicos, três livros: *Plantes usuelles des brasiliens*, *Histoire des plantes les remarquables du Brésil et du Paraguay* e *Flora Brasiliae meridionalis*. O conteúdo desse último abrange fundamentalmente descrições morfológicas dos vegetais, em latim, organizadas por famílias, com indicação dos lugares onde ocorrem e, secundariamente, de suas propriedades. As imagens que acompanham as descrições foram feitas pelo renomado artista, especializado em história natural, Pierre Jean-François Turpin (1775–1840).[5]

Esses trabalhos, assim como o seu herbário — depositado no Muséum d'Histoire Naturelle de Paris — constituem referências essenciais para aqueles que se dedicam até hoje ao estudo da flora da América do Sul.

Além da morfologia e da descrição das propriedades úteis de plantas brasileiras, Saint-Hilaire dedicava-se à biogeografia e ao estudo da dinâmica da vegetação. Os relatos de viagem tratam das plantas em seu conjunto, da impressão que causam, de suas relações recíprocas, de sua presença na vida cotidiana dos brasileiros. Saint-Hilaire descreve também a história da ocupação humana das florestas e dos diferentes terrenos, atentando para o tipo de vegetação que cresce após as queimadas ou para vegetais exóticos introduzidos na paisagem e na alimentação. Desse modo, a narrativa de viagem aborda também temas "científicos", mas não estritamente botânicos ou de sistemática.

Como ele mesmo registra no prefácio já mencionado, o relato contém descrições de matérias de estatística, geografia, agricultura, comércio, artes, geografia das plantas, religião, administração civil e judiciária, hábitos das populações e, finalmente, sobre as comunidades indígenas com as quais tivera algum contato. Que tipo de saber é esse? Quem pode descrever tantas coisas e, mais do que isso, unir esses assuntos em uma narrativa coerente? Como delinear *"le tableau d'une nature étrangère à l'Europe"*? O relato de viagem era um gênero já tradicional, mas que adquire contornos de exatidão na época das Luzes. Consolidam-se então os métodos de indagação, descrição e registro dos fenômenos, assim como se valoriza a sistematização desses dados.

Saint-Hilaire parece conhecer a literatura de viagens e as principais instruções aos viajantes disponíveis na época de sua viagem. No prefácio faz referência ao seu método de investigação e às condições de trabalho que enfrentava. O naturalista afirma que escreveu um *"journal détaillé"*, que relatava o que presenciava. Afirma também que procurou descrever os fatos exatos, sem proceder a reflexões infundadas. Saint-Hilaire acreditava poder narrar os fenômenos e eventos de maneira imparcial.

No primeiro grupo de textos, os *"purement scientifiques"*, as plantas organizam a exposição a partir de sua morfologia ou de suas

310 | FORMAS DO IMPÉRIO

propriedades. Na narrativa da viagem, o fio condutor do enredo é o espaço percorrido, as cidades, caminhos, trilhas, excursões. Em meio ao deslocamento espacial, Saint-Hilaire enxerta descrições de encontros com habitantes, de hábitos indígenas, das refeições que fazia durante as expedições, das coletas. Diversas vezes as plantas tomam a cena principal, mas o viajante poupa o leitor de detalhes pouco compreensíveis para o público não especializado e insiste no tipo de informação que ajuda a compor os diferentes ambientes e as diferentes paisagens.

As narrações pitorescas contidas em seus livros de viagem constituíam à época um tipo de conhecimento que se aproximava das descrições artísticas. Moquin-Tandon deixou interessante relato sobre a questão, em diário sobre sua estada em Paris, em 1834:

> Berthelot est entré dans ma chambre; Nous avions parlé hier de la phytographie considérée sous le point de vue pittoresque, et nous avions trouvé qu'une suite de descriptions des plantes, écrites en langue technique, même avec la perfection de Kunth, représentaient bien faiblement aux yeux les êtres qu'on avait voulu peindre, et ne donnaient aucune idée de la manière dont les espèces végétales sont groupées dans la nature, des bois, des bosquets, des taillis qu'elles forment. Une description de Jean-Jacques ou de Bernardin de Saint-Pierre parlent plus au coeur que tous ces assemblages de mots barbares qui ne sont ni français, ni grecs, ni latins. Un ouvrage sur la botanique d'un pays devrait comprendre non seulement la phytographie, c'est-à-dire la description minuciouse des espèces, mais un autre genre de description large, vue de haut, un peu poétique, dans notre propre langue. On placerait cette dernière dans la relation du voyage ou, mieux encore, dans la géographie végétale.[6]

Os dois tipos de descrição indicados por Moquin-Tandon estão presentes na obra de Saint-Hilaire. A descrição ampla, de traços poéticos, caracteriza suas narrativas de viagem. A força dos relatos de Saint-Hilaire não foi acompanhada, no entanto, por representações iconográficas relevantes. A grande maioria das imagens consta apenas dos trabalhos científicos. Talvez o fato de o naturalista não desenhar tenha sido um empecilho para isso. Aliás, por causa dessa falha de formação, o botânico recebeu algumas críticas indiretas de naturalistas parisienses.[7] Moquin-Tandon ressalta, no entanto, que um desenho preciso poderia ser feito se as descrições textuais do botânico fossem seguidas à risca.[8]

A publicação de seus relatos de viagem se estendeu por décadas. A primeira descrição saiu logo em 1823, publicada nos *Annales du Muséum d'Histoire Naturelle* e também por Belin, a partir de leitura feita na Académie des Sciences de Paris. A narrativa completa das viagens começou a ser publicada em 1830, com a parte referente ao Rio de Janeiro e a Minas. O último livro saiu em 1853 e narra as expedições na Capitania de Santa Catarina. Além das quatro partes do *Voyages dans l'intérieur du Brésil*, o viajante deixou relatos manuscritos relativos a sua estada no Rio Grande do Sul, publicados postumamente, em 1887.

Assim, apesar de os anos que se seguiram ao retorno do naturalista à França terem sido marcados por seu mau estado de saúde, sua obra sobre o Brasil é extensa. Segundo informações do próprio Saint-Hilaire, ele fora picado por uma vespa no Brasil e, desde então, sofria *"des nerfs"*. Seus padecimentos, segundo ele próprio, fizeram com que buscasse o clima mais ameno de Montpellier para viver. Ele deixava sua residência de Paris, bem localizada no Quai de Béthune, para procurar o calor do Midi.

As idas e vindas a Montpellier tornaram sua atuação em Paris menos intensa e dificultaram algumas atividades importantes, como a correção das provas de seus livros, publicados por editores parisienses. Além disso, sua assiduidade na Faculdade de Ciências e na Académie des Sciences de Paris ficou comprometida. No entanto, Saint-Hilaire sempre esteve presente nas esferas de circulação da história natural da capital.

As notícias e as avaliações de seus trabalhos científicos foram positivas e elogiosas. Por exemplo, a *Instruction pour les voyageurs*, publicada diversas vezes pelo Muséum d'Histoire Naturelle de Paris, a partir de 1818, organizada provavelmente por André Thouin, informava sobre os viajantes em missão e era atualizada a cada edição. Nessa publicação a referência quanto à viagem de Saint-Hilaire ao

312 | FORMAS DO IMPÉRIO

Brasil, em 1818, é otimista: ele iria enviar para o Muséum "uma multidão de objetos novos". Já no texto de 1824 estava indicada a "riquíssima coleção" que o viajante acabara de levar para Paris.[9]

A viagem de Saint-Hilaire também foi objeto de comentário na Académie des Sciences de Paris. Antoine-Laurent de Jussieu foi o relator que tratou dos resultados da expedição e julgou-a como a realização precisa e competente de um trabalho científico, nos moldes sugeridos pelos próprios textos do viajante:

> Uma estada de seis anos no Brasil, uma grande extensão de terreno percorrida, em diversos sentidos e sob diversos climas, numerosas coleções em animais, vegetais e minerais, descrições exatas feitas nos próprios lugares, observações gerais sobre os climas, os lugares, os costumes dos habitantes, as produções naturais de cada localidade, a natureza dos terrenos e o tipo de cultura apropriada a cada um; tais são os resultados da viagem do Sr. de Saint-Hilaire.[10]

No ano seguinte, Saint-Hilaire publicou o livro *Plantes usuelles des Brasiliens* e foi Humboldt quem leu um relatório verbal na Académie des Sciences de Paris. Aqui igualmente houve insistência na qualidade da formação do viajante. Depois de louvar as valiosas coleções que ele levara para a França, os relatores acrescentaram:

> Mas, o que concede verdadeiro valor a objetos tão numerosos, o que distingue o viajante cientista do simples coletor, são as observações preciosas que ele fez nos próprios sítios, para fazer avançar o estudo das famílias naturais, a geografia das plantas e dos animais, o conhecimento das variedades de solo e o estado de seu cultivo.[11]

Desse modo, as apreciações de seu trabalho pelos seus pares valorizavam precisamente aquilo que ele enfatizara em seus textos: pesquisa *in loco*, especialização, capacidade de produzir informações balizadas, publicação dos resultados e estilo.

Além da boa acolhida na imprensa científica, a consolidação de sua carreira se beneficiava de uma ampla rede de amigos que o naturalista cultivava tanto no campo dos cientistas quanto no de sua família. Em suas obras científicas percebe-se que pudera consultar os herbários e as obras das grandes instituições científicas parisienses. Consultara também herbários privados, como o de Benjamin Delessert. Para seus trabalhos e publicações, contara com a colaboração de naturalistas e artistas qualificados, frequentemente pessoas que também tiveram a confiança de Humboldt, como Turpin e Kunth. Para a *Flora brasiliae meridionalis*, ele engajara Adrien de Jussieu (1797–1853) e Jacques Cambessèdes (1799-1863) para auxiliá-lo. Seus nomes constam a partir do segundo tomo da publicação.

Paris era, assim, central para as pesquisas de história natural e passagem obrigatória para a obtenção de postos, vantagens, oportunidades, financiamentos. Além do mais, as grandes coleções botânicas e bibliotecas estavam lá. A escolha de residir no Midi acarretava um certo afastamento das condições ideais de trabalho, como, aliás, foi relatado por Moquin-Tandon em seu diário da estada em Paris, em 1834. O discípulo de Saint-Hilaire empreendeu a viagem para tentar resolver problemas administrativos e burocráticos, que necessitavam de visitas a ministros e circulação pelos meios de poder. Além disso, aproveitou para visitar coleções e adquirir um herbário.[12]

As relações de Saint-Hilaire com os *savants* parisienses não foram, no entanto, sempre amenas, embora ele tivesse ampla passagem pelos meios científicos em geral. As coisas se tornavam tensas quando se tratava de disputas e cargos. Saint-Hilaire empenhou-se para sua eleição para a Académie des Sciences, em 1830, e concorreu à mesma vaga com Adrien de Jussieu, com quem trabalhara sobre a flora brasileira. As disputas entre eles envolveram também o acesso ao material botânico enviado do Brasil pelo viajante. Saint-Hilaire relatou em uma carta que Jussieu teria se apropriado de plantas que não lhe caberia classificar.[13] Quanto a isso, sabe-se que sua política de envios a partir do Brasil já era feita de maneira a reservar para si os vegetais coletados. Os animais, minerais e sementes eram enviados diretamente para o Muséum, como atestam as listas conservadas nos Archives Nationales de Paris. As pranchas de herbário, porém, eram enviadas para Deleuze, ajudante-naturalista e depois bibliotecário do Muséum, conhecido por seus estudos sobre o magnetismo animal.

As antipatias de Saint-Hilaire se endereçavam também ao botânico Charles-François Brisseau de Mirbel (1776–1854), que teria votado contra ele na eleição para a Académie des Sciences. Aliás, Mirbel afirma a Moquin-Tandon que Saint-Hilaire fora eleito graças aos votos dos *"géomètres"*, e não pelos naturalistas.[14] Entre seus simpatizantes, esteve o famoso naturalista Étienne Geoffroy Saint-Hilaire, que o havia apoiado, por reconhecer nele um aliado, na botânica, de sua visão sobre a unidade do plano de organização dos animais. Assim, vê-se que os quase homônimos tinham afinidades teóricas importantes.[15]

A botânica filosófica

Atualmente, Saint-Hilaire é citado entre os representantes da "botânica filosófica".[16] Ele próprio reivindicava a influência de Goethe e de Augustin-Pyramus de Candolle. Era amigo íntimo de Michel-Félix Dunal, discípulo de de Candolle e considerado a grande referência francesa quanto às reflexões sobre a lógica subjacente às formas vegetais. Saint-Hilaire foi um dos relatores escolhidos pela Académie des Sciences de Paris para analisar a tradução que Martins fez das obras de história natural de Goethe, em 1837, edição ilustrada por Turpin. Uma das gravuras sintetiza visualmente o que seria a planta ideal, arquetípica, de Goethe. A legenda indica:

> Ce végétal est destiné à démontrer l'Unité de composition organique, l'évolution rayonnante ou centrifuge, l'Identité originelle de tous les organes appendiculaires foliacés et latéraux, leurs Métamorphoses incessantes, mutuelles, graduées et insensibles, l'orde constant de leur situation relative sur la tige, et, enfin, la grande différance qu'offre le dénûment du Système terrestre comparé à la richesse du Système aérien.[17] (Fig. 1)

Nesse *compte-rendu*, Saint-Hilaire reafirmava sua admiração por Goethe, mas também por Rousseau, e retraçava a linhagem de botânicos que seguia, a começar por Lineu.[18]

O livro *Leçons de botanique comprenant principalement la morphologie végétale*, publicado em 1840, é um interessante guia para compreender o que na época se considerava uma abordagem mais "filosófica" da história natural. Saint-Hilaire traçou aí novamente a linhagem que se originava em Lineu e Antoine-Laurent de Jussieu, mas que era principalmente desenvolvida por Goethe e por de Candolle. Essa corrente de pensamento buscava compreender a disposição e as formas das partes vegetais, identificando as afinidades entre as plantas e entre as partes que as constituem. Desse modo, mais do que frisar as rupturas entre os grupos de plantas, Saint-Hilaire acentuava sua adequação a uma lógica de desenvolvimento e de disposição simétrica comum a todos os vegetais. Esse método, porém, indicava o autor, não deveria levar a uma confusão entre analogia e identidade. As formas e funções de cada órgão podem ser extremamente variadas e até insólitas. Uma elogiosa resenha desse livro publicada no *American Journal of Science and Arts*, em 1841, chamou a atenção para o *"very interesting chapter"*, que discute os "disfarces" da simetria no desenvolvimento dos vegetais.[19] Assim, a natureza agiria de modo a dispor a harmonia pela diversidade. As afinidades estariam visíveis para o olhar bem treinado do botânico. Nas palavras do botânico:

> Où la nature a établi des rapports, je tâcherai de vous les faire sentir; où elle a laissé des différences, je vous les montrerai. Si, par exemple, nous trouvons dans le Berberis des épines à la place qu'occupent ordinairement les feuilles, je ne vous dirai point qu'elles sont les mêmes que ces dernières: je vous les indiquerai comme des organes qui, appendiculaires aussi bien que la feuille, ont revêtu des formes insolites, et qui, dans d'autres circonstances, auraient pu revenir aux formes accoutumées.[20]

316 | FORMAS DO IMPÉRIO

O livro de Saint-Hilaire foi elogiado também por Charles Darwin, que era leitor de suas viagens. Sobre o *Leçons*, o britânico teceu elogios e considerou a obra "admirable". Diversas afirmações de Saint-Hilaire foram anotadas e debatidas por Darwin em suas anotações e cartas.[21] A dupla abordagem de Saint-Hilaire, ao mesmo tempo "filosófica" e recheada de exemplos de plantas em suas variações climáticas, tornava sua obra leitura compatível com as reflexões de outros autores sobre o "transformacionismo" e sobre a teratologia, como era o caso de Geoffroy Saint-Hilaire e de Moquin-Tandon, também lidos pelo zoólogo inglês.

Aparentemente, a aproximação com a botânica filosófica foi para Saint-Hilaire anterior a sua viagem ao Brasil. Diversas passagens de seus textos de juventude indicam a adoção das teorias de Goethe sobre metamorfose das plantas. Sua identificação com autores que buscavam desvendar as harmonias subjacentes ao desenvolvimento vegetal, bem como sua proximidade com os médicos e os botânicos vitalistas, de Montpellier, cresce e se torna central na consolidação de sua personalidade científica. Robert Brown, Félix Dunal, Augustin Pyramus de Candolle, Moquin-Tandon e, na zoologia, Étienne Geoffroy Saint-Hilaire eram referências para esse grupo, na primeira metade do século XIX.

Outra referência essencial para o grupo da "botânica filosófica" foi o religioso português José Francisco Correia da Serra (1751–1823). Depois de passar a juventude na Itália e alguns anos em Portugal, quando foi um dos fundadores da Academia das Ciências de Lisboa, residiu na Inglaterra — exilado — entre 1795 e 1801. Em Londres, frequentou a Royal Society e a Linnean Society. Tornou-se amigo íntimo de James Edward Smith (1759–1828) e de Joseph Banks (1743–1820), entre outros naturalistas. De lá, continuou a articular parte das atividades da Academia das Ciências de Lisboa, como atesta sua correspondência. O abade seguiu depois para Paris, onde residiu entre 1801 e 1812. Nesse ano foi para os Estados Unidos, antes de retornar a Portugal, onde faleceu. Correia da Serra foi um naturalista respeitado. Tinha conexões por toda a parte e foi personagem importante na maçonaria.

Em 1805, Correia da Serra publicou um de seus artigos mais notáveis, "Observations sur la famille des orangers et sur les limites qui la circonscrivent", na revista científica parisiense *Annales du Muséum National d'Histoire Naturelle*, sobre a simetria vegetal, o qual influenciaria diversos botânicos, inclusive de Candolle. É possível ainda que tenha desempenhado papel de destaque na divulgação da botânica filosófica nos Estados Unidos, onde atuou como diplomata entre 1816 e 1820.[22]

Auguste de Saint-Hilaire enviou sua primeira obra sobre o Brasil — *Aperçu d'un voyage dans l'intérieur du Brésil* — para a Academia das Ciências de Lisboa, em nome do abade. Correia da Serra provavelmente não chegou a ver o volume, pois morreu no mesmo ano, 1823.[23] Moquin-Tandon, em um trabalho intitulado *Essai sur les dédoublements ou multiplications d'organes dans les végétaux*,[24] de 1826, além de usar uma afirmação de Correia da Serra como epígrafe, explica:

> Ce qui a retardé sa connaissance [da simetria] dans l'étude du règne végétal, tient en définitif à une seule inconséquence, à une inexactitude de langage, que le profond Corréa de Serra a signalée avec la sagacité accoutumée. C'est que, dans notre manière ordinaire d'analyser les végétaux, on procède toujours de haut en bas, ou de dehors en dedans, précisément en sens inverse de la Nature, qui nous montrant d'abord tous les organes d'un être réunis, les développe à nos yeux de dedans en dehors; ou, ce qui est la même chose, opère leur séparation du faisceau commun, en détachant successivement chacun d'eux ou chacune de leurs parties.[25]

De Candolle igualmente considerava com deferência a presença científica de Correia da Serra no meio científico europeu. Segundo sua autobiografia, publicada por seu filho, a opinião do abade foi decisiva para que o botânico decidisse pela publicação do livro *Théorie élémentaire de la botanique* (1813), no qual desenvolve suas ideias sobre simetrias e relações entre os órgãos dos vegetais.[26]

Desse modo, Saint-Hilaire tomou posição no universo dos botânicos a partir não apenas de sua identidade como viajante, mas também como representante de uma maneira específica de conceber a botânica. Essas filiações foram determinantes para que angariasse apoios para obtenção de cargos e público para a apreciação de suas obras, além de parcerias científicas importantes.

Clima e biogeografia

Os temas com os quais Saint-Hilaire trabalhava se imbricavam com as observações que fez sobre o Brasil. Em seu já citado *Leçons de botanique*, o autor insere o exemplo do *Noblevillea gestasiana*, que, excitada pelo calor e pela umidade dos *"bois vierges"*, desenvolve folhas e ramos quase sem cessar e raramente dá flores, pois *"fleurir est le terme de la vie végétale"*. Mas, de acordo com sua explicação,

> s'il était survenu quelque sécheresse, les sucs seraient arrivés à l'extremité des branches moins abondants et plus élaborés, et, au lieu de feuilles vigoureuses, on aurait vu parître des calices, des pétales, des étamines et des carpelles. Des influences différentes amènent, dans les organes qui auraient pu être semblables, des modifications diverses, et, dès qu'ils ne sont point modifiés de la même manière, ils cessent d'être identiques.[27]

Esse tipo de questão acerca das influências do clima e de outras circunstâncias sobre as formas vegetais aproximava Saint-Hilaire de grupos vinculados ao transformismo e às discussões sobre aclimatação, como é o caso de Étienne e de Isidore Geoffroy Saint-Hilaire. Segundo Moquin-Tandon, o velho Geoffroy não perdia a oportunidade de lhe indagar sobre a influência do clima sobre as plantas: "M. Geoffroy Saint-Hilaire a abordé encore l'influence des milieux sur les corps organisés; il m'a accablé de questions. [...] Selon M. Auguste de Saint-Hilaire, la Betterave qui a seulement deux pistils en Europe, en prend cinq au Brésil."[28]

Saint-Hilaire, embora se dedicasse a esse tema, não partilhava das teorias que atribuíam às circunstâncias ambientes o poder de transformar radicalmente as espécies, como, por exemplo, era defendido por André Thouin, durante a Revolução e o Império, ou por Lamarck. Em 1846, Joseph-Henri-François Neumann (1800–1858),[29] supervisor das estufas do Jardin des Plantes e membro correspondente da Société Royale d'Agriculture, escreveu sobre a impossibilidade da aclimatação das plantas.[30] Segundo ele, a Société sempre havia tratado a aclimatação como algo facilmente factível e muitos de seus membros citavam exemplos de vegetais originários de climas mais quentes que teriam se naturalizado na França. Todos os vegetais que se afirmava serem aclimatados provinham, de acordo com ele, de climas próximos ao da França, como é o caso das regiões tropicais de altitude.

Neumann acreditava que o único meio de "obter vegetais mais capazes de suportar o frio que seus pais" era a hibridação de plantas do mesmo gênero, que crescem em regiões diferentes. Se as plantas pudessem se acostumar paulatinamente a outras temperaturas, a oliveira e a laranjeira já teriam se propagado pela França toda. Junto ao opúsculo de Neumann, anexou-se uma carta de Saint-Hilaire endereçada ao autor, em apoio a suas ideias. A experiência como viajante lhe fornecera exemplos da vinculação das plantas a regiões precisas, como é o caso do café, cuja planta cerca a cidade de São Paulo, mas não cresce nela, por causa de sua altitude e temperatura.[31] Para Saint-Hilaire essa realidade indicava que o Criador havia designado limites para cada planta.

A abordagem de Saint-Hilaire estaria muito mais próxima do tipo de trabalho caro a Humboldt e demais autores que se dedicavam à constituição do campo da geografia botânica, como o próprio de Candolle, cuja influência reivindicava.[32] Ao longo de seus relatos de viagem, o tema das relações existentes entre o mundo vegetal e o ambiente é central. Em 1837, Saint-Hilaire chegou a organizar os principais trechos de suas narrativas referentes ao assunto em um opúsculo intitulado *Tableau géographique de la végétation primitive dans la province de Minas Gerais*, publicado originalmente no periódico *Nouvelles Annales des Voyages*. Embora se refira a outras regiões do Brasil, seu foco é Minas Gerais, que funcionaria mais tarde para ele como uma espécie de modelo para a compreensão das excursões às demais localidades.[33]

Esse texto é uma das mais interessantes produções de Saint-Hilaire. Nele se organizam seus amplos conhecimentos de forma a se conectarem e se iluminarem mutuamente. Geografia, história e botânica são as bases desse quadro, fruto da observação e da experiência de um viajante que passara 15 meses nas Minas. A botânica figura aí em toda sua complexidade. A sua questão principal diz respeito às transformações que a vegetação sofre em sua relação com o homem. Ele descreve os matos primitivos e reconhece aqueles que foram já modificados. Identifica igualmente o tipo de vegetação que cresce após o esgotamento do solo ou após as queimadas. Além de uma apreciação geral, o naturalista tenta analisar e explicar as diferenças entre os conjuntos vegetais no interior de uma mesma região e de uma mesma paisagem. As mudanças ocorridas nas paisagens incluem também a introdução de plantas exóticas e a extinção de algumas espécies vegetais.

Inicialmente, Saint-Hilaire descreve de forma sucinta o quadro da vegetação europeia e chama a atenção para o fato de que a quase totalidade dos espaços da Alemanha, França e Inglaterra já terem sido alterados pelas populações que habitam essas regiões desde a Antiguidade. Com o Brasil, em breve, a mesma coisa aconteceria. A história natural teria o papel de descrever o estado transitório de uma natureza em vias de transformação e desaparecimento. Para ele:

> Des plantes de l'Europe, de l'Afrique et de l'Amérique du nord semblent suivre le pas de l'homme et se répandre avec lui; d'autres s'introduiront probablement encore, et, à mesure que notre race s'étendra sur la terre des Indiens, la végétation primitive disparaîtra comme eux. Il est important de constater ce qu'est cette végétation si brillante et si variée, avant qu'elle soit détruite; aussi, dans mes divers ouvrages, ai-je souvent donné sur ce sujet des détails qui, s'ils

ne sont pas aujourd'hui sans intérêt, deviendront bien plus intéressants encore, lorsqu'il faudra les considérer comme appartenant uniquement à l'histoire de notre globe et à celle de la géographie botanique.[34]

Em seguida, o botânico caracteriza as diferenças na vegetação primitiva das Minas e afirma que o vocabulário popular usa palavras específicas para cada conjunto, embora às vezes as fronteiras entre as vegetações distintas sejam flexíveis. Ele busca, na sequência, relacionar os diferentes tipos de vegetação com a constituição física de Minas. Assim, segundo ele, a Serra do Espinhaço dividiria a província em duas zonas ou regiões vegetais: a oriental, a das florestas, e a ocidental, a dos campos. As observações do naturalista davam densidade à caracterização das zonas vegetais, pois há uma série de fenômenos interligados. Ele inclui, por exemplo, considerações sobre a distribuição zoológica:

> Les plantes des *campos*, n'étant pas celles des bois, ne sauraeient nourrir les animaux qu'on a coutume de voir au milieu des forêts, et d'ailleurs il y a trop de fixité dans les habitudes et les moeurs des animaux pour que les mêmes espèces puissent vivre également dans des pays qui, quoique contigus, présentent de si grandes différences.[35]

No interior de cada região, Saint-Hilaire via sub-regiões e nuances. Ele observou que em direção ao Equador a vegetação das Minas segue "une sorte d'échelle où l'ensemble des végétaux diminue graduellement de hauteur",[36] provavelmente devido à diminuição da umidade do solo e da atmosfera. Ainda com relação às distinções e às nuances de cada região, Saint-Hilaire identifica a existência de florestas nos vales das regiões onduladas, típicas dos *campos*. Em uma bela passagem, o viajante congrega um conjunto de informações distintas, perfeitamente entrelaçadas para a caracterização de um tipo de paisagem que é também humana:

322 | FORMAS DO IMPÉRIO

> Ces petites forêts qui forment comme autant d'oasis au milieu des
> campos s'appellent, comme je l'ai dit ailleurs, *capões* du mot *caapoam*,
> qui, dans la langue significative des Indiens, veut dire une île, et c'est
> uniquement là que les Mineiros forment leurs plantations, fidèles à
> ce défectueux système d'agriculture qui ne leur permet pas de rien
> semer ailleurs qu'au milieu de la cendre des arbres.

Apesar do título, o opúsculo não trata apenas da vegetação primitiva da província das Minas Gerais. Saint-Hilaire discorre igualmente sobre a vegetação resultante da intervenção dos homens. Aí ele faz a conhecida análise do capim-gordura como a erva que cresce após as queimadas. O naturalista realiza um estudo minucioso da história da vegetação local e de suas sucessivas transformações. Ele especula que muitas espécies provavelmente desapareceram ao longo dos anos, mas outras talvez tenham subsistido graças ao fogo, pois não foram sufocadas por espécies mais vigorosas.[37]

O olhar de Saint-Hilaire passou a ser capaz de reconhecer a dimensão temporal das paisagens e sua dimensão humana. Em suas palavras: "J'ai vu la halte accoutumée du voyageur indiquée dans les endroits les plus solitaires par des pieds touffus de Capim gordura."

Uma segunda parte do texto é dedicada a uma descrição botânica mais acurada das diferentes *"sortes de végétation"*. Ele não usa a expressão "fisionomias", cara a Humboldt e a von Martius, mas é o mesmo tipo de descrição, alinhada com os estudos biogeográficos. Saint-Hilaire preenche com densidade textual o que poderia ter sido complementado por imagens, como aconteceu na flora de Martius, que contém um volume dedicado às fisionomias das paisagens vegetais.

Desse modo, o conhecimento que o viajante elaborou sobre o Brasil reúne dados de diferentes campos disciplinares para elaborar uma síntese densa, dinâmica e solidamente ancorada na observação *in loco*. Ele percebeu no Brasil a história e a geografia dos homens e das plantas em ação. Seu nome figura entre os mais citados e respeitados pela elite brasileira dos homens de letras e de ciências, tais como José

SAINT-HILAIRE: VIAGEM E BOTÂNICA FILOSÓFICA | 323

Bonifácio de Andrada e Silva e o visconde de São Leopoldo, também por causa da força de suas análises e descrições.

As viagens científicas e o tipo de saber associado a elas constituíram uma atividade fundamental para a formação dos conhecimentos contemporâneos sobre o mundo natural. Os textos de Saint-Hilaire sobre o Brasil articulavam diferentes campos disciplinares, unificados pela história natural. Se cada vez mais a especialização tendia a tornar o conhecimento de tipo globalizante uma tarefa impossível, seria a partir das reflexões sobre a totalidade dos fenômenos que muitos caminhos científicos se constituíram. O personagem do viajante-naturalista completo foi, portanto, singular: marcou o fim de uma era, tornou-se obsoleto e cedeu lugar ao especialista. No entanto, novos saberes ligados ao desaparecimento da diversidade do mundo natural e ao ambiente por vezes hostil das sociedades industriais têm em suas fundações o trabalho desses homens, que coletavam, classificavam, escreviam, disputavam prestígio, se envolviam em polêmicas filosóficas e também viajavam.

* * *

Saint-Hilaire é atualmente muito pouco conhecido na Europa. Ele é lembrado principalmente por estudiosos de história do Brasil ou por botânicos especializados na flora da América do Sul. No entanto, em meados do século XIX, o botânico foi membro das principais instituições científicas francesas e filiou-se a vertentes teóricas influentes na história natural europeia. No conjunto da história natural da época, ele figura como exemplo de viajante, como mais um caso, ao lado de outros franceses, como Joseph Dombey, Aimé Bonpland ou Alcide d'Orbigny, porém nenhum fato particular é ressaltado em sua atuação. Ele não se tornou célebre como Humboldt nem ficou fortemente associado a alguma posição filosófica, como foi o caso do zoólogo Étienne Geoffroy Saint-Hilaire. Porém, para que se compreendam sua prática científica e os diferentes temas e abordagens presentes em suas obras, é necessário refletir sobre a identidade social e a atitude epistemológica de naturalistas e viajantes. Assim, creio que seja possível falar genericamente de naturalistas e viajantes, mas, em seguida, a análise deve sempre atentar para a especificidade de cada situação e de cada indivíduo, pois, desse modo, tanto se compreende melhor a particularidade quanto se lançam novas perspectivas para a própria designação genérica de viajante-naturalista.

Notas

1. Moquin-Tandon indica que Saint-Hilaire teria residido na Holanda; Stafleu e Cowan afirmam que se tratava de Hamburgo; John J. Bennett menciona Holstein. Cf. MOQUIN-TANDON, Alfred, "A. de Saint-Hilaire"; STAFLEU, Frans; COWAN, Richard, *Taxonomic literature*, p. 1064; JENKINS, Anna, "Introductory Essay", p. 5-21. O próprio Saint-Hilaire indicou que passara oito meses em Wandsbek (Hamburgo) em sua "primeira juventude" (Carta a Joseph-Philippe-François Deleuze, Orléans, abril de 1815. Manuscrito da Bibliothèque Centrale do Muséum d'Histoire Naturelle de Paris).
2. Ver DUPRAT, Catherine, "Pour l'amour de l'humanité" e, sobre Saint-Hilaire, KURY, Lorelai, "Auguste de Saint-Hilaire, viajante exemplar".
3. SAINT-HILAIRE, Auguste de, *Voyage dans les provinces de Rio de Janeiro et de Minas Geraes*, p. VIII, nota 1.
4. Moquin-Tandon, *Essai sur les dédoublements ou multiplications d'organes dans les végétaux*.
5. Turpin era naturalista e artista. Conheceu Humboldt na América do Norte e foi convidado posteriormente para ilustrar a parte botânica da narrativa da viagem que fez com Bonpland. Adepto da chamada botânica filosófica, ilustrou as obras de história natural de Goethe, publicadas em francês por Charles François Martins, em 1837.
6. MOQUIN-TANDON, Alfred, *Un naturaliste à Paris*, p. 68.
7. Ibidem, p. 50 e 81.
8. MOQUIN-TANDON, Alfred, "A. de Saint-Hilaire".
9. *Instruction pour les voyageurs et pour les employés dans les colonies sur la manière de recueillir, de conserver et d'envoyer les objets d'histoire naturelle*, 1818, p. 35 e 1824, p. 28.
10. JUSSIEU, A.-L. de, *Rapport sur le voyage de M. Auguste de Saint-Hilaire dans le Brésil et les missions du Paraguay*, p. 3.
11. HUMBOLDT, A. von, *Raport verbal fait à l'Académie des sciences sur un ouvrage de M. de Saint-Hilaire intitulé*, p. 2.
12. MOQUIN-TANDON, Alfred, *Un naturaliste à Paris*.
13. Muséum National d'Histoire Naturelle, Lab. de Cryptogamie, ms. 507, carta de Saint-Hilaire a um primo [?], abril de 1830.
14. MOQUIN-TANDON, Alfred, *Un naturaliste à Paris*, p. 81.

15. Muitas vezes os dois naturalistas são confundidos por historiadores, que chegam a afirmar que teria sido Auguste o responsável pelas requisições de guerra em Portugal, quando da invasão pelas tropas de Napoleão Bonaparte. Felizmente, a historiografia mais recente tem apontado o erro.

16. Sobre as relações de Saint-Hilaire com as teorias de Goethe e de Candolle, ver: GUEDES, M., "La théorie de la métamorphose en Morphologie végétale", p. 253-270; STEVENS, Peter F., "Haüy and A.P. Candolle", p. 49-82, e STEVENS, Peter F., *The Development of Biological Systematics*.

17. *Oeuvres d'histoire naturelle de Goethe*, prancha 3.

18. SAINT-HILAIRE, Auguste de, "Rapport sur la traduction de la partie botanique des oeuvres de Goethe", p. 434-440.

19. "Bibliography", *The American Journal of Science and Art*, p. 371-373.

20. SAINT-HILAIRE, Auguste de, *Leçons de botanique comprenant principalement la morphologie végétale*, p. 16.

21. Ver <http://www.darwinproject.ac.uk/> (acessado em 22/6/2013).

22. Cf. STEVENS, Peter F., "Haüy and A.P. Candolle", p. 49-82, e SIMÕES, Ana; DIOGO, Maria Paula; CARNEIRO, Ana, *Cidadão do mundo*.

23. Trata-se do exemplar de *Aperçu d'un voyage dans l'intérieur du Brésil*, Paris, Belin, 1823 (separata de *Mémoires du Muséum d'Histoire Naturelle de Paris*), pertencente à coleção de Guita e José Mindlin.

24. MOQUIN-TANDON, Alfred, *Essai sur les dédoublements ou multiplications d'organes dans les végétaux*.

25. Ibidem, p. 6.

26. CANDOLLE, Alphonse de (Ed.). *Mémoires et souvenirs de Augustin-Pyramus de Candolle*, p. 216.

27. SAINT-HILAIRE, Auguste de. *Leçons de botanique comprenant principalement la morphologie végétale*, p. 17.

28. MOQUIN-TANDON, Alfred, *Un naturaliste à Paris*, p. 14.

29. Sobre ele cf. BERNARD, P.; COUAILHAC, L., *Le Jardin des Plantes, description complète, historique et pittoresque du Muséum d'Histoire naturelle*, p. 285.

30. NEUMANN, Joseph-Henri-François, *Notice tendant à démontrer que la naturalisation des végétaux est impossible*.

31. SAINT-HILAIRE, Auguste de, *Lettre adressée*, op. cit., p. 2.

32. Sobre de Candolle e a biogeografia, cf. DROUIN, Jean-Marc, *Réinventer la nature, l'écologie et son histoire*.

33. SAINT-HILAIRE, Auguste de, *Tableau géographique de la végétation primitive dans la province de Minas Gerais*.

34. Ibidem, p. 3 a 5.

35. Ibidem, p. 9 e 10.

36. Ibidem, p. 12.

37. Ibidem, p. 21.

Referências

BERNARD, P.; COUAILHAC, L. *Le Jardin des Plantes*: description complète, historique et pittoresque du Muséum d'Histoire naturelle. Paris: Curmer; Lemaout, 1842-1843. vol. 1. [2 vol.]

CANDOLLE, Alphonse de (Ed.). *Mémoires et souvenirs de Augustin-Pyramus de Candolle.* Genebra; Paris: Cherbuliez, 1862.

DROUIN, Jean-Marc. *Réinventer la nature, l'écologie et son histoire.* Paris: Desclée de Brouwer, 1991.

DUPRAT, Catherine. "Pour l'amour de l'humanité". *Le temps des philanthropes*: La philanthropie parisienne des Lumières à la monarchie de Juillet. t. I. Paris: C.T.H.S., 1993.

GUEDÈS, M. "La théorie de la métamorphose en Morphologie végétale: A.-P. de Candolle et P.-J.-F. Turpin". *Revue d'Histoire des Sciences*, 25, 1972.

HUMBOLDT, A. von. *Raport verbal fait à l'Académie des sciences sur un ouvrage de M. de Saint-Hilaire intitulé*: Plantes usuelles des Brasiliens. s.l.n.d.

JENKINS, Anna Jenkins. "Introductory Essay". *Chronica Botanica*, 1946, v. 10, n. 1, p. 5-21.

JUSSIEU, A.-L. de. *Rapport sur le voyage de M. Auguste de Saint-Hilaire dans le Brésil et les missions du Paraguay.* Paris: J. Smith, 1823.

KURY, Lorelai, "Auguste de Saint-Hilaire, viajante exemplar". *Intellèctus* (Uerj), Rio de Janeiro, ano 2, n°. 3, p. 1-11, 2003.

MOQUIN-TANDON, Alfred [1834]. *Un naturaliste à Paris.* Apresentação de Jean-Louis Fischer. Chilly-Mazarin: SenS, 1999.

_____. "A. de Saint-Hilaire". In: *Biographie Universelle ancienne et moderne.* Paris; Leipzig: Mme. Desplaces; Brockham, t. XXXVII, 1843.

_____. *Essai sur les dédoublements ou multiplications d'organes dans les végétaux.* Montpellier: Impr. de J. Martel, 1826.

NEUMANN, Joseph-Henri-François. *Notice tendant à démontrer que la naturalisation des végétaux est impossible* (extrait du Bulletin des séances de la Société Royale et Centrale d'Agriculture). Publicado com A. de Saint-Hilaire, Lettre adressée à M. Neumann (datada de 28 de março de 1846), Paris, Mme. Bouchard-Huzard [1846].

Oeuvres d'histoire naturelle de Goethe. Traduzidas por Ch. Fr. Martins. Paris: Cherbuliez & Cie., 1837 [Atlas].

SAINT-HILAIRE, Auguste de. "Rapport sur la traduction de la partie botanique des oeuvres de Goethe, publiée par M. Martins". *Comptes Rendus de l'Academie des Sciences*, v. 7, 1838.

_____. *Aperçu d'un voyage dans l'intérieur du Brésil*. Paris: Belin, 1823.

_____. *Leçons de botanique comprenant principalement la morphologie végétale*. Paris: P.-J. Loss, 1840.

_____. *Tableau géographique de la végétation primitive dans la province de Minas Gerais*. Paris: A. Pihan de la Forest, 1837.

_____. *Voyage dans les provinces de Rio de Janeiro et de Minas Geraes*. Paris: Grimbert et Dorez, 1830.

_____. Carta a Joseph-Philippe-François Deleuze, Orléans, abril de 1815. Manuscrito da Bibliothèque Centrale do Muséum d'Histoire Naturelle de Paris.

SIMÕES, Ana; DIOGO, Maria Paula; CARNEIRO, Ana. *Cidadão do mundo*: uma biografia científica do Abade Correia da Serra. Porto: Porto Editora, 2006.

STAFLEU, Frans; COWAN, Richard. *Taxonomic literature*. v. 4. Utrecht; Bohn: Scheltema & Holkema, 1983.

STEVENS, Peter F. "Haüy and A.P. Candolle: Crystallography, Botanical Systematics, and Comparative Morphology, 1780–1840", *Journal of the history of biology*, 1(17), 1984.

STEVENS, Peter F. *The Development of Biological Systematics*: Antoine-Laurent de Jussieu, Nature, and the Natural System. Nova York: Columbia University Press, 1994.

The American Journal of Science and Art, v. XLI, outubro, 1841.

Expedição Castelnau e o Império brasileiro: imagens do interior

*Maria de Fátima Costa**

Durante o período colonial, as metrópoles ibéricas procuraram impedir que viajantes e expedições estrangeiras visitassem seus territórios no Ultramar. Isso, entretanto, começa a mudar no século XVIII, quando o litoral sul-americano passa a receber o que Charles Minguet qualificou como uma *"approche extérieure"*.[1]

Nesse tempo tornou-se comum a presença de marinheiros, cientistas e naturalistas em portos sul-americanos. Eram os circunavegadores, que faziam rápidas paradas técnicas e, mesmo não tendo permissão de adentrar no continente, conseguiam, com perspicácia, coletar dados, levantar mapas e enriquecer as suas narrativas com informações — muitas delas inventadas — sobre os espaços que as metrópoles ibéricas queriam manter fechados à curiosidade pública.

Porém, no decorrer do Setecentos, a Espanha, arejada pelos ventos da Ilustração, permitiu que alguns estrangeiros percorressem partes das suas possessões coloniais. Esse foi o caso, dentre outras, das expedições que levaram ao interior sul-americano o francês Charles Marie de la Condamine (1735–1745) e o prussiano Alexander von Humboldt (1799–1804). As narrativas de viagens por eles publicadas permitiram que fauna, flora, lugares e habitantes da América espanhola se tornassem bem mais conhecidos.

---

*Universidade Federal de Mato Grosso.

Portugal, por sua vez, se manteve mais hermético com relação à sua colônia americana.[2] Será a transmigração da família real portuguesa para o Rio de Janeiro, em 1808, e a "Abertura dos Portos", decretada nesse mesmo ano, que facilitarão a vinda de não lusitanos ao Brasil, alguns deles naturalistas, como, por exemplo, o prussiano Maximiliano Príncipe de Wied-Neuwied (1815–1817), os bávaros Carl Friedrich Philipp von Martius e Johann Baptist von Spix (1817–1820) e o francês Auguste de Saint Hilaire (1816–1822).

Todavia, será no período de pós-independência, com permissão dos novos governos, que grandes empresas de caráter naturalista começarão a reconhecer e descrever os territórios das antigas colônias ibéricas. Esse é o caso da viagem científica comandada por G.H. von Langsdorff, que sob os auspícios do governo russo visitou o interior do Brasil entre 1823–1829 e que, de acordo com seu plano inicial, deveria chegar aos territórios andinos. Ou também da expedição capitaneada pelo francês Alcide d'Orbigny, que entre 1826–1833 esteve no Brasil, na Argentina, no Uruguai, no Chile, na Bolívia e no Peru e recolheu informações que chegaram ao público nos substanciosos volumes da sua *Relation du voyage dans l'Amérique Méridionale* (Paris, 1834–1847). Ou ainda a empresa científica chefiada por Francis de Castelnau que, entre 1843–1847, sob as ordens do governo francês, visitou regiões do Brasil, da Bolívia e do Peru e também publicou uma vasta obra com os resultados da viagem. É sobre a expedição Castelnau à América do Sul que se falará neste artigo.

Trata-se de uma empresa naturalista que foi projetada e financiada pelo governo francês, por meio de três dos seus importantes ministérios: o da Marinha, o da Instrução Pública e o da Guerra. Estava destinada a percorrer a região compreendida entre a linha do Equador e o trópico de Capricórnio, com os objetivos oficiais de reconhecer a geografia, determinar o equador magnético, estudar os produtos dessas regiões, pesquisar a fisiologia dos homens, suas antiguidades, astronomia, meteorologia e história natural, como foi exposto no *Bulletin de la Société de Géographie*, em 1842.[3] Para chefiá-la, o governo francês convidou François Louis Nompar de Caumont de Laporte, conde de Castelnau, mais conhecido como Francis de Castelnau.

332 | FORMAS DO IMPÉRIO

Nascido em Londres em 1810 ou 1812, Castelnau era filho bastardo do futuro rei da Inglaterra, George III, e de Louise-Joséphine de Caumont.[4] Mudou-se para Paris, onde estudou ciências naturais e, entre 1837 e 1841, fez sua primeira viagem científica, na chefia da caravana que as autoridades francesas enviaram à América Setentrional. Em 1839, enquanto se deslocava pelo hemisfério norte, tornou-se membro da prestigiosa Sociedade de Geografia de Paris e passou a enviar-lhe sistematicamente cartas e informes, nos quais relatava o desenvolvimento da sua viagem.[5] Ao retornar à França, deu a conhecer os resultados do trabalho em duas obras: *Vues et souvenir de l'Amérique du Nord* (Paris, 1842) e *Essai sur le Système Silurien de l'Amérique Septentrionale* (Paris, 1843), ambas fartamente ilustradas.

Foi quando estava em Paris que Castelnau recebeu o convite para "dirigir uma expedição científica que o governo francês planejava enviar, sob os seus auspícios, às regiões centrais e menos conhecidas da América do Sul", como explicita no primeiro volume da sua narrativa, missão que aceitou, em suas palavras, com "profundo reconhecimento".[6]

A Expedição Castelnau à América do Sul

Para acompanhar o conde de Castelnau no seu périplo sul-americano, foram designados o engenheiro de minas Eugène d' Osery (1819–1846), o médico e botânico Hugues A. Weddell (1819–1877) e o preparador de história natural Emile Deville (1824–1853). Como era comum, previu-se também a participação de um artista, no entanto esse desistiu às vésperas da viagem e deixou a empresa desfalcada.[7] Sem outra solução, o necessário registro visual ficou a cargo dos próprios naturalistas, que, além das suas funções específicas, também deveriam fazer desenhos de maneira a retratar os lugares visitados, assim como os objetos dos três reinos naturais. Essa tarefa coube mais diretamente ao médico Weddell e ao próprio Castelnau.

Depois de organizar instrumentos, medicamentos, cozinha e armas, a equipe zarpou de Brest a 30 de abril de 1843 a bordo do *Petit*

Thouars. Quase sessenta dias depois, aportava no Rio de Janeiro, a capital do Império Brasileiro, onde ficaria por quatro meses. Nesse tempo, enquanto se preparavam para adentrar o continente, os naturalistas fizeram rápidas incursões à Mata Atlântica e o chefe da expedição realizou intensa pesquisa em bibliotecas e acervos para recolher informações sobre o interior do Brasil e, principalmente, copiar cartas geográficas que lhes permitissem conhecer com alguma segurança os lugares a serem visitados e a extensa malha fluvial das bacias paraguaia e amazônica.

Castelnau tinha como meta atravessar duas vezes o continente, a primeira a partir do Rio de Janeiro com destino a Lima e a segunda o retorno de Lima através do rio Amazonas, até chegar a sua foz. E assim o fez. Numa longa viagem de quase quatro anos, em roteiros terrestres e fluviais, a equipe francesa atravessou o interior sul-americano. A tarefa foi árdua e, como em todas as empresas similares, nessa também houve encantamentos, descobertas, achados, desencontros, percalços, aborrecimentos, fome e mortes, dentre essas a do engenheiro Eugène d'Osery, que foi assassinado pelos seus guias durante o trajeto peruano. Mas, num balanço geral, verifica-se que a expedição Castelnau pôde cumprir grande parte dos objetivos propostos.

Em julho de 1847 os expedicionários já estavam de volta a Paris; ali se depararam com um cenário político turbulento. Presenciaram a queda do rei Luís Filipe de Orléans e, em 1848, a proclamação da II República, cujo presidente, Luis Bonaparte, em 1851 deu um golpe de Estado e tornou-se imperador, com o título de Napoleão III. Mas parece que essas mudanças pouco afetaram as relações de Castelnau com o poder. Como observou Michel P. Bajon, o conde-viajante era um personagem versátil, que se desdobrava no papel de cientista e diplomata. Durante sua estada na América do Sul, estabeleceu numerosos contatos com os agentes franceses, o que levou Bajon a cogitar que Castelnau estivesse "investido igualmente de uma missão de informação e, por que não, de espionagem".[8]

Se assim o for, não é de surpreender que mesmo em meio ao burburinho político daqueles anos o conde tenha voltado ao Brasil, dessa vez para a Bahia, e assumido o papel de cônsul. Desde então se manteve na carreira diplomática e ocupou postos consulares na África do Sul e na Austrália, onde veio a falecer em 1880.

Neste artigo o interesse recai sobre a expedição que Castelnau chefiou em meados da década de 1840 na América Meridional, cujos resultados tornaram-se conhecidos por meio da obra que foi levada a público em Paris entre 1850 e 1859 com o título geral de *Expédition dans les Parties Centrales de l'Amérique du Sud*. Essa obra monumental está composta por sete partes, apresentadas em 15 volumes, e é uma das mais completas publicações do século XIX sobre uma viagem científica ao centro-interior sul-americano.[9]

A *Expédition dans les Parties Centrales de l'Amérique du Sud* foi muito bem recebida pelo público europeu e lida e comentada pelos especialistas.[10] No Brasil, entretanto, a obra de Castelnau vai receber muitas e bem fundamentadas críticas emanadas pelo Instituto Histórico e Geográfico Brasileiro (IHGB). O juízo dos sócios desse grêmio literário recaía sobre os volumes iniciais de *Histoire du voyage*, que tratam da passagem pelo Brasil. Neles, o autor comete equívocos geográficos e históricos que não passaram despercebidos pelos membros do IHGB.[11] Quiçá essa tenha sido uma das causas pelas quais, entre nós, até agora os resultados dessa expedição tenham recebido tão pouca atenção dos estudiosos da temática de viagens e viajantes.

No Brasil a *Histoire du voyage* só vai ser mais conhecida em 1949, quando os tomos iniciais, que contêm parcialmente a descrição do trajeto dessa caravana por nosso país, foram traduzidos e publicados com o título *Expedição às regiões centrais da América do Sul*.[12] Contudo, nessa edição se deixou de fora a "*Introduction*", na qual Castelnau apresenta a sua narrativa e explicita os objetivos que nortearam a viagem. A falta dessa introdução priva o leitor de explicações essenciais sobre essa missão francesa.

Neste artigo usam-se as informações contidas na narrativa escrita por Castelnau, mas tem-se como objeto a segunda parte da obra geral, que foi publicada em 1852–1853 com o título de *Vues et scènes*.

As vistas e as cenas sul-americanas

Nesse volume se prioriza a informação visual. Castelnau presenteia seus leitores com sessenta litografias, antecedidas por um capítulo intitulado *"Explication des Planches"*, no qual com brevíssimas descrições explicita o conteúdo de quase todas as gravuras que publica e reproduz muitas vezes trechos dos volumes da sua *Histoire du voyage*.

As pranchas foram todas feitas por Jean-Jacques Champin (1796–1860), um dos mais requisitados e afamados gravadores da sua época, várias vezes premiado no Salão de Paris. A presença desse litógrafo, cujo nome já figura na portada da obra, ajuda a se ter uma ideia do relevo que em seu tempo o livro mereceu. Foi esse renomado artista que levou à pedra os motivos que os naturalistas — notadamente Castelnau e o médico-botânico H.A. Weddell — esboçaram durante a viagem.[13]

Há de se observar, contudo, que, como qualquer outro álbum, as imagens contidas nesse *Vues et scènes* refletem escolhas, nesse caso possivelmente do chefe da expedição e de seu editor. Mostra-se ali uma seleção de lugares e motivos considerados como os mais representativos da viagem. Trata-se, portanto, de uma síntese seletiva. O conjunto iconográfico contido nesse pequeno atlas pretende mostrar, emblematicamente, lugares, fatos, personagens e episódios tidos por Castelnau como relevantes para a viagem.

Quanto à apresentação, as gravuras, via de regra, têm um formato de aproximadamente 14 × 21 cm, quando horizontal, e 21 × 14 cm, quando vertical; e os motivos apresentados seguem, sem rigidez, o critério geográfico. Por esse viés também é possível dividir o álbum em duas grandes partes: a primeira dedicada ao Brasil, composta por 39 pranchas, e a segunda ao Peru, com 19 pranchas. Em meio a esses grupos, estão duas gravuras que retratam o forte Bourbon, na fronteira do Brasil com o Paraguai.

Sobre aos motivos representados, independentemente da região, na obra há dois grandes conjuntos temáticos, um mais substancioso, dedicado à paisagem — seja urbana, rural ou natural — e outro com personagens do mundo indígena.[14]

336 | Formas do Império

Aqui se tem como foco a primeira parte desse pequeno atlas, vale dizer, as vistas e as cenas que mostram diferentes aspectos do Império do Brasil. Entretanto, não se analisarão as 39 pranchas, mas especificamente as gravuras com vistas de paisagem, que perfazem 23.[15] Pretende-se trazer algumas observações sobre o Brasil que é mostrado na obra de Castelnau e examinar as imagens no contexto geral da expedição.

O império brasileiro: imagens do interior

Parte-se com uma breve constatação. Na contramão de todos aqueles que fizeram representações visuais do Brasil no século XIX, esses franceses não publicaram qualquer representação da deslumbrante paisagem do Rio de Janeiro. Isso, que à primeira vista pode parecer surpreendente — ainda mais quando se sabe que Castelnau e sua equipe permaneceram por mais de quatro meses naquela bela cidade —, responde absolutamente aos anseios dessa viagem.

Ao fazer o longo trajeto sul-americano, a equipe de Castelnau tinha como foco "as partes centrais da América do Sul", como bem atesta o título geral da sua obra. Eram as regiões menos conhecidas, os rios, os caminhos por terra, os núcleos urbanos e rurais, as áreas de fronteira, as populações e os recursos naturais dos lugares interioranos que lhe interessavam. Buscava-se ainda averiguar a possibilidade de se estabelecer uma rota de comunicação que interligasse os cursos fluviais das bacias amazônica e platina, ou, nas palavras do expedicionário, "uma navegação contínua entre a ilha de Trinidad, a mais meridional das Antilhas, até Buenos Aires".[16] Vê-se, pois, que a tarefa maior dessa empresa era avançar terra adentro para averiguar a possibilidade e a viabilidade de se abrir um canal de comunicação que fizesse circular pessoas e mercadorias através do centro-interior do vasto subcontinente.

De acordo com esses propósitos, as metas científicas persegui-das pela caravana estavam estreitamente enlaçadas às questões de expansão comercial. E é justamente isso que se encontra ao folhear o pequeno atlas. Será, portanto, inútil buscar nas pranchas ali publicadas as paradisíacas florestas virgens e paragens litorâneas que até então eram os ícones das terras brasileiras. Longe da exuberante Mata Atlântica, que apenas duas décadas antes havia sido retratada pelo conde de Clarac e por J.M. Rugendas, o que se vê ao abrir esse livro de Castelnau é a "*Vue de la fazenda de Soledade*", uma rica propriedade agrícola no interior de Minas Gerais, cujo desenho foi feito por Weddell (Fig. 1). No dizer de Castelnau, era "um dos mais belos estabelecimentos" que o grupo visitou no Brasil.

Na representação dessa fazenda, tudo espelha ordem, labor e progresso; nela não há espaço para o ócio, o primitivo e o selvagem. A mata virgem dá lugar ao campo cultivado e produtivo. E esse é o exato foco com o qual se mostrarão os lugares, que na ótica francesa eram distantes, aqueles que ainda estavam quase escondidos do mundo exterior, aqueles que poderiam ser transformados em núcleos produtores e que, a se estabelecer uma via de comunicação interna, poderiam ainda servir de núcleo de apoio às futuras rotas comerciais. Essa mesma tônica é dada à representação dos espaços naturais, como, por exemplo, na prancha 2, que traz o título de "*Nids de Térmites*" (Fig. 2).

Nessa litografia os personagens do título — as casas de cupins — estão apresentados por monumentais formas de aspecto fabuloso. Tal como o artista os dispôs, esses enormes e irreais cupinzeiros lembram gigantes guardiãs que demarcam os pórticos, como se enunciassem a entrada de um novo caminho; aqueles que os transpõem se deparam com os também agigantados cactos e com a "soberba conífera da América Meridional, cujo porte lembra um pouco imensos candelabros", como Castelnau descreveu as araucárias.[17] De acordo com a composição, os vegetais em seus aspectos gigantescos se rivalizam com os verticais cupinzeiros e dão à cena um verniz fabuloso e pitoresco.

Há nessa imagem um prelúdio humbolditiano; procura-se sugerir um quadro-síntese da natureza, que se apresenta harmonioso e próximo ao que o naturalista prussiano delineou em 1805 no seu *Essai sur la géographie des plantes*, embora o tamanho dos cupinzeiros mostre-se claramente inverossímil. Mas Castelnau agregou outro valor à sua representação e o explicitou tanto em texto como em imagem.

Essa figura não mostra apenas uma paisagem natural, mas sim um caminho, uma rota de ligação usada diariamente pelas tropas de mulas das caravanas comerciais que trafegam pela paragem interior. E explicita: "As mulas dão uma ideia precisa de como elas são carregadas no Brasil. O guia leva a vestimenta habitual dos tropeiros."[18] Tem-se, pois, que o pequeno cortejo que interpõe a paisagem não é apenas um toque anedótico, curioso. Muito ao contrário, documenta um dado preciso, o vigor sertanejo que vence o difícil caminho. Assim, tal como na imagem precedente, nessa também o autor reafirma o labor. Só que agora acentua o caráter rústico e alude de forma subliminar à existência de uma via comercial que, com os meios adequados, poderia ser ampliada.

Esse mesmo discurso iconográfico está presente na prancha 16 (Fig. 3), que traz o título de "Rio Claro", cujo conteúdo forja um metafórico jogo de figuras.

Com base em um desenho de Weddell, Champin levou à pedra um pitoresco trecho de rio, no qual um grupo de negros faísca em busca de diamantes. Sobre isso Castelnau escreveu:

> Esse rio, situado na Província de Goiás, é rico em diamantes, e se vê continuamente um certo número de negros escravos ocupados em buscá-los nas águas. Os diamantes eram, sob o antigo governo português, objeto de um monopólio protegido por leis, cuja severidade degenerava com frequência numa terrível crueldade; depois da liberação do país, a procura se tornou livre. As pedras do Rio Claro passam por ser em geral de uma notável qualidade.[19]

Vê-se, pois, que o autor, nesse curto texto, de forma sutil, a um só tempo tece críticas ao governo colonial, cuja política monopolista levou a cruéis distorções, e dá loas à liberdade de exploração proporcionada pelo Estado independente. A procura dessas pedras "de notáveis qualidades", mesmo que a mão de obra seja escrava, se tornou livre e poderia ser dirigida por empresários industriosos que se animassem a buscá-las. Trata-se, portanto, de um convite.

Nas citadas palavras de Castelnau, reconhecem-se os nítidos contornos de uma das imagens que mais se difundiram sobre a América do Sul no período pós-independência: a de ser um lugar de oportunidades à espera daqueles que com espírito liberal tomassem a iniciativa de explorá-la.

Esse tipo de discurso passou a estar presente na mente europeia já desde as primeiras décadas do século XIX e circulava pelas grandes cidades, principalmente por meio das casas editoriais francesas. Por exemplo, encontra-se de forma acabada no panfleto que E. Engemann fez circular em 1826 para anunciar o *Voyage pittoresque au Brèsil*, de J.M. Rugendas, no qual, entre outras afirmativas explica:

> Esse tempo em que a América conquista sua independência, rompendo as cadeias que há séculos a sujeitavam aos pés dos tronos europeus e que obstruíam o desenvolvimento de suas forças, não a separou do velho continente, mas, sim, tem unido mais intimamente com novos laços ambas as partes do mundo. [...]

E prossegue, qualificando o lugar:

> [A América é] Um mundo ao qual diariamente se dirigem novas esperanças, que diariamente ocupa um espaço maior nas nossas ideias, nos nossos sentimentos, na nossa existência toda; um mundo que diariamente se faz mais importante para o homem de Estado, para o estudioso, para o comerciante, enfim, para o homem em geral, em todas as circunstâncias.[20]

Então, o metafórico convite esboçado por Castelnau em linguagem visual está consoante com essa perspectiva. E, de fato, em sua obra nosso autor, uma e outra vez, transmite uma visão positiva sobre as regiões que visitou, explicita suas riquezas e enseja votos de laços futuros.

Nesse aspecto, atenção especial é dada aos núcleos urbanos, às povoações e às vilas nas quais a expedição faz as mais demoradas paradas. Trata-se de lugares pequenos, alguns dos quais ainda se mantinham quase desconhecidos fora do âmbito luso-brasileiro. Nas páginas de *Vues et scènes*, é possível conhecer a fisionomia de Goiás (hoje Goiás Velho), a então capital da província do mesmo nome; da vila de Albuquerque (hoje Corumbá), às margens do rio Paraguai, na fronteira do Brasil com o Paraguai; da cidade de Cuiabá, capital da província de Mato Grosso; da vila de Diamantino, também em Mato Grosso, e da cidade de Mato Grosso (hoje Vila Bela).[21]

Quase todas essas localidades situam-se em territórios banhados por cursos fluviais pertencentes às duas grandes bacias hidrográficas sul-americanas e poderiam, no caso de confirmar-se a possibilidade de se estabelecer a rota de comunicação contínua desde a Amazônia até o Prata — como almejava a equipe francesa —, desempenhar o papel de núcleos portuários aglutinadores para o trânsito de pessoas e mercadorias.

Talvez por isso, ao descrever nas páginas da sua *Histoire du voyage* os centros urbanos que visitara no Brasil, Castelnau empenhou-se em adentrar com particular interesse no seu universo cotidiano. Fala não apenas do clima, do relevo e da vegetação, mas traz dados socioeconômicos, nomes e tipos de produtos, até com seus preços; aborda questões relativas à saúde, às doenças e aos medicamentos; fornece dados estáticos e censitários dos habitantes; atém-se ao comportamento e às vestimentas das mulheres; enfim, oferece um quadro geral da sociedade que visitou, seja mineira, goiana ou mato-grossense. Isso denota que o conde foi um observador atento e, para representar esses lugares em linguagem iconográfica, matiza a condição de núcleos estruturados, cujos elementos denotam urbanidade. Um bom exemplo desse discurso está expresso na prancha 3 do *Vues et scènes*, que tem como título *"Place du Palais a Goyaz"* (Fig. 4).

O ambiente mostrado nessa imagem é totalmente limpo. Nele não estão os animais de rua, pedintes, vendedores ambulantes, vagabundos, só o grande e ordenado contingente de fiéis que participa do cortejo litúrgico.

Tal como nessa cena de Goiás, nas demais litografias que mostram as paisagens urbanas de Albuquerque, Cuiabá, Diamantino ou Mato

Grosso o ambiente se apresenta limpo, tranquilo e harmonioso. Os poucos personagens que são mostrados aparecem ocupados, mesmo que seja com o simples ato de ir e vir. Para onde foram os negros de ganho, as negras de tabuleiro, os cães vira-latas e tantos outros personagens comuns nas ruas das grandes e das pequenas cidades brasileiras? Conhecendo-se o dia a dia de lugares como esse, é forçoso notar que se trata de uma construção artificial da realidade vivida. O que se vê é uma tentativa de apresentar elementos comuns, pontos de afinidades que aproximem as sociedades americanas dos valores europeus.

Sobre essa gravura Castelnau anotou:

> Goiás foi conhecida em outros tempos sob o nome de Vila Boa. É a capital de uma das vastas províncias centrais do Brasil; a cena representa a praça principal; entre duas igrejas se situa um prédio comprido onde mora o presidente da província, e que é conhecido sob o nome de Palácio. Representa-se aqui uma das numerosas procissões religiosas, que circulam frequentemente ao cair da noite, nas ruas desta Vila.[22]

Ao atentar-se para a explicação dada, percebe-se que o motivo principal representado nessa gravura é a procissão; de fato, apesar do título, o ângulo escolhido pelo desenhista não tem como foco principal o edifício governamental. Aqui, mais do que no poder político, a ênfase está colocada na forte presença da Igreja Católica mediante os dois templos que delimitam o espaço e dominam a paisagem. Isso é acentuado por se apresentar, em primeiro plano, o cortejo religioso, do qual participam pelo menos duas centenas de pessoas.

Nesse particular é bastante oportuno estabelecer um diálogo com algumas reflexões feitas por Mona Huerta.[23] Essa autora traça um quadro bastante nítido de como as autoridades francesas faziam uso das viagens científicas para difundir o seu projeto colonizador, no qual o catolicismo era um dos pontos fundamentais. Conforme demonstrou Huerta, pretendia-se reintroduzir nos nascentes Estados americanos uma corrente civilizadora que pudesse preservar as jovens

342 | FORMAS DO IMPÉRIO

nações do perigo de uma nova e cruel conquista, representada pelos valores anglo-saxões e protestantes. Para fundamentar sua análise, a autora cita um artigo publicado em 1838 por Charles Lefebvre de Bécourt na *Revue des Deux Mondes*. Nele o futuro encarregado dos negócios franceses em Buenos Aires observa:

> pelo caráter da nossa língua, pela identidade da nossa religião temos bem mais relações simpáticas com os sul-americanos que os cidadãos dos Estados Unidos e, renunciar a exercer esse poder, precisamente aí onde ele encontra um campo melhor preparado, não seria, por parte da França, um crime com ela mesma e com a América?[24]

Assim, coerentemente com o projeto do Estado que o financia, Castelnau, ao acentuar a viva presença católica, destaca também um dos mais vigorosos pontos em comum que a ex-América ibérica tem com a França: o catolicismo. Esse dado é reforçado também na prancha 5, "*Port de la Coroinha*", cujo motivo é uma missa campal rezada no interior da província de Goiás em 10 de junho de 1844, quando os expedicionários estavam nas proximidades do rio Araguaia, em pleno centro-interior do Brasil (Fig. 5). Castelnau conta em sua explicação preliminar que foi um padre da pequena localidade de Salinas que "quis acudir ao lugar para abençoar nossas embarcações". Ao fazer o registro visual desse ensejo, o desenhista configura uma cena na qual todos os integrantes da caravana — os naturalistas franceses, os soldados brasileiros, indígenas e os demais trabalhadores — participam ordeiramente da cerimônia. Isso evidencia de maneira inequívoca a existência de valores religiosos comuns que unem franceses e brasileiros.

Essa aproximação, tal como mostrada por Huerta, é tida pelos franceses como uma poderosa arma que se deve ter à mão contra o avanço anglo-saxão e protestante, personificado na figura ameaçadora dos Estados Unidos. Revivia-se, pois, no pós-iluminismo o conflito que marcara os Tempos Modernos.

Vistas e cenas: instrumentos para a influência francesa?

O conjunto que compõe o corpo iconográfico contido na seleção de vistas e cenas publicadas na obra de Castelnau carrega em si um discurso visual compatível e integrado aos objetivos gerais da expedição que o governo francês enviou, sob seus auspícios, ao interior da América Meridional. E isso se torna mais evidente quando se compara o conteúdo textual da narrativa escrita que Castelnau publicou na sua *Histoire du voyage* com o discurso contido nas imagens de *Vues et scènes*.

Ao estudar as expedições científicas europeias que tiveram como lócus de trabalho o continente americano, Charles Miguet observou que no período pós-independência a atenção dos viajantes esteve dirigida, em primeiro lugar, para os problemas econômicos, políticos e sociais. Na sua avaliação, depois do desmoronamento da dominação ibérica no continente, a América independente tornou-se um desafio na redistribuição do mundo entre as grandes potências.[25] No caso específico da França, há uma preocupação muito grande de criar e garantir alianças culturais e comerciais com as antigas colônias ibéricas.

Nesse aspecto, há que se ter em conta — como assinalado há pouco — que no início do século XIX alguns Estados europeus temiam que as jovens repúblicas se tornassem área de influência dos Estados Unidos, cuja presença avançava rapidamente em sentido sul. Nesse particular, o próprio Castelnau alerta para o perigo de que sociedades como a brasileira viessem a ser facilmente submetidas pelos "audazes aventureiros do norte, que as farão desaparecer deste continente, assim, como já fizeram na Florida, no Texas e numa parte do México".[26]

Essas sentenciosas observações de Castelnau reafirmam as mencionadas palavras de Minguet, que também encontram eco na avaliação concisa de Bertrand e Vidal, com relação às interferências diretas entre as tarefas impostas aos viajantes e a nova configuração política desenhada no início do Oitocentos. Esses autores observam, na introdução da coletânea *À la redécouvert des Amériques. Les voyageurs européens au siècle des indépendences*, que durante e imediatamente após

344 | Formas do Império

o movimento das independências americanas, marcadas pelas interrogantes sobre as formas políticas, sociais e econômicas que deveriam assumir os futuros Estados, o olhar dos viajantes europeus se desloca lentamente do âmbito biológico para o âmbito social e político.[27]

E é isso justamente o que se encontra na obra, tanto escrita como gráfica, da expedição francesa aqui enfocada. As representações do interior império brasileiro publicadas em *Vues et scènes* põem de manifesto essa conotação. E esse mesmo sentido foi apresentado de maneira magistral por Castelnau na "Notice sur l'expedition envoyée par le gouvernement français dans l'Amérique du Sud", publicada em 1847 no *Bulletin de la Société de Géographie*, ao concluir sua viagem. Nela, depois de descrever as peripécias e as andanças sul-americanas, externa um comentário que substancia as observações que foram expostas neste artigo:

> Quanto a nós, esqueceremos com alegria dos nossos cansaços e perigos, se o nosso trabalho puder ajudar a estender ao Novo Mundo a influência francesa; para isto nossos costumes e nossa religião têm nos preparado um grande futuro, pois este continente receberá com gratidão o patrocínio da nossa civilização.[28]

Notas

1. MINGUET, Charles, "Préface", p. 5.
2. Aqui não se consideram os artistas e naturalistas holandeses que na primeira metade do século XVII estiveram no Nordeste do Brasil em companhia de Maurício de Nassau, nem aqueles que fizeram parte no século XVIII das expedições demarcadoras de limites e da Viagem Filosófica chefiada por Alexandre Rodrigues Ferreira, uma vez que foram enviados por uma metrópole a sua possessão colonial.
3. Cf. "Voyages Projetés", *Bulletin de la Société de Géographie*, t. XII, 1842, p. 584, e KIRCHHEIMER, Jean-Georges, *Voyageurs francophones em Amérique Hispanique au cours du XIXe siécle*, Répertoire bio-bibliographique, p. 50.
4. BAJON, Michel P., "Une expédition méconnue em Amérique Du Sud", p. 337.
5. Cf. *Bulletin de la Société de Géographie*, t. XI, p. 256.
6. CASTELNAU, Francis de, "Introduction", p. 6.
7. Ibidem, p. 6.
8. BAJON, Michel P., "Une expédition méconnue en Amérique du Sud", p. 338.
9. A obra *Expédition dans les Parties Centrales de l'Amérique du Sud* está assim composta: 1ª. Parte: *Histoire du voyage* (seis tomos) 1850–1852; 2ª. Parte: *Vues et scènes* (Atlas com sessenta pranchas e textos), 1852–1853; 3ª. Parte: *Antiquités des Incas et autres peuples anciens* (Atlas com sessenta pranchas e textos), 1854; 4ª. Parte: *Itinéraires et coupe géologique à travers le Continent de l'Amérique du Sud* (Atlas com 76 cartas duplas e textos), 1853; 5ª. Parte: *Géographie, des parties centrales de l'Amérique du Sud* (Atlas com trinta cartas duplas e textos), 1854; 6ª. Parte: *Chloris andina. Essai d'une flore de la région alpine des Cordillères de l'Amérique du Sud*/par H.A. Weddell/ Botanique (dois volumes, com 96 pranchas), 1855–57; 7ª. Parte: *Animaux nouveaux ou rares recueillis pendant l'expédition*/Zoologie (três volumes, com 125 pranchas), 1855–1859.
10. Alude-se aqui aos comentários que Martius escreveu ao arcebispo da Bahia, dom Romualdo Seixas, que faziam à narrativa de Castelnau. Biblioteca do Estado da Baviera, Martiusiana II, A, 1. Seixas, dom Romualdo. Registra-se também que o mesmo Martius serviu-se de duas paisagens publicadas por Castelnau para ilustrar a sua *Flora Brasiliensis*.

11. As críticas do IHGB podem ser lidas nos volumes de 1855 e 1856 da sua revista trimestral. Há também a sátira publicada por Manuel Araújo Porto Alegre em 1851, sobre "estátua amazônica", uma peça coletada por Castelnau na sua passagem pela província do Pará.

12. CASTELNAU, Francis, *Expedição às regiões centrais da América do Sul*, Olivério M. de Oliveira Pinto (Trad.), São Paulo, Companhia Editora Nacional, 1949 (Biblioteca Pedagógica Brasileira — Brasiliana), 2 v. Em 2000 essa tradução foi republicada pela Editora Itatiaia (Coleção Reconquista do Brasil), num único volume. Os volumes de III a VI, entretanto, ainda só podem ser lidos na edição original.

13. Sabe-se que durante a viagem fluvial pelo interior do Peru o viajante francês Paul Marcoy (1815–1880) também participou da caravana, na qualidade de desenhista. Entretanto, talvez pelas desavenças que teve com Marcoy, Castelnau faz poucas referências a esse personagem.

14. Levando em consideração o roteiro da viagem, nota-se que a jovem república boliviana é a grande ausente nessa obra. De fato, na sua narrativa Castelnau deixa evidente que, para a sua expedição, a Bolívia se constituiu um lugar de passagem, no seu roteiro a caminho do Peru. Essa falta é remediada em parte pelo volume *Antiquités des Incas et autres peuples anciens*, publicado em 1854.

15. As 39 pranchas que mostram cenas do Império brasileiro trazem dois grandes temas, paisagens e indígenas: 23 mostram paisagens (14 naturais, sete entre urbanas e rurais e duas vistas de fortes) e 16 trazem motivos indígenas.

16. CASTELNAU, Francis de, "Introduction", p. 11-12.

17. Idem, 1852-1853. p. 5.

18. Ibidem, p. 5.

19. Ibidem, p. 10.

20. ENGELMANN, Godefroy, *Prospectus*.

21. Cabe lembrar que muitas dessas localidades eram apresentadas pela primeira vez ao público europeu por meio das páginas publicadas por Castelnau. Certo de que as cidades de Mato Grosso já haviam sido visitadas e retratadas pelas expedições chefiadas por Alexandre Rodrigues Ferreira (1789–1791) e G.H. von Langsdorff (1826–1827), entretanto os acervos escritos e visuais dessas duas empresas ainda não haviam sido publicados.

22. CASTELNAU, Francis de, 1852–1853, p. 5.

23. HUERTA, Mona, "Le voyage aux Amériques et les revues savantes françaises au XIXe siècle", p. 73.

24. LEFEBVRE, Charles, apud HUERTA, Mona, "Le voyage aux Amériques et les revues savantes françaises au XIXe siècle", p. 85.

25. MINGUET, Charles, "Préface", p. 5
26. CASTELNAU, Francis de, *Expédition dans les Parties Centrales de l'Amérique du Sud. Histoire du voyage*, p. 11.
27. BERTRAND, Michel; VIDAL, Laurent, *À la redécouvert des Amériques*, p. 8.
28. CASTELNAU, Francis de, "Notice sur l'expédition envoyée par le gouverment français dans l'Amérique du Sud", p. 344.

Referências

BAJON, Michel P. "Une expédition méconnue en Amérique du Sud: La mission Castelnau 1843-1847". In: Yves Laissus (Org.). *Les naturalistes français en Amérique du Sud XVIe-XIXe siècles,* Paris: Éditions du CTHS, 1995.

BERTRAND, Michel; VIDAL, Laurent. *À la redécouvert des Amériques.* Les voyageurs européens au siècle des indépendences. Toulouse: Presses Universitaires du Mirail, 2002.

Bulletin de la Société de Géographie, t. XI, 1839.

CASTELNAU, Francis de. "Introduction", *Expédition dans les Parties Centrales de l'Amérique du Sud:* Histoire du voyage, Paris: Chez P. Bertrand Livraire-éditeur, t. I, 1850.

_____. "Notice sur l'expédition envoyée par le gouverment français dans l'Amérique du Sud", *Bulletin de la Société de Géographie,* t. VIII, 1847.

_____. "Voyages Projetés", *Bulletin de la Société de Géographie,* t. XII, 1842.

_____. *Expedição às regiões centrais da América do Sul,* Olivério M. de Oliveira Pinto (Trad.). São Paulo: Companhia Editora Nacional, 1949. (Biblioteca Pedagógica Brasileira — Brasiliana), 2 v.

_____. Vyes et scénes. Paris: Chez P. Bertrand Libraire-éditur, 1852-1853.

ENGELMANN, Godefroy. *Prospectus.* Malerische Reise in Brasilien, von Moritz Rugendas. Paris: Engelmann & Co., 1826.

HUERTA, Mona. "Le voyage aux Amériques et les revues savantes françaises au XIXe siècle". In: BERTRAND, Michel; VIDAL, Laurent. *À la redécouvert des Amériques:* Les voyageurs européens au siècle des indépendences. Toulouse: Presses Universitaires du Mirail, 2002.

MINGUET, Charles. "Préface". In: KIRCHHEIMER, Jean-Georges. *Voyageurs francophones, in Amérique Hispanique au cours du XIXe siècle,* Répertoire bio-bibliographique. Paris: Bibliothèque Nationale de France, 1987.

Um imperador, um naturalista e um diário de viagem

Alda Heizer* e Manuela Sobral**

Introdução

O artigo intitulado "Um imperador, um naturalista e um diário de viagem" está associado a um projeto sobre o francês Auguste de Saint-Hilaire (1779–1853)[1] no qual se analisa a documentação textual e iconográfica resultante das viagens de naturalistas ao Império do Brasil na primeira metade do século XIX. Tais registros ocupam os acervos de museus, estão presentes em exposições, registrados em catálogos, fazem parte de coleções de instituições de diferentes naturezas e estão depositados em herbários.

Usados em pesquisas de botânicos, historiadores, antropólogos e geógrafos, entre outros profissionais, os diários de viagem constituem uma literatura útil para pensar o que se escreveu sobre o Brasil. Além disso, podem ser analisados em diferentes contextos, como parte do acervo dos museus de diferentes tipologias.

Foi durante o levantamento de documentação sobre o referido naturalista, para o projeto acima mencionado, que uma publicação nos chamou a atenção, em particular: o *Anuário do Museu Imperial de Petrópolis*, de 1957. (Fig. 1)

---

*Instituto de Pesquisas Jardim Botânico do Rio de Janeiro (JBRJ). E-mail: aldaheizer@jbrj.gov.br
**Universidade Federal do Rio de Janeiro (UFRJ). Mestranda no Programa de Pós-Graduação em História Social da UFRJ. E-mail: manuela.sobral@ymail.com

Neste *Anuário* encontra-se publicado o diário de viagem do imperador Dom Pedro II (1825–1891) à província de Minas Gerais, no fim do século XIX.[2] Logo na introdução, ressalta-se o fato de o imperador fazer referências ao naturalista francês Auguste de Saint-Hilaire.

O que nos interessou foi que tanto Saint-Hilaire quanto Dom Pedro II descreveram suas impressões da viagem à referida província em seus diários. Sendo assim, pretendemos apontar algumas questões que podem interessar ao estudioso da temática das coleções de museus e jardins.[3]

Antecedentes do diário de viagem e seus usos posteriores

Em 1881, oito anos antes de o regime republicano substituir a monarquia portuguesa deste lado do Atlântico, Dom Pedro II, que governava o Império do Brasil havia quase meio século, fez uma viagem à província de Minas Gerais, a qual durou aproximadamente um mês. Como de hábito, o imperador registrou em anotações sob a forma de diário (Fig. 2) o que vira durante o caminho.

> 2 (sábado) — 6h partida. Entrada na Igreja de Antonio Dias. Esculturas em pedra sobre a porta. A rua que aí conduz chama-se do Alvarenga. Bela vista para o lado da cidade ao aproximar-se do antigo Jardim Botânico. Lá fui. Abandonado. Belas jabuticabeiras. Ainda há pés de chá.[4]

Suas impressões de viagem para alguns historiadores se constituíram num "conjunto de informações úteis sobre diferentes aspectos dos lugares por onde passou, confirmando seu interesse sobre a situação de seu vasto império".[5]

O historiador Helio Viana, autor da "Introdução" à publicação do diário de Dom Pedro II no *Anuário do Museu Imperial,* de 1957, escreveu sobre o imperador e seu perfil de estadista e afirmou que:

(...) Serve, entretanto, esse diário de viagem do grande monarca, para mais uma vez atestar o profundo interesse com que visitava as províncias de seu Império, tendo chegado a conhecer quase todas, apesar das dificuldades vigentes em sua época. Aqui poderá ser observada, mais de uma vez, a meticulosidade com que fiscalizava os serviços públicos.[6]

É possível identificar a presença de indicações sobre a relação de Dom Pedro II com os cientistas e com as instituições científicas nos estudos e nas biografias sobre o imperador, desde a segunda metade do século XIX. São trabalhos, como os de Helio Viana, nos quais se relatam fatos exemplares, especialmente referidos à formação cultural do imperador, ou mesmo se discutem as representações iconográficas de sua imagem e de seu governo.[7]

Os registros das viagens que o imperador fez constituem parte do acervo do Arquivo da Casa Imperial, sob a forma de coleções, depositado no Museu Imperial, na cidade de Petrópolis (RJ). Tais registros podem ser lidos, também, em publicações como o referido *Anuário do Museu Imperial*. As observações constantes nos diários de Dom Pedro II dizem respeito a diferentes assuntos relacionados às viagens que ele fez durante o seu governo, porém vamos nos ater às suas observações sobre a flora, aliás "inspiradas" nas impressões de Saint-Hilaire, como veremos.

Dom Pedro II usou, nas observações feitas durante o seu percurso em Minas, dados do relato de Saint-Hilaire. Esse estivera no Brasil entre 1816 e 1822, viajara por diferentes províncias, descrevera os tipos que encontrou e os lugares por onde passou, coletara e identificara plantas, observações que constituem uma obra expressiva impressa e manuscrita, obra essa mantida em herbários e em coleções científicas. Para Saint-Hilaire, a viagem que fizera a Minas Gerais foi exemplar.[8]

Talvez esse aspecto tenha influenciado Dom Pedro II. Esse se acercou do relato de Saint-Hilaire para fazer uma espécie de mapeamento do percurso e chegou a fazer comparações entre o que vira e o que o naturalista francês registrara durante a viagem.

Um imperador, um naturalista e um diário de viagem | 353

Ao descrever um dos rios por onde passou, por exemplo, Dom Pedro II afirmou "3h. Muitas macaúbas (*Acrocomia sclerocarpa* Mat. St. Hilaire — *Voyages dans le provinces de Rio* etc. 1ère partie vol. 2. pag. 377)" e citou a fonte da informação![9]

Talvez possamos afirmar que Dom Pedro II planejou seu roteiro a partir do relato de Saint-Hilaire; levou consigo a publicação do naturalista; incluiu anotações posteriores durante a viagem; e, ao chegar à Corte, redigiu seu diário e citou o naturalista. Podemos, talvez, inferir que o imperador tenha "decalcado" sua viagem sobre a do naturalista.

> 14 (5ª feira) — Acordei às 5 ½. Depois do arraial de Camargos, avistei na encosta de uma montanha à direita a casa que pareceu-me grande da fazenda do tesoureiro do barão de Camargos, e pés de chá... Não têm aparecido carneiros e com razão diz Saint-Hilaire que "les paturages des montagnes de Minas Gerais est conviennent pafaitement aux bêtes à laine". Saint-Hilaire diz que há mais espécies vegetais na serra do Caraça que na da Piedade por ser aquela mais úmida. No Caraças não dão as plantas tropicais... Perto de Ouro Fino há uma árvore que dá uma espécie de cortiça. A mesma reflexão de Saint-Hilaire já fiz eu.[10]

Na introdução à viagem que consta do *Anuário do Museu Imperial*, Helio Viana sublinha que Dom Pedro II ia além das observações sobre como estavam funcionando as instituições por onde passava, "aos curiosos registros psicológicos serão acrescentados dados úteis às ciências naturais, à geografia e à história econômica e política das regiões percorridas".[11]

> 3 (domingo) — Missa dita pelo monsenhor pouco antes das 5h. Partida às 6h 20'. Manhã fresca, com belíssima paisagem. Atravesso *mato de capoeira*. 7 ½. Ponte de Ana de Sá sobre o rio das Velhas pouco largo e raso com pedras. Alto do Peres. Pico de Itabira com suas duas pontas. Na ponte de Ana de Sá atirei um raminho no rio. Conversei quase todo o tempo com o Gorceix[12] sobre geologia e *geognosia*.[13]

354 | FORMAS DO IMPÉRIO

Outro aspecto interessante das observações presentes no diário de Dom Pedro II são as constatações e as comparações com outros cientistas:

> (...) Em Catas-altas vi muita fruta ao almoço. Havia bastante cambucás. St. Hilaire diz que para lá de Bento Rodrigues é que se principia ver a serra do Caraça — ele ia de Mariana para Catas-altas mas creio tê-la avistado em parte mesmo para cá de Bento Rodrigues vindo para Mariana. Fala de fontes de água quente que tinham existido em Água Quente, mas Gorceix não as achou segundo me disse. Suas reflexões sobre a cultura extensiva são justíssimas.[14]

Dom Pedro II se refere à Escola de Minas de Ouro Preto[15] e às demonstrações, às orientações e aos estudos de Gorceix com certa constância e manifesta sua impressão sobre a situação do Império do Brasil.

> (...) Conferência de Gorceix no salão da Assembleia, que ficou cheio (...) Gorceix expôs com talento as riquezas das Minas, sobretudo a do ferro, cuja quantidade calculou em 81 milhões de toneladas, podendo a província tornar-se a fornecedora de aço ao resto do mundo... Gostei de ouvir a exposição *de ideias tão civilizadoras* a 80 léguas do Rio de Janeiro de onde felizmente já começou a irradiar-se o progresso a todo o Brasil.[16]

Notícia sobre a segunda viagem a Minas Gerais[17]

A comparação que Dom Pedro II faz de sua própria viagem com a de Saint-Hilaire a Minas ganha novos contornos quando lembramos que há uma segunda e última viagem do naturalista francês à província. Pouco conhecida, ainda não havia sido publicada à ocasião da ida do imperador ao lugar.

Ao retornar do Rio Grande do Sul, em 1822, o naturalista esperava encontrar na casa que alugara no Rio de Janeiro as coleções de viagens anteriores que lá deixara, fruto de sua coleta durante os seis anos de pesquisa em diferentes províncias do Brasil, já devidamente acondicionadas para acompanhá-lo em seu retorno à França. No entanto, duas malas de plantas achavam-se completamente destruídas pela ação de traças. Tais malas continham parte do material que havia recolhido em Minas Gerais em sua viagem de 1816–17. Decidido a retornar a Minas para recuperar o material perdido e rever amigos, em especial em Vila Rica, o naturalista inicia aquela que seria sua última jornada em território brasileiro: *Segunda viagem do Rio de Janeiro a Minas Gerais e São Paulo* (1822).

A princípio,[18] seu único interesse no Brasil era a riqueza da flora e as possibilidades de estudos e usos das plantas. No entanto, o intervalo entre as duas viagens nos indica de que maneira sua experiência afetou sua relação com os que o rodeavam e seu trabalho de campo e intensificou seu discurso emancipacionista.

O contexto que precedeu a chegada de Saint-Hilaire a Minas Gerais foi marcado pela descoberta do ouro no século XVIII, o que levou multidões de diferentes locais, em pouco tempo, às planícies pacatas. Essas deram lugar a vilas movimentadas e de comércio intenso. Todavia, assim como a descoberta do ouro trouxera prosperidade e crescimento à região, a escassez do minério, entre outras razões, no fim desse mesmo século, os levou embora. Em 1816, durante a primeira viagem de Saint-Hilaire às Minas, o naturalista se deparou com vilas desertas, verdadeiras vilas fantasmas.

> Se existe alguma região que possa dispensar o resto do mundo, será certamente a Província das Minas, quando seus inúmeros recursos forem explorados por uma população mais densa.[19]

Das paisagens descritas, destacamos as de 1816, ausentes na edição de 1822. Saint-Hilaire adoeceu quando retornou à França e só publicou sua primeira viagem na década de 1830. Deu preferência a publicar primeiro, na década de 1820, obras de cunho científico que tratavam das plantas brasileiras.[20]

Viagem pelas províncias do Rio de Janeiro e Minas Gerais não tem o mesmo formato de diário que *Segunda viagem do Rio de Janeiro a Minas Gerais e São Paulo*. Há poucas datas, seus criados (termo usado pelo naturalista para indicar os empregados que o acompanharam nas viagens) são mencionados algumas poucas vezes e ele, ao contrário da segunda viagem, não indica a localização das plantas que coletou. A obra, resultante da primeira viagem, apresenta um longo prefácio que em muito se assemelha a um relatório do que foi feito[21] durante sua estada no Brasil. Não obstante, há também uma carta de agradecimento[22] ao duque de Luxemburgo. Em sua segunda ida a Minas, Saint-Hilaire queixava-se das limitações físicas que anos de viagem haviam lhe proporcionado e que culminaram também em falta de entusiasmo.

> Como partimos muito tarde, não pudemos fazer senão duas léguas. O caminho que segui foi o mesmo que com os Srs. De Langsdorff, Antônio Idelfonso Gomes e o pobre Prégent antes trilhara, quando cheio de entusiasmo, hoje extinto e esperanças de que percebi a inanidade, encetei minhas longas e penosas viagens.[23]

Já na partida para a segunda jornada por Minas Gerais, ele anuncia sua comitiva, composta pelo novo arrieiro, de nome Miguel, pelo índio Coroado, por Firmiano — que lhe havia sido "dado de presente"[24] ainda na ocasião da primeira viagem a Minas —, por Laurotte[25] e por dois pequenos guaranis de nomes Diogo e Pedro. Ao contrário da primeira viagem, o formato de diário permanece, os dias são marcados e há um maior diálogo e uma maior interação com os que o rodeiam, especialmente seus criados.

> Os meus pequenos guaranis saíram do Rio de Janeiro montados no mesmo burro; um no arreio e outro à garupa. Mas o animal machucou-se muito ao cabo de alguns dias. Não pode ser utilizado atualmente se não por uma das crianças. Eu as fazia cavalgar, ora uma, ora outra e, quando andava a pé, deixava quase sempre minha mula ao que não podia ir montado. Apesar disso ambos andaram muito e correram a valer para apanhar insetos. Diogo, ao chegar, sentiu-se incomodado e dei-lhe chá bem quente para o fazer suar. Não há em seu estado nada que me possa, razoavelmente, alarmar; mas apeguei-me de tal forma a estas crianças que não posso sopitar viva inquietação.[26]

Com base na edição brasileira da Coleção Reconquista do Brasil, tem-se a impressão de que não houve de fato uma edição do diário original. (Fig. 3)

O tradutor Vivaldi Moreira dá a pista quando aponta, na "Apresentação":

> Este diário (...) veio a lume após mais de três decênios de sua morte. (...) Trata-se, por certo, de manuscrito que não fora destruído pelo autor após a redação definitiva de seus outros volumes denominados *Voyages dans l'intérieur du Brésil*, principalmente os tomos referentes às províncias do Rio de Janeiro, Minas Gerais e São Paulo.

De fato, era prática comum à época incinerar os manuscritos de uma obra depois que ela ganhasse impressão. Se a destruição dos diários originais, porventura, se confirmar um dia, pode-se creditar a tal prática a razão da inexistência desse manuscrito. Todavia, motivações outras não podem ser descartadas — por exemplo, a destruição dos originais para que detalhes como a sua interação com acontecimentos locais permanecessem uma memória pessoal e não viessem jamais a público.

Os anos que Saint-Hilaire passou no Brasil foram próximos à emancipação política do Brasil. Os lugares que percorreu, especialmente Vila Rica e Rio de Janeiro, foram palco dos mais diversos entendimentos sobre os destinos políticos do Brasil — para uns, a permanência do rei significava a face recolonizadora da revolução que acontecia na cidade do Porto; para outros, apoiar a permanência do rei não significava ser adepto do absolutismo; ao contrário, significava garantir a manutenção de prestígio, já que haviam enriquecido com a permanência da Corte no Rio de Janeiro. Nessa ala ficavam os comerciantes, funcionários e proprietários de terras e de escravos, que viviam em torno do rei e formavam um grupo coeso de interesses, o Partido Brasileiro. Havia também províncias, como a da Bahia, descontentes com a "Nova Lisboa" e que costumavam render obediência às Cortes de Lisboa.[27]

358 | FORMAS DO IMPÉRIO

Tendo em vista esse cenário, torna-se difícil acreditar que Saint-Hilaire tenha se mantido à margem dos acontecimentos, na condição de mero espectador. Partindo da negação dessa passividade e da crença de um maior envolvimento do naturalista com os eventos que culminaram no Sete de Setembro, parece-nos coerente acreditar que seus diários pessoais pudessem conter muitas informações acerca de tudo que estava acontecendo e que, no processo de edição e publicação em 1830, Saint-Hilaire tenha optado por dar ênfase à sua saga em prol da ciência e relegado a segundo plano sua participação ativa nas ocorrências do período.

No que diz respeito à análise das regiões, como já foi dito, a província das Minas Gerais encontrava-se em franca decadência[28] em 1816 e não parecia haver, na opinião de Saint-Hilaire, grandes planos na agenda do governo para reavivá-la. Há elogios quanto à administração regencial, mas também a advertência de que muito ainda se precisa fazer — o que se tinha feito até aquele momento era pouco. Todavia, o maior problema da região não era o governo central, mas a própria população local, que, de acordo com o francês, "gozava de pouca ambição e de nenhuma atitude", de maneira que muitas vezes desperdiçavam as oportunidades de crescimento:

> Mas, deve-se confessá-lo, se bem que os mineiros pareçam muito orgulhosos de sua pátria, há realmente entre eles tão pouco espírito público, que quase nunca ouvi habitantes de Vila Rica referirem-se se não com desprezo à única indústria que possuem; exageram os defeitos de seus produtos, e, se comparam sua louça com a da Inglaterra, é para fazer sentir quanto é superior a que compram aos estrangeiros.[29]

Além disso, Saint-Hilaire aponta soluções para os problemas que mais lhe saltam à vista: o mau uso dos recursos naturais e a má distribuição de terras. A crítica aos governos locais está presente e na maioria das vezes nos indica a preocupação do naturalista de não se envolver com as questões políticas brasileiras, ou seja, há críticas, mas elas quase sempre são postas em xeque pelo próprio autor, como numa tentativa de abrandar o que está dizendo, como:

Seria, aliás, injusto acusar os brasileiros do lento progresso conquistado nas artes para eles mais necessárias. Todos sabem que o sistema colonial tendia a retardar os avanços e a instrução, e, depois que seus portos foram abertos aos estrangeiros, os que se meteram a ser mestres muitas vezes careciam de ser eles próprios instruídos.[30]

Ao que parece, é clara a ideia de Saint-Hilaire de que aquela fosse não apenas a sua viagem-modelo, mas também um modelo para[31] qualquer viajante. A todo tempo ele evoca o exemplo de viajantes que não teriam "se comprometido com o bom senso, prejudicando assim viajantes honestos que viessem depois deles".

Em 1822, ano da segunda viagem, a crítica às instituições brasileiras é mais contundente, não apenas às instituições como também à organização social como um todo. Embora se declarasse a favor dos "acontecimentos recentes no Rio de Janeiro e em Vila Rica" — referindo-se ao 12 de janeiro (Dia do Fico) e à entrada de Dom Pedro I em abril em Vila Rica, reduto dos fiéis às cortes de Lisboa —, em sua passagem por Minas Gerais, em 1817, Vila Rica foi o lugar que mais o marcou. Lá, fez grandes e influentes amizades, como o barão de Eschewege, amigo próximo de A. Langsdorff, cônsul da Rússia no Brasil que, juntamente com Antônio Idelfonso Gomes, o acompanhara no percurso do Rio de Janeiro àquela província mineira. Além do barão, o francês também se tornou próximo do Alcaide-Mor[32], dom Manuel de Castro e Portugal, que o convidou, junto com os que o acompanhavam, a participar de um baile em sua residência oficial — entre outros convites.

O naturalista e dom Manuel ainda se encontrariam mais vezes e sempre conversariam longamente, embora Saint-Hilaire não desse detalhes sobre tais ocasiões, nem sobre os assuntos discutidos. Quando partiu de Vila Rica, foi presenteado pelo prefeito com um passaporte que o isentava de pagar impostos de viagem e dava-lhe livre trânsito pelo interior da província. Saint-Hilaire não dá mais detalhes sobre a extensão dos "poderes" de seu passaporte e resume o evento em um parágrafo:

Ao fim de uns quinze dias, preparamo-nos para deixar Vila Rica, e fomos apresentar as despedidas ao governador que nos cumulara de atenções e gentilezas. (...) no momento da partida, recebi dele um passaporte que me concedia as mais amplas prerrogativas. Esse passaporte dispensou-me das revistas nos registros, e me isentou dos impostos que se pagam na passagem dos rios. Exceto, aliás, em duas ocasiões extraordinárias, não o exibi, durante quinze meses, a nenhum particular: e se durante o percurso de minhas viagens fui tratado com tanta lhaneza e hospitalidade, pelos habitantes do país, não devo se não a eles próprios.[33]

Em 1822, após a proclamação da independência por Dom Pedro I, a elite de Vila Rica se alinhou a Lisboa na luta contra a essa emancipação, intitulou a cidade como mandatária do resto da província das Minas e depôs dom Manuel do cargo de Alcaide-Mor. As notícias chegam a Saint-Hilaire e ele claramente se ressente pela situação do amigo... mas fica feliz por ver que mesmo entre os mais incautos havia alguma consciência quanto ao que se passava no Rio de Janeiro e em Lisboa, o que demonstrava a noção de que de alguma maneira suas vidas seriam afetadas por tais acontecimentos.

Perguntei a um lavrador, que não parecia dos mais pobres, se os povos estavam contentes com o novo governo da Capitania:
— Dizem que é melhor que o antigo — respondeu-me. O que há de certo é que, quando se apresenta alguma petição, não se obtém resposta tão rápida como no tempo em que nosso general tudo por si decidia e isto é muito desagradável para os que não têm tempo a perder.[34]

Outro ponto dos escritos pessoais do francês que se destaca é a sua indecisão de ir ou não a Vila Rica e sobre os riscos que ele poderia sofrer com essa empreitada. Qualquer que fosse sua decisão, ela era solitária e meramente *comunicada* aos que o acompanhavam. Por fim, ele alega que sente grande falta da mãe e que os anos que passara num país de clima tropical como o Brasil haviam-no feito perder a resistência ao frio. Assim sendo, seria mais prudente retornar o mais rapidamente possível à França, de maneira que já estaria lá quando o rigoroso inverno europeu se apresentasse. Essas colocações justificam sua partida apressada para a Europa e deixam no ar uma dúvida quanto à extensão de seu envolvimento nas questões emancipatórias brasileiras. Sobre isso, assim escreve em 19 de fevereiro de 1822:

> O amor filial triunfou no desejo que tinha de rever os meus amigos, prolongar minha estada nesta capitania para apreciar a mentalidade que por aqui reina, depois dos últimos acontecimentos. Tomei a resolução de seguir daqui, diretamente, para S. Paulo (*sic*), e quando, assentado tal sacrifício, senti-me mais contente e como que aliviado de um peso difícil de carregar. O comandante prometeu-me para amanhã cedo um itinerário para S. Paulo, e, quando minha caravana chegou, conduziu-nos a uma estalagem situada fora da cidade e do lado de Vila Rica.[35]

Fundamental seria analisar a coleção inteira de suas viagens e tentar localizar mais pontos de ressonância com a ideia de que nem o passaporte nem a amizade com dom Manuel de Castro e Portugal foram mero acaso de viagem.

Saint-Hilaire não hesitou em dizer, mais à frente, acreditar que a Revolução Brasileira[36] ainda demoraria décadas até atingir as camadas mais populares, uma vez que não se tratou de revolução de homens que ele considerava de estirpe.

> O povo nada ganhou absolutamente com a mudança operada. A maioria dos franceses lucrou com a Revolução que suprimiu privilégios e direitos auferidos por uma casta favorecida. (...) Mas são estes homens que, no Brasil, foram os cabeças da Revolução; não cuidavam se não em diminuir o poder do Rei, aumentando o próprio.[37]

Além disso, diversas possibilidades de estudos e análises emergem de uma leitura atenta das obras de Saint-Hilaire. Uma dessas possibilidades é o trabalho com a documentação sobre doação de terras, mais especificamente sobre a política de integração do Sudeste, material analisado pelo historiador Ilmar Rohloff de Mattos e que encontra nas descrições do naturalista uma fonte relevante sobre os que foram beneficiados pela política da Corte: comerciantes, burocratas e nobres. O naturalista indicava:

> Nada se equipara à injustiça e à inépcia graças às quais foi até agora feita a distribuição das terras. É evidente que, sobretudo onde não existe nobreza, é do interesse do Estado que haja nas fortunas a menor desigualdade possível. No Brasil, nada haveria mais fácil do que enriquecer certa quantidade de famílias. Era preciso que se distribuísse gratuitamente, e por pequenos lotes, esta imensa extensão de terras vizinhas à capital, e que ainda estava por se conceder quando chegou o Rei.[38]

Decerto ainda há muito mais a se extrair dessas obras, especialmente no que tange às mudanças urbanas da província das Minas e dos bastidores da independência. Seria interessante pensar o envolvimento de Auguste de Saint-Hilaire nos eventos de 1822 não só como fruto de relações pessoais, mas como parte de uma agenda política que envolvia principalmente o interesse francês no Brasil. Nesse sentido vale lembrar que toda sua trajetória neste país fora cercada de pessoas "interessantes" que de uma maneira ou de outra estavam ligadas ao processo emancipacionista ou à França e que, principalmente, sempre apareciam na hora e lugar certos para garantir-lhe salvo-conduto, fosse estar acompanhado de um diplomata, fosse lhe ser concedido um passaporte diplomático. Infelizmente não há ainda respostas claras a tais perguntas. Assim acreditamos que a questão fundamental não é descobrir apenas se os diários foram incinerados ou não, mas, se foram, o real motivo disto.

Os escritos sobre o imperador

Entre 1920 e 1940 publicou-se grande número de artigos e livros sobre Dom Pedro II. Um aspecto recorrente nesses escritos é a afirmação da imagem do imperador como parte de um projeto intelectual articulado à cultura e à política como construtores de uma identidade coletiva.[39] A revista do Instituto Histórico e Geográfico Brasileiro (IHGB) publicou, em 1925, trabalhos e documentos sobre sua vida; o Arquivo Nacional organizou documentação sobre sua infância e a adolescência e enfatizou sua formação intelectual, além de outras iniciativas.

Nas décadas de 1930 e 40, fica evidente, nas publicações, como o imperador era tratado: o viabilizador da ordem, o pacificador, o filósofo amante das ciências, entre outros predicados.

O historiador Helio Viana, em 1940, em artigo publicado 17 anos antes da "Introdução" para o *Anuário do Museu Imperial*, publicou na *Revista Cultura Política*[40] que "ao lado do homem de letras, é inseparável, em D. Pedro II, o amigo das ciências". O historiador organizou, ainda, um levantamento expressivo sobre a doação da biblioteca do monarca e situou as instituições que teriam recebido os objetos, as coleções etc. Foi nesse mesmo ano que o Museu Imperial foi criado, durante o Estado Novo (1937–1945).

É verdade que no fato de considerar o imperador como "homem de letras" reside uma questão historiográfica relevante: a referida abundância de publicações nas décadas de 1920, 30 e 40. Uma das hipóteses para o fato seria que havia nesse momento uma valorização do período monárquico em detrimento a um passado recente, a primeira República.[41]

Em 1930, a crítica aos primeiros anos da República tinha como conteúdo, por exemplo, a presença da *redescoberta do Brasil*. Para Helio Viana, as décadas de 1930 e 40 foram decisivas e nelas o culto à pátria tinha um lugar especial. Foi nesse período que o historiador Pedro Calmon, um dos incentivadores da criação de um museu com os objetos do império, publica *O rei filósofo* e destaca fatos exemplares da figura do imperador.

Era a retomada de um passado ideal para a legitimação de um presente que valorizava as tradições monárquicas, um novo começo: o Estado Novo.

É na Coleção Brasiliana, de 1938, que a viagem de Saint-Hilaire à província de Minas Gerais é publicada no Brasil, num projeto que

364 | FORMAS DO IMPÉRIO

tinha como objetivo editar temas brasileiros e traduzir o que se havia escrito sobre o Brasil, entre outros.[42] (Fig. 4)

Em 1975, há nova edição da obra do naturalista francês. No prefácio de *Viagem às nascentes do rio São Francisco*, Mario Guimarães Ferri[43] enaltece o lugar da obra de Saint-Hilaire, como parte da Coleção Reconquista do Brasil, reunião de seus escritos que pretendeu mostrar a ligação do naturalista com as "nossas plantas", enumerar o material por ele colecionado e a abrangência de sua obra.

Assim, tanto Helio Viana quanto Mario Ferri, dois intelectuais de distintas formações e em tempos distintos, comentam a obra do naturalista em coleções. Trata-se de um material rico para o pesquisador, com especificidades capazes de fornecer informações muito importantes sobre um período de nossa história natural.

Os projetos que envolvem a publicação desses diários revelam visões bem definidas dos correspondentes cortes históricos em que estão inseridos.

Refletir sobre os usos e as apropriações pelos museus de tais objetos de coleção (como os diários) nos permite também olhar para os registros dos naturalistas no quadro de uma história natural que se constitui como um relato de práticas de sociabilidade, o lugar em que se produz o que viria a constituir nossa tradição científica e permitir circunstanciar a ação de naturalistas,[44] especialmente no momento em que se privilegia a importância da localização das informações sobre a flora brasileira, com o objetivo de proteger a biodiversidade.

Talvez possamos sugerir o estudo futuro sobre tais informações, para de novo traçarmos e atualizarmos uma nova "Reconquista do Brasil", já que Saint-Hilaire iniciou seu relato de viagem à província de Minas Gerais afirmando que

> Poucos países oferecem tantos recursos como o Brasil, e estão como ele destinados a representar na política papel tão importante; as montanhas encerram em seu musgo metais preciosos; os rios cobrem com suas águas diamantes e pedrarias; o açúcar e o trigo, a vinha

e o café, as árvores frutíferas da Europa e da Índia são cultivadas indiferentemente em seu fértil território; as imensas solidões, que contém poderiam receber inúmeros colonos, e seus portos garantem importantes mercados para os produtos do nosso solo e indústrias.[45]

Tais coleções, revisitadas, certamente nos convidariam a refletir sobre os limites e os usos que se fizeram de seus conteúdos e reafirmar a certeza de que, ao analisar seu conteúdo, não trabalhamos sobre lembranças de fatos vividos, mas sim sobre a memória de outras memórias.[46] (Fig. 5)

Agradecimentos

Aos historiadores Heloisa Gesteira, Luís Miguel Carolino e Pedro Marinho, pelo convite para participar do seminário Formas e Representação do Império, e à professora doutora Maria das Graças Lins Brandão, da UFMG, que gentilmente nos enviou a tradução e a edição (entre outras) por ela organizada.

Notas

1. Trata-se de um projeto de pesquisa que pretende analisar e organizar a obra impressa e manuscrita do naturalista francês Auguste de Saint-Hilaire, em contraponto com suas coleções botânicas, e privilegiar o que se relaciona diretamente com sua viagem ao Brasil e com os temas brasileiros. Projeto Reflora/Edital CNPq 2011.
2. Ver BEDIAGA, Begonha (Org.). *Diário do Imperador d. Pedro II*; LEMOS, Renato, "Apresentação."
3. Vale lembrar que entre 3 e 5 de outubro de 2011 foi organizado um seminário (Museu Histórico Nacional, Instituto Brasileiro de Museus e Instituto Histórico e Geográfico Brasileiro), no Museu Histórico Nacional, intitulado "Coleções e colecionadores: a polissemia das práticas." Ver recentes publicações: ABREU, Regina, "Colecionando o outro: o olhar antropológico nos primeiros anos da República no Brasil." in HEIZER, Alda e VIDEIRA, Antonio Augusto (Orgs.), *Ciência, civilização e república nos trópicos*,p. 245-254; SÁ, Magali Romero, "A ciência, as viagens de coleta e as coleções: medicina tropical e o inventário da história natural na Primeira República." in HEIZER, Alda e VIDEIRA, Antonio Augusto (Orgs.), op. cit. p. 227-244; PODGORNY, Irina, *El sendero del tiempo y de las causas accidentales*.. Ver, também, recentes publicação de LOPES, Maria Margaret e HEIZER, Alda (Orgs.), *Colecionismos, práticas de campo e coleções*.
4. Diário da Viagem do Imperador a Minas (maço 37-doc. 1067), p. 79.
5. VIANA, Helio, "Introdução" ao Diário da Viagem do Imperador a Minas, p. 69-118.
6. Ibidem, p. 69.
7. HEIZER, Alda, "Pedro II e a construção de um mito."
8. Ver KURY, Lorelai, "Les instructions de Voyage dans les expeditions scientifiques; e "As artes da imitação nas viagens científicas do século XIX"; ABREU, Jean L. N. , "Nas margens da natureza e da civilização: a viagem de Saint-Hilaire à região do rio Doce." p. 81-108; LISBOA, Karen, "Da expedição científica à ficcionalização da viagem. Martius e seu romance indianista sobre o Brasil." p. 115-132; DROUIN, Jean-Marc "De Linné à Darwin: les voyageurs naturalistes." p. 479-502.
9. Diário da Viagem do Imperador a Minas (maço 37-doc. 1067), p. 85.

10. Diário da Viagem do Imperador a Minas (maço 37-doc. 1067), p. 100.

11. VIANA, Helio. "Introdução", in *Diário da Viagem do Imperador a Minas* (maço 37-doc. 1067), p. 79.

12. Claude Henri Gorceix nasceu em 19 de outubro de 1842 em Saint-Denis des Murs, na França. Bacharelou-se em ciências físicas e matemáticas pela Escola Normal Superior de Paris em 1866 e assumiu a seguir o cargo de professor de ciências físicas e naturais no Liceu de Angoulême. Pouco depois, em 1867, tornou-se preparador de geologia na Escola Normal Superior da França. Em 1869 foi para a Grécia como professor do curso de ciências da famosa Escola Francesa de Atenas. Mais tarde, reassumiu o cargo de assistente de geologia na Escola Normal Superior. Em 1874 deixou a Escola Normal para aceitar o convite de Dom Pedro II para fundar uma escola de minas no Brasil, graças à indicação de Daubré, diretor da Escola de Minas de Paris. Chegou ao Brasil em fins de 1784. Além de fundador da escola e primeiro diretor, foi professor de mineralogia, geologia, física e química e exonerou-se de seus cargos, a pedido, em 14 de outubro de 1891. A seguir, retornou à França e em 1896 voltou ao Brasil, a convite do Governo de Minas, a fim de organizar o ensino agrícola no estado. Disponível em: http://www.em.ufop.br/em/diretores/gorceix.php. Acesso em 22/07/2012.

13. Diário da Viagem do Imperador a Minas (maço 37-doc. 1067), p. 80.

14. Diário da Viagem do Imperador a Minas (maço 37-doc. 1067), p. 86.

15. CARVALHO, José Murilo de, *A Escola de Minas de Ouro Preto*.

16. Ibidem, p. 77.

17. SAINT-HILAIRE, August. *Segunda Viagem do Rio de Janeiro a Minas Gerais e São Paulo (1822)*.

18. Optamos aqui dizer "a princípio " porque o próprio viajante dá a entender o fato ao longo de seus diários. No prefácio de *Viagem pelas províncias do Rio de Janeiro e Minas Gerais,* ele explana suas intenções iniciais, mas admite que, ao longo dos anos passados aqui, muitos outros assuntos e muitas outras causas ganharam sua devoção.

19. SAINT-HILAIRE, August. *Viagem pelas províncias do Rio de Janeiro e Minas Gerais*, p. 47.

20. Foram três as obras de cunho científico publicadas. A saber: *História das plantas mais notáveis do Brasil,* 1824; *Flora Brasiliae Meridionalis,* 1825; *Plantas usuais dos brasileiros,* 1828.

21. "O estudo dos produtos vegetais do Brasil constituía, sem dúvida, o objetivo principal de minha viagem; não negligenciei, no entanto, de recolher fatos que possam, sob outros aspectos, dar uma ideia perfeita de região tão interessante. (...) É desse diário, escrito in-loco, que extraio a narrativa histórica cuja publicação ora inicio. Trecho do prefácio de *Viagem pelas províncias*

do Rio de Janeiro e Minas Gerais, edição de 1975, como parte da Coleção Reconquista do Brasil.

22. In *Viagem pelas províncias do Rio de Janeiro e Minas Gerais*. Saint-Hilaire chegou ao Brasil na comitiva do duque de Luxemburgo — representante das relações diplomáticas entre França e Portugal, em visita ao continente americano com o intuito de discutir a invasão portuguesa a Caiena. Ainda nas primeiras páginas, o botânico apresenta uma carta de agradecimento ao duque, o que sugere que, além de tê-lo acompanhado em seu embarque no país, o ajudou a estabelecer-se no Rio de Janeiro.

23. *Segunda viagem do Rio de Janeiro a Minas Gerais e a São Paulo — 1822*, op. cit., p. 14.

24. Ainda em sua primeira viagem a Minas, Saint-Hilaire visita, na companhia do comendador Rodrigues, uma aldeia de índios coroados, sob a proteção e manutenção do próprio comendador. Nessa ocasião um dos índios que trabalhava diretamente com Rodrigues presenteia o francês com um jovem coroado de aparentes 16 anos. O tráfico de mão de obra escrava indígena havia muito fora proibido no Brasil, mas, como o tráfico incluía a mercantilizarão, não podemos dizer que o jovem índio era *escravo* do viajante, mas estava submetido a ele até que esse o libertasse.

25. O prenome e a função exatos de Laurotte são imprecisos. Saint-Hilaire pouco fala de seus empregados nos livros publicados em forma de narrativa. Ainda assim, há menção à sua pessoa em quase todas as obras.

26. *Segunda viagem do Rio de Janeiro a Minas Gerais e a São Paulo — 1822*, op. cit., p. 21.

27. Ver MATTOS, Ilmar; ALBUQUERQUE, Luis Affonso S. de "Queremos o rei de volta. Mas constitucional. A Revolução do Porto de 1820", p. 56 e 57.

28. SOUZA, Laura de Mello e, *Desclassificados do ouro*: a pobreza mineira no século XVIII.

29. Trecho de SAINT-HILAIRE, *Viagem pelas províncias do Rio de Janeiro e Minas Gerais*, p. 74.

30. SAINT-HILAIRE, *Viagem pelas províncias do Rio de Janeiro e Minas Gerais*, p. 26.

31. Ver KURY, Lorelai, *Auguste de Saint-Hilaire, viajante exemplar*. Disponível em: <http://migre.me/hZxfa>. Acesso em 22/07/2012; e "As artes da imitação nas viagens científicas do século XIX."

32. Dom Manuel de Castro e Portugal era Alcaide-Mor de Villa Rica. O cargo consiste em ser o Presidente da Câmara Municipal de Villa Ria e pode ser equiparado ao cargo de prefeito, todavia há pequenas diferenças nas funções administrativas que fazem não se recomendar substituir o termo Alcaide-Mor por Prefeito sem uma breve explicação. Nas obras publicadas pela coleção

Reconquista do Brasil Saint-Hilaire se refere a D. Manuel de Castro e Portugal como Governador de Villa Rica. Ora pois, não foi feita a verificação nos manuscritos, nos fólios da edição francesa de 1834 e nem na edição brasileira da Coleção Brasiliana, de maneira que não posso afirmar se é do próprio autor o uso do termo "Governador" ou se partiu de uma escolha dos tradutores e editores da Reconquista do Brasil naturalizar o termo de maneira a facilitar a leitura das obras.

33. SAINT-HILAIRE, August, *Viagem pelas províncias do Rio de Janeiro e Minas Gerais*, op. cit., p. 77.

34. *Segunda viagem do Rio de Janeiro a Minas Gerais e a São Paulo*, idem, p. 82.

35. Ibidem, p. 39.

36. Termo usado por Saint-Hilaire no prefácio de *Viagem pelas províncias do Rio de Janeiro e Minas Gerais*.

37. *Segunda viagem do Rio de Janeiro a Minas Gerais e a São Paulo*, idem, p. 94.

38. MATTOS, Ilmar R. de, *O tempo saquarema*, p. 52.

39. HEIZER, Alda, "Uma casa exemplar."

40. OLIVEIRA, Lucia Lippi de; VELLOSO, Monica Pimenta; GOMES, Angela Maria Castro. *Estado Novo*.

41. GOMES, Angela Maria de Castro, "O redescobrimento do Brasil", p. 109.

42. DUARTE, Regina Horta, "Biologia, natureza e república no Brasil nos escritos de Mello Leitão (1922–1945)."

43. Mario Guimarães Ferri (1918–1985) foi professor da Universidade de São Paulo (USP), fez pesquisas de botânica e ecologia e tornou-se referência nessas áreas. É autor de artigos e livros e dirigiu a coleção Reconquista do Brasil.

44. SCHAFFER, Simon; ROBERTS, Lissa; RAJ, Kapil; DELBOURGO, James (Org.). *The Brokered World*. Go-betweens and global intelligence, p. 239-270.

45. Saint-Hilaire apud BRANDÃO, Maria das Graças Lins (Org.), *Saint-Hilaire, Quadro geográfico da vegetação primitiva na província de Minas Gerais*.

46. DUBY, Georges; LARDREAU, Guy, "Um nominalismo bem temperado", p. 35-60.

Referências

ABREU, Jean L.N. "Nas margens da natureza e da civilização: a viagem de Saint-Hilaire à região do rio Doce", *Estudos de História*, Franca, v. 12, n. 1, 2006, p. 81-108.

ABREU, Regina. "Colecionando o outro: o olhar antropológico nos primeiros anos da República no Brasil". In: HEIZER, Alda; VIDEIRA, Antonio Augusto (Org.). *Ciência, civilização e república nos trópicos*. Rio de Janeiro: Mauad; Faperj, 2010, p. 245-254.

BEDIAGA, Begonha (Org.). *Diário do Imperador d. Pedro II*. Petrópolis: Museu Imperial, 1999 (CD-ROM).

BRANDÃO, Maria das Graças Lins (Org.). *Saint-Hilaire, Quadro geográfico da vegetação primitiva na província de Minas Gerais*. Belo Horizonte: Fino Traço, 2011.

CARVALHO, José Murilo de. *A Escola de Minas de Ouro Preto*: O peso da glória, Belo Horizonte: UFMG, 2002.

Diário da Viagem do Imperador a Minas (maço 37-doc. 1067), diário n°. 24, *Anuário do Museu Imperial*, 1957.

DROUIN, Jean-Marc. "De Linné à Darwin: les voyageurs naturalistes". In: SERRES, Michel (Org.). *Éléments d'Histoire des Sciences*. Paris: Larousse, 1997, p. 479-502.

DUARTE, Regina Horta. "Biologia, natureza e república no Brasil nos escritos de Mello Leitão (1922-1945)", Dossiê Repúblicas, *Revista Brasileira de História*, n°. 58, v. 29, agosto de 2009-julho de 2011, p. 317-340.

DUBY, Georges; LARDREAU, Guy. "Um nominalismo bem temperado". In: *Diálogos sobre a nova história*. Lisboa: Dom Quixote, 1989.

GOMES, Angela Maria de Castro. "O redescobrimento do Brasil: Revolução e questão social". In: OLIVEIRA, Lucia Lippi de; VELLOSO, Monica Pimenta; GOMES, Angela Maria Castro. *Estado Novo*: Ideologia e poder. Rio de Janeiro: Zahar, 1982.

HEIZER, Alda. "Pedro II e a construção de um mito", *Revista & Ensino* (Universidade Estadual de Londrina), v. 11, 2006, p. 32-40.

———. "Uma casa exemplar: Pedagogia, memória e identidade no Museu Imperial de Petrópolis". Dissertação de mestrado, Rio de Janeiro, PUC, 1994.

KURY, Lorelai. "Les instructions de Voyage dans les expeditions scientifiques", *Revue d'Histoire des Sciences*, tome 51, Paris, PUF, 1998, p. 65-91.

_____.."As artes da imitação nas viagens científicas do século XIX". In: ALMEIDA, Marta de; VERGARA, Moema (Org.). *Ciência, história e historiografia*. Rio de Janeiro: Via Lettera-Mast, 2008.

LEMOS, Renato. "Apresentação". In: *Viagens pelo Brasil*: Bahia, Sergipe e Alagoas — 1859. Rio de Janeiro: Letras e Expressões/Bom Texto, 2003.

LISBOA, Karen. "Da expedição científica à ficcionalização da viagem: Martius e seu romance indianista sobre o Brasil", *Acervo*, Revista do Arquivo Nacional, v. 21, n. 1, jan./jun. 2008, p. 115-132;

MATTOS, Ilmar R. de. *O tempo saquarema*. São Paulo: Hucitec, 1987.

MATTOS, Ilmar; ALBUQUERQUE, Luis Affonso S. de. "Queremos o rei de volta. Mas constitucional. A Revolução do Porto de 1820". In: *Independência ou morte*. A emancipação política do Brasil. São Paulo: Atual, 1991.

OLIVEIRA, Lucia Lippi de; VELLOSO, Monica Pimenta; GOMES, Angela Maria Castro. *Estado Novo*: Ideologia e poder. Rio de Janeiro: Zahar, 1982.

PODGORNY, Irina. *El sendero del tiempo y de las causas accidentales*: Los espacios de la prehistoria en Argentina, 1850–1910. Rosario: Pro historia ediciones, 2009. (Colección Historia de la Ciencia).

SÁ, Magali Romero, "A ciência, as viagens de coleta e as coleções: medicina tropical e o inventário da história natural na Primeira República". In: HEIZER, Alda e VIDEIRA, Antonio Augusto (Org.). *Ciência, civilização e república nos trópicos*. Rio de Janeiro: Mauad; Faperj, 2010, p. 227-244.

SAINT-HILAIRE, August. *Segunda Viagem do Rio de Janeiro a Minas Gerais e São Paulo* (1822). Affonso de E. Taunay (trad.). Rio de Janeiro/São Paulo/Recife/Porto Alegre, 1938 (coleção Biblioteca Pedagógica Brasileira. Brasiliana. Série 5. Vol. 5.

_____.. *Viagem pelas províncias do Rio de Janeiro e Minas Gerais*. Vivaldi Morcira (Trad.). Belo Horizonte; São Paulo: Itatiaia; Edusp, 1975 (Coleção Reconquista do Brasil, v. 4).

SCHAFFER, Simon; Roberts, Lissa; RAJ, Kapil; DELBOURGO, James (Org.). *The Brokered World*: Go-betweens and global intelligence, 1770–1820. Uppsala: Science History Publications, 2009.

SOUZA, Laura de Mello e. *Desclassificados do ouro*: a pobreza mineira no século XVIII. Rio de Janeiro: Graal, 1982.

VIANA, Helio. "Introdução" ao Diário da Viagem do Imperador a Minas (maço 37-doc. 1067), diário n°. 24, in *Anuário do Museu Imperial*, 1957.

Representações da natureza: os discursos legislativos e as crônicas da América portuguesa

*Maria Isabel de Siqueira**

"Por meio de inventários, crônicas e mapas, o mundo colonial era codificado e transformado em papel para ser enviado ao núcleo administrativo."

São de Ronald Raminelli[1] essas observações. Dizem respeito ao resultado das viagens costa a costa e pelo interior que os conquistadores/cronistas/viajantes, por conta própria ou a serviço do rei, empreendiam nas colônias americanas. Dessa forma, o monarca era informado sobre o potencial das regiões, das riquezas encontradas no continente americano e muitas vezes da obediência ou não às suas leis. Intencionalmente a contrapartida da empreitada da narrativa era o reconhecimento por parte do rei e o recebimento de privilégios e mercês pelos que se aventuravam.

As informações que chegavam à Coroa permitiram o desenvolvimento de uma política que visava a garantir a posse da terra e a manutenção do reino com a exploração e o comércio. Estrategicamente foram elaborados documentos legais que juntamente com as crônicas formam um conjunto de representações que permitem estabelecer a inteligibilidade das práticas políticas em torno da dis-

---

*Universidade Federal do Estado do Rio de Janeiro (Unirio).

cussão que estabelece a relação entre a exploração da natureza e o exercício do poder.

Para essa relação entre a exploração da natureza e o exercício do poder a partir das representações, trabalhamos com os conceitos desenvolvidos por Maria Helena Capelato e Eliana Dutra,[2] que entendem a existência de "uma conjugação entre o poder em geral e a representação". Esclarecem as autoras que a relação entre poder e representação

> é reversível numa dupla e recíproca subordinação onde de um lado, a instituição do poder se apropria da representação do poder como sua, ou seja, o poder se dá representações, produz representações de linguagem e imagem. De outro, que a representação, o dispositivo da representação produz seu próprio poder, produz-se como poder.

As narrativas dos primeiros cronistas acerca da natureza, ou seja, da fertilidade do solo, dos rios navegáveis, da possibilidade de se encontrarem metais e salitre, da fauna e da flora, dos habitantes e dos animais, possibilitaram a promoção de expedições para que se efetivasse a colonização, embora não se tenha encontrado, nos primeiros séculos, ouro e prata.

As crônicas — representações de poder —, ao explicitarem as riquezas da terra, podem ser vistas como um dos instrumentos que a partir das informações registradas somaram para a elaboração do Foral, dos Regimentos dos Governadores e demais documentos para a administração da colônia. Tais discursos legislativos representam a legitimidade política do monarca, na medida em que contemplam os interesses da Coroa na defesa da terra e mencionam a procura e a exploração, com fins comerciais, não só dos metais, mas também do pau-brasil: o Foral[3] menciona que "havendo nas terras da dita Capitania (...) qualquer sorte de pedrarias, pérolas, ouro, prata, coral, cobre, estanho, chumbo ou outra qualquer sorte de metal, pagar-se-á a mim o quinto". O regimento de Tomé de Souza[4] assim expressa que "por bem do foral dado às capitanias (...), pertence a mim todo o pau do dito Brasil e pessoa alguma pode tratar nele sem minha licença".

376 | FORMAS DO IMPÉRIO

Tanto as narrativas quanto as leis permitem dimensionar a questão da representação como meio do poder e a sua fundação, como assinalam Capelato e Dutra:[5] "É a representação colocando a força em signos e significando a força no discurso da lei, que torna possível a transformação da força em potência e da força em poder."

Com a chegada dos Filipes ao trono espanhol e a agregação de Portugal a essa monarquia, em 1580, Raminelli[6] chama a atenção para o fato de que essa união suscita "a modernização do sistema político português, ao recorrer a reformas que alteraram tanto a comunicação política administrativa entre o rei e o reino quanto as modalidades do exercício do poder". Efetivamente, podemos lembrar não só as Ordenações Filipinas (1603), que davam sustentação legal para o fomento da produção agrícola nas colônias, mas também o Regimento do Pau-brasil (1605), por ser uma legislação específica para exploração dessa madeira que fazia toda a diferença, porque sistematizava a exploração e não apenas se mencionava a questão em outros documentos político-administrativos da colônia, e os Regimentos para Mineração (1603 e 1618), que espelhavam procedimentos específicos para garantir a exploração controlada dos minerais que porventura fossem encontrados.

Muitos dos cronistas que estiveram na colônia ou passaram por ela informavam a metrópole sobre o que aqui encontravam. Narrar histórias em troca de privilégios não era novidade, pois fazia parte da tradição ibérica, segundo Raminelli. Contudo, até que ponto tais narrativas contribuíram para uma tomada de posição da Coroa em relação ao controle da exploração das riquezas e da defesa da terra? Nesse sentido procuramos, na medida do possível, buscar junto aos documentos oficiais que embasavam a administração da colônia — os regimentos dos governadores-gerais/as legislações — referências das representações construídas sobre a colônia pelos cronistas escolhidos.

As informações das irregularidades ocorridas aqui na colônia em forma de denúncias ou até mesmo em conselhos ao rei formavam uma rede de produção de conhecimento que era capaz de, segundo Raminelli,[7] facilitar a mobilidade no mundo colonial por meio de relatórios, tratados e mapas e conduzir a colônia em forma de

REPRESENTAÇÕES DA NATUREZA | 377

papèis para os centros europeus — operações importantes para a sobrevivência da ordem colonial e para a consolidação de laços entre centro e periferia.

Dentre os navegadores escolhemos Pedro Sarmiento de Gamboa[8] (futuro governador) e Diogo Flores Valdés (comandante da expedição) que, em 1582, em viagem oficial ao Estreito de Magalhães com objetivo de estabelecer colônia e fazer comércio, foram forçados a aportar no Rio de Janeiro. A outra escolha recaiu sobre o cronista Gabriel Soares de Sousa,[9] que esteve no Brasil entre 1569 e 1591 (ano do seu falecimento), autor do *Tratado descritivo do Brasil*. Procuramos, no desenvolvimento desta reflexão, apresentar fragmentos das crônicas e, na medida do possível, estabelecer relações com a legislação.

No início da união entre as Coroas de Portugal e Espanha, a empreitada de Gamboa e Valdés ao Estreito de Magalhães com a necessária escalada no Rio de Janeiro (tripulação doente), durante sete meses, resultou não só em desentendimentos entre os dois navegadores, mas também em denúncias de desvio sistemático de mercadorias que seriam usadas nas obras do Estreito. Gamboa se viu impotente diante da situação que envolvia tripulantes, pessoas da terra e quem sabe autoridades locais. Nos relatos do escrivão da armada podemos observar alguns detalhes que nos auxiliam a compreender o que aconteceu:

> Não prestaria bom serviço a S. M. se deixasse de comentar a irresponsável dissipação da propriedade real que ocorreu durante esta arribada. (...) A maior parte do dinheiro que S.M. enviou para a manutenção da armada foi parar em mãos erradas, o mesmo acontecendo com as mercadorias, as quais foram depois extraviadas, vendidas aos habitantes do Rio de Janeiro, de São Vicente e, posteriormente, da Baía de Todos os Santos. (...) Artigos como vinho, facas, peças de ferro e roupas foram trocados por pau-brasil — que seria mais tarde comercializado na Espanha.[10]

Essa "troca" de mercadorias oriundas do Reino demonstra a situação a que estavam submetidos os habitantes da capitania, resultado do regime de exploração comercial. Gamboa observou que no Rio de Janeiro "[o] governador Salvador Corrêa e os habitantes, todos [eram] muito pobres" e, como o navio tinha toda sorte "de provisões, apetrechos, munições, roupas e materiais de construção destinados às obras do Estreito", não era de se estranhar que houvesse a "aceitação" do negócio proposto. Maurício de Almeida Abreu chamou atenção para a carência de produtos do Reino que havia na capitania do Rio porque, apesar da cultura comercial da cana-de-açúcar já se fazer presente, fazia-se necessário que o Rio "passasse a receber as embarcações que traziam os tão desejados itens de consumo do Reino, levando, no torna-viagem, a produção comercial da terra".[11]

Gamboa denunciou o carregamento de pau-brasil na noite que antecedeu a partida da nau do Rio de Janeiro e repreendeu os maus feitores, o que ocasionou a perda da mercadoria ao ser jogada ao mar:

> estando a esquadra pronta para partir, muitos mestres e capitães, na escuridão da noite, carregaram as suas naus com uma grande quantidade de pau-brasil (...) como sou zeloso servidor de Deus e do rei, fiz ver aos homens que tal conduta seria extremamente danosa para a Coroa, (...) pois pensavam em velejar diretamente para a Espanha sem parar em nenhum porto brasileiro para vender o carregamento de pau-brasil.[12]

Para além desses incidentes, as informações recebidas por Gamboa se transformaram em relatório ao rei e ao Conselho das Índias. Ao dar conta do perigo interno que assolava não só capitania, mas também o Brasil, aconselhou ao rei: "Se S. M. mandar fazer um levantamento por todo o Brasil, estou certo de que muitos mais roubos, desvios e dilapidações serão descobertos."[13] É provável que seus relatórios tenham sido lidos, somados a tantas outras informações posteriores e auxiliado na tomada de posições para a defesa dos cofres do rei.

Senhor de engenho, Gabriel Soares de Sousa,[14] residente no Estado do Brasil, partiu para a Espanha com objetivo de obter de Filipe II a licença para o seu plano de exploração do interior da colônia brasileira. Baseava suas pretensões — títulos e mercês — no material escrito por seu irmão, João Coelho de Sousa, sobre as riquezas encontradas no interior do Brasil. Enquanto esperava o despacho do pedido das benesses para sustentar a empreitada ao rio São Francisco atrás dos metais, escreveu o seu *Tratado*, que reuniu informações que o ajudassem nos seus pedidos na Corte de Castela, além de entender que cobriria a lacuna existente sobre as terras e as riquezas da colônia. Deixou claro, logo no início, todo o seu empenho em colaborar no engrandecimento das terras brasileiras:

> Como todas as coisas têm fim, convém que tenham princípio, e como o de minha pretensão é manifestar a grandeza, fertilidade e outras grandes partes que tem a Bahia de Todos os Santos e demais Estados do Brasil, do que os reis passados tanto se descuidaram, a El-rei (...) convém, e ao bem do seu serviço, que lhe mostre, por estas lembranças, os grandes merecimentos deste seu Estado, as qualidades e estranhezas dele, etc (...) porque está muito desamparado (...) [e] todo o cuidado que Sua Majestade mandar ter deste novo reino (...) para se edificar nele um grande império, (...) com pouca despesa destes reinos se fará tão soberano que seja um dos Estados do mundo.[15]

A concessão ao cronista foi dada pelo alvará de 13 de dezembro de 1590.

> quanto importa ao serviço de Deus e meu fazer-se o descobrimento do Rio São Francisco, parte do Brasil (...) envio Gabriel Soares de Sousa por capitão-mor e governador dela (...) [para] (...) prosseguir nos seus descobrimentos além do rio São Francisco atendendo ao trabalho e despesas que tinha nesse negócio.[16]

Segundo Raminelli,[17] o alvará contava ainda com a ordem do rei para que o governador Francisco de Sousa concedesse a Gabriel toda sorte de materiais para a jornada.

As investidas estrangeiras — o perigo externo — foram uma das preocupações do cronista, que em diversas passagens denunciou a presença de franceses adentrando as terras coloniais. Sobre as incursões francesas no Nordeste, Gabriel de Sousa descreveu a região com detalhes, esforçou-se em fornecer o caminho das "pedras" à Coroa e demonstrou a facilidade com que o estrangeiro se aproximava da costa e era ajudado pelo gentio. A falta de condições para se reprimir a ação dos corsários foi evidenciada nos relatos, uma vez que o cronista em nenhuma das vezes fez menção a tal procedimento:

> Do cabo de São Roque até a ponta de Goaripari são seis léguas, (...) onde a costa é limpa e a terra escalvada, de pouco arvoredo e sem gentio. De Goaripari até a enseada da Itapitanga são sete léguas (...); da ponta desta enseada à ponta de Goaripari são tudo arrecifes, e entre eles e a terra entram naus francesas e surgem nesta enseada à vontade (...). Da Itapitanga ao rio Pequeno, a que os índios chamam Baquipe, são oito léguas (...). Neste rio entram chalupas francesas a resgatar com o gentio e carregar do pau de tinta, as quais são das naus que se recolhem na enseada de Itapitinga;
>
> [do rio] Goaramataí ao rio Caramative são duas léguas, (...) e entre um e outro rio está a enseada Aratipicaba, onde dos arrecifes para dentro entram naus francesas e fazem sua carga;
>
> Do rio de Camaratibe até a baía da Traição são duas léguas (...). Nesta baía fazem a cada ano os franceses muito pau de tinta e carregam dele muitas naus.
>
> Do rio de São Miguel ao porto novo dos Franceses são duas léguas (...) fazem arrecifes (que vão correndo à costa) uma aberta por onde os franceses costumam entrar com suas naus e ancoram entre o arrecife e a terra por ter fundo para isso, onde estavam muito seguros e daqui faziam seus resgates com o gentio.
>
> [nos] arrecifes de D. Rodrigo, onde também se chama o porto dos Franceses por se eles costumarem recolher aqui com suas naus à abrigada desta enseada e iam por entre os arrecifes e a terra, com suas lanchas, tomar carga do pau de tinta no rio de Currurupe.[18]

O cronista identificou os locais de maior quantidade de pau-brasil — junto à cachoeira do rio São Francisco e em outros rios — e se permitiu dar conselhos ao rei para que também se pudesse levar para o reino a referida madeira:

> pelo sertão deste rio há muito pau-brasil que com pouco trabalho todo pode vir ao mar, para se poder carregar para estes reinos. E para que esta costa esteja segura do gentio e os franceses desenganados

de não poderem vir resgatar com ele entre a Bahia e Pernambuco, convém ao serviço de S. M. que mande povoar e fortificar este rio, o que se pode fazer com pouca despesa de sua Fazenda.[19]

Para resguardar a colônia portuguesa do perigo externo, no seu relato, o cronista ressaltou a importância da província e aconselhou ao rei as medidas que deveriam ser tomadas:

> É esta província mui abastada de mantimentos de muita substância e menos trabalhosos que os de Espanha. (...) Sua Majestade [deve] mandar fortificar e prover do necessário à sua defesa o qual está hoje em tamanho perigo (...) e argumenta (...) que se nisso caírem os corsários com mui pequena armada se senhorearão dessa província por razão de não estarem as povoações dela fortificadas nem terem ordem com que possam resistir a qualquer afronta que se oferecer, do que vivem os moradores atemorizados (...) [e] se recolherem para o mato, como fazem com a vista de qualquer nau grande, temendo-se serem os corsários.[20]

Não só do exterior vinha o que temer na colônia. O perigo interno era uma constante na medida em que alguns nativos não aceitavam a sujeição da conquista e atacavam os povoados. Gabriel Soares de Sousa revelou nas suas narrativas o medo que os colonos tinham dos gentios que causavam danos às regiões já povoadas:

> Mas deu nessa terra esta praga dos aimorés, de feição que não há aí já mais que seis engenhos e estes não fazem açúcar, nem há morador que ouse plantar cana (...) com medo (...) foge a gente dos Ilhéus para a Bahia e tem a terra quase despovoada a qual se despovoará de todo, se sua majestade com instâncias não lhe valer.[21]

Assim como a insistência nos manuscritos em descrever os povoados atuava como alerta para preservar a conquista lusa e ter bons rendimentos nos cofres, a documentação legal que amparou a administração da colônia, posterior aos relatos dos cronistas, demonstra a preocupação com a defesa da terra. Tanto que nos regimentos dos governadores-gerais do período filipino identificamos, nas normas, as questões levantadas pelos narradores.

No Regimento de Francisco Giraldes, de 1588, reforça-se a defesa da terra também para a segurança dos colonos:

> item 10 — Importa tanto proceder-se nas obras das fortificações, com traça de quem bem as entenda que houve, por meu serviço, levásseis o engenheiro que convosco vai; e a primeira coisa em que logo deve entender será tratardes do que será bem que se faça na fortificação da cidade do Salvador, vendo no regimento que levou o governador Manuel Teles de Barreto (...) que lhe mandava que fizesse na dita fortificação e se deve prosseguir ou alterar (...)".[22]

Mais adiante do referido regimento formaliza-se que houvesse boas relações com os nativos e se evitasse fazer guerra para que se pudesse ter proveito econômico, ao estabelecer que

> item 7 — E para que os gentios que habitam as terras junto da Capitania da Bahia folguem de ser cristãos (...) procurareis com eles ter paz e amizade e de a conservar por todos os meios que puderdes porque, além de isto redundar em benefício da conversão estarão domáveis e pacíficos para com mais seguridade os portugueses aproveitarem e granjearem suas fazendas (...), e lembrando-vos como, para tudo, sempre será bom escusar-se a guerra (...)".[23]

Nos regimentos dos governadores-gerais também encontramos recomendações quanto à vigilância e a se guardarem em bom estado as fortalezas, os armamentos e as munições, além do exercício de pessoas para servir à defesa das capitanias. Renova-se a recomendação de que não se deem armas aos gentios e aos estrangeiros, salvo facas pequenas e tesouras que serviam como moedas, e insiste-se no bom relacionamento com os índios. O Regimento de Gaspar de Sousa (1612) assim normatiza esses aspectos:

> item 12 — Entendereis com muito cuidado e vigilância na guarda e defensão dos portos de todo o dito Estado prevenindo as cousas da fortificação das fortalezas, artilharia, pólvora, armas e todas as mais

REPRESENTAÇÕES DA NATUREZA | 383

que podem ser necessárias, para em nenhuma parte vos podereis achar desapercebido; e para assim ser deveis logo, tanto que chegardes, mandar avisos aos Capitães de todas as capitanias, encomendando-lhes a mesma prevenção e vigilância e que vos avisem do estado de cada uma delas e da gente, armas e munições que nelas há (...)".[24]

item 13 — Eu tenho encomendado (...) se fortifique a Cidade da Bahia e o porto do Arrecife de Pernambuco (...) e pela muita importância (...) vos encomendo (...) fareis dar a execução às ditas Provisões e Ordens (...) e do que nas ditas fortificações se for fazendo me ireis sempre dando conta.

item 14 — (...) sou informado que nas ocasiões [das fortificações] se poderão prover com gente da terra, a qual acudirá à defensão deles, sendo-lhes assinados, e para melhor disporem a isso, vós lhes fareis os favores e dareis os privilégios que vos parecerem.

item 29 — Porque por Direito, Leis e Ordenações de meus Reinos é defeso darem-se por qualquer via que seja armas a infiéis, ordenaram e mandaram os senhores Reis meus predecessores que pessoa alguma, de qualquer qualidade e condição que fosse não mandasse aos gentios daquelas partes do Brasil, artilharia, arcabuzes, espingardas, pólvora, munições para elas, (...) espadas, punhais, facas de Alemanha (...) ou outras de qualquer qualidade (...) assim ofensivas ou defensivas (...) [salvo] facas pequenas, tesouras pequenas, porque estas cousas se poderão dar aos gentios (...) e correrem por moeda, pelos preços e taxas que lhes serão postas (...)".[25]

Além da defesa do território, Gabriel Soares de Sousa fez referência às riquezas da terra, inclusive a busca por metais e tudo o mais que pudesse ser encontrado, e chamou a atenção do rei para o que poderia facilitar melhores rendimentos aos cofres:

província (...) de (...) maravilhosos pescados, (...) onde se dão os melhores algodões (...) muitos açúcares tão bons quanto da ilha da Madeira (...) tem muito pau de que fazem tintas (...) em algumas partes dela se dá trigo, cevada e vinho muito bom e todos os outros frutos e sementes de Espanha se sua Majestade mandar prover nisso com muita instância e no descobrimento dos metais que nesta terra há porque lhe não falta ferro, aço, cobre, ouro, esmeralda, cristal e muito salitre e em cuja costa sai do mar todos os anos muito bom âmbar.[26]

384 | Formas do Império

No Regimento de Giraldes há referência à exploração do salitre, matéria importante para atender às demandas do Reino e das colônias.

> item 18 — Pela muita necessidade que neste Reino há de salitre para se fazer pólvora necessária para minhas Armadas, vos encomendo e encarrego que chegando àquelas partes, vos informeis do salitre que se tem havido por via dos Tapuias e da quantidade dele que se pode tirar em cada ano (...) e se há comodidade para se poder trazer (...) para enviardes com pipas, repartido pelos navios que para este Reino vierem (...) procurareis por haver todo o mais salitre que souberdes que há em outras partes.[27]

Interessante se observar que em algumas normas dos regimentos dos governadores era comum encontrarmos alusão à expressão "tenho por informação", sempre seguida da direção e da distância do local aludido. A referência do cronista de que na colônia não há falta de ferro foi contemplada no item 43 do Regimento de Giraldes:

> *Tenho, por informação*, que na capitania da Bahia de Todos os Santos no rio que chamam de Joane, que é cinco léguas da Cidade de Salvador há muita pedra de mina de ferro de que já fez experiência e se achou que e era o ferro muito bom e que há água e lenha à disposição na terra para se poder fazer um engenho para fundição de ferro e porque seria meu serviço fazer-se o dito engenho (...) pelo que vos encomendo que vos informeis deste negócio e sendo assim *como me é dito que há material e disposição para se fazer o dito ferro* tratareis com algumas pessoas abastadas que o façam (...) e sendo necessário lhes podereis largar alguns anos os direitos que nessas partes se deverem do dito ferro que serão os anos que vos parecer.[28]

Assim, ainda na busca de estabelecer relações das narrativas do cronista com a legislação, o item 44 do documento analisado faz alusão às minas de metais.

> *Eu sou informado* que já desde o tempo de d. João (...) houve muitas informações de haver no Brasil minas de metais, sobre que se fizeram algumas diligências que até agora não foram de muito efeito, e por-

que se entende que procedendo nesta matéria com mais cuidado se pode ter dela as esperanças que se pretendem; vo-la encomendo tão particularmente como vedes que a qualidade dela a requer para que trabalheis quanto for possível por chegar com este negócio ao cabo, para que em vosso tempo haja efeito o que até agora não pode ser, e será cousa para que, fiando eu de vós, nisto, bem servido, tenha disso muito contentamento".[29]

Nesse regimento transparecem não só o poder governativo para acabar com os abusos que a administração vinha sofrendo, mas também a determinação da Coroa para que Giraldes se empenhasse em encontrar metais e os explorasse, porque na administração anterior as investidas não obtiveram sucesso. Nesse sentido, os planos de Gabriel em relação aos metais vão ao encontro dos desejos régios, uma vez que solicita e obtém do rei a concessão para desbravar o interior (seguindo os rastros do irmão) e procurar a foz do rio São Francisco e o lago de ouro que pensava existir. Gabriel contaria ainda com toda a ajuda do governador Francisco de Sousa (1591–1602) para sua jornada. Contudo, seus planos não frutificaram, uma vez que nesse mesmo ano de 1591 viera a falecer próximo à cabeceira do rio Paraguaçu, distante de seus objetivos.

Para além do caso específico de Gabriel Soares de Sousa, recomendar à Coroa a procura dos metais preciosos, se faz importante registrar que no século XVII a obrigatoriedade formalizada na lei de procurar ouro e prata demonstra um projeto político que não deixava ao acaso aquelas descobertas. Afirmamos isso porque na administração dos Filipes vai se contemplar especificamente a exploração dos metais, como se verifica nos dois regimentos para a exploração das minas no Brasil em 1603 e 1618.

Com a mesma orientação política, a Coroa elaborou um regimento para tentar conter a desordenada extração do pau-brasil que ameaçava de extinção a madeira no litoral e no interior, o que prejudicava os interesses da Fazenda Real. O Regimento do Pau-brasil, de 1605, foi elaborado para normatizar a desordem na exploração da madeira.

Faço saber que (...) *sendo informado* das muitas desordens que há no sertão do pau-brasil, e na conservação dele, de que se tem seguido haver hoje muita falta e ir-se buscar muitas léguas pelo sertão adentro, cada vez será maior o dano se se não atalhar e der nisso a ordem conveniente (...) como em cousa de tanta importância para a minha Real Fazenda; *tomando informações de pessoas de experiência das partes do Brasil* e comunicando-as com as do meu Conselho mandei fazer este regimento que (...) mando se guarde daqui em diante inviolavelmente.[30]

Considerações finais

Ao longo de nossa reflexão, podemos perceber que grande parte dos discursos construídos pelos cronistas analisados vai estar presente nos documentos legais elaborados posteriormente. Isso nos leva a crer que as práticas políticas desenvolvidas para a colônia em torno da exploração das riquezas encontradas foram pensadas, entre outros instrumentos, a partir das representações que suas narrativas expressavam: terra abundante de produtos naturais, ricos, proveitosos, geradores de tantas cobiças porque serviriam para a exploração e para o comércio, como foi o caso do pau-brasil. Nesse sentido, as informações e as sugestões dos cronistas, em troca de poder — privilégios e mercês —, municiavam a Coroa das singularidades e expectativas aqui encontradas transformadas em instrumentos legais — os regimentos —, numa relação recíproca de poder. Esses discursos legislativos, que representavam a legitimidade política do monarca, contemplavam os interesses da Coroa na defesa da terra onde a exploração, com fins comerciais, das riquezas encontradas garantia a dominação nos trópicos.

Um exemplo que aponta para esse caminho foi a atitude do rei que, a partir do pedido de Gabriel Soares de Sousa para desbravar o interior à procura de metais, não só deu a concessão pelo Alvará Régio de 13/12/1590, como também ordenou ao governador-geral, Francisco de Sousa, que concedesse "toda ajuda que ele precisasse" para essa jornada. Dimensões do poder que, de um lado, se expressam pela produção do conhecimento de quem narra, e que era um dos meios para facilitar a obtenção de benesses, e, de outro, pela instituição, que, ao se apropriar da informação e a transformar em imagens, em leis, contribui para a sobrevivência da ordem colonial, para a consolidação de laços entre centro e periferia.

Nossa pesquisa vai procurar expandir não só a gama de cronistas consultados, mas também outros aspectos narrados, objetos de "conselhos" ao rei. Com isso, vamos procurar identificar se a relação entre o discurso dos cronistas e os documentos oficiais pode ser aplicada como regra no período estudado, o filipino.

Notas

1. RAMINELLI, R. *Viagens ultramarinas*, p. 20.
2. CAPELATO, Maria Helena Rolim; DUTRA, Eliana Regina de Freitas, "Representação política. O reconhecimento de um conceito na historiografia brasileira", p. 229.
3. Foral da Capitania de Pernambuco a Duarte Coelho, in MENDONÇA, Marcos Carneiro de, *Raízes da formação administrativa do Brasil*, p. 126.
4. Regimento de Tomé de Souza, in MENDONÇA, Marcos Carneiro de, *Raízes da formação administrativa do Brasil*, p. 47.
5. CAPELATO, Maria Helena Rolim; DUTRA, Eliana Regina de Freitas, *Representação política*, p. 230.
6. RAMINELLI, R. *Viagens ultramarinas*, p. 36.
7. Ibidem, p. 20.
8. GAMBOA, Pedro Sarmiento de, "Sumaria Relación de Pedro Sarmiento de Gamboa", p. 13-21.
9. SOUSA, Gabriel Soares de, *Tratado descritivo do Brasil em 1587*.
10. GAMBOA, Pedro Sarmiento de, "Sumaria Relación de Pedro Sarmiento de Gamboa", p. 303-311. *Apud* FRANÇA, Jean Marcel Carvalho. *Outras visões do Rio de Janeiro colonial*, p. 16.
11. ABREU, Maurício de Almeida, *Geografia histórica do Rio de Janeiro (1502–1700)*, p. 19.
12. GAMBOA, Pedro Sarmiento de, "Sumaria Relación de Pedro Sarmiento de Gamboa", p. 19.
13. Ibidem, p. 18.
14. SOUSA, Gabriel Soares de. *Tratado descritivo do Brasil em 1587*. Escreveu seus relatos e os ofertou em 1587 a Cristóvão de Moura, que os faria chegar às mãos do rei.
15. SOUSA, Gabriel Soares de. *Tratado descritivo do Brasil em 1587*, p. 39.
16. FRANCO, Francisco de Assis Carvalho, "Os companheiros de d. Francisco de Sousa", p. 99.
17. RAMINELLI, R. *Viagens ultramarinas*, p. 40.
18. SOUSA, Gabriel Soares de. *Tratado descritivo do Brasil em 1587*, p. 50, 51, 52, 60 e 61.
19. Ibidem, p. 68.

20. Ibidem, p. 40.
21. Ibidem, p. 78.
22. Regimento de Francisco Giraldes, p. 262.
23. Idem, p. 261.
24. Regimento de Gaspar de Sousa, p. 418.
25. Idem, p. 418 e 424.
26. SOUSA, Gabriel Soares de, *Tratado descritivo do Brasil em 1587*, p. 40.
27. Regimento de Giraldes, p. 264.
28. Idem, p. 274 (grifos da autora).
29. Idem, p. 274-275 (grifos da autora).
30. Regimento do Pau-brasil, p. 363 (grifos da autora).

Referências

ABREU, Maurício de Almeida. *Geografia histórica do Rio de Janeiro (1502-1700)*. Rio de Janeiro: Andrea Jakobsson Estúdio Editorial/Prefeitura da Cidade do Rio de Janeiro, 2010, 2 v.

CAPELATO, Maria Helena Rolim; DUTRA, Eliana Regina de Freitas. "Representação política. O reconhecimento de um conceito na historiografia brasileira." In: CARDOSO, Ciro Flamarion; MALERBA, Jurandir (Org.). *Representações:* contribuição a um debate transdisciplinar. Campinas/São Paulo: Papirus, 2000.

"Foral da Capitania de Pernambuco a Duarte Coelho". In: MENDONÇA, Marcos Carneiro de. *Raízes da formação administrativa do Brasil.* Rio de Janeiro: Instituto Histórico e Geográfico Brasileiro/Conselho Federal de Cultura, 1972. t. 1.

FRANÇA, Jean Marcel Carvalho. *Outras visões do Rio de Janeiro colonial*: antologia de textos (1582-1808). Rio de Janeiro: José Olympio, 2000.

FRANÇA, Jean Marcel Carvalho ; RAMINELLI, Ronald. *Andanças pelo Brasil colonial*: catálogo comentado (1503-1808). São Paulo: Unesp, 2009.

FRANCO, Francisco de Assis Carvalho. "Os companheiros de d. Francisco de Sousa". *Revista do Instituto Histórico Geográfico Brasileiro*, t. 105, v. 159, 1929.

GAMBOA, Pedro Sarmiento de. "Sumaria Relación de Pedro Sarmiento de Gamboa". In: *Colleccion de Documentos Ineditos relativos al Descubrimiento, Conquista y Colonización de las antigas posesiones españolas.* T. V. Madrid: Imprensa de Frias y Compañia, 1866, p. 303-311. *Apud* FRANÇA, Jean Marcel Carvalho. *Outras visões do Rio de Janeiro colonial*: antologia de textos (1582-1808). Rio de Janeiro: José Olympio, 2000.

MENDONÇA, Marcos Carneiro de. *Raízes da formação administrativa do Brasil.* Rio de Janeiro: Instituto Histórico e Geográfico Brasileiro; Conselho Federal de Cultura, 1972. t. 1.

RAMINELLI, Ronald. *Viagens ultramarinas:* monarcas, vassalos e governo a distância. São Paulo: Alameda, 2008.

"Regimento de Tomé de Souza (17/12/1548)". In: MENDONÇA, Marcos Carneiro de. *Raízes da formação administrativa do Brasil.* Rio de Janeiro: Instituto Histórico e Geográfico Brasileiro/Conselho Federal de Cultura, 1972. t. 1.

"Regimento de Francisco Giraldes (8/3/1588)". In: MENDONÇA, Marcos Carneiro de. *Raízes da formação administrativa do Brasil.* Rio de Janeiro: IHGB; Conselho Federal de Cultura, 1972, t. 1.

"Regimento do Pau-brasil (12/12/1605)". In: MENDONÇA, Marcos Carneiro de. *Raízes da formação administrativa do Brasil*. Rio de Janeiro: IHGB; Conselho Federal de Cultura, 1972, t. 1.

"Regimento de Gaspar de Sousa (6/10/1612)". In: MENDONÇA, Marcos Carneiro de. *Raízes da formação administrativa do Brasil*. Rio de Janeiro: IHGB; Conselho Federal de Cultura, 1972, t. 1.

SOUSA, Gabriel Soares de. *Tratado descritivo do Brasil em 1587*. São Paulo: Companhia Editora Nacional, 1987.

Martius na cachoeira de Araracuara: a imagem do índio e da fronteira americana na historiografia do império tropical

*Priscila Faulhaber**

É sempre bom lembrar que a palavra *istoria* em grego antigo significa indagação.[1] Para além de uma mera narrativa de acontecimentos, quero partir de tal postura indagativa e considerá-la em termos de retrospecção e virtualidade histórica. O objetivo do presente trabalho é abordar aspectos da contribuição etnográfica do naturalista bávaro Carl Friedrich Philipp von Martius (1784–1868) para a história da ciência a partir do exame de relatos de sua viagem em 1819–1820 pelo rio Japurá até a cachoeira de Araracuara, na fronteira com a Nova Granada (hoje Colômbia), onde já se viviam então convulsionadas lutas republicanas.

Primeiramente remontaremos ao campo epistemológico em que seu discurso foi engendrado e indagaremos sobre as relações entre escrita etnográfica, construção do império e construção nacional. A seguir, serão esboçadas algumas considerações sobre sua visada da construção do Brasil e dos mitos nacionais. Mas o foco principal do presente trabalho incidirá na sua narrativa sobre a viagem pelo Japurá e o seu discurso sobre a soberania, as fronteiras e os deslocamentos indígenas.

---

*Universidade Federal do Estado do Rio de Janeiro (UFRJ).

Expedição científica, escritos de viagem e construção do Brasil

Martius chegou ao Brasil, com Johann Baptist Ritter von Spix[2] (1781–1826), em 1817, na comitiva da arquiduquesa da Áustria e futura imperatriz do Brasil Maria Leopoldina. A seguir os dois naturalistas fizeram uma grande expedição científica pelo Brasil visando a empreender um pioneiro levantamento zoológico e botânico para a Academia das Ciências da Baviera e da Áustria. Pretendiam conhecer as partes da América tropical em que Alexander von Humboldt (1767–1835) não pudera entrar. O governo de Lisboa temia que suas ideias liberais aventassem o espírito revolucionário e pudessem despertar nas "colônias ibéricas o espírito de revolta"[3] Dom João VI mandara ordem de prisão, que não ocorreu porque Humboldt voltou para o Cassiquiari pelo rio Negro.

O pensamento de Humboldt remonta ao classicismo e ao romantismo alemão na complementaridade do espírito científico e literário e da mirada "fisiognômica", ou seja, "a arte de interpretar a essência dos fenômenos" por meio de sua exterioridade,[4] na definição de Johann Wolfgang von Goethe (1749–1832) e Kaspar Lavater (1741–1801). Tal mirada, em Humboldt, é amadurecida em longas viagens que permitem exercitar a mente no estudo meticuloso da natureza e do "espírito do povo". Para o célebre viajante prussiano, o modelo cosmográfico resultaria da busca de contrapeso entre as ciências exatas e as humanidades, com base em variáveis geológicas e sociais, na observação de fenômenos físicos, como as correntes marítimas e fluviais, ou subjetivos, como os fluxos da emoção, da vontade humana e dos movimentos culturais.

Em seus escritos de viagem, Humboldt registra representações constituídas em relação a antigas retóricas imperiais de conquista associadas com a era absolutista. O viajante europeu é retratado como o *seeing man*, aquele cujos olhos imperiais passivamente olham em torno e possuem.[5] Tais escritos de viagem contêm termos referidos a instâncias nas quais sujeitos colonizados tentam representar-se a si mesmos, ainda que reiterando os próprios termos dos colonizadores. Como textos etnográficos, são meios pelos quais europeus falam

394 | FORMAS DO IMPÉRIO

sobre si mesmos evocando uma imagem equivocada de seus outros, os nativos com os quais interagem. Ao mesmo tempo colocam-se em uma postura de diálogo com representações metropolitanas. No entanto, registram vozes que expressam movimentos subterrâneos à ordem imperial, uma vez que imersos ou infiltrados nas expectativas indígenas em áreas remotas.

Retomando Pratt, cabe indagar: como práticas discursivas codificaram a aspiração de expansão do império? Como podem revelá-la?[6] Como os escritos (etnográficos) de viagem produziram ou reconstituíram concepções diferenciadas sobre o território, as identidades, as nacionalidades e as práticas imperiais? Em que medida um viajante europeu pode produzir um registro histórico de outros povos em sua singularidade sem assumir uma postura etnocêntrica? Como tais práticas significantes codificam e legitimam a aspiração de expansão econômica e império? Como podem revelá-la?

Com sua viagem tornada possível após a abertura dos portos em 1808, ao mesmo tempo que visavam a sanar a lacunas da obra de Humboldt, os expedicionários usaram a escrita etnográfica em um sentido inverso da humboldtiana, articulados com as redes que buscavam forjar as bases intelectuais do Império nos trópicos.

Em 1845, 27 anos após o término de sua célebre viagem pelo Brasil, Martius foi laureado pelo IHGB por sua contribuição à historiografia brasileira com a sua obra *Como se deve escrever a História do Brasil*. Posteriormente, nas comemorações do centenário de sua expedição, foi adjetivado de "conquistador intelectual do império tropical".[7] Baseado em uma perspectiva "filosófica" e "pragmática", para Martius a formação da memória nacional do Brasil deveria considerar a formação de seu povo e incluir nessa formação a "mescla das raças". Ao abranger em sua concepção científica as tradições históricas e os mitos, reconheceu a importância dos índios, assim como dos negros e dos brancos, na "formação do espírito brasileiro".

Escreveu sobre a etnografia da Amazônia, no entanto, com base em construções fictícias: a ideia da unidade dos povos das Américas do Norte e do Sul, do canibalismo como degeneração de uma raça outrora pura, da fronteira como "terra de ninguém" ocupada por povos bárbaros, que, a seus olhos, eram destituídos de civilização e assim se tornaram presa fácil para conquistadores. Tais ficções foram base de práticas de construção do império e da expansão luso-brasileira, com a qual nem sempre os naturalistas alemães necessariamente iriam concordar, dadas as circunstâncias de sua proveniência germânica, seus pensamentos e práticas não coincidentes com as luso-brasileiras.

As emoções ausentes em sua obra que caracteriza a "fisiognomia vegetal"[8] estão presentes, contudo, em seus escritos de viagem quando ainda jovem, bem como nos retratos e nas paisagens que desenhou enquanto compunha narrativas textuais. Tais gravuras retratam a fisiognomia da natureza da floresta tropical, imprimem especificidade a cada feição humana e mostram-na como distinta das demais. Como na gravura da cachoeira de Araracuara (Fig. 1), na qual são retratadas duas canoas, o próprio Martius está em uma delas, e na outra veem-se índios. Como se sabe pela narrativa do naturalista, esses são deslocados na fronteira fluvial, sobre a qual irei me estender mais adiante.

Suas próprias observações de campo, porém, levam a estranhar a ideia de unidade entre povos diferentes, uma vez que mostrou que mesmo os povos que habitavam uma área contígua no Japurá tinham traços culturais muito diferentes. Com suas pesquisas, não apresentou provas palpáveis do canibalismo indígena, que relata mais como um traço distintivo em termos do simbolismo da autorrepresentação de povos que viviam em guerra uns com os outros. O modelo geológico como explicação da degeneração das raças que viviam na Amazônia também parece carecer a meu ver de uma demonstração mais plausível.[10] A sua negação da territorialidade indígena é uma constante em seu relatório de viagem, publicado no volume 3 do livro resultante da narrativa dos dois expedicionários,[11] cuja leitura será apresentada a seguir.

Subindo o Japurá

Sua narrativa conta como, na subida do rio Japurá, penetrou lugares sociais nos quais culturas disparatadas encontram-se, chocam-se, enfrentam-se,[12] frequentemente em relações de dominação e subordinação altamente assimétricas, em áreas caracterizadas com "fronteiras étnicas"[13] e "zonas de contato.[14] Mostra como sujeitos são constituídos em e por suas relações uns com os outros, como uma relação baseada no princípio de guerra preexistente entre os índios e que com a chegada do europeu transformou seus territórios em fronteira colonial, constituída com base em relações de dominação radicalmente assimétricas.[15]

No Japurá, uma área de fronteira, de "linha de frente", entre o império luso-brasileiro e a América hispânica, Martius interagiu com os indígenas que viviam nas margens fluviais: quando um índio cauixana lhe perguntou, por meio do intérprete, sobre a figura do rei de Portugal e do Brasil, procurou enaltecer a figura do monarca. Explicitamente visava a concorrer para o engrandecimento do monarca, ao atribuir-lhe "as dimensões do gigante".[16] Ao mesmo tempo, participava das práticas coloniais de apropriação do conhecimento sobre os territórios ocupados pelos índios e desqualificava o domínio dos índios sobre esses lugares, ao atribuir-lhes nomadismo, a partir da observação de que "mudam muito de domicilio".[17] No entanto, precisou contratar como guia o principal dos coretus.[18] Perguntado sobre as riquezas minerais daquela bacia, o coretu primeiro dissimulou desconhecimento e depois o procurou a portas fechadas e respondeu "que seu pai lhe tinha dado a conhecer ricas minas de ouro nas nascentes do Apaporis" e dispunha-se a acompanhar Martius em troca de alguma recompensa. Embora apresente discordância com o abuso da "arte de empregar seus subordinados no exercício da sua cobiça", Martius incorporou-o à sua expedição e usou-o como um instrumento de sua vontade de avançar no território desconhecido.[19] Assim o viajante conseguiu o guia para conhecer as cataratas.[20] A 1º de janeiro de 1820, Martius partiu de São João do Príncipe em direção ao seu almejado destino.

Ao subir o rio, notou que o alto Japurá "separava-se, por uma fronteira natural, da baía inferior do Japurá e, com isto, da do Amazonas". Afirmou que sentiu penetrar então no "território dos indígenas primitivos da América, ainda não tocado pelo sopro da civilização europeia", e conheceu então "homens destituídos de civilização, que, no progresso dos costumes, se quis enfeitar, esse atrasado núcleo da humanidade, ao passo que penetrava neste território, via que ao afastar-se do meio civilizado, também se escasseavam a vegetação e os animais

> a mudança do nosso ambiente também se fazia notar (...) na própria vegetação, que tanto mais tomava outras formas, quanto mais seguíamos para oeste. Com isso, igualmente se modificava a feição da paisagem: as árvores pareciam mais baixas, de galhos menos extensos, com as copas, portanto, mais estreitas; eram mais raros os cipós; particularmente abundava uma paineira, a paxiúba barriguda, cujo tronco alto de 40 tantos pés se engrossa no meio, a modo de tonel, de sorte que esta parte costuma em geral ser cavada pelos índios para suas igaras. Na própria mata, encontramos pequenas palmeiras ubis, e, aqui e ali, brotadas nas rochas, seivosas moitas da trepadeira arum e particularmente do cipó timbó. Ademais, parecia esta mata bastante desabitada de animais; só se viam macacos de muitas espécies, mutuns fugiam, esgueirando-se nas moitas, e algumas grandes araras azuis grasnavam no topo das palmeiras onde se aninhavam.[21]

No Miriti-Paraná, interage com índios juris (que nota serem aparentados com os passés), que já estavam em relação com os brancos, mas preferiam viver espalhados pela mata. Nota a existência entre eles de um instrumento de ralar mandioca que descreve como um "aparelho de forma piramidal, feito com três ripas, entre as quais estão fixadas pequenas pedras pontudas. O suco corre do aparelho para um prato de entrecasca colocado em baixo".[22]

Martius chega ao território dos miranhas, "de cujo convívio esperava receber a maior cópia de informações etnográficas. Como o rio estava vazio, só alcançamos sua meta no quinto dia".[23] Nota que o rio Metá faz a ligação com o Içá, onde "os índios deixaram nesta região ricas matas de cacaueiros e inúmeros domicílios, entre eles os uainumás.[24]

Martius viu o império luso-brasileiro como um veículo de civilização que se deparou naquela região remota com povos bárbaros que viviam da pilhagem de terras de etnias subjugadas. Afirmou que as "palhoças dos Miranhas, cujo nome os portugueses deram ao lugar, porto dos miranhas (ver Fig. 2), erguem-se pouco acima do espelho de água, onde viu a fronteira entre a civilização e a barbárie". Uma ideia que só aparentemente se contrapõe à de bom selvagem apresentada por outros viajantes. Mas sempre deixa bem claro o objetivo de sua viagem: reunir informações, coletar artefatos, promover a expansão colonial em áreas remotas.

Conta que, ao desembarcar, ele e sua comitiva viram-se cercados por mais de cinquenta homens da tribo, que os saudavam sem acanhamento, e com "falatório animado e ruidoso" os conduziram à presença do chefe. Embora nenhum deles falasse o português ou o tupi, traduziu pelos seus gestos que expressavam seu desejo de tratar negócio. Ao chegar perto da cabana do tuxaua, como era chamado na língua geral o chefe indígena, em um rito de afirmação identitária, eles pegaram lanças envenenadas, suspensas na parede, e colocaram-nas em expectativa com diversas peças perto da grande casa, por onde o chefe entrou. Martius sabia que os índios da região conheciam as técnicas de produção de perigosos venenos tropicais. Estava ciente, igualmente, de que eles conheciam os venenos vegetais e identifica a planta apuirana (*Rounamon gujanensis,* Aublet.), uma *Strychnos L.,* que na língua tupi se chama urariúva. Associa essa planta com o curare dos ticunas de Tabatinga e com o urari-cipó, uma menispermácea.[25]

O chefe, que adotara o nome cristão de João Manuel, mas provavelmente não se submetera ao batismo,

> era conhecido e temido, não só entre os miranhas, mas em todo o alto Japurá "por ter bastante coragem e espírito de iniciativa para adquirir escravos de sua tribo e de tribos vizinhas e negociá-los com

brancos (...) Só o comércio com os brancos, que ele sabe controlar em nome de todos, parece que lhe deu supremacia, que ele faz valer entre os companheiros de sua tribo: de comissário comercial passou a ser chefe de horda.[26]

Nota que o chefe adquirira hábitos europeus, andava sempre de calças e camisa, comia em prato de louça e diariamente fazia a pouca barba que tinha.[27] "O peito largo condiz com a largura do rosto, que parece ainda mais torto e repuxado pelo costume medonho de furar as narinas e nelas introduzir cilindros de pau ou conchas."[28]

> A tribo é a mais numerosa em toda a bacia do Japurá, a leste da grande catarata; avalia-se em 6.000 o número de indivíduos, que vivem desde o rio Cauinari, a oeste, entre o Içá e Japurá e o Rio-dos-Enganos, e, portanto, no lado meridional do Japurá. Segundo o Tupichaba Manuel, eles ocupam as matas a cinco dias de viagem do rio para o interior, isto é, no mínimo em 50 léguas de extensão. São muitas as tribos que falam dialetos diversos e até se hostilizam umas com as outras. O tubixaba e a maior parte de sua gente pertencem à horda dos miranhas-carapaná-tapuias, e vivem em hostilidade declarada com os miranhas do interior e com os antropófagos umauás, que habitam o território acima da catarata do Araracoara*, no Japurá. Depois da nossa chegada, despachou o tupixaba mensageiros para as matas, avisando que tinham chegado brancos para fazerem negócio, e queriam especialmente permutar adornos, armas e utensílios indígenas. Regressaram, porém, esses mensageiros, com a notícia de que tinha havido pendência entre carapanás tapuias e que diversos haviam morrido em consequência das surras. O chefe recebeu a informação com a maior calma; mas ao cabo de algum tempo, levantou-se gravemente da rede e disse: "Preciso de ir ver o que há; eles terão que conhecer quem é o João Manuel; ele é forte e um verdadeiro diabo."
>
> No páteo, houve um bate-boca demorado, à meia voz, e, ao passo que um grande charuto passava de boca em boca, fez-se a consulta, e, finalmente, resolveu-se que seguiria uma expedição para o interior. O esperto tupixaba havia, entretanto, imaginado

---

* O autor grafa "Araracoara". No entanto, fora das citações, optamos por usar a grafia do termo em português atual, ou seja, "Araracuara".

outro plano, que conservava secreto, e, provavelmente, só à noite deliberou com a sua gente na mata, para onde ele se retirou de repente. Era de se esperar que, durante a sua ausência, pouco pudéssemos realizar do nosso intento; e, como eu, além do mais, ardia em desejos de chegar à cachoeira de Araracoara, igualmente termo natural de minha viagem, resolveu-se que, na ausência do tupichaba, eu para ali seguiria.

Em passagem anterior, Martius descreve suas festas horrorizado com o fato de que "homens e mulheres dançavam várias noites consecutivas, até o amanhecer". Relata o viajante:

> Um tuxaua, distinguido com colar de dentes de onça, corria de um lado para outro, na praça da dança, de lança levantada, berrava, com gestos ameaçadores, uma canção horrível, nas trevas da noite, como que desafiando os inimigos de sua tribo a ali comparecerem para transformar a brincadeira em carnificina [...] Formavam duas longas filas, uma atrás da outra, trazendo cada um o feixe de dardos na mão direita, enquanto apoiava a esquerda no ombro do vizinho. Assim, marchavam, ora mais depressa, ora mais devagar, volteando para todos os lados na praça. O terceiro passo era sempre mais curto, colocando o pé que avança perto do que está na frente enquanto bate com ele violentamente. Foi assim interpretado o texto da música: "O gavião não tem fogo, não gosta de cozido, a onça não tem fogo, o crocodilo não tem panela." Na cantiga, mudam os cantores, os nomes dos animais, de sorte que todas as aves, mamíferos e peixes são nomeados, como vêm à cabeça de cada um. Quando não se lembram mais de bicho algum, conclui-se a dança em uma gritaria descompassada.

Em outro trabalho, reconhece que os miranhas tinham alguma noção de direito e de respeito à autoridade do chefe, bem como do uso da palavra por todos quando se reúnem para deliberar. Entre outros assuntos decidem-se nas reuniões expedições guerreiras ou ataques para vingar derrotas ou capturar prisioneiros, mas com acordo prévio de cada um. Em tais reuniões discutem sobre um assunto comum, que procuram observar de todos os ângulos, e chegam a consensos dados pelo consentimento face ao interesse comum. Assim descreveu uma certa ordem observada em reuniões por ele presenciadas:

> O chefe expõe o assunto e deixa cada um falar a seu turno; raras vezes interrompem o orador e a conferência tem caráter de calma, paciência e sangue frio [...] Parecem examinar o assunto de todos os lados e como o índio não exita [sic] em mudar de opinião, a deliberação é sempre unânime. Uma simples palavra como "está bom" ou "acontecerá", etc., da boca de todos, muitas vezes com transposição de palavras e repetição enfática, traduz o consentimento geral [...] A execução do que foi deliberado é conferida ao chefe, só ou com auxiliares. Uma outra reunião em que devem dar conta do acontecido fica fixada para um dia determinado. Levantada a sessão ergue-se o chefe dizendo "vamos" cada um repete o "vamos" com gravidade e a reunião dissolve-se.[29]

"Estranhamente se destaca essa meia civilização que ele comanda", afirma Martius, para quem suas características mais medonhas desses índios são dizerem-se antropófagos, com um domínio precário da própria língua nativa e segundo ele não suportam a noção de soberania (do europeu), querem se governar a si mesmos, mas inconscientemente, por indolência, orgulho e egoísmo, tornam-se servos e súditos do tuxaua, que sabia dirigir por todos.[30]

Deixa o convívio com os miranhas e continua a subir o rio até a cachoeira de Araracuara (Arara-coara) aké ceko, que significa buraco das araras.

> O rio, tendo aqui aberto passagem na montanha, curva-se para Noroeste, pelos paredões de granito talhados a prumo, e precipita-se, ribombando espumejante ao sair da garganta, sobre a colossal massa de rochas sobrepostas. A queda, cuja altura, desde a entrada do rio na garganta até às águas tranquilas em baixo, pode ser avaliada nuns

60 pés, oferecia, na atual vasante, um espetáculo menos imponente do elemento vitorioso, mas talvez tanto mais selvagem e lúgubre. Gigantescos destroços de rocha, arredondados, de superfície pardo-escura, fazem reluzentes, como um mar de pedra, em ambas as margens, até à parede perpendicular de rocha, e, fora da garganta, até longe, no interior da mata, de sorte que, na enchente, deve o rio estender-se até esta largura. A vegetação, na margem mais profunda, forma um campo cheio de mirtáceas (goiabeiras); mais acima, uma sombria mata de palmeiras açaís; aqui e acolá, cercas fechadas de gramíneas arbustiformes, com colmos da grossura de uma coxa. Nas rochas de granito, onde a vegetação acha espaço, tão densa é a folhagem da *Mertensia dichotoba*, teto da altura de um homem, que as rochas, vistas de longe, parecem revestidas de um manto de musgo verde-claro. Em cima, na borda do paredão de pedra, que se eleva por vezes a bem uns 150 pés, avistei um arvoredo baixo, igual ao dos taboleiros de Minas, de extensa galhada. Impressionado por esta solidão agreste, pus-me a esboçar uma paisagem, mas não tento descobrir ao leitor os sentimentos que me apertavam o coração durante este trabalho. Era esse o ponto mais ocidental a que eu podia estender a viagem. Ao passo que me oprimiam terrores desse ermo selvático, sentia indizível saudade da companhia da cara Europa civilizada. Pensei como todo o progresso, todo o bem da humanidade tinha vindo do Oriente. Dolorosamente comparei aqueles países venturosos com este deserto pavoroso: entretanto, ainda me felicitava estar aqui, levantei mais o olhar para o céu, e volvi corajosamente o espírito e o coração para o oriente amigo.[31] *Os índios chamaram-me à atenção para um rochedo destacado, onde se achavam algumas esculturas pouco visíveis. Eles aproximaram-se delas cheios de respeito (...) Depois de mais demorado exame, percebi cinco cabeças* (veja-se, no Atlas, a figura intitulada "Esculturas rupestres"), *quatro das quais com areola de raios (calântica) e a quinta com dois chifres. Esta figura parecia tão deteriorada, que devi ser da mais remota antiguidade. Mais perto do rio descobri, numa rocha plana horizontal, de uns nove pés de comprimento algumas outras figuras que a água, em mais alto nível, podia tocar e já estavam quasi apagadas. Eram 16 desenhos grosseiramente*

traçados como aqueles outros, e que representavam cobras, cabeças de onça, de sapo e caras de gente semelhantes às primeiras [grifo meu]. O velho piloto assegurou-me que, nas cachoeiras do rio Meçaí e do Rio-dos-Enganos, existiam muitas dessa figuras nas rochas. Mais adiante, notei-as em maior quantidade, perto de Cupati, e terei então oportunidade de mencioná-las de novo.[32]

Impressionado por esta solidão agreste, pus-me a esboçar uma paisagem (veja-se a denominada "Araracuara" no Atlas), mas não tento descrever ao leitor os sentimentos que me apertavam o coração, durante estes trabalhos. Assim tinha eu, pois, chegado ao término da minha peregrinação (para o Ocidente), à fronteira de um reino, tendo o outro à vista. Todavia, não por obra das mãos do homem, não por aparência da civilização, nem por tácita convenção. Aqui se delimitam as possessões de ambas as nações, a espanhola e a portuguesa; a própria natureza interrompe ainda mais a comunicação de convizinhança no rio, outrora sociável. As tribos bravias, inimigas aos recém vindos europeus, acampam nessas longínquas fronteiras somente pelas quais as gerações futuras da civilização espalharão as bênçãos do *tráfego mútuo* [grifo meu]. De certo modo, depois de haver eu passado a cachoeira do Cupatí achava-me na *terra de ninguém* [grifo meu] na verdade atribuída ao Brasil pelas excursões efetuadas por brasileiros, que navegavam livremente até à cachoeira de Araracuara, e segundo a indicação dos mapas do Brasil, reproduzidos dos originais portugueses, mas sobre cuja posse ainda nada resolveu a última comissão de limites (1783).

Após negar aos índios a atribuição de soberania social e sobre o território, uma vez que os via como tribos errantes, que caracteriza como nômades e inimigas entre si, reafirmou a ideia de soberania dos luso-brasileiros sobre seu território que, uma vez ainda não reconhecido juridicamente, vê como terra de ninguém o previamente disputado por miranhas e umauás, que sublinha serem inimigos figadais mesmo antes da chegada do branco.[33]

Realmente tratava-se de territórios discutidos por Portugal e Espanha desde o Tratado de Tordesilhas (1494). O Tratado de Santo Idelfonso (1777) prescreveu a posse da bacia do rio Negro à América hispânica com base no *uti possedetis* de direito e desconheceu o *uti possedetis* de fato reivindicado a partir da ocupação das feitorias luso-brasileiras. A posição brasileira defendida em 1853 só veio a ser aceita em 1907, com a gestão diplomática de Rio Branco. A linha seca só veio a ser demarcada em 1936.[34] Problemas sobre deslocamentos ilícitos (tráfico) que envolviam indígenas (visualizados por Martius) são traços recorrentes na história da fronteira Brasil–Colômbia e de seus litígios.[35]

O retorno de Martius descendo o Japurá da cachoeira de Araracuara até o porto dos Miranhas durou três (longos) dias de viagem. Martius afirma ter oferecido, ao encerrar suas relações com o chefe João Manuel, todos os machados e todas as facas de que dispunha em troca de um ornamento de penas, armas e uma samambaia em forma de leque (*Sahizaca*). Recebeu de quebra cinco índios muriatés[36] aparentados dos miranhas, aprisionados pelo "desumano" chefe miranha. Justifica tê-los aceitado "como presente" pelo fato de que sabia que se os deixasse ali eles seriam destinados à morte certa, visto que já estavam todos atacados de febre. Levaram a mais velha das moças para Munique. (ver Fig. 3)

Não repudiou o costume regional e entregou outras duas a autoridades portuguesas, a quem reconhecia o direito de dispor sobre elas e seu corpo: uma entregou ao Sr. Vieira Duarte, comandante militar de Ega, e outra ao Sr. Pombo, ouvidor de Belém do Pará, e assim respeitou práticas comuns aos negócios entre brancos e índios na região. As outras duas presas faleceram de cirrose hepática e de hidropsia durante a viagem.

Destitui os índios que vivem nessa região de qualquer condição de humanidade e os retrata, de modo horripilante, como desconhecedores de qualquer característica da civilização, representantes da qual, no entanto, travavam relações mercantis com o fornecimento de presas humanas para o trabalho servil.[37]

Deixou o porto dos Miranhas em 12 de fevereiro e viajou com sua embarcação carregada de coleções. Partiu, assim, aparentemente aliviado do "lugar de cuja sombria influência na minha alma só senti curado no regresso à Europa, em contato com a dignidade e elevação humanas".[38]

Nunca mais retornaria à região que lhe causou a chamada "nostalgia do gabinete" peculiar a tantos viajantes. Manifestava horror diante do que abominava como barbárie, que reconhecia não apenas nos índios, mas também nos representantes do império português com quem convivia em sua viagem exploratória dos conhecimentos desses territórios considerados virgens. Esperava receber na sua terra o reconhecimento por sua contribuição à ciência, como de fato ocorreu. Recebeu inúmeras honrarias de caráter científico, bem como de consagração do prestígio social dos homens de ciência como desbravadores de regiões desconhecidas.

Conclusão

A etnografia de Martius se soma às ficções produzidas pelas narrativas de viajantes durante o processo de colonização, que produziram um conhecimento sobre a fronteira, os territórios e as etnias indígenas, fizeram um inventário dos produtos naturais e reuniram coleções de interesse mineral, zoológico, botânico e etnológico.

Seus escritos de viagem inegavelmente apresentam o sentido de *storia* como indagação e envolvem uma postura retrospectiva e atenta à virtualidade temporal. Mostram que a história natural comporta o inventário de diferenças étnicas e sociais e inclui a descrição da situação de guerra nas fronteiras indígenas da civilização, que, nesse caso, coincidem com as fronteiras geopolíticas entre países de ocupação luso-brasileira e hispano-americana.

Martius, no entanto, exagera nas características de temidos tupichabas (chefes indígenas), nos rios de ouro, nas perigosas amazonas e nos ritos diabólicos e busca explicar antigos mitos como os dos "homens de rabo", que, no entanto, continua a apresentar como encarnação do mal. Embora em situação historicamente diferente, igualmente ficcional é a ideia, recorrente a outros viajantes dos séculos XVIII e XIX, de que os povos indígenas da Amazônia seriam resultado da degeneração de antigas civilizações cujas ruínas foram perdidas nos labirintos da floresta hostil e que viviam em permanente estado de guerra umas com as outras. Tais ideias, que concorreram para a construção do Império e do discurso sobre a nacionalidade no Brasil e contribuíram para deturpar as vozes indígenas, são outra face do indianismo romântico.

Notas

1. Williams, Raymond, "História", p. 201-203.
2. Spix é um exemplo da vinculação entre o naturalismo, o idealismo e o romantismo alemão. Após doutorar-se em filosofia com 19 anos, estudou filosofia da natureza em Iena com Friedrich W.J. von Shelling e doutorou-se também em medicina em 1807. Por sua contribuição à história natural, foi empossado como diretor do gabinete de zoologia da Academia de Ciências da Baviera. De forma alguma se pode supor que Spix possa ser visto como uma personagem "à sombra" de Martius (FITTKAU, Ernst Josef, "Johann Baptist Ritter von Spix: primeiro zoólogo de Munique e pesquisador no Brasil", p. 1118). Dá-se neste trabalho uma atenção mais pormenorizada ao segundo unicamente pelo fato de ter ele viajado pelo Japurá, chegado à corredeira de Araracuara e produzido um relato que é privilegiado segundo os propósitos da presente análise.
3. BRANDERNBURGER, Clemens, "Spix & Martius, um centenário", p. 25.
4. MAAR, J.H., "Goethe e a história da ciência", p. 104.
5. PRATT, Mary Louise, *Imperial Eyes*.
6. Ibidem.
7. BRANDERNBURGER, Clemens, "Spix & Martius, um centenário", p. 24-31.
8. MARTIUS, Carl, "A fisionomia do reino vegetal no Brasil", p. 15-20.
9. As gravuras apresentadas neste trabalho foram publicadas originalmente no *Atlas Zur Reise in Brasilien* (SPIX & MARTIUS, 1823–1831). Todas as gravuras desse Atlas foram digitalizadas pela Biblioteca Nacional e se encontram em domínio público. Os desenhos foram feitos pelo próprio Martius e transformados em gravuras por litógrafos alemães. Agradeço a Fernanda Tibau pelo apoio para o acesso às reproduções digitalizadas dessas gravuras.
10. "Essa dissolução de todos os laços de uma comunidade étnica anterior, acompanhada e ampliada por uma confusão babilônica da língua, do direito brutal da força contínua da guerra surda de todos contra todos como resultado dessa mesma dissolução, parece-me o essencial e o mais importante para a história do direito dos brasileiros, até de toda a primitiva população americana. Tal estado não pode ser o resultado de catástrofes modernas: com irrefutável seriedade indica a ação de milênios. Também parece que o

período em que um tal estado teve começo deve achar-se tanto mais afastado quanto mais geral foi o impulso pelo qual a humanidade norte e sul-americana, por modo ainda ignorado, foi impelida a tal destruição completa de primitivos (68) povos e para uma confusão de línguas tão lamentável. Emigrações demoradas de povos e tribos isoladas tiveram, sem dúvida, lugar através de todo o continente americano e especialmente a elas se deverá atribuir a causa da fragmentação e da perda das línguas como consequente corrupção. Hipótese de um terremoto convulsionando terra e mar... terão os sobreviventes talvez sofrido tal terror que, transmitido de geração em geração, obstruiu a inteligência e empederniu o coração, segregando aquela gente em fuga constante de todos os benefícios da sociabilidade? Teriam talvez incêndios ou imensas inundações ameaçado a toda a raça vermelha de um período de fome medonho, armando-a com o sentimento de inimizade brutal para que, perdendo-se na horrorosa prática da antropofagia, decaísse do seu destino divino até a miséria atual? Ou será essa desumanização uma consequência de vícios inveterados e brutais com que o gênio da nossa raça castiga tanto o inocente como o culpado e cuja severidade para com toda a natureza, para o observador superficial, parece um crueldade incoerente? (Martius, *O estado de direito entre os autóctones do Brasil*, p. 68-69)" A primeira edição desta obra data de 1945 (Martius, "como se deve escrever a história do Brasil").

11. Spix; Martius, *Viagem pelo Brasil*. O primeiro volume do original em alemão, *Reise in Brasilien*, foi publicado em 1823 (412 páginas). O segundo volume, em 1828 (até a página 884), e o terceiro volume, em 1831 (total de 1.388 páginas). Esse volume foi editado por Martius após a morte de Spix. Como anexos, constam um atlas e um anexo musical. A primeira tradução para o português, em comemoração ao centenário do IHGB, foi publicada pela Imprensa Nacional em 1938. As gravuras constantes no Atlas foram digitalizadas pela Biblioteca Nacional em 2010.

12. Cada vez mais as guerras, as práticas de guerra, as instituições de guerra tendem a não mais existir, de certo modo, senão nas fronteiras, nos limites exteriores das grandes unidades estatais, com uma relação de violência efetiva ameaçadora entre Estados" (FOUCAULT, Michel, *Em defesa da sociedade*, p. 55).

13. FAULHABER, Priscila, "A fronteira na antropologia social: as diferentes faces de um problema", p. 105-126.

14. PRATT, Mary Louise, *Imperial Eyes*, p. 4.

15. "Creio que se deve orientar a análise do poder para o âmbito da dominação (e não da soberania), para o âmbito dos operadores materiais, para o âmbito das formas de sujeição, para o âmbito das conexões e utilizações dos siste-

mas locais dessa sujeição e para o âmbito, enfim, dos dispositivos de saber" (Foucault, Michel, *Em defesa da sociedade*, p. 40).

16. Spix; Martius, *Viagem pelo Brasil*, p. 321.

17. Ibidem, p. 321.

18. "Ele apareceu descalço, trazendo as calças de algodão usuais dos índios, mas envergava um fraque azul e empunhava a pococaba, um junco espanhol, com borla de prata. Esse símbolo de autoridade havia sido dado ao principal no tempo de Mendonça Furtado e da segunda Comissão de Limites, pois esperavam conquistar o rudes silvícolas por meio de tais insígnias e cargos de honra; mas atualmente é tão raro ver-se um fato europeu qual o de Pachico, que provavelmente data daquela época (veja-se, no atlas, a figura do Coretu), era o índio mais astuto e atrevido que até agora eu havia encontrado. Ele achou conveniente apresentar-se como fiel vassalo do rei de Portugal e como encarregado de negócios de seus companheiros de tribu; mas não tardou muito a trair-se, sendo tão pouco estimado pelos brancos como pelos outros, e porque sabia manejar, melhor do que qualquer outro, a arte de empregar os seus subordinados no serviço da sua cobiça. Procurava conservar a sua tribu no mato, longe dos brancos, e, por sua própria conta, fazia guerra aos vizinhos, a fim de negociar os prisioneiros com os europeus recém-chegados; mesmo até os seus próprios companheiros de raça, ele de igual modo os permutava por uma bagatela qualquer. Assim, pela primeira vez, no interior da América, era trazida à nossa presença uma figura perfeita de chefe africano, traficante de escravos. Sem dúvida, tanto o Estado prejudica a sorte dos índios, com a nomeação de tal capataz, como a dos juízes de raça branca; por felicidade, entre os primeiros, poucos são dotados da esperteza e do espírito de iniciativa desse coretu. Procurávamos convencê-lo, pois ele compreendia bem o português, de que mais poderia ganhar, ele próprio, tanto como o Estado, do cultivo regular da terra e pela permuta dos produtos naturais; mas rebateu, logo, que tudo isso era muito mais penoso do que vender escravos e o negócio lhe rendia sempre o que bastava."

19. Spix; Martius, *Viagem pelo Brasil*, p. 324.

20. Ibidem, p. 325.

21. Ibidem, p. 334.

22. Ibidem, p. 335.

23. Ibidem, p. 338.

24. Ibidem, p. 339.

25. Talvez o *Coculos amazonum*, M, e possivelmente é dos juris, dos miranhas e de outros índios do Japurá e do rio Negro, é solúvel em água, assim como no espírito de vinho. Mais extensamente fala sobre isso Martius, a respeito do

veneno de flecha etc., no *Repert. De Pharm*, de Büchner (tomo 36, caderno III) (nota do autor, p. 336-337).

26. Diz Martius na nota 34: "Fiz interrogar o tupixaba sobre esse caso da existência de antropofagia em sua tribo, e as suas respostas demonstraram que ele e os seus são estranhos ao sentimento dos povos civilizados, que consideram execrável o costume de comer carne de gente. 'Os brancos', dizia ele, 'não queriam comer jacaré nem macaco, embora sejam saborosos; se obtivessem menos tartarugas e porcos, bem os comeriam, pois a fome faz sofrer. É apenas questão de hábito. Quando mato um inimigo, é muito melhor comê-lo do que deixá-lo apodrecer. Caça grande é rara, não põe ovos, como as tartarugas. O pior é a morte, não o ser comido; e, uma vez morto, para mim é indiferente que o umauá (cita ele aqui o inimigo figadal de sua tribu) me coma ou não. Mas não conheço caça de melhor sabor do que essa; cumpre dizê-lo, os senhores brancos são muito azedos'. Finalmente, essa resposta dá a entender que o índio de uma nação estranha, particularmente a inimiga declarada, podia ser tratado como qualquer caça. Quando fiz a pergunta ao tupixaba se a sua tribo também comia os prisioneiros, e preferia fazer prisioneiros para esse fim, ele apenas respondeu: 'Comer prisioneiro que eu possa vender, seria tolice; cachaça sobe melhor do que sangue; mas o umauá, que prefere morrer de fome do que ser vendido aos brancos, e que já comeu tantos de nós, logo tratamos de matá-lo" (p. 346).

27. Spix; Martius, *Viagem pelo Brasil*, 340.

28. Nota 30. "Esse indivíduo desfigura o rosto, mais do que qualquer outro que tenho visto, quando a dilatação das ventas é tão excessiva, que desnuda a cartilagem do nariz. Em tal hediondo excesso de deformidade, precisam de ser escoradas as narinas, e, por isso, são forradas por dentro com lascas de folha de palmeira... O aguçamento dos dentes caninos em ponta concorre para bestializar completamente o rosto desses selvagens (veja-se no Atlas o retrato do miranha da horda dos carapanás-tapuias). Um distintivo muito generalizado dessa tribo é a faixa de entrecasca branca de turiri, que tem quasi a forma de uma funda. Somente nesta tribu avistei semelhante uso, pois aqui a faixa não faltava em um só homem adulto. Essa cinta, de duas polegadas de largura, é esticada sobre a região lombar, e o outro pedaço de entrecasca, torcido como corda, passa entre as coxas. Essa corda é atada na frente e sobra atrás, na região do sacrum, onde é amarrada na cinta, e pende solta, de sorte que isso provavelmente deu motivo à lenda dos 'índios de cauda' do Japurá." [Nota do autor, p. 340.]

29. Martins, *O estado de direito entre os autóctones do Brasil*, p. 27.

30. Spix; Martius, *Viagem pelo Brasil*, 339.

31. Ibidem, p. 351.

32. Ibidem, p. 351. A grafia de alguns termos da citação foram adaptadas ao português contemporâneo.
33. cf. nota 39, p. 353-354.
34. FAULHABER, Priscila, "Identidades contestadas e deslocamentos miranhas na fronteira Brasil–Colômbia", p. 241-269.
35. FAULHABER, Priscila, *O lago dos espelhos*.
36. Spix; Martius, *Viagem pelo Brasil*, p. 357.
37. Ibidem, p. 358.
38. Ibidem, p. 358.

Referências

BRANDERNBURGER, Clemens. "Spix & Martius, um centenário". *Jornal do Commercio*, 16 de julho de 1917, p. 24-31.

FAULHABER, Priscila. *O lago dos espelhos*. Etnografia do saber sobre a fronteira em Tefé/Amazonas. Belém: Museu Goeldi/Secretaria de Estado de Ciência, Tecnologia e Meio Ambiente, 1998.

_____. "A fronteira na antropologia social: as diferentes faces de um problema". *Revista Brasileira de Informação Bibliográfica em Ciências Sociais*, São Paulo, n. 48, 1999, p. 105-126.

_____. "Identidades contestadas e deslocamentos miranhas na fronteira Brasil-Colômbia". In: Roberto Cardoso de Oliveira e Stephen Baines (Ed.). Nacionalidade e etnicidade em fronteiras. Brasília: UnB, 2005, p. 241-269.

FITTKAU, Ernst Josef. "Johann Baptist Ritter von Spix: primeiro zoólogo de Munique e pesquisador no Brasil". *Hist. Cienc. Saúde*, Rio de Janeiro, v. 8 (supl.), 2001, p. 1109-1135.

FOUCAULT, Michel. *Em defesa da sociedade*. São Paulo: Martins Fontes, 1999.

MAAR, J.H. "Goethe e a história da ciência". *Episteme*, Porto Alegre, v. 11, nº. 23, jan./jun. 2006, p. 95-116.

MARTIUS, Carl F. Ph. von. "Como se deve escrever a história do Brasil". *Jornal do Instituto Histórico e Geográfico Brasileiro*, Rio de Janeiro, n. 24, janeiro de 1845.

MARTIUS, Carl F. Ph. von. "A fisionomia do reino vegetal no Brasil". *Arquivos do Museu Paraense*, Belém, v. 3, 1943, p. 15-20.

_____. *O estado de direito entre os autóctones do Brasil*. Como se deve escrever a história do Brasil. Belo Horizonte; São Paulo: Itatiaia; Edusp, 1982.

PRATT, Mary Louise. *Imperial Eyes*. Travel Writing and Transculturation. Londres and Nova York: Routledge, 2003.

SPIX; MARTIUS. *Viagem pelo Brasil*. Rio de Janeiro: Imprensa Nacional, 1938.

_____. *Atlas Zur Reise in Brasilien*. Munich: Gedruckt bei M. Lindauer, 1823–1831.

WILLIAMS, Raymond. "História". In: *Palavras-chave*. Um vocabulário de cultura e sociedade. São Paulo: Boitempo, 2007. p. 201-203.

PARTE IV

Ciência, ensino e engenharia na construção do espaço imperial

Em defesa do novo Império: a formação de engenheiros brasileiros nas grandes écoles francesas nas décadas de 1820–1830[1]

*Silvia F. de M. Figueirôa**

Introdução

Como já bem conhecido, as primeiras instituições de ensino militar nas colônias portuguesas datam do fim do século XVII, produtos dos contextos político e militar da Restauração portuguesa e de disputas com a Espanha. Na América portuguesa, escolas militares foram fundadas na Bahia (1696), no Rio de Janeiro (1698), em São Luís do Maranhão (1699) e no Recife (1701), assim como em outras regiões do Império: Goa (1699), Angola (1699) e Viana do Castelo (1701).[2] Desde a transferência da Corte em 1808, ampliaram-se as instituições formadoras de profissionais da engenharia, em decorrência das necessidades da nova sede metropolitana e da percepção da defasagem do Império português face a seu tempo. Além da Academia dos Guardas-Marinhas, foi criada a Academia Real Militar em 1810, depois transformada em Escola Militar (1839) e, em seguida, em Escola Central (1855) — herdeira do ramo civil da engenharia —, por sua vez também transformada em Escola Politécnica do Rio de Janeiro em 1874.

Porém, a formação de engenheiros, militares ou civis, não se restringiu às instituições locais: como já mencionei em outro trabalho,[3]

---

*Instituto de Geociências da Universidade Estadual de Campinas (Unicamp).

entre 1825 e 1903 (78 anos) quase noventa brasileiros seguiram para Paris a fim de estudar engenharia nas *grandes écoles* — a saber, Polytechnique, Mines e Ponts-et-Chaussées —, o que dá uma média de 1,3 aluno/ano.

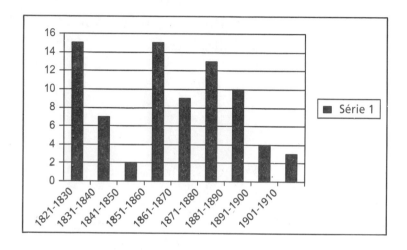

GRÁFICO 1 Distribuição temporal dos alunos brasileiros nas três *grandes écoles* por década.

Boa parte desses graduados veio a constituir fração significativa da "comunidade" de engenharia brasileira e participou do engajamento dos engenheiros em geral, de diferentes nacionalidades e em diferentes partes do mundo, nas "missões civilizadoras", em projetos de "modernização" e de "reforma social e urbana" e, sem dúvida, compartilhou das ideias positivistas — tão caras e tão influentes deste lado do Atlântico. Entretanto, apesar da relevância numérica, do prestígio das instituições que frequentaram, do destaque da ação de muitos deles, esses engenheiros ainda permanecem, de certa forma, "invisíveis" em nossa história. Infelizmente, essa peculiaridade não constitui seu privilégio: Edler[4] comenta, para o caso dos médicos e da medicina, que essa geração atuante no cenário imperial foi "apagada" da memória e da história das ciências e da tecnologia no Brasil pelas gerações que a sucederam. Coelho aponta igual dificuldade no que se refere a médicos e advogados: "O problema é que muito pouco há o que dizer sobre a massa de advogados, médicos e engenheiros, sobre os que não deixaram rastro em arquivos e a história ignora."[5] No campo das artes, como sabemos, o quadro parece não ser diferente. O trabalho de Ruth Tarasantchi, por exemplo, sobre o pintor Oscar Pereira da Silva (1865–1939), fruto de nove anos de pesquisa, confirmou, também, essa falta de memória:

> Oscar Pereira da Silva, como boa parte dos pintores acadêmicos brasileiros, vive numa espécie de limbo. Criticados sem serem conhecidos, figuras cujo nome soa familiar, mas cujas obras raramente são vistas, esses artistas têm seu trabalho preservado, mas sempre de maneira discreta, quase que escondida do público.[6]

O primeiro grupo de estudantes brasileiros que seguiu para Paris concentra-se imediatamente após a Independência, em 1825, com 15 matrículas, e segue-se a atribulada década de 1831–40, em que os três períodos regenciais se sucederam, o que acarretou redução no número de matrículas à metade (passaram de 15 a sete). Neste trabalho, procurarei identificar e caracterizar os 21 estudantes que frequentaram a Polytechnique e/ou a Mines de 1825 a 1839, pois é impossível identificar os 11 que assistiram a cursos na Ponts-et-Chaussées, bem como entender e explicar esse movimento patrocinado pela Coroa.

De início, apresento as tabelas I e II com as datas e os nomes dos estudantes obtidos junto aos arquivos e às bibliotecas dessas escolas, tal qual se encontram registrados. Em negrito, estão assinalados os nomes dos que frequentaram ambas:

Ano	Nome	Outras observações
1825	João Nepomuceno da Motta	Tenente de Artilharia
1826	João Nepomuceno da Motta	Tenente de Artilharia
1826	Baptista	Oficial
1827	Vasconcellos	Pensionário do governo
1827	Rodrigues Torres	Capitão du Génie
1827	Branca	Pensionário do governo

(cont.)

1829	Candido Mª. de Azevedo [sic] Coutinho	Bacharel por Coimbra e Paris
1829	Henry Rose Guillion (Guillon)	
1832	Candido Mª. de Azevedo Coutinho	
1833	Henry Rose Guillion (Guillon)	
1836	Patricio d'Almeida Silva	
1837	Agostinho Roiz Cunha	
1837	Antonio João de Campos Bellos	
1837	Antonio Machado Dias	
1837	Patricio d'Almeida Silva	
1838	Agostinho Roiz Cunha	
1839	D'Araújo Pinho	
TOTAL	12 estudantes	Ouvintes externos ou alunos estrangeiros

I. École Polytechnique [fonte: Archives de l'École Polytechnique — Titre VI (Personnel — élèves), Section 2 (élèves), Paragraphe b (auditeurs externes/élèves étrangers), Article 2 (Dossiers Particuliers), Cartons 1 (1795–1845) e 3 (1894–1937)].[7]

Ano	Nome	Origem
1825	Luis Bellegarde	
1825	João Nepomuceno da Motta	
1825	João Reinardo de Verna	
1825	Magalhães Coutinho	
1825	Cândido Baptista d'Oliveira	
1825	Paulo Barboza da Silva	
1825	De Mello	
1825	Jozé de Figueiredo Rocha	Bahia
1826	Emmanuel Joachim de Barros	Penedo (AL)
1830	Pitta de Castro	

420 | FORMAS DO IMPÉRIO

			(cont.)
1833	Rose-Henri Guillon	Maranhão	
1837	Joachim Carvalho	Pernambuco	
TOTAL	12 estudantes		

II. École des Mines [fonte: Association Amicale des Élèves de l'ENSMP. *Annuaire*. N°s 1-9 (1864 a 1872–73)].

O destino e os (possíveis) motivos

Nossa primeira questão a ser respondida é: por que a França e essas escolas? Com essa primeira leva de estudantes em foco, é importante reter dois pontos e seguir os passos de Anousheh Karvar em sua tese sobre os estudantes estrangeiros na Polytechnique. Por Polytechnique, no século XIX, compreende-se uma escola de formação de quadros técnicos a serviço do Estado com vistas à unificação do território e sua defesa, sua organização espacial e a exploração de seus recursos naturais. Além disso, no início do século XIX

> a França, com seus corpos de profissionais a serviço do Estado e seu complexo sistema de formação de engenheiros civis e militares, oferecia o melhor exemplo do modelo tecnocrático de recrutamento de funcionários-especialistas baseado nos méritos científicos e técnicos. O perfil civil e militar do engenheiro politécnico, exemplo bem-sucedido de integração da ciência nas estruturas de comando do Estado, despertava forte apreço fora da França.[8]

Em trabalho posterior, Bruno Belhoste,[9] outro especialista na Polytechnique, afirma que "a École Polytechnique é a matriz do universo tecnocrático à francesa. Ela fornece não apenas os homens, mas também uma cultura, fundada principalmente no estudo das matemáticas e de suas aplicações". Os politécnicos franceses seriam como "novos mandarins formados nas ciências, cujo domínio de atividades é essencialmente material: o ordenamento do território, o equipamento industrial, a produção de armas".[10] Mais ainda, a força

EM DEFESA DO NOVO IMPÉRIO | 421

de sua atuação reside no âmbito material: o ordenamento territorial, a produção de armamento, os equipamentos industriais, cujo domínio lhes confere poder — poder ancorado nas ciências e nas técnicas. Esses tecnocratas misturavam arcaísmo e modernidade: embora herdeiros das tradições da antiga monarquia administrativa, eram ao mesmo tempo "filhos da Revolução", que, progressistas e patriotas, encarnaram a figura de um Estado modernizador cuja autoridade é a da Razão.[11] Nas palavras de Belhoste, "seu ideal social propõe uma sociedade organizada e hierarquizada como antes [Antigo Regime], mas na qual o papel de guia recai nos sábios e especialistas".[12] Esses comentários, a meu ver, permitem entender com mais clareza a opção tomada pelo governo brasileiro na escolha das *grandes écoles*: sem romper com tradições caras ao passado português, como de resto o processo de Independência, o modelo permitia vislumbrar a formação de um novo grupo social capaz de alavancar a modernização e os dispositivos necessários à implantação do novo império.

No caso dos cerca de mil ouvintes e alunos estrangeiros que cursaram ao menos uma parte de sua formação nessas instituições, Karvar mostra que "não constituíram uma população importante em proporção ao número total de alunos. Entretanto, observam-se grandes variações no fluxo destes alunos".[13] A análise estatística conduzida por essa autora identificou também chegadas em grupo, em determinados períodos, de estudantes procedentes de um mesmo país ou, ao contrário, a constante presença de oriundos de um mesmo país, quando se toma a longa duração. A partir de 1816, uma ordem governamental suprimiu a categoria de alunos e ouvintes externos, exceção feita aos "estrangeiros admitidos para agradar ao governo de seus países".[14] Dentre esses, estão os primeiros brasileiros, junto com mexicanos, russos, poloneses, romenos e egípcios — todos provenientes de países que atravessavam fortes mudanças políticas e sociais nessa época, o que poderia explicar, segundo a autora, a necessidade de formar suas elites em outro local, assim como a colaboração do governo francês. De 1816 a 1830, o Brasil ocupa a segunda posição, junto com a Rússia tendo cada um dos dois países enviado sete estudantes. Para o período seguinte (1831–1851), contam-se igualmente sete brasileiros em números absolutos, mas em termos relativos isso corresponde à oitava posição.

422 | Formas do Império

O comentário quanto ao motivo da excepcionalidade — "para agradar ao governo de seus países" — merece reflexão e pode ser uma pista importante para a presença desse conjunto de estudantes. Essa exceção ao Brasil recém-independente reforçaria os interesses da monarquia francesa restaurada pós-Napoleão (Luís XVIII e Carlos X), numa região do mundo à época já bastante convulsionada por movimentos de independência e, claro, um mercado potencial relevante para os mais diversos produtos (aí incluída a cultura). No entanto, penso ser oportuno acrescentar uma reflexão que vem da ciência política, que ajuda a ampliar o sentido desse fluxo de estudantes e o insere num quadro que extrapola — e complementa — o que usualmente tem sido discutido pela história das ciências e da tecnologia, ou pela história do período imperial.

A tese de doutorado de Eduardo Romero de Oliveira analisou as cerimônias de coroação de dom João VI, dom Pedro I e dom Pedro II, bem como textos de época, para melhor entender a política de cada período. Esse autor mostra que, após a aclamação de dom Pedro I, em 12 de outubro de 1822, numa cerimônia bastante breve, um outro cerimonial foi instituído, e executado em 1º de dezembro do mesmo ano, marcado pelo juramento da observância das leis e da defesa do Império, de afirmação da autonomia política do Brasil perante Portugal.[15] Porém, desde aproximadamente as três últimas décadas do século XVIII, "por meio da nomeação de oficiais pela fidelidade e disposição ativa, foi se constituindo um corpo militar com privilégios nobiliárquicos, mas progressivamente distinto da aristocracia rural",[16] da qual provinham os primeiros oficiais. De 1769 a 1822, há significativa produção de memórias voltadas para a defesa do território por parte desses oficiais graduados, que definiram pontos de ação da monarquia no Brasil. Esse corpo de oficiais, aliado aos governadores de província, coordenou a instalação de um estado de defesa no Brasil:

> Encontramos então um desdobramento muito particular de um Estado baseado num governo protetor (para o qual a guarda do território do reino seria sua função), visto que o problema da defesa externa perdurou muito mais tempo no Brasil do que em Portugal. (...)

Teríamos aqui uma concepção de governo fundamentado na defesa do território, distinto da noção de governo do chefe de família. (...) Baseados no exame de um conjunto de técnicas, projetos e textos que permitiam uma defesa militar do território, podemos vislumbrar uma outra formulação para a ideia de sacrifício do súdito. O quadro de oficiais militares profissionais trará uniformização na distribuição de autoridade, onde a hierarquia militar impõe uma graduação dos poderes e os seus limites. E uma hierarquia que permite também uma centralização do poder em direção a um vértice que se reconhecerá no rei [ou imperador]. (...) Ainda no início de 1822, D. Pedro recebe o título de "Defensor Perpétuo do Brasil", (...) competência atribuída ao então príncipe-regente, e que recupera o tópico da defesa militar.[17]

Parece claro, portanto, que o envio do primeiro grupo à França esteja conectado às necessidades de formação de quadros para o novo Estado. No nível político e social, a tarefa que se colocava era a construção efetiva do Império. No nível da representação, tratava-se de encontrar espaço para a jovem nação dentro da comunidade mundial — ou seja, o "mundo civilizado" ao qual se almejava pertencer. É desnecessário mencionar os problemas enfrentados pelo I Reinado, que foram desde resistências à declaração de independência em algumas Províncias, atritos e, posteriormente, dissolução da Assembleia Constituinte à Confederação do Equador, à Guerra da Cisplatina e às pressões de dom Miguel em Lisboa na disputa pela sucessão. A defesa e, nesse contexto, a consequente relevância dos militares são a meu ver um dado significativo para entender a primeira leva de estudantes, alguns já graduados pela Academia Real Militar, que teriam ido se aprimorar na França.

Mas por que a formação no Brasil não bastava? Cabe aqui considerar dois aspectos: a prática da mobilidade na engenharia e a situação da Academia Militar. Comecemos pelo mais geral, a mobilidade. Estudos recentes já mostraram,[18] com base em dezenas de trabalhos, que a mobilidade dos engenheiros é um fenômeno que cresceu em paralelo ao surgimento da profissão. As diferentes formas que tomou ao longo dos séculos (migração, emigração, missão, empréstimo etc.)

424 | FORMAS DO IMPÉRIO

estiveram intimamente ligadas ao estado da profissão (estabelecimentos de ensino, sociabilidade, funções, reconhecimento público etc.) e às instituições políticas e econômicas (públicas e privadas, militares e civis, seculares e religiosas) que se valeram de suas habilidades. Praticada desde os tempos antigos, essa mobilidade tornou-se um fenômeno de massa na Renascença, quando os engenheiros dos Estados italianos foram trabalhar em diversos Reinos e Estados europeus. O engenheiro que emigra para servir a potências estrangeiras, que procura uma vida melhor ou tem uma missão claramente definida, permaneceu durante vários séculos um jogador importante na construção de Estados. Os problemas técnicos subjacentes à mobilidade são, por um lado, a pressão externa (defesa) e as políticas expansionistas e, por outro, questões econômicas e de prestígio. O mosaico desses problemas determinou o mapa da migração, que envolveu países os mais variados: da Rússia à Grécia, a Portugal, à Inglaterra, aos EUA, à Espanha, dentre outros, incluindo-se aí o Brasil.

Quanto à situação específica da Academia Militar, uma carta apócrifa de 11 de abril de 1815,[19] intitulada "Memória Histórica e Política sobre a criação e estado atual da Academia Real Militar", criticava sem piedade a Academia, desde sua direção até problemas de indisciplina e de estrutura curricular. De fato, nessa época foram frequentes os ofícios ao Ministério da Guerra com pedidos e reclamações da própria Junta Diretiva e dos lentes e atestavam as dificuldades da instituição em seus primórdios.[20] No início do I Reinado, reconhece-se a necessidade de reformas, e a Congregação dos Professores aprovou, em 21 de julho de 1823, um "plano de estudos" que subdividia "o curso em cinco ramos: Engenheiros Militares, Engenheiros Geógrafos, Engenheiros Desenhadores, Artilheiros e Infantes e Cavaleiros".[21] O plano foi submetido por Pedro I à análise do coronel do Corpo de Engenheiros Francisco Villela Barbosa, futuro marquês de Paranaguá, que em 20 de outubro de 1823 assim se manifestava:[22] "Quando [uma] Escola, qual a Academia Militar, tem por objeto preparar e formar cidadãos para diversos destinos, então a organização de um Plano de Doutrinas bem combinado na classificação e distribuição de suas matérias (...) é tarefa (...) de complicada execução."

Mas a crítica principal residia na qualidade científica das propostas para o Reconhecimento Corográfico Civil e Militar e Estatístico do país — isto é, do esquadrinhamento do território e da população. Para Villela Barbosa, a classificação adotada era "pouco sistemática e mui pouco filosófica". Ele lista em seguida uma série de objeções. A solução, portanto, parece ter sido a melhoria da formação de quadros selecionados numa instituição de referência internacional, que aliava formação científica de excelência à organização e disciplina militares, o que resolveria destarte vários problemas de uma só vez. Tal hipótese parece se confirmar se analisarmos a reforma ocorrida em 1839, que, embora com certo atraso, transformou a Academia em Escola Militar. No fim do atribulado período regencial, a "Oração da solene abertura da Imperial Academia Militar",[23] proferida em 1838 pelo capitão Antonio José de Araújo, identifica a Academia como sendo "antes Escola de Ciências". E a articulação das ciências à defesa é eloquente, como se vê:

> A Guerra, senhores, esse mal terrível e necessário, no estado atual de nossos conhecimentos, tem por fim poupar o sangue, e com pequenas equilibrar grandes forças; agora, o Anjo da Vitória não entoa os hinos do triunfo em cima de montões de cadáveres! A Física, a Química, e a Mineralogia pagam seus tributos à Arte da Guerra e se franqueiam à construção das pontes, estradas e canais! Ah, senhores, esta Academia tinha antes um curso completo de Ciências Naturais, e hoje uma única Aula ensina as importantíssimas Ciências Naturais! A Física reduziu a cinzas as esquadras vitoriosas dos Romanos; a Química arma os defensores da Pátria, funde o metal trovejador, forja os raios da guerra e prepara as matérias para erguer os belos e úteis monumentos de Arquitetura; e a Mineralogia, absorvendo os pensamentos do Filósofo nos fenômenos da cristalização, pode no nosso país ser fecunda em riquezas! (...) as ciências são o termômetro da civilização (...). Um hábil Ministro nos escuta, amante das ciências e, ilustrado como é, não desconhecerá as necessidades da Academia.

De fato, o citado ministro, Sebastião do Rego Barros, os ouviu. Criou uma comissão encarregada de organizar o regulamento permanente para a nova Escola Militar, integrada por um dos estudantes da primeira leva, Cândido Baptista de Oliveira, por Vicente Antônio Buis e Francisco Cordeiro da Silva Torres, que em seu relatório de 11 de fevereiro de 1839 admitem a adoção do modelo francês a partir "[d] os regulamentos e programas da Escola Politécnica e de Metz, em França, como lhe fora recomendado por V. Exa".[24] Como lembram Cardoso e Faletto,[25] "a organização de uma administração e de um exército nacional, que não fosse local ou caudilhesco, foi decisiva para estruturar o aparato estatal e permitir a transformação de um poder 'de fato' em uma dominação 'de jure'".

Os personagens

Passo a abordar, como segundo problema, a breve identificação desses alunos. Em alguns casos, é tarefa até fácil. Em outros, difícil, ou mesmo impossível. Iniciarei pelos mais evidentes.

Cândido Baptista de Oliveira nasceu a 15 de fevereiro de 1801 em Porto Alegre. Em 1817 ingressou no Seminário São José, no Rio de Janeiro, para estudos eclesiásticos e ao se formar, em 1820, seguiu para Coimbra, onde cursou matemática e filosofia.[26] Uma biografia anônima depositada no Instituto Histórico e Geográfico Brasileiro (IHGB)[27] informa que "ele foi incluído, pelo governo brasileiro, em um grupo de oficiais que, *por acordo com o governo francês*, poderia cursar as grandes escolas" (grifo meu). Em 1827 retornou ao Brasil e foi nomeado lente substituto da Academia Militar, no posto de capitão-engenheiro. A partir de 1828, fez parte da comissão encarregada de estudar a melhor localização do Observatório Central do Brasil, a ser criado. No fim da década de 1820, filiou-se ao Partido Liberal e foi deputado, de 1830 a 1833 e em outras legislaturas. Foi inspetor do Tesouro Nacional de 1831 a 1834, posteriormente vice-presidente do Tribunal do Tesouro, integrou missões diplomáticas em Turim, São Petersburgo e Viena e retornou ao Brasil em 1844. Foi ministro da Marinha de 1847–48, senador eleito em 1848, presidente do Branco do Brasil, conselheiro de Estado (1859–1865), diretor do

Jardim Botânico (1851–1859), membro do IHGB e fundador de associações e revistas científicas, tendo publicado aproximadamente 27 trabalhos, no Brasil e no exterior. Também foi pioneiro na proposta de adoção do Sistema Métrico Decimal pelo Brasil, apresentada em 1830. Morreu em 26 de maio de 1865, a caminho da França para tratamento de saúde.

Paulo Barboza da Silva foi mordomo do Paço. Filho de antigo oficial do Exército, nasceu em Minas Gerais e mudou-se muito jovem para o Rio de Janeiro. Voltou de Paris e Viena pouco antes do 7 de abril e, nessa época, redigia o jornal *A Verdade*, juntamente com "camaradas republicanos" e Saturnino de Sousa e Oliveira, irmão do futuro visconde de Sepetiba.[28] No entanto, ambicioso, mudou de lado e aliou-se a homens fortes do governo, quando conheceu grande ascensão, ajudou a derrubar os Andradas e foi amigo do Visconde de Itanhaém, tutor do infante. Fazia parte do grupo palaciano conhecido como *Camarilha*, *Clube da Joana* ou *Facção Áulica*, que se reunia em sua própria chácara nas proximidades da Quinta da Boa Vista. Segundo Heitor Lira,[29]

> dois homens, nos primeiros sete anos do [*Segundo*] Reinado, conseguem, de fato, ter sobre [*Pedro II*] uma ascendência marcada (...), procuravam ganhar-lhe a confiança ou por qualquer forma manobrá-lo: Aureliano de Sousa e Oliveira Coutinho, futuro Visconde de Sepetiba, e Paulo Barbosa da Silva.

A ponto, inclusive, de ter sido apontado como o principal instigador da discórdia entre Pedro II e a princesa dona Januária e seu marido, o conde D'Aquila.[30] Após um suposto atentado, em meados da década de 1840 transferiu-se para o serviço diplomático e foi servir na Rússia.

O baiano Jozé Florindo de Figueiredo Rocha, capitão-engenheiro, foi nomeado professor da Academia Militar em 8 de agosto de 1828 e permaneceu no corpo docente da Escola Militar que a sucedeu. Consta que lecionava mineralogia[31] em 1830 e 1832. Um documento de 1835 refere-se a ele como "lente substituto geral"[32] e outro, de 1842, dá conta de que "em 1830 e 1831 [*regeu*] Mineralogia, em

428 | FORMAS DO IMPÉRIO

1836, Ciências Físicas e, em 1837, Geognosia",[33] matérias plenamente compatíveis com sua formação na École des Mines. Em sessões solenes ocorridas nos meses de setembro de 1842 e de 1843, a Escola Militar conferiu títulos de doutor a lentes jubilados, lentes efetivos e lentes substitutos.[34] Jozé Florindo de Figueiredo Rocha encontrava-se no rol dos efetivos, ao passo que outro de nossos estudantes estava na lista dos substitutos: Cândido Maria de Azeredo Coutinho. Sobre esse último, podemos dizer com certeza que foi professor da cadeira de química, pelo menos até 1858.[35] Figueiredo Rocha também esteve envolvido na implantação de estradas de ferro no Brasil, por meio do Decreto nº 100, de 31 de outubro de 1835 — o primeiro instrumento legal concernente a esse tema, resultante de proposta dos deputados Bernardo Pereira de Vasconcellos, Manoel Paranhos da Silva Velloso e dele mesmo.[36]

Rodrigues Torres é Joaquim José Rodrigues Torres, o visconde de Itaboraí (São João de Itaboraí, 13/12/1802–Rio de Janeiro, 8/1/1872), filho de Manuel José Rodrigues Torres e de Emerenciana Matilde Torres. Fez seus estudos básicos no Rio de Janeiro e depois partiu para Portugal, onde se formou em matemática na Universidade de Coimbra, em 1825. Ao retornar ao Rio, no ano seguinte foi contratado como lente substituto da Academia Militar. Retornou à Europa em 1827 e estudou em Paris até 1829. Quando de seu retorno ao Brasil, permaneceu no magistério até 1833. Filiado ao Partido Liberal, fundou o jornal *Independente*, que teve curta duração. Iniciou na vida pública como ministro da Marinha e da Fazenda, cumulativamente, durante a primeira Regência Trina. Foi deputado geral na terceira legislatura pela Corte e pelo Rio de Janeiro e primeiro presidente dessa província. Em 1837, transferiu-se para o Partido Conservador. Assim como Cândido Batista de Oliveira, também presidiu o Banco do Brasil, foi ministro da Fazenda, quando fez importante reforma em 1850, conselheiro de Estado e senador do Império de 1844 a 1872. Em 1854 foi agraciado com o título de visconde e foi ainda oficial da Imperial Ordem do Cruzeiro e membro do IHGB.

Passemos agora aos que têm informações menos detalhadas nos arquivos franceses, aos menos conhecidos, às possibilidades e conjecturas.

EM DEFESA DO NOVO IMPÉRIO | 429

Antonio João de Campos Bellos, Agostinho Roiz Cunha, Patricio José d'Almeida, Henri Rose Guillon e Antônio Machado Dias são citados por Ivan Lins[37] como tendo seguido cursos de Auguste Comte em Paris em 1837-38:

> Meu primeiro cuidado foi o de indagar quais os brasileiros que, a partir de 1832, figuraram entre os auditores livres nos cursos de Auguste Comte na Escola Politécnica de Paris. Através do embaixador Paulo Carneiro, apurei que foram os seguintes, em ordem cronológica: em 1832, Henri Rose Guillon; em 1838, Patrício José d'Almeida, Agostinho Roiz Cunha, Antonio João de Campos Bellos e Antônio Machado Dias; de 1838 a 1839 ainda foi aluno de Comte Agostinho Roiz Cunha e de 1839 a 1840 outro brasileiro, d'Araújo Pinho.

Soares[38] relata que o visconde de Taunay, em suas *Memórias*, conta que estudou geometria no Colégio Pedro II com Antonio Machado Dias. Soares reforça ainda que Agostinho Roiz Cunha e Antonio João de Campos Bellos foram discípulos particulares de Comte, que ao lado de seus nomes, em dezembro de 1837, anotou: "Deux brésiliens (A. J. de Campos Belos et Cunha)."

Sobre Patrício d'Almeida Silva podemos arriscar que seja Patrício José d'Almeida Silva (?-21/12/1847), presidente do Maranhão em 1825 e senador do Império. Outro maranhense seria Rose-Henri Guillon, também ex-aluno de Comte, como vimos. Esse, certamente, provinha de família tradicional e abastada do Maranhão. Conta-nos Antonia da Silva Mota que

> Uma das fortunas inventariadas no início do século XIX pertencia à família de d. Ana Joaquina, filha do ex-ouvidor Henrique Guilhon e casada com George Gromwell. Em 1774, este inglês se naturalizou no Reino de Portugal. Destarte, em 1775, pediu "passaporte real para transitar livremente no Maranhão" (AHU, cx. 49, d. 04746). Nesta Capitania, por esta época, Henrique Guilhon foi ouvidor-mor. O inglês naturalizado acabou por se casar com d. Ana Joaquina, filha do ouvidor, tendo com ela três filhos. Após a morte prematura da primeira mulher, George Gromwell casou-se novamente, com outra

das filhas de Henrique Guilhon, d. Luiza Madalena. (...) O estudo quantitativo dos inventários post-mortem feitos no início do século XIX mostra que os titulares que detinham os maiores espólios eram os descendentes diretos daqueles "estrangeiros". Respectivamente, Dona Francisca Maria Belfort, Pedro Miguel Lamagnère, José Antônio Gomes de Sousa e Ana Joaquina, viúva de George Gromwell. Outras fortunas inventariadas pertenciam a Henrique Guilhon, Antônio José Lamagnère Galvão, João Belfort, e D. Ana Tereza Ferreira de Castro, aparentados aos primeiros. O exame mais cuidadoso dos documentos quantificados na pesquisa revelou que mais da metade dos inventariados eram proprietários rurais e, em sua maioria, plantadores de algodão e/ou arroz. Alguns poucos possuíam fazendas de gado e raríssimos engenhos de cana-de-açúcar.[39]

De Mello é provavelmente Antonio Manoel de Mello, professor da Escola Militar e diretor do Observatório Nacional, que galgou o posto de ministro da Guerra (1847 e 1863). Segundo dados compilados por Marinho,[40] acrescidos de informações de Videira,[41] seguiu a carreira militar até o posto de brigadeiro. Foi deputado-geral por São Paulo (1848), lente substituto do curso de Pontes e Calçadas da Academia Real Militar e lente catedrático da Escola de Arquitetos do Rio de Janeiro. Foi diretor do Arsenal de Guerra da Corte e diretor interino da Escola Central. Exerceu ainda importantes cargos, como diretor das Obras Civis e Militares, vice-diretor e depois diretor da Fábrica de Ferro de Ipanema e vogal do Conselho Supremo Militar. Presidiu o Instituto Politécnico Brasileiro em 1864. Foi diretor do Imperial Observatório Astronômico de 1850 a 1865 e, segundo Videira, com ele "o Imperial Observatório conseguiu realizar sua primeira atividade científica, sem que esta fosse determinada pelos serviços. Em 1858, o Observatório organizou uma expedição para a observação do eclipse solar total. O local escolhido foi Paranaguá (PR)".[42]

Luis Bellegarde é, muito provavelmente, Henrique Luis de Niemeyer Bellegarde, o irmão mais velho do conhecido general e professor da Academia e Escola Militar Pedro de Alcântara Bellegarde e filho do capitão Cândido Norberto de Gorge Bellegarde, que em 1808 conduziu a nau *Príncipe Real* ao Brasil com dom João VI e parte da Corte a bordo.[43] Segundo nos conta Sisson,

> chegando ao Rio de Janeiro o capitão Gorge Bellegarde foi promovido a major e transferido para o corpo de engenheiros; e no ano de 1810 expirou deixando dois filhos (...). No ano subsequente (1811) ao do passamento do major, o munificente Monarca, em remuneração dos serviços do finado, mandou assentar praça de cadetes de artilharia a seus filhos, vencendo desde logo termo de serviço e soldo.[44]

Henrique Luís de Niemeyer Bellegarde se matriculou com tão somente 15 anos na Academia Real Militar do Rio de Janeiro. Em 1818, tinha já a patente de segundo-tenente e foi promovido a primeiro-tenente dois anos depois. Em 1821, foi nomeado capitão-ajudante do governador de Moçambique. Em 1825, a fim de completar os seus estudos, partiu para Portugal, onde obteve, em 1828, o diploma de engenheiro-geógrafo. Graduou-se em Paris. Em 1828, retornou ao Brasil, recebeu a patente de major e foi agraciado com a mercê de Cavaleiro da Imperial Ordem da Rosa. Em 1839, integrou a comissão incumbida de traçar a carta topográfica da província do Rio de Janeiro. Projetou ainda o farol de Cabo Frio, os canais de Ururaí, Maricá e Cacimbas e as pontes de Campos e Itajuru.

Vasconcellos é possivelmente o tenente-general Francisco de Paula Vasconcellos, que comandou a Escola Militar de 1849 a 1855.

Acreditamos que João Reinardo de Verna seja João Reinardo de Verna e Bilstein, o aluno indisciplinado citado na carta apócrifa sobre a Academia Real Militar:[45]

> porque os discípulos acham na Junta um abrigo contra suas faltas, e pensam poder impunemente esquecer-se das suas obrigações. Exemplo: o alferes do 3° Regimento de Linha João Reinardo de Verna e Bilstein, havendo insultado publicamente o lente substituto José Victorino dos Santos e Souza, regendo então o primeiro ano, e sendo isto presente à Junta, não teve o discípulo castigo algum público, que satisfizesse aquele lente.

Sem dúvida bem relacionado, posto que nada lhe ocorreu, seu sobrenome remete a um parentesco, em algum grau, com a condessa de Belmonte, dona Mariana de Verna Magalhães Coutinho, aia de Pedro II e pessoa influente no Paço, aliada da *Facção Áulica* citada acima. Seu nome ainda aparece envolvido na Sedição Militar de Ouro Preto, em 1833, conforme documentação do Arquivo Público Mineiro.[46]

Comentários finais

É possível concluir que a presença de estudantes brasileiros nas *grandes écoles* francesas integrou e atendeu a um projeto político mais amplo dos governos imperiais. Em termos de eficácia, pode-se afirmar que, de modo geral, a estratégia foi bem-sucedida, pois a grande maioria desses estudantes teve carreiras de destaque e boa inserção, seja no governo, seja no plano concreto de seu engajamento profissional. Além disso, alguns deles constituíram as primeiras "pontes acadêmicas" a permitirem a penetração do ideário positivista no Brasil.

Um mapeamento geral dos estudantes brasileiros presentes nas *grandes écoles* francesas no período pós-independência permitiu identificar, em sua maioria e ainda que de forma breve, quem foram esses alunos, a partir de fontes secundárias e primárias. Acreditamos que isso contribui para aprofundar e refinar a compreensão do processo de institucionalização das ciências e da tecnologia no Brasil, com ênfase particular nos espaços institucionais em que esses profissionais circularam. Não se trata, ainda, de uma abordagem prosopográfica, extremamente oportuna — que permitiria encontrar o que há (e o que não há) em comum num grupo, seja ele "natural" ou "artificial" (isto é, estabelecido pelo historiador *a posteriori*) —, mas sim da apresentação de um "universo de individualidades" participantes e atuantes no campo da engenharia. Não objetivamos biografar um grupo em seu conjunto, apenas e tão somente relacionamos as biografias individuais: os estudantes brasileiros que frequentaram as *grandes écoles* francesas nesse período do século XIX foram considerados como um conjunto de profissionais que compartilharam condições de estudo e formação, profissionais e sociais determinadas, que atenderam a demandas específicas e, de certo modo, participaram de um processo maior, de âmbito mundial, da institucionalização da engenharia.

Sua existência permite assumir e discutir a ciência e a tecnologia como construções sociais, na medida em que o que se analisa é um coletivo produtor de ideias, enunciados, conceitos, fatos, provas, instrumentos, obras etc. e que, por isso, negocia com os demais grupos e com a sociedade a validade e a pertinência de suas conquistas e "descobertas". Sua própria sobrevivência e reprodução enquanto grupo (ou grupo) dependem do sucesso desses processos de negociação e da capacidade de inserção social e política de seus projetos. Nesse sentido, pensamos contribuir, minimamente, para aprimorar a compreensão que temos das relações complexas entre sociedade e ciência e tecnologia no Brasil, inclusive o sempre notado — e não de todo compreendido — descompasso entre projetos reformadores, discursos e realizações modernizadoras e a estrutura social escravista.

Notas

1. Este trabalho apresenta resultados de projeto financiado pelo Conselho Nacional de Desenvolvimento Científico e Tecnológico (CNPq — Produtividade em Pesquisa n° 309538/2006-8), a quem a autora agradece publicamente o apoio.
2. Pirassinunga, apud PATACA, Ermelinda Moutinho, *Terra, água e ar nas viagens científicas portuguesas (1755–1808).*
3. FIGUEIRÔA, Silvia Fernanda de Mendonça, "Os irmãos [Paes] Leme: Luiz (1881–1943) e Alberto (1883–1938) Betim Paes Leme, engenheiros nas primeiras décadas do século XX", in: HEIZER, Alda; VIDEIRA, Antonio Augusto Passos (Org.), *Ciência, civilização e República nos trópicos.*
4. EDLER, Flávio, "A medicina acadêmica imperial e a ciências naturais", p. 97-122.
5. COELHO, Edmundo Campos, *As profissões imperiais*, p. 96.
6. HIRSZMAN, Maria, "Obra acadêmica de Oscar Pereira da Silva sob novo olhar", p. D4.
7. Agradeço a gentileza dos responsáveis pelos arquivos, Mme. Claudine Billoux e M. François Brunet, que muito me auxiliaram ao facilitar a consulta.
8. KARVAR, Anousheh, *La formation des élites scientifiques et techniques étrangères à l'École polytechnique française aux 19ᵉ et 20ᵉ siècles*, p. 19 e 23.
9. BELHOSTE, Bruno, *La formation d'une technocracie*, p. 7.
10. Ibidem.
11. Ibidem.
12. Ibidem.
13. KARVAR, Anousheh, *La formation des élites scientifiques et techniques étrangères à l'École polytechnique française aux 19ᵉ et 20ᵉ siècles*, p. 14.
14. Ibidem, p. 36.
15. OLIVEIRA, Eduardo Romero de, *Salus Populi*, p. 11.
16. Ibidem, p. 143.
17. Ibidem, p. 144-146 e 154.
18. MATOS, Ana Cardoso de *et al.*, *The quest for professional identity.*
19. Essa carta encontra-se reproduzida na íntegra em OLIVEIRA, José Carlos de, *D. João VI e a cultura científica*, p. 266-273.

20. Ver Arquivo Nacional, IG³ — 2, Ofícios da Academia Real Militar.

21. Idem.

22. Ofício de Francisco Villela Barbosa a S.M.I. opinando sobre o "Plano de Estudos para a Academia Militar" organizado pela Junta de Direção da Academia. Quartel da Rua do Sabão no Rio de Janeiro, 20/10/1823.

23. Ver Arquivo Nacional, IG³ — 5, Ofícios da Academia Real Militar.

24. Idem.

25. CARDOSO e FALETTO, *Dependência e desenvolvimento na América Latina: ensaio de interpretação sociológica*, p. 43.

26. MOREIRA, Ildeu de Castro e MASSARANI, Luísa, "Cândido Batista de Oliveira e seu papel na implantação do sistema métrico decimal no Brasil", p. 8.

27. Ibidem, p. 8.

28. LIRA Heitor, *História de D. Pedro II,* p. 59.

29. Ibidem, p. 91.

30. Ibidem, p.133.

31. Conforme os seguintes documentos: "Mappa dos empregados da Imperial Academia Militar no ano de 1830." Arquivo Nacional, IG³ - 4; Ofício de Manoel da Fonseca Lima e Silva à Congregação de Lentes da Academia Militar e da Marinha. Paço, 27/3/1832; Arquivo Nacional, IG³ - 5. O documento diz: "Devendo ser considerado como Lente da Academia Militar e da Marinha (...) o Capitão Graduado do Corpo de Engenheiros Jozé Florindo de Figueiredo Rocha, Lente de Mineralogia da extinta Academia Militar."

32. "Relação dos lentes da Academia Militar." RJ, 23/2/1835. Arquivo Nacional, IG³ - 5.

33. "Relação nominal dos lentes e substitutos da Escola Militar, suas patentes, anos de serviço acadêmico e serviços literários que hão prestado e comissões em que consta terem sido empregados." ass. Salvador Jozé Maciel, 19/4/1842 Arquivo Nacional, IG³ - 18.

34. Brito *apud* TELLES, Pedro Carlos da Silva, *História da engenharia no Brasil*, p. 80.

35. TELLES, Pedro Carlos da Silva, *História da engenharia no Brasil*, p. 81.

36. Ibidem, p. 185.

37. LINS, Ivan, *História do positivismo no Brasil*, p. 12.

38. SOARES, Mozart Pereira, "A influência de Augusto Comte no pensamento brasileiro", p. 145.

39. MOTA, Antonia da Silva, "'Estrangeiros' fazem fortuna no Maranhão Pombalino", p. 9-10.

40. MARINHO, Pedro Eduardo Mesquita de Monteiro, *Engenharia imperial*, p. 211.

41. VIDEIRA, Antônio Augusto Passo, *História do Observatório Nacional.*
42. Ibidem, p. 17.
43. SISSON, S.A., *Galeria dos brasileiros ilustres*, p. 13.
44. Ibidem, p. 14.
45. Vide nota 18.
46. *Revista do Arquivo Público Mineiro*, v. 7, n°. 1/2, 1902, p. 67-250.

Referências

BELHOSTE, Bruno. *La formation d'une technocracie*: l'École polytechnique et ses élèves de la Révolution au Second Empire. Paris: Belin, 2003.

BLAKE, Augusto Vitorino A. Sacramento. *Diccionario bibliographico brazileiro*. Rio de Janeiro: Typ. Nacional, 1883-1902 (reimpressão do Conselho Federal de Cultura, 1970).

CARDOSO, Fernando Henrique; FALETTO, Enzo. *Dependência e desenvolvimento na América Latina: ensaio de interpretação sociológica*. Rio de Janeiro: Zahar Editores, 1970. COELHO, Edmundo Campos. *As profissões imperiais*: medicina, engenharia e advocacia no Rio de Janeiro (1822-1830). Rio de Janeiro: Record, 1999.

EDLER, Flávio. "A medicina acadêmica imperial e a ciências naturais". In: HEIZER, Alda; VIDEIRA, Antônio Augusto Passos (Org.). *Ciência, civilização e Império nos trópicos*. Rio de Janeiro: Access, 2001. p. 97-122.

FIGUEIRÔA, Silvia Fernanda de Mendonça. "Os irmãos [Paes] Leme: Luiz (1881-1943) e Alberto (1883-1938) Betim Paes Leme, engenheiros nas primeiras décadas do século XX". In: HEIZER, Alda; VIDEIRA, Antonio Augusto Passos (Org.). Ciência, civilização e República nos trópicos. Rio de Janeiro: Mauad; Faperj, 2010. p. 357-373.

_____. "Engenheiros brasileiros nas 'Grandes Écoles' francesas no século XIX: um mapeamento em grande escala". III Scientiarum Historia — 3° Congresso de História das Ciências e das Técnicas & Epistemologia, Rio de Janeiro, Centro de Ciências Matemáticas e da Natureza da Universidade Federal do Rio de Janeiro, Anais, 2010, p. 23-40.

HIRSZMAN, Maria. "Obra acadêmica de Oscar Pereira da Silva sob novo olhar". *O Estado de S. Paulo*, São Paulo, Caderno 2, 5/8/06, p. D4.

KARVAR, Anousheh. *La formation des élites scientifiques et techniques étrangères à l'École Polytechnique française aux 19ᵉ et 20ᵉ siècles*. Tese, Paris, Université Paris VII-Denis Diderot, 1997.

LINS, Ivan. *História do positivismo no Brasil*. São Paulo: Cia. Editora Nacional, 1967.

LIRA, Heitor. *História de D. Pedro II, 1825-1891*. v. 1: Ascensão. Belo Horizonte; São Paulo: Itatiaia; Edusp, 1977.

MARINHO, Pedro Eduardo Mesquita de Monteiro. *Engenharia imperial*: o Instituto Politécnico Brasileiro (1862–1880). Mestrado em História, Universidade Federal Fluminense, Niterói, 2002, 278p.

MATOS, Ana Cardoso de; DIOGO, Maria Paula; GOUZEVITCH, Irina; GRELON, André. (Org.). *The Quest for Professional Identity*: Engineers Between Training and Action. Lisboa: Colibri, 2009.

MOREIRA, Ildeu de Castro; MASSARANI, Luísa. "Cândido Batista de Oliveira e seu papel na implantação do Sistema Métrico Decimal no Brasil", *Revista da Sociedade Brasileira de História da Ciência*, Rio de Janeiro, nº. 18, 1997, p. 3-16.

MOTA, Antonia da Silva. "'Estrangeiros' fazem fortuna no Maranhão Pombalino". *Mneme — Revista de Humanidades*, Caicó (RN), v. 9, nº. 24, set./out. 2008. (Anais do II Encontro Internacional de História Colonial.) Disponível em: <www.cerescaico.ufrn.br/mneme/anais>, acesso em 16/5/2011.

OLIVEIRA, Eduardo Romero de. *Salus Populi — As transformações da política* (Brasil, 1818-1841). Tese de Doutorado, USP, São Paulo, 2003. 350p.

OLIVEIRA, José Carlos de. *D. João VI e a cultura científica*. Rio de Janeiro: EMC Edições, 2008.

PATACA, Ermelinda Moutinho. *Terra, água e ar nas viagens científicas portuguesas (1755–1808)*. Tese de Doutorado, Unicamp, Campinas, 2006. 455p.

SISSON, S.A. (Ed.). *Galeria dos brasileiros ilustres*. v. 2. Brasília: Senado Federal, 1999. (Coleção Brasil 500 anos.)

SOARES, Mozart Pereira. "A influência de Augusto Comte no pensamento brasileiro." *Episteme*, Porto Alegre, v. 3, nº. 6, 1998, p. 144-153.

TELLES, Pedro Carlos da Silva. *História da engenharia no Brasil*. Rio de Janeiro: Livros Técnicos e Científicos, 1984.

VIDEIRA, Antônio Augusto Passos. *História do Observatório Nacional*: a persistente construção de uma identidade científica. Rio de Janeiro: Observatório Nacional, 2007.

A intervenção dos engenheiros portugueses formados na École des Ponts et Chaussées de Paris no território, na política e no ensino técnico de Portugal na primeira metade do século XIX

*Ana Cardoso de Matos**

A construção do Estado liberal oitocentista exigiu a organização do território e a modernização da administração pública. Processo esse a que não foi estranha a afirmação de alguns grupos sociais e a necessidade do desenvolvimento da ciência e da técnica como suporte do progresso econômico e do bem-estar social das populações.

Desse modo, a abordagem da modernização territorial e a defesa do progresso econômico remetem-nos, por um lado, para a questão do progresso da ciência e da tecnologia no interior do país e, por outro, para a circulação dos conhecimentos técnico/científicos, para a mobilidade dos *experts* e para a transferência de tecnologia. Nesse contexto os engenheiros portugueses que completaram a sua formação no estrangeiro e viajaram pela Europa foram agentes importantes da circulação de conhecimentos e da transferência de tecnologia.

Ao longo do século XIX, os engenheiros assumiram-se como um grupo profissional com competências técnicas específicas e desempenharam um papel determinante na modernização do país, quer pela sua intervenção na política e na indústria, quer pela sua ação na planificação e direção das grandes obras públicas. No entanto, se

---

*CIDEHUS — Centro Interdisciplinar de História, Culturas e Sociedades, Departamento de História, Universidade de Évora, Portugal.

alguns dos engenheiros militares foram capazes de adequar os conhecimentos que tinham adquirido aos novos desafios que colocavam as obras públicas, a verdade é que a construção de uma infraestrutura territorial, como as ferrovias, ou a realização de grandes obras hidráulicas, como os portos, exigiam conhecimentos específicos, teóricos e práticos que não faziam parte dos currículos das escolas de engenharia existentes no país. Assim, vários engenheiros portugueses procuraram completar a sua formação no estrangeiro, notadamente na École des Ponts et Chaussées de Paris, que, na altura, era o destino privilegiado daqueles que pretendiam ter uma atividade profissional voltada para as obras públicas.[1] Basta lembrarmo-nos de que o *corps des ponts et chaussées* francês era constituído por engenheiros saídos dessa escola e que foi esse "corpo de engenheiros" que dirigiu a construção e a manutenção da grande infraestrutura de transporte que se fez na França e desempenhou uma ação relevante na modernização do país.[2] Tal como referem Konstantinos Chatzis, Dmitri Gouzévitch e Irina Gouzévitch, a École de Ponts et Chaussées, frequentada por engenheiros de vários países, permitiu a criação de um espaço transnacional europeu de *ponts et chaussées*, com origem na segunda metade do século XVIII e que se sedimentou ao longo de todo o século XIX.[3]

No regresso a Portugal os engenheiros portugueses formados nessa escola tiveram um papel determinante na construção das redes de estradas e de caminhos de ferro, os quais permitiram a "conquista do espaço nacional",[4] pressuposto essencial à construção do Estado liberal oitocentista e à criação de um mercado nacional que permitisse a maior circulação de pessoas e bens entre as diferentes regiões do país, de modo a superar as desigualdades regionais e a assegurar uma melhor distribuição entre os produtores e os consumidores.[5] A intervenção dos engenheiros sobre o território contribuiu também para o surgimento de uma paisagem tecnológica, em que a infraestrutura urbana e — a ferrovia, com as suas pontes e viadutos, marcaram um lugar de destaque.[6]

No entanto, a ação desses engenheiros não se restringiu às obras públicas. Alguns deles assumiram importantes cargos políticos e participaram ativamente nas decisões tomadas pelo governo para a

442 | FORMAS DO IMPÉRIO

construção de infraestrutura territorial ou para a renovação do ensino técnico. Outros dirigiram as principais escolas técnicas e de engenharia do país ou lecionaram nelas, e contribuíram com a experiência que tinham adquirido durante os estudos feitos no estrangeiro para a renovação dos métodos e da organização do ensino dessas mesmas escolas.

Neste texto analisamos o papel que os engenheiros portugueses que completaram a sua formação na École de Ponts et Chaussées de Paris durante a primeira metade do século XIX tiveram nos vários campos acima referidos até a instituição em Portugal da Regeneração, sistema político que se iniciou em 1851. A razão de fazermos incidir o nosso estudo sobre esse período prende-se, por um lado, ao fato de considerarmos que os engenheiros formados naquela escola até 1851 contribuíram de forma significativa para tentar introduzir nas escolas de engenharia criadas em Portugal na década de 1830 um novo modelo de formação de engenheiros baseado na École des Ponts et Chaussées.[7] Por outro lado, prende-se ao fato de esses engenheiros terem contribuído para integrar Portugal no espaço transnacional europeu de *ponts et chaussées* já referido e terem tido um papel importante na implantação em Portugal de um modelo de organização do território em que as obras públicas eram determinantes. A ação desses engenheiros nas obras públicas, nas estruturas políticas administrativas do Estado ou no ensino prolongou-se pela segunda metade do século e passou a contar com o contributo de um novo contingente de engenheiros formados também na École de Ponts et Chaussées.[8]

1. O ensino de engenharia em Portugal e a sua desadequação aos grandes trabalhos de obras públicas

Nas duas primeiras décadas do século XIX, a instabilidade política e militar não permitiu o incremento do ensino técnico no país, notadamente o da engenharia, que continuou restrito à formação de engenheiros militares. Assim, era a esses engenheiros que se recorria sempre que era necessário construir estradas, transformar conventos em estabelecimentos fabris ou fazer outras obras públicas.

Durante o exílio no estrangeiro, notadamente em países como a França, os liberais portugueses puderam aperceber-se de que atualização dos conhecimentos técnico-científicos e o ensino da engenharia eram essenciais para o progresso econômico do país e para a modernização da infraestrutura territorial. A permanência no estrangeiro permitiu-lhes também aperceberem-se da necessidade de reformar e atualizar o ensino de engenharia que era dado em Portugal.[9]

Assim, não foi por acaso que a fundação da Escola do Exército em 1836 e a criação da Escola Politécnica de Lisboa e da Academia Politécnica do Porto em 1837 tenham tido como um dos seus principais promotores o engenheiro Bernardo de Sá Nogueira de Figueiredo, visconde de Sá da Bandeira, que tinha estudado na Academia de Fortificação, Artilharia e Desenho (1815–1817), na Universidade de Coimbra, onde se licenciou em matemática e filosofia (1819–1820), em Paris (1821–1825) e em Londres. É possível que durante a sua estada em Paris tenha tido contato com as várias escolas de engenharia e que até tenha frequentado a École de Ponts e Chaussées.[10]

Na Escola Politécnica de Lisboa passou a ser lecionado, com a duração de quatro anos, um curso preparatório para oficiais do Estado-Maior, para os engenheiros militares e para os engenheiros civis.[11] O ensino ministrado nessa escola devia ser completado com a frequência da Escola do Exército ou com a frequência de outras escolas de especialidade. Como referiu, em 1859, Júlio Máximo de Oliveira Pimentel:

> A Escola Politécnica foi criada para a habilitação científica dos que se destinam ao serviço do Estado nas profissões técnicas (...) É uma instrução inteiramente dirigida no sentido de aplicações úteis, e isenta de toda a tendência meramente especulativa; instrução necessária e indispensável que entre nós ainda não tem sido bem apreciada.[12]

Segundo ele, embora a Escola Politécnica devesse formar os funcionários do Estado que se encarregariam de trabalhos como "a defesa do país, as construções públicas, as vias de comunicação, o levantamento das cartas, o encanamento dos rios, o melhoramento das barras, a intendência das minas, a direcção dos arsenais e outros muitos objectos", competia-lhe apenas a "instrução científica destes funcionários enviando-os depois às escolas especiais onde se termina e completa a educação profissional". Nessa forma de organização do ensino o problema era, segundo Oliveira Pimentel, que "os engenheiros de obras públicas, das minas e da marinha não têm em Portugal escolas adequadas ao ensino completo daquelas profissões".[13]

Na Academia Politécnica do Porto foi estabelecido um curso de "engenheiros civis de todas as classes, tais como os engenheiros de minas, os engenheiros construtores, os engenheiros de pontes e estradas",[14] com a duração de cinco anos,[15] mas só em 1850 saiu dessa academia o primeiro engenheiro formado em pontes e estradas[16] e só na década de 1880 foi criado um curso para engenheiros de obras públicas.[17]

A Escola do Exército incluía um curso de engenharia militar e outro de engenharia civil,[18] mas até 1851 nenhum aluno concluiu o curso de engenharia civil e entre o ano letivo de 1837/1838 e o de 1850/1851 apenas 75 engenheiros completaram o curso de engenharia militar.[19]

Além disso, a formação em engenharia militar não se adequava à feitura de várias obras civis, como era o caso das hidráulicas. Embora a criação da Escola do Exército em 1836 tivesse previsto a existência de uma "instrução necessária para a construção de obras próprias da sua arma, senão também para todo o género de trabalhos públicos de que têm sido constantemente encarregados",[20] esse ensino era insuficiente para dotar os engenheiros com os conhecimentos necessários para projetar e dirigir as obras públicas,[21] notadamente as hidráulicas.

Situação que em 1843 foi referida pelo visconde de Sá da Bandeira. Segundo ele,

> O melhor engenheiro militar, cuja vida tem sido empregada em obras de fortificação, se for encarregado de obras hidráulicas, que são as mais dificultosas da ciência, antes de as empreender há-de estudar muito; porque, não basta somente fazer a obra, é preciso que seja sólida, e feita pelo menor preço possível.

Sá da Bandeira considerava, por isso, que para essas obras se devia recorrer à contratação de engenheiros estrangeiros, a quem competiria também o encargo de formar os engenheiros portugueses. Assim, cada engenheiro estrangeiro contratado

> enquanto estiver empregado em Portugal, poderá mostrar a prática de tais construções a alguns moços de talento, que tenham já feito os seus estudos das teorias, para que no fim de três, ou quatro anos, se possa ter oficiais instruídos nesta matéria.[22]

Simultaneamente dever-se-ia empregar nesses trabalhos os portugueses que tivessem completado os seus estudos em engenharia civil no estrangeiro. De fato, à semelhança do que se passou noutros países europeus, alguns engenheiros portugueses procuraram completar a sua formação nos países em que o ensino técnico em geral, e o da engenharia civil em particular, já estava mais desenvolvido, como era o caso da França.[23]

É provável que as guerras civis, que assolaram o país na sequência da revolução liberal de 1820, tenham contribuído para que alguns dos engenheiros militares que se viram forçados a emigrar para França continuassem os seus estudos nesse país. O mesmo se passou com as revoltas que se registraram na década de 1840 e nas quais estiveram envolvidos outros engenheiros. O governo procurou também minimizar os efeitos da falta de ensino técnico em Portugal por meio do envio de alunos para completar a sua formação no estrangeiro.[24]

2. Engenheiros portugueses na École des Ponts et Chaussées (1825–1851)

Na primeira metade do século XIX a École des Ponts et Chaussées[25] continuava a ter como missão principal a formação de engenheiros que viessem a integrar o *corps des ponts et chaussées* francês. As reformas introduzidas nessa escola entre 1830 e 1840 procuraram incluir nos currículos os conhecimentos que correspondiam quer ao surgimento de novos materiais e processos de produção quer ao desenvolvimento das técnicas de construção, como foi o caso da siderurgia ou das terraplenagens a vapor. Nessa altura, professores como Bommart tentaram conciliar o pragmatismo que caracterizava a École de Ponts et Chaussées com a exigência do rigor conceitual necessário à "tecnologia dos engenheiros".[26] Apesar da polêmica sobre as áreas de intervenção e as competências de engenheiros e arquitetos, a arquitetura continuou a ser considerada como uma formação indispensável dos engenheiros civis. Sob o professorado de Léonce Reynaud,[27] arquiteto e engenheiro, foi valorizado o caráter utilitário da arquitetura associado ao *génie civil*[28] e as suas lições incidiam também sobre os vários materiais de construção.[29]

Pelas características do seu ensino, essa escola era uma referência para os engenheiros europeus e extraeuropeus que pretendiam ter uma intervenção ativa nas obras públicas necessárias à modernização dos seus países.[30] No entanto, até 1851 grande parte dos engenheiros estrangeiros que frequentavam a École de Ponts et Chaussées o fez com o estatuto de *auditeurs*, ou seja, inicialmente eram apenas autorizados a seguir os cursos orais e só pouco a pouco passaram a ser admitidos na avaliação. A partir dos anos 1830 uma parte significativa dos *auditeurs* passou a ter também acesso à participação nas "campanhas anuais de trabalhos", tal como era praticado com os outros alunos. A admissão dos alunos estrangeiros era geralmente feita com base na recomendação do embaixador do seu país de origem ou de outra pessoa que pertencesse à elite ou que fosse detentora de um cargo político de destaque. Só em 1851 os estrangeiros foram autorizados a entrar na École de Ponts et Chaussées nas mesmas condições que os franceses. Competia à direção da escola selecionar e aceitar aqueles que considerava mais aptos a seguir uma escolaridade normal.[31] Apesar das várias restrições, o número de alunos estrangeiros manteve-se majoritário até 1879.[32]

Entre 1799 e 1851, 148 alunos estrangeiros frequentaram a École des Ponts et Chaussées. O grupo maior era o dos poloneses. Os alunos portugueses constituíam o segundo grupo mais numeroso, seguido pelos suíços, pelos espanhóis e pelos brasileiros.

Alunos estrangeiros na École des Ponts et Chaussées entre 1799 e 1851[33]

Poloneses	43
Portugueses	18
Suíços	11
Espanhóis	10
Brasileiros	8

Fonte: "Auditeurs libres et visiteurs à l'École des Ponts et Chaussées de 1747 a 1851", Arquivo da École des Ponts et Chaussées de Paris.

Dos oito alunos brasileiros, três frequentaram a escola em 1825 e mais três na década de 1840.

Engenheiros brasileiros que frequentaram a École des Ponts et Chaussées até 1851

Data	N° de estudantes	Nome
1825	3	Sem indicação de nome
1834–1836	1	Rosa Guillon
1839	1	A Rodrigues Cunha
1844–1847	1	De Passos
1844–1847	1	Mendez
1845–1847	1	Pereira de Sales

Fonte: "Auditeurs libres et visiteurs à l'École des Ponts et Chaussées de 1747 a 1851", Arquivo da École des Ponts et Chaussées de Paris.

É possível que o engenheiro brasileiro indicado como "De Passos", e que esteve na École de Ponts et Chaussées entre 1844 e 1847, fosse o pai de Francisco Pereira Passos[34] (1836–1913), engenheiro que frequentou essa mesma escola entre 1857 e 1860, veio a ter um papel importante na implantação das ferrovias no Brasil e estendeu sua ação a obras de modernização urbana, notadamente na cidade do Rio de Janeiro de que foi prefeito e onde realizou grandes obras de saneamento, acabou com a existência de cortiços, abriu grandes avenidas etc.[35]

A percentagem dos alunos de fora da Europa que durante esse período frequentaram essa escola elevava-se a cerca de 15%, o que nos permite pensar que o espaço transnacional de *ponts et chaussées*, ou seja, o espaço comum de práticas, saberes e instituições ligados à engenharia, ultrapassou as fronteiras da Europa.[36]

Entre 1825 e 1851, 18 engenheiros portugueses completaram os seus estudos na École des Ponts et Chaussées como *auditeurs*.

Engenheiros portugueses que frequentaram a Escola de Pontes e Calçadas de Paris até 1851[37]

Nome	Formação/cargo/funções em Portugal	Frequência da Escola de Pontes e Calçadas
Caetano José Vaz Parreiras (1797–1848)	Tenente	1825
Gregório António Pereira de Sousa (17??–18??)	Capitão	1825
José Feliciano da Silva Costa (1798–1866)	Capitão	1825
Januário Pedro Celestino (Soares) (??–??)	Oficial da Marinha Real	1826
Sá	Oficial de Estado-Maior	1829
José de Menezes Pitta e Castro (1804-1884)	Oficial	1830
Conde de Calhariz (filho do marquês de Palmela)		1830
Joseph de Braamcamp		1831

(cont.)

Sebastião Lopes Calheiros e Meneses (1816–1899)	Universidade de Coimbra (Faculdade de Filosofia) 1837 Oficial do Exército	1839–1841
Pereira Nunes	Oficial	1839–1841
Joaquim Simões Margiochi (??–??)	Academia da Marinha e Fortificação (1833)	1841–??
Francisco Maria de Sousa Brandão (1818–1892)	Academia Politécnica do Porto Escola do Exército	1844–1847
Joaquim Tomás Lobo d'Ávila (1818–1892)	Escola Politécnica de Lisboa	1844–1847
José Rodrigues Coelho do Amaral (1815–1873)	Capitão de engenharia/ professor na Escola do Exército	1844–1847
José Anselmo Gromicho Couceiro (1822–1895?)	Escola do Exército (1842–1843)	1844–1847
Albino Francisco de Figueiredo Almeida (1803–1858)	Universidade de Coimbra 1823 Militar/professor da Escola Politécnica	1845–1847
Joaquim Júlio Pereira de Carvalho (1819–1871)	Universidade de Coimbra, onde se doutorou em 1840	1845–1847
Joaquim Nunes de Aguiar (1812–1872)	Estudos de comércio	1845–1849

Fonte: "Auditeurs libres et visiteurs à l'École des Ponts et Chaussées de 1747 a 1851", Arquivo da École des Ponts et Chaussées de Paris e processos individuais; Arquivo Histórico do Ministério das Obras Públicas, Transportes e Comunicações.

Quando se analisa o quadro, percebe-se que é possível identificar dois momentos distintos: um primeiro que abrange os anos 1820 e inícios dos anos 1830 e outro que corresponde aos anos 1840. Os primeiros engenheiros portugueses que frequentaram a École des Ponts et Chaussées em 1825, fizeram-no na sequência da decisão do governo de selecionar três engenheiros para completarem a sua formação nessa escola, foram José Feliciano da Silva Costa (1797–1866), Caetano José Vaz Parreiras (1797–1848) e Gregório António Pereira de Sousa.

A inscrição na École de Ponts et Chaussées pressupunha a frequência de estudos preparatórios de engenharia e, por isso, antes de partir para essa escola, os engenheiros portugueses tinham adquirido em Portugal uma prévia formação nessa área.

Os engenheiros que partiram para Paris após 1839 tinham feito estudos na Universidade de Coimbra ou nas recém-criadas instituições de ensino de engenharia, Escola do Exército, Escola Politécnica de Lisboa e Academia Politécnica do Porto.

Excetuava-se o caso de Joaquim Nunes de Aguiar, o único que não se encontrava ligado à carreira militar e que começou tarde os seus estudos de engenharia, pois a família pretendia que se dedicasse ao comércio. Só em 1841, quando já contava 29 anos, o legado de uma pequena fortuna lhe deu condições financeiras para ir para Paris, onde, até entrar na École des Ponts et Chaussées, frequentou outros estabelecimentos de ensino, que lhe deram a formação necessária para entrar naquela escola e onde, entre 1841 e 1849, "se entregou com grande assiduidade e aproveitamento ao estudo das ciências exactas e físicas, e aos especiais da profissão de engenheiro, seguindo o curso de engenharia civil na escola de pontes e calçadas de Paris".[38]

Um dos primeiros engenheiros portugueses que frequentou a École des Ponts et Chaussées foi José Feliciano da Silva Costa, que tinha feito a sua formação nas academias militares existentes no país no início do século XIX e que seguiu, em data que desconhecemos, para o Brasil, onde em 1821 atingiu o posto de capitão da Legião Constitucional na Bahia. Regressou a Portugal em 1823 e seguiu para Paris para estudar na École des Ponts et Chaussées. No seu retorno a Portugal, envolveu-se nas lutas civis ao lado dos liberais e foi encarregado da direção das fortificações das linhas de Lisboa, em 1833, e da fortificação de Leiria, em 1834. No fim da guerra civil tinha atingido o posto de coronel e em 1835 foi nomeado chefe da 2ª Direção do Ministério da Guerra e depois inspetor-geral dos quartéis e das obras militares.[39] O reconhecimento do seu saber técnico na área da engenharia foi um fator determinante para que em 1837 fosse nomeado diretor da Escola Politécnica de Lisboa.

O engenheiro indicado como Januário Pedro Celestino é muito provavelmente Januário Pedro Celestino Soares, oficial da Marinha e o filho mais novo do brigadeiro Pedro Celestino Soares.[40] Teve cinco irmãos que seguiram a carreira militar. Um deles, Francisco Pedro Celestino Soares, entre 1826 e 1856, foi professor na Academia de Fortificação, Artilharia e Desenho e depois na Escola do Exército.[41] Provavelmente Januário terá ido para Paris por influência do seu irmão Francisco.

É possível que o engenheiro indicado apenas como Sá e que surge como pertencente ao estado-maior fosse, como se disse, o visconde de Sá da Bandeira, que se sabe ter estudado em Paris, ainda que os anos que normalmente são indicados para a sua estada nessa cidade (1825–1826) não correspondam à data da lista que dispomos. A confirmação desses dados e a identificação ou um maior conhecimento dos outros engenheiros implicam o desenvolvimento da pesquisa que estamos fazendo.

Em relação ao engenheiro indicado como Pitta e Castro, pode-se levantar a hipótese de se tratar de José de Menezes Pitta e Castro, que em 1º de julho de 1863 se tornou o primeiro barão de Proença-a-Velha.[42] Pitta e Castro era oficial do Exército e esteve exilado em Paris, o que torna possível a sua passagem por aquela Escola.

O engenheiro indicado como conde de Calhariz e filho do marquês de Palmela, dom Pedro de Sousa Holstein, é possivelmente dom Alexandre de Sousa e Holstein, filho primogênito do marquês de Palmela e primeiro conde de Calhariz, que nasceu em Cádiz em 1812 e faleceu nos Açores em 1832. Falecido cerca de dois anos depois do seu regresso de Paris, não teve o tempo, nem a oportunidade, de colocar em prática os conhecimentos que adquirira durante a permanência naquela cidade.

Joseph de Braamcamp, que a lista indica como filho de um emigrado, é provavelmente um dos filhos de Anselmo José Braamcamp

452 | Formas do Império

de Almeida Castelo Branco (1792–1841),[43] que se exilou na França em 1823 e só regressou a Portugal em 1835, embora ainda não tenhamos conseguido identificar se se trata de Geraldo José Braamcamp de Almeida Castelo Branco, que mais tarde viria a ser vereador da Câmara de Lisboa e governador civil da mesma capital, ou de José Augusto Braamcamp de Almeida Castelo Branco, que foi conselheiro de Estado honorário, par do Reino, governador civil e presidente da Câmara Municipal de Lisboa.

Quando, em 1839, partiu para a École des Ponts et Chaussées, o engenheiro Sebastião Lopes Calheiros e Meneses tinha já frequentado a Faculdade de Filosofia e de Matemática da Universidade de Coimbra, onde em 1837 obtivera o diploma de bacharel. Após terminar a formação em Paris, seguiu para Londres para continuar os seus estudos e só regressou a Portugal em 1844.

Entre os engenheiros que frequentaram a École des Ponts et Chaussées nos anos 1840, é possível encontrar alguns que pertenciam à elite política e social do país, como era o caso de Joaquim Simões Margiochi. Esse engenheiro era filho de Francisco Simões Margiochi, reputado matemático, que foi professor na Academia da Marinha e Fortificação e que se distinguiu pela sua participação na política.[44]

No caso de Francisco Maria de Sousa Brandão e de Joaquim Tomás Lobo d'Ávila, a sua situação de engenheiros militares e o seu envolvimento na revolta militar de Torres Novas de 1844 obrigaram-nos a fugir do país, mas a situação econômica da família deve também ter contribuído para que durante os anos em que estiveram em Paris pudessem frequentar essa escola.[45]

Pouco se sabe sobre os primeiros anos da vida de José Anselmo Gromicho Couceiro, mas na altura em que partiu para França tinha já o curso de engenharia da Escola do Exército, que concluíra em 1843.

Dos engenheiros que na década de 1840 completaram a formação na escola de Paris, dois eram professores das escolas de engenharia que então funcionavam em Portugal. José Rodrigues Coelho do Amaral, professor da Escola do Exército e Albino Francisco de Figueiredo Almeida, professor da Escola Politécnica de Lisboa que obtivera o diploma de matemática na Universidade de Coimbra. No caso desses dois engenheiros, a iniciativa de os enviar para a École des Ponts et Chaussées partiu dos diretores dos estabelecimentos de ensino em que lecionavam.

Não se conhecem os primeiros anos de vida de Joaquim Júlio Pereira de Carvalho.[46] No ano letivo de 1835/1836, estava inscrito no primeiro ano da Faculdade de Matemática da Universidade de Coimbra[47] e concluiu os estudos em 1840. Deve depois ter lecionado nessa universidade, pois, em 1845, quando entrou para a École des Ponts et Chaussées, o seu registro indicava que era *"professeur agrégé à l'université de Coimbra"*.[48]

3. A intervenção no ensino ou a transferência do modelo da École de Ponts et Chaussées para Portugal

A escolha de José Feliciano da Silva Costa como primeiro diretor da Escola Politécnica de Lisboa exemplifica bem o tipo de ensino que se procurava implementar e remete ao fato de a École des Ponts et Chaussées de Paris ser o modelo de formação que se pretendia introduzir na Politécnica. O engenheiro Silva Costa, que completara a sua formação naquela escola, não só tivera oportunidade de aprender com vários dos mais destacados engenheiros franceses, como se apercebera de que as obras públicas dificilmente se podiam projetar ou concretizar sem a prática de terreno. Assim, segundo esse engenheiro, era essencial

> familiarizar os alunos com a prática das construções permanentes de qualquer ordem; parte bem essencial da educação do Engenheiro, e que se pode alcançar pelo emprego deles em trabalhos das mesmas construções pelo tempo indispensável. Os nossos Arsenais de Lisboa, a Fábrica da Pólvora, a casa da moeda e diferentes estabelecimentos industriais que já aqui possuímos na Cidade e seus contornos podem servir para dar aos alunos as ideias práticas indispensáveis sobre máquinas, e sobre fundições: construção de bocas-de-fogo e mais material de serviço de artilharia, fabricação de pólvora.[49]

454 | FORMAS DO IMPÉRIO

Para reforçar as vantagens desse ensino prático, recorria ao exemplo da escola de engenheiros de Paris.[50]

> Isto mesmo se pratica em muitos estabelecimentos de instrução, como por exemplo a Escola de Pontes e Calçadas de Paris, cujos alunos recebem na Escola a instrução teórica ajudada pelo exame dos necessários modelos, visitam os estabelecimentos industriais e passam, uma parte de cada ano dos seus estudos, empregados nos trabalhos debaixo da direcção dos engenheiros a quem estão cometidos os mesmos trabalhos.[51]

Apesar dos esforços de Silva e Costa, na década de 1840 o ensino ministrado na Escola Politécnica de Lisboa continuava longe dos objetivos pretendidos. E, sobretudo, o ensino prático da construção das várias obras públicas, uma área em que era urgente a formação dos engenheiros, era difícil de concretizar. Em grande parte porque no fim da década de 1830 e nos inícios da seguinte não foram feitas grandes obras públicas no país que pudessem servir de "estaleiro" de aprendizagem para professores e alunos. Esse fato deve ter sido determinante para a decisão de enviar para a École de Ponts et Chaussées o engenheiro Albino Francisco de Figueiredo Almeida, que desde 1837 lecionava na Escola Politécnica a terceira cadeira — mecânica e suas principais aplicações às máquinas. Após o seu regresso, Figueiredo Almeida procurou pôr em prática os conhecimentos adquiridos e ofereceu-se para lecionar, sem prejuízo da cadeira de que era titular, um curso de construções "público e voluntário", cujo programa foi aprovado pelo Conselho da Escola Politécnica. Por ter aprendido a importância que o desenho tinha para projetar e planejar as várias construções, considerava que

> para facilitar a inteligência do dito Curso, (...) seria conveniente um curso auxiliar de Desenho (...). O Ajudante do Professor de Desenho desta Escola João Pedro Monteiro prestou-se de muito bom grado a fazer este Curso, sem prejuízo dos deveres que tem a preencher nesta Escola.[52]

Nesse curso transmitiu os conhecimentos adquiridos em Paris e "o fruto que ali colheu não foi perdido para os seus compatriotas". Nesse curso, que lecionou com "as matérias em que tanta proficiência adquirira", teve "por ouvintes Professores como ele".[53]

Em 1860 a direção da Escola Politécnica de Lisboa foi entregue a José Rodrigues Coelho do Amaral, engenheiro que também passara pela École de Ponts e Chaussées e que entre 1837 e 1851 fora professor da Escola do Exército.

Foi, aliás, esta última escola que tomou a iniciativa de enviar Coelho do Amaral para Paris, pedindo-lhe que ao mesmo tempo em que frequentasse a École de Ponts e Chaussées seguisse "o curso de tecnologia" no Conservatório de Artes e Ofícios de Paris e recolhesse informações sobre a Escola de Metz. Pediram-lhe também que adquirisse manuais técnico-científicos franceses e que no regresso ao país levasse os *cahiers de cours* da École de Ponts et Chaussées.[54] O esforço para seguir o modelo de ensino da escola de Paris levou mesmo a uma reorganização dos currículos e a uma afirmação da importância do ensino das disciplinas ligadas à construção.[55] No regresso de Paris, Coelho do Amaral passou a reger na Escola do Exército a cadeira de estradas e caminhos de ferro (rodovias e ferrovias), criada em 1849. A avaliação, que no início de 1851 era feita pelo Relatório da Secretaria de Estado dos Negócios da Guerra, sobre essa cadeira era bastante positiva e demonstrativa da alteração nos métodos de ensino. Aí se referia que essa disciplina, que era

> destinada a desenvolver as doutrinas concernentes a obras públicas, compreendendo estradas e caminhos de ferro, regida (...) por um dos seus lentes mais distintos, que, por espaço de anos, esteve em França, aperfeiçoando-se neste estudo a par da prática, tem correspondido ao seu fim, ministrando a instrução em grande escala sobre doutrinas, que antes se explicavam superficialmente.[56]

Apesar dessa avaliação, José Rodrigues Coelho do Amaral deixou nesse ano o ensino na Escola do Exército para ocupar o lugar de governador de Benguela[57] e foi substituído por Joaquim Tomás Lobo d'Ávila, engenheiro que também tinha completado a sua formação na École des Ponts et Chaussées e que estava, por isso, habilitado para assegurar o ensino dessa cadeira. Contudo, talvez por falta de vocação para professor, em 1855 Lobo d'Ávila abandonou o ensino para se dedicar aos trabalhos ligados à ferrovia e em 29 de novembro de 1856 foi nomeado fiscal do governo na linha férrea do Leste.

Quando foi criado o Instituto Industrial de Lisboa, em 1852, Joaquim Júlio Pereira de Carvalho foi escolhido para professor de mecânica. Como professor dessa disciplina, assumiu o cargo de engenheiro do Instituto. Competia-lhe, entre outras obrigações, fazer parte do Conselho Tecnológico da escola[58] e dirigir as oficinas e a elaboração dos projetos de máquinas que eram encomendadas por particulares ou pelo Estado.[59] A importância que a engenharia mecânica tinha no desenvolvimento das comunicações no país era reconhecida pelo diretor do Instituto Industrial, José Vitorino Damásio: "A engenharia mecânica é indispensável para a grossa serralharia: é indispensável ao desenvolvimento dos caminhos-de-ferro e navegação a vapor."[60]

O reconhecimento das qualidades e da competência desse engenheiro foi determinante para que, em 1859, fosse nomeado diretor do Instituto Industrial de Lisboa, cargo que ocupou até ao fim da vida (1871), simultaneamente ao de oficial técnico do gabinete do ministro das Obras Públicas.

Já na segunda metade do século XIX um outro engenheiro formado na École des Ponts et Chaussées, Sebastião Lopes Calheiros e Meneses, esteve ligado ao ensino da engenharia. Nomeado diretor da Academia Politécnica do Porto em 1862, ocupou esse cargo até 1865, altura em que foi nomeado governador civil do Porto por um curto período.

4. A aplicação prática dos conhecimentos adquiridos: a ação desempenhada nas obras públicas

No regresso ao país, os engenheiros formados na École des Ponts et Chaussées foram escolhidos para projetar e dirigir várias obras públicas.

Em 1835, José Feliciano da Silva Costa foi encarregado de fazer um projeto de estrada que ligasse Lisboa ao Porto. Pouco depois, a sua nomeação para diretor da Escola Politécnica e a sua eleição como deputado restringiram o seu envolvimento direto nas obras públicas. No regresso a Portugal, Sebastião Lopes Calheiros e Meneses ficou na Comissão nas Obras Públicas e em 1845 foi promovido a tenente do Estado-Maior.

O reconhecimento da qualidade da formação que era dada na École de Ponts e Chaussées foi uma das razões por que a Companhia de Obras Públicas de Portugal,[61] constituída em 1844 com o objetivo de desenvolver a rede viária do país e dar início ao primeiro trecho da ferrovia, contratou Joaquim Simões Margiochi.[62] Essa companhia procurava introduzir nas obras que fazia as mais recentes inovações na técnica de construção. Essa preocupação é visível em várias medidas tomadas pela companhia: contratou o francês Du Pré como engenheiro-chefe; encarregou os técnicos estrangeiros de lecionarem cursos aos engenheiros portugueses que empregava; enviou engenheiros portugueses ao estrangeiro em viagens de estudo. A formação escolar e as missões de estudo que Margiochi fizera na França permitiam-lhe ter um conhecimento atualizado sobre a teoria e a prática dos trabalhos de obras públicas, notadamente sobre a construção de estradas.

A formação adquirida em Paris foi também determinante para que os engenheiros militares Francisco Maria de Sousa Brandão e Joaquim Tomás Lobo de d'Ávila fossem requisitados pelo Ministério do Reino para desempenhar funções. O primeiro foi encarregado das obras públicas em Trás-os-Montes e no distrito de Viseu e em 1854 foi nomeado diretor das obras públicas do distrito de Vila Real. Ao longo da sua vida, integrou várias comissões de estudo de traçados das linhas férreas, como aconteceu em 1852, quando fez parte da comissão encarregada de estudar a diretriz da linha férrea do Porto a Lisboa, ou em 1855, quando procedeu ao estudo da linha de Lisboa a Santarém. Foi também da sua autoria o projeto definitivo da ferrovia da Beira Baixa.[63]

Joaquim Tomás Lobo de d'Ávila, após uma curta passagem pelo Ministério do Reino, em 1851 foi nomeado professor da Escola do Exército, cargo que abandonou em 1855 para se dedicar aos trabalhos ligados com a ferrovia. E em 29 de novembro de 1856 foi nomeado

458 | FORMAS DO IMPÉRIO

fiscal do governo na Linha Férrea do Leste. Ao longo dos anos, Lobo de d'Ávila fez parte de várias comissões técnicas. Em 1851, por exemplo, integrou a comissão nomeada por Fontes Pereira de Melo para avaliar a proposta de Hardy Hislop relativa à construção — das ferrovias em Portugal. Em 1853, foi nomeado, conjuntamente com o marquês de Ficalho, o conde da Ponte, o conde de Arroches e António Paiva Pereira da Silva, diretor da Companhia Central Peninsular.

Pouco depois de ter sido criado o Ministério das Obras Públicas, Comércio e Indústria, João Crisóstomo de Abreu e Sousa encarregou os engenheiros José Anselmo Gromicho Couceiro e Joaquim Simões Margiochi das obras da ferrovia de Lisboa ao Carregado, que até então estavam a cargo de Waring Brothers & Shaw. Ao assumir a direção dos trabalhos, esses engenheiros puseram em prática os conhecimentos que tinham adquirido em Portugal e na École des Ponts et Chaussées, "reorganizaram estaleiros e criaram operários" e deram sequência aos trabalhos necessários à construção desse trecho de ferrovia. No fim do século XIX, a *Revista da Associação dos Engenheiros Civis Portugueses* dizia sobre essas obras:

> Talvez hoje alguém olhe com desdém a pequenez do troço e a pouca importância das obras de arte. Naqueles tempos e naquelas circunstâncias os trinta e seis quilómetros de Lisboa ao Carregado equivaliam a uma linha inteira, e qualquer ponte de caminho de ferro surgia temerosa com as proporções e as dificuldades de uma grande obra de arte.[64]

Em 1856, Joaquim Simões Margiochi foi nomeado fiscal do governo na construção da ferrovia do Barreiro a Vendas Novas e de Lisboa a Santarém. Posteriormente foi também encarregado de fiscalizar a construção da ferrovia do Leste e do Sul e foi nomeado inspetor das obras públicas dos distritos de Leiria, Lisboa, Santarém e Castelo Branco. Já na década de 1860 foi nomeado diretor-geral das Obras Públicas e Minas.[65] Por seu lado, José Anselmo Gromicho Couceiro em 1852 integrou a comissão encarregada de determinar a diretriz da ferrovia do Norte, em 1856 foi nomeado engenheiro-chefe da Companhia Central e Peninsular dos Caminhos de Ferro Portugueses e no ano seguinte assumiu a direção das obras do distrito de Castelo Branco.[66]

A INTERVENÇÃO DOS ENGENHEIROS PORTUGUESES... | 459

A formação em geologia que era dada na École des Ponts et Chaussées deve ter sido um fator importante para que, no regresso a Portugal, Joaquim Júlio Pereira de Carvalho fosse encarregado de fazer vários estudos geológicos e passado depois para a inspeção dos incêndios e das calçadas de Lisboa,[67] cargo que acumulou com o de vogal da Comissão de Máquinas a Vapor, para o qual foi nomeado em 1851. Nesse mesmo ano, Pereira de Carvalho foi ainda contratado pela Câmara Municipal de Lisboa, que em 1855 o encarregou de estudar na Exposição Universal de Paris os "novos inventos, que possam interessar ao serviço municipalista".[68]

No seu regresso a Portugal, Joaquim Nunes de Aguiar encontrou colocação no Serviço de Obras Públicas da Câmara Municipal do Funchal. Contudo, a atividade que lá lhe era possível desenvolver estava longe daquilo que ambicionara, razão por que em 1850 foi para Lisboa, mas não conseguiu arranjar colocação como engenheiro, situação que o obrigou a aceitar o lugar de secretário do Governo Civil de Santarém. Provavelmente o fato de não pertencer ao corpo militar e não estar ligado à administração pública deve ter dificultado a sua contratação como engenheiro. Só a partir de 1852 a criação do Ministério das Obras Públicas, Comércio e Indústria permitiu a esse engenheiro encontrar o enquadramento necessário para pôr em prática os seus conhecimentos de engenharia civil. O reconhecimento da sua competência técnica fez com que em 1857 fosse encarregado pela empresa dirigida pelo conde Réus de fazer os "estudos do caminho de ferro do Porto a Vigo".[69] A ideia da construção dessa linha férrea viria, no entanto, a ser abandonada, por se considerar que podia ser prejudicial à afirmação do porto de Lisboa como ponto de ligação entre a Europa, as Américas e a África.[70] Em 1858, Nunes de Aguiar assumiu a direção das obras públicas dos distritos do Porto, de Braga e de Viana. Em 1859, foi nomeado administrador-geral do caminho de ferro de Lisboa a Santarém. Em 1866 foi encarregado de estudar as questões do abastecimento de água em Lisboa e partiu em julho desse ano para a França a fim de atualizar seus conhecimentos nessa área e observar *in loco* os melhoramentos introduzidos naquele país. Na sequência dos estudos que fez, apresentou uma proposta para o

460 | FORMAS DO IMPÉRIO

abastecimento de água em Lisboa que, pela sua qualidade técnica, motivou o convite para que integrasse os quadros da Companhia das Águas de Lisboa, que se constituiu em 1868.

5. A intervenção na vida política ou administrativa

Dos 18 engenheiros que na primeira metade do século XIX completaram a sua formação na École de Ponts et Chaussées, seis tiveram uma participação no Parlamento e foram eleitos para uma legislatura ou mais. Alguns foram ainda ministros ou desempenharam importantes cargos administrativos.

Nome	Legislaturas em que são deputados ou pares do Reino
José Feliciano da Silva Costa (1797–1866)	1838–1840 — Deputado pelo círculo de Lisboa 1853 — Par do Reino, toma assento na Câmara dos Pares
Sebastião Lopes Calheiros e Meneses (1816–1899)	1868–1869 — Deputado pelo Sardoal 1869–1870 — Deputado pela Guarda 1870–1871 — Deputado por Viana do Castelo
Francisco Maria de Sousa Brandão (1818–1892)	1865–1868 — Deputado pelo círculo da Feira
Joaquim Tomás Lobo d'Ávila (1818–1892)	Foi deputado ininterruptamente de 1852 a 1874 (pelos círculos de Beja, Setúbal, Santarém, Lisboa, Tavira e Faro)
José Rodrigues Coelho do Amaral (1808–1873)	1868 — Deputado por Évora e Macau
Albino Francisco de Figueiredo Almeida (1803-1858)	1857–1858 — Deputado pela Guarda 1858–1859 — Deputado pela Guarda

José Feliciano da Silva Costa foi eleito deputado na legislatura de 1838-1840 pelo círculo de Lisboa e em 1853 foi nomeado par do Reino. As suas intervenções na Câmara do Deputados foram pouco frequentes e estiveram quase sempre ligadas a questões militares e de engenharia.[71] Quando em 1852 foi criado o Conselho Superior de Obras Públicas no âmbito do Ministério das Obras Públicas, Comércio e Indústria, José Feliciano da Silva foi nomeado para esse conselho. Entre os membros dessa estrutura administrativa, que devia dar parecer, avaliar e aprovar (ou não) as várias obras, encontravam-se também outros engenheiros que tinham passado pela École des Ponts et Chaussées. Era o caso de Albino Francisco de Figueiredo Almeida, que desempenhou um importante papel no quadro dessa instituição, que se devia pronunciar sobre assuntos como projetos de rodovias, vias férreas, pontes, canais de navegação ou irrigação e minas.[72]

Já no fim da vida, Albino Francisco de Figueiredo Almeida participou da vida parlamentar. Em 1857–1858, foi deputado pela Guarda e na legislatura seguinte novamente pelo mesmo círculo eleitoral, mas não chegou a cumprir esse segundo mandato. Pertenceu à Comissão de Obras Públicas e durante o período em que esteve no parlamento pronunciou-se sobre várias obras, como foi o caso da barra da Figueira.[73]

Alguns desses engenheiros, para além de serem deputados, ocuparam também cargos de destaque nas colônias. Foi o caso de Sebastião Lopes Calheiros e Meneses e de José Rodrigues Coelho do Amaral. O primeiro foi nomeado governador de Cabo Verde em 1857 e governador de Angola em 1860. Nesta última colônia, fez várias obras de envergadura, como a Alfândega de Luanda, o cais marginal e o largo Calheiros na mesma cidade. Depois de regressar à metrópole, foi eleito deputado pelo Sardoal na legislatura de 1868–1869, pela Guarda na de 1869–1870 e por Viana do Castelo em 1870–1871.

Em 1851, José Rodrigues Coelho do Amaral deixou o ensino na Escola do Exército e foi nomeado, a seu pedido, governador de Benguela. Em 1860, depois de regressar à metrópole, foi vogal do Conselho Ultramarino, cargo que ocupou até 1862. Em 1865 foi nomeado general de brigada e em 1868, quando se realizaram

462 | FORMAS DO IMPÉRIO

eleições para o Parlamento, foi eleito deputado por Évora e Macau. Em 1868, ocupou por um breve período o lugar de ministro da Marinha e Ultramar.[74]

Com a implantação da Regeneração e a criação, em 1851, do Ministério das Obras Públicas, Comércio e Indústria, Joaquim Tomás Lobo d'Ávila foi nomeado secretário do Conselho Superior de Obras Públicas, cargo que desempenhou até 1861. Em 21 de fevereiro de 1862, foi nomeado ministro da Fazenda do Governo de Loulé. Ainda nesse, ano foi nomeado ministro das Obras Públicas. Nos anos seguintes, ocupou vários outros cargos governamentais: ministro da Fazenda (1862–1865) e da Guerra (1869–1870). Entre 1852 e 1874, foi eleito deputado em diversas legislaturas e por vários círculos eleitorais. Na Câmara dos Deputados fez parte de comissões importantes, como a dos Negócios da Fazenda e das Obras Públicas, teve uma participação ativa e se destacou por seus dotes de orador. Em 16 de maio de 1874, foi nomeado par do Reino e nessa Câmara continuou a destacar-se pelas suas intervenções.

Conclusão

O estudo que fizemos permitiu-nos concluir que os engenheiros portugueses que frequentaram a École des Ponts et Chaussées tiveram uma ação importante na reorganização do ensino da engenharia em Portugal, no progresso das obras públicas e na afirmação da engenharia civil.

Embora o seu número fosse pouco elevado e eles representassem uma parcela diminuta dos engenheiros portugueses, tiveram um papel importante no progresso da engenharia portuguesa. Por um lado, porque foram diretores ou professores na Escola do Exército, na Escola Politécnica de Lisboa e na Academia Politécnica do Porto, instituições em que procuraram introduzir, muitas vezes sem sucesso, o modelo da École des Ponts et Chaussées. Por outro lado, porque projetaram e dirigiram várias das mais importantes obras públicas e o trabalho que desenvolveram teve reflexos nos engenheiros que trabalhavam sob a sua orientação e que com eles aprenderam os mais modernos métodos de planejar e construir rodovias, pontes, vias férreas ou portos marítimos. Finalmente porque, por meio da sua participação nas estruturas político-administrativas do país, tiveram uma voz ativa sobre a política das obras públicas que se devia seguir, as reformas do ensino de engenharia e a organização dos engenheiros como grupo profissional.

Finalmente, podemos dizer que pela sua ação contribuíram para integrar Portugal no espaço transnacional de *ponts et chaussées*, ou seja, no espaço comum de práticas, saberes e instituições ligados à engenharia que englobou os vários países da Europa e se estendeu para os outros continentes.

Notas

1. Sobre os engenheiros portugueses que ao longo do século XIX estudaram nessa escola, veja-se MATOS, Ana Cardoso de, "Asserting the Portuguese Civil Engineering Identity: the Role Played by the École des ponts et chausées".
2. PICON, Antoine. "Le Corps des Ponts et Chaussées. De la conquête de l'espace national à l'aménagement du territoire". A versão alemã deste artigo foi publicada em A. Grelon, H. Stück (dir.), *Ingenieure in Frankreich, 1747–1990*, Frankfurt, Nova York, Campus, 1994, p. 77-99.
3. Como referem esses autores, "*Espace transnational des ponts et chaussées européens*: par cette expression nous désignons le mouvement de circulation, à travers l'Europe du XVIIIe et du XXe siècle, des ingénieurs des travaux publics appartenant à plusieurs 'nations' ainsi que les retombées de cette circulation, à savoir la construction progressive d'un espace transnational de pratiques, de savoirs et d'institutions relatives à l'ingénieurs des travaux publics, espace 'commun' à plusieurs pays par delà des frontières politiques que partageaient alors le continent européen". CHATZIS, Konstantinos; GOUZEVITCH, Dmitri; GOUZEVITCH, Irina, "Bettancourt et l'Europe des ingénieurs des 'ponts et chaussées': des histoires connectées", p. 6.
4. A "conquête de l'espace national" de que fala Antoine Picon em "Le Corps des Ponts et Chaussées. De la conquête de l'espace national à l'aménagement du territoire".
5. Embora haja uma bibliografia abundante sobre a construção dos Estados e dos mercados nacionais, para o caso português ver a obra de referência de JUSTINO, David, *A formação do espaço económico nacional*.
6. Sobre essa temática existe já uma bibliografia internacional importante. Para Portugal destacam-se os trabalhos de Tiago Saraiva, notadamente SARAIVA, Tiago, *Ciencia y Ciudad Madrid y Lisboa: 1851–1900* e MACEDO, Marta Coelho de, *Projectar e construir a Nação — engenheiros e território em Portugal (1837–1893*; e a comunicação de Ana Cardoso de Matos, "Engineers, Landscapes, and the Railways Heritage, apresentada no Curso Património Científico, Técnico e Industrial, promovido pela Cátedra Unesco de Técnica e Cultura da Universidad Politécnica de Cataluña (UPC), em colaboração com o Museu da Ciência e da Técnica da Catalunha, com o apoio de Master Erasmus Mundus TPTI, em Barcelona, em 14-21 de setembro de 2009.

7. A influência que o modelo francês teve nos discursos sobre a formação de engenheiros portugueses foi já realçada em MATOS, Ana Cardoso de, "Asserting the Portuguese Civil Engineering Identity: the Role Played by the École des ponts et chausées"; e Marta Macedo já demonstrou que a Escola de Exército procurou seguir o modelo da École des Ponts et Chaussées e que os engenheiros formados nessa escola tiveram um papel determinante na renovação do ensino da Escola do Exército, MACEDO, Marta Coelho de, *Projectar e construir a Nação*, p. 60-76.

8. Apesar de o seu número não ser muito elevado, o seu papel nas obras públicas, nas estruturas políticas administrativas do Estado ou no ensino foi muito importante. Sobre os engenheiros formados na École des Ponts et Chaussées durante a segunda metade do século XIX, ver MATOS, Ana Cardoso de, "Asserting the Portuguese Civil Engineering Identity: the Role Played by the École des ponts et chaussées", e MATOS, Ana Cardoso de, "A acção dos engenheiros formados na *École des Ponts et Chaussées* na organização do território e nas estruturas político-administrativas do Estado (Portugal 1851-1890)", em publicação. Sobre o papel dos engenheiros no caminho de ferro português, ver, entre outros, SILVA, Álvaro Ferreira da, "Engineers and Organizational Behaviour: the Companhia Real dos Caminhos de Ferro Portugueses (1870-1885)"; MATOS, Ana Cardoso de, DIOGO, Maria Paula, "From the École des Ponts et Chaussées to Portuguese Railways: the Transfer of Technological Knowledge and Practices in the Second Half of the 19th Century", p. 77-90; e PINHEIRO, Magda "Os engenheiros portugueses e a construção ferroviária no século XIX", p. 161-180.

9. Sobre o assunto, ver, entre outros, DIOGO, Maria Paula e MATOS, Ana Cardoso de, "Aprender a ser ingeniero. La enseñanza de la ingeniería en el Portugal de los siglos XVIII y XIX", p. 143-166; MATOS, Ana Cardoso de, SANTOS, Maria Luísa e DIOGO Maria Paula, "Obra, engenho e arte nas raízes da engenharia em Portugal", p. 10-44.

10. Ainda que os anos que normalmente são indicados para a sua estada nessa cidade (1825–1826) não correspondam à data de que dispomos, é possível que a data indicada na lista da École des Ponts et Chaussées não esteja correta ou que no périplo por vários países que faz entre 1828 e 1829 tenha passado por Paris e completado a formação que iniciara naquela escola.

11. Decreto de 11 de janeiro de 1837.

12. Discurso pronunciado na sessão solene de distribuição dos prêmios aos alunos.

13. Discurso pronunciado na sessão solene de distribuição dos prêmios aos alunos.

14. A ortografia de todas as citações foi atualizada, mas manteve-se a pontuação.

15. Decretos de 11 e de 13 de janeiro de 1837.

16. Até 1859 formam-se apenas mais sete. BASTO, Artur de Magalhães, *Memória histórica da Academia Politécnica do Porto*, p. 487.

17. Reforma de 1885.

18. O curso de engenharia civil, com a duração de dois anos, era organizado a partir de um conjunto de cadeiras lecionadas à engenharia militar. Nesse mesmo ano, o decreto de 5 de dezembro determinou que a formação na Faculdade de Matemática da Universidade de Coimbra fosse reconhecida como habilitação suficiente para os cargos e ofícios em que fosse requerida a Carta de Engenheiro Civil ou Militar. Sobre o assunto, ver LISBOA, Maria Helena, *Os engenheiros em Lisboa*, p. 61.

19. MACEDO, Marta Coelho de, *Projectar e construir a Nação — engenheiros e território em Portugal (1837-1893)*, Anexos, Quadro 1, Alunos da Escola do Exército (1837-1863).

20. *Diário da Câmara dos Deputados*, sessão de 23 de janeiro de 1858, p. 158.

21. Como explicitado na apresentação do projeto de lei na Câmara dos Deputados, "para fazer sentir melhor essa impossibilidade basta comparar o que se passa a semelhante respeito na escola de pontes e calçadas de Paris; as mesmas doutrinas que na escola do exército pertencem à 4ª. e 5ª. cadeiras acham-se distribuídas na escola francesa por seis cadeiras". Idem apud.

22. Nesse discurso, pronunciado na Câmara de Deputados, lembrava ainda que existiam em Portugal "três ou quatro oficiais engenheiros, os quais frequentaram, por ordem do nosso Governo, os cursos da escola de pontes e calçadas, de Paris, na qual se ensina a teoria com a prática, tanto pelo que respeita a trabalhos de estradas, como aos hidráulicos". *Diário da Câmara dos Deputados*, sessão de 12 de abril de 1843, p. 272.

23. Sobre o ensino técnico na França, ver DAY, Charles R., *Les Écoles d'arts et métiers. L'enseignement technique en France, XIXe-XXe siècles*. Sobre a formação dos engenheiros, ver, entre outros: GRELON, André, "La naissance de l'enseignement supérieur industriel en France", p. 40-60; CHATZIS, Konstantinos, "Les ingénieurs français au XIXème siècle (1789-1914) — Émergence et construction d'une spécificité nationale"; CHATZIS, Konstantinos, *"Theory and Practice in the Education of French Engineers from the middle of the 18th Century to the Present"*.

24. Foi o caso da lei de 31 de julho de 1839 que previa o envio de alunos para a França com o fim de estudar, como pensionistas do Estado, ciências aplicadas à indústria (especialmente química, física), engenharia civil, agricultura e operações cirúrgicas. Não conhecemos a totalidade dos alunos que foram enviados para a França, mas entre 1831 e 1851 sete portugueses frequentaram a École Polytechnique de Paris. KARVAR, Anoushet, *La formation des élites scientifiques et techniques étrangères à l'École polytechnique aux 19e et 20e siècles*, p. 14.

25. Essa escola foi criada em 1747. Sobre a École des Ponts et Chaussées, ver PICON, Antoine, *L'invention de l'ingénieur moderne. L'Ecole des Ponts et Chaussées 1747–1851*.

26. Por isso, o ensino da matemática e da mecânica tinha um papel importante nos cursos de Bommart sobre pontes e caminhos-de-ferro. PICON, Antoine. *L'invention de l'ingénieur moderne L'Ecole des Ponts et Chaussées 1747–1851*, p. 512-513.

27. Léonce Reynaud era irmão de Jean Reynaud, engenheiro que teve uma importante intervenção na cidade de Paris.

28. Leonce Reynaud opôs-se em muitas das suas concepções sobre a arquitetura a Viollet-le-Duc, o maior teorizador francês da arquitetura da segunda metade do século XIX.

29. Notadamente os novos materiais, como era o caso do cimento Vicat.

30. KOSTOV, Alexandre. "Les Ponts et Chaussées français et les pays balkaniques pendant la seconde moitié du XIXe et au début du XXe siècle: les cas de la Roumanie, de la Serbie et de la Bulgarie." p. 367-388; GOUZÉVITCH, Irina; GRELON, André; KARVAR, Anouchet, *La formation des ingénieurs en perspective: modèles de référence et réseaux de médiation*; GOUZÉVITCH, Irina e GOUZÉVITCH, Dimitri, "Se former et s'informer: un regard sur l'émigration scolaire est-européenne dans les établissements français d'enseignement technique entre 1800 et 1940". p. 247-278; GOUZEVITCH, Irina, "La science sans frontières: élèves et stagiaires de l'Empire russe dans l'enseignement scientifique supérieur français XIXᵉ-XXᵉ siècles", p. 63-92.

31. O fato de nos processos dos alunos se indicar quem os tinha proposto pressupõe que esse dado era também levado em consideração.

32. Essa informação, assim como a lista dos *auditeurs* que frequentaram a escola entre 1799 e 1851, está disponivel em: <http://www.enpc.fr/fr/documentation/archives/documents/Auditeurs-libres_Visiteurs_1747-1786_version17.06.2009_000.pdf> [acessado em 10 de maio de 2011]. Agradeço a Konstatinos Kostas ter-me indicado a existência dessa lista.

33. O número de engenheiros de cada nacionalidade indicados na lista levantada em 2009 é diferente dos números indicados em 1875 por Malézrieux, embora o número total de estrangeiros, 148, corresponda nas duas listas.

34. Esse engenheiro entrou em 1858 para a *École des Ponts et Chaussées*.

35. Tal como aconteceu em Portugal, no Brasil os engenheiros tiveram um importante papel nas obras públicas ao longo do século XIX, notadamente na implantação do caminho de ferro, e nas estruturas político-administrativas. Sobre o assunto, ver, entre outros, os artigos publicados no dossiê-tema e a introdução de FIGUEIROA, Sílvia, "Engenheiros & engenharia no Brasil",

p. 122-125; MARINHO, Pedro Eduardo Mesquita de Monteiro, "Engenharia e política. Os engenheiros entre a sociedade civil e a sociedade política", *Associação Nacional de História (ANPUH). XXIV Simpósio Nacional de História*, 2007; HEINZ, Flávio M., "Positivistas e republicanos: os professores da Escola de Engenharia de Porto Alegre entre a atividade política e a administração pública (1896–1930)".

36. Ver CHATZIS, Konstantinos, GOUZEVITCH, Dmitri e GOUZEVITCH, Irina "Bettancourt et l'Europe des ingénieurs des 'ponts et chaussées': des histoires connectées", p. 6.

37. Os dados relativos a alguns desses engenheiros diferem dos que são indicados por Marta Coelho de Macedo, em *Projectar e construir a Nação*, p. 62, nota 196.

38. *Revista de Obras Públicas e Minas*, t. IV, nº 39, p. 95.

39. PEREIRA, Z, "Costa, José Feliciano da Silva e (1797–1866)" in MONICA, M.F., *Dicionário Biográfico Parlamentar 1834–1910*, p. 881-882.

40. Januário terá sido o único a ir para a École des Ponts et Chaussées. Embora não se saiba a data do seu nascimento, ele deve ter ocorrido entre o fim do século XVIII e os primeiros anos do século XIX, pois o seu terceiro irmão nasceu em 1793 e antes de Januário houve ainda um outro filho.

41. Francisco Pedro Celestino Soares foi também deputado em 1838–1840 e exerceu vários outros cargos políticos. Dois dos seus irmãos, José Pedro Celestino Soares e Joaquim Pedro Celestino Soares, foram também deputados. José Pedro Celestino Soares foi ainda o primeiro visconde de Leceia.

42. O seu filho João Filipe de Meneses Pitta e Castro, nascido em 1861, foi deputado em 1892.

43. Era neto do ministro da Prússia em Portugal na época pombalina e chegou a ser ministro de Estado honorário, coronel extraordinário de milícias e deputado. J.M.S, "Castelo Branco, Anselmo José Braamcamp de Almeida (1792–1841)", in M.F. Monica, op. cit., p. 685-686.

44. Seu pai, Francisco Simões Margiochi (1774-1838), era formado em matemática e filosofia pela Universidade de Coimbra e foi sócio da Academia Real das Ciências. Politicamente foi deputado, par do Reino, membro do Conselho de Estado do rei dom Pedro IV e ministro da Marinha (1833–1834). Na carreira militar ascendeu ao posto de tenente-coronel.

45. O primeiro pertencia a uma família com tradição e Joaquim Tomás Lobo d'Ávila era filho de um grande proprietário ribatejano.

46. Era filho de Joaquim Pereira Coelho e natural da cidade de Coimbra.

47. *Relação e Indicie Alphabetico dos estudantes matriculados na Universidade de Coimbra no anno lectivo de 1835 para 1836, suas naturalidades, filiações e moradas*, Coimbra, Universidade de Coimbra, 1835, p. 17.

48. Essa referência surge na lista dos "Auditeurs libres et visiteurs à l'École des ponts et chaussées de 1747 a 1851".

49. Arquivo Histórico da Escola Politécnica de Lisboa (AHEPL), livro 1950, livro copiador de correspondência, entrada, 1837-1843, f. 130.

50. O modelo da École de Ponts et Chaussées foi seguido por vários outros países, como foi o caso da Espanha. Sobre o assunto, ver MARTYKÁNOVÁ, Darina, " Les fils du progrès et de la civilisation: les ingénieurs des travaux publics en Espagne aux XVIIIe et XIXe siècles". p. 251-270.

51. AHEPL, livro 1950, livro copiador de correspondência, entrada, 1837-1843, f. 130.

52. AHEPL, livro 1951, livro copiador de correspondência, saída, 1846-1849, f. 84.

53. Ministério das Obras Públicas, Transportes e Comunicações, Arquivo Histórico, processo individual de Albino Francisco de Figueiredo Almeida.

54. Como refere Marta Macedo, esses *cahiers des cours* da Escola de Pontes e Calçadas passarão a servir como material de estudo e como fonte de inspiração para os manuais litografados". MACEDO, Marta, *Projectar e construir a nação, engenheiros e território em Portugal (1837-1893)*, p. 61.

55. MACEDO, Marta, *Projectar e construir a nação, engenheiros e território em Portugal (1837-1893)*, p. 63-76.

56. "Relatório da Secretaria de Estado dos Negócios da Guerra de 7 de janeiro de 1851", anexo ao *Diário da Câmara dos Deputados*, v. I, 1851.

57. MARINHO, M. João, "AMARAL, José Rodrigues Coelho do", in MONICA, M.F., *Dicionário Biográfico Parlamentar 1834-1910*, p. 178.

58. Esse conselho incluía também os professores de química aplicada às artes, de economia industrial, de geometria descritiva e desenho de máquinas e de química e física.

59. Regulamento provisório para o Instituto Industrial de Lisboa e Escola Industrial do Porto, aprovado pelo decreto de 1º de dezembro de 1853.

60. "Abertura das Aulas do Instituto Industrial de Lisboa. Relatório do director interino do dito instituto, José Vitorino Damásio", *Boletim MOPCI*, nº 10, outubro de 1854, p. 252.

61. Essa companhia foi fundada por escritura pública de 19 de dezembro de 1844 e os seus estatutos foram aprovados por alvará de 30 de dezembro de 1844. Sobre essa companhia, ver MATA, Maria Eugénia, "A Companhia das Obras Públicas de Portugal".

62. Joaquim Simões Margiochi entrou para o serviço dessa companhia em 19 de abril de 1845.

63. SOARES, M. Isabel, "Brandão, Francisco Maria de Sousa", in MONICA, M.F., *Dicionário Biográfico Parlamentar 1834-1910*, vol. 1, p. 454-456.

64. *Revista de Obras Públicas e Minas*, 1899, p. 13.
65. Ministério das Obras Públicas, Transportes e Comunicações, Arquivo Histórico, processo individual de Joaquim Simões Margiochi.
66. Em 1868 foi nomeado para servir às ordens do rei e em 1883 foi nomeado como preceptor dos infantes dom Carlos e dom Afonso.
67. Joaquim Júlio Pereira de Carvalho manteve-se na inspeção dos incêndios e das calçadas de Lisboa até 1864.
68. Ministério das Obras Públicas, Transportes e Comunicações, Arquivo Histórico, processo individual de Joaquim Júlio Pereira de Carvalho.
69. MOPTC- Arquivo Histórico, Processo individual de Joaquim Nunes de Aguiar.
70. Cf. PINHEIRO, Magda de Avelar, "Investimentos estrangeiros, política financeira e caminhos-de-ferro em Portugal na segunda metade do século XIX", p. 273.
71. Em 1839 pertenceu às comissões da Guerra de Instrução Pública, da Fazenda, de Marinha e do Comércio e Artes. PEREIRA, Z., "Costa, José Feliciano da Silva e (1797–1866)", p. 115-117.
72. Sobre a assunto, ver MATOS, Ana Cardoso de, DIOGO, M. Paula, "Le rôle des ingénieurs dans l'administration portugaise, 1852–1900".
73. MARINHO, M. José, "Costa, Albino Francisco de Figueiredo", p. 115-117.
74. Ocupou o lugar de 4 de janeiro a 22 de julho de 1868.

Referências

BASTO, Artur de Magalhães. *Memória histórica da Academia Politécnica do Porto*. Porto: Universidade do Porto, 1937.

CHATZIS, Konstantinos. "Les ingénieurs français au XIXème siècle (1789–1914) — Émergence et construction d'une spécificité nationale", *Bulletin de la Sabix* [En ligne], 44/2009, mis en ligne le 22 mai 2011, consulté le 23 juin 2011. Disponível em: <http://sabix.revues.org/691>.

CHATZIS, Konstantinos. "Theory and Practice in the Education of French Engineers from the middle of the 18th Century to the Present", *Archives Internationales d'Histoire des Sciences*, 60/1-164, 2010.

CHATZIS, Konstantinos; GOUZEVITCH, Dmitri; GOUZEVITCH, Irina. "Bettancourt et l'Europe des ingénieurs des 'ponts et chaussées': des histoires connectées", *Quaderns d'Història de l'Enginyeria*, vol. X, 2009.

DAY, Charles R. *Les Écoles d'arts et métiers*. L'enseignement technique en France, XIXe-XXe siècles. Paris: Belin, 1991.

DIOGO, Maria Paula; MATOS, Ana Cardoso de. "Aprender a ser ingeniero. La enseñanza de la ingeniería en el Portugal de los siglos XVIII y XIX". In: LAFUENTE, A.; CARDOSO DE MATOS, A.; SARAIVA, T. (ed.). *Maquinismo Ibérico* — Tecnologia y cultura en la península ibérica, siglos XVIII-XX. Aranjuez: Doce Calles, 2006.

FIGUEIROA, Sílvia, "Engenheiros & engenharia no Brasil", *Revista Brasileira de História da Ciência*. Rio de Janeiro, v. 3, n° 1.

GOUZÉVITCH, Irina; GOUZÉVITCH, Dimitri. "Se former et s'informer: un regard sur l'émigration scolaire est-européenne dans les établissements français d'enseignement technique entre 1800 et 1940". In: PETER, H. Rudiger; TIKHONOV, N. (eds). *Les universités:* des ponts à travers l'Europe. Frankfurt am Main; Berlim; Bern: Peter Lang, 2003. p. 247-278.

GOUZÉVITCH, Irina; GRELON, André; KARVAR, Anouchet. *La formation des ingénieurs en perspective*: modèles de référence et réseaux de médiation: XVIIIe-XXe siècles. Rennes: Presses Universitaires de Rennes, 2004.

GOUZEVITCH, Irina. "La science sans frontières: élèves et stagiaires de l'Empire russe dans l'enseignement scientifique supérieur français XIXe-XXe siècles", *Cahiers d'Histoire du Conservatoire National des Arts et Métiers*, n°. 5, 1996, p. 63-92.

GRELON, André, "La naissance de l'enseignement supérieur industriel en France", *Quaderns d'Història de l'Enginyeria*, v. 1, 1996, p. 40-60

HEINZ, Flávio M., "Positivistas e republicanos: os professores da Escola de Engenharia de Porto Alegre entre a atividade política e a administração pública (1896–1930)", *Revista Brasileira de História*, v. 29, nº. 58, São Paulo, dez. 2009. Disponível em: <http://migre.me/hZGYO>.

JUSTINO, David. *A formação do espaço económico nacional, Portugal, 1810–1913*. vol. 2, Lisboa, Vega, 1988.

KARVAR, Anoushet. *La formation des élites scientifiques et techniques étrangères à l'École polytechnique aux 19ᵉ et 20ᵉ siècles*, Thèse en histoire, Paris, Université de Paris 7, 1997

KOSTOV, Alexandre. "Les Ponts et Chaussées français et les pays balkaniques pendant la seconde moitié du XIXe et au début du XXe siècle: les cas de la Roumanie, de la Serbie et de la Bulgarie", *Quaderns d'Història de l'Enginyeria*, 2009, v. X, p. 367-388.

LISBOA, Maria Helena. *Os engenheiros em Lisboa*: urbanismo e arquitectura, 1850–1930. Lisboa: Livros Horizonte, 2002.

MACEDO, Marta Coelho de. *Projectar e construir a Nação* — engenheiros e território em Portugal (1837–1893), tese de doutoramento em arquitectura, Universidade de Coimbra, 2009.

MARINHO, Pedro Eduardo Mesquita de Monteiro. "Engenharia e política. Os engenheiros entre a sociedade civil e a sociedade política", *Associação Nacional de História (ANPUH). XXIV Simpósio Nacional de História*, 2007.

MARTYKÁNOVÁ, Darina. " Les fils du progrès et de la civilisation: les ingénieurs des travaux publics en Espagne aux XVIIIᵉ et XIXᵉ siècles", *Quaderns d'Història de l'Enginyeria*, 2009, v. X, p. 251-270.

MATA, Maria Eugénia. "A Companhia das Obras Públicas de Portugal", *Working Paper*, nº. 186, Faculdade de Economia/Universidade Nova de Lisboa.

MATOS, Ana Cardoso de. "Asserting the Portuguese Civil Engineering Identity: the Role Played by the École des ponts et chausées". In: CARDOSO DE MATOS, A.; DIOGO, M.P.; GOUZÉVITCH, I.; GRELON, A.; *et al.* (ed.). *Les enjeux identitaires des ingénieurs*: entre la formation et l'action/The Quest for a Professional Identity: Engineers between Training and Action, Lisboa, Colibri/CIDEHUS/CIUHCT, 2009.

MATOS, Ana Cardoso de; DIOGO, Maria Paula. "Le rôle des ingénieurs dans l'administration portugaise, 1852-1900", *Quaderns d'Història de l'Enginyeria*, v. X, 2009, p. 351-365.

MATOS, Ana Cardoso de; DIOGO, Maria Paula. "From the École des Ponts et Chaussées to Portuguese Railways: the Transfer of Technological Knowledge and Practices in the Second Half of the 19th Century". In: PINHEIRO, Magda (Org.).

Railways Modernization. An Historical Perspective (19th and 20th centuries), Lisboa: Associação Internacional de História Ferroviária/Centro de Estudos de História Contemporânea Portuguesa/Instituto Universitário de Lisboa, 2009.

MATOS, Ana Cardoso de; SANTOS, Maria Luísa; DIOGO, Maria Paula. "Obra, engenho e arte nas raízes da engenharia em Portugal". In: HEITOR, Manuel, *et al.*, Momentos de Inovação e Engenharia em Portugal no século XX. Lisboa: D. Quixote, 2004, v. 2.

PEREIRA, Z. "Costa, José Feliciano da Silva e (1797–1866)". In: MONICA, M.F. *Dicionário biográfico parlamentar 1834–1910*. Lisboa: Imprensa Ciências Sociais/Assembleia da República, v. 1.

PICON, Antoine. "Le Corps des Ponts et Chaussées. De la conquête de l'espace national à l'aménagement du territoire". Disponível em: <http://www.gsd.harvard.edu/people/faculty/picon/texts/corpspc.html>. Acessado em 25/6/2010. A versão alemã desse artigo foi publicada em GRELON, A., STÜCK, H. (Dir.). *Ingenieure in Frankreich, 1747–1990*. Frankfurt; Nova York: Campus, 1994. p. 77-99.

PICON, Antoine. *L'invention de l'ingénieur moderne. L'Ecole des Ponts et Chaussées 1747–1851*. Paris: Presses de l'Ecole Nationale des Ponts et Chaussées, 1992.

PINHEIRO, Magda. "Os engenheiros portugueses e a construção ferroviária no século XIX". In: PINHEIRO, Magda. *Cidade e caminho de ferro*. Lisboa: Centro de Estudos de História Contemporânea Portuguesa/Instituto Universitário de Lisboa, 2008.

PINHEIRO, Magda de Avelar. "Investimentos estrangeiros, política financeira e caminhos-de-ferro em Portugal na segunda metade do século XIX", *Análise Social*, v. XV (58), 1979, 2º.

Revista de Obras Públicas e Minas, t. XXX, nᵒˢ. 349-350, janeiro-fevereiro 1899.

Revista de Obras Públicas e Minas, t. IV, nᵒ. 39, março de 1873.

SARAIVA, Tiago. *Ciencia y Ciudad Madrid y Lisboa: 1851–1900*. Madrid: Ayuntamiento de Madrid, 2005.

SILVA, Álvaro Ferreira da. "Engineers and Organizational Behaviour: the Companhia Real dos Caminhos de Ferro Portugueses (1870–1885)". In: CARDOSO DE MATOS, A.; DIOGO, M.P.; GOUZÉVITCH, I.; GRELON, A.; *et al.* (ed.). *Les enjeux identitaires des ingénieurs*: entre la formation et l'action/The Quest for a Professional Identity: Engineers between Training and Action. Lisboa: Colibri/CIDEHUS/CIUHCT, 2009.

O Instituto Politécnico Brasileiro: em busca de um locus para a nascente engenharia civil no Brasil imperial

*Pedro Eduardo Mesquita de Monteiro Marinho**

Pro Brasilia connitamur (divisa do IPB)

Em meados do século XIX, o processo de construção do Estado Imperial parecia estar no seu auge. Tornou-se preciso, então, consolidá-lo. As classes dominantes tinham a certeza de estar vivendo o apogeu de uma época. Sentiam e articulavam seus interesses com tal êxito que criavam certa identidade entre as suas frações. Após ter garantido a manutenção territorial, asseguravam com o tráfico interno de escravos a permanência da "instituição" da escravidão. A concepção de mundo escravista predominava e estava arraigada na consciência social de amplos setores brasileiros.

O que habitualmente chamamos de Segundo Reinado era constituído como uma formação social escravista em pleno desenvolvimento, com uma construção específica, tanto em relação ao contexto imediato dos países latino-americanos como em relação ao âmbito internacional, fundamentalmente aquele dos países do capitalismo ocidental do século XIX.[1]

A partir daí, é importante perceber que tanto na Europa como na América do Norte os alcances científicos iniciados no século XVIII,

---

*Pesquisador do Museu de Astronomia e Ciências Afins (MAST — RJ/MCTI) e professor do Programa de Pós-graduação da Universidade Federal do Estado do Rio de Janeiro (Unirio — RJ).

particularmente aqueles referentes às ciências físicas e matemáticas e à química, davam aos poucos novos destaques à atividade e à prática científica. Na base desse processo estava a difusão, cada vez mais intensa, de ideias, teorias e sistemas de interpretação filosóficos ligados à noção de progresso e evolução, especialmente aqueles influenciados pelas formulações de Charles Darwin, Auguste Comte e Herbert Spencer. As ciências ganhavam variáveis por meio dos postulados da "inevitabilidade do progresso", configurada como uma lei tanto biológica quanto histórica. Inauguravam-se, aos poucos, nesse processo, possibilidades para a especialização do conhecimento científico e a consolidação das áreas do saber como ciências independentes.[2]

Nos países do capitalismo central, a predominância da ciência fora tal que ela se tornara popular não apenas no sentido de ser aceita como algo "positivo", mas também porque se tornou mais acessível. A ciência, conforme observou Hobsbawm, "era o centro da ideologia secular de progresso, [...] palavra-chave da época: maciço, iluminado, seguro de si mesmo, satisfeito, mas acima de tudo, inevitável".[3] A metáfora usada pelo historiador expressa o sentimento do qual cada vez mais aqueles que faziam parte da pequena parcela dos intelectuais imperiais compartilhavam:

> Além disso, com tal confiança nos métodos da ciência, não é de se surpreender que os homens instruídos da segunda metade do século XIX estivessem tão impressionados com suas conquistas. De fato, às vezes chegavam a pensar que estas conquistas não eram apenas impressionantes, mas também finais.[4]

O crescimento populacional urbano e econômico-social europeu, associado ao desenvolvimento relativo das ciências, fez com que ocorresse um aumento geral da construção civil, na qual teve importância primordial a instalação de uma infraestrutura de abastecimento de água e de esgoto, particularmente nas grandes cidades. Tal fenômeno significou a colocação de novos problemas arquitetônicos, principalmente com o desenvolvimento da chamada teoria das estruturas.[5]

Sendo assim, foi nesse período que se consolidou a profissão de engenheiro civil, distinta tanto da engenharia militar quanto da arquitetura. Nesse aspecto, a França tomara a dianteira durante o período da revolução com a Escola Politécnica, para a qual os engenheiros civis e outros profissionais recebiam uma formação preliminar em outras escolas especiais. Devido a isso, foi também a França que obteve a vanguarda em relação à produção literária acerca da engenharia aplicada.

Os aprimoramentos das vias de comunicação, da construção de canais e, é claro, da construção ferroviária, figuravam entre as mais importantes obras da engenharia civil do século XIX, principalmente em função de estimularem o comércio marítimo. Foi assim, por exemplo, que a tonelada anual dos barcos que entravam no Tâmisa foi de 1.750.000 em 1800 e 13.000.000 em 1891.[6] Esse desenvolvimento não teria ocorrido sem o aumento correspondente dos serviços portuários.

Nesse sentido, tomaram vulto discussões científicas e técnicas e essas chegavam ao Brasil no mesmo tempo em que outras eram aqui formuladas com igual intensidade. Do outro lado do Atlântico, o Rio de Janeiro era, desde 1763, a capital do país, centro político e principal porto de escoamento do ouro da região das minas, além de ponto de abastecimento dessa mesma região. No percurso do século seguinte, a cidade aumentaria a sua importância, principalmente como centro de venda e exportação do café do Vale do Paraíba e do de Minas Gerais. A cafeicultura, por volta de 1820, exportava pelo porto cerca de cem mil sacas de café. Já em 1830, esse número passaria para quatrocentas mil.[7] Em 1840, o café já se consolidara como principal produto brasileiro de exportação e respondia sozinho por mais de 40% da totalidade do valor exportado.[8] Ao mesmo tempo, no interior das classes dominantes, consolidava-se o seu principal núcleo hegemônico, formado pela fração dos cafeicultores escravistas fluminenses em ascensão desde os anos 1830. A partir desse processo, constituía-se a "solda" na formação do novo bloco histórico.[9] Em poucas décadas, num processo imbricado com a construção do aparelho estatal imperial, essa fração se tornaria hegemônica[10] e, consequentemente mediante seus intelectuais, capaz de formular uma concepção de mundo.[11]

A sede da Corte transformava-se, aos poucos, de antiga cidade colonial em principal núcleo cultural e econômico do Império brasileiro e firmava-se em sua relevância não apenas por constituir-se como capital político-administrativa, mas, fundamentalmente, por abrigar o porto e o centro comercial e financeiro de uma vasta área cafeeira que se avolumava nas regiões fluminense e mineira.

Entre as décadas de 1850 e 1860, novas dinâmicas sociais surgiriam no Império brasileiro, entre as quais a pressão inglesa que originara a Lei Eusébio de Queirós, que decretou o fim do tráfico intercontinental de escravos e, como decorrência, a súbita liberação de capitais antes empregados no comércio escravista. Nesse contexto, visando ao aproveitamento via crédito bancário da aplicação desse montante de capital, grupos sociais, nacionais e estrangeiros, tais como grandes comerciantes e os próprios cafeicultores, se mobilizaram para a formação e ampliação de empresas, tendo em vista investimentos em atividades urbano-industriais. De acordo com Celso Furtado, considerada em seu conjunto, a economia brasileira alcançaria, nesse momento, um aumento considerável na taxa de crescimento, pois, "sendo o comércio exterior o setor dinâmico do sistema, é no seu comportamento que está a chave do processo de crescimento nessa etapa".[12]

Os intelectuais brasileiros da segunda metade do século XIX trilharam o caminho de união entre saber e poder, desenvolveram um conjunto de reivindicações próprias e atingiram um estágio de diferenciação de seus interesses. Poderiam ser incluídos entre aqueles "muitos intelectuais" que, de acordo com Gramsci, pensam serem eles próprios "o Estado: crença esta que, dado o imenso número de componentes da categoria, tem por vezes notáveis consequências e leva a desagradáveis complicações para o grupo fundamental econômico que é *realmente* o Estado".[13]

A engenharia e, particularmente, as escolas superiores exerceram um importante papel no processo de constituição, bem como de diferenciação, do campo científico no Brasil. Foi a partir delas que se

478 | FORMAS DO IMPÉRIO

iniciou a estruturação de certas categorias profissionais, de modelos institucionais, além de determinadas concepções de saber científico que vieram a influenciar significativamente outros campos.

Apesar de, em março de 1842, ter sido instituído o curso de engenharia civil, o ensino da Escola Militar da Corte não era satisfatório, pois ainda era insuficiente para a demanda de grandes obras a quantidade de engenheiros civis formados. Havia uma verdadeira campanha para criação de um curso exclusivamente civil.

Os militares achavam que a escola não formava adequadamente militares e os paisanos não queriam passar pela rigidez de tal formação. Em suas memórias, o visconde de Taunay reforçava a opinião geral e afirmava que "ficou resolvido que me matricularia na Escola chamada então Militar, externato em que se preparavam para a engenharia civil e militar promiscuamente paisanos e militares".[14] Pedro de Alcântara Bellegarde, futuro fundador e presidente do Instituto Politécnico Brasileiro, e o então marquês de Caxias, Luís Alves de Lima e Silva, insistiram, em seus relatórios, na ideia de separar o ensino militar do civil, na criação de cursos específicos para a formação do engenheiro civil e na mudança do nome da escola. O general Polidoro, citado por Motta, dizia, em 1858, que "a dependência em que a instrução deste estabelecimento está nas doutrinas matemáticas que têm que ser estudadas na Escola Central e, por consequência, interrupção que há no internato de alunos desta Escola de Aplicação, é um grande embaraço para as doutrinas práticas".[15]

O ministro da Guerra, Jerônimo Francisco Coelho, em relatório datado de 1858, ressaltava que

> A distinção da Engenharia Civil da Engenharia Militar, em cursos diversos, desfez o grande inconveniente que resultou da acumulação dessas duas espécies em um só indivíduo, que de ordinário era militar, e que por esse modo ficava sendo engenheiro enciclopédico, mal podendo habilitar-se com perfeição nas doutrinas, aliás, vastas, difíceis e variadas, destes ramos da ciência do engenheiro, tão distintos e de tão diversas aplicações.[16]

Assim, o decreto de 1° de março de 1858 fez-se responsável pela separação e estabeleceu que a Escola Militar da Corte fosse chamada de Escola Central e a Escola de Aplicação do Exército fosse denominada Escola Militar e de Aplicação do Exército.[17] A Escola Central foi destinada ao ensino das matemáticas e ciências físicas e naturais e também às doutrinas próprias da engenharia civil.[18]

No programa curricular de 1858, empregou-se pela primeira vez a expressão engenharia civil para designar o curso e nele foi instituído o ensino de estradas de ferro.

A Escola Central, que ficava no largo de São Francisco, guardava semelhanças com a École Centrale des Arts et Manufactures de Paris, criada em 1828 e que formava engenheiros civis e dirigentes industriais. A referência francesa não era privilégio do Brasil, visto que as escolas francesas, originárias de meados do século XVIII, nortearam a formação da maioria das escolas de engenharia também na Europa.[19]

Foi na segunda metade do século XIX que a demanda pelo trabalho do engenheiro aumentou e tornou-se uma realidade. As frentes de trabalho foram muitas, tais como as obras para construção de portos, de infraestrutura urbana e, principalmente, de estradas de ferro. Apesar de, no início, a participação dos engenheiros brasileiros ter-se dado na qualidade de auxiliar dos ingleses, eles, aos poucos, galgaram os postos de direção nas ferrovias. Em 1874, no primeiro currículo da Escola Politécnica do Rio de Janeiro havia a cadeira de "estradas ordinárias, estradas de ferro, pontes e viadutos", que procurava sanar as deficiências desses conhecimentos técnicos.[20]

Fora do Rio de Janeiro, o trabalho dos engenheiros era solicitado para solucionar problemas das mais diversas origens, por exemplo, as secas que atingiram a Província do Ceará. Na sessão do Instituto Politécnico Brasileiro em que se discutiam soluções para isso, foi dada a palavra ao engenheiro José Wirth, que questionou o fato de os engenheiros egressos da Politécnica não serem aproveitados para trabalhos nas províncias.

> Para que fim temos a nossa Escola Politécnica? (...) Com que se educa nesta escola centenas de moços inteligentes e de boa descendência? (...) Assaz para percorrer as ruas da corte? (...) Seguramente que não! Mas qual o fim deles? (...) O Governo não pode usar e aproveitar os dotes daqueles moços, porque em primeiro lugar não tem vagas para tais inteligências, e em segundo lugar não as pode ocupar em estudos e melhoramentos que o país por falta de verbas e por falta de permissão legislativa.[21]

O crescimento das cidades possibilitou a atuação dos engenheiros em diversos campos e ampliou suas práticas, ao mesmo tempo em que aumentava a necessidade de espaços para suas discussões. Podiam-se encontrar, constantemente, artigos e debates dos engenheiros relacionados aos "melhoramentos" urbanos. Uma questão largamente debatida por eles, principalmente nas revistas, foi o saneamento das cidades, o que demonstra o envolvimento intenso da engenharia no processo de crescimento e transformação do espaço urbano na virada do século.

As superintendências e diretorias de obras públicas constituíram-se em mais um espaço de atuação, pois estavam diretamente relacionadas às mudanças que deveriam ser feitas. A formação adquirida nas escolas possibilitou aos engenheiros a construção de uma identidade própria, percebida por meio da instrução recebida, de um discurso laudatório e, também, de ideias e comportamentos comuns expressos em publicações especializadas e em jornais de grande circulação. No entanto, como nos alerta Sonia de Mendonça,

> limitar-se a isso, contudo, significa obscurecer o caráter prático de cada uma das instituições escolares, as quais se acham inseridas numa hierarquia dos saberes e, consequentemente, do prestígio atribuído aos agentes dela oriundos. Significa, também, subestimar a predisposição a um certo tipo de ação sobre o real que é típica daqueles que derivam das mais variadas instituições.[22]

Assim, no exercício da profissão e nas relações introduzidas a partir dele, a história dos engenheiros brasileiros pode ser vista como fruto das disposições estabelecidas por meio do Saber e do Poder.

Com a incorporação de novas áreas de atuação, os engenheiros brasileiros relacionavam "progresso" ao desenvolvimento e ao aprofundamento da engenharia, tanto no ensino quanto em suas atividades práticas. Ao se unir ao poder público, a engenharia transformou "objetividade" em "autoridade".

O conhecimento adquirido, muitas vezes usado como possibilidade de acesso ao poder, reservou aos engenheiros imperiais uma determinada legitimação que lhes proporcionou uma interlocução direta e próxima com a classe dominante do país. Tal movimento não os colocava em contradição com a ordem escravista, pelo menos até as décadas de 1870/80.

É fundamental observar que ao longo do século XIX diversas associações científicas foram criadas, algumas de vida efêmera, outras ainda hoje existentes e com sua atuação confundida com a própria história do país. Dentre essas associações, podemos citar: Sociedade Econômica da Província de São Paulo (1821); Sociedade Auxiliadora da Indústria Nacional (1827); Sociedade de Medicina do Rio de Janeiro (1830); Academia Imperial de Medicina do Rio de Janeiro (1835); Instituto Histórico e Geográfico Brasileiro (1838); Sociedade de Medicina de Pernambuco (1841); Academia Filomática do Rio de Janeiro (1847); Sociedade Vellosiana do Rio de Janeiro (1850); Sociedade Estatística do Brasil (1855); Palestra Científica (1856); Instituto Médico Brasileiro (1858); Instituto Farmacêutico do Rio de Janeiro (1858); Associação Culto à Ciência de São Paulo (1859); Imperial Instituto Fluminense de Agricultura (1860); e aquele que passaremos a examinar mais detidamente, o Instituto Politécnico Brasileiro (1862).[23]

O Instituto Politécnico: um projeto em construção

O Instituto Politécnico Brasileiro foi gestado a partir de uma articulação de agentes que se mobilizaram ao perceber a importância da constituição de uma *engenharia imperial*.[24] Com o uso de critérios considerados por eles mais pertinentes, entendiam que associados forjariam um importante instrumento de legitimação do saber e fariam, assim, parte de um conjunto das instâncias formais de "consagração" dos engenheiros-intelectuais da segunda metade do século XIX.[25] Os engenheiros brasileiros demonstravam, dessa maneira, vontade de criar espaços nos quais sua prática profissional uniria saber e poder e possibilitaria maior capacidade de intervenção e legitimação das suas aspirações de ocupar posições de destaque "no conjunto do sistema de relações no qual essas atividades (e, portanto, os grupos que a personificam) se encontram, no conjunto geral das relações sociais".[26]

O ano de fundação do IPB foi significativo devido à simultaneidade de iniciativas que apontavam para possibilidades de atuação profissional dos engenheiros. Em 1862 o Brasil participaria, pela primeira vez, de uma exposição universal, a de Londres, mesmo ano em que era firmado contrato, pelo governo imperial, com a The Rio de Janeiro Gas Company, empresa criada pelo barão de Mauá, para o fornecimento de gás de iluminação para a capital do Império. Foi o ano da criação do Corpo de Engenheiros Civis do Ministério das Obras Públicas,[27] ou, na denominação de época, Secretaria de Estado dos Negócios da Agricultura, Comércio e Obras Públicas. Envoltos nesse contexto, os intelectuais-engenheiros que constituíam o IPB lançavam "manifestos" nas introduções de seu principal veículo de divulgação, sua revista. Expressavam ali suas "apostas", ou ao menos as "previsões" do que estava por vir, nas quais eles seriam os principais protagonistas.

E nesse caso as previsões são desdobramentos do que aqueles agentes faziam ou queriam fazer. Gramsci alertou certa vez que "quem prevê, na realidade tem um 'programa' que quer ver triunfar, e a previsão é exatamente um elemento de tal triunfo". Para mais adiante assinalar ser "claro que uma concepção do mundo está implícita em qualquer previsão".[28]

O IPB e o Ministério de Agricultura, Comércio e Obras Públicas

A criação do Ministério de Agricultura, Comércio e Obras Públicas,[29] um ano antes, fazia parte de um momento ímpar nas formulações dos dirigentes imperiais. Na *Fala do Trono*, por ocasião da abertura da assembleia geral de 10 de maio de 1859, a ideia de divisão dos assuntos acumulados pela pasta do Império já estava determinada: "A importância de tantos e tão variados objetos, que correm pela repartição do Império, aconselha, como medida da maior conveniência, a divisão deste ministério".[30] Tais instruções seriam reafirmadas na *Fala do Trono* da abertura da assembleia geral de 11 de maio de 1860: "A divisão do ministério do império, à vista da variedade de negócios importantes que por ele correm, deve ser objeto de vossa solicitude".

Ilmar Rohloff de Mattos, ao estudar a formação do Estado imperial e a consolidação dos Saquaremas como grupo dirigente hegemônico, observou que os relatórios oficiais da Justiça, dos chefes de polícia e dos principais dirigentes imperiais, que priorizavam a preocupação com a manutenção da ordem interna, sobretudo no período posterior à abdicação do imperador e às insurreições negras e diversas rebeliões, cediam espaço às questões relativas à propagação da "civilização", representadas pela divisão de tarefas de responsabilidade da nova pasta.

> À medida que os Saquaremas foram consolidando suas posições no interior do mundo do governo, unindo a seus propósitos mesmo aqueles homens livres não proprietários, o tema da Ordem passou a ser secundário, sendo suplantado pelo da necessidade de difusão de uma Civilização. A este deslocamento correspondeu um relativo esvaziamento da Pasta da Justiça, que só manteria com exclusividade as decisões referentes às questões de manutenção da ordem interna, em proveito das pastas do Império e da Agricultura.[31]

Deslocando a discussão sobre a criação do referido ministério para entendê-lo no momento em que se dava o movimento de constituição de diferentes classes e grupos sociais e a importância das "represen-

484 | FORMAS DO IMPÉRIO

tações recíprocas e contraditórias que os agentes construíam de si próprios", Ilmar de Mattos apontou o papel ativo e de destaque dos responsáveis pelo ministério no processo de equilíbrio de forças no jogo político. Os agentes do "esquadrinhamento", feito com mapas, cartas, plantas etc., foram vários, mas, certamente, os engenheiros tiveram importância singular nesse processo.

Já na segunda metade do século XIX, mais do que manter a "ordem", tratava-se de difundir a "civilização" a regiões mais distantes o quanto possível. Lugares físicos e mentais.

Em 1859 foi instaurada a Comissão Científica de Exploração, que percorreu o nordeste do Brasil, particularmente o Ceará, onde sua maior realização talvez "tenha sido no sentido do delineamento das estratégias de construção de uma ciência nacional, vinculadas à criação de identidades regionais na segunda metade do século XIX".[32] Ao folhear as páginas da *Revista do IPB,* notamos que os engenheiros eram, a todo o momento, "convocados" para prestar serviços nas províncias em obras para construção de estradas de ferro e de portos ou em comissões de exploração. Exemplo disso está descrito na ata de 23 de dezembro de 1873, na qual o "1º Secretário igualmente participa ao Instituto, por parte do Dr. Ewbank da Câmara, que em consequência de seguir em comissão para o norte, não pode comparecer às sessões do Instituto".[33] Como também na ata de 28 de abril de 1868, na qual Silva e Sá participou "seguir em comissão para a província de Minas a fim de explorar o rio das Velhas".[34] Entre os dirigentes do IPB ligados à sociedade política, podemos perceber o discurso da "civilização" de forma constante.

A criação do ministério e a do IPB têm muito em comum, a começar pelos primeiros responsáveis pela pasta de Agricultura, Comércio e Obras Públicas, que foram, também, fundadores do IPB e o presidiram no mesmo período.

Pedro de Alcântara Bellegarde, por exemplo, foi vice-presidente em 1862 e presidente em 1863 do Instituto, além de titular da pasta em 1863/1864; assim como Manuel Felizardo de Souza e Mello, que ocupou a presidência do IPB de 1865 a 1866 e a pasta da Agricultura, Comércio e Obras Públicas em 1861/1862. A simultaneidade de datas e sucessões nos primeiros anos do ministério e do IPB nos leva a pensar na multiplicidade das ações que poderia existir entre esses dirigentes.

Para além das preocupações externadas pelo ministério com o futuro da agricultura nacional,[35] no contexto do fim do tráfico de escravos e do início da estagnação da grande lavoura em algumas áreas do médio Vale do Paraíba, ao longo da década de 1860, firmava-se cada vez mais a certeza, para o conjunto dos dirigentes brasileiros, de que as soluções para a crise na agricultura viriam do crescente uso dos avanços técnicos em seus mais variados domínios. *Daí a importância, cada vez maior, que os engenheiros viriam a assumir a partir de então.*

Esse ministério tinha como encargos, num primeiro momento, atribuições de gestão e fiscalização das obras públicas gerais da Corte e nas províncias; estradas de ferro, de rodagem e telégrafos. Mais tarde ampliaram-se, com a responsabilidade frente aos canais, à exploração e desobstrução dos rios e a quaisquer obras hidráulicas necessárias para torná-los navegáveis; abertura, desobstrução e "melhoramento de portos e baías" e ainda no que dizia respeito ao cais e às docas. Também era responsável pelos "diversos ramos industriais e o seu ensino profissional"; pontes, calçadas e construções civis; iluminação pública, esgotos e extinção de incêndio no município da Corte. Evidentemente, estava nesse ministério a possibilidade maior de absorção dos engenheiros formados pela Escola Central, depois Politécnica. De fato, ao lado da restrita perspectiva de tornar-se "lente", era ao ministério que se dirigia o principal foco de atenção e concorrência dos postulantes ao exercício da profissão.

Com o 10º Gabinete, de 29 de setembro de 1848, segundo Ilmar de Mattos, os saquaremas iriam consolidar a direção plena sobre "os cidadãos ativos do Império, daí transbordando para toda a sociedade".[36] Manuel Felizardo de Souza e Mello, que fazia parte do grupo que assumia a direção política do governo, ao lado de José da Costa Carvalho (visconde de Monte Alegre), Paulino José Soares de Sousa (visconde de Uruguai) e Joaquim Rodrigues Torres (visconde de Itaboraí), seria o responsável pelas pastas da Marinha e da Guerra.

486 | Formas do Império

Ao procurar distinguir a participação dos fundadores do IPB no governo, notamos que no "gabinete saquarema" a importância de Manuel Felizardo foi caracterizada por sua permanência na pasta da Guerra no Gabinete conservador seguinte, de 1852, o que nos indica a preservação das diretrizes do Ministério da Guerra.

É importante assinalar que já em 1847, no 7° gabinete, a pasta da Guerra havia sido ocupada por Antônio Manuel de Melo, dirigente que também foi presidente do IPB, em 1864. Melo voltou a ocupar a pasta da Guerra no 18° Gabinete, "progressista", em 1863. No chamado Gabinete de "conciliação", em 1853, quem assumiu as pastas da Guerra e da Marinha foi Pedro de Alcântara Bellegarde, que foi substituído por Luís Alves de Lima e Silva (duque de Caxias) na pasta da Guerra e por José Maria da Silva Paranhos (visconde do Rio Branco) na Marinha.

No gabinete seguinte, o 13°, de 4 de maio de 1857, ainda de "conciliação", as pastas da Marinha e da Guerra foram ocupadas pelo deputado José Antonio Saraiva. Em 1858, no 14° Gabinete, ainda de "conciliação", o visconde do Rio Branco acumulou as pastas dos Estrangeiros e da Guerra, para ser substituído no gabinete seguinte, liberal, de 1859. Nesse momento, quem ocupava as pastas que nos interessam de perto, Guerra e Marinha, eram os deputados Francisco Xavier Pais Barreto e Sebastião do Rego Barros. No Gabinete "conservador" de 2 de março de 1861, com o duque de Caxias como presidente do Conselho e responsável pela pasta da Guerra, a recém-criada pasta de Agricultura, Comércio e Obras Públicas[37] foi ocupada por Manuel Felizardo de Souza e Mello. Ainda nesse gabinete, o visconde do Rio Branco ocupou a pasta dos Estrangeiros e da Fazenda. No gabinete seguinte, o 17°, de 24 de maio de 1862, todos saíram das pastas em questão. No 18° Gabinete, "progressista", as pastas da Guerra e de Agricultura, Comércio e Obras Públicas tiveram novamente, como responsáveis, Antônio Manuel de Melo e Pedro de Alcântara Bellegarde.

Como podemos observar, de início a atuação dos dirigentes imperiais nas pastas da Guerra e Marinha estava intimamente ligada ao núcleo que concebeu o IPB. Antônio Manuel de Melo, Manuel Felizardo

O Instituto Politécnico Brasileiro... | 487

de Souza e Mello e Pedro de Alcântara Bellegarde assumiram postos de direção no Instituto. Ao longo do período aqui analisado, dos diretores do IPB que se mantiveram em cargos ministeriais, o único que continuou foi o visconde do Rio Branco,[38] com papel preponderante em postos de direção política do país. A pasta de Agricultura, Comércio e Obras Públicas, até 1864, foi ocupada por fundadores do IPB. Após essa data, a prevalência de engenheiros no comando foi arrefecida e houve maior número de bacharéis em Direito.

Nesse contexto, os engenheiros foram percebendo que a luta por sua profissionalização era tarefa que não poderia mais ser adiada. Antes da data oficial de fundação do IPB, ocorreu uma reunião, em 1861, na qual alguns engenheiros, liderados pelo grupo do Arsenal de Marinha e por Guilherme Capanema, solicitaram a Pedro de Alcântara Bellegarde o esboço de uma proposta para a constituição de uma instituição própria da categoria. Bellegarde, que já acumulara experiência anterior como um dos fundadores do Instituto Histórico e Geográfico Brasileiro, do qual tinha sido o primeiro orador oficial, em 1838,[39] era, de fato, uma referência. Afinal, tratava-se de um veterano na organização de associações.

A consulta feita a Bellegarde resultou em dois documentos manuscritos. O primeiro, redigido pelo próprio, tinha como título "Bases orgânicas de um Instituto Politécnico" e, já na introdução, dizia que por solicitação dos engenheiros que o procuravam pretendia-se constituir uma "sociedade para o estudo e difusão dos conhecimentos teóricos e práticos desta profissão [engenharia]".[40] Logo em seguida, numa frase riscada, mas da qual é possível a leitura, há menção à necessidade de "pôr na conformidade do decreto 2.711 de 19 de dezembro de 1860, art. 2º, § 2º".[41]

O documento antecipava o que ocorreria com a fundação do IPB. Um primeiro esboço dos estatutos[42] estava proposto e, mais tarde, foi adotado com pequenas alterações.[43] Havia ainda a proposta de um regulamento geral, que procurava ditar as normas de rotina da instituição, isto é, periodicidade, forma de organização da diretoria e ingresso de sócios, e passava pela proposta de edição de uma revista, que seria concretizada seis anos mais tarde.

488 | FORMAS DO IMPÉRIO

Bellegarde, com sua experiência em ministérios e constituído como um importante dirigente imperial, listou, também, aquela que, no seu entender, seria a melhor conduta para os que pretendiam fundar um instituto de engenheiros, ou seja, algumas orientações significativas de como os futuros fundadores do Instituto deveriam agir. São itens que traçam ponto a ponto estratégias de ação. Em primeiro lugar, propunha a nomeação de uma diretoria e em seguida "Que se peça a S.M. a sua alta proteção". Nesse ponto constatamos as semelhanças com o IHGB. Bellegarde também não se esqueceu de propor que fossem nomeados "sócios honorários, os atuais ministros do Império, da Guerra e [?], e o Sr. Conselheiro A.M. de Mello".[44] Ainda como estratégia de ação, propunha que fosse comunicada a fundação do novo Instituto às associações contemporâneas, como "Instituto Histórico, Auxiliadora, Propagadora de Artes e Ofícios". Por fim, deixava como sugestão a ideia de usar um "Selo do Instituto". Está desenhado o que seria, segundo aquela proposta, a imagem-símbolo do IPB: uma locomotiva sob o céu do cruzeiro, com a legenda "Progresso". Nada poderia ser mais simbólico.

Fica evidente que existia um "núcleo" anterior à fundação do IPB, que discutia as diretrizes que a Instituição deveria seguir e concordava com elas. Um ano depois, é importante visualizar os 47 signatários da lista de fundadores do Instituto.[45] De imediato, observa-se que entre os engenheiros e professores da Escola Central estavam alguns dirigentes imperiais, homens que haviam se destacado na construção do Império Brasileiro.[46] Pelos dados compulsados, vemos uma forte presença de militares, importante influência em todo o processo de constituição do IPB.

A inspiração da organização do IPB vinha da proximidade com personalidades que eram sócias e em alguns casos fundadoras do IHGB, que por seu lado adquirira influências do modelo francês de institutos.

As reuniões do Instituto Politécnico Brasileiro ocorriam em salas cedidas pela direção da Escola Central, em acordo com a solicitação feita, por Capanema, ao governo imperial para esse fim.[47] Aconteciam sempre às "quintas-feiras das 6 ½ às 8 horas da noite".[48] A primeira diretoria foi eleita na sessão de 6 de novembro de 1862.

No período que estamos considerando, entre 1862 e 1880, o Instituto Politécnico Brasileiro teve como presidentes: Guilherme Schuch de Capanema (1862), Pedro de Alcântara Bellegarde (1863), Antonio Manoel de Mello (1864), Manuel Felizardo de Souza e Mello (1865 e 1866) e o conde d'Eu, que permaneceu no cargo de 1867 até 1889.[49]

Como uma das formas de dar visibilidade a seus projetos, o Instituto tinha como principal veículo de divulgação de suas atividades sua revista, já citada aqui, publicada entre 1867 e 1906 e denominada *Revista do Instituto Politécnico Brasileiro*. Nesse periódico estão reproduzidos diversos trabalhos elaborados pelos associados, bem como as atas das reuniões ocorridas no IPB, nas quais frequentemente discutiam-se questões ligadas à engenharia nacional e às ciências de modo geral, assim como atos oficiais do Ministério da Agricultura. Com o passar do tempo, publicou também debates e controvérsias que envolviam diferentes nomes da engenharia brasileira.

Pode-se dizer que a revista oferece certo panorama da engenharia nacional da segunda metade do século XIX; além do mais, foi a única publicação periódica sobre a engenharia até meados da década de 1870.

A partir de 1877, a *Revista do IPB* passou a ser publicada em conjunto com a publicação do Ministério da Agricultura, mas não sem antes passar por um debate interno. Na ata da sessão de 12 de dezembro de 1876, está registrado que o IPB recebeu um ofício do ministro que tinha "dúvidas sobre a preservação do título — Revista do Instituto Politécnico, desejando por isso ouvir a casa". André Rebouças faz uma proposta, "(...) para que fique a mesa autorizada a tratar com o mesmo Sr. Ministro. O Sr. Conde de Roswadowski pede esclarecimentos que lhe são ministrados pelo Sr. Presidente". O redator-chefe da *RIPB*, Mello Hollanda Cavalcanti, "diz que o nome do Instituto não deve ficar esquecido, e, se bem que aplauda a fusão, não a aceita, tendo o Instituto de perder ainda que seja pouco". O Sr. Redondo fez considerações que impugnavam a fusão e o "Sr. Dr. Paula Freitas procura explicar a questão dizendo acreditar que o Instituto ficará representado devidamente, pois ocupará por si só uma das sessões da projetada Revista. O Sr. Dr. Hollanda insiste na sua opinião já enunciada, produzindo considerações ainda em favor da mesma".

Mesmo após as considerações feitas por Paula Freitas, o Dr. Luz deu sua opinião "impugnando também a fusão com a condição de perder a Revista o seu nome atual, diz mais que julga que, a adotar-se tal medida, ficaria prejudicado o regulamento do Instituto". A sessão resolveu que o IPB não deveria ceder à troca do "nome da atual Revista se tanto for preciso para fazer ela parte da futura Revista das Obras Públicas do Império". O Instituto conseguiu que a revista mantivesse o nome original, mas foi incluída a parte relativa ao ministério e passou a chamar-se *Revista do Instituto Politécnico Brasileiro e das Obras Públicas do Brasil*.

Na apresentação feita pelo representante do ministério, Ignácio da Cunha Galvão, também sócio do IPB, e pelo representante do Instituto, Hollanda Cavalcanti, foi justificada a fusão.

A revista que então aparecia encontrou em funcionamento a do Instituto Politécnico Brasileiro, que contava nove anos de existência e já publicara sete tomos. Por um lado, cumpria respeitar a prioridade da iniciativa. Por outro lado, a existência simultânea de dois órgãos de publicidade para a mesma ordem de fatos que caminhariam paralelamente tenderia a enfraquecer ambos. O resultado natural era a fusão, ou antes, a adaptação da revista existente aos novos fins que se tinha em vista.

Um ano mais tarde, na sessão de 19 de março de 1878, foi lido um ofício do Ministério da Agricultura em que é participado a...

> Sua Alteza o Sr. Presidente que, não havendo verba para continuar-se a impressão da "Revista do Instituto Politécnico" por parte deste Ministério, e tendo sido dispensado o Conselheiro Ignácio da Cunha Galvão, que a redigia, comunicava à Sua Alteza para que, ciente o mesmo Instituto, resolva como entender conveniente sobre a publicação do referido trabalho.

Nesse mesmo ano, 1878, houve troca de gabinete: saiu o do conservador duque de Caxias e assumiu o do liberal João Lins Vieira Cansansão de Sinimbu (visconde de Sinimbu). A ata do IPB não deixou claro, mas é possível que, com a queda de Galvão, sócio-fundador do IPB e defensor da fusão, acabara a participação formal do governo na publicação da revista. A publicação fora sempre um problema, com uma constante falta de verbas para a impressão; a fusão com a revista do ministério tinha resolvido isso, o que poderia ser considerado, mesmo que indiretamente, como a tão solicitada subvenção.

Diante disso, os sócios do IPB tiveram de pensar soluções que tornassem possível continuar a publicação da revista. Assim, na sessão de 23 de julho de 1878, "(...) o Sr. Dr. Paula Freitas propõe que, visto ter cessado a impressão gratuita da Revista por parte do Governo, seja o Sr. redator geral [André Rebouças] autorizado a tratar com uma tipografia particular a publicação da revista". Paula Freitas comunicou "que, tendo o orador e o Dr. Schreiner oferecido número suficiente de exemplares impressos das suas memórias, bastará para completar o n°. 12 da Revista publicar as atas e brochar os exemplares, despesa que será diminuta".

Essa deve ter sido uma prática comum, pois a revista com as atas de 1880 começa com a advertência de que "este tomo da Revista é publicado quase exclusivamente a expensas dos drs. Luiz Schreiner e Del Vecchio, que para ele concorreram com o valor da impressão dos seus trabalhos".

A publicação da revista, que divulgava as ações dos engenheiros, pode ser considerada uma das possibilidades de construção de um pensamento hegemônico junto ao governo imperial. A revista também publicava as atas das sessões do IPB, que de um modo geral eram lidas e aprovadas na sessão seguinte. Quando havia alguma divergência, elas eram modificadas. Quando a revista ainda não era editada, as notícias do IPB eram publicadas na imprensa.

Ao longo do século XIX, a engenharia brasileira foi se constituindo em um importante conjunto de saberes e práticas, com um papel cada vez mais relevante no cenário do país. Foi a partir da criação

492 | Formas do Império

do IPB que os engenheiros brasileiros consideraram necessário instituir um fórum de debates e um veículo para disseminação de novos conhecimentos.

Somente mais tarde, nas décadas de 1870 e 1880, apareceram outras revistas que concorreram com a do IPB: *Revista da Escola Politécnica, Revista do Instituto Politécnico de São Paulo* e *Revista do Clube de Engenharia*, os chamados "jornais científicos", como eram conhecidas as revistas técnicas, na época.

Esses periódicos tinham como objetivo divulgar trabalhos e dar visibilidade aos debates científicos levados pela categoria. Expressavam interesses de determinados grupos e a função de cada um no meio político e técnico.

A primeira foi justamente a já mencionada *Revista do Instituto Politécnico Brasileiro*, lançada em 1867 no Rio de Janeiro. Na década seguinte, em 1876, surgiu a *Revista do Instituto Politécnico de São Paulo*, publicada durante apenas um ano, mas que tinha objetivos, estatutos e organização semelhantes à sua similar do Rio de Janeiro. No primeiro número mostrava a intenção de publicar novos conhecimentos científicos e fatos de interesse para o progresso da sociedade e o desenvolvimento do país.

No Rio de Janeiro, em 1879, Francisco Picanço dirigiu a *Revista de Engenharia*. A preocupação dessa revista era, também, a publicação de questões técnicas de maior relevância para a época, como a construção de estradas de ferro.

Outra importante publicação, criada também no Rio de Janeiro, em 1887, foi a *Revista do Clube de Engenharia*. Constituiu-se num importante veículo de troca de opiniões, principalmente após as reformas urbanas implementadas na cidade.

Cada uma dessas revistas procurava atender, de maneira imediata, aos integrantes das instituições a que estavam vinculadas. De uma maneira geral, buscavam divulgar e legitimar as ações dos engenheiros.

Já em outro determinado momento, foi instituída no IPB a Medalha Hawkshaw, que merece nossa atenção. John Hawkshaw, engenheiro inglês, fora convidado pelo governo imperial para estudar

O INSTITUTO POLITÉCNICO BRASILEIRO... | 493

diversos portos no Brasil. Quando esteve no Rio de Janeiro, foi homenageado numa sessão especial do IPB, em 4 de novembro de 1874, presidida pelo visconde do Rio Branco, que lhe conferiu o título de sócio honorário. Foram conferidas 14 medalhas até 1903 e vale ressaltar que os trabalhos eram examinados por uma comissão de sócios, eleita pelo IPB, e os resultados submetidos, em seguida, à sessão plenária. São importantes trabalhos no cenário da engenharia no fim do século XIX.

A premiação, resultado da publicação de estudos feitos pelos engenheiros, constituía-se em formas simbólicas de consagração e obtenção de prestígio para o premiado. Afinal, "o que é percebido como interessante é o que tem chances de ser reconhecido como importante e interessante pelos outros; portanto, aquilo que tem a possibilidade de fazer aparecer aquele que o produz como importante e interessante aos olhos dos outros".[50]

Em um duplo movimento, os intelectuais buscavam sua proximidade com o círculo dos mais próximos, mediante o prestígio que pudessem obter a partir do reconhecimento da "prática científica". Por outro lado, os dirigentes procuravam legitimar o conjunto de ações do governo imperial e dar visibilidade a ele valendo-se da engenharia, para afirmar-se, assim, como "modernos" e poder fazer parte das chamadas nações civilizadas.

A historiografia comumente tem vinculado os engenheiros brasileiros, principalmente os civis, a certo comprometimento com setores sociais antagônicos à ordem estabelecida, ou ainda, como agentes da inovação técnica, com grupos descomprometidos com a concepção do mundo escravista. No entanto, nossa pesquisa tem mostrado que a noção de "progresso" e "modernização", defendida pelos engenheiros brasileiros de um modo geral, não se colocava contraposta à tradição e estava muito mais em oposição às ideias de "atraso", estagnação. O fenômeno não é novo. Perry Anderson já apontava que "o paradoxo aparente de tal fenômeno refletiu-se em toda a estrutura das próprias monarquias absolutistas — combinações exóticas e híbridas cuja 'modernidade' superficial trai frequentemente um arcaísmo subterrâneo".[51]

494 | FORMAS DO IMPÉRIO

Nas atas do IPB não aparecem os que se opunham ao modelo escravista agroexportador brasileiro, nem mesmo André Rebouças, em suas falas e memórias registradas no Instituto, no período aqui analisado (1862 a 1880). José Louzeiro[52] reconhece que Rebouças, desde seus primeiros anos de vida pública, à proporção que se robustece nele o líder das atividades empresariais, pensa na formulação de leis que, pouco a pouco, possam criar condições para que os negros se libertem do trabalho servil. Quando passa a engenheiro-chefe das obras da Alfândega, faz inúmeras sugestões para que os escravos que ali trabalham consigam a libertação. Quer Rebouças criar uma espécie de fundo econômico que possa garantir o direito de alforria. Mais tarde, seu relacionamento com o poeta e jornalista maranhense Joaquim Serra, abolicionista exaltado, leva-o a uma maior decisão na luta pelos homens de sua cor. Deve-se reconhecer, entretanto, que até 1880 as atividades de Rebouças nesse particular são esporádicas. Sugeriu uma lei de impostos sobre escravos, calculados no país inteiro em 1,5 milhão, numa população de 10 milhões de habitantes; começou a redigir um projeto de lei para emancipação total dos escravos; libertou os últimos trabalhadores servis que tinha nas suas propriedades: Roque, Júlia e Emília. Mas faltavam-lhe as ligações com os mais destacados líderes do movimento, aqueles que se popularizariam única e exclusivamente como promotores da campanha abolicionista: José do Patrocínio, Joaquim Nabuco, Joaquim Serra e tantos outros.

Maria Alice Rezende de Carvalho confirma que

> da perspectiva de Rebouças, o contexto da luta abolicionista foi aquele que, pessoalmente desorganizado pela impossibilidade de converter a sua experiência singular como self-made man na atividade prometeica na fundação de uma cultura técnica nacional, aderira ao abolicionismo, isto é, a um movimento capaz de reciclar sua derrota em uma nova aposta.[53]

Já o visconde de Taunay e Beaurepaire Rohan fizeram parte de um grupo, chamado de "imigrantista", que, além de defender uma abolição gradual, postulava a imigração. No entanto, até 1880, as atas do IPB não mencionam a questão da escravidão, nem mesmo quando o assunto era mão de obra.

Apenas em 1888, o IPB deu nota sobre a abolição, depois do fato ocorrido.

A ligação com a monarquia de uma associação de letrados, como o IPB, com interesses pela engenharia imperial, evidenciou-se, entre outras vias, por atos simbólicos, como a escolha do pretenso herdeiro em linha direta da monarquia para presidente honorário da instituição até 1889, ano que assinala o golpe de Estado republicano.

Como já apontamos, o IPB exerceu influência nas decisões de natureza técnica no império, como aquelas relacionadas com a construção de portos, ferrovias, distribuição de águas e saneamento. Mas o governo imperial valeu-se também do Instituto, em diversos momentos, para defender certas medidas de conotação técnica.

Dois acontecimentos na vida do IPB foram marcantes no que dizia respeito ao seu escopo imperial. Em momentos diferentes, seus símbolos foram questionados e o Instituto foi chamado a reafirmar sua filiação.

Quando do falecimento de dom Pedro II, ocorrido em Paris em 1891, já no período republicano, foi publicada na *Revista do IPB* uma gravura do imperador com a legenda "D. Pedro II, Imperador do Brasil, presidente honorário do Instituto Politécnico Brasileiro" e em nota dizia-se:

> soube ser monarca sábio, amante do progresso, e sempre benévolo, tendo o infortúnio de sair da sua pátria para sempre, em consequência de acontecimentos de todos conhecidos. O seu reinado assinalou-se pela criação do ensino popular, e muitos melhoramentos nos ramos do ensino superior; pela fundação de vários estabelecimentos de caridade e beneficência; pela organização de associações científicas, a que consagrava toda animação; e pelas reformas administrativas e sociais de que dotou o país. (...) O certo é que nós o tornamos a ver, nas suas desventuras, tão benévolo para com todos, tão calmo, tão sereno, como no tempo da prosperidade, e que ele fez ver pela sua firmeza de alma, que lhe era mais fácil a ele viver sem o seu império do que ao seu império viver sem ele.

496 | FORMAS DO IMPÉRIO

O título de presidente honorário foi instituído em 1891. Ao que tudo indica, aparecia na relação da diretoria do IPB como "Presidente Honorário: Sr. D. Pedro d'Alcântara". A indicação do cargo sem o título de imperador deveu-se, certamente, à proibição, pelo governo republicano, do uso de símbolos imperiais. Mas, como se reafirmasse sua "condição imperial", o IPB, em tempos republicanos, o tornaria seu presidente honorário, perpetuado como "monarca sábio, amante do progresso", imperador do Brasil.

Pouco tempo depois, em sessão de 26 de outubro de 1892, era relatado em ata um incidente com a cunhagem da Medalha Hawkshaw. Por ocasião da entrega do prêmio de melhor trabalho em engenharia, merecedor da comenda instituída pelo IPB, a Casa da Moeda se recusava a cunhar a medalha sem que fosse alterada a face que continha a efígie do ex-imperador. E em decisão do Instituto foi enviado um ofício ao diretor da Casa da Moeda que requisitava a entrega da matriz para o Instituto "não competindo à Casa da Moeda impor ao Instituto alterações na medalha, cuja matriz é propriedade sua, porque foi preparada à sua custa no estabelecimento Valentim". Na sessão seguinte, de 4 de novembro de 1892, o Instituto recebe a resposta da diretoria da Casa da Moeda:

> Diretoria da Casa da Moeda, Capital Federal, 27 de outubro de 1892. Os cunhos da medalha Hawkshaw estão à vossa disposição, sendo deles suprimidos a efígie do ex-imperador e os dizeres: "D. Pedro II imperador do Brasil", porque, sendo contrário às leis da República (regime pelo qual pugnastes sempre ou a que lealmente aderistes), foram cancelados com outros emblemas semelhantes. Em vez desse símbolo e dessa inscrição esdrúxula e ofensiva das instituições que regem o Brasil, tendo em toda a atenção os vossos e os meus deveres, propus verbalmente ao representante dessa associação que fossem eles substituídos pelas armas da República; pois sendo a associação que distribui esse prêmio de caráter nacional, patriótico e científico e não imperial, isto é, subversiva da ordem social, só estes símbolos, ou qualquer outro emblema técnico podem a ela convir.

É unanimemente aprovado em sessão do IPB o envio de outros dois ofícios: um novamente ao diretor da Casa da Moeda, para que lhe mande com urgência a matriz da medalha, uma vez que "é propriedade do Instituto Politécnico Brasileiro e apenas tem aí estado depositada por acordo com os vossos antecessores", e um segundo, ao ministro da Fazenda, "em nome do direito perfeito que lhe assiste, requer a expedição das vossas ordens, para que o funcionário em questão restitua a matriz da medalha, que é propriedade do Instituto". Não está registrado nas atas como o incidente foi resolvido, porém, de acordo com a relação de prêmios entregues pelo IPB, sabe-se que a medalha continuou a ser outorgada até 1903. Segundo Agulhom,

> um poder político, com efeito, não é somente composto de homens que instauram e que manobram certas instituições, que se dizem donos de certas ideias e exercem certas ações. Ele visa a se fazer reconhecer, identificar e, se possível, favoravelmente apreciar, graças a todo um sistema de signos e de emblemas dos quais os principais são aqueles que são vistos.[54]

E assim a engenharia imperial estaria preservada no IPB, por mais algum tempo, também por meio de seu principal emblema.

A inserção política dos engenheiros civis no Segundo Reinado: breves reflexões

Os intelectuais-engenheiros de associações como o IPB foram constantemente solicitados, por parte do governo imperial, a contribuir nos "esquadrinhamentos"[55] do Império brasileiro, que visavam a levantar dados diversos, como os recursos naturais do país, a população etc.

Em sua grande maioria, esses homens integravam os postos administrativos do governo imperial e ocupavam funções que lhes impunham fazer tais levantamentos. Esses agentes preenchiam aos poucos as tarefas de levantamentos geográficos, econômicos e populacionais de que os dirigentes imperiais careciam. "Informações estatísticas foram levantadas, procurando-se articular a 'riqueza' de cada uma das províncias às necessidades materiais do governo do Estado."[56] Nesse processo, aproximava-se a engenharia do poder, em alguns casos de forma explícita, ao colocar-se à disposição das solicitações do governo imperial.

Exatamente no propósito de contar com tais levantamentos dos recursos naturais e "esquadrinhamentos" do país é que a sociedade política recorria à colaboração de membros de instituições como o IPB.

A delimitação da mesclada rede de relações daqueles que faziam parte da pequena parcela de letrados no Império é algo que se evidencia nas biografias e até nas autobiografias, nas quais os nomes se repetem e marcam uma significativa teia de relacionamentos. Também pelos inventários *post-mortem*, a historiografia tem percebido que, pelas mesmas e diversas instituições que vários homens frequentavam na época, é possível perceber a imbricação social de setores dominantes, característica forte no Segundo Reinado. Diversos "espaços" de relacionamento existiam para aqueles que se consideravam membros da "boa sociedade", desde saraus e festas vultosas até "sociedades secretas", passando pela imprensa e pelas livrarias, bibliotecas e escolas.

Por outro lado, os laços pessoais que atraíam esses homens a diversos "lugares" não são suficientes para entender o que mobilizou a reunião de alguns deles, parcela significativa, em torno de uma "associação de engenharia". Por dentro dessa "rede de entroncamentos", que se complexificava, alguns estiveram dispostos a apostar nessa instituição. Provavelmente, e semelhantemente a outros exemplos, uma lista de adesão a uma associação de engenheiros deve ter circulado por entre os vários setores que compunham essa pequena parcela de letrados. Alguns lugares nos quais certamente o empenho foi privilegiado foram a Escola Central, o Arsenal de Marinha, a Escola Militar e a Academia de Marinha.

O Instituto Politécnico Brasileiro... | 499

Portanto, trata-se de entender e analisar quem eram esses homens, humanizá-los e citá-los, buscar compreender suas trajetórias familiar, educacional e profissional; dar importância às suas diferenças e especificidades, mas também aos seus projetos, defendidos enquanto grupo, ou seja, "a sua força determinante, positiva e negativa, a sua contribuição para criar um acontecimento e também para impedir que outros acontecimentos se verifiquem".[57]

Por outro lado, ao agrupar essas trajetórias, não podemos entendê-las como um amontoado de carreiras individuais, isoladas. Nem sempre pertencer a uma determinada "geração", ter identidade econômica, política e social é o suficiente para entender os agentes em questão. O mais importante é compreender que os dados são falhos quando se trata de analisar o ser humano, apenas é possível verificar uma tendência, isso sim, pelo entrelaçar dos dados em conjunto. E nesse complexo mesclar procuramos, assim, perceber a "rede" específica que os levaria a reunir-se em torno de um *movimento político* concreto, o IPB.

As dificuldades nesse tipo de classificação já são constatadas pelos historiadores, até porque, em alguns momentos, temos de arbitrar categorias com as quais estamos trabalhando. Muitas vezes, as trajetórias, as ocupações profissionais, a formação etc. ocorrem simultaneamente, em alguns dos casos analisados. Essas categorias não apenas são excludentes como também apresentam diversidade interna e frequentemente se sobrepõem. Dessa maneira, estabelecer critérios ao agrupar os vários agentes em questão tem sido a solução possível para a presente pesquisa.

É importante lembrar também que dividimos em dois grupos principais o "universo" de nossa análise, com base na estrutura de sócios do próprio IPB, isto é, fundadores, honorários, efetivos. Para efeito desse trabalho, os grupos ficaram separados da seguinte maneira:

Aqueles que formavam o grupo de adesão à fundação do IPB, que, como vimos extrapolava o efetivamente envolvido na "construção" da entidade, mas que tinham significado por estar listados em diversas relações do IPB como "sócios fundadores" e pelo "peso" que alguns tinham na sociedade política. Alguns tinham também a marca do envolvimento, de uma maneira ou de outra, no processo de construção do Estado imperial. Faziam parte desse grupo, por exemplo, aqueles que estiveram ligados à chamada "trindade saquarema" ou a integraram. Exemplos disso são Antonio Paulino Limpo de Abreu e Manuel Felizardo de Souza e Mello.

Para compor um segundo grupo de análise, reunimos aqueles listados pelo IPB como "sócios efetivos e honorários", agrupados em outro conjunto, por refletir, em sua maioria, um conjunto de homens que aderiram ao IPB ao longo do período delimitado por nosso trabalho, 1862–1880.

Os "sócios correspondentes" não foram contemplados por nosso levantamento. Procedemos assim por dois motivos principais: primeiro, por ser um grupo grande e, em sua maioria, com pouca regularidade no Instituto e, segundo, pelas próprias características do conjunto. Majoritariamente, são pessoas com pouco ou nenhum dado biográfico recuperado pelos dicionários biobibliográficos existentes. De qualquer maneira, consideramos a importância de alguns dados desse grupo. São significativos e merecem ser explorados com maior profundidade. Por exemplo, qual seria a diversidade de localização dos sócios correspondentes? Quais se distinguiram em suas províncias de origem e passaram para sócios efetivos do IPB? Como se constituíam as relações entre os engenheiros que atuavam na Corte e os que atuavam nas províncias e no exterior? Tais questões ajudariam a esclarecer melhor a amplitude de ação da *engenharia imperial*.

Portanto, de um "universo" de análise de 428 sócios do IPB, de 1862 a 1880, com a exclusão dos "sócios correspondentes", trabalhamos com três grandes conjuntos, que totalizam 198 membros: 47 sócios fundadores, 110 efetivos e 41 honorários.

Ao longo do período estudado, foram identificados, como dito acima, 428 sócios. Esses nomes foram relacionados com base nas listagens apresentadas por alguns números da *Revista do Instituto Politécnico*. Na maioria das vezes, é possível perceber que nas atas da revista são relacionados nominalmente os sócios do Instituto com direito a voz e voto, porém a característica da associação era ser aberta ao público ouvinte.

Em primeiro lugar, como dito antes, procuramos relacionar aqueles sócios que foram fundadores e aqueles que ocuparam cargos de direção na instituição. Presidente, vice-presidente, 1º, 2º e 3º secretários, redator-chefe e o responsável pela Comissão de Admissão de Sócios. É evidente que ocupar cargos de direção demonstra imediatamente o envolvimento com as formulações e as propostas defendidas pelo IPB, mas não exclusivamente.

Também é importante assinalar que a maioria dos sócios por nós identificados é considerada intelectual, uma vez que atua na formulação de questões para além da especificidade imediata de sua área profissional, a engenharia. Participavam das "grandes escolas", publicavam e envolviam-se na sociedade política com afinco.

Em relação às categorias adotadas para a "distribuição sócio-ocupacional" dos sócios do IPB, é importante assinalar que a classificação esteve atenta à atividade principal exercida pelo sócio durante o período delimitado do trabalho. Como em muitos casos os sócios encontravam-se em "situações-limites", procuramos adotar, quando foi o caso, a categoria "político" para os que exerciam, ao mesmo tempo, outra atividade profissional. O grupo identificado como "políticos" indica aquelas pessoas que seguiam uma carreira política, com uma trajetória profissional ligada especificamente a postos de formulação, executivos e decisórios no âmbito da sociedade política. Foram considerados aqueles que exerceram ou exerciam cargos de ministro, conselheiro de Estado, diretor, senador, deputado etc. e ainda o de presidente de província. A maior dificuldade de trabalhar com essa categoria prende-se ao fato de que esses agentes tinham outras atividades, tanto do ponto de vista econômico quanto do profissional.[58] Esse torna-se um grupo importante, pois a partir dessa classificação é possível visualizar as imbricações dos sócios do IPB com a sociedade política imperial.

Lista dos Políticos do IPB

Nomes	Categorias
Alfredo d'Escragnolle Taunay	Efetivo
André Gustavo Paulo de Frontin	Efetivo
Antonio Manoel de Mello	Efetivo
Antonio Paulino Limpo de Abreu	Fundador
Augusto João Manoel Leverger	Honorário
Benjamin Constant Botelho de Magalhães	Efetivo
Camillo Maria Ferreira Armonde	Honorário
Conde d'Eu (Luís Filipe Gastão de Orleans)	Honorário
Domingos Sérgio de Saboia e Silva	Efetivo
Felisberto Caldeira Brant Pontes de Oliveira Horta	Honorário
Francisco Octaviano de Almeida Rosa	Honorário
Francisco Pereira Passos	Fundador
Irineu Evangelista de Souza	Honorário
João Ernesto Viriato de Medeiros	Fundador
José de Miranda da Silva Reis (barão de Miranda)	Efetivo
José de Saldanha da Gama	Fundador
José Joaquim de Lima e Silva	Efetivo
Manoel Buarque de Macedo	Efetivo
Manoel de Araujo Porto Alegre	Honorário
Manuel Felizardo de Souza e Mello	Fundador
Pedro de Alcântara Bellegarde	Fundador

Fonte: Dados compilados a partir de dicionários biográficos. Cf. Pedro Eduardo Mesquita de Monteiro Marinho, op. cit.

Em relação aos sócios do IPB que figuravam na representação política, é possível notar a presença de nomes significativos no período estudado (1862–1880). Outra importante característica que os "distinguia" dos demais era dada por aqueles que, após o exercício de funções ministeriais, foram nomeados para o posto vitalício de conselheiro de Estado. Vários são os sócios do IPB que passaram a ser citados nas atas com a referência "conselheiro".

Assim, os intelectuais-engenheiros do IPB viam-se envolvidos com os dirigentes imperiais e em alguns casos eles mesmos constituíam-se como tais e ocupavam cargos políticos e altos postos na administração. Ao mesmo tempo, gradativamente, buscavam criar condições que possibilitavam determinado grau de autonomia, menos sujeitos à dependência das instâncias políticas. O que é certo é que, ao longo do período estudado, para os sócios do IPB, em sua maioria, a "autonomia" não significou o afastamento do poder.

O grupo do IPB era formado, majoritariamente, por filhos de militares e funcionários públicos, característicos, portanto, dos setores médios urbanos em expansão.

Esses homens, ao longo da primeira metade do século XIX, haviam circulado de maneira intensa pelo Império e sido chamados a desempenhar diversas funções na burocracia civil ou militar, atividades políticas e combates em diversas campanhas.

Outra questão importante é a presença de "títulos nobiliárquicos". Considerando que, mesmo entre a parcela pequena de "letrados", é contingente reduzido, a "titularidade" de alguns sócios demonstra que havia considerável proximidade entre estes últimos e as hierarquias monárquicas. Ou seja, mais um dado que caracterizaria a "proximidade" desses com a monarquia de um modo geral.

Grande parte dos intelectuais-engenheiros do conjunto que estamos analisando tinha no Rio de Janeiro expressivos laços da sua rede de apoio. O Rio de Janeiro havia sido o lugar de nascimento de significativa parte do grupo em questão e, também, o local da sua formação ou ainda da sua atividade profissional. A cidade constituía-se como o polo de atração de uma importante parcela de intelectuais, que tinham, assim, grande mobilidade geográfica. Era da Corte que eles partiam para a atuação nas províncias.

O Rio de Janeiro acabava sendo o lugar obrigatório de confluência para aqueles que, mesmo nascidos em outras províncias, buscavam formação e atuação na *engenharia imperial*.

Como podemos observar, a formação é basicamente militar e todo o *habitus* adquirido é internalizado de tal maneira que, mesmo tendo deixado a carreira militar para exercer a da engenharia, muitos continuam a se comportar como tal. Em parte significativa das atas de reuniões do IPB, foi registrada a "ordem do dia".

Como afirma Sonia Mendonça, os engenheiros, "por sua formação, iriam afirmar-se nas instâncias burocrático-decisórias (...), imprimindo a orientação cada vez mais tecnizante de seus discursos e práticas, tidos como apolíticos e, por isso mesmo, eficazes ideologicamente".[59]

A maioria dos engenheiros tinha formação militar. Pertencia a uma geração para a qual essa atividade ainda estava ligada a uma carreira militar. Na trajetória deles, boa parte havia seguido a carreira, como seus pais, porém parcela significativa abandonaria as "armas" após atingir postos oficiais. Uma parte dos recém-formados serviria no corpo de engenharia do Exército, outra no magistério e alguns atingiriam postos em cargos técnicos na administração pública, como já foi apontado.[60]

Quanto à atuação profissional dos intelectuais-engenheiros, havia uma reduzida diferenciação, uma vez que os agentes em questão constituíam categorias que se sobrepunham. A profissionalização dos intelectuais-engenheiros implicava, na maioria dos casos, o exercício profissional cumulativo de variadas atividades. Em boa parte dos casos, a produção efetivada por esses agentes incluía "jornalismo científico", projetos, pareceres, obras de referência, mapeamentos, estatísticas, estudos históricos, cartas cadastrais etc.

O principal campo de atuação desses engenheiros era a sociedade política, na qual estava configurado o mercado de trabalho privilegiado, visto que o aparelho de Estado era o único lugar de acesso empregatício desses agentes. Isso se deu mesmo para aqueles contratados para trabalhar em estradas de ferro, posto que essas, além de serem concessões do governo imperial, poderiam ser subvencionadas ou mesmo encampadas, como a pioneira Estrada de Ferro Dom Pedro II. Muitos desses profissionais ocupavam altos cargos políticos. No conjunto de intelectuais-engenheiros em questão, se encontravam, na sua grande maioria, aqueles pertencentes aos "quadros de gestão", que atuavam em várias modalidades, tais como participação em comissões, consultorias etc. Muito embora a diversificação das atividades ligadas à engenharia civil fosse uma realidade prática dos engenheiros, esses a recebiam na formação escolar, que os colocava em um plano de quadros aptos ao exercício das funções de direção. A pesquisadora Lili Kawamura já havia assinalado que, "desse modo, a própria prática da engenharia colocava o profissional numa posição elitista e privilegiada, já outorgada pela sua formação escolar".[61] Segundo a autora, nas escolas de engenharia a formação ideológica recebida apontava para essa ambiguidade profissional, a partir de uma dupla subordinação aos grupos hegemônicos dominantes, por um lado, e, por outro, a uma incipiente burguesia industrial.

A ocupação dos sócios do IPB permite, por conseguinte, demonstrar o exercício de atividades ligadas aos vários escalões da administração imperial e aos princípios por ela defendidos. Estamos nos referindo aos políticos (dirigentes) e, também, a todos aqueles que, direta ou indiretamente, prestaram serviços à administração. Isso pode revelar que a instituição e seus projetos tinham importância nas relações políticas e na construção de uma direção "moral e intelectual" no Império.

Num país como o Brasil do século XIX, ser funcionário público era estar perto dos "donos do poder". Era ser um pouco dono do poder, de maneira crescente, à medida que se dava a subida na escala — tudo de um modo mais distintivo do que hoje. Ser funcionário era, como se dizia, "ter uma posta", um lugar que dava renda, garantia, prestígio e posição. De cargo em cargo os funcionários se escalonavam até perto do governo do país. Ser funcionário era entrar para essa "cadeia da felicidade", que no fim podia situar os de maior êxito ao lado dos fazendeiros e comerciantes prósperos, acima dos sitiantes, caixeiros, artesãos, agregados, para não falar nos escravos. Mas ser funcionário dependia de muita coisa. Dos favores, dos protetores, do parentesco e até da habilitação.

Além da Diretoria, o Instituto estruturava-se basicamente em três comissões: de Redação, de Admissão de Sócios e de Seções Técnicas, que foram ampliadas ao longo de sua existência. O elevado número de comissões técnicas sugere uma progressiva especialização e diversificação na formação, ao mesmo tempo que indica maior possibilidade de acesso aos quadros burocráticos da sociedade política.

Participavam das reuniões do IPB o próprio imperador, o conde d'Eu e outras personalidades que ocupavam postos de direção na sociedade política. Outros atores da vida pública brasileira estiveram vinculados às diversas seções do Instituto e mesmo a cargos de sua diretoria.

O IPB tinha relativa influência nas decisões sobre assuntos de natureza técnica do governo imperial. Algumas seções do Instituto eram eventualmente chamadas pela Secretaria de Estado dos Negócios de Agricultura, Comércio e Obras Públicas a emitir pareceres sobre problemas técnicos. Parte desse grupo de engenheiros-intelectuais, em alguns casos elevados a dirigentes imperiais, atribuía a si mesmo a capacidade de promover a "civilização" e o "progresso" da nação. Os membros de tal segmento reivindicavam, mediante a participação na sociedade política, a importância de sua vocação "modernizante" adquirida profissionalmente, bem como o papel decisivo na condução dos destinos do Império brasileiro. Não se tratava apenas de alçar homens aos postos de comando no primeiro e no segundo escalão do funcionalismo imperial, por titulação nobiliárquica e relações pessoais, mesmo que essas relações ainda existissem e, em muitos casos, ainda fossem predominantes. Mas se colocava, agora, e aos poucos, uma nova possibilidade de distinção: a capacidade efetiva de relacionar os saberes e as práticas de uma área profissional em crescimento e as demandas pertinentes aos postos de poder decisório, o que ocorreu especificamente em questões de natureza técnica e científica ao longo do Segundo Reinado.

Estreitamente associados às funções do poder, os engenheiros brasileiros definiram, em meados do século XIX, um novo "projeto intelectual", dentro do qual o Instituto Politécnico Brasileiro emergia como a primeira associação brasileira de engenheiros tornada um dos fóruns privilegiados no debate político-intelectual da formação social brasileira do Segundo Reinado. Segundo a intenção de seus sócios, o

IPB deveria estar mais próximo de instituições que, na época, alguns denominavam como o "Areópago Brasileiro", no sentido que aproxima esses homens a algo como um "clube de notáveis".

Assim, o papel e a efetivação dessa parcela de intelectuais brasileiros — qual seja a dos engenheiros — eram elaborados em estreita proximidade com os centros de poder. Tal relação foi construída por tal parcela de agentes agremiados no IPB e no sentido de legitimar suas perspectivas de acesso ao poder mediante um saber técnico específico e em nome dele.

No ano anterior, portanto antes do pronunciamento "oficial" de Capanema, André Rebouças registrou em seu *Diário*, em 27 de agosto de 1866, que assistiu "à sessão do Instituto Politécnico. Está a morrer pela indiferença da nossa gente esta pobre instituição. Só se apresentaram os Drs. Saldanha, Benjamin, Guimarães e Ache".[62] Renato Lemos, que pesquisou os arquivos de Benjamin Constant, escreveu que "Guimarães, Evaristo Xavier da Veiga (o 'Veiga'), também amigo íntimo de Benjamim Constant, fizeram na sessão seguinte uma proposta interessante — dissolução da sociedade e distribuição do dinheiro pela regra de companhia". Argumentaram que já não havia circunstância que galvanizasse o "cadáver" do Instituto: "É melhor constituir outro, sem os elementos deletérios que o prejudicam."[63]

No início de 1867, em 18 de fevereiro (dois meses antes da "eleição" do conde d'Eu), André Rebouças contou:

> Assisti das 7 as 9 a sessão do Instituto Politécnico, que o vice-presidente, Dr. Capanema reunira principalmente para propor o conde d'Eu para sócio honorário. Foi unanimemente aceito este ilustre consócio. Praza a Deus que ele possa salvar esta instituição do marasmo e das intrigas em que se acha mergulhada.[64]

Preservou-se, com essa medida, o próprio IPB e, também, as relações com a família real.

Essa ligação significativa com o Estado imperial conferiu ao IPB configuração específica em sua própria organização interna. O Instituto, que tendia a reproduzir a forte hierarquia prevalecente na monarquia, deu forma à centralização de decisões nos cargos de presidente e vice. A presidência do conde d'Eu seria quase um "poder moderador", atento em preservar o princípio conciliador dos diversos conflitos internos à instituição. Os debates internos do IPB e as formulações ali produzidas colocavam-se próximo da sociedade política e articulavam diretamente poder e saber. A engenharia era vista, dessa maneira, estreitamente articulada com os caminhos do Estado imperial, o que obviamente trouxe contornos específicos ao que estamos chamando de *engenharia imperial*. Não existia um pensamento totalmente homogêneo, pois havia aqueles que pensavam opções diversificadas e lutavam para que a engenharia refletisse suas propostas. Mas eles certamente foram derrotados por aqueles que defendiam os vínculos das práticas e dos saberes da engenharia a uma política governamental.

Portanto, para além dos propósitos especificamente acadêmicos nas discussões dos sócios, assim como dos pareceres técnicos do IPB, devem-se ressaltar também os interesses no campo político articulados à formulação de um projeto nacional capaz de, mediante o desenvolvimento da "civilização", dar visibilidade à legitimidade do país junto ao "concerto das nações civilizadas".

Notas

1. "A Guerra do Paraguai significara o auge da expansão da hegemonia escravista interna e externamente." Cf. SALLES, Ricardo, *Nostalgia imperial*, p. 13.
2. Cf. HOBSBAWM, Eric, *A era do capital*, p. 262-285.
3. Ibidem, p. 375.
4. Ibidem, p. 262.
5. DERRY, T.K.; WILLIAMS, T.I., *Historia de la tecnología*, p. 587.
6. Ibidem, p. 673.
7. FAUSTO, Boris, "Expansão do café e política cafeeira", p. 193-248.
8. SILVA, Sergio, *Expansão cafeeira e origens da indústria no Brasil*, p. 40 ·
9. Temos por referência a concepção de "bloco histórico" formulada por Gramsci como um conjunto complexo e mais amplo do que as noções correntes de "alianças" políticas. Ver GRAMSCI, Antonio, *Maquiavel, a política e o Estado moderno*, p. 12, e GRAMSCI, Antonio, *Concepção dialética da História*, p. 233. Sobre a concepção de "bloco histórico" e sua relevância para a compreensão das relações sociais ao longo do Segundo Reinado, ver SALLES, Ricardo, *Nostalgia Imperial*.
10. MATTOS, Ilmar Rohloff de, *O Tempo Saquarema*.
11. De acordo com Gramsci, "toda concepção de mundo que tenha se tornado um movimento cultural, ou seja, que tenha produzido uma atividade prática e uma vontade, e que nelas esteja compreendida como premissa uma 'ideologia', [...] se dá precisamente no significado mais alto de uma concepção do mundo se manifesta implicitamente na arte, no direito, na atividade econômica, em todas as manifestações de vida individuais e coletivas, isto é, o problema de conservar a unidade ideológica em todo o bloco social que é cimentado e unificado precisamente por essa determinada ideologia". (GRAMSCI, Antonio, *Obras escolhidas,* v. 1, p. 32).
12. FURTADO, Celso, *Formação econômica do Brasil*, p. 148.
13. GRAMSCI, Antonio, *Os intelectuais e a organização da cultura*, p. 17.
14. TAUNAY, Alfredo d'Escragnole, *Memórias*, p. 69.
15. MOTTA, Jehovah, *Formação do oficial do Exército*, p. 138.
16. Citado por TELLES, Pedro da Silva, *História da engenharia no Brasil*, p. 107.
17. BRITTO, José do Nascimento, "História da Escola Nacional de Engenharia", p. 67-68.

18. Luiz Antônio Cunha faz a seguinte observação: "É preciso notar que o qualificativo 'civil' da engenharia tem a função única de distingui-la de outra engenharia, a 'militar'. Foi muito mais tarde, já no século XX, que o termo 'civil' passou a designar uma engenharia 'geral', não especializada. Só a partir dos anos 1950, a engenharia civil veio a ser entendida como especializada em 'construção civil', isto é, edificações, estradas, águas e esgotos etc." In: *A universidade temporã*, p. 95.

19. A École des Ponts et Chaussées é considerada a primeira escola formal de engenharia, organizada em Paris em 1747, dois anos antes da primeira escola militar (Génie) de Mézières. Cf. PARDAL, Paulo, *Memórias da Escola Politécnica*, p. 79-82.

20. Em 1860 já apareciam referências curriculares a ferrovias, embora menos sistemáticas. TELLES, Pedro Silva, *História da Engenharia no Brasil*, p. 471.

21. IPB. *Ata da sessão de 18 de outubro de 1877. RIPB*, t. XI, 1878, p. 23.

22. MENDONÇA, Sonia Regina de, *Agronomia e poder no Brasil*, p. 13.

23. Cf. MARINHO, Pedro Eduardo Mesquita de Monteiro, *Engenharia imperial*.

24. Por *engenharia imperial* procuramos dar sentido a um processo que assinalou a ação política das frações da classe dominante no Segundo Reinado e, ao mesmo tempo, aqueles movimentos característicos do campo profissional em questão e as relações recíprocas que foram estabelecidas a partir daí. Assim, "Saber e Poder se entrelaçavam, promovendo a configuração de um corpo de agentes habilitados a ocupar as posições de poder burocrático, em nome de uma competência sancionada pelas instituições". MENDONÇA, Sonia Regina de, *Agronomia e poder no Brasil*, p. 196.

25. Até 1880 podemos citar: a Escola Central, depois Politécnica, e a Escola de Minas de Ouro Preto; o Arsenal de Marinha do Rio de Janeiro; o Imperial Observatório do Rio de Janeiro; o Imperial Corpo de Engenheiros; as comissões Geológica do Império e da Carta Cadastral; o Clube de Engenharia e, ainda, as diretorias de Estradas de Ferro e de Obras Públicas; o Corpo de Engenheiros Civis e o Ministério de Agricultura, Comércio e Obras Públicas.

26. GRAMSCI, Antonio, *Os intelectuais e a organização da cultura*, p. 10.

27. Decreto nº. 2.922, de 10 de maio de 1862. Cria o Corpo de Engenheiros Civis no Ministério da Agricultura, Comércio e Obras Públicas e aprova o respectivo regulamento.

28. GRAMSCI, Antonio, *Maquiavel, a política e o Estado moderno*, p. 41-42.

29. "Art. 1º - Fica criada uma nova Secretaria de Estado com a denominação de Secretaria de Estado dos Negócios da Agricultura, Comércio e Obras Públicas. (...) § 2º - Fica o governo autorizado para distribuir pelos diferentes ministérios as atribuições que devam a cada um competir". Decreto nº 1.067, de 28 de julho de 1860, Coleção de Leis, 1860.

30. *Falas do trono: desde 1823 até 1889 coligidas na Secretaria da Câmara dos Deputados*, Brasília, INL, 1977, p. 322.

31. MATTOS, Ilmar Rohloff de, *O Tempo Saquarema*, p. 201.

32. KURY, Lorelai, "A Comissão Científica de Exploração (1859–1861). A ciência imperial e a musa cabocla", p. 40. Mais recentemente, KURY, Lorelay (Org.), *Comissão Científica do Império (1859-1861)*.

33. *RIPB*, t. V, 1875, p. 41.

34. *RIPB*, t. II, 1869, p. 9.

35. "Desgraçadamente a nossa principal indústria [agricultura] continua a sofrer, como por vezes vos tem sido descrito nos relatórios do ministério do Império. (...) O governo imperial tem por vezes indicado as medidas que mais prontamente convém adotar: (...) necessidade de se estabelecer uma rede de estradas menos imperfeitas, do que as que infelizmente possuímos, e que ligue, pelo menos numa zona lateral de dez léguas, todos os centros produtores com as grandes artérias, que estão em construção; medida que, além de outras vantagens, traria a de fazer convergir para a cultura da terra muitos braços, e importantes capitais, atualmente empregados no transporte dos produtos comerciais da lavoura." Ministério da Agricultura, relatório de 1860 apresentado à assembleia geral legislativa na 1ª sessão da 10ª legislatura, ministro Manuel Felizardo de Souza e Mello, 1861, p. 8.

36. MATTOS, Ilmar Rohloff de, *O Tempo Saquarema. A formação do Estado Imperial*, p. 169.

37. Criada pela Lei nº 1.067, de 28 de julho de 1860, regulamentada pelo Decreto nº 2.747, de 16 de fevereiro de 1861, e instalada como Secretaria de Estado em 11 de março de 1861.

38. Sobre o visconde do Rio Branco e a sua inserção na direção política no país, Cf. FONTANA, Laura R., *José Maria da Silva Paranhos*.

39. GUIMARÃES, Lúcia Maria Paschoal, "Debaixo da imediata proteção imperial: o Instituto Histórico e Geográfico Brasileiro (1838-1889)", *RIHGB*, a 156, nº 388, 1995, p. 459-631, p. 483.

40. BELLEGARDE, Pedro de Alcântara, "Projeto de estatutos para um Instituto Politécnico a ser estabelecido na Corte", Rio de Janeiro, 4 de setembro de 1861, Seção de manuscritos da Biblioteca Nacional (II-34, 16, 21) 6p.

41. Ibidem.

42. Cf. MARINHO, Pedro Eduardo Mesquita de Monteiro, *Engenharia Imperial*.

43. Os artigos 3º e 5º do projeto foram reunidos e transformados no 5º do Estatuto aprovado em 1862. O valor das joias diminuiu e ao artigo 9º foi dada outra redação. Para os estatutos aprovados, conferir Pedro Eduardo Mesquita de Monteiro, *Engenharia Imperial*.

44. No momento em que o documento é redigido (1861), estava em curso o 16º Gabinete, conservador, tendo como presidente do Conselho e ministro da Guerra Luís Alves de Lima (duque de Caxias), antigo aliado de Bellegarde. O ministério do Império teve como titular Francisco de Paula Negreiros Saião Lobato. Antônio Manuel de Melo também fora ministro da Guerra em 1847 e em 1860 havia sido diretor da Escola Central.

45. Para a lista nominal, Cf. MARINHO, Pedro Eduardo Mesquita de Monteiro, *Engenharia Imperial*.

46. Para a tabela dos fundadores, Cf. MARINHO, Pedro Eduardo Mesquita de Monteiro, *Engenharia Imperial*.

47. MOTTA, Jehovah, *Formação do oficial do exército*, p. 173.

48. *RIPB*, t. III, 1874, p. 52.

49. Cf. MARINHO, Pedro Eduardo Mesquita de Monteiro, *Engenharia Imperial*.

50. BOURDIEU, Pierre, *O campo científico*, p. 122-155.

51. ANDERSON, Perry. *Linhagens do Estado Absolutista*, p. 29.

52. LOUZEIRO, José, *André Rebouças*.

53. CARVALHO, Maria Alice Rezende de, *O quinto século: André Rebouças e a construção do Brasil*.

54. Apud RIBEIRO, Maria Eurydice de Barros, *Os símbolos do poder*, p. 14.

55. Termo usado por Ilmar Rohloff de Mattos em *O Tempo Saquarema*.

56. MATTOS, Ilmar Rohloff de. *O Tempo Saquarema*, p. 211.

57. GRAMSCI, Antonio. *Maquiavel, a política e o Estado moderno*, p. 25.

58. Ainda assim, foram considerados aqueles que, em função do exercício da sua carreira profissional ou não, atuaram marcadamente em postos de natureza política e que tinham "voz" nos órgãos deliberativos da administração e direção imperial, como o Senado, o Conselho de Ministros e o Conselho de Estado.

59. MENDONÇA, Sonia Regina de, *O ruralismo brasileiro (1888-1931)*, p. 157.

60. "Esses cargos, no entanto, pareciam referir-se a funções bastante específicas. Basicamente a participação nas comissões de caráter técnico e científico, para demarcação e mapeamento do território brasileiro na segunda metade do século XIX. Em geral o mercado de trabalho para engenheiros no país permaneceria bastante reduzido até o fim do século. Cf. BARROS, Roque Spencer M. de, *A Ilustração Brasileira e a ideia de universidade*.

61. KAWAMURA, Lili Katsuco, *Engenheiro: trabalho e ideologia*.

62. REBOUÇAS, André, *Diário e notas autobiográficas*, p. 133.

63. LEMOS, Renato, *Benjamin Constant*, p. 73.

64. REBOUÇAS, André. *Diário e notas autobiográficas*, p. 145.

Referências

ANDERSON, Perry. *Linhagens do Estado Absolutista*. São Paulo: Brasiliense, 1998.

BARROS, Roque Spencer M. de. *A Ilustração Brasileira e a ideia de universidade*. São Paulo: Convívio/Edusp, 1986.

BOURDIEU, Pierre. *O campo científico*. In: ORTIZ, Renato (Org.). *Pierre Bourdieu*: sociologia. São Paulo: Ática, 1983.

BRITTO, José do Nascimento. "História da Escola Nacional de Engenharia", *Revista do Clube de Engenharia*, Rio de Janeiro, n. 262, jun. 1958.

CARVALHO, Maria Alice Rezende de. *O quinto século*: André Rebouças e a construção do Brasil. Rio de Janeiro: Iuperj, 1998.

CUNHA, Luiz Antônio. *A universidade temporã*: o ensino superior da Colônia à Era de Vargas. Rio de Janeiro: Civilização Brasileira, 1980.

DERRY, T.K.; WILLIAMS, T.I. *Historia de la tecnología*. Madrid: Siglo Veintiuno Editores, 1978. v. 2.

FAUSTO, Boris. "Expansão do café e política cafeeira." In: *História geral da civilização brasileira*. São Paulo: Difel, 1975. t. III, v. 1.

FONTANA, Laura R. *José Maria da Silva Paranhos*: reflexões sobre o Estado Imperial, dissertação de mestrado, Unirio, Rio de Janeiro, 2013.

FURTADO, Celso. *Formação econômica do Brasil*. São Paulo: Companhia Editora Nacional, 2003. 32ª ed.

GRAMSCI, Antonio. *Concepção dialética da História*. Rio de Janeiro: Civilização Brasileira, 1981. 4ª ed.

_____. *Maquiavel, a política e o Estado moderno*. Rio de Janeiro: Civilização Brasileira, 1968.

_____. *Obras escolhidas*. Lisboa: Estampa, 1974. v. 1.

_____. *Os intelectuais e a organização da cultura*. São Paulo: Círculo do Livro, s/d.

GUIMARÃES, Lúcia Maria Paschoal. "Debaixo da imediata proteção imperial: o Instituto Histórico e Geográfico Brasileiro (1838–1889)", *RIHGB*, a 156, nº 388, 1995.

HOBSBAWM, Eric. *A era do capital*. Rio de Janeiro: Paz e Terra, 1979. 3ª. ed.

KAWAMURA, Lili Katsuco. *Engenheiro*: trabalho e ideologia. São Paulo: Ática, 1979.

KURY, Lorelai (Org.), *Comissão Científica do Império (1859–1861)*. Rio de Janeiro: Andrea Jakobsson, 2009.

KURY, Lorelai. "A Comissão Científica de Exploração (1859–1861). A ciência imperial e a musa cabocla." In: *Ciência, civilização e império nos trópicos*, Rio de Janeiro: Access, 2001.

LEMOS, Renato. *Benjamin Constant. Vida e história*. Rio de Janeiro: Topbooks, 1999.

LOUZEIRO, José. *André Rebouças*. Rio de Janeiro: Tempo Brasileiro, 1968.

MARINHO, Pedro Eduardo Mesquita de Monteiro. *Engenharia imperial*: o Instituto Politécnico Brasileiro (1862–1880). Dissertação de Mestrado em História, Universidade Federal Fluminense, Niterói, 2002.

MATTOS, Ilmar Rohloff de. *O Tempo Saquarema*: a formação do Estado Imperial. São Paulo: Hucitec, 1987.

MENDONÇA, Sonia Regina de. *O ruralismo brasileiro (1888–1931)*. São Paulo: Hucitec, 1997.

_____ . *Agronomia e poder no Brasil*. Rio de Janeiro: Vício de Leitura, 1998.

MOTTA, Jehovah. *Formação do oficial do Exército*. Rio de Janeiro: Companhia Brasileira de Artes Gráficas, 1976.

PARDAL, Paulo. *Memórias da Escola Politécnica*. Rio de Janeiro: Xerox, 1984.

REBOUÇAS, André. *Diário e notas autobiográficas*. Rio de Janeiro: José Olympio, 1938.

REVISTA DO INSTITUTO POLITÉCNICO BRASILEIRO. Rio de Janeiro: Tip. Imperial Instituto Artístico; Tip. Leuzienger & Filhos; Tip. Nacional, t. II, 1869.

_____ . Rio de Janeiro: Tip. Imperial Instituto Artístico; Tip. Leuzienger & Filhos; Tip. Nacional, t. III, 1874.

_____ . Rio de Janeiro: Tip. Imperial Instituto Artístico; Tip. Leuzienger & Filhos; Tip. Nacional, t. V, 1875.

RIBEIRO, Maria Eurydice de Barros. *Os símbolos do poder*. Brasília: UnB, 1995.

SALLES, Ricardo. *Nostalgia imperial*: a formação da identidade nacional no Brasil do Segundo Reinado. Rio de Janeiro: Topbooks, 1996.

SILVA, Sergio. *Expansão cafeeira e origens da indústria no Brasil*. São Paulo: Alfa-Omega, 1981. 5ª ed.

TAUNAY, Alfredo d'Escragnole. *Memórias*. Rio de Janeiro: Biblioteca do Exército Editora, 1960.

TELLES, Pedro da Silva. *História da engenharia no Brasil — Séculos XVI a XIX*, Rio de Janeiro: Clavero, 1994. v. 1. 2ª ed.

Um olhar introspectivo: a *Revista de Obras Públicas e Minas* e a engenharia colonial

*Maria Paula Diogo e Ana Carneiro**

Visões da África

A redescoberta do império português na África inicia-se no século XVIII, no quadro do Iluminismo. Depois do período de auge da expansão, as colônias tinham-se tornado, para a globalidade da sociedade portuguesa, uma zona de penumbra. Ao contrário da Índia e do Brasil, cuja riqueza em especiarias e ouro era evidente para o mais comum dos portugueses, por meio de sinais de opulência e ostentação,[1] a África era percebida como um local perigoso, governado pela lei da força, onde um pequeno grupo de terra-tenentes e de homens de negócios dedicados, fundamentalmente, ao tráfico negreiro se comportava como senhores feudais, com os seus próprios exércitos, e eram famosos por ser "muito generosos a dar e cruéis a castigar".[2] Os aventureiros exploradores, etnógrafos e homens da ciência que ousavam penetrar nesses territórios traziam das suas longas viagens relatos de terras, homens, usos, plantas e animais estranhos e inscreviam, gradualmente, essas informações de exotismo no patrimônio cultural português.

O continente africano permaneceu largamente como um território litoral, apesar de os projetos de ligação das duas costas de África

---

*Centro Interuniversitário de História das Ciências e da Tecnologia da Faculdade de Ciências e Tecnologia da Universidade Nova de Lisboa. E-mail: mpd@fct.unl.pt e amoc@fct.unl.pt

datarem de meados do século XVI (embora a escassez dos dados e a consequente inexatidão da cartografia configurassem essa tarefa como algo muito mais fácil, uma vez que a distância entre Angola e o Monomotapa estava claramente subavaliada) e se prolongarem por todo o século XVII e o XVIII, notadamente nesse último. No período pombalino, dom Francisco Inocêncio de Sousa Coutinho, que considerava serem os territórios interiores "largos e úteis sertões", salubres e férteis,[3] coloca na sua agenda política a colonização para o interior. Sempre presentes nessas explorações, por um lado, o interesse comercial e, por outro, a necessidade de afirmar a presença portuguesa contra o crescente interesse das grandes potências europeias pelo espaço africano. Tal como as explorações sertanejas seiscentistas, as explorações científicas do tempo de Pombal integravam objetivos claramente econômicos, políticos e militares.

A independência do Brasil provoca uma reconfiguração do Império português. Em 1821, quando apresenta nas Cortes, em 3 e 5 de fevereiro, o seu *Relatório sobre o Estado e a administração do Reino*, Fernandes Tomás, homem forte da revolução liberal, refere-se pela primeira vez em termos oficiais à África como um projeto colonial autônomo, sem a tradicional subserviência aos interesses coloniais brasileiros, notadamente ligados à exploração do tráfico de escravos: "dar uma particular atenção aos nossos estabelecimentos em África (...) Quem sabe quais serão um dia os nossos recursos e os nossos meios."[4]

Essa posição ecoa a de outras figuras de referência vintistas, notadamente José Liberato Freire de Carvalho e Solano Constâncio, que advogavam, perante a evidência da independência do Brasil, as vantagens de o Império se concentrar nos territórios africanos.[5]

Os governos absolutistas que se sucedem a Vilafrancada (maio de 1823) retomam as principais diretrizes pombalinas de Inocêncio de Sousa Coutinho: assegurar (i) a coesão dos territórios, ao promover alguns aspectos cruciais de ligações entre eles, e (ii) dar visibilidade e operacionalidade ao domínio português. Por detrás desse domínio político-territoral, persistem as preocupações econômicas.

A guerra civil portuguesa, que opõe absolutistas e liberais, será devastadora para a política colonial, uma vez que enfraquece o poder da metrópole e aumenta, em contrapartida, a força dos poderes locais. Quando, em 1834, os liberais voltam definitivamente ao poder, o marquês de Sá da Bandeira tomará o projeto imperial centrado na África como um dos pontos fundamentais da sua atividade política. Como secretário de Estado dos Negócios da Marinha e do Ultramar, apresenta nas Cortes, em 19 de fevereiro de 1836, um relatório em que explana as linhas gerais da sua visão imperial, uma combinação de valores da história, de acontecimentos políticos ainda recentes (a independência do Brasil) e do projeto de modernização liberal. Tratava-se, pois, de "continuar a grande empresa começada pelo Senhor D. João II" de civilizar "através do Evangelho (...) o nosso mais natural campo de trabalhos" (leia-se África) e colocar esses territórios no centro das preocupações de todos aqueles que "marcham à testa do progresso e promovem o melhoramento da espécie humana". Estamos perante a célebre fórmula da missão civilizadora, que é crucial para compreender as formas oitocentistas de abordagem dos territórios africanos.

A tônica de Sá da Bandeira é eminentemente econômica e tem como principal temática o aproveitamento dos recursos minerais e agrícolas da África. Ainda assim, apresenta o Brasil como objetivo a superar. A ideia é simples e já havia sido tematizada por homens ligados ao pensamento industrialista, como José Acúrcio das Neves (*Considerações políticas e comerciais sobre os descobrimentos e possessões dos portugueses na África e na Ásia*); numa relação de harmonia mitificada, as colônias deveriam consumir o que a metrópole produzia e dar-lhe em troca os produtos da agricultura e matérias-primas para a indústria.

Nesse contexto, são feitos vários esforços, de sucesso muito variável, de reestruturação administrativa e judicial, de normalização das regras comerciais e de proibição do tráfico de escravos. À parte um ou outro êxito circunstancial, notadamente traduzido num certo reanimar das relações comerciais entre Luanda e Lisboa, o projeto colonial de Sá da Bandeira para Angola e Moçambique não teve sucesso.

Uma nova paisagem para África: os modelos desenvolvimentistas de Fontes Pereira de Melo e Andrade Corvo

Com a Regeneração, assistimos a uma recomposição do projeto colonial africano. Após um breve período de indefinição e de algum imobilismo, o Conselho Ultramarino, fundado em 1851, liderado por Sá da Bandeira e apoiado em Fontes Pereira de Melo, lança-se na tarefa de organizar um projeto coerente e intervencionista de efetiva soberania portuguesa na África, em termos políticos, econômicos e territoriais.

No plano político e ideológico, a questão colonial africana é marcada, nas duas décadas entre 1850 e 1870, pelo debate sobre o trabalho escravo, tema aglutinador de discursos antagônicos sobre o império. Sá da Bandeira defendia a tese de que o atraso das culturas africanas se devia não a problemas de superioridade/inferioridade étnica, mas ao curso acidental da história, e que deveria haver uma integração, por meios "suaves e indiretos",[6] da população autóctone na economia monetária. Esse projeto encontra fortes resistências na metrópole e assiste-se a fortíssimos ataques nas instâncias políticas, notadamente no Parlamento e na imprensa, à "utopia" e ao "sentimentalismo" de Sá da Bandeira. Os autóctones de Angola e de Moçambique são apresentados como selvagens, primitivos e violentos, incapazes, pois, de voluntariamente se integrar na ordem europeia.[7]

Na margem desse debate, surgem, contudo, novos atores. O fontismo acredita que pode centrar a sua agenda desenvolvimentista na construção de uma rede viária e ferroviária que possibilitasse a livre circulação de mercadorias no país e, por consequência, criasse crescimento econômico. Essa concepção de fomento centrada nos melhoramentos materiais dará aos engenheiros, a partir de meados do Oitocentos, um papel crucial na sociedade portuguesa e os assimilará na própria noção de progresso nacional.

Para Fontes Pereira de Melo, a afirmação de Portugal na Europa dependia do sucesso da integração do país metropolitano no modelo industrial, mas também da capacidade de capitalizar o império como uma mais-valia nas negociações com as grandes potências europeias.

520 | Formas do Império

Assim, a matriz de crescimento portuguesa é exportada para a África e torna a presença técnica o elemento axial da política colonial.

A partir da década de 1870, Andrade Corvo adota esses mesmos princípios e pugna por uma crescente integração dos territórios portugueses na África no sistema comercial à escala mundial, o que permitiria, simultaneamente, o crescimento econômico e a "domesticação" dos espaços africanos, por meio de um conjunto de infraestruturas que permitiriam levar a civilização aos sertões.[8]

As notícias da descoberta de jazidas de ouro no sul do continente africano (e Moçambique perfilava-se como parte dessa nova riqueza) e o início da exploração da borracha angolana tornam essa agenda desenvolvimentista de matriz tecnológica ainda mais apetecível. Por outro lado, o novo ordenamento jurídico dos espaços coloniais, que viria a culminar na Conferência de Berlim (1885), começava a desenhar-se. As políticas de Disraeli e de Cecil Rhodes para o Império Britânico, de Leopoldo II da Bélgica em relação ao Congo, da França para os seus domínios africanos, e de Bismarck, que se lançara numa política de expansão colonial alemã, tornavam a ocupação efetiva dos territórios ultramarinos uma questão inadiável. O pressentimento da ameaça aos direitos históricos de Portugal sobre Angola e Moçambique fortalece-se perante as viagens de exploração inglesas, particularmente as de Livingstone, Stanley e Cameron, que bordejavam, perigosamente, os territórios portugueses.

Como resposta, são criadas, em 1875, a Comissão Central Permanente de Geografia, por iniciativa do próprio Andrade Corvo, e a Sociedade de Geografia de Lisboa, sob o impulso de Luciano Cordeiro. Com o objetivo central de "coligir, ordenar e aproveitar em nome da ciência e nação todos os documentos que possam esclarecer a geografia, a história etnológica, a arqueologia, a antropologia e as ciências naturais em relação ao território português e especialmente às províncias ultramarinas",[9] ambas as instituições irão apoiar a mediática exploração de Capelo e Ivens (1877–1880).

Ao mesmo tempo, Andrade Corvo ordena a execução de vários estudos para a construção de estradas, portos e ferrovias em Angola e Moçambique, entendidos como forma de ocupação e como meio de acelerar as explorações geográficas, e lança, também em 1877, duas expedições, muito menos visíveis, no âmbito do corpo especial de engenheiros ligados à Direção Geral do Ultramar: uma a Angola, comandada pelo engenheiro Rafael Gorjão, e outra a Moçambique, a cargo do engenheiro Joaquim José Machado. Em ambos os casos, a potencial construção de linhas férreas constituía o ponto central dos trabalhos: no caso de Angola estuda-se a linha de Luanda a Ambaca e no caso de Moçambique, a de Lourenço Marques ao Transvaal. O empenho do governo nesse projeto era total: em 1877, de um orçamento de 400.000$000, 165.000$000 (41%) foram alocados aos estudos preliminares da linha Luanda–Ambaca;[10] o engenheiro Joaquim José Machado é enviado para Lourenço Marques prematuramente, sem ter em conta que iria chegar precisamente no "pior período do ano (...) na estação da chuva torrencial, do forte calor e das perigosas febres".[11]

A engenharia portuguesa e a "domesticação" do espaço africano

Como vimos, a partir de meados do século XIX a agenda colonial portuguesa percebe a tecnologia como seu núcleo duro. A noção de desenvolvimento, de progresso, organiza-se basicamente em função da estrutura técnica e projeta-se, no plano prático, nos objetivos técnicos. A relação que se estabelece com as culturas não industriais, no caso concreto africanas, é definida à luz da matriz técnica. A missão civilizadora é, acima de tudo, a integração das populações da África na racionalidade europeia e no seu mundo econômico, e a componente técnica está no centro desse processo de absorção. A tecnologia e, por extensão, os engenheiros que dominam e manipulam o saber técnico são, pois, um dos pilares fundamentais da ideologia e da política colonizadoras portuguesas.

Os engenheiros portugueses apercebem-se rapidamente desse seu novo estatuto. A arquitetura do império africano estava, de fato, nas suas mãos: a infraestrutura de comunicação (ferrovias, rodovias, portos) era o instrumento por excelência da homogeneização econômica

522 | Formas do Império

de Angola e de Moçambique e permitia ultrapassar o fosso entre os territórios do interior e do litoral e ligar, pois, as áreas agrícolas e minerais aos centros nevrálgicos de comércio. Os engenheiros eram peças indispensáveis e incontornáveis na intervenção na África. Não só determinavam a configuração econômica e social das colônias, mas também impunham a visão de mundo europeia e o seu conceito de civilização.

Na *Revista de Obras Públicas e Minas*, órgão da Associação dos Engenheiros Civis Portugueses,[12] o interesse pela questão colonial cresce. A ocupação efetiva da África apresentava-se à engenharia portuguesa como fundamental em três eixos: (i) uma contribuição patriótica, ou seja, os engenheiros permitiriam a Portugal afirmar-se no contexto europeu por meio das suas colônias; (ii) um momento privilegiado de tornar visível na sociedade portuguesa a sua competência profissional, que possibilitaria a apropriação dos territórios africanos, sem necessidade de recorrer ao estrangeiro; (iii) um novo espaço de ação, que propiciaria o desenvolvimento de novas capacidades e de novos mercados de trabalho.

Assim, se olharmos para o gráfico do número de artigos sobre obras públicas na África, verificamos um aumento sustentado que só é perturbado durante o período da I Guerra Mundial, em que a própria periodicidade da revista é irregular (Fig. 1).

Em termos temáticos, as ferrovias são claramente majoritárias. A profundidade desses artigos é, naturalmente, variável, da simples notícia enumerativa aos trabalhos que apresentam projetos de intervenção na África, passando pela transcrição integral ou parcial de conferências feitas na Associação dos Engenheiros Civis Portugueses e de pareceres governamentais (Fig. 2).[13] As memórias descritivas sobre linhas orientadoras da intervenção no Ultramar são os artigos de maior fôlego incluídos na *Revista de Obras Públicas e Minas* e nos permitem perceber bem a visão que os engenheiros portugueses têm da sua ação na África.

A memória seminal — "Memória acerca do caminho de ferro de Lourenço Marques à fronteira do Transvaal" — data de 1882 e é assinada pelo engenheiro Joaquim José Machado, que liderara uma das expedições de obras públicas de 1877. O texto de Joaquim José Machado é paradigmático da abordagem característica desse período, em que, no plano das relações intercivilizacionais, a noção de superioridade europeia se baseia, quase exclusivamente, numa matriz tecnológica, por sua vez modeladora do tecido econômico e cultural. Por outro lado, o conceito de progresso, uma das ideias dominantes da Europa oitocentista e novecentista, justifica o plano de apropriação dos novos espaços geográficos e das suas populações autóctones, não da forma tradicional, militar, mas sim por meio da sua reorientação em função dos valores e dos interesses das metrópoles europeias. Do ponto de vista ideológico, essa associação entre cultura, objetos técnicos e missão civilizadora constituirá uma das vigas mestras da política colonial portuguesa até a I Guerra Mundial. No mesmo tempo em que operava no terreno como ferramenta efetiva de ocupação, a ferrovia e, mais tarde, o telégrafo redimensionavam-se no plano moral, como instrumentos privilegiados da integração dos territórios e das populações africanas no mundo da ciência, da técnica e da razão europeu (Fig. 3).

A "Memória acerca do caminho de ferro de Lourenço Marques à fronteira do Transvaal" compõe-se de dois grandes blocos: a memória justificativa (subdividida em dois capítulos) e a memória descritiva. A primeira, com o elucidativo subtítulo "Necessidade de construção dos ferrovia para a civilização da África", procura encontrar nos planos histórico e político a justificação para a construção de uma linha específica de ferrovia, que é apresentada mais como o símbolo da chegada da civilização do que como estrutura técnica; essa vertente, eminentemente técnica, é analisada na memória descritiva.

A memória justificativa começa por descrever o território objeto da missão civilizadora do ponto de vista de recursos humanos:

> Desde alguns anos que os homens mais conhecedores dos extensos sertões africanos julgam indispensavel o poderoso auxilio das vias ferreas, para transformar e civilisar este immenso paiz, ainda hoje pela maior parte envolto nas trevas do barbarismo, e quasi exclusivamente povoado por uma raça primitiva e selvagem, unicamente ocupada na caça e na guerra, e vivendo em escravidão.

524 | FORMAS DO IMPÉRIO

Uma vez clarificado que a missão civilizadora tinha de ser imposta do exterior (entenda-se do continente europeu), as culturas e as etnias já existentes nesse espaço tinham de ser reestruturadas em função do modelo do colonizador. Ao contrário do que seria aceito em séculos anteriores, esse processo adaptativo teria de privilegiar não a violência, mas o espírito de cooperação, naturalmente liderado pelos europeus e, especificamente, pela sua tecnologia. Tratava-se de civilizar, progredir e instruir, no mesmo tempo em que se construíam as linhas férreas, numa fusão perfeita que permitiria integrar os territórios africanos na economia do mundo desenhada nos séculos anteriores e afirmada no século XIX.

> Penetrar no interior do paiz por caminhos commodos, permanentes e seguros, forçar por todos os meios possiveis os indigenas adultos ao trabalho remunerado, dar aos infantes instrucção profissional, ensinar-lhes a moral e a religião, promover a emigração da Europa e da China, eis o que ha a fazer como preparatorio, para se poder civilisar a população africana, aproveitar as riquezas naturaes do paiz, e crear grandes mercados consumidores dos produtos fabris da Europa e da America.

A riqueza dos solos africanos — carvão, cobre, ferro, cobalto, ouro, diamantes, madeiras — impunha normas rigorosas de gestão do espaço, pelo que a qualidade e a quantidade dos acessos se tornavam vitais. Um misticismo ligado à máquina, que então imperava na Europa, em que o avanço técnico é identificado com a vanguarda civilizacional, é transferido para os territórios coloniais e autojustifica-se, simultaneamente no plano prático e ético-moral, como agente da mudança. As vantagens apontadas são inúmeras e vão desde as de tipo econômico (mais comércio, mais indústria, melhor agricultura, melhores circuitos de produção/escoamento/consumo) às de ordem ideológica (evidência da superioridade da etnia branca).

> Os caminhos de ferro, que em toda a parte constituem o mais poderoso auxiliar da civilisação e do progresso moral e material das

nações, e a mais potente alavanca para vencer as resistencias naturaes ao aproveitamento e transformação das riquezas de um paiz, produzirão em Africa resultados ainda mais energicos e efficazes.

Aliás, do ponto de vista da eficiência colonizadora, a tecnologia é explicitamente considerada como o verdadeiro meio para a atingir. O autor faz mesmo uma comparação entre o que considera processos antigos (ações militares e trabalho religioso de missionários) e modernos (os quilômetros de vias férreas). O espanto das populações africanas perante tecnologias que lhes são desconhecidas é apresentado como a melhor forma de incutir a admiração das populações a civilizar pelo seu civilizador e a maneira mais rápida de promover o seu desejo pelo desenvolvimento. As populações africanas e as suas culturas, bem como o potencial dos países colonizadores, são claramente avaliadas em função de uma medida tecnológica que, consequentemente, modela os conceitos então existentes de relacionamento entre etnias e políticas colonizadoras.

> N'este seculo do vapor e da electricidade, a Europa não deve empregar para civilisar a Africa os processos seculares das sociedades antigas. Não ha como os factos materiaes, complicados, frisantes, completamente desusados e incomprehensiveis aos espiritos sem cultura, produzindo ao mesmo tempo resultados evidentes, que firam tanto a imaginação do selvagem, promovendo-lhe a admiração pela raça branca e o reconhecimento da sua superioridade. Um revolver, uma arma aperfeiçoada, uma machina a vapor, uma estrada larga e bem construida, um caminho de ferro, o silvo e o movimento da locomotiva, etc., produzem no indigena de Africa acção mais efficaz para os effeitos do seu aperfeiçoamento intellectual, do que muitas missas e prégações do mais virtuoso missionario.

O segundo capítulo da memória justificativa tem uma função eminentemente histórica. Embora, de fato, a Conferência de Berlim visasse a alterar a importância relativa do domínio histórico e econômico e dar ao último um peso determinante, a visibilidade de uma presença histórica continuava a ser importante, principalmente para Portugal,

526 | Formas do Império

que nela tinha de se apoiar, uma vez que não podia competir com os países do centro econômico europeu. Assim, nesse capítulo, o engenheiro Joaquim José Machado faz uma retrospectiva das principais tentativas para estabelecer uma via de comunicação entre Lourenço Marques e o Transvaal, desde João Albazini (1847) até Fernando da Costa Leal (1869). Esse último empreendera uma viagem no sentido de avaliar as dificuldades de construção de uma estrada entre aqueles dois pontos, quando se levantou, pela primeira vez, a hipótese — da ferrovia. Da comparação do relatório de Fernando Leal com o trabalho do engenheiro Moodie, que, entrementes e a serviço do governo do Transvaal, empreendera uma viagem com idênticos objetivos, foi fixado um trajeto por onde seria possível traçar uma via de comunicação.

A primeira escolha foi a construção de uma rodovia, que, no entanto, se revelou dispendiosa e de difícil manutenção. A opção possível era — a ferrovia. A sua concretização, agendada desde 1876, continuava, à data deste artigo, ainda embrionária.

Joaquim José Machado mostra a importância de Lourenço Marques como porto privilegiado da África Austral (em detrimento de Durban, defendido pelos ingleses) e acentua os melhoramentos que Portugal já havia feito.

> Organisou-se o serviço de saude e a administração da justiça, augmentou-se a força militar, estabeleceu-se a policia, creou-se uma camara municipal, emprehenderam-se diversas obras publicas, subsidiou-se a companhia de telegrapho submarino (...)

Esse capítulo, no fim, deixa transparecer a tensão e os jogos de interesses das potências europeias presentes na África, particularmente as relações entre Portugal e Inglaterra, que culminarão, oito anos mais tarde, no Ultimato.[14] De fato, o porto de Lourenço Marques rivalizava com o de Durban e a linha Lourenço Marques–Transvaal com a linha Transvaal–Natal.

Não são, portanto, fundadas, as objecções, que se teem levantado na imprensa das colonias inglezas da Africa, contra o caminho de ferro de Lourenço Marques ao Transvaal. As rasões em favor deste traçado são tão evidentes, que necessariamente elle será preferido à directriz para o Natal.

A memória justificativa termina com um estudo financeiro do investimento e dos potenciais lucros resultantes da exploração da linha férrea no percurso defendido pelo autor.

A memória descritiva concentra-se nos aspectos técnicos da construção das linhas férreas na parte portuguesa: o traçado e os respectivos pontos obrigatórios, o estudo das zonas de curva e dos declives e a largura entre os trilhos. O plano do engenheiro Joaquim José Machado fixa os parâmetros fundamentais da linha: "via reduzida, de 1,08 m de largura entre os carris, e tem a extensão total de 69:144m,58, que dividimos em quatro secções." As quatro seções indicadas pelo autor são: de Lourenço Marques à margem direita do Matolla, dessa à baixa dos Saguans, dessa à planície do Umchamachabas e dessa à fronteira.

A linha contava ainda com nove "obras de arte": três viadutos, todos em pedra, e seis pontes, três em pedra e três em pedra e ferro. Discriminava-se, ainda, todo um conjunto de outros elementos necessários ao funcionamento — da ferrovia: passagens de nível, vedações, casas de guarda, estações intermédias e terminais e oficinas (Fig. 4).

No plano do tráfego ferroviário, esse estudo faz uma previsão do material circulante, em função da existência de dois comboios por dia, um ascendente e outro descendente: três locomotivas, três vagões de passageiros com 58 lugares cada e 56 de mercadorias. As locomotivas previstas eram de origem francesa, assim como os vagões de passageiros.

O orçamento global do projeto é de 1.330.000$000. À parte, tem de ser contabilizada a mão de obra necessária à construção da linha, que teria de vir da Europa, uma vez que a população local seria empregada apenas em tarefas não especializadas. A questão da mão de obra é, aliás, um dos pontos mais críticos da execução dos trabalhos ligados às vias férreas e é referida em inúmeras cartas e inúmeros relatórios de engenheiros encarregados de trabalhos em Angola e Moçambique: os trabalhadores locais dificilmente se conservavam no canteiro de obras, "desaparecendo na selva e sendo caro e difícil fazê-los regressar";[15] "os trabalhadores europeus eram suscetíveis às febres tropicais e obrigados a regressar frequentemente à Europa, por motivos de saúde".[16]

Embora os trabalhos devessem ter começado no fim da década de 1870, quando o artigo é publicado na *ROPM* as obras apenas se haviam iniciado. Em 1887, são inaugurados os primeiros 89 km e, em 1894, faz-se a ligação entre Lourenço Marques e Pretória.

Em 1890, novamente Joaquim José Machado assina uma memória sobre o *Caminho de Ferro de Mossâmedes ao Bihé*, estudo para o qual se tinha voluntariado, mesmo que esse trabalho significasse "passar o tempo entre as agruras do sertão de África ao conforto do gabinete de trabalho".[17] O autor defende a ligação entre Moçâmedes e Chela, num total de 178 km, o que permitiria a colonização branca do planalto de Chela, uma área de características climáticas mais próximas do sul europeu e, portanto, mais sedutora para futuros colonos. Efetivamente Joaquim Machado estima existirem em Angola nessa altura cerca de "4.000 almas" (com a inclusão dos deportados) para um território de 2 milhões km^2, o que constituía um grave problema, tendo em conta o conceito de ocupação efetiva. Por outro lado, e de acordo com a visão desenvolvimentista do fontismo, a linha do planalto do alto de Chela permitiria o desenvolvimento econômico da área que se desejava ver transformada num "novo Transvaal" Seria "o elemento fomentador da prosperidade e desenvolvimento d'estas fortíssimas regiões", a base da resistência às "pretensões estrangeiras que cada dia se vão accentuando mais pronunciadamente" e, finalmente, o catalisador da "colonisação branca que invadindo campo por campo, zona por zona, levará a civilisação ao centro do continente africano".[18]

À retórica civilizadora seguem-se os estudos técnicos detalhados. o traçado até ao planalto de Chela teria cinco seções, a última particularmente difícil, dado o acidentado do terreno; seria necessária, apenas, uma obra de arte; o custo total ficava nos 3.000$000, ou seja, um preço médio baixo.

Logo em 1891 é publicado um segundo artigo sobre a mesma linha, dessa vez pelo engenheiro João Pereira Dias — *O Caminho de Ferro de Mossâmedes*, que defende a proposta de Joaquim Machado, mas integra essa linha num sistema mais geral de penetração da África que passaria por três eixos: (i) uma linha longitudinal entre as bacias do Zaire e do Cunene; (ii) três linhas oeste–este, entre Luanda–Ambaca–Malange, Benguela e Caconda e Moçâmedes e Chela (as duas últimas deveriam reunir-se com a primeira); (iii) uma quarta linha oeste–este, que faria a ligação com Moçambique e partiria da baía dos Tigres, ao longo do vale do Cunene e do Zambeze, até Quelimane. Essa linha passaria por território sob domínio inglês, que, supostamente, permitiria a sua construção.

Em 1900, é publicada uma segunda hipótese de ligação entre Angola e Moçambique, pelo engenheiro Manuel Costa Serrão,[19] que parte da construção de uma linha alternativa à de Moçâmedes–Bié, a de Lobito–Benguela–Bié, que permitiria evitar os territórios ingleses, pois faria a travessia entre as duas colônias portuguesas por terras belgas.

Conclusão

Os impérios europeus beneficiaram-se mais das suas colônias quando conseguiram encontrar modos de traduzir o poder colonial em poder no espaço europeu. A ciência e a tecnologia foram essenciais à "efetiva ocupação" do território africano. Portugal promoveu a construção de ferrovias, estradas e outros equipamentos e alterou a paisagem africana segundo os conceitos europeus de civilização e de eficiência.

Os territórios africanos foram usados como (i) um argumento na negociação do lugar de Portugal na arena internacional; (ii) um campo para o desenvolvimento de perícia técnica e afirmação de prestígio; (iii) um novo mercado para os engenheiros portugueses. A paisagem tecnológica do império português na África foi decisiva para a manutenção do papel ativo de Portugal na arena internacional.

530 | FORMAS DO IMPÉRIO

Os engenheiros portugueses envolveram-se no processo de colonização na África enquanto agentes ativos de uma agenda fortemente intervencionista e assumiram-se como decisores da geografia econômica da África. O seu papel desloca-se de uma órbita puramente técnica para um universo claramente político. Assim, apesar da derrota política do Mapa Cor-de-Rosa[20] (1886), persiste um projeto de ligação de costa a costa, uma espécie de Mapa Cor-de-Rosa em versão suave, imposto por meio de um dispositivo técnico. Deu, pois, à construção e à presença das ferrovias uma metafunção que ultrapassa a sua operacionalidade imediata de assegurar a circulação de bens e pessoas para se cristalizar num projeto nacionalista, em que, naturalmente, os engenheiros têm um papel fundamental.

Notas

1. Como, por exemplo, a construção do Convento de Mafra ou o envio, por dom João V, da célebre embaixada ao papa, com o seu desfile de objetos de ouro, ricos bordados e tapeçarias e animais exóticos, inclusive o não menos célebre rinoceronte desenhado, não à vista, mas com base numa descrição escrita por Dürer, que se perdeu e nunca chegou a Roma.
2. Manuel Barreto, padre jesuíta, citado por BOXER, C.R., *O império colonial português*, p. 165, que caracteriza, em termos gerais, os senhores portugueses das terras e refere-se, especificamente, a Manuel Pais de Pinho.
3. SANTOS, Maria Emília Madeira, *Viagens de exploração terrestre dos portugueses em África*.
4. TOMÁS, Manuel Fernandes, "Relatório sobre o Estado e a Administração do Reino, 1821".
5. Cf. textos publicados, em 1822, respectivamente no *Campeão Português em Lisboa* e nos *Anais das Ciências, das Artes e das Letras*, ambos editados em Paris. Também a propósito das questões do tráfico de escravos, nos relatórios apresentados às Cortes (19 de abril de 1822, embora datados de 19 de março e de 9 de abril) sobre Angola e Moçambique pela Comissão do Ultramar, a mesma ideia aparece, vagamente, implícita.
6. BANDEIRA, Sá da, *O trabalho rural africano e a administração colonial*, p. 62.
7. Cf. textos de jornais de referência como *Revolução de Setembro* (26/10/1859), *Jornal do Porto* (6/7/1861), *Jornal de Comércio* (2/10/1861).
8. ANDRADE CORVO, João de, *Estudos sobre as províncias ultramarinas*.
9. Decreto de 17 de fevereiro de 1876, Ministério dos Negócios da Marinha e do Ultramar.
10. AHU (Arquivo Histórico Ultramarino), 866, DGU, 3ª Rep. 1874–78.
11. Carta de J.J. Machado, AHU, 2678, Sala 3, Est.16, Prat. 17, nº 119.
12. A Associação dos Engenheiros Civis Portugueses foi fundada em 1869 e constituiu a primeira associação profissional de engenheiros em Portugal. São seus membros as grandes figuras do fontismo e do projeto regenerador. DIOGO, Maria Paula, "In Search of a Professional Identity"; DIOGO, Maria Paula; CARNEIRO, Ana; SIMÕES, Ana, "Portuguese Engineering and the Colonial Project in the Nineteenth Century"; DIOGO, Maria Paula, *Em busca de uma identidade profissional: a Associação dos Engenheiros Civis Portugueses*.

13. DIOGO, Maria Paula, *Em busca de uma identidade profissional*, p. 182-83.
14. A política de ocupação portuguesa na África entrou em choque com o objetivo britânico de criar uma faixa de território que ligasse o Cairo à Cidade do Cabo e desencadeou uma disputa com a Inglaterra que culminou no ultimato britânico de 1890, a que Portugal cedeu, o que causou sérios danos à imagem do governo monárquico português.
15. Carta do presidente da Companhia Real dos Caminhos de Ferro atravez d'Africa, 1888, AHU, 2678, Sala 3, Est. 16, Prat. 17, nº 355.
16. Encontra-se no AHU um grande número de cartas escritas por trabalhadores qualificados e administrativos portugueses que pedem autorização para regressar à Europa para receber tratamento médico.
17. MESQUITA, Pedro Joaquim Ferreira de, *Caminho de Ferro de Mossâmedes ao Bihé*, p. 19.
18. Ibidem, p. 27.
19. SERRÃO, M. Costa, "Systema Ferro-Viário de Penetração em Africa — Linha do Sul de Angola", p. 211-351.
20. Nome dado ao mapa representativo da pretensão de Portugal de exercer soberania sobre os territórios entre Angola e Moçambique, nos quais hoje se situam a Zâmbia, o Zimbábue e o Malawi, numa vasta faixa que ligava o Oceano Atlântico ao Índico.

Referências

ANDRADE CORVO, João de. *Estudos sobre as províncias ultramarinas*. Lisboa: Academia Real das Ciências, 1883–1887 (4 v.), v. 1.

BANDEIRA, Sá da. *O trabalho rural africano e a administração colonial*. Lisboa: Imprensa Nacional, 1873.

BOXER, C.R. *O império colonial português*. Lisboa: Edições 70, 1977.

DIOGO, Maria Paula; CARNEIRO, Ana; SIMÕES, Ana. "Portuguese Engineering and the Colonial Project in the Nineteenth Century", *Icon*, v. 6, 2000.

DIOGO, Maria Paula. "In Search of a Professional Identity", *Icon*, v. 2, pp. 123-137, 1996.

DIOGO, Maria Paula. *Em busca de uma identidade profissional*: a Associação dos Engenheiros Civis Portugueses, tese de doutorado, Universidade Nova de Lisboa, 1994.

MESQUITA, Pedro Joaquim Ferreira de. *Caminho de ferro de Mossâmedes ao Bihé*, v. I. Lisboa: Franco-Portugueza, 1890, 2 v.

SANTOS, Maria Emília Madeira. *Viagens de exploração terrestre dos portugueses em África*. Lisboa: Instituto de Investigação Científica Tropical, 1988.

SERRÃO, M. Costa. "Systema Ferro-Viário de Penetração em Africa — Linha do Sul de Angola", *Revista de Obras Públicas e Minas*, v. 31, 1900, p. 211-351.

TOMÁS, Manuel Fernandes. "Relatório sobre o Estado e a Administração do Reino, 1821". In: TENGARRINHA, José (Ed.). *A Revolução de 1820*. Lisboa: Seara Nova, 1974

A filial da Sociedade de Geografia de Lisboa no Brasil: entre a ciência e a política[1]

*Cristina Pessanha Mary**

Em 1878, um grupo de intelectuais criou no Rio de Janeiro a Seção da Sociedade de Geografia de Lisboa no Brasil. Tal filial, formada por membros da elite lusa e brasileira, abrigou, em seus quadros, representantes da ciência, como Ladislau Neto e Luiz Cruls. Para além desses expoentes, cuja atuação dispensa apresentações, outros nomes menos conhecidos, mas igualmente relevantes. Quer do ponto de vista das práticas de reconhecimento do território nacional, demarcação de fronteiras e descrição das características e dos hábitos da população nacional, quer da identificação de recursos minerais do Império.

A filial comunicava-se com outras instituições do gênero e integrava uma espécie de rede científica. Ladislau Neto, diretor do Museu Nacional, por exemplo, presidiu também a Seção. Como ele, mais de um terço dos integrantes da Seção estava associado a outras agremiações do tipo.

Entretanto, enquanto muitas dessas instituições, como o Observatório Nacional, o Museu Nacional ou mesmo o Instituto Histórico e Geográfico Brasileiro, empreendiam ações de reconhecimento do interior do país, medições astronômicas e levantamento de bacias hidrográficas, a filial da Sociedade de Geografia ficou restrita a uma atuação eminentemente literária. Manteve um periódico durante cinco

---

*Professora do Programa de Pós-graduação em geografia da Universidade Federal Fluminense (UFF).

anos (1881–1886), publicou artigos sobre os mais variados temas, homenageou exploradores. Cabe lembrar que o sentido da geografia no Brasil naquele período estava relacionado ao conhecimento do território nacional ou à descrição de sua gente. Sendo assim, nesta exposição buscaremos entender a razão dessa "inoperância". Afinal, com um naipe de homens da ciência de tal monta, o que explica a falta de ação da filial?

A Seção da Sociedade de Geografia de Lisboa no Brasil (1878-1889)

Reunidos na legação de Portugal no Rio, então residência do visconde de São Januário[2], que viera para o Brasil com as instruções e as credenciais necessárias fornecidas pela Sociedade de Geografia de Lisboa, 14 sócios correspondentes da Sociedade de Lisboa, na sua maior parte brasileiros, dentre barões, viscondes, generais e doutores, constituíram a Seção na cidade do Rio de Janeiro.[3]

Os signatários da ata de criação da filial compunham um grupo bastante uniforme quanto à posição social: quase todos pertenciam à elite portuguesa e fluminense e variavam quanto ao título nobiliárquico, à patente ou às armas; constavam dentre eles, a exemplo de Boaventura Gonçalves Rique, o visconde de Rio Vez,[4] João José dos Reis, o visconde de Matosinhos,[5] e Emílio Zaluar,[6] personalidades da colônia portuguesa radicadas no Rio. O visconde de Rio Vez foi presidente do Real Gabinete Português de Leitura de 1871 a 1873, assim como outros colegas seus na Seção, o que atesta o grau de mobilidade da elite lusa, "dividida" entre Lisboa e o Rio de Janeiro.

Na alta administração pública lusa, encontramos o visconde de São Januário, o visconde de Borges Castro[7] e Francisco Maria Cordeiro,[8] todos integrantes do corpo diplomático português. Nesse mesmo círculo, mas deixando Portugal e focalizando o Império do Brasil, havia o barão da Ponte Ribeiro, figura de proa da diplomacia do Império.

No plano geral, dos demais associados da Seção, encontramos um largo espectro de opções ideológicas, como o abolicionismo de Ângelo Agostini;[9] o pensamento de Ramalho Ortigão,[10] manifestamente favorável à continuidade da escravidão; o liberalismo de André Rebouças; o catolicismo de Cândido Mendes de Almeida, filiado ao Partido Conservador; o monarquismo convicto de Carlos Maximiano Pimenta de Laet;[11] e o pragmatismo do barão de Teffé, Antônio Luís von Hoonholtz, que prestava serviços tanto ao Império quanto à República. Enquanto a maçonaria se fez presente com nomes da estatura de um Saldanha Marinho, o positivismo foi representado por Benjamin Constant.

Em 1881, a Seção ampliou os seus quadros e chegou a contar com 174 membros. Como afirmamos anteriormente, esse foi o ano em que se publicou o primeiro número da *Revista da Seção*, na verdade sua grande realização. Senão vejamos.

A filial em ação: a Revista da Seção

Em abril de 1881, a filial da Sociedade de Geografia de Lisboa lançou o primeiro número de sua revista, anunciada "como um ensaio modesto que vai demonstrar o gosto no Brasil pelo estudo da Geografia", uma ciência muito estudada pelos *povos cultos*. Segundo a equipe de redação, aquela seria a primeira publicação geográfica periódica distribuída no Brasil.

A coleção de periódicos[12] intitulada *Revista Mensal da Seção da Sociedade de Geografia no Rio de Janeiro*,[13] lançada em abril de 1881, teve sua edição interrompida durante todo o ano seguinte, por ocasião de uma tentativa de criação de outra sociedade, de cunho nacional. Tal cisão abalou o grêmio, mas a revista foi retomada em 1883 e manteve-se até o início de 1886, ano da última publicação de que se tem notícia. Atingiu em média dois números anuais e não fez jus à denominação mensal. Assim, em setembro de 1885, quando se inicia a segunda série, essa palavra foi suprimida do título.

Via de regra, cada periódico se compunha de "Notas da Redação", que apresentava, comentava, prometia regularidade, ineditismo e novos fascículos e funcionava, assim, como pronunciamento da equipe de redação sobre a revista. Havia também o "Sumário"; artigos; uma seção intitulada "Crônica Geográfica", que abarcava de forma aligeirada temas do movimento geográfico mundial, como as expedições mundo afora. E, no fim, o "Expediente", que indicava usualmente publicações recebidas pela Seção ou por ela enviadas para outras instituições e incluía frequentemente um ou outro comentário bibliográfico.

Sem fugir do ecletismo da geografia — generosa mãe, sempre disposta a abraçar todos os temas —, as discussões e os artigos apresentam um amplo leque temático e versam sobre assuntos aparentemente tão díspares como a adoção de um meridiano único, a fauna e a flora brasileiras, a glótica, o tupi, a construção do Canal do Panamá, escavações de cidades na Babilônia e múmias no Egito.

A rigor, considerando-se somente os títulos listados nos sumários das revistas, não se detectariam alterações passíveis de ser consideradas como fases distintas do periódico. Afinal, os temas parecem estar distribuídos de forma a contemplar os objetivos explicitados quando da criação da Seção portuguesa: engajamento no movimento geográfico mundial, fundamentalmente a exploração do continente africano, e dados relativos ao território brasileiro.

Entretanto, se olharmos com mais atenção essa distribuição dos temas, tendo em vista as diretorias da Seção e da *Revista* e a região focalizada (Brasil, África e América Latina), demarcamos três fases na linha editorial do periódico.

Em uma primeira fase, relativa ao ano 1881–1882, sob a condução do então presidente, o barão de Teffé, e de Fernando Mendes, na chefia de redação, mais da metade dos títulos em um universo de 31 artigos publicados na revista[14] focalizou o Brasil, enquanto os outros pontos do índice se distribuíam entre África, América Latina e demais partes do mundo. Nesse período, a revista foi fiel depositária dos desígnios da "sociedade-mãe" em Portugal e oscilou entre um repertório que se estendia do reconhecimento dos territórios, das fronteiras, da natureza e das gentes do Império até a corrida colonialista na África.

Logo nos primeiros números, encontram-se exemplos de uma geografia "brasileira", isto é, calcada na questão dos limites do Império.

538 | FORMAS DO IMPÉRIO

Geografia construída a partir de artigos do barão de Teffé, textos que procuraram defender seu próprio "ofício" como demarcador de fronteiras do Brasil.

Nessa primeira fase da *Revista*, além dos discursos do barão de Teffé, encontramos alguns artigos relativos ao Império do Brasil, como a proposta de divisão política para o país, formulada pelo senador Cândido Mendes de Almeida.

O esquema organizado por Cândido Mendes preconizava a redistribuição do poder entre as regiões do Brasil, principalmente por meio da mudança da capital, de modo a torná-la equidistante das demais cidades, para drenar, assim, o comércio e a população para o novo centro.[15]

Cândido Mendes não esteve sozinho nessa sua proposta de interiorização da capital para o Planalto Central, pois esse foi um tema caro também ao historiador Francisco A. Varnhagen.[16] Anos mais tarde, pelos idos da década de 1920, o pensamento geopolítico brasileiro recuperou sua proposta de estabelecimento de uma divisão territorial do país "mais racional", mediante a interiorização da capital, e acoplou-lhe a noção de segurança nacional.[17]

Nessa fase, embora o periódico abordasse os temas concernentes ao Império, como se depreende das intervenções do barão de Teffé, dos artigos de Cândido Mendes e de seu filho Fernando Mendes, a *Revista* nunca deixou de destacar os laços com sua matriz. Um exemplo dessa conduta se encontra nas "Crônicas Geográficas" do primeiro fascículo, inteiramente dedicadas à reprodução de declarações e decretos do rei de Portugal e toda sorte de transcrições de discursos e documentos provenientes da capital acerca da Sociedade de Geografia de Lisboa.[18]

Essa inclinação pelos assuntos atinentes à matriz ficou muito evidente por ocasião dos festejos em homenagem ao explorador luso Serpa Pinto, em sua vinda ao Rio de Janeiro, a quem se dedicaram os três últimos números da *Revista*, reunidos em um só em 1881.[19]

Nesse volume, quase que inteiramente centrado no expedicionário luso, encontramos a reprodução dos discursos proferidos por personalidades da elite imperial brasileira nas inúmeras cerimônias dedicadas a Serpa Pinto, como as palavras do senador Manoel Francisco Correia, de Ramalho Ortigão, do barão de Teffé, e, por fim, de Alfredo d'Escragnolle Taunay, o visconde de Taunay.[20]

Em 1883, após o *imbroglio* da cisão e da própria defecção do primeiro presidente, o barão de Teffé, ocorrido em 1881, novos grupos se sucederam na diretoria da filial: o primeiro deles, liderado pelo presidente da Seção, Ladislau Neto, e pelo chefe de Redação, Antônio de Serpa Pinto Júnior,[21] esses conduziram a Seção e a *Revista* durante o ano de 1883-1884. Essa dupla foi, então, sucedida pelo barão de Parima, Francisco Xavier Lopes de Araújo, na qualidade de presidente da Seção, e por Eduardo Brito Cunha,[22] como chefe de Redação, de 1884 até meados de 1885.

Nessas duas administrações, pudemos perceber alterações na distribuição dos temas da *Revista da Seção*, o que nos permitiu discernir uma segunda fase, distinta da anterior: desde a retomada do periódico, a partir de 1883, o tema "África" foi riscado da pauta da *Revista* e deu lugar aos trabalhos que focalizavam o Brasil principalmente. De um lote de 26 artigos produzidos nesse lapso de tempo, 17 abordaram o Império. Além dessa prioridade dada ao Brasil, houve uma inédita concentração temática, que girou prioritariamente em torno dos costumes dos índios. Essa tendência "indigenista" teve início na gestão de Ladislau Neto, se estendeu pela administração do barão de Parima e só veio a ser revertida com a ascensão do grupo do barão de Jaceguay, Artur Silveira da Mota, à Seção, como veremos mais adiante. Tal fato nos permitiu tomar as gestões sucessivas de Ladislau Neto e do barão de Parima como um único bloco.

Nessa segunda fase, como foi dito, encontramos uma série de artigos sobre os "aborígines", que, para Ladislau, se constituíam como espelho fiel da primitiva humanidade.[23] Localizamos, assim, os escritos do magistrado do Piauí Maximiano Mendes Pereira[24] sobre o *neengatu*, língua tupi, por ele classificada como linguagem oriunda do tronco indo-europeu;[25] a descrição do modo de vida dos índios coroados no Paraná, assinada por Telêmaco Morocines Borba[26], e as considerações sobre a glótica, apresentadas por Joaquim José Marques, que demonstra os avanços da filologia e da arqueologia na reconstrução da língua fenícia.[27]

540 | FORMAS DO IMPÉRIO

Um outro trabalho, dentre outros acerca da temática indígena, tratou da lenda de Sumê, compartilhada por vários povos do continente americano, desde os tupis até "as cultas sociedades da primitiva América".[28] Segundo seu autor, o engenheiro Noronha Torrezão, a tradição do Sumê, aliada aos estudos que tomavam o tupi como linguagem aparentada do sânscrito, indicava um fio comum entre tribos americanas e egípcias, fio esse que tanto poderia ter se estabelecido a partir da ida dos tupis para o oriente como vice-versa.

Por fim, cabe ressaltar o relato do próprio Ladislau Neto, presidente da Seção, acerca de sua excursão à região sul da então Província do Pará, para ele um local esplêndido para estudos etnológicos, em razão da diversidade das tribos existentes naquele local.

Depois de três anos de estudos na Academia de Ciências de Paris, Ladislau Neto havia regressado ao país, em 1867, e retomado suas atividades no quadro de botânicos do Museu Nacional. Sua formação no exterior terminou por levá-lo à direção do museu, a partir de 1874, à testa do qual formou grupos de naturalistas para percorrer o país e organizou a Exposição Antropológica Brasileira em 1881.[29]

Ladislau acreditava ser necessário desenvolver no Brasil a antropologia e a arqueologia, ciências já com certa tradição no Velho Mundo, para que pudéssemos entrar para o concerto das nações civilizadas. Na sua concepção, o estudo das culturas indígenas americanas deveria ter a mesma dimensão daqueles feitos sobre as sociedades antigas na África e na Ásia.

Com o exemplo do quéchua, uma das línguas andinas, vista por linguistas europeus como corrupção do sânscrito, Neto termina por indagar a possibilidade inversa, ou seja: levanta a hipótese de o sânscrito ter derivado da língua dos nativos da América. Para ele, o *modus vivendi* dos grupos indígenas americanos poderia muito bem estar na origem das culturas europeias.[30] Essa visão de Neto, como se percebe, espraiou-se para além do museu e explica, sem sombra de dúvida, a escolha dos textos na segunda fase da *Revista da Seção*, textos "filiados" ao seu posicionamento ideológico.

Muito embora a temática indígena tenha predominado nessa segunda fase da *Revista da Seção*, outros assuntos também foram abordados. Nesse sentido salientamos a transcrição do artigo no *Jornal do Commercio* do naturalista e geólogo Herbert Smith acerca da formação dos pampas.

Segundo o especialista, os sedimentos formadores dessa região tinham sua origem em território brasileiro, o que, para o pesquisador, provaria o fato de o Império ter sido lesado de "pedaços naturais" pelo recorte geopolítico da região meridional do país.

É voz corrente nas ciências sociais o papel da história e da antropologia na composição de um rosto para a nação. Entretanto, a geografia não fez por menos. O exemplo acima, de associação da formação de um determinado relevo ao desenho do país, balizava-se nos mesmos princípios da doutrina das fronteiras naturais.[31] Nesse caso, a fronteira não estaria em um rio ou acidente geográfico de fácil visualização ou comprovação, mas, sim, ancorada em processo evolutivo do relevo, a requerer toda uma linguagem científica para ser entendida e aceita.

Na verdade, nessa fase, o periódico da Seção refletiu o tom do diapasão ideológico de seu presidente Ladislau Neto. Nada escapou de sua visão, impregnada de um conceito de nação, de viés romântico e calcado na valorização do indígena.

Na gestão seguinte, assumida pelo almirante Jaceguay (presidência) e Zeferino Cândido (chefia de Redação), durante o ano de 1885–1886, o tema África retornou à cena com muita força e rivalizou em número com os documentos relativos ao Brasil. Nessa terceira fase temática da *Revista*, metade dos escritos,[32] em relação a um total de 20, foi dedicada à ação portuguesa na África.

Na verdade, nesse momento imprimiu-se um novo perfil à *Revista*, sob vários aspectos. A partir de então, as discussões sobre a disputa dos territórios africanos se tornaram mais frequentes e os artigos passaram a apresentar características distintas das apresentadas ao longo de toda a publicação: sob essa direção, a revista parece transpirar os ideais colonialistas portugueses, com viés abertamente pró-lusitano.

Os discursos feitos durante a posse de Jaceguay, em um dos salões do Liceu de Artes e Ofícios,[33] prometiam tirar a Seção da inércia.

542 | Formas do Império

Todavia, na prática, a diretoria não logrou qualquer atividade que pudesse colocar a filial portuguesa em um outro patamar, diferente do que até então ela havia sido.

O redator-chefe da *Revista* do período, Antonio Zeferino Cândido da Piedade, português, bacharel e doutor em matemáticas por Coimbra, tornou-se mais conhecido como um homem de letras. Veio ao Brasil em 1878 com o intuito de divulgar um método de leitura, dedicou-se, então, ao magistério e colaborou em diversas instituições.[34] Foi também diretor do Colégio São Pedro de Alcântara no Rio e retornou a Portugal em 1901. Em 1910, com o advento da República em Portugal, exilou-se na Espanha.[35]

Zeferino foi um defensor incansável da colonização portuguesa. Assim, entre seus muitos escritos encontra-se um livro organizado por ocasião do quarto centenário do descobrimento do Brasil, em 1900,[36] um verdadeiro libelo em prol do colonialismo português. Zeferino Cândido dava o tom da *Revista*, um tom, por assim dizer, inteiramente pró-lusitano. Nessa fase, percebe-se certa concentração de portugueses ou personalidades muito ligadas à colônia lusa, radicados nos postos-chaves, ao redor de Jaceguay. Assim, encontramos José Ferreira de Araújo[37] como vice-presidente da Seção; o próprio Zeferino Cândido, que chefiou a equipe de redação, integrada por Felipe Pestana,[38] Luiz Cruls e Capistrano de Abreu. Sem contar com a atuação sempre constante de Ramalho Ortigão, àquela altura presidente do Real Gabinete Português de Leitura.

Desse grupo, somente Capistrano de Abreu e o astrônomo belga Luiz Cruls não pertenciam à colônia portuguesa, mas eram a ela muito ligados: Capistrano colaborava também com a *Gazeta Mercantil*, cujo diretor era português, e mantinha-se próximo ao círculo cultural luso. Luiz Cruls, figura prestigiada por seu trabalho no Observatório Nacional, já havia cativado a admiração de dom Pedro II[39] e integrava o rol de amizades de Joaquim Nabuco,[40] também um entusiasta da cultura lusa.

Embora as revistas dessa fase tenham enfatizado os assuntos relativos à obra colonialista portuguesa, tão ao gosto de seu redator-chefe, seus assessores na redação incluíram artigos acerca do Brasil, como o manuscrito "Robério Dias e as minas de prata" e outros, identificados e publicados por Capistrano de Abreu,[41] enquanto Luiz Cruls fez publicar um texto que relatava as principais discussões e resoluções da Conferência Internacional para Adoção de um Meridiano Único, em Washington, da qual ele mesmo participara como representante brasileiro.

Portanto, como era de se esperar, nessa terceira fase a revista debruçou-se sobre os problemas africanos, que em última análise importavam naquele momento para Portugal. Nesse universo encontramos um exemplar inteiramente dedicado à comemoração promovida pela Seção, com a presença de dom Pedro II, dos feitos na África de Roberto Ivens e Hermenegildo de Brito Capelo, dois exploradores portugueses que dividiram com Serpa Pinto as glórias das incursões lusas no continente africano. No fim desse mesmo número, constava ainda uma mensagem subscrita por nomes importantes no cenário brasileiro, como Joaquim Nabuco e Machado de Assis, e dirigida aos exploradores portugueses, assinada por dom Pedro II, a imperatriz Teresa, a princesa Isabel, o conde D'Eu, seus filhos e uma série de agremiações, como o Clube de Engenharia, a Escola Politécnica, a Sociedade de Geografia do Rio de Janeiro, o Gabinete de Leitura, o Observatório Nacional[42] e outros institutos.

Como percebemos por meio das fases temáticas do periódico, a Seção apresentava duas faces e cada uma olhava para lados diferentes. Ora debruçava-se sobre os problemas relativos ao território africano, ora fixava-se no "descobrimento" dos sertões brasileiros. Tal fato não parecia impedir qualquer tipo de ação, os associados do grêmio estavam aptos a explorar tanto os confins africanos quanto os sertões brasileiros. No entanto, para compreendermos a razão pela qual a filial da Sociedade de Geografia de Lisboa, diferentemente de suas congêneres mundo afora, manteve-se como um centro literário, sem sair a campo, deveremos mergulhar na política nacional lusa, bem no momento da criação da Sociedade de Geografia de Lisboa em 1875.

544 | FORMAS DO IMPÉRIO

A Sociedade de Geografia de Lisboa e o reatamento da tradição nacional

Dentre os estigmas que fustigavam a pátria lusa em fins do Oitocentos, imperava aquele, associado à ideia liberal de nação, que afirmava a inviabilidade de países de pequeno porte, para os quais não haveria possibilidade de autodeterminação. A consciência do declínio de Portugal no interior da hierarquia de poderes no cenário das potências europeias era um fato.[43] Portugal precisava responder a seus críticos e reinventar-se diante das potências europeias.

No plano econômico, durante a primeira metade do século XIX, Portugal figurou como uma verdadeira retaguarda no quadro das nações ocidentais. Nesse período, o país, um dos mais pobres da Europa, teve um desempenho pífio, atrás da Dinamarca e da Suécia, levando-se em conta a renda per capita. Embora tenha havido uma recuperação na segunda metade do Oitocentos, o crescimento obtido esteve muito aquém da expansão internacional.[44]

A discussão acerca das causas do declínio português prolongou-se, anos a fio, e ainda hoje é difícil o consenso, mas podemos citar alguns fatores que nunca saíram da pauta dos especialistas, a saber: baixas taxas de escolarização (o analfabetismo grassava entre a maior parte da população por volta de 1850, o que implicava a pouca qualificação da mão de obra); discriminação de alguns produtos competitivos por parte de mercados estrangeiros; pulverização do sistema bancário, que inviabilizava investimentos de grande porte; e a emigração, que sangrou o país, encarecia a mão de obra remanescente e comprometia o desempenho de alguns setores.

Antero de Quental,[45] em palestra durante as famosas Conferências do Cassino,[46] em 1871, enumerou as causas da decadência dos povos da Península Ibérica e responsabilizou o catolicismo, o absolutismo e o colonialismo. A derrota da França em Sedan contribuiu para a generalização desse sentimento de decadência dos povos latinos e atingiu com muita força a sociedade portuguesa.[47]

Naquela conjuntura, mais do que nunca, os portugueses passaram a considerar a África como um trunfo, do qual não deviam prescindir.

Já haviam perdido o Brasil, não deveriam abrir mão de mais. A opinião pública lusa esteve sensível ao tema e, assim, o futuro do império ultramarino foi discutido por monarquistas, republicanos e socialistas. A colonização, causa do mal português, no diagnóstico da nação feito por Antero, foi preconizada como remédio por amplos setores e terminou por disseminar entre os lusos uma verdadeira fome de territórios coloniais.

Assim, desde sua criação, em 1875, o instituto de geografia luso articulou um poderoso movimento de pressão junto ao governo português,[48] galvanizou a opinião pública a favor de uma ação mais efetiva nos territórios africanos e mobilizou o país na direção da empreitada colonial, sem nunca descurar da recuperação do orgulho pátrio, por meio de homenagens aos heróis dos descobrimentos e das comemorações dos seus feitos.

A Sociedade de Geografia de Lisboa não nasceu sob os auspícios do Estado, embora muitos dos seus integrantes estivessem em postos-chaves no governo e, desde 1878, o rei de Portugal, dom Luiz, tenha se declarado protetor do estabelecimento. Até 1880, seus boletins foram custeados com recursos próprios e doações de particulares. Contudo, com a incorporação da Comissão Central de Geografia, ligada ao Ministério da Marinha e Ultramar, à Sociedade de Geografia de Lisboa, os periódicos passaram a ser financiados pelos cofres públicos.[49] Na prática, essa atitude resultou em outra relação da Sociedade com o governo: a partir de então, obteve apoio material do Estado.

A Sociedade de Geografia de Lisboa pertencia ao mundo da nobreza, dos grandes nomes do comércio, professores e funcionários públicos. O primeiro presidente, Januário Correia de Almeida, visconde de São Januário, como ficou conhecido, encarnou perfeitamente o perfil requerido pelo grêmio de geografia e ocupou várias posições de relevo na Monarquia Constitucional,[50] dentre elas a execução de várias missões nas áreas coloniais e de ex-colônias.

Foi por seu intermédio que Portugal e a Sociedade de Geografia de Lisboa foram admitidos na Associação Africana Internacional, o mecanismo pelo qual Leopoldo II, da Bélgica, tomou conta de grande parte da África Central. O visconde organizou um comitê nacional da Associação, que ficou constituído como uma seção interna da Sociedade de Geografia de Lisboa, a "Comissão Africana".

Por último, cabe ressaltar, foi Januário, quando em missão comercial na América do Sul, o encarregado de criar junto ao Império brasileiro a Seção no Rio de Janeiro em 1878, da qual se tornou presidente honorário.

O empenho da Sociedade de Geografia de Lisboa em relação ao colonialismo não recrudesceu e, em junho de 1881, aprovou-se, na sua assembleia geral, a moção intitulada *Apelo ao Povo Português em Nome da Honra, do Direito, do Interesse e do Futuro da Pátria*. Esse documento lançou subscrição nacional permanente, destinada ao estabelecimento de Estações Civilizadoras nos Territórios Sujeitos e Adjacentes ao Domínio Português em África — as estações previstas deveriam ser instaladas, grosso modo, em pontos ao longo da área compreendida entre Angola e Moçambique. Procurava-se, assim, gerar recursos para fortalecer o Fundo Africano criado pela Comissão Africana.

O compromisso dos ilustres dirigentes da Sociedade de Geografia de Lisboa com o colonialismo, um pilar do movimento de renovação nacional, pode ser enumerado à exaustão, já que esse ideal, como seiva vital, irrigava todas as artérias do instituto, desde a coleção de boletins, repleta de artigos que focalizavam a África, até o emblema da Sociedade, no qual se lia a inscrição "Por mares nunca dantes navegados", de Luís de Camões, o guia e juiz da nação. A Sociedade patrocinou mais de uma incursão aos territórios africanos, mantendo como honorários exploradores como Serpa Pinto, Roberto Yves e Hermenegildo Capelo. O compromisso com o colonialismo procurou enraizar-se também em outras localidades do país e do Ultramar, mediante o estabelecimento de uma política de criação de seções externas.

Naquela conjuntura de aflição, na qual, cada vez mais, o "pensar Portugal" se confundiu com o "pensar o império",[51] a necessidade de conjugar esforços para enfrentar as investidas concorrentes nos territórios africanos ensejou a política de autorizar seções externas adotada pela primeira geração de colonialistas portugueses encastelados na Sociedade de Geografia de Lisboa.[52] Essas filiais deveriam ser criadas nas diversas localidades onde fosse possível reunir sócios correspondentes em número suficiente[53] e dispostos a aderir ao movimento geográfico, para defender, propagar e representar os interesses portugueses e da sociedade matriz em Lisboa.

Assim, em 1878 foram autorizadas filiais nas cidades de Braga, Porto e Rio de Janeiro. Nos três anos seguintes, foram criadas de fato as sucursais do Brasil, do Porto e do Faial, nos Açores. Essa última esteve muito calcada na participação ativa de dois sócios correspondentes que, embora empenhados na organização daquela filial, não lograram desenvolver seus intentos: em 1881, a filial do Faial contava apenas com 25 associados, um número ínfimo, se compararmos com a seção brasileira.

* * *

No discurso proferido durante a reunião de criação da Seção da Sociedade de Geografia de Lisboa no Brasil, o visconde de São Januário, em clara alusão às aflições acerca das disputas pelos territórios coloniais empreendidas por Portugal, afirmou o desejo da nação portuguesa de não ficar atrás no "certame em que se empenhava o mundo civilizado (...) o grande movimento europeu para as grandes descobertas em África onde os problemas sociais e científicos poderiam encontrar sua verdadeira solução".[54] Ao abordar a iniciativa do "ilustrado" rei belga, Leopoldo II, na tarefa de "abrir o continente africano à civilização europeia e de extinguir o tráfico da escravatura",[55] o cônsul reconheceu ser essa uma tarefa gloriosa e concluiu ser indispensável para Portugal aumentar o número de expedições, tendo em vista os fins enumerados, principalmente estudar as relações entre os vastos sistemas hidrográficos ocidentais e orientais da África.

Escorado em argumentos acerca do universalismo da ciência na batalha do progresso, capaz de irmanar sócios de nacionalidades diferentes, foi destilada verdadeira preleção acerca dos benefícios advindos da participação da Sociedade de Geografia de Lisboa na política colonial portuguesa de manutenção dos territórios africanos.

De forma vaga, o visconde concluiu que "às seções compete a execução de todos os trabalhos relativos ao fim que se tem em vista, a sua publicação para utilidade pública e a coadjuvação recíproca".[56]

Os estatutos da Seção,[57] aprovados por decreto em 1879, reproduziam os objetivos do grêmio e dispunham também sobre o *modus operandi* da agremiação, a receita, os associados e as comissões; previam ainda a organização de uma assembleia geral, destinada a providências quanto às eleições dos corpos gerentes e à alteração dos estatutos. Ainda nesse mesmo ano, dom Pedro II aceitou ser o presidente honorário do grêmio.[58]

Vale lembrar que as condições formais para a criação de seções externas estipuladas pela Sociedade de Geografia estavam permeadas pela preocupação de Lisboa de fixar os limites em que se moveriam as seções recém-criadas: todas as deliberações das seções careciam de aprovação da matriz e ficava reservada à sede em Lisboa uma série de direitos, desde a aprovação dos novos associados à expedição de diplomas.[59] As aquisições das filiais e seus fundos sociais constituíam propriedade comum e, no caso de dissolução, seus arquivos e haveres reverteriam para Lisboa.

Em julho de 1880, a assembleia geral aprovou o Regimento Interno[60] da Seção, esmiuçou alguns pontos dos Estatutos, como o modo de votar e as competências de cada instância do grêmio, e criou comissões. As comissões organizadas se dividiam. Havia aquelas relativas à administração da Seção e as que diziam respeito aos temas de interesse da própria associação. Essas eram denominadas de Geografia Geral, Viagens e Explorações Científicas, Ciências Acessórias, Ensino de Geografia e, por fim, a do Fundo Africano.

Esta última era destinada a fornecer parecer "sobre os meios de obter fundos para o desenvolvimento das explorações intentadas pela Sociedade, em Lisboa",[61] e traduzia fielmente as intenções dos portugueses, empenhados na luta para arregimentar apoio para as incursões em solo africano, consideradas prioridade na corrida colonialista então empreendida entre as potências europeias.

Assim, podemos afirmar, a Seção constituiu-se como um imenso *stand* de propaganda portuguesa. Ela fez o que dela se esperava.

Sua "inércia" obteve o aplauso de Lisboa e da colônia lusa no Brasil. Afinal, a Seção publicou a coleção de revistas, organizou biblioteca, fez permuta de periódicos com outras sociedades de geografia e angariou simpatias e fundos para o projeto colonialista português. A razão de ser da filial implantada no Brasil estava na política nacional portuguesa. Cumpria as prioridades levantadas por aquele país.

Instalada no Brasil, tornou-se "inoperante" do ponto de vista dos setores que pensavam uma geografia verde e amarela, voltada para os confins do território brasileiro. Com a ruína do Império, a filial deixou de existir e submergiu o sonho africano. Sonho que conferia sentido à existência de todas as filiais da Sociedade de Geografia de Lisboa, em primeira e última instância, correias de transmissão do colonialismo luso.

Notas

1. Esse artigo é uma versão, adaptada de outra, intitulada "A filial da Sociedade de Geografia de Lisboa no Brasil, 1878–1889", *RIHGB*, a. 171, n. 448.
2. Januário tornou-se barão em 1886, visconde no ano seguinte e conde em 1889. *Nobreza de Portugal.*
3. Da lista dos convidados para o ato de fundação da Seção da Sociedade de Geografia de Lisboa, estiveram presentes: 1) visconde de Borges Castro; 2) barão de Teffé, ou Antônio Luiz Von Hoonholtz; 3) visconde de S. Salvador de Matosinhos; 4) Benjamim Franklin Ramiz Galvão ou barão de Ramiz; 5) Boaventura Gonçalves Roque, ou visconde de Rio Vez; 5) Cândido Mendes de Almeida; 6) Augusto Emílio Zaluar; 7) Francisco Maria Cordeiro de Souza; 8) general Henrique Pedro Carlos de Beaurepaire Rhoan, ou visconde de Beaurepaire Rhoan; 9) João Marçal Moreira Pacheco; 10) Lucas da Costa Faria; 11) Miguel Ribeiro Lisboa; 12) Pedro Gastão Mernier; 13) Wenceslau de Souza Guimarães. Justificaram ausência: 14) barão da Ponte Ribeiro, ou Duarte da Ponte Ribeiro e 15) Ladislau de Souza Mello e Neto. Fonte: *Revista Mensal da Seção da Sociedade de Geografia no Brasil*, 1ª. série, t. I, n. 1, p. 33.
4. TABORDA, Humberto, *Historia do Real Gabinete Português de Leitura do Rio de Janeiro.*
5. O visconde, irmão do conde de Matosinhos e proprietário do periódico *O Paíz*, era uma das mais importantes personalidades da colônia portuguesa radicada no Rio. CARVALHO, José Murilo, "O povo do Rio de Janeiro, bestializados ou bilontras?". Integraram também a Seção o conde de Matosinhos e seu filho João José dos Reis Júnior.
6. Emílio Zaluar (1826–1882), português naturalizado brasileiro, ainda em Lisboa abandonou o curso de medicina e passou a colaborar em inúmeros periódicos: primeiro em Portugal, depois no Brasil. Publicou, dentre outros escritos, *Peregrinações pela Província de São Paulo, 1860–1861* e a obra que tem sido apontada como uma das primeiras no país no gênero da ficção científica, *O doutor Benígus*, de 1875. Cabe destacar que a aventura escrita por Emílio Zaluar foi claramente inspirada na obra de Julio Verne. CARVALHO, José Murilo, "Benigna Ciência".
7. Borges Castro foi conselheiro do rei de Portugal, sócio da Academia de Ciências de Lisboa e chegou a publicar oito volumes acerca de tratados e convenções

celebrados entre a Coroa portuguesa e as demais potências. Iniciou sua carreira como militar e a encerrou com a diplomacia. *Nobreza de Portugal.*

8. Francisco Maria Cordeiro era nada mais nada menos do que o irmão de Luciano Cordeiro, o secretário perpétuo da Sociedade de Geografia de Lisboa. Francisco foi cônsul nos EUA e chegou a fundar em Lisboa, juntamente com seu irmão, a Companhia dos Carris de Ferro de Lisboa. *Grande enciclopédia portuguesa e brasileira.*

9. Ângelo Agostini, jornalista de origem italiana, famoso por integrar o primeiro escalão do time de caricaturistas da imprensa, colaborou em diversos periódicos ilustrados, como o *Cabrião*, semanário humorístico, adepto da abolição da escravidão. SOARES, Pedro, *A guerra da imagem*, p. 60.

10. Joaquim da Costa Ramalho Ortigão, português de uma família proveniente do Porto, irmão do famoso escritor português conhecido como Ramalho Ortigão e amigo de Eça de Queirós, foi uma personalidade importante da colônia lusa no Brasil. Transferiu-se para o Brasil e dedicou-se às atividades comerciais, dentre elas a gerência de casas de comissões de café. Envolveu-se também com a reforma dos Estatutos do Banco do Brasil e foi um dos criadores do Centro da Lavoura e do Comércio. No campo cultural, terminou por chegar à presidência do Real Gabinete Português de Leitura, dentre outras associações nas quais militou. *Grande enciclopédia portuguesa e brasileira,* v. XXIV; TABORDA, Humberto, *Historia do Real Gabinete Português de Leitura do Rio de Janeiro.*

11. Carlos Maximiano Pimenta de Laet, engenheiro de formação, foi jornalista, professor do Pedro II e também presidente do Círculo Católico. BUENO, Alexei; ERMAKOFF, George (Org.), *Duelos no serpentário.*

12. MARY, Cristina Pessanha, *Geografias pátrias.*

13. A coleção consultada compõe-se dos seguintes exemplares: *Revista Mensal da Seção da Sociedade de Geografia de Lisboa no Brasil*, Rio de Janeiro, 1ª. série, t. I, n. 1, 2, 3, 4 e 5; idem, t. II, nº. 1; idem, 1884;. idem, t. III; idem, 2ª. série, nº. 1, setembro, 1885; idem, nº. 2, outubro, 1885; idem, nº. 3, 1885; idem, nº. 4, 1886.

14. Incluíam pronunciamentos da redação, seção necrológica e contavam as crônicas como um tema de ordem geral, que dizia respeito a várias partes do mundo.

15. "Projeto de divisão política para o Brasil. Observações preliminares", *Revista Mensal da Sociedade de Geografia de Lisboa no Brasil*, t. I, nº. 2, p. 33-35.

16. Cabe a lembrança de que Varnhagen, um personagem crucial na montagem da história nacional, articulada pelo Instituto Histórico e Geográfico Brasileiro, apadrinhou a entrada de Cândido Mendes naquele estabelecimento. GUIMARÃES, Lúcia Maria Paschoal, "Debaixo da imediata proteção

de Sua Majestade Imperial: o Instituto Histórico e Geográfico Brasileiro (1838–1889)", p. 488.

17. VESENTINI, William, *A capital da geopolítica*, p. 70.

18. "Crônica Geográfica", p. 26-31.

19. Os festejos organizados pela Seção tiveram lugar no Cassino Fluminense, a 26 de junho de 1881, na presença do casal imperial. *Revista Mensal da Seção da Sociedade de Geografia de Lisboa no Brasil*, t. I, n⁰ˢ 3, 4 e 5, p. 63-112.

20. Todos três já citados anteriormente.

21. Foram poucos os registros sobre Antônio Serpa Pinto Júnior, que consta como figura ligada ao comércio. *Almanaque Laemmert*.

22. Eduardo Brito Cunha foi secretário da Seção por vários anos, até a sua morte em 1888. Pouco se apurou de sua biografia, somente algumas palavras, por ocasião do seu falecimento, encontradas na ata da Sociedade de Geografia de Lisboa. *Boletim da Sociedade de Geografia de Lisboa*, v. VIII.

23. NETO, Ladislau, "Trechos de uma excursão no Baixo Amazonas I", p. 10-19, p. 15.

24. BLAKE, Augusto Victorino Alves Sacramento, *Dicionário bibliográfico brasileiro*.

25. PEREIRA, Maximiano Mendes, "O Nheengatú, I", p. 5-11.

26. BORBA, Telêmaco Morocines, "Breve notícia sobre os índios caingangs", p. 20-25.

27. MARQUES, Joaquim José, "Considerações sobre a glótica", p. 6-9.

28. TORREZÃO, Alberto Noronha, "A lenda de Sumê", p. 37-44; "O Nheengatú, II", p. 5-11.

29. FREITAS, Marcus Vinícius, *Charles Fredrik Hartt, um naturalista no império de Pedro II*, p. 188.

30. Ibidem.

31. A ideia de fronteira natural ganhou força na França, sobretudo a partir de fins do século XVIII. Até então, a fronteira constituía uma noção imprecisa e podia ser entendida como uma linha com postos de alfândega, um limite entre Estados soberanos. No século XIX, entretanto, a historiografia francesa e a alemã ergueram aquele tema de forma passional, à luz de uma nova conjuntura marcada pelas disputas em torno das áreas limítrofes entre uma e outra nação. A ideia do impulso francês em direção ao Reno não tinha boa repercussão na Alemanha que se unificava. RICHET, Denis, "Fronteiras naturais".

32. Consideramos como revistas da terceira fase os seguintes fascículos: Revista da Seção da Sociedade de Geografia de Lisboa no Brasil. 2ª série, n° 1, n° 2, n° 3 e n° 4.

33. Foi sob os auspícios do Liceu de Artes e Ofícios que, em 1882, criou-se o primeiro curso de comércio regular na Corte. Esse curso contou com a presença

de Ramalho Ortigão, Eduardo Lemos e vários outros integrantes da Seção. BIELINSKI, Alba Carneiro, *Educação profissional no século*.

34. Em 1882, Zeferino Cândido compareceu a uma conferência no Retiro Literário Português para discutir a questão do aprendizado das ciências pelas mulheres. Cabe ressaltar que o temário do Retiro Literário era muito vasto e incluía assuntos como a degeneração da "raça latina" e quem teria sido o maior: Napoleão ou César? *Revista do Retiro Literário Português*, ano 1.

35. *Dicionário Biobibliográfico de Sócios Estrangeiros* (século XIX), p. 166.

36. CÂNDIDO, Zeferino, *Quarto centenário do descobrimento do Brasil por parte do Instituto Histórico, Geográfico e Etnográfico Brasileiro*.

37. José Ferreira de Araújo era o proprietário da *Gazeta de Notícias*. A importância cultural da *Gazeta* e de seu proprietário foi sobejamente destacada por Olavo Bilac. Para Bilac, a *Gazeta* "era consagradora por excelência" e o jornalismo de Ferreira Araújo, considerado como arte e poesia. BILAC, Olavo, *Vossa insolência*.

38. José Filipe Pestana, português, radicado no Brasil, foi um defensor de ideias abolicionistas. Pestana dedicou-se à função de guarda-livros. BLAKE, Augusto Victorino Alves Sacramento, *Dicionário Bibliográfico Brasileiro*.

39. Cruls, militar de formação, emigrou para o Brasil e trabalhou na Comissão Geral da Carta do Império, uma das atribuições do Imperial Observatório. Em 1881, terminou por tornar-se o primeiro astrônomo daquele estabelecimento. BARRETO, Luiz Muniz, *Observatório Nacional, 160 anos de história*, p. 87.

40. VIDEIRA, Antônio Augusto Passos, "Luiz Cruls e a astronomia no Imperial Observatório do Rio de Janeiro entre 1876 e 1889", p. 128

41. "Robério Dias e as Minas de Prata", parte I; "Robério Dias e as Minas de Prata", parte II, p. 66-78.

42. *Revista da Sociedade de Geografia de Lisboa no Brasil*, 2ª série, nº 3, p. 43-56.

43. HOBSBAWN, Eric, *Nações e nacionalismos desde 1870*, p. 42.

44. REIS, Jaime, "As causas históricas do atraso econômico português".

45. Antero de Quental, poeta português, foi autor de vários opúsculos e envolveu-se em grandes debates. Tanto no plano literário quanto no real, buscou a renovação da sociedade, à luz de um espectro de ideias marcadas por ideais socialistas. SARAIVA, Antonio José, *História da literatura portuguesa*.

46. As Conferências Democráticas aconteceram no Casino Lisboense, em 1871. No programa dos debates, formulado por Antero de Quental, Eça de Queirós e outros, procurava-se dar voz às ideias de transformação social, moral e política dos povos. MONICA, Maria Filomena, *Vida e obra de José Maria Eça de Queirós*. Os objetivos assinalados no programa das conferências incluíam a ideia de ligar Portugal ao movimento moderno para tomar consciência dos fatos que aconteciam na Europa. MOTA, Maria Aparecida Rezende, *Brasil e Portugal*: imagens de nação na geração de 70 do século XIX.

47. SÁ, Victor, *Esboço histórico das ciências sociais em Portugal*.
48. GUIMARAES, Ângela, *Uma corrente do colonialismo português*.
49. PEREIRA, Maria Manuela Cantinho, *O Museu Etnográfico da Sociedade de Geografia de Lisboa*: modernidade, colonização e alteridade.
50. Januário esteve entre os pares do Reino, integrou o Conselho de Estado e ficou à frente da pasta da Marinha e do Ultramar em 1880 e do Ministério da Guerra em 1886. Homem de sucesso, tanto nas fileiras militares, como ajudante de campo de dom Luiz e general de divisão, quanto na administração do Reino (governo de Braga e do Funchal) e dos territórios coloniais (governo geral de Cabo Verde, Macau e Timor); destacou-se ainda na diplomacia como ministro plenipotenciário na China, no Japão e no antigo Sião, hoje Tailândia. Dentre as várias missões que lhe foram confiadas, Januário avaliou para o governo português, junto às várias repúblicas da América do Sul, a possibilidade de se estabelecerem relações comerciais de exploração agrícola e mineralógica. *Nobreza de Portugal*.
51. Sobre essa superposição entre pensar a nação e o império, ver TOMAZ, Omar Ribeiro, "O bom povo português: antropologia da nação e antropologia do império".
52. Sociedade de Geografia de Lisboa, "Publicações".
53. Adesão de 12 sócios, residentes na localidade, se essa fosse portuguesa, e o dobro, caso fosse estrangeira. Sociedade de Geografia de Lisboa, "Publicações".
54. *Revista Mensal da Seção da Sociedade de Geografia no Brasil*, 1ª série, t. I, nº 1, p. 8.
55. É interessante assinalar a diplomacia do visconde de São Januário ao professar admiração pelo rei belga, Leopoldo II, apresentado como um paladino da luta contra a escravidão. A atuação de Leopoldo na África era uma verdadeira afronta aos interesses colonialistas lusos.
56. *Revista Mensal da Seção da Sociedade de Geografia no Brasil*, 1ª série, t. I, nº 1, p. 8.
57. Decreto nº 7.315, de 25 de junho de 1879. Estatutos da Seção da Sociedade de Geografia de Lisboa no Brasil, Rio de Janeiro, 1880.
58. PEREIRA, Maria Manuela Cantinho, *O Museu Etnográfico da Sociedade de Geografia de Lisboa*.
59. Sociedade de Geografia de Lisboa, "Publicações".
60. Seção da Sociedade de Geografia de Lisboa no Brasil, Regimento Interno, 1880.
61. Ibidem.

Referências

Almanaque Laemmert, "Almanaque administrativo, mercantil e industrial da Corte e da Província do Rio de Janeiro". Rio de Janeiro: Eduardo & Henrique Laemmert, 1879.

BARRETO, Luiz Muniz. *Observatório Nacional, 160 anos de história*. Rio de Janeiro, Ministério de Ciência e Tecnologia, Conselho Nacional de Desenvolvimento Científico e Tecnológico, Observatório Nacional, Academia Brasileira de Ciências e Secretaria de Ciência e Tecnologia do Estado do Rio de Janeiro, 1987.

BIELINSKI, Alba Carneiro. *Educação profissional no século XIX* — Curso comercial do Liceu de Artes e Ofícios: um estudo de caso. Rio de Janeiro, Boletim Técnico do SENAC. vl. 26 , N3 set./dez., 2000, 2004.

BILAC, Olavo. *Vossa insolência*: crônicas. Antônio Dimas (Org.). São Paulo: Companhia das Letras, 1996.

BLAKE, Augusto Victorino Alves Sacramento. *Dicionário bibliográfico brasileiro*. Rio de Janeiro: Tipografia Nacional, 1883–1902. 7v. v. 6.

Boletim da Sociedade de Geografia de Lisboa, Atas, Lisboa, v. VIII, 1888.

BORBA, Telêmaco Morocines. "Breve notícia sobre os índios caingangs." *Revista da Seção da Sociedade de Geografia de Lisboa no Brasil*, 1ª. série, t. II, n° 1, ago./set./out., 1883.

BUENO, Alexei; ERMAKOFF, George (Org.). *Duelos no serpentário*: Uma antologia da polêmica intelectual no Brasil, 1850, 1950. Rio de Janeiro: Germanokoff, 2005.

CÂNDIDO, Zeferino, *Quarto centenário do descobrimento do Brasil por parte do Instituto Histórico, Geográfico e Etnográfico Brasileiro*. Rio de Janeiro: Imprensa Nacional, 1900.

CARVALHO, José Murilo. "Benigna Ciência." In: ZALUAR, Emílio. *O doutor Benígnus*/Augusto Emílio Zaluar; prefácio de José Murilo de Carvalho e Alba Zaluar — 2.ed./preparada e apresentada por Helena Cavalcanti e Lyra e Ivete Savelle S. do Couto. Rio de Janeiro: UFRJ, 1994.

_____."O povo do Rio de Janeiro, bestializados ou bilontras?". *Revista do Rio de Janeiro*, Niterói, Eduff, 1986.

"Crônica Geográfica", *Revista Mensal da Seção da Sociedade de Geografia de Lisboa no Brasil*, Rio de Janeiro, t.I, n° 1, abril, 1881, p. 26-31.

Dicionário Biobibliográfico de Sócios Estrangeiros (século XIX), Rio de Janeiro, IHGB, 2001.

FREITAS, Marcus Vinícius. *Charles Fredrik Hartt*: um naturalista no império de Pedro II. Belo Horizonte: Ed. UFMG, 2002.

Grande enciclopédia portuguesa e brasileira. Lisboa; Rio de Janeiro: Editorial Enciclopédia Limitada, 1960. 40v.

GUIMARÃES, Ângela. *Uma corrente do colonialismo português*. A Sociedade de Geografia de Lisboa, 1875, 1895. Porto: Livros Horizonte, 1984.

GUIMARÃES, Lúcia Maria Paschoal. "Debaixo da imediata proteção de Sua Majestade Imperial: o Instituto Histórico e Geográfico Brasileiro (1838-1889)", *Revista do IHGB*, Rio de Janeiro, a. 156, nº. 388, jul./set. 1995.

GUIMARÃES, Manoel Luiz Lima Salgado. Nação e civilização nos trópicos: o IHGB e o projeto de uma história nacional. *Estudos Históricos*, Rio de Janeiro, v1, n1, p5 27, 1988.

HOBSBAWN, Eric. *Nações e nacionalismos desde 1870*. São Paulo: Paz e Terra, 1998.

LOPES, Maria Margareth. *O Brasil descobre a pesquisa científica*: os museus e as ciências naturais no século XIX. São Paulo: Hucitec, 1997.

MARQUES, Joaquim José. "Considerações sobre a glótica", *Revista da Seção da Sociedade de Geografia de Lisboa no Brasil*, Rio de Janeiro, 1ª série, t. II, nº 1, ago./set./out., 1883.

MARY, Cristina Pessanha. "A filial da Sociedade de Geografia de Lisboa no Brasil, 1878-1889." *RIHGB*, Rio de Janeiro, a. 171, n.º 448, jul./set. 2010.

_____. *Geografias pátrias*: Portugal e Brasil, 1875–1889. Niterói: Eduff, 2010.

MONICA, Maria Filomena. *Vida e obra de José Maria Eça de Queirós*. Rio de Janeiro: Record, 2001.

MOTA, Maria Aparecida Rezende. *Brasil e Portugal*: imagens de nação na geração de 70 do século XIX. Tese de Doutorado em História, Rio de Janeiro, UFRJ, 1998.

NETO, Ladislau. "Trechos de uma excursão no Baixo Amazonas I", *Revista da Seção da Sociedade de Geografia de Lisboa no Brasil*, Rio de Janeiro, 1ª série, nº 1, 1883.

Nobreza de Portugal. Lisboa: Editorial Enciclopédia Ltda, 1961.

PEREIRA, Maria Manuela Cantinho. *O Museu Etnográfico da Sociedade de Geografia de Lisboa*: modernidade, colonização e alteridade. Lisboa: Fundação Calouste Gulbenkian; Fundação para a Ciência e Tecnologia, 2005.

PEREIRA, Maximiano Mendes. "O Nheengatú, I." *Revista da Seção da Sociedade de Geografia de Lisboa no Brasil*, 1ª série, t. II, nº 1, ago./set./out. 1883.

_____. "O Nheengatú, II." *Revista Mensal da Seção da Sociedade de Geografia de Lisboa no Brasil*, 1ª série, t. II, 1884, 92p.

REIS, Jaime. "As causas históricas do atraso econômico português." In: TENGA-RINHA, José (Org.), *História de Portugal*. São Paulo: Edusp/Unesp, Portugal, Instituto Camões, 2000.

Revista da Seção da Sociedade de Geografia de Lisboa no Brasil. Rio de Janeiro 2.série, n. 1, setembro. 1885, 46p.

_____ .Rio de Janeiro 2ª série, n. 2, outubro, 1885, 47p.

_____ . Rio de Janeiro 2ª série, n. 3, novembro e dezembro, 1885, 77p.

_____ . Rio de Janeiro 2ª série, n. 4, janeiro, fevereiro e março, 1886, 40p.

_____ . Rio de Janeiro, 2ª série, nº. 3, nov. e dez., 1885.

Revista do Retiro Literário Português. Rio de Janeiro, ano 1, julho de 1882.

Revista Mensal da Seção da Sociedade de Geografia de Lisboa no Brasil. Rio de Janeiro, 1ª série, t. I, nº. 1, abril, 1881, 33p.

_____ . Rio de Janeiro, 1ª série, I, nº 2, maio, 1881, 32p.

_____ . Rio de Janeiro, 1ª série, I, nᵒˢ 3, 4 e 5, junho, julho e agosto, 1881, 113p.

_____ . Rio de Janeiro, 1ª série, II, nº 1, agosto, setembro e outubro, 1883, 34p

_____ . Rio de Janeiro, 1ª série, II, 1884, 92p.

_____ . Rio de Janeiro, 1ª série, III, janeiro e fevereiro, 1885, 64p.

_____ . Rio de Janeiro, t. I, nᵒˢ 3, 4 e 5, junho, julho e agosto, 1881.

RICHET, Denis. "Fronteiras naturais." In: FURET, Françoise e OZOUF, Mona. *Dicionário crítico da Revolução Francesa*. Rio de Janeiro: Nova Fronteira, 1989.

"Robério Dias e as Minas de Prata", parte I. *Revista Mensal da Seção da Sociedade de Geografia de Lisboa no Brasil*. 2.s, nº 1, set. 14-22, 1885.

"Robério Dias e as Minas de Prata", parte II. *Revista Mensal da Seção da Sociedade de Geografia de Lisboa no Brasil*. 2.s, n. 2, out. p. 66-78, 1885.

SÁ, Victor. *Esboço histórico das ciências sociais em Portugal*. Lisboa: Instituto de Cultura Portuguesa, 1978.

SARAIVA, Antonio José. *História da literatura portuguesa*. Lisboa: Publicações Europa América, 1963.

SOARES, Pedro. *A guerra da imagem*: iconografia da guerra do Paraguai na imprensa ilustrada fluminense, Dissertação de Mestrado em História, UFRJ, Rio de Janeiro, 2003.

SOCIEDADE DE GEOGRAFIA DE LISBOA. "Publicações", v. II, nº. 10, Documento IX , 1881–1883.

TABORDA, Humberto. *Historia do Real Gabinete Português de Leitura do Rio de Janeiro*. Primeiro centenário 1837-1937. Rio de Janeiro: Real Gabinete Português de Leitura, s/d.

TOMAZ, Omar Ribeiro. "O bom povo português: antropologia da nação e antropologia do império." In: L' ESTOILLE, Benoit de; NEIBURG, Frederico; SIGAUD, Lygia. *Antropologia, impérios e Estados nacionais*. Rio de Janeiro: Relume Dumará; Faperj, 2002.

TORREZÃO, Alberto Noronha. "A lenda de Sumê." *Revista da Seção da Sociedade de Geografia de Lisboa no Brasil*, Rio de Janeiro, 1ª série, t. II, nº 1, ago./set./out. 1883.

TORREZÃO, Alberto Noronha. "O Nheengatú, II", *Revista Mensal da Seção da Sociedade de Geografia de Lisboa no Brasil*, 1ª série, t. II, 1884, 92p.

VESENTINI, William. *A capital da geopolítica*. São Paulo: Ática, 1986.

VIDEIRA, Antônio Augusto Passos. "Luiz Cruls e a astronomia no Imperial Observatório do Rio de Janeiro entre 1876 e 1889". In: HEIZER, Alda; VIDEIRA, Antônio Augusto Passos (Orgs.) *Ciência, Civilização e império nos trópicos*. Rio de Janeiro: Access, 2001.

A historiografia sobre ciências e impérios:
Constituição e desenvolvimento

*Maria Amélia M. Dantes**

É meu objetivo neste texto refletir sobre a constituição da área ciências e impérios e como se tornou uma das mais dinâmicas da história da ciência. Sob essa denominação, agrupam-se estudos não apenas sobre o papel desempenhado pelas práticas científicas nas políticas imperiais, mas também sobre a implantação da ciência moderna[1] em países que foram antigas colônias europeias.

Trata-se de área relativamente recente, que começou a se instituir nos anos 1970 e 1980. Até então, esses temas não eram valorizados pelos historiadores da ciência, que voltavam sua atenção, prioritariamente, para a ciência europeia e, para períodos históricos mais recentes, para países como os Estados Unidos, que passaram a liderar a produção científica mundial.

A partir desses anos iniciais, a área se expandiu de forma extraordinária e hoje, como podemos verificar pela rede Sciemp,[2] congrega pesquisadores dos vários continentes e se constitui em uma rede mundial de história da ciência e da tecnologia, mas com forte enfoque nos estudos sociais. Atualmente observamos ainda uma grande especialização, com pesquisadores atuantes em subtemas muito bem circunscritos, por parâmetros históricos, como os diferentes períodos e as várias nações imperialistas; geográficos,

---

*Profa. Sênior — Departamento de História da Faculdade de Filosofia, Letras e Ciências Humanas da Universidade de São Paulo.

como Ásia, África, América, Oceania; ou ainda pelas diversas áreas científicas.

Nesse quadro atual da produção historiográfica, é assim muito oportuna a edição deste livro, que tem como foco o Império português e que apresenta estudos feitos por historiadores da ciência portugueses e brasileiros.

A constituição da área ciências e impérios na historiografia da ciência

Como já sublinhei, o tema ciências e impérios era considerado secundário pela comunidade de historiadores da ciência. Uma primeira questão que se coloca, assim, é como essa área de pesquisa se institucionalizou e tem hoje uma grande representatividade na produção mundial em história da ciência.

Para os vários autores que se debruçaram sobre esse tema, um primeiro marco catalisador desses estudos foi a publicação, em 1967, do artigo do historiador norte-americano Georges Basalla "The Spread of Western Science",[3] que analisava a difusão da ciência moderna por outras regiões que não a Europa Ocidental.

Escrito no período que seguiu a Segunda Guerra Mundial, o texto de Basalla tinha como referência as teorias desenvolvimentistas largamente difundidas nesses anos. Não podemos esquecer que um de seus referenciais foi Walt Whitman Rostow, formulador de teorias de desenvolvimento para os países do Terceiro Mundo que orientaram as ações da Casa Branca. Esse artigo marcou época, foi muito lido e reproduzido, discutido e também muito criticado. Certamente influenciou inúmeros estudos sobre o desenvolvimento das ciências em outras regiões que não a europeia e contribuiu para que a história da ciência passasse a ter uma perspectiva mundial.[4]

Do ponto de vista metodológico, é importante destacar que o texto de Basalla estava inserido no quadro tradicional da história da ciência, pelo qual a ciência moderna era vista como um conhecimento universal cujo desenvolvimento conceitual seria movido por fatores

562 | FORMAS DO IMPÉRIO

internos. A ação de fatores sociais estaria restrita a aspectos considerados externos ao núcleo cognitivo, como as formas institucionais, a função social atribuída às ciências ou o uso dos conhecimentos científicos. Assim, a difusão da ciência ocidental era vista como um processo pelo qual um conhecimento epistemologicamente superior — a ciência moderna — se instalava em outros contextos sociais.

Nos anos seguintes à publicação do artigo de Basalla, várias críticas foram formuladas às ideias nele presentes. De um lado, à sua concepção progressiva e unidirecional de difusão. Mas também porque "essa transferência era vista como operando sobre um terreno virgem, em um vazio científico, graças aos diferentes vetores dos impérios, missões, comerciantes, exércitos etc. Seria assim, segundo um termo célebre, um elemento da 'aculturação'", segundo Roshdi Rashed.[5]

Já o historiador australiano Roy McLeod[6] considera que outro marco na constituição da área ciências e impérios foi o processo de descolonização da África, nos anos 1960, que estimulou debates sobre a constituição histórica dos impérios e sobre as políticas de desenvolvimento dos países do Terceiro Mundo, tanto entre intelectuais europeus como das antigas colônias.

McLeod observa que, até esses anos, os historiadores da ciência não dialogavam com a história imperial, se interessando sobretudo por questões cognitivas, como o impacto das navegações e das conquistas territoriais no desenvolvimento das ciências modernas. Vê, a partir dos anos 1960 e 1970, uma politização da história da ciência, com a proliferação de estudos sobre o papel desempenhado pelas ciências nas políticas imperialistas de exploração das colônias.

Podemos dizer que os caminhos seguidos pela disciplina história da ciência nesses anos também foram muito favoráveis para o desenvolvimento da área ciências e impérios. Primeiro, do ponto de vista metodológico, porque esse foi um período de fortalecimento dos estudos sociais da ciência e de uso crescente pelos historiadores de uma concepção contextualizada das práticas científicas. Esse princípio metodológico vem orientando tanto os estudos sobre a difusão da ciência moderna para territórios não europeus como sobre a implantação de práticas científicas nos contextos nacionais. A produção historiográfica mais recente também tem enfatizado que as práticas científicas que se deslocam para outros contextos passam por transformações, são apropriadas de formas diferenciadas e ganham novos significados.

Como escreve David Chambers, a consideração de que a prática científica é local favoreceu o desenvolvimento de estudos sobre contextos antes considerados periféricos na produção científica mundial.[7] Mas podemos ampliar sua observação e afirmar que essa concepção passou a ser utilizada tanto por historiadores dos ditos contextos centrais como dos ditos periféricos.[8]

Nesses anos, uma outra mudança na área da história da ciência foi sua profissionalização crescente em nível mundial e a proliferação de comunidades de historiadores da ciência nos vários continentes. A atuação de pesquisadores nascidos em países que haviam sido antigas colônias europeias foi fundamental para o desenvolvimento da área ciências e impérios. A Sociedade Brasileira de História da Ciência e a Sociedade Latino-Americana de História da Ciência e da Tecnologia, por exemplo, foram criadas nos anos 1980, justamente pela ação dessas primeiras gerações de historiadores da ciência da América Latina

O desenvolvimento da área ciências e impérios

Podemos ter uma ideia do crescimento da área ciências e impérios nos anos 1980 e 1990 pela análise de alguns eventos marcantes que congregaram estudiosos dos dois temas — a relação das ciências com as práticas imperiais e a difusão das ciências modernas pelas várias regiões do planeta.

Pesquisadores que atuam na área consideram que o primeiro evento exclusivamente a ela dedicado foi o congresso de 1978 em Melbourne, que reuniu pesquisadores dos Estados Unidos, da Austrália e do Canadá para o debate sobre o papel das ciências no império britânico.[9] Entre outros, participaram do evento Roy McLeod e David Chambers, pesquisadores pioneiros e que renovaram a área.

564 | FORMAS DO IMPÉRIO

No início dos anos 1990, merecem destaque dois congressos internacionais, tanto por representarem o grande dinamismo pelo qual a área passava como por contarem com a participação de pesquisadores dos vários continentes.

O de 1990, em Paris, organizado pela Equipe Rehseis do Centre National de la Recherche Scientifique (CNRS),[10] contou com cerca de 120 participantes de mais de 20 países e a presença de historiadores da Índia, China, do Japão, dos Estados Unidos, da Alemanha, França, Espanha, Oceania e América Latina, entre outros.[11] Seus anais, publicados em 1992, são, até hoje, uma referência na área.[12] Como desdobramento desse congresso, teve início a publicação de uma *newsletter*, a "Science and Empires", dirigida por Patrick Petitjean e Dupak Kumar, que depois se transformou na atual rede Sciemp.

E o de 1991, em Madrid, comemorativo dos quatrocentos anos da conquista da América, organizado pela Sociedade Espanhola de História da Ciência, Sociedade Latino-Americana de História da Ciência e da Tecnologia e pela norte-americana History of Science Society, que também se constituiu em um congresso internacional na área ciências e impérios, com debates teóricos e apresentação de estudos sobre diferentes períodos históricos e contextos nacionais. Seus anais foram editados.[13]

Nesses eventos destacaram-se algumas linhas de pesquisa:

1ª) *As ciências na constituição dos impérios*: Essa linha, que compreendia os estudos sobre o papel desempenhado pelas ciências na constituição dos impérios, passava então a trabalhar com novos parâmetros metodológicos.

Com a expansão dos estudos sociais da ciência, a difusão da ciência moderna pelas várias regiões do globo passou a ser vista pelos historiadores como parte do processo de expansão europeia — política, comercial, militar, cultural — pelo qual foram formados os grandes impérios coloniais. Nas palavras de Mary Louise Pratt,[14] com a expansão europeia constituiu-se uma consciência planetária eurocêntrica, um conhecimento da natureza que absorveu e subjugou outros saberes.

Essa difusão deixou, assim, de ser vista como resultado da superioridade epistemológica da ciência moderna, e sim como um processo complexo em que atuaram variados fatores que levaram à hegemonia desse sistema de produção de conhecimentos. Os historiadores passaram a considerar, então, que não apenas as políticas metropolitanas foram fundamentais para a implantação da ciência europeia, mas também interesses de grupos coloniais favoráveis ou não a essas políticas.

No fim dos anos 1980 e início dos 1990, esses estudos passaram também a considerar as especificidades dos diferentes impérios. Foi, então, bastante discutido o estudo já citado de Roy McLeod sobre o império britânico. Outro autor então atuante que merece destaque é Lewis Pyenson, que, a partir de estudos detalhados sobre a relação das ciências com as expansões imperialistas francesa, holandesa e alemã, construiu um modelo que procurava diferenciar as ações dessas três nações.[15]

A análise dos primeiros eventos internacionais sobre o tema nos mostra que, então, essa linha de estudos compreendia temas como a implantação de práticas científicas nos contextos coloniais e, em particular, a ação das metrópoles e de grupos locais nesse processo; a relação entre as ciências e a construção dos impérios; as estratégias das metrópoles europeias para o desenvolvimento das ciências nas colônias; as relações entre ciência moderna e saberes tradicionais existentes nos territórios conquistados; entre outros.

Mais recentemente, pelas informações da rede Sciemp, podemos ver que essa linha se caracteriza por uma forte especialização temática. Também, pela atuação dos pesquisadores no XXIII Congresso Internacional de História da Ciência e da Tecnologia, em 2009, em Budapeste, vemos que um dos temas mais debatidos do momento é o da circulação de saberes entre metrópoles e colônias e entre colônias.

2ª) *A implantação das ciências nos contextos coloniais e nacionais:* Os estudos sobre esse tema ganharam grande impulso nas últimas décadas, em geral sendo feitos por pesquisadores dos próprios países.

Não podemos esquecer que estudos sobre a história das ciências nos contextos nacionais já existiam bem antes do período de que estamos tratando. No Brasil, por exemplo, o livro de Fernando de Azevedo *As ciências no Brasil*[16] foi editado nos anos 1950. Mas até os anos 1980 essa produção permanecia à margem da produção historiográfica mundial, que tradicionalmente se voltava para os países centrais. Estudos sobre tradições científicas nacionais sempre foram, assim, considerados um gênero menor, além de serem considerados de interesse puramente regional. Essa linha de estudos só se integrou à produção internacional a partir dos anos 1980, mas, como já assinalamos, hoje atrai um número expressivo de pesquisadores dos vários países. Como mostram as agendas dos últimos congressos internacionais de história da ciência.

Nessa linha, já nos anos 1990 começavam a ser desenvolvidos estudos sobre temas como recepção e implantação de atividades científicas nos contextos nacionais; formação de comunidades científicas e emergência de tradições científicas nacionais; relações entre nacionalismos e ciências; ciência, tecnologia e desenvolvimento no Terceiro Mundo; entre outros.

3ª) *A interação da ciência moderna com os saberes tradicionais presentes nos territórios conquistados*: Um tema que pode ser considerado um subtema dos anteriores e que esteve presente já nos eventos dos anos 1990. Nesses anos, como já vimos, o que impulsionava os historiadores para esse tema era a crítica à afirmativa de Basalla de que a difusão da ciência moderna havia se dado em contextos caracterizados por um "vazio científico", ou seja, nos quais não existiam práticas semelhantes à ciência moderna europeia.

Basalla, em seu artigo, analisa o processo de difusão em grandes civilizações orientais como a China e a Índia, portadoras de antigas tradições culturais. No entanto, apesar de reconhecer a existência dessas tradições, ignora qualquer interação dos agentes europeus com representantes da cultura local e só se detém no papel desempenhado por essa cultura, para evidenciar aspectos que, a seu ver, haviam sido deletérios para a implantação de práticas científicas. Para a China, por exemplo, enfatiza a influência que concepções confucionistas teriam tido no fraco desenvolvimento das ciências modernas no país até o século XIX.

Não por acaso, assim, já no início dos anos 1990 alguns dos estudos pioneiros sobre o encontro de culturas focalizaram países com antigas tradições culturais, como a Índia, países islâmicos e, entre os latino-americanos, o México. Apesar de poucos, eram estudos que procuravam chamar a atenção para a permanência, nos territórios conquistados, de tradições culturais não europeias, que se mantiveram vivas mesmo após a conquista e que de formas variadas interagiram com os conhecimentos científicos dos conquistadores.

Merecem destaque, pelo seu ineditismo, dois artigos. O do historiador espanhol José Luis Peset sobre a atuação em Nova Espanha do padre crioulo José Antonio Alzate, que manteve uma forte controvérsia científica com as autoridades espanholas do período iluminista e antepôs o sistema de classificação indígena ao sistema lineano.[17] E o de Roshdi Rashed, que chama a atenção para o uso, por intelectuais do Irã, Egito, da Turquia e Tunísia, em pleno século XIX, de tradições matemáticas árabes. Em seu texto, o autor sublinha a vitalidade dessas práticas científicas não europeias e como as elites formadas nessas tradições acreditavam na possibilidade de sua coexistência com os novos conhecimentos que chegavam do Ocidente.[18]

Os estudos brasileiros

Nos últimos anos, o tema da interação entre saberes tem sido desenvolvido também nas produções historiográficas braslieiras. Um exemplo desse desenvolvimento são os estudos que vêm sendo feitos sobre o período imperial brasileiro[19] e que focalizam a interação de práticas médicas de origem europeia com outras práticas de cura existentes no país e que eram desempenhadas por barbeiros, parteiras, curandeiros, pajés, boticários, sangradores. Esses estudos mostram que nas primeiras décadas do século XIX médicos e curadores dividiam os espaços de forma relativamente pacífica, mas a partir dos anos 1830 teve início um processo de regulamentação das práticas de cura que caminhou para a marginalização das tradições populares. Nesse processo, os médicos acadêmicos contaram com o apoio do governo imperial, que buscava modernizar o país segundo os modelos vigentes nas grandes potências europeias.

Para finalizar, quero enfatizar como esses estudos são esclarecedores sobre os mecanismos pelos quais, como parte da mundialização das sociedades capitalistas modernas, a ciência moderna se difundiu e se implantou nos vários continentes e tornou-se hegemônica. Como fica claro, não se tratou simplesmente, como a antiga historiografia da ciência defendia, da implantação de um conhecimento epistemologicamente superior, mas de projetos políticos que visavam à inserção dos territórios em uma ordem mundial que se forjava.

Considero esses estudos também esclarecedores por mostrarem que esse processo foi longo e tortuoso e que por séculos a nova ciência teve de dividir espaços com concepções completamente distintas sobre a natureza.

Notas

1. Estou conceituando "ciência moderna" como a prática de produção de conhecimentos desenvolvida inicialmente em países da Europa Ocidental nos séculos XVI e XVII e que, nos séculos seguintes, se implantou em diferentes regiões do planeta.
2. A rede Sciemp (sciemp@mail.lsit.ucsb.edu) atualmente tem como moderador Jahnavi Phalkey, do Imperial College de Londres.
3. BASALLA, G., "The spread of Western Science", *Science*, p. 611-622. Como é conhecido, a partir da análise de um número significativo de estudos já existentes, Basalla formulou um modelo de três fases para a implantação da ciência moderna nos contextos sociais fora da Europa Ocidental.
4. LAFUENTE, Antonio; ELENA, Alberto; ORTEGA, Maria Luisa. *Mondialización de la ciencia moderna y cultura nacional*, p. 17.
5. Historiador da ciência, egípcio de nascimento, atuante na França, então um dos diretores da equipe Rehseis (Recherches Epistémologiques et Historiques sur les Sciences Exactes et les Institutions Scientifiques) do Centre National de la Recherche Scientifique (CNRS). Ver RASHED, Roshdi, "Science classique et science moderne à l'époque de l'expansion de la science européenne", in PETITJEAN, Patrick; JAMI, Catherine & MOULIN, Anne Marie (Eds.), *Science and Empires*, p. 19-30. Ref. p. 21.
6. Roy McLeod foi um dos historiadores da ciência pioneiros nos estudos sobre as relações entre práticas científicas e políticas imperiais. Ganhou projeção com seu estudo sobre o Império britânico, no qual enfatizava o papel desempenhado pelas ciências na construção do império (MCLEOD, Roy. "Visiting the Moving Metropolis: Reflections on the Architecture of Imperial Science", in REINGOLD, Nathan & ROTHENBERG, Marc (Eds.). *Scientific Colonialism*, p. 217-249). Mais recentemente, foi editor de volume especial da revista *Osiris* dedicado ao tema ciências e impérios. Na introdução desse volume, analisou a constituição dessa área de estudos. Ver MCLEOD, Roy (Ed.), "Nature and Empire", *Osiris*, v. 15, p. 1-13.
7. CHAMBERS, D.W, "Locality and Science: Miths of Center and Periphery", in LAFUENTE, Antonio; ELENA, Alberto; ORTEGA, Maria Luisa, *Mondialización de la ciencia moderna y cultura nacional*, p. 605-617.
8. Um bom exemplo do uso da conceituação de ciência como prática contextualizada é o livro editado por Roy Porter e Mikulas Teich em 1992, *The*

Scientific Revolution in National Context, que questiona a visão tradicionalmente difundida na história da ciência do evento considerado como marco da instituição da ciência moderna: a Revolução Científica.

9. Os anais do congresso foram editados por Nathan Reingold e Marc Rotemberg, *Scientific Colonialism*.

10. Equipe que iniciou suas atividades nos anos 1980 e que desde o início teve como uma das áreas de atuação ciências e impérios. Em 1990 mantinha cooperações científicas com pesquisadores da Índia, China e do Brasil, entre outras.

11. Constou do evento, além de debates sobre questões teóricas, como modelos para a análise da expansão científica, um grande número de comunicações sobre a implantação das ciências em diferentes contextos coloniais e nacionais. Também ocorreu uma mesa redonda sobre tema, então, muito atual: a contribuição da história da ciência para políticas de desenvolvimento científico.

12. PETITJEAN, Patrick; JAMI, Catherine; MOULIN, Anne Marie, *Science and Empires*.

13. LAFUENTE, Antonio; ELENA, Alberto; ORTEGA, Maria Luisa, *Mundialisation de la ciencia y cultura nacional*.

14. PRATT, Mary Louise, *Os olhos do Império*.

15. A partir de seus estudos, Lewis Pyenson desenvolveu um modelo que atribuía estilos diferentes aos agentes que atuaram nas ações imperialistas dos três países: os franceses, vistos como mais burocráticos; os alemães como pesquisadores; os holandeses como comerciantes. V. PYENSON, Lewis, "Fonctionaries and Seekers in Latin America", p. 387-422.

16. AZEVEDO, Fernando de, *As ciências no Brasil*.

17. PESET, José Luis. "Ciencia y independencia en la America española", in LAFUENTE, Antonio; ELENA, Alberto & ORTEGA, Maria Luisa, *Mondialización de la ciencia moderna y cultura nacional*, p. 195-217.

18. RASHED, Roshdi, "Science classique et science moderne à l'époque de l'expansion de la science européenne", in PETITJEAN, Patrick Petitjean; JAMI, Catherine; MOULIN, Anne Marie (Eds.), *Science and Empires*.

19. Foram feitos nos últimos anos vários estudos que mostram até as diferentes relações entre as práticas de cura populares e acadêmicas nas várias regiões do território brasileiro. Uma coletânea desses estudos é apresentada em CHALHOUB, Sidney; MARQUES, Vera R. Beltrão; SAMPAIO, Gabriela R.; GALVÃO SOBRINHO, Carlos R., *Artes e ofícios de curar no Brasil*. Ver também sobre esse tema: DANTES, Maria Amélia M., "A implantação das ciências no Brasil: um debate historiográfico." In: ALVES, José Jerônimo A. (Org.). *Múltiplas faces da história das ciências na Amazônia*, p. 31-48.

Referências

AZEVEDO, Fernando de. *As ciências no Brasil*. São Paulo: Melhoramentos, s.d. [c. 1955]. 2 vols.

BASALLA, G. "The spread of Western Science", *Science*, 1967, V. 156, n. 3775, p. 611-622.

CHALHOUB, Sidney; MARQUES, Vera R. Beltrão; SAMPAIO, Gabriela R.; GALVÃO SOBRINHO, Carlos R. (Orgs.). *Artes e ofícios de curar no Brasil*. Campinas: Editora Unicamp, 2003.

CHAMBERS, D.W. "Locality and Science: Miths of Center and Periphery". In: LAFUENTE, Antonio; ELENA, Alberto & ORTEGA, Maria Luisa. *Mundialización de la ciencia y cultura nacional*. Madrid: Doce Calles, 1993, p. 605-617.

DANTES, Maria Amélia M. "A implantação das ciências no Brasil: um debate historiográfico". In: ALVES, José Jerônimo (Org.). *Múltiplas faces da história das ciências na Amazônia*. Belém: Editora da Universidade Federal do Pará, 2005, p. 31-48.

LAFUENTE, Antonio; ELENA, Alberto; ORTEGA, Maria Luisa. *Mundialización de la ciencia y cultura nacional*. Madrid: Doce Calles, 1993.

MCLEOD, Roy (Ed.). "Nature and Empire", *Osiris* (2nd. series), v. 15, Chicago; Londres: University of Chicago Press, 2000.

MCLEOD, Roy. "Visiting the Moving Metropolis: Reflections on the Architecture of Imperial Science". In: REINGOLD, Nathan; ROTHENBERG, Marc (Eds.). *Scientific Colonialism*: a Cross-cultural Comparison. Washington: Smithsonian Institution Press, 1987, p. 217-249.

PESET, José Luis. "Ciencia y independencia en la America española". In: LAFUENTE, Antonio; ELENA, Alberto; ORTEGA, Maria Luisa. *Mundialización de la ciencia y cultura nacional*. Madrid: Doce Calles, 1993, p. 195-217.

PORTER, Roy; TEICH, Mikulas (Eds.). *The Scientific Revolution in National Context*. Cambridge: Cambridge University Press, 1992.

PRATT, Mary Louise. *Os olhos do Império*: relatos de viagem e transculturação. Bauru: Edusc, 1999.

PYENSON, Lewis. "Fonctionaries and Seekers in Latin America: Missionary Diffusion of the Exact Sciences, 1860–1930", *Quipu — Revista Latinoamericana de Historia de las Ciencias*, v. 2, n. 3, 1985, p. 387-422.

RASHED, Roshdi. "Science classique et science moderne à l'époque de l'expansion de la science européenne." In: PETITJEAN, Patrick Petitjean; JAMI, Catherine; MOULIN, Anne Marie (Eds.). *Science and Empires*: Historical Studies about Scientific Development and European Expansion. Dordrecht; Boston; Londres: Kluwer Academic Publishers, 1992, p. 19-30.

Este livro foi composto na tipologia Sabon LT Std, em corpo 11/15, e impresso em papel off-white no Sistema Cameron da Divisão Gráfica da Distribuidora Record.